마켓 4.0 시대의 마케팅 원론

신건철 | 김종락 | 박지형 | 김시영

무역경영사

머리말

preface

21세기 글로벌 경쟁시대의 비즈니스 활동 영역에서 마케팅이 차지하는 비중은 더욱더 중요시되고 있으며 또한 기업전략 차원으로도 그 범위가 매우 다양해지고 있다. 더욱이 최근 도래한 마켓 4.0 시대의 세계화와 결합된 새로운 온라인 기술의 진화는 단지 커뮤니티를 위한 소비자들의 욕구뿐만 아니라 기업의 비즈니스 영역 더 나아가 사람들의 생활 패턴 자체를 극적으로 변화시키고 있다.

이러한 시시각각 변화하는 상황에서 기업의 마케팅 담당자는 과거와는 다른 새로운 관점에서 대내 · 외환경과 소비자를 분석하고 보다 체계적인 전략을 수립할 수밖에 없는 환경에 처해있다. 이를 위해 마케팅에 대한 접근은 무엇보다 시장과 환경에 대한 정확한 이해로부터 출발해야 한다. 즉, 마케팅에 대한 전략과 기능을 체계화하기 위해서는 환경을 이해하는 눈, 시장을 보는 눈, 환경과 시장의 변화와 자사 내부의 조건을 연계시키는 눈이 무엇보다 중요하다.

한편 기업은 과거에서부터 마케팅의 개념적 틀을 바라볼 때 소비자의 욕구, 시장조사 그리고 4P라는 전술적인 단편적 기능을 먼저 생각했다. 그러나 여기에 한발 더 나아가 4.0시대에 걸맞는 전략적 단위의 개념을 대입시킬 수 있다면 앞으로 다가오는 시대에 적용 가능한 전략적 마케팅 과업과 비즈니스 마케팅을 새롭게 재정립할 수 있을 것이다. 따라서 마케팅은 보다 앞서 환경과 시장을 관찰하고, 이해하고, 자사와 연계시키려는 작업부터 시작해야 한다. 즉, 시장을 주도할 수 있어야 하고, 제품의 생산지에서부터 소비자의 구매접점까지 전반적인 과정을 관리할 수 있어야 한다.

이러한 맥락의 틀에서 본서는 현 시대가 요구하는 전략적 마케팅 이론 정립을 목적으로 기존의 마케팅 저서를 전면적으로 개편하였다. 특히 마케팅에 대해 접근하는 논리적 체계를 전반적으로 재구성 하였는데 이는 기존의 마케팅 사고와 과업 중심의 이론적 틀에서의 전략적 개념을 더욱 구체화하고 체계화 하였다.

이를 위해 본서의 구성은 총 3부 10장으로 구분하여 다루었으며 보다 체계적인 마케팅 이론 정립을 위한 접근을 시도하였다. 무엇보다 각 단락의 서두에 각장에 대한 도입사례와 더불어 마케팅 포커스 중점사례 그리고 단락 마무리의 학습 내용과 연관된 사례를 첨부하였으며, 사례 내용을 통해 학습 개념을 충분히 이해하도록 도움을 주고자 하였다.

서론에 해당하는 제1부에서는 마케팅 사고와 마케팅 과업을 순차적으로 설명함에 따라 마케팅의 개념과 사고에 대한 이해를 도모하였으며, 전략적 마케팅 계획의 체계 부문에서는 기업전략의 포괄적 틀에서 마케팅 환경분석과 기업 내부분석으로 구분하여 설명하였다. 더 나아가 마케팅 환경을 일반환경분석, 산업환경분석 그리고 4C 환경분석으로 구분하여 새롭게 정리했으며, 내부분석 역시 포트폴리오 분석, 가치사슬분석 뿐만 아니라 기업성장전략을 통한 분석 개념을 새롭게 추가하였다.

제2부에서는 STP 전략 설계, 마케팅 조사 설계 그리고 소비자행동 이론에 대해 면밀히 다루었다. 특히 전략에 대한 핵심적 개론이라고 할 수 있는 STP 시장세분화와 표적시장 마케팅 부문에서는 STP 전략의 구성과 전략 방안에 대해 국 · 내외 사례를 바탕으로 재구성하였으며, 무엇보다 표적시장 선정에서부터 제품 포지셔닝 전략의 목표 설정과 설계 방안에 대해 더욱 구체화 하였으며, 마무리 단락은 소비자행동 이론의 전반적 구성 개념을 일관성 있게 개편하여 전통적인 관점의 소비자 의사결정 과정 이후 구매 의사결정을 이루는 요인들을 각각 개인적 영향 요인, 심리적 영향 요인 그리고 사회 · 문화적 영향 요인으로 나누어 체계화하여 다루고 마무리 하였다.

마지막 제3부에서는 마케팅 계획의 실행에 따른 복잡한 마케팅 전략의 설계와 실행을 효율적으로 수행하기 위한 단계인 제품전략, 브랜드 전략, 가격전략, 마케팅 경로관리, 마케팅 커뮤니케이션 전략을 실행전략으로 구성하여 각 실행 차원의 구성 개념을 다루었다. 특히, 최근에 그 중요성이 강조되고 있는 브랜드 전략의 구성 개념을 제품전략에서 다루지 않고, 별도로 독립적으로 구성하여 심도 있게 다루었다.

본서는 그간 저자들이 집필하면서 다년간 축척해온 수많은 자료들을 내용에 포함시켜 다루기 위해 최대한 노력했으며 더 나아가 새로운 연구 및 응용 분야의 이론들을 폭넓게 포함시키기 위해 가능한 최신사례와 기사 등을 최대한 인용하였다. 또한 개념적 정의와 더불어 최근에 이슈화 되고 있는 마케팅 현안의 사례를 통한 해결과제를 고찰하는데 비중을 두었다. 이는 저자들의 최근의 연구추세를 반영하여 그간 대학에서 기존 이론의 틀에서 부족하다고 느껴온 자료들을 보완하여 총 정리한 만큼 마케팅에 대한 실체적 현황을 쉽게 파악하게 하고 더불어 향후 마케팅에 대한 원리와 지식을 제공해주리라 생각한다. 만약 본 이론들을 심도 있게 학습한다면 경영 활동에 있어서 마케팅에 대한 전략적 개념을 동시에 파악할 수 있도록 하는 안내서 역할을 충분히 제공하리라 생각한다.

마지막으로 저자들은 본서의 집필에 있어 마케팅 원리 이론에 관한 개념을 독자들이 최대한 쉽게 이해할 수 있도록 하는데 궁극적 목적을 두고 집필하였으며, 이후 더 나아가 앞으로 지속적인 개정을 통해 이론과 최신사례를 보완하고 수록함으로써 학계와, 업계에 기여할 수 있도록 지속적 노력을 경주하고자 한다.

그 동안 여러 가지로 도움이 되어주신 구성원 여러분들께 깊은 감사의 마음을 전한다. 특히 자료 제공에 수고를 아끼지 않았던 경영대학 석 · 박사 원우들과 수많은 날들을 밤새워가며 자료정리에 노고가 많았던 경영대학 학부생들에게도 깊은 감사의 뜻을 전한다. 마지막으로 이 책이 출판되기까지 수고를 아끼지 않고 지원해 주신 무역경영사 관계자 여러분께 깊은 감사의 뜻을 전하고 싶다.

2019년 2월,

봄 기운을 맞이하는 길목에서…

저자 일동

차 례

contents

PART 01 | 마케팅과 마케팅 계획

PART 02 | 마케팅 계획의 체계

PART 03 | 마케팅 계획의 실행

PART

01

마케팅과 마케팅 계획

PRINCIPLES OF MARKETING

CHAPTER 01

마케팅 사고와 마케팅 과업

도입사례

이커머스, '특가 마케팅' 효과 '톡톡'…관심 · 실적 다 잡아

이커머스(전자상거래) 업계가 특정 날짜 · 시간에 다양한 혜택을 제공하는 특가 마케팅을 강화하고 있다. 이를 통해 소비자들의 관심과 실적 두 마리 토끼를 다 잡고 있는 모습이다.

16일 관련 업계에 따르면 주요 업체들은 특가 마케팅을 통해 좋은 성과를 거두고 있다.

위메프는 이날 단 하루 동안 슈퍼반값타임 행사를 진행, 수십여 개의 인기 브랜드 상품을 네이버 가격 비교 기준 최저가보다 50% 이상 할인한 가격에 판매한다.

히든프라이스 모바일 애플리케이션에서만 진행하는 이번 행사에서는 애플 에어팟과 LG전자 코드제로 A9, 삼성전자 갤럭시탭 A6 10.1, LG전자 울트라 노트북 등의 상품이 실시간으로 품절 행렬을 이어가고 있다.

티몬도 특정 시간을 정해 할인 혜택을 제공하면서 소비자들의 관심을 끌고 있다.

티몬은 지난 7일부터 매일 자정과 정오에 시작해 단 12시간 동안만 시중 최저가보다 최대 50% 더 저렴한 파격가로 판매하는 1212타임 기획전을 열고 있다. 일부 상품을 제외하고 판매량에 제한이 없는 것이 특징이다.

이에 앞선 지난해 12월부터는 '티몬데이'를 진행하고 있다. 매주 월요일 매 시각마다 시중 최저가보다 최대 90%까지도 할인된 가격으로 예정된 상품들을 한정 수량 판매하는 행사다.

특히 티몬데이 프로모션의 경우 첫날 티몬은 창사 이래 최대 일 매출을 기록하기도 했다. 당시 매출은 평균 일 매출 대비 2배 이상 올랐으며 판매수량 · 구매건수 · 방문자 수 등 모든 수치에서 그간의 역대 최고치 기록을 2.5배 수준으로 경신할 정도로 긍정적인 효과를 봤다.

11번가는 지난해 3월부터 매일 오전 오후 11시마다 이슈 상품을 할인해 선보이는 '11시 타임딜'을 운영하고 있다. 최근에는 오후 3시와 7시도 추가해 하루 4번, 총 12개의 딜을 운영한다.

타임딜 상품은 검색 사이트와 사회관계망서비스(SNS)에서 고객들이 언급하는 빅데이터와 그동안의 구매 데이터까지 녹여 노출된다. 그 결과 작년 12월 타임딜을 통한 고객 거래는 오픈 시점인 작년 3월보다 900% 가까이 늘었다.

G마켓은 지난해 8월 10일부터 12월 14일까지 금요일마다 인기 브랜드 상품에 대한 할인과 혜택을 제공하는 '슈퍼프라이데이'를 진행했다. 매주 화요일에는 'G맘데이' 프로모션을 열고 육아 필수용품, 어린이 · 유아용품을 할인판매하며, 수요일마다 식음료를 할인하는 '푸드데이'를 열고 있다.

이처럼 특정 시간에 진행하는 특가 마케팅은 좋은 상품을 싸게 샀다는 긍정적인 고객경험을 부여한다는 점이 가장 큰 장점이다. 장기간 진행하게 되면 해당 요일에 대한 각인효과가 있어 정기적인 고객 방문을 유도할 수 있다. 이를 통해 충성도 높은 고객 확보가 가능하다.

특히 한정된 시간 동안 진행되기 때문에 소비자의 주목도가 높고, 비교적 적은 비용으로 높은 바이럴 효과를 낼 수 있다는 점도 업체 입장에선 긍정적이다.

반면 특가 구매에 실패한 고객들에게는 부정적인 영향을 주기도 한다. 최근 에어팟과 같은 인기 상품을 구매하기 위해 사이트를 찾았지만 실패한 고객들이 '낚시성 상품 아니냐'는 악플을 달아 이슈가 된 바 있다.

아울러 역마진 상품인 경우에는 재무적 부담이 있을 수도 있다.

업계 관계자는 "특가 마케팅에서 선보이는 최상위급 상품은 수량이 많지 않아 그 자체만의 매출은 높지 않지만 온라인에서 이슈를 생성하면서 고객을 끌어들이는 측면에서 효과가 크다"며 "잘못 활용하면 부정적 이미지가 생길 수 있으므로 균형감 있는 전략이 필요하다"고 말했다.

출처: 이데일리 2019.01.16. www.edaily.co.kr/news/기사편집

제1절 마케팅 개념의 정립

마케팅 개념을 정의하기 앞서 우선 마케팅 활동의 범위를 살펴볼 필요가 있다. 마케팅 활동은 제품이나 서비스의 공급자와 소비자를 연결시켜주는 영리 활동에 의해 수행되지만 그 적용범위는 단지 영리기업에 국한되지 않으며 병원, 학교 등 비영리기관에 이르기까지 폭넓은 영역에서 적용된다. 한편 이를 위해 조직의 영역으로서 고객의 가치를 전달하고 창조하고 일종의 가치창출 영역이라고 할 수 있는데, 이에 대해 미국마케팅학회는 마케팅이란 "고객가치를 창조하고 고객과 커뮤니케이션하고 전달하며 조직의 이해관계자들에게 이익이 되는 방법으로 고객관계를 관리하는 과정" 이라 정의한 바 있다. 한편 마케팅 정의를 구체화 할 수 있는 4가지 차원의 핵심 개념을 살펴볼 필요가 있다.

첫째, 필요(needs)와 욕구(wants)
둘째, 소비자 가치(value)
셋째, 교환(exchange)
마지막으로, 시장(market)

한편 "마케팅"이라는 용어가 대략 1910년도부터 본격적으로 사용되기 시작하면서 "유통", "거래", "상거래"와 같은 용어가 등장했다. 이 시기에 마케팅의 지향성은 주로 공급자의 활동을 나타내는 것이었다. 더불어 제1차세계대전(1914년~1918년)이 끝난 이후 본격적으로 "소비자", "제품"이라는 용어가 마케팅의 의미에 준한 개념적 차원으로 사용되기 시작했으며, 이에 제2차세계대전(1938년~1945년)이 끝난 이후인 1948년 미국마케팅학회(American Marketing Association)가 공식적인

마케팅에 대한 정의를 처음으로 명문화하였으며, 1960년 초기에 이르러 명문화 된 마케팅 정의를 수정해 다음과 같은 마케팅에 대한 정의를 명시하였다.

> "마케팅은 생산자로부터 소비자 또는 사용자에게 재화와 서비스의 흐름을 지휘하는 기업 활동이다(Marketing consists of the performance of business activities that direct the flow of goods and services from producer to consumer or user.)"

1960년대에 명시된 마케팅 정의에서 주목할 것은 재화와 서비스만을 그 대상으로 하고 있고, 생산자로부터 출발해서 소비자 또는 사용사에게 판매함으로써 마케팅 활동이 종결된다는 것이다. 이러한 견해는 생산지향적 마케팅 사고 및 판매지향적 마케팅 사고를 반영하고 있었으나, 점차 마케팅 개념에 대한 초점이 최종 소비자의 필요와 욕구를 충족시키는 것에 맞추어졌다. 즉, 가치창조, 고객행동, 교환의 개념이 마케팅 이론의 전면으로 부상하게 된 것이다. 이로 인해 1960년대~1980년대 초반까지 서비스, 신제품개발, 비영리기관 마케팅이 관심을 끌었으며 점차 전략적 · 조직적 이론의 체계화가 이루어졌다.

한편 1985년에 미국마케팅학회가 "교환"이라는 용어를 적시한 새로운 마케팅 정의를 다음과 같이 제정하였다.

> "마케팅은 개인 및 조직의 목적을 충족시키는 상호 교환을 창출하기 위하여 아이디어, 재화 및 서비스의 개념화, 가격, 촉진 및 유통을 계획하고 실행하는 과정이다.
> (Marketing is the process of planning and executing the conception, pricing, promotion and distribution of idea, goods and service to create exchanges that satisfy individual and organizational objectives…)"

이와 같은 교환(exchange)에 대한 관념의 틀 안에서의 1985년에 개정된 마케팅 정의에서 주목할 것은 다음과 같다. 첫째, 이전의 마케팅 정의에서는 기업 활동만을 강조했으나 여기서는 개인 및 기업과 비영리기관을 포함하는 조직의 단위로 마케팅의 범위가 확대되었다. 이는 곧 소비자의 목적인 욕구충족이 이루어지지 않는 마케팅은 의미가 없다고 할 수 있는데, 마케팅에서 니즈(needs)를 충족시키는 방법은 상대방으로부터 원하는 것을 얻는 대가로 가치 있는 무엇인가를 제공하는 것이다. 따라서 기업 활동에만 국한시키지 않고 학교, 병원, 정당, 교회 등 다양한 영리조직체 및 비영리조직체에도 마케팅 사고가 적용될 수 있다. 둘째, 교환을 창출하고, 성립시키는 과정으로 마케팅 목적을 달성할 수 있음을 알 수 있다. 마케팅에서는 전통적으로 교환을 핵심적인 개념으로 간주하고 있다. 즉 상호 교환을 창출하는 마케팅 개념은 보다 고객지향적 마케팅 사고를 반영하고 있음을 알 수 있다.

셋째, 마케팅믹스를 구체적으로 명시하였다. 이전까지는 막연하게 재화와 서비스의 흐름을 관리한다고 하였으나 여기서는 아이디어, 제품과 서비스를 비롯해 구체적으로 4P를 포함시켰다.

다음은 교환이 이루어지기 위한 5가지 조건들이다.

- 적어도 둘 이상의 교환 당사자가 있어야 한다.
- 각 당사자는 상대방에서 가치가 있을 어떤 것을 제공할 수 있어야 한다.
- 각 당사자는 상대방의 교환 제안을 수용하거나 거절할 수 있어야 한다.
- 각 당사자는 거래가 적합하거나 바람직하다고 믿어야 한다.
- 각 당사자는 커뮤니케이션을 할 수 있어야 한다.

점차, 마케팅 환경의 변화가 가속화되고 새로운 마케팅 분야가 출현함에 따라 미국마케팅학회는 2004년도에 이르러 또 다시 개정한 마케팅 정의를 다음과 같이 제정하기에 이른다.

"마케팅은 조직과 그 이해관계자들이 혜택을 실현하는데 있어서 고객에게 가치를 창출하고, 의사소통하고, 전달하기 위한, 그리고 고객과의 관계를 관리하기 위한 조직의 기능이며, 일련의 수행 과정들이다.
(Marketing is an organizational function and a set of processes for creating, communicating and delivering value to customers and for managing customer relationships in ways that benefit the organization and its stakeholders.)"

미국마케팅학회가 2004년에 개정한 마케팅 정의가 과거인 1985년에 제정한 정의와 비교해 나타난 두드러진 관점의 차이는 "고객가치창출", "고객관계"라는 용어가 과거 "교환"이라는 용어를 대체한 것으로 볼 수 있는데, 이로써 거래 당사자들의 "교환" 패러다임을 대체할, 마케팅의 한보 진화한 패러다임이라 할 수 있는 "가치창조" 패러다임이 시작되었다.

마케팅 연구자들은 지금까지 시장에서 바람직한 결과를 위한 핵심적인 현상을 교환으로 바라보았다. 이에 대한 보완적 해명을 위해 교환 중심의 패러다임은 고객의 관계적 참여를 설명하기 어렵고, 전적으로 공급자 혹은 판매자의 입장만을 고려했다는 한계점을 안고 있음으로 인해 결국 소비자들이 교환을 실행함에 있어서 가장 중요한 것은 교환을 하면서 나타나는 가치의 문제이며, 교환을 통한 가치는 여러 가지 고객가치들 가운데 하나일 뿐(Value in exchange is only one type of value)이라 주장하였다.

한편 교환을 하면서 나타나는 여러 형태의 가치가 가장 중요한데, 즉 "가치창조" 패러다임에서는 이 모든 면을 고려하고 있음을 앞서 명시하였다.

당시 제정된 관념으로 볼 때, '가치'라는 것을 형성하고자 하는 상호 보완적인 자원들과 개인 · 기관 양 당사자가 연결되었을 때 창조될 수 있다고 한정지었으나, 이후 모든 가치는 고객과 기업, 양 당사자가 공동으로 창조하는 것이고, 이는 소비자와 최종 사용자에 의해서만 결정되는 것이 아닌 고객과 공급자(또는 서비스 제공자)의 상호작용에 의하여 공동으로 창출된다고 보는 입장이 점차 대두되었는데, 이는 곧 가치 창조를 위해서는 2004년에 개정한 마케팅 정의에 나타난 "고객과의 관계관리"를 넘어 사회 전반의 협력이 중요하다는 입장이었다.

이에 따라 관계성에 대한 상호작용의 시대적 입장을 반영해 미국마케팅학회의 마케팅의 정의는 2007년에 또 한 번 새로워진다.

"마케팅은 고객들, 협력자들 그리고 더 나아가 사회 전반에게 가치 있는 것을 창출하고, 의사소통하며, 전달하고, 교환하기 위한 활동과 일련의 제도 및 과정들이다.
(Marketing is the activity, set of institutions, and processes for creating, communicating, delivering, and exchanging offerings that have value for customers, clients, partners, and society at large.)"

본 개념은 기존 2004년에 미국마케팅학회의 마케팅 정의가 "고객가치창출", "고객관계"의 개념을 강조한 반면, 2007년에 또 한번 개정된 마케팅 정의는 마케팅의 대상을 "고객들, 협력자들 그리고 더 나아가 사회 전반에게"로 확대시키고 있다. 이제 사회지향적 마케팅 사고가 중시됨을 적시한 것이라 할 수 있다.

이처럼 마케팅 개념 자체가 과거 단순한 '제품', '거래'의 측면에서 출발해 가치의 공동창조와 고객관계관리를 넘어 최근 고객과 사회와의 관계까지 전체적으로 포괄하는 패러다임이 이동되었음을 파악할 수 있다.

이러한 마케팅 사고의 변화 과정을 이해함으로써 향후 마케팅을 통해 다루는 과업에선 활동 프로세스, 관리의 법규 및 사회적 책임관리로 폭넓게 실행되어야 할 것이다.

한편 이러한 개념을 뒷받침 하듯 국제마케팅 연구 학술지(IJRM)는 최근 21세기 마케팅 경쟁의 새로운 도전을 주제로 컨퍼런스를 개최하였다. 여기서는 다음과 같이 5가지 주제가 앞으로 마케팅 경쟁에서 새로운 도전을 야기 시킨다고 제시하고 있다.

첫째, 인터넷과 모바일 커뮤니케이션을 주목해야 한다. 특히 모바일커머스의 광범위한 활용이 마케팅 관리에 영향을 미칠 것이며, 시장의 구조, 경쟁의 구조와 형태, 소비자의 미디어 접촉과 구매행동을 바꿀 것이다.

둘째, 평평해진 세계가 또 다른 연구주제이다. 세계는 점점 더 평평해지고 있으며, 경쟁의 양상 역시 점점 더 세계화된다. 따라서 제품의 원산지 효과, 글로벌 브랜드와 지역 브랜드 간 경쟁, 문화적 다양성 등이 고려되어야 한다.

셋째, 정부의 법적 · 제도적 규제와 경쟁이 또 다른 주제이다. 규제는 지금까지 마케팅에서 간과되어 온 주제인데 앞으로 유형 · 무형의 제품에 가해지는 특정한 규제를 극복할 수 있어야 한다.

넷째, 경쟁의 새로운 차원이 중요한 연구주제이다. 시장과 제품이 성숙단계에 접어들면서 마케팅 관리자들은 새로운 경쟁의 방식을 추구해야 한다. 이미 아주 오래전서부터 산업 분야에서 공급자로부터 소비자에게로 권력이 이동되었음으로 결국 고객이 중시하는 가치가 경쟁우위의 원천이 될 것이다.

다섯째, 환경보호와 그린 이슈가 또 다른 주목의 대상이다. 환경보호와 녹색 소비는 앞으로 메가 트랜드가 될 것이므로 마케팅 경쟁의 새로운 차원을 열어갈 것이다.

제2절 마케팅 철학의 변화 과정

1. 생산지향적 마케팅 철학

역사적으로 볼 때 사업은 기업이 무엇을 만드느냐로 결정되었다. 이러한 시대에는 적은 원재료로 더 많은 철강, 자동차를 만드는 방법을 찾는 것이 중요한 시기였다. 즉, 20세기 초 미국에서 태동한 마케팅 철학은 생산공정을 최대한 효율적으로 만드는 것에 있었다. 이 시기에는 더 많은 물건을 더 싸게, 더 적은 비용으로 더 많이 만드는 것을 추구하던 시대였다. 산업혁명이 일어난 이래 전기, 철도, 노동의 전문화와 분업화 그리고 대량생산 시설이 갖추어지기 시작하면서 효율적인 생산이 기업의 중심 과제였다. 또한 대중을 위한 자동차를 만드는 것을 목표로 삼았던 포드(Ford Henry)는 1903년 자동차회사를 설립했다. 포드가 처음 생산한 차는 모델 A였고, 1908년에는 모델 T를 선보였는데, 1927년까지 무려 1,500만 대가 출시되었다. 1923년까지 포드자동차의 연간 판매대수는 212만 대나 되었는데 이 수치는 미국 시장점유율의 57%를 넘어서는 것이었다.

가장 효율적인 하나의 모델로 누구나 탈 수 있는 가격이 저렴한 자동차를 생산해 낸다는 포드의 이념은 생산지향적 마케팅 사고를 대표하며, 당시의 과소 생산과 과대 수요라는 경제사회적 현실에서는 적절한 개념이었다.

1908생산 포드 model-T

2. 제품지향적 마케팅 철학

조지 이스트먼(George Eastnan)이 1888년에 25달러짜리 코닥 카메라를 처음 세상에 내놓았을 때 1만 3,000대가 팔렸다. 그가 더 간편하고 값이 저렴한 1달러짜리 브라우니 카메라를 선보였던 1900년에는 한 해 동안 15만 대가 팔렸다. 고객들이 구매할 만한 제품으로 거대한 신규 시장을 창출한 것이다. 새로운 발명품이 상업화되던 이러한 시기에는 생산성 증대와 새로운 제품을 중시하는 '제품 컨셉'의 시대였다. 즉, 양질의 제품을 생산 · 공급할 수 있다면 수요는 저절로 창출된다고 믿었고, 저렴한 가격에 높은 품질을 확보한다면 잘 팔릴 것이라고 생각하던 시기이다.

하물며 기존의 생산 중심의 대량 마케팅시대를 개척했던 핸리 포드는 검은색 T-모델 자동차 하나의 차종만을 통해 제품을 표준화하고 생산의 규모를 키우고, 규모의 경제를 달성할 수 있었다. 그러나 제품지향적 마케팅 사고의 시대에서는 소비자들의 욕구를 파악하는 과정 자체를 간과했으며 결국 이러한 철학을 바탕으로 한 기업들은 신제품을 소비자의 욕구와는 별 상관없이 설계하며, 그 설계에 따라 제품을 제조하고 가격을 매긴 후 단순히 제품을 판매하게 되었다. 결국 기술적으로 뛰어남에도 불구하고 시장에서 외면당하는 제품들이 출시되는 경우가 빈번하였는데, 이러한 단순한 생각은 고객들이 왜 자사의 제품을 구매하는지에 대한 이해가 부족하기 때문에 소위 '마케팅 근시안(marketing myopia)에 빠지기 쉽다.

3. 판매지향적 마케팅 철학

기업이 무엇을, 어떻게 만들 것이냐에 주안점을 두는 제조업체 입장에서는 물건을 만들어내고, 소요된 비용을 기준으로 가격을 정하고, 그것을 판매하는 것에 역점을 둔다. 판매지향적 마케팅 사고의 시기 더 많은 제품과 서비스를 판매한다면 그 결과 높은 수익을 얻을 수 있다고 가정하였다.

이러한 시대에는 마케팅을 판매와 수익으로 이해하였다. 대량생산시대가 열리면서 '나가서 판다(to get out there and sell)'는 판매에 관심이 증가하였는데 이러한 '판매지향적 컨셉'은 미국의 경우 1960년대 초반까지 지속되었다. 공급과잉의 상태인 이 시기에는 인적판매와 광고를 통한 판매가 기업의 주요 관심사였으며, 자사의 제품을 구매하도록 자극하고 설득하는 대인판매, 방문판매 등 인적판매기법이 수행되었다.

그러나 판매지향적 마케팅 사고의 근본적 문제는(생산지향적 마케팅 사고와 마찬가지) 시장에서의 필요와 고객의 욕구에 대한 이해의 부족이다. 소비자들이 필요로 하거나 기대하는 제품을 제공하는가, 무엇이 고객들에게 더 중요한 것인가에 대한 이해가 무엇보다 필요하다.

4. 고객지향적 마케팅 철학

제품을 만들고, 판매하는 것에서 더 나아가 그 제품을 구매하는 고객이 누구이고, 고객이 필요로 하는 것이 무엇이고, 무엇을 보다 가치 있게 생각하는지를 이해하려는 노력이 고객지향적 마케팅 사고이다. 고객의 필요(needs)와 욕구(wants)를 충족시키고 상호 교환을 창출하는 데 초점을 맞추는 고객지향적 마케팅 철학의 시기에서는 고객에 대한 이해와 가치제공을 통해 마케팅 목표를 달성할 수 있다고 보았다. 이는 곧 1985년에 미국마케팅학회가 제정한 마케팅 정의인 "교환"에 대한 사상뿐만 아니라 2004년에 개정된 마케팅 정의에서의 "고객가치창출"," 고객관계"가 강조되었던 시대적 개념도 반영하였으며, 더욱 더 마케팅 철학이 점차 전통적인 "교환가치"라는 과정을 넘어선 고객이 제품을 사용할 때 발생하는 "사용가치"의 영역으로 확대되어왔다. 즉 "고객에게 가치를 창출"한다는 것은 고객이 사용하기 위해 전달되는 제품(아이디어, 서비스, 정보 및 모든 유형의 솔루션)에 가치가 이미 내포되어 있음을 의미하고 있다.

그러나 고객지향적 마케팅 사고는 고객에게만 집중한 나머지 기업과 고객 간 교환관계에 직·간접적인 영향을 미치는 마케팅 이해관계자들(예컨대, 도매상, 소매상 등 유통채널 관련 집단이나 종사자)을 등한시한다는 비판을 받아왔다. 특히, 기업 촉진전략으로 풀(pull)전략과 푸시(push)전략이 실행되는 현 시점에 있어서 제조업체가 유통업체들을 대상으로 생산·운영 방식(operating)결정, 판매촉진과 인적판매 지원 활동을 병행하는 경우 당연히 이해관계자들의 영향이 미칠 수밖에 없기 때문에 이들을 고려하는 것은 반드시 필요할 것이다.

5. 사회지향적 마케팅 철학

필립 코틀러(Philip Kotler)에 따르면 마케팅을 비즈니스 마케팅, 비영리 마케팅, 사회지향적 마케팅으로 구분할 수 있다 하였다. 우리가 살고 있는 이 시대는 비영리기관들 역시 조직적 단위의 마케팅이 요구되는 시대이다. 이에 사회지향적 마케팅은 개인의 필요를

충족시키면서 개인의 복지와 공공의 복지를 함께 고려해 기업의 사회적 책임(CSR: Corporate Social Responsibility), 지역사회에 대한 관심, 윤리적 행동 등을 포함시키고 있다.

이에 따라 2007 년에 선보인 미국마케팅학회의 마케팅 정의에는 "마케팅은 고객들, 협력자들, 그리고 더 나아가 사회 전반에게 가치 있는 것을 창출"이라는 명시를 바탕으로 이제 사회지향적 마케팅 사고가 본격화되었음을 알 수 있다. 이는 과거 2004년 정의한 "고객가치 창출"에 기반한 정의와 비교해 본다면 현재의 시대 변화에 맞게 마케팅이 고객지향적 활동을 넘어 사회지향적 활동을 수행해야 함을 나타내고 있는 것이다.

한편 최근 Philip Kotler 등 여러 저명한 학자들은 '마켓 4.0'시대가 도래했음을 제시한 바 있다. 오래 전 산업화시대를 제품 중심의 시대 '1.0'시대, 정보화시대의 소비자지향적인 '2.0'시대, 그리고 이해관계자 주도적인 '3.0 시장'을 넘어 이젠 기업-고객 간 온라인과 오프라인 상의 상호작용을 결합한 상생과 사회적 가치로 대변되는 '4.0' 시대가 도래했음을 설명한다. 이제 '사회적 마케팅 컨셉'의 시대가 열린 것이며, 이는 목표시장의 필요와 욕구를 다른 기업이나 제품보다 더 효율적으로 충족시켜줌으로써 장기적으로 개인 소비자와 사회 전체의 복지를 함께 증진시키는 마케팅 철학이라고 할 수 있다.

제3절 마케팅 과업과 범위

1. 마케팅의 과업과 가치명제 선정

기업경영에서 뿐만 아니라 현대사회 전반에 걸쳐 마케팅 과업의 중요성에 대한 인식은 당연스럽게 여겨지고 있다. 한편 전세계적으로 매년 수십조 이상의 제품과 서비스가 생산되는데 이들 중 상당수의 비용이 상품개발, 포장, 광고, 인적판매 및 유통비용 등에 해당하는 마케팅 비용으로 쓰여 진다. 따라서 기업의 입장에서 이 같은 활동들을 효과적으로 수행할 수 있는가에 따라 시장의 성패가 좌우된다. 우리나라의 경우 수많은 인구가 유통업, 물류, 방송통신 산업, 시장조사 및 광고대행업과 같은 마케팅 활동과 관련된 산업의 종사인구가 상당수에 이르며 또한 2016년 기준 광고비만 약 11조 원에 달하는 등 마케팅 분야는 국민경제적 차원과 고용창출 효과에 있어서도 매우 큰 분야라 할 수 있다.

한편 마케팅 활동이 사람들의 생활 방식에도 큰 영향을 미치게 됨에 따라 특히 유행이나 상품소비를 고의적으로 촉진시키며, 상품의 표면적인 차별화를 통해 자원의 낭비와 소비를 부추킨다는 비난을 받은 바도 있다. 하지만 기본적으로 마케팅은 소비자의 욕구에 준한 상품을 재설계하고 제공함에 따라 소비자들에게 더 많은 가치를 제공함으로써 소비자에게 보다 큰 효용을 제공하는 욕구제공의 가능성을 제공하는 필수적 원천이 될 수밖에 없다. 분명한 것은 마케팅이 실제 소비자들로 하여금 소비를 통한 생활의 질을 높이는 역할을 수행하는 것만은 분명한 사실일 것이다.

한편 마케팅이 곧 소비자가 새로운 제품과 서비스를 받아들여 생활의 질을 높일 수 있도록 노력하며 때로는 흡연에 대한 권고문구, 자원낭비에 대한 경각심 등의 메시지를 전달하는 등의 공익성 캠페인을 벌이기도 하는데 이러한 활동 영역 또한 마케팅 본연의 과업이라 할 수 있다.

그렇다면 마케팅 목표를 달성하기 위한 기본 전제는 바로 고객에게 '우리는 이런 점에서 다르다' 혹은 '이렇게 다른 것이 더 좋은 것이다' 라는 차별화된 가치제안을 하는 것인데 이에 앞서 고객에게 특별한 가치를 제안하기 위해서는 무엇보다 전략의 선택에 따른 내부적인 활동 프로세스 관리가 이루어져야 한다. 앞서 기업의 경영전략을 파악할 때 기본적으로 경영전략과 마케팅 전략으로 나누어 설명할 수 있는데, 특히 마케팅 전략은 장 · 단기적 수익성과 경쟁우위를 어떻게 확보 하느냐가 우선시되는 관심사이다.

이에 대해 마이클 포터(Michael Porter)는 경쟁우위 기반의 경쟁전략의 가장 기본적인 본질에 대해, 즉 "어떤 조직이 시장에서 지속적인 경쟁우위를 창출해 낼 수 있도록 다른 경쟁자

들보다 앞서 있는 활동들을 선별해내는 것"이라고 주장한 바 있다. 여기서 그가 말하는 '지속적인 경쟁우위'란, 즉 다른 경쟁자들보다 높은 차별적 가치를 전달하는 것이 될 수도 있고, 혹은 다른 경쟁자들보다 낮은 비용으로 제공하는 것이 될 수도 있는데, 기업은 이러한 형태의 가치제안이 제공될 수 있도록 적절한 경영 프로세스가 이루어져야 한다고 보았다.

결론적으로 포터가 언급한 내용을 전개하기 위해서는 먼저 시장과 고객에게 적합한 가치명제(value proposition)[01]를 결정할 필요가 있으며, 또한 결정된 가치명제에 대한 목표에 따라 전략을 선택하는 것이 무엇보다 중요함을 언급하고 있다.

1) 마케팅 가치명제와 유형

가치명제는 그 기업이 다른 경쟁자들보다 뛰어나고, 차별화되기 위해 고객에게 무엇을 제공해야 하는지를 나타내는 고객지향적 마케팅 전략을 말한다. 기본적으로 세 가지 가치명제 유형으로 구분할 수 있다.

첫 번째 유형은 **저원가 가치명제에 따른 원가주도전략의 선택**이다. 저원가 가치명제에 따른 목표는 다음과 같은 것들을 강조해야만 한다. 예를 들어, 제품 속성에 비해 매력적인 가격, 탁월하고 일관된 품질, 다양한 구색의 제품 라인 업 등이다. 이를 위해서 최저비용의 공급자, 지속적인 품질 유지관리, 신속한 구매조달, 적절한 제품 선정 등을 통한 제품과 서비스 제공 능력이 뒷받침 되어야 한다. 원가주도전략은 일관된 품질, 구매편의성, 우수한 제품구색 등과 결합된 경쟁력 있는 가격대를 제시한다. 대표적인 예로 맥도널드, 사우스웨스트항공, 월마트 등이 있다. 저원가전략의 채택은 고객이 제품 및 서비스를 주문하고 획득하는 데 소요되는 시간과 주문에서부터 수령까지의 전체 소요 비용을 줄인다. 원가주도

그림 1-1 ▶▶ 가치명제와 전략의 선택

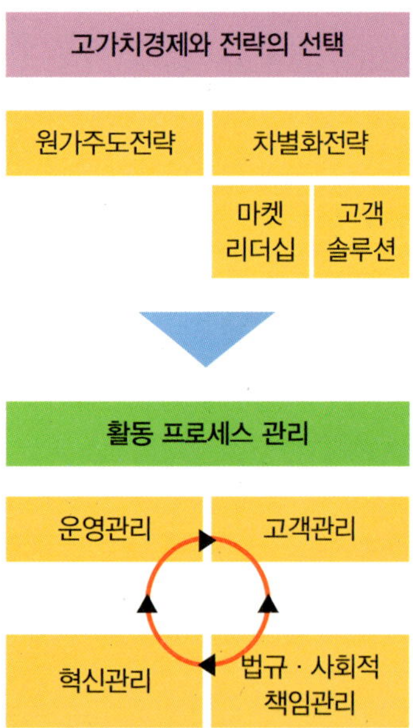

01 그 기업이 다른 경쟁자들보다 뛰어나고, 차별화되기 위해 고객들에게 무엇을 제공해야 하는지를 나타내는 고객지향적 마케팅 전략을 의미함

전략에서 운영관리 프로세스는 우수한 원자재 조달, 공급자와의 교섭력 유지, 고객의 필요와 욕구를 제품이나 서비스로 전환시키는 짧은 소요시간, 일관된 품질수준, 고도의 고객 응대 프로세스, 낮은 비용으로 적시에 이루어지는 유통망을 갖추고 있어야 한다. 이와 더불어 원가주도전략에서 고객관리 프로세스는 고객에게 접근편의성 및 용이성을 제공하는 것이 핵심인데, 가령 온라인 모바일 커머스를 통한 주문 및 배송처럼 간편하게 접근할 수 있는 주문 프로세스의 실제와 뛰어난 배송 현황, 하자 보증, 반품 등과 관련해 뛰어난 '판매 후 서비스'를 제공하는 것이 무엇보다 중요하다. 이는 공급자, 영업사원, 고객에게 구매 경험, 주문 및 획득과 관련한 비용절감을 위해 필수적이므로 정보기술시스템의 활용이 매우 요구되고 있다.

두 번째 유형은 제품혁신과 마켓 리더십 가치명제에 따른 차별화전략의 선택이다. 여기에 속하는 기업은 고객들이 높게 평가하는 우수한 품질과 혜택을 가진 제품을 개발하는데 주력해야 한다. 이러한 가치명제에 따른 목표는 시장기회에 대응하는 고성능 혁신제품을 선보이는 것이며, 고객의 욕구를 주도할 수 있는 신제품을 세분시장에 가장 먼저 출시하는 것이다. 일반적으로 기업이 원가주도전략을 추구하는 경우 운영 프로세스가 뛰어나야 하지만, 제품 리더십 전략을 추구하는 전략적 선택은 혁신 프로세스의 탁월성을 강조하는 것이 필요하다. 각각의 전략을 추구하는데 있어서 어떤 프로세스가 강화되어야 하는지를 결정하는 것이 중요하다.

세 번째 유형은 완벽한 고객 솔루션을 제공하는 가치명제에 따른 차별화전략의 선택이다. 주로 무형적인 서비스 기업들이 다수 선택할 수 있는 전략이다. 이 전략은 고객들로 하여금 해당 기업이나 서비스 브랜드가 고객을 제대로 이해하고 있고, 고객이 기대하는 맞춤형 서비스를 제공할 능력이 있다고 느끼게 하는 것이 중요하다. 특히 전문인력과 패키지화 된 다수의 서비스, 판매 전후의 관리, 고객관계 유지능력이 요구된다.

이렇듯 선택된 특정한 가치명제에 대한 목표들이 결국 기업들로 하여금 마케팅 과업을 달성할 전략을 설계하도록 하는데, 이에 앞서 전략은 명시된 개념 설정에서 그치는 것이 아니라 실제적이고, 구체화 된 각각의 활동 프로세스가 상호 보완적으로 작동함으로써 성취될 수 있다.

2) 마케팅 과업과 적용범위

마케팅 관리의 과업은 신제품을 통한 시장진입 전략으로 신규 고객을 획득하는 과업과 기존 제품을 강화시켜 기존 고객을 유지하는 과업으로 구분된다. 이러한 2가지 가운데 신규 고객 획득 과업은 마케팅의 본질적인 역할과 관련되어진다. 즉, 마케팅의 역할은 고객의 충족되지 못한 욕구를 찾아내고, 특정 제품이나 서비스를 갖고 싶어하는 고객의 욕망을 창조하는 것이다. 그러므로 신제품을 시장에 도입하면서 신규 고객을 획득하는 전반적인 마케팅 과업에 대해 본 저서에서 설명하고 있다.

신규 고객을 획득하기 위해서는 '수요창출(demand creation)'이 이루어져야 할 것이다. 에이드리언 슬라이워츠키(A. J. Slywotzky)는 최근 저서에서 "세상에 존재하는 수요를 확인하고 이에 대응하는 시대는 지났고, 이제는 고객들이 미처 인식하지 못하는 새로운 수요를 창출하여 제공할 수 있어야 살아남는다"고 주장한 바 있다. 그는 성공적인 수요창출을 위한 6가지 비결을 다음과 같이 제시하고 있다.

첫째, 수요창출은 고객이 제품과 서비스로부터 경험한 시간, 돈, 에너지 낭비, 실망 등 고객의 고충에서 시작한다. 이에 따라 고객지향적인 마케팅 사고에 근거한 고객가치창출이 필요하다.

둘째, 수요창출은 뿌리치기 힘든 매력을 가진 제품을 만드는 것이다. 고객의 고충을 해결하면서 거부할 수 없는 매력을 가진 제품들은 제품 자체가 일상 생활의 한 부분이 되고(ex: 스타벅스), 비교의 기준점이 되고(ex: 아이폰), 제품 사용자 간 유대감을 형성하는(ex: 싸이벡스 프리암) 공통점이 있다.

셋째, 수요창출에 성공하기 위해서는 제품을 더욱 매력적으로 만드는 요소인 사업 모델, 운영 프로세스, 고객 경험 관점의 인프라 등 수요창출을 실질적으로 지원하는 시스템이 뒷받침되어야 한다.

자료: 스타벅스 커피

넷째, 수요창출은 잠재고객들이 제품을 구매하게 만드는 결정적인 계기가 조성되어야 한다. 여기에는 제품의 매력도를 보완, 개선하는 것(ex: 카셰어링 분야의 SOCAR), 유통채널에서 고객접점을 변경하는 것(ex: 네스프레소의 직접판매)이 효과적인 방법이 된다.

다섯째, 수요창출은 제품 · 서비스를 지속적으로 향상시키는 것이다. 이를 위해 연구개발을 포함한 제품경쟁력 및 경쟁사의 역량수준, 고객의 기대수준을 동시에 고려해야 하는 것이다.

여섯째, 고객의 다양한 필요에 부합하는 제품을 가장 효율적인 비용으로 다양하게 제시하는 것이 중요하다.

2. 마케팅 관리 측면의 과업

마케팅 관리의 과업은 신규 고객을 획득하는 과업은 물론 기존 고객을 유지하는 과업을 포함한다. 2004년도에 제정된 미국마케팅학회의 마케팅 정의에서 "마케팅 고객과의 관계를 관리하기 위한 조직의 기능이며, 일련의 수행 과정들이다."라고 명시한 것에서 알 수 있듯이 마케팅 관리자가 고객과의 관계를 결정하고, 관리해야 한다는 가정이 제시된 바 있다.

그렇다면 마케팅에서 관계란 무엇을 의미하는가? 관계를 관리한다는 것은 공급자와 고객 간 상호 몰입과 이해, 반복 구매행동을 보이는 고객들을 보유하는 것, 충성도 프로그램과 직접우편과 같은 관계마케팅 수단을 관리하는 것, 고객의 마음속에 긍정적인 감정이나 태도를 차지하는 것 등 다양하다. 더 나아가 고객유지를 확보할 목적으로 관계마케팅을 활용한다면 고객을 유지하기 위한 비용이 이익을 초과하지 않아야 한다.

한편 고객과의 장기적인 관계구축을 고려하여 마케팅 활동을 하는 기업은 고객을 창출하고 유지할 수 있다는 연구 흐름은 관계마케팅에서 비롯되었다. 관계마케팅은 거래적인 교환관계에서부터 고객과의 관계지향적인 교환관계까지 연속적인 고객관계를 근간으로 한다. 관계마케팅의 대상은 B2B에서부터 B2C로까지 다양하다. B2B에서는 장기적인 관계구축의 필요 조건이라고 할 수 있는 몰입, 신뢰, 만족, 편익 등과 같은 변수들이 역할을 하며, B2C에서는 서비스품질, 고객만족, 재구매 의도가 중요한 역할을 한다고 제시되었다.

특히 소비자-브랜드관계의 관점에서는 소비자가 인식하는 관계의 다양한 유형과 형태가 존재한다. 관계의 다양한 유형과 형태 속에는 소비자에 대한 기업, 제품, 서비스 브랜드의 태도와 이러한 브랜드에 대한 소비자의 태도 사이에 주고받는 상호작용이 개입되기 마련이다. 마케팅 사고의 변화 과정에서 살펴보았듯이 고객의 필요와 욕구를 충족시키고 상호 교환을 창출하는 데 초점을 맞추는 고객지향적 마케팅 사고의 관점에서는 고객에 의하여 산출된 가치가 중요하다고 강조했으므로 기존 고객 유지를 위한 마케팅 과업은 고객관계가 중요하게 고려되어야 한다. 특히, 고객관계의 존재 여부는 오직 고객만이 결정할

그림 1-2 ▸▸ 마케팅 관리 과정

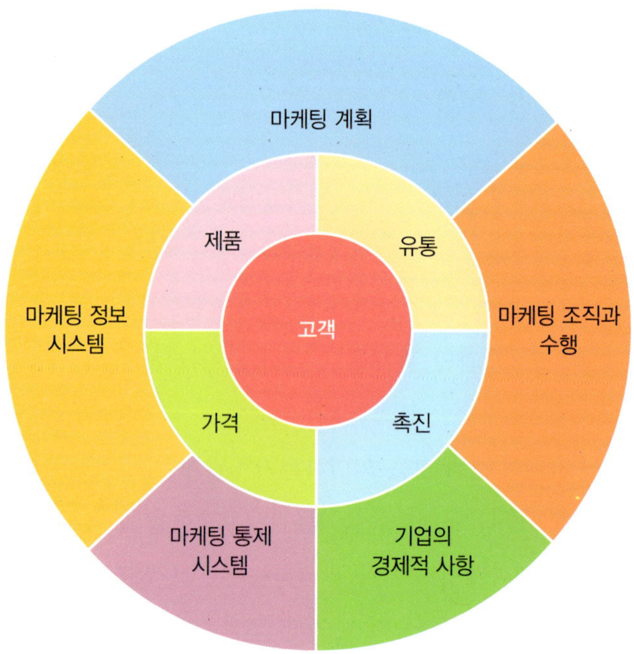

수 있음을 간과하지 말아야 할 것이다.

기존 고객을 유지하는 과업을 수행하기 위해서 현실 상황에서는 고객관계관리(C R M: customer relationship management)가 활용된다. 현실적으로 고객과 잠재고객들의 정보에 대한 분석을 바탕으로 그들의 필요와 욕구를 충족시키는 제품, 서비스를 합리적으로 제공할 수 있으며 할인 혜택, 특별행사 초대, 특별 서비스 등 충성스러운 기존 고객들이 중요하게 생각하는 새로운 편익을 지속적으로 개발하는 것이 필요하다.

학 | 습 | 사 | 례

[Global View & Point] '마케팅 3.0 시대'의 도래 … "소비자 영혼과 교감하라"

'통곡의 벽'을 깨라
전직원이 고객의 불편함을 직접 느끼고 해결해주려는 전략적 가치를 공유해야

마케팅의 대가 필립 코틀러는 현 시대를 마케팅 3.0 시대라고 선언했다. 마케팅 1.0 시대는 제품, 즉 소비자의 이성이 중심이 됐던 시대를 말한다. 마케팅 2.0 시대는 소비자의 감성을 중시하는 시대였다. 코틀러 교수가 언급한 마케팅 3.0 시대는 '소비자의 영혼을 만족시키고 교감하는 시대'라고 했다.

이 같은 변화 시기에 우리 기업은 어떤 준비를 해야 할까. 먼저 실패를 인정하는 문화를 공유할 필요가 있다. 4차산업혁명시대를 준비하는 기업의 요건 중 하나가 유연성(flexibility)이라고 한다. 유연한 조직은 직원들의 실패를 인정한다. 아마존의 최고경영자(CEO) 제프 베저스는 "그간 아마존이 성장한 이유는 많은 실패를 통해 축적된 배움과 경험이 근간이었다"고 했다

아마존은 그동안 자사 운영체제(OS)시스템을 구축한 '아마존 파이어폰' 모바일 결제시스템인 '아마존페이' 등 무수한 제품을 시장에 출시해 실패했다. 이 같은 실패는 아마존이 새로운 도전을 할 때마다 타산지석의 계기는 물론 조직을 집중시키는 중요한 역할을 하게 됐다. 이를 바탕으로 고객의 영혼을 만족시키는 흐름을 읽어 단기간에 약 14조 원의 매출을 달성한 클라우딩 서비스의 최강자로 도약한 AWS(아마존 웹 서비스)를 탄생시켰기 때문이다. 모든 실수와 실패를 용인하는 것은 분명 무리가 있지만 적어도 새로운 도전을 시도하다 실패한 사례는 우리 조직에 새로운 통찰의 기회로 다가올 수 있다.

고객과의 영혼적 교감을 나눌 필요도 있다. 마케팅 3.0 시대의 화두는 '소비자와 영혼적 교감을 이루는 일'이라고 했다. 각 구성원의 과업에 대한 목표가 고객의 영혼을 진심으로 감동시킬 만한 지표와 연결돼 있는가를 확인하는 것이다.

국내 카드계에 다양한 화두를 던지고 있는 현대카드의 사례를 들어보자. 이 기업의 본사 사옥 1층 벽면에는 LED(발광다이오드) 모니터로 회사 고객불만팀에 접수된 다양한 고객의 불만과 불평에 대한 내용이 실시간으로 나타난다. 이들은 이를 '통곡의 벽'이라고 부른다. 카드사의 특성상 공격적 영업을 하다 보면 고객관리에 신경을 쓰지 못해 날아오는 불만은 이루 말할 수 없다. 문제는 이러한 때 고객의 영혼을 감동시키려고 하는 기업들은 어떤 행

동을 하는가다. 이 기업은 전사 차원에서 고객들의 불만을 고객 불만팀에서 해결하는 데 그치지 않고 전 직원이 모니터를 통해 직접 눈으로 확인케 하고 자신들의 서비스를 통해 상처받은 고객들의 소리를 체감케 한다. 여기에 그치지 않고 모든 부서의 임원은 이런 고객 불만 사항 중 한 가지씩을 맡아 1주일 내에 처리하고 해피콜을 통해 고객의 마음이 풀어지고 만족해할 때 비로소 해당 업무를 완료한다.

이제는 기업의 모든 부서가 고객의 불편함을 진심으로 미안해하고 해결하려는 전략적 가치를 공유해야 한다. 고객만족이란 공허한 메아리보다는 나의 과업과 목표가 '고객의 통곡'을 해결할 수 있는 가치를 가지고 있다면 이런 기업은 마케팅 3.0 시대에 변화와 도약을 이뤄내리라 생각한다. 고객은 우리 기업과 영혼으로 교감하길 원하기 때문이다.

출처: 한국경제. 2017.06.22. http://news.hankyung.com/article/

CHAPTER 02

전략적 마케팅 계획의 체계

도입사례

경기불황을 '마케팅'으로… "절약해서 쓰세요"소비 줄이기 제품 잇따라

킨도 홈페이지

경기불황으로 소비자들이 지갑을 닫자 유통업계가 '절약'을 강조한 '소비 줄이기' 마케팅을 내놓으며 소비자들 마음 잡기에 나섰다.

업계에서는 제품의 사용량을 줄이라는 유통업계의 마케팅 이면에는 환경보호의 의미도 담겼다고 보고 있다.

유럽 프리미엄 기저귀 브랜드 '킨도(KINDOH)'는 고객들의 다양한 고충해결을 위해 온라인 쇼핑채널 '킨도몰'을 지난해 8월 론칭했다. 킨도몰은 '기저귀 줄이기 캠페인', '기저귀, 물티슈 올바른 선택법' 등을 통한 활동으로 소비자들과 소통하고 있다.

특히 '기저귀 줄이기'는 아이가 살아갈 미래의 환경까지 생각한 캠페인으로, 합리적인 소비와 자연보호를 위해 하루 이용 적정량인 6장의 기저귀 사용을 권장하는 운동이다.

이런 킨도의 활동은 킨도 브랜드에 대한 신뢰도를 높이는 데 일조하는 것으로 분석된다. 킨도 기저귀는 유럽의 두 안전 테스트를 모두 합격해 독일 등 유럽 국가에서 선호도가 높은 것으로 알려졌다.

세제시장도 앞다퉈 고농축 세제 · 유연제 등을 내놓으며 '소비량 줄이기' 마케팅에 열을 올리고 있다.

피죤은 섬유유연제인 고농축 리치퍼퓸을 내놓으며 '제품을 3분의 1만 사용하세요'라고 홍보하고 있다. 피죤은 향 성분이 3배 강화된 만큼 제품 사용량도 3분의 1로 줄여도 된다고 말한다. 또 기존 대비 세척력을 높인 초고농축 세제 '액츠 프리미엄젤'도 내놨다.

피죤 홈페이지

퍼실은 고농축 포뮬러 '퍼실 프리미엄 젤'을 선보이며 2분의 1만 써도 탁월한 세척력을 발휘한다며 사용량을 줄이라고 말한다. 이는 제품의 세척력이 우수하다는 점을 부각시키기 위한 전략으로 풀이 된다. 그 외 LG생활건강은 고농축 시트형 세제 '피지' 등을 내놨다.

주류 제조사들도 건전 음주에 앞장서고 있다. 오비맥주는 '더 나은 세상'을 비전으로 건전음주, 환경 등을 토대로 다양한 사회공헌 활동을 펼치고 있다.

오비맥주는 주류 업계 선도기업으로 미성년자 음주와 음주운전 등 무분별한 음주를 막는데 앞장서 왔다. 이를 위해 청소년 음주예방 캠페인 '패밀리 토크'도 운영하고 있으며, 2014년부터는 '글로벌 건전음주의 날'에는 서울 강남 주요 상권 일대 등에서 건전음주 가두 캠페인을 펼치고 있다.

또 디아지오코리아는 '쿨 드링커 캠페인'을 진행 중이다. '술잔은 천천히, 술자리는 짧게' 등을 홍보해 건강한 음주문화를 조성하겠다는 취지다.

의류업계에서도 친환경에 대한 관심이 커지자 패스트 패션보다는 지속 가능한 제품들과 리사이클 소재 제품을 선보이며 옷으로 인한 쓰레기 증가 방지에 나서고 있다.

라이프웨어 나우는 간결한 디자인과 유행을 타지 않는 컨템포러리 스타일로, 환경과 만드는 사람까지 생각한 제품을 선보이며 지속 가능한 패션에 앞장서고 있다.

고어사는 산업폐기물을 재활용한 '리사이클 나일론'이라는 새로운 겉감 소재를 개발했다. 블랙야크의 'B모션벤치다운자켓'은 리사이클 겉감 소재가 적용된 제품으로 환경에 미치는 영향을 최소화시켰다는 마케팅을 하고 있다.

뷰티업계에서도 천연 화장품 브랜드들을 줄줄이 론칭하며 화학성분에 대한 위험함을 주지시키는 마케팅이 인기다.

출처: 데일리팝 뉴스 2019.01.10. http://www.dailypop.kr/news/

제1절 마케팅 환경분석

1. 마케팅 환경의 의미

기업 입장에서 마케팅 계획을 수립하고 실행하며 통제하기 위해서는 마케팅 환경에 대한 명확한 분석이 요구 된다. 기업 활동에 영향을 미치는 마케팅 환경은 거시적 환경과 미시적 환경으로 구분할 수 있는데 이 가운데 일반적으로 마케팅 환경이라 하면 거시적 환경에 속하는 일반환경을 지칭한다. 즉, 인구통계적 환경, 문화 · 사회적 환경, 정치적 · 법적 환경, 경제적 환경, 경쟁적 환경, 기술적 환경 등이다. 그리고 미시적 환경에 속하는 산업환경에는 공급자, 구매자, 대리점, 특약점 등과 같은 이해관계자가 있다. 반면 조직의 전략과 목표, 경영자원, 리더십, 조직구조 등은 내부적 환경이라 할 수 있다.

마케팅 환경을 거시적 환경과 미시적 환경으로 나누어 볼 때 마케팅 환경의 주 대상은 거시적 환경에 있으므로 여기서는 인구통계적 환경, 경제적 환경, 경쟁적 환경, 기술적 환경, 문화 · 사회적 환경, 정치적 · 법적 환경을 중심으로 살펴보고자 한다.

2. 거시적 환경 요인

1) 인구통계적 환경

소비자들의 집단은 곧 시장(market)을 형성하게 된다. 기업이 그들의 표적시장을 선정할 수 있지만 표적고객집단을 직접적으로 통제할 수는 없으며 단지 소비자들의 나이, 직업, 소득, 학력, 주거지 등 소비자들의 인구통계학적 특성에 대한 적절한 마케팅 전략을 설계할 필요가 있다. 때문에 인구통계적 환경(demographic environment)은 마케팅 관리자의 1차적인 주요 관심사 중의 하나가 되는데, 마케팅 관리자는 표적시장의 규모와 위치, 특성에 관한 사실을 분명히 인식할 필요가 있다.

한편 절대적인 인구의 규모와 증가율, 인구분포, 인구밀도, 인구의 이동추세, 출생률과 사망률 등은 마케팅 관리자에게 있어서 중요한 의미를 지닌다. 유엔인구기금(UNFPA)의 세계인구현황보고서(2012)에 따르면 세계인구는 2012년을 기점으로 70억을 돌파하였다.

하지만 우리나라의 인구증가율은 2000년 이래로 1%를 밑돌고 있으며 이러한 추세는 앞으로도 계속될 것으로 보인다. 이와 같은 전 세계적 인구증가추세 및 국내 상황은 기업들로 하여금 신중한 의사결정을 요구하도록 만든다.

그림 2-1 ▶▶ 기업경영 환경

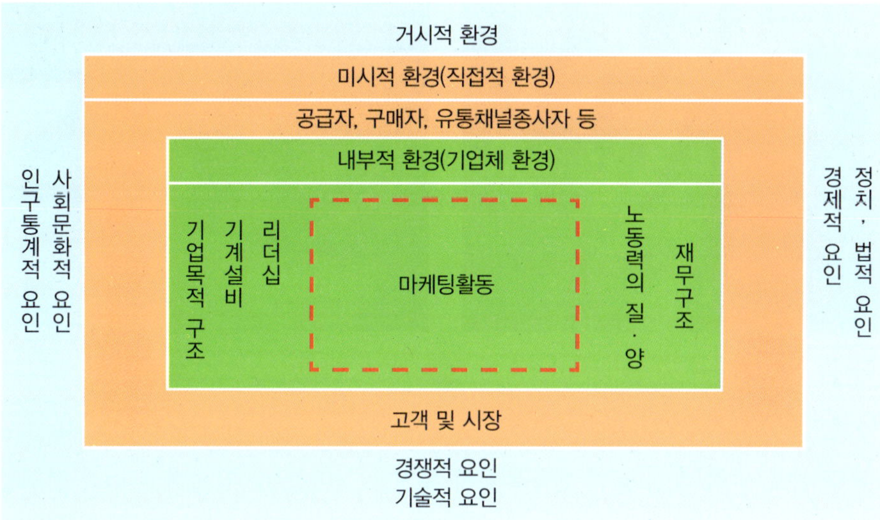

일반적으로 인구의 증가는 곧 인간욕구의 증가와 소비시장의 증가를 의미하기도 하지만 그들이 구매력을 갖지 않는 한 실질적인 시장 증가를 의미하지는 않는다.

최근 인구통계적 분포의 두드러진 특징을 살펴보면 인구의 출생률이 둔화되고 의술의 발달과 식생활 및 위생환경의 향상으로 인한 평균수명의 증가로 평균연령이 급격히 높아지고 노인층의 비중 또한 점차 높아지고 있는 상황이다. 이러한 사실은 연령분포에 영향을 주며, 시장기회와 관광, 건강보호 및 금융서비스 같은 산업에 새로운 기회를 제공해 주고 있다.

21세기 시작과 더불어, 미국의 경우 50세 이상의 연령층은 가장 빠른 성장 연령층으로서 인구비율로는 약 25%에 불과하지만 전체 가처분소득의 약 절반을 가지고 있기 때문에 많은 기업들의 관심의 대상이 되고 있다.

마케팅 관리자는 항상 빠른 성장시장을 찾고 있다. 인구분포와 지역별 상이한 인구성장률은 지역별 잠재시장의 규모를 제시해 주므로 마케팅 관리자에게는 매우 중요한 항목이다. 또한, 인구의 도시집중현상(특히 수도권 인구집중현상)과 지역 내 · 지역 간 인구이동률의 증가는 시장구조에 중요한 변화를 일으킨다. 무엇보다 인구의 도시 내 이동은 대개 더 크고, 좋은 집으로의 이동상황을 의미하며 이는 도시 지역 내에서 새로운 주택으로 이동과 동시에 구매가 수반된다고 할 수 있다.

이 밖에도 교육수준(특히 고등교육)의 향상과 결혼연령의 지연, 주거환경의 개선·변화, 가구당 가족 수의 감소 등의 인구통계적 특징을 찾아볼 수 있으며 이러한 인구통계적 동향과 추세에 적합하게 마케팅 관리자는 주요한 인구통계적 트랜드를 포착하여 표적시장에서 갖는 의미를 정확히 파악해야 할 것이다.

2) 경제적 환경

시장은 단순히 사람들의 집합체만으로는 형성될 수 없고, 그들의 구매력과 구매의사가 있어야 한다. 따라서 시장은 축적된 수요(aggregated demand)라고 할 수 있다.

경제적 환경(economic environment)이란 소비자의 구매력과 구매의사, 소비 패턴 및 전반적인 경제조건에 영향을 주는 요인들을 말한다.

(1) 소득

일반적으로 소득(income)은 경제상황과 함께 개인의 구매력(buying power)에 영향을 준다. 인플레이션으로 인해 재화의 가격이 오르면 제품구매에 더 많은 지출이 요구되므로 구매력이 떨어진다. 개인소득의 증가는 자연스럽게 제품이나 서비스에 대한 수요의 증가를 가져오게 된다. 일반적으로 고소득층은 경제적 여건에 별로 영향을 받지 않고 특별한 구매력을 가지며, 특히 사치품 시장이 소비의 많은 비중을 이루는 반면, 저소득층은 기본적인 필수용품, 특히 식품과 의류시장에서 가장 매력적인 집단을 이룬다. 또 다른 일반적 특징으로 볼 때 소득분포는 지리적으로 균등하지 않으며, 소득이 많은 시장일수록 더욱 매력적이다. 이는 유아복 소매업체들이 소득이 높은 젊은 가정이 많은 곳으로 이동을 하듯 마케팅 관리자들은 소비자들의 소득 상황에 대한 최적기회를 가질 수 있는 지역에 마케팅 노력을 집중하려 한다.

(2) 소비 패턴

한편 소비가정과 표적시장의 소비 패턴은 마케팅 관리자로 하여금 매우 중요한데, 소비자는 가처분소득(세금차감 후 소득) 중에서 일부는 소비를 하고 또 다른 일부는 저축을 한다. 독일의 통계학자인 엥겔(E. Engel)은 엥겔의 법칙[01]을 통해 소득증가에 따른 가계지출의 변화 양상을 설명하면서, 즉 가계소득이 변함에 따라 소비에 대한 비율이 달라짐을 설명한 바 있다

이처럼 가계소득별 소비자료는 소비 패턴을 이해하는 데 많은 도움이 된다.

또한, 가계의 지리적 위치(도시, 지방 등)는 교통, 주거, 음식 등의 소비습성에 영향을 주며, 가게에서 배우자의 유 · 무나 연령, 자녀의 나이 등 가족수명주기단계 요소들은 소비 패턴에 영향을 주는 또 다른 요소로 작용될 수 있다. 예를 들어, 젊은 가정은 신제품에 대하여 보다 호의적이며, 자녀들이 10대 나이가 되면 소비지출에 큰 변화가 생겨 가정의 소비를 다시 재분배한다. 마케팅 관리자는 대개 소비가 가장 왕성한 연령층(표적시장)에 마케팅 노력을 집중시킨다. 한편, 가정 내 공동 수입원(맞벌이 가정)이 존재할 경우 역시 소비습성에 영향을 미치게 된다. 과거 약 20년 전후를 기점으로 직장여성은 점차 증가하는 추세에 있으며, 이들은 의류와 식품에 돈을 많이 소비하고 자녀보호, 세탁 등 인적 서비스를 많이 구매하는 것으로 조사되었다. 또한 맞벌이 부부의 경우, 가족 전체 지출액의 약 40%는 부인의 소득에서 나온다는 조사결과가 있다. 이러한 사실은 시장을 분석하고 마케팅 전략을 계획할 때 충분히 고려되어야 한다.

---

01 엥겔의 법칙은 "가계소득이 증가함에 따라 식비가 차지하는 비율은 감소하고 피복비와 주거비, 광열비의 비율은 일정하며 문화비(교육, 위생, 교통, 통신비 등)의 비율은 증가한다"는 것으로 엥겔은 이를 엥겔계수(음식물비/총생계비 × 100) 로 설명함.

(3) 종합적 경제상황

전반적인 경제상황으로는 인플레이션, 이자율, 환율, 경기변동 등의 측면을 고려할 수 있다. 물가상승과 통화팽창을 야기하는 인플레이션은 오늘날 거의 모든 나라에서 나타나는 현상이어서, 마케팅 전략 계획에 반영되어야 한다. 이자율은 자본 차입자가 제품을 구매할 때 치르는 총가격에 영향을 주는 바, 특히 산업재시장에서 중요한 요소가 될 수 있다. 또한, 국가 간의 화폐교환 관계를 나타내는 환율은 국제무역의 중요한 요소가 된다. 즉, 원화절상은 국산품의 가격경쟁력을 떨어뜨리고 수입품의 국내 가격경쟁력을 높여주는 결과를 낳는다.

한편, 경제적 환경 요소로서 경기변동을 살펴보면, 호경기에는 실업률이 낮고 소득이 높아서 사람들의 구매력과 구매의욕이 왕성해진다. 이때 마케팅 관리자는 제품 믹스를 확대하여 증가된 구매력을 활용하거나, 유통 및 촉진노력을 강화하여 시장점유율의 확대를 꾀할 수 있다. 반면에 불경기가 되면 실업률이 높아지고 구매력이 떨어지며 구매심리가 매우 위축된다. 따라서 많은 소비자들은 가격에 보다 민감해지며 기능(가치) 위주의 제품을 구매한다. 이때 마찬가지로 마케팅 관리자는 마케팅 조사를 통해 소비자들이 중시하는 제품의 속성을 알아내어 제품의 가치와 효용을 강조하는 촉진 활동을 전개해야 한다.

이처럼 경제적 환경은 지속적으로 변하며 때로는 급격히 변하는 양상을 보인다. 마케팅 관리자는 시장에 영향을 주는 경제적 변수의 변화를 정확하게 파악하고 예측할 수 있는 방안이 필요하다.

3) 경쟁적 환경

(1) 경쟁구조

경쟁적 환경(competitive environment)은 기업이 당면하는 경쟁자의 수와 유형 및 그들이 어떻게 행동하는가에 따라 영향을 받게 된다. 마케팅 관리자는 이러한 경쟁적 요소를 통제할 수 없다 하더라도 정면경쟁을 피할 수 있는 전략을 선택하거나 혹은 경쟁이 불가피할 경우 그에 대등한 전략계획을 세워야 한다.

어떤 산업이든 간에 경쟁을 하지 않는 기업은 거의 없다. 즉, 대부분의 기업은 소비자의 구매력을 두고 서로 간에 경쟁을 한다.

경쟁구조는 여러 가지 요소에 의하여 영향을 받으며 어떤 제품의 공급을 통제하는 기업의 수는 경쟁의 강도에 영향을 준다. [표 2-1]에서 보는 바와 같이 경쟁구조는 독점, 과점, 독과점경쟁, 완전경쟁의 4가지 유형으로 나누어진다.

표 2-1 경쟁구조별 특징황

경쟁구조	경쟁자의 수	시장진입장벽	제품	시장지식
독점	하나	많음	대체품 거의 없음	완전함
과점	소수	약간	동질 또는 차별적임 (실제 또는 지각된 차이)	불완전함
독과점경쟁	많음	별로 없음	많은 대체품으로 제품차별화	독점과 과점의 중간 정도
완전경쟁	무제한적임	없음	동질적 제품	완전함

자료: W.M. Pride and O.C. Ferrell, *op. cit.*, p. 60.

■ 독점상태(monopoly)

기업이 대체품이 없는 제품을 생산할 때 존재하며, 이때 기업은 제품의 공급을 완전히 통제할 수 있다. 때에 따라서 잠재경쟁자에 대하여 여러 가지의 진입장벽을 세울 수 있다. 특히 독점 하에서는 가격결정의 자유를 최대한 누릴 수 있으나, 자칫하면 소비자의 저항을 받을 수 있으므로 신중을 기해야 한다.

■ 과점상태(oligopoly)

소수의 경쟁자가 동질적 또는 차별적 제품을 제공할 때 존재한다. 이 경우 각 판매자는 마케팅 활동에서 다른 판매자의 반응을 신중히 고려해야 한다. 과점에서의 시장가격은 경쟁자 간에 상호 의존적이고, 실제에서 한 기업의 가격인하는 매우 치열한 시장상황을 야기한다. 과점 하에서는 시장진입이 어려우며 중간수준의 장벽이 존재한다(예 : 통신산업, 철강산업 등)

■ 독과점경쟁(monopolistic competition)

다수의 경쟁자들이 제각기 자신의 시장점유율을 구축하기 위하여 차별적 마케팅 전략을 전개하는 상황으로서 가장 현실적인 경쟁상황이라 할 수 있다.

독과점경쟁 하에서 기업은 각기 자신의 수요곡선-가격통제의 선을 가지기 때문에 마케팅 전략의 한 부분으로서 가격수준을 결정해야 한다.

■ 완전경쟁(perfect competition) 또는 순수경쟁(pure competition)

가격이나 공급에 영향을 미칠 수 없는 상황이다. 제품은 동질적이고 시장에 대한 완전한 지식과 정보를 가지고 있으며, 모든 경쟁자들은 시장진입에 매우 용이하다. 목재나 석탄, 인쇄, 농산물시장과 같이 규제가 안 되고 많은 경쟁자들이 동질적인 제품을 판매하는 고도의 경쟁적 상황이 완전경쟁에 해당한다.

(2) 경쟁수단

경쟁수준에 영향을 주는 또 다른 요소로서 경쟁자들이 사용하는 경쟁도구의 수와 유형을 들 수 있다. 기업은 치열한 경쟁 속에서 생존을 위하여 여러 가지의 경쟁수단을 사용한다. 일단 기업이 특정 경쟁환경을 분석한 다음 경쟁지위를 강화하기 위해 통제 가능한 변수를 선택할 수 있는데 대부분의 경우 1차적인 경쟁수단은 가격이다. 그러나 경쟁수단으로서 가격을 사용할 때 유발되는 문제는 경쟁자 역시 가격을 경쟁수단으로 대응하는 경우가 발생함에 따라 결국 서로 파멸적 경쟁으로 치닫을 수 있다. 이러한 위험 요인으로 인해 기업은 마케팅 전략 차원에서 세분시장이나 제품, 촉진, 유통, 서비스 등의 차별화에 기초를 둔 비가격경쟁(nonprice-competition) 수단을 도입하게 된다. 때로는 마케팅 관리자가 특정 세분시장에 초점을 둠으로써 경쟁적 이점을 얻기도 하는데 예를 들어, IBM사는 전통적으로 사무용품시장에 초점을 둔 반면에 Apple Computer사는 가정용품 시장에 중점을 두어 왔다.

경쟁환경 IBM 사무기기 vs APPLE의 가정용품

이 두 회사는 각기 자신들의 상표로 제품을 특화시킴으로써 경쟁적 가치를 구축해왔다. 기업은 또한 경쟁적 이점을 누리기 위해 광고나 인적판매 같은 차별적 촉진 방법을 사용하거나 경쟁자와 상이한 유통경로를 사용할 수도 있다. 한편, 마케팅 관리자는 주요 경쟁자의 행동을 인식할 필요가 있다. 즉, 현재의 경쟁자행동을 확인하고 경쟁자행동의 변화 요인을 평가해야 하는데, 이것은 마케팅 관리자가 현재의 마케팅 전략을 조정하고 새로운 계획을 도입하는 데 도움이 된다. 또한 기업은 마케팅 노력의 성과를 평가하기 위하여 경쟁자에 대한 정보를 필요로 한다. 경쟁자와 관련한 마케팅 성과의 비교는 마케팅 관리자로 하여금 자신의 마케팅 전략의 강점과 약점을 인식하는 데 도움이 된다. 분명한 것은 기업이 경쟁관계를 분명하게 인식하고 상대적인 경쟁적 이점을 추구하는 것은 마케팅 전략을 수립하는 가장 큰 기초가 된다.

4) 기술적 환경

기업의 성패는 기술혁신에 달려있다. 기술정보는 소득, 세금, 제품가격 및 소비자의 구매의사에 영향을 주기 때문에 기술적 요인은 경제적 환경에 밀접한 영향을 미치며, 우리들의 삶 전체에 엄청난

영향을 주고 있다. 지난 수십년 동안의 기술의 진보보다 현 21세기의 기술 발전속도는 점차 빨라지고 있는 상황이다. 오늘날 우리는 공장의 로봇에서부터 말하는 가정 냉장고에 이르기까지 폭발적인 하이테크 시대에 살고 있다. 소비자의 기술에 대한 지식은 제품 및 서비스에 대한 욕구에 수많은 영향을 미치게 된다. 소비자를 만족시키는 마케팅믹스를 제공하기 위하여 마케팅 관리자는 이러한 기술의 영향을 분명히 인식해야 한다.

한편 기술이 마케팅 활동에 미치는 영향력은 다음의 두 가지 범주로 나누어 볼 수 있다. 즉, 사회에 대한 기술의 영향, 그리고 마케팅에 대한 기술의 영향을 들 수 있다.

(1) 사회에 대한 기술의 영향

기술은 인간이 자신의 생리적 욕구를 어떻게 충족할지를 결정해 준다. 의식주 패턴이나 성적 활동, 보건 등은 여러모로 기존의 기술 및 기술 변화에 영향을 받는다. 기술개발은 인간의 생활수준을 개선시켜 왔고 보다 많은 여가시간을 맞게 해주었다. 교육, 정보 및 오락 분야는 기술을 통해 향상되어 왔다. 그렇지만 기술은 다른 한편으로 실업, 대기, 수질오염, 기타 건강에 위협을 주는 많은 부정적인 효과를 야기시켜 생활의 질(quality of life)을 떨어뜨릴 소지가 없지 않다. 이러한 부정적인 측면에 대해서는 보다 개량된 기술을 통해 일소될 수 있다는 낙관론과 기술의 이용을 줄이는 것이 생활의 질을 향상시키는 최선책이라고 강변하는 비관론이 교차되고 있다.

(2) 마케팅에 대한 기술의 영향

기술은 마케팅 관리자가 제공하는 제품의 유형에 영향을 준다. 제조 과정과 원자재에서의 기술진보는 때로 보다 내구성 있고 저렴한 제품을 얻게 해준다.

특히 커뮤니케이션의 기술적 변화는 마케팅 관리자가 보다 효율적인 다양한 매체로 많은 대중들에게 커뮤니케이션(mass communication)을 할 수 있게 해주었다. 또한, 운송수단의 기술진보는 소비자들이 여러 점포에서 보다 먼 거리를 잦은 빈도로 쇼핑할 수 있게 해주며, 도 · 소매상들에게 제품을 공급하는 생산자의 능력을 한층 신장시켜 주었다.

마케팅 관리자는 기술평가(technology assessment) 과정을 통해서 신제품이나 새로운 공정이 기업 자체뿐만 아니라 다른 기업, 더 나아가 사회에 미치는 영향을 예측할 수 있어야 한다. 이것은 마케팅 관리자가 특정 유형의 기술이 기업 및 사회에 대한 비용을 상회하는지 여부를 평가하게 해준다. 비록 기술이 기업의 제품이나 여타의 마케팅믹스를 급격히 개선시킬 수 있다 하더라도 기업은 기술의 활용을 보류시킬 수도 있다.

한편 연구개발을 통해 얻어진 발명품이 법적으로 보호를 받지 못하면, 그 개발에 대한 혜택을 고스란히 경쟁자가 누리는 결과를 초래할 것이므로 기업은 출시를 보류하거나 재고하게 된다. 기업이 기술을 어떻게 이용할 것인가는 기업의 장기적인 생존과 관련하여 매우 중요한 일이다.

의사결정이 잘못 이루어지면 기업이 경쟁기회를 잃는 우를 범하게 되며 기업에 치명적인 결과를 초래할 수도 있다.

5) 사회 · 문화적 환경

사회 · 문화적 환경(social and cultural environment)은 사람들이 어떻게, 왜, 그처럼 살고 행동하는가에 영향을 준다. 또한 이것은 곧 고객의 구매행동에 영향을 주며 궁극적으로는 경제 · 정치 · 법적 환경에 영향을 주게 된다. 기본적으로 문화적 가치와 사회적 태도는 서서히 변하기 때문에 개별기업이 단기적으로 변화를 추구하기는 어렵다.

한편 사람들은 사회 속에 살아가는 동안 기본적인 신념이나 가치, 규범을 형성해 간다. 그들은 거의 무의식적으로 자신과 타인 및 자연, 우주와의 관계를 규정하는 세계관을 받아들이기도 한다.

이에 따라 한 사회를 구성하는 사람들은 지속적인 추세에 기인하는 신념과 가치관을 지니고 있으며 그 신념과 가치관은 부모로부터 자녀들에게 전승되며, 학교나 교회, 기업, 정부 등 사회의 주요 기관(institutions)들에 의해서 재강화되어 나가기도 한다. 사람들의 부차적인 신념과 가치관들은 변화하기 쉽다. 예를 들어, 결혼제도를 믿는 것은 핵심적인 신념이지만 결혼연령이 늦어지는 추세는 사람들에게 영유된 부차적 신념이다.

이처럼 모든 사회는 전체 문화 속에 사람들의 공통된 인생경험이나 환경에서 나타나는 공유된 가치체계를 갖는 영속

된 집단, 곧 다양한 하위문화(sub-culture)를 가지고 있는데 이는 종교나 국적, 지역단위, 연령층 등의 각 구성원들은 모두 공통된 신념과 선호도, 행동을 갖는 별개의 하위문화를 구성함에 따라 마케팅 관리자는 각 하위문화집단의 욕구와 소비 행태에 따라 표적시장으로 삼을 수 있다. 비록 핵심적인 가치관은 지속적이지만 문화적인 변화는 계속 일어난다. 마케팅 관리자는 새로운 마케팅 기회와 위협 요인을 탐색하기 위하여 문화적인 변화추세를 예측하는 데 관심을 모아야 한다. 한 사회의 주요 문화적 가치관은 그 자산과 타인, 제도, 사회, 자연에 대한 사람들의 관계로 표현된다.

이에 따라 코틀러(P. Kotler)는 마케팅 관리자가 관심을 가져야 할 문화적 가치의 장기적 추세를 다음과 같이 다섯 가지로 요약하고 있다.

타인중심적 ⇒ 자기중심적
연기된 만족 ⇒ 즉시적 만족
힘든 일 ⇒ 편한 생활
공식적 관계 ⇒ 비공식적 관계
종교지향성 ⇒ 세속지향성

마케팅 관리자는 이러한 문화적인 변화추세가 일방적인 이동양상이라기보다는 장기적인 주기모델을 따른다는 사실을 알아야 한다. 인간은 사회에서 살아가는 동안 기본적인 생리적 욕구 이상의 것을 원하며 생활의 질(quality of life)이 보다 향상되기를 원한다. 우리는 보다 빠르고 안전한 수송을 원하며, 효율적인 정보 커뮤니케이션 시스템, 개선된 의료 서비스, 생활수준의 향상을 위한 교육기회, 오락과 긴장완화를 위한 여가시간 등을 추구한다. 생활의 질은 방사능과 유독성 물질에서부터 여가시간, 깨끗한 물과 공기, 오염되지 않은 토양, 자원보존, 안전보장 등에 의해 개선된다. 사회는 단순히 많은 재화나 용역뿐만 아니라 건강한 환경조건을 추구하며, 사회적 기관으로서의 기업이 높은 생활수준과 만족스런 생활의 질을 유지하기에 필요한 많은 요소들을 제공해주기를 기대한다.

오늘날 전사적 · 종합적 · 사회적 마케팅을 추구하는 기업에 있어서, 마케팅 관리자는 사회구성원들이 추구하는 것을 제공하며, 그들이 원하지 않는 것, 이를테면 각종의 불량품, 무책임한 보증, 기만적인 포장과 라벨, 과장 · 허위광고, 기만적인 판매행위, 부당한 가격 등을 철저히 배제할 책임이 있다. 이것은 생산경제주체로서 기업이 갖는 사회적 책임과 맥을 같이 한다. 기업의 사회적 책임(social responsibility)은 마케팅 의사결정이 사회 전체 및 사회 내의 다양한 집단과 개인에게 어떻게 영향을 미치는가와 관련된다. 기업의 목적달성과 동시에 사회적 책임을 감당하기 위하여 마케팅 관리자는 사회적 가치의 추세와 변화를 항시 추적해야 하며 일상적인 의사결정이 기업과 공중의 관계를 해치지 않도록 하기 위한 통제절차를 개발해야 한다.

결국 마케팅 관리자는 사회가 원하는 것을 결정하고, 자신의 의사결정의 장기적 효과를 예측해야 한다. 지난 수십년 동안 마케팅 관리자들은 담배가 사람의 건강과 무관한 메시지를 담은 촉진 활동을 해왔었다. 최근에 이르러 흡연이 폐암과 연관성이 있다는 연구결과가 나타난 이후 흡연에 대한 사회적 여론이 변하고 기업은 새로운 사회적 책임에 직면하게 되었다. 이에 따라 대부분의 주요 숙박업소에서는 비흡연자들을 위한 최소한의 공간을 만들어주고 있으며, 요식업, 여행업, 오락산업 등 대부분 기업들도 금연구역을 제공해주고 있다.

한편 사회는 각기 다른 집단들로 이루어져 있기 때문에 전체적으로 "사회가 원하는 것"을 발견하기란 쉬운 일이 아니다. 어느 한 집단의 욕구를 충족하기 위해서는 다른 집단의 욕구를 희생시킬 수도 있다. 더구나 사회의 많은 요구들은 비용과 관련되어 있다. 마케팅 관리자는 사회구성원들이 자신들의 욕구에 대해 지급하고자 하는 정도를 평가해야 한다. 이는 소비자들이 제품에 대한 더 많은 정보를 원하면서도 그것을 위해 필요한 원가부담은 하지 않으려 할 수도 있기 때문이다.

6) 정치 · 법적 환경

정치 · 법적 환경(political and legal environment)은 마케팅 환경과 상호 밀접하게 연관되어 있다. 예를 들어, 정치인들이 특정 기업이나 산업에 대하여 호의적이면 기업조직에 불리한 법규가 덜 만들어진다. 마케팅의사결정은 정치 · 법적 환경에 크게 영향을 받으며, 이러한 환경은 법률, 정부기관 및 압력단체 등으로 구성된다. 특히 소비자들의 권리와 힘을 증대시키기 위한 사회적 운동이라 할 수 있는 컨슈머리즘(consumerism)은 마케팅의 정치 · 법적 환경 요소로서 매우 크게 부각되고 있다. 마케팅 관리자는 소비자 문제에 지속적인 관심을 가져야 하며, 이제는 많은 기업들이 컨슈머리즘의 정신 또는 공중의 기대에 반응하고 있음을 볼 수 있다(ex: Ford사의 '소비자위원회').

한편, 민족주의는 국제시장의 제약 요인으로 작용할 수 있다. 국가의 이익을 최우선으로 하는 민족주의의 대두는 국제시장에서 마케팅 관리자의 직무를 제약하는 정치적 요인

으로 작용하기도 한다. 특히, 최근 들어 석유 생산업자들은 남미, 아프리카, 중동 등에서 이러한 압력을 많이 받아 왔다. 기업들이 외국에서 판매를 하기 위해서는 그 나라의 허락을 얻어야 하기 때문에, 민족주의적 감정은 기업의 시장진입에 제약 요인으로 작용될 수밖에 없다.

이처럼 정치적 환경은 대개 기업 활동의 제약 요인으로 작용하지만 반드시 부정적인 요인으로만 작용하지는 않는다. 어떤 정부는 기업 활동을 고무시키고 때로는 외국기업을 유치하는 것이 국민과 국가를 위하여 이롭다는 결정을 내리기도 한다. 예를 들어, 우리나라가 1960~70년대에 일관된 수출 드라이브 정책을 추구하면서 기업 활동을 뒷받침해 주고, 외국기업의 유치를 위해 국가 정책적으로 지원을 아끼지 않았던 경우나, 최근 북한이나 사회주의국가들의 외국자본 유치 활동을 시행한 경우가 이에 해당된다. 정치적 환경의 변화는 흔히 법적 환경의 변화를 야기한다.

기업 활동에 영향을 미치는 법률은 여러 목적을 가지고 수년에 걸쳐 꾸준히 증가되어 왔는데, 그 목적은 다음과 같이 세 가지로 설명할 수 있다.

첫째, 기업 상호 간의 관계에서 개별기업들을 보호하는 것이다. 즉, 기업 간의 불공정 경쟁을 정의하고 방지하기 위한 공정경쟁을 고무시키는 법률이다.

둘째, 불공정한 기업행위로부터 소비자를 보호하는 것이다.

셋째, 자의적인 기업의 이익으로부터 보다 큰 사회의 이익을 보호하는 것이다.

GNP는 증가되어도 생활의 질은 오히려 떨어질 수 있다. 새로운 법규나 규제강화의 주요 목적은 생산 과정과 제품으로 인해 유발되는 사회적 비용을 기업에 부과시키는 것이다. 요컨대, 마케팅 관리자는 경쟁, 소비자 및 사회의 이익을 보호하는 주요 법률들에 대하여 충분한 운영지식을 갖추어야 한다.

일반적으로 정부의 기업 활동에 대한 경제·법적 사고는 기업 간의 경쟁이 경제에 도움이 된다는 사상을 기저로 하고 있기 때문에 경쟁을 제한하는 것은 공중의 이익에 반한다는 기본관점을 갖고 있다. 우리나라도 기업 간의 공정한 경쟁을 고무하고 소비자 및 사회를 보호하기 위한 마케팅 관련 법규들이 많이 제정되어 있는데, 이들은 대개 기업 활동을 규제하는 제약 요인으로 작용한다. 그 대표적인 법규로써, '물가안정 및 공정거래에 관한 법률'이 1975년에 경제기획원에 의해 제정되었다. 이 법은 물가안정과 공정하고 자유로운 경제질서를 확립함으로써 소비자의 권익을 보호하고 국민생활의 안정과 발전에 기여할 목적으로 제정되었다. 이 법은 한층 강화되어 사업자의 시장지배적 지위의 남용과 과도한 경제력의 집중을 방지하고 부당한 공동행위 및 불공정거래행위를 규제할 목적으로 1980년 12월 31일 '독점규제 및 공정거래에 관한 법률'로 개정 · 공포되어 지금까지 시행되고 있다. 그 밖에도 소비자보호와 구매자의 권익옹호를 위한 '소비자보호법'을 비롯하여 식품위생법, 약사법, 의료법, 품질관리법, 상품권법, 상표법, 특허법, 도로교통법, 시장법, 백화점법, 광고물단속법, 오수처리 및 공기 오염방지를 위한 각종 법규 등 헤아릴 수 없을 만큼 무수히 많은 법규들이 있다.

한편, 마케팅 활동에 관련된 제규제가 반드시 마케팅 기회를 제약하는 요인만은 아니다. 위에서 언급한 바와 같이 기업 활동(마케팅 활동)을 지원하고 고무시키는 국가정책이나 법규도 있다. 마케팅 관리자는 마케팅 활동에 직 · 간접으로 영향을 미치는 모든 법규와 정부정책을 숙지하고 능동적으로 대처함으로써 마케팅 의사결정에 반영해야 할 것이다.

3. 산업환경분석

1) 산업구조분석

경쟁우위의 원천은 크게 두 가지 흐름으로 제시될 수 있다. 하나는 외부환경에 적응하는 기업의 방식에 초점을 맞추는 것이고, 다른 하나는 기업 내부에 초점을 맞추는 것이다. 외부환경에 적응을 강조하는 대표적인 이론이 산업조직론이다. 산업조직론은 기업의 성과가 산업구조나 경쟁구조 등과 같은 외부의 영향에 의해 결정되고 있음을 강조한다. 따라서 경쟁우위는 독점적 이익을 창출할 수 있는 매력도가 높은 산업을 선택하는 경쟁전략에서 비롯된다(Porter, 1980, 1985, 1990). 외부환경에 적응하는 것을 경쟁우위의 원천으로 강조하는 산업조직론에서는 기업의 경쟁력이 기업 자체에서 나오는 것이 아니라 산업의 구조적 특성이 기업 성과를 결정한다고 강조하고 있다.

마이클 포터 교수는 산업에 영향을 미치는 다섯 가지의 힘이라 일컫는 '5-Force Model'을 제시하고 있다.

그림 2-2 ▶▶ 5-Force Model

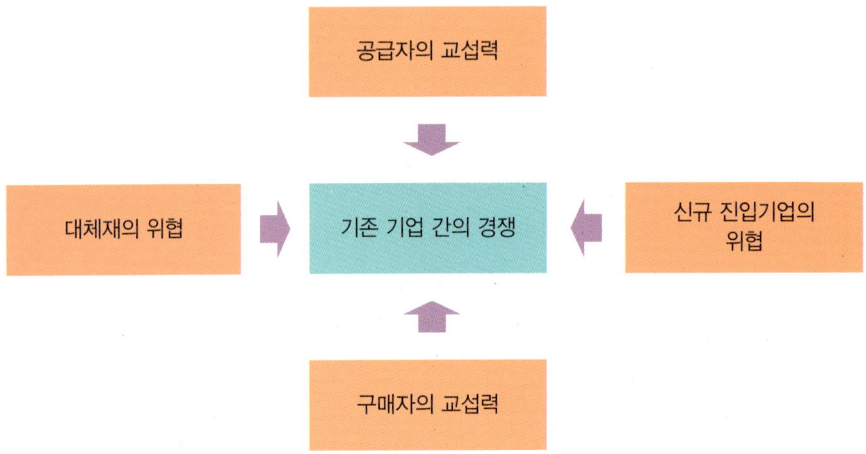

2) '5-Force Model'분석

'5-Force Model'은 산업 내 경쟁을 결정하는 요인들을 파악해 경쟁의 강도를 알아낼 수 있게 하고, 그에 따라 산업의 매력도를 예상할 수 있도록 도와준다.

[그림 2-2]에서 보듯이 이 모델의 첫 번째 경쟁 요인은 '기존 기업 간의 경쟁'이다. 이는 현재의 경쟁상황을 의미하고, 경쟁기업 간의 경쟁의 강도가 어느 정도 강한지를 나타내는 것으로 구체적으로는 산업집중도, 경쟁기업의 수, 산업 성장 속도, 제품차별화의 정도, 시장진입장벽 및 철수장벽 등의 요소가 포함된다.

두 번째로는 '신규 진입기업의 위협'으로 신규 기업의 수가 많아질수록 경쟁이 치열해지므로 기존 진입자인 경우 진입장벽을 높이려고 다양한 방법을 강구할 것이다. 여기에는 규모의 경제와 비용우위, 브랜드자산 가치, 유통채널 지배력, 정부의 규제 등의 요소가 고려된다.

세 번째로는 '대체재의 위협'이 있다. 대체품이 구매자에게 매력적일수록 기존 제품의 수익성을 하락시키기 때문이다. 소비자가 기존 제품에서 다른 대체재로 바꿀 가능성은 대체재가 상대적으로 가격이 저렴하거나 품질이 우수하거나 전환비용이 적게 들기 때문이다. 여기에는 대체제의 유용성, 전환비용이 고려된다.

네 번째는 '공급자의 교섭력'이다. 공급자는 납품하는 원자재 제품이나 서비스 등의 가격과 품질상태로 구매자 기업과의 교섭력을 조절할 수 있다.

마지막으로 '구매자의 교섭력'이다. 구매자의 교섭력이 커질수록 기업의 힘이 약해지는 것이 일반적인데 이 경우 기업은 가격인하와 비용증대를 일으킴에 따라 결국 전체 산업의 수익성을 떨어뜨리는 결과를 가져 온다.

이렇게 다섯 가지의 경쟁 요인을 분석함으로써 자사의 강점과 약점을 파악해 타당한 경쟁전략을 수립할 수 있다.

3) 시장특성분석

산업환경에 따라 산업의 구조적 특성은 제각기 상이하게 나타난다. 정보통신업, 식품업, 의료업, 제약업, 철강업 등 각각의 산업들은 제각각 고유한 특성을 가지고 있기 때문에 거시적 환경 변화가 시장환경에 미치는 영향은 제각각 다르게 나타난다. 만약 어떤 시장의 특성이 도입기나 성장기로 파악된다면 소비자의 미충족욕구를 충족시키려는 개념전달 활동에 주력해야 할 것이고, 제품, 브랜드 차별화를 위한 마케팅 노력을 경주해야 할 것이다. 또 어떤 시장의 특성이 성숙기에 해당된다면 소비자의 수요는 한정되어 있을 것이고, 따라서 제품과 브랜드의 차별화가 쉽지 않을 것이므로 새로운 세분시장 개척을 위한 마케팅 노력을 기울일 것이다. 시장특성을 분석하기 위해서는 다음과 같은 사항을 고려해야 한다.

첫째, 시장의 규모를 파악해야 할 것이다. 시장의 규모가 시간의 흐름에 따라 도입기, 성장기, 성숙기, 쇠퇴기로 표현되는 제품수명주기(PLC: product life cycle)는 시장의 큰 흐름을 파악하고 이해하는 데 용이하다.

둘째, 제품 유형별 특성을 파악해야 할 것이다. 제품의 유형은 크게 구매자가 누구인가에 따라, 사용목적에 따라, 사용기간에 따라 구분할 수 있다. 한편 구매자에 따라서는 소비재와 산업재로 구분한다.

여기서 소비재는 일상적인 일용품, 내구성을 고려하는 선매품, 소비자의 관여도가 높은 전문품으로 구분된다. 이들 소비재는 개인 소비자의 의사결정 과정에 의해 소비가 진행되므로 소비자행동이론을 바탕으로 소비의 형태를 파악해야 한다. 산업재는 기업이나 기관이 구매자로 원 · 부자재, 자본재, 소모품 등이 있는데 연쇄적으로 수요가 발생하므로 조직의 특성을 파악해야 한다.

한편 제품의 사용목적에 따라서는 실용재와 쾌락재로 구분하는데, 실용재는 주로 제품의 기능적 편익을 고려해 구매하며, 판매촉진 활동을 통해 단기적인 매출증가를 기대할 수 있다. 반면에 쾌락재는 경험적 편익을 목적으로 구매가 이루어지는 공연, 예술, 관광, 오락 등 즐거움과 관련한 구매 이유가 제시될 수 있다.

또한 사용기간에 따라서는 내구재와 비내구재로 구분한다. 내구재는 사용기간이 길고 구매 빈도가 적은 제품을 말한다. 주택, 가구, 자동차, 가전제품이 대표적인데 주로 고관여제품에 해당한다. 비내구재는 내구재와는 반대로 사용기간이 짧고 구매빈도가 잦은 일상 생활용품을 말한다. 비내구재의 경우 브랜드 편익과 관련한 호의적인 이미지가 중시된다.

이 밖에, 품질 추론의 특징에 따라 탐색재와 경험재로 구분되기도 한다. 탐색재의 경우 제품 정보에 대한 평가를 통해 품질수준의 정도를 소비자가 추론하게 되므로 정보를 제시하는 방법이 중요하다. 탐색재는 인터넷을 통한 유통판매에 적합하다. 반면에 경험재는 제품정보만으로는 품질추론이 어려우므로 제품 소비를 통해 실제로 사용 경험을 해보고 평가가 이루어진다. 예를 들어 의류, 패션, 화장품, 외식, 서비스, 프랜차이즈 등이 여기에 해당한다.

이와 같은 제품 유형별 특성을 기준으로 시장특성 및 소비자특성을 도출해 시장특성을 분석해야 것이다.

4. 4C 환경분석

마케팅 전략의 본질은 차별화이다. 차별화는 경쟁우위를 만들어내는 원천이다. 따라서 기업이 추구하는 전략적 차별화 노력 및 실행역량이 성과에 중요하므로 차별화의 원천을 이해하기 위한 체계적인 접근이 요구된다. 예를 들어, 나이키(Nike)는 가장 뛰어난 운동 선수들과의 관계성을 바탕으로 한 기능 중심 제품 디자인 등으로 차별화를 추구한다. 싱가포르항공(Singapore Air)은 장거리 비행 비즈니스석 탑승객들에게 합리적인 가격에 고급 서비스를 제공하는 방식으로 차별화하며, 애플(Apple)은 사용이 간편한 소프트웨어를 개발하는 뛰어난 역량, 심플한 디자인과 제품 라인 등이 결합된 차별화전략을 활용한다.

이처럼 차별화를 위한 체계적인 접근은 자사가 경쟁사들과 구별되는 요인과 자사가 고객을 중시하면서 발전시켜 나가야 할 요인에 대한 의미 있는 논의를 할 수 있게 한다.

1) 기업분석(company analysis)

(1) 제품–시장관리

코틀러 교수는 "마케팅은 기회를 찾아내고 개발하며, 그 기회를 통해 수익성 있는 고객을 찾고, 유지하는 과학이자 기술"이라고 강조한 바 있다. 그렇다면 제품 – 시장관리의 본질은 마케팅 기회를 발견하는 것이고, 다양한 마케팅 기회를 통한 지속적인 수요창출 및 수요관리가 포함된다. 마케팅 기회란 고객의 요구를 만족시킴으로써 수익을 창출할 수 있는 가능성이 높은 구매자의 필요와 관심의 영역으로 일컬어진다.

시장 기회는 마케팅 관리자가 충족되지 않은 욕구를 가진 일정 규모 이상의 고객집단을 찾아낼 때 존재한다. 시장의 기회를 발견하기 위한 상황여건은 다음과 같다.

첫 번째는 시장에 부족한 제품을 제공하는 것이다. 어떤 제품이 충분히 제공되지 않고 그것을 구입하기 위한 소비자의 필요가 존재하는 경우 시장 기회가 존재하는데 이때 마케팅 관리자의 관찰과 탐색의 노력이 더욱 요구된다.

그림 2-3 ▶▶ 기업의 마케팅 환경

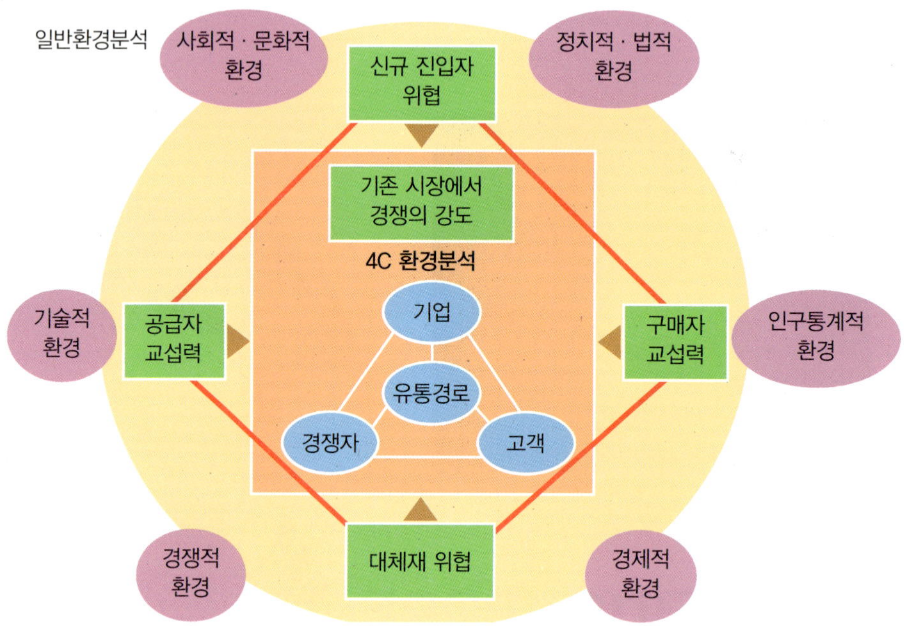

두 번째는 기존의 제품이나 서비스를 새로운 방식이나 더 우수한 방식으로 제공하는 것이며 다음과 같은 사례를 찾아볼 수 있다.

- 포장을 열어두어도 맛이 상하거나 부서지지 않는 감자칩
- 흡수력이 좋으면서 두께가 얇아 편리한 여성용 생리대
- 통풍이 되면서 동시에 방수가 되는 직물

세 번째로는 기존 시장에 존재하지 않는 새로운 제품이나 서비스를 제공하는 것이다. 예를 들어, 과거 소니(SONY)가 최초로 출시한 워크맨, 캠코더 그리고 애플이 대중화시킨 아이패드, 그리고 듀폰이 최초로 선보인 고탄력섬유 라이크라는 여성들의 스타킹을 만드는데 사용된 바 있다.

마지막으로, 지속적인 수요창출 및 수요관리이다. 여기서는 수요를 구축할 수 있는 아홉 가지 방법을 [표 2-2]로 제시하고자 한다. 마케팅 관리자는 제품과 시장은 항상 상호 연결되어있다는 생각을 가져야 한다. 제품과 시장을 함께 고려했을 때 전략적 차별화 노력 및 시장 기회의 발견을 통한 지속적인 수요창출관리가 가능해 질 것이다.

표 2-2 지속적인 수요창출관리

	제 품		
	기존 제품	개선 제품	신제품
시장	기존 고객에게 기존 제품을 더 많이 판매(기존 시장 침투)	현재의 제품을 개선해 기존 고객에게 더 많이 판매	기존 고객에게 어필할 수 있는 새로운 제품 출시
	다른 지역에 진입해 판매 (신규 시장 확대)	새로운 지역에 개선된 제품 판매	새로운 지역의 잠재적 고객을 위한 새로운 제품 출시
	새로운 고객에게 기존 제품을 판매(세분시장 개척)	새로운 고객에게 개선된 제품 판매	새로운 고객에게 새로운 제품 출시

(2) 고객관리

고객관리를 위한 주제는 크게 목표 고객 선정, 신규 고객 및 잠재 고객 유치, 기존 고객 유지, 고객관계 확립이다. 목표 고객의 선정은 시장세분화에 근거해 이루어진다. 고객이 제품과 서비스로부터 얻고자 하는 가치에 근거해 고객을 선정하는 것은 기업의 자원과 역량을 발휘하는데 영향을 미칠 수 있다. 신규 고객 및 잠재 고객의 유치에는 비용이 수반된다. 따라서 다양한 유통 채널과 협력해 프로모션 및 판매촉진 활동에서 초기 사용경험을 높이고 브랜드 인지도를 제고하는 데 노력해야 한다. 반면 신규 고객 및 잠재 고객을 유치하는 것도 중요하지만 기존 고객을 유지하는 것 역시 중요하다. 충성도 높은 고객은 해당 기업 제품에 대한 품질 및 서비스를 높이 평가하며, 재구매 및 반복구매를 한다.

기업은 고객지향적 마케팅 프로그램을 실행해야 한다. 이로써 고객의 요구에 응답하기 위한 확장된 제품단위역량을 제공해야 한다. 신규 고객 및 잠재 고객을 새롭게 유치하고, 이들을 기존 고객으로 유지할 수 있다면 이들과 고객관계를 확립하는 것이 중요하다.

(3) 운영관리

운영관리는 기업이 기존 제품과 서비스를 생산하고 고객에게 전달하는 일상적인 과정을 말한다. 제조업체의 운영관리는 공급자로부터 원자재 조달 및 공급자와 관계 네트워크를 확립하는 것, 현재의 고객들을 위해 제품과 서비스를 생산하는 것, 제품과 서비스를 고객에게 유통 · 전달하는 것을 포함한다.

원가주도전략에 기초하는 이러한 '운영의 탁월성'을 확보하기 위해 공급자와 관계를 확립하는 것이 중요하다. 저비용 · 고품질의 공급자, 생산품에 대한 검수가 필요 없고 적시에 생산 과정이나 사용처에 배달해주는 공급자관계 네트워크를 확립 하는 것으로 상당한 경쟁우위를 누릴 수 있다.

최근 많은 기업들은 제품과 서비스의 생산, 결재 처리, 운송과 배송 방식 등 비핵심 기능들을 아웃 소싱하고 있다. 애플이나 나이키와 같은 일부 기업들은 부품 및 원자재의 조달, 신제품개발 및 디자인개발, 마케팅 활동 등은 내부의 핵심적인 기능으로 보유하지만 생산기능은 공급자 관계 네트워크를 통해 아웃소싱 한다. 또 어떤 기업들은 고객에게 제공되는 가치명제를 강화하기 위해 공급자의 제품과 서비스를 통합시킨다. 예를 들어, 금융서비스업은 투자자문사, 투신사, 증권사, 보험사 등과 제휴해 고객들이 은행 영업점을 통해 다양한 금융상품을 소개받을 수 있도록 한다.

효율적인 운영관리는 가격경쟁력, 높은 품질, 정확한 배송, 우수한 제품과 구색이 요구된다. 고객에게 매력적인 가격을 제공하면서 동시에 유통업체, 도매상, 소매상 등과 같은 유통경로에서 가격경쟁력 및 비용절감을 이룩해야 한다. 자사 제품이 다른 경쟁사들보다 더 많은 이익을 가져다준다는 사실을 알 수 있듯 높은 품질과 구매 편리성은 고객의 사용경험을 높여준다. 고객의 구체적인 니즈를 충족시켜는 즉시 사용이 가능한 제품은 높은 품질과 구매 편리성을 제공해야 한다. 고객의 기대에 부응하는 신속·정확한 배송 역시 중요하다. 오류 없는 완벽한 주문 이행 및 고객의 요구에 대응할 수 있는 정시 배송체계는 고객의 구매 후 만족도를 배가시켜 준다. 우수한 제품과 서비스는 고객들에게 다양한 선택의 폭을 제공한다.

(4) 협력 파트너십

협력 파트너십은 다른 시장 참여자들과 함께 성장을 가속화하는 방안으로 중요하다. 특히, 제조업체와 유통업체 간 긴밀한 협력관계는 각자 자사의 핵심역량을 강화하고, 고객을 위한 가치를 창출함으로써 유기적인 성장의 기반을 구축할 수 있다. 서로 협력할 때 고객의 욕구를 더 잘 충족시킬 수 있고, 공급사슬의 비용을 낮출 수 있으며, 두 회사의 성장을 가속화할 수 있는 이점이 있다.

미국 P&G와 월마트의 사례를 파악해 보자. P&G와 월마트가 처음 초점을 맞춘 분야는 제품조달과 물류관리였다. 과거 월마트 구매담당자는 판매 데이터를 읽고 P&G의 주문처리 담당자에게 전자주문을 했다. 그러면 그 주문서는 주문처리 담당자에 의해 제조 현장으로 보내졌고, 월마트의 지정된 유통시설로 제품이 운송되었다. 이러한 프로세스는 사람에 의한 접촉이 너무 많다는 단점이 있었다. 그래서 P&G와 월마트는 첫 단계로 세제와 휴지처럼 회전율이 빠른 품목에 대해 사람에 의한 접촉단계를 줄였다. 이제 P&G는 월마트의 판매 정보에 실시간으로 접속해 자사 브랜드와 제품의 판매량을 모니터한다. 이런 지속적인 보충시스템으로 두 회사 모두의 매출이 오르고, 비용이 줄었으며, 공급사슬의 재고기간이 줄어드는 효과로 나타났다. 다음으로 두 회사는 재고보충 변수를 정해 모든 주문 결정을 자동화하기로 결정했다.

이러한 혁신적인 협력 파트너십은 소비자에게도 이익이다. 소비자는 "원하는 때에 원하는 곳에서 원하는 것을 얻는다."와 같이 소비자 및 공급자와 함께 가치를 창출하고자 하는 P&G의 전략 역시 소매업체와의 파트너십을 강화한다. 소매업체의 쇼핑객이자 고객은 곧 P&G의 소비자다. 더 많은 소비자가 더 자주 소매업체의 매장으로 찾아와 P&G 브랜드를 구매하는 것이 두 기업의 일치된 목표라 할 수 있다.

MARKETING FOCUS

여행용품 브랜드 트래블메이트가 여행상품 시장까지 영역을 확대한다.

사진=트래블메이트

트래블메이트는 크리에이티브 여행 콘텐츠 제작사 투어버킷의 위트립스(We Trips)와 함께 다채로운 테마와 콘셉트로 구성된 취향저격 '테마여행' 상품을 처음 선보인다고 밝혔다.이로써 트래블메이트는 설립 이래 최초로 '여행상품' 사업에 첫 신호탄을 올리며 기존 여행용품 사업과 시너지를 기대할 수 있게 됐다. 테마별로 다양하게 구성된 여행 코스는 가이드, 이동, 숙박, 항공 등 편리한 패키지여행 서비스와 단체로 즐기면 더욱 재미있는 코스를 제공하되, 쇼핑센터 방문처럼 불편한 옵션들은 없애는 등 소비자 니즈를 적극 반영했다. 소모적인 시간이 없는 만큼 여행자들은 타이트한 일정을 벗어나 온전히 개인의 취향에 따른 자유로운 여행을 즐길 수 있다. 현재 트래블메이트는 100여 개의 콘텐츠 테마여행을 기획 및 제작하고 있으며, 그 중 '고독한 미식가 맛집여행'은 일본드라마 〈고독한 미식가〉 팬들을 겨냥한 미식 여행 일정으로 눈길을 끈다. 드라마에 나온 총 80여 개의 식당 중 24개만을 엄선해 코스를 기획했으며, 4명이 한 팀이 되어 각자 가고 싶은 식당을 함께 다닐 수 있는 소셜 다이닝 미식여행으로 먹거리를 좋아하는 사람들의 발길을 이끈다. 직접 차량을 운전해 세계 최대의 모래섬인 프레이저 아일랜드 곳곳을 탐험하는 '호주 아웃백 자동차 여행'은 정글, 호수, 사막을 누비며 호주 특유의 여유를 즐길 수 있는 오프로드 자동차 여행으로 이색 액티비티 활동에 관심 많은 사람들을 사로잡을 수 있다. '카페 멘토링 여행'은 이름 그대로 10년 경력의 바리스타 트레이너인 김유리가 함께하는 멘토링 여행이다. 디저트 카페로 유명한 일본의 주요 카페와 그릇거리인 갓파바시를 함께 다니며 아이디어를 주고받을 수 있어 카페 예비 창업자들이 눈여겨 보면 좋은 여행이다. 트래블메이트 관계자는 "트래블메이트에서 처음 선보이게 된 테마여행 상품은 단순히 유명 관광 코스를 밟고 돌아오는 여행에서 벗어나, 경험적 가치를 높일 수 있는 목적 중심 여행으로 사람들의 니즈가 바뀌고 있는 만큼 개개인의 다양한 취향을 여행 상품에 담기 위해 노력했다"며 "앞으로도 여행레저 문화를 이끄는 라이프스타일 플랫폼으로서 차별화된 경쟁력을 강화하기 위한 시도를 꾸준히 선보이겠다"고 전했다.

출처: MoneyS 2019.01.20.http://moneys.mt.co.kr/news

(2) 제품-브랜드 차별화

기업은 고객이 자사의 제품-브랜드를 어떻게 인식하고 있고, 경쟁자 대비 차별화되어 있는가를 파악해야 하며, 경쟁사 대비 차별화 방법들 또한 이해하고 있어야 한다.

구체적인 차별화 방법에는 원조(originality)를 이용한 차별화, 속성을 이용한 차별화, 리더십을 이용한 차별화, 전통을 이용한 차별화, 제조 과정을 이용한 차별화, 특히 '원조'라는 개념을 사용한 제품-브랜드 차별화는 특정 제품이나 범주를 처음 개척했다는 사실을 강조하는 것이며 '속성'을 이용한 차별화는 제품이 가진 성격, 고유한 성질, 특징 등을 강조하는 것이다. 예를 들어, 치약을 구입하려 할 때 우리는 충치예방, 향기 나는, 치석제거, 미백효과 등 여러 기능을 강조하는 다양한 치약을 놓고 고민하곤 한다. '리더십'을 이용한 차별화는 특정한 단어를 강조해 신뢰와 명성을 얻는 것이다. 실제로 마켓 리더십을 가지고 있거나, 설령 그렇지 않더라도 그럴 것이라고 사람들에게 포지셔닝함으로써 리더십을 이용한 차별화가 가능하다. 예를 들어, 안전한 자동차=볼보, 백색가전 전문브랜드=LG 등과 같은 표현들이 활용된 바 있다. '전통'을 이용한 차별화는 오랫동안 업계를 지켜왔다는 사실을 강조해 소비자에게 안심 심리를 갖게 한다. 제조 과정을 이용한 차별화는 새로운 혁신제품을 선보일 때 주로 사용되는 방법이다. 이는 커피의 '크리스탈 입자'가 '커피의 풍미를 더해준다'거나 '우리 샴푸에는 한약재 성분이 함유돼 있어요'라는 메시지는 효과가 있는 것으로 나타났다. 참이슬의 '대나무 숯으로 세 번 거른 소주'라고 제조공법을 광고에서 부각시켜 브랜드 차별화에 성공한 국내 사례도 제시할 수 있다.

마지막으로, 대단한 결과를 이용한 차별화 방법이다. 공신력 있는 기관에서 발표한 평가결과 순위를 제시하는 광고를 우리는 목격할 수 있다. 몇년 연속 판매 1위, 전문가가 선택하는 최고의 브랜드 등과 같은 표현을 언제든 찾아볼 수 있다. 이렇게 마케팅 관리자는 고객에게 제품-브랜드를 어떻게 차별화하고 있는지를 파악해야 함은 물론 고객이 자사의 제품-브랜드를 어떻게 차별적으로 느끼는지를 파악해야 한다.

3) 경쟁자분석

경쟁자분석(competitor analysis)은 현재의 경쟁자 및 잠재적인 경쟁자를 파악하는 것이 요구된다.

경쟁자분석은 세 가지의 방법으로 진행할 수 있는데 첫 번째, 고객의 관점에서 제품 -

브랜드가 사용되는 상황이나 용도, 제품 사용에 관한 연상 이미지를 통해 확인하는 방법이다. 두 번째 방법은 산업과 시장의 관점에서 기존 제품확장, 후방통합, 전방통합, 인수합병 등으로 신규 진입하려는 잠재적인 경쟁자를 파악할 수 있다.

마지막 방법은 경쟁전략에 따라 전략집단군(strategic group)으로 경쟁자를 분류하는 방법이 있다.

(1) 전략집단군

전략집단군은 상호경쟁관계에 있으면서 유사한 전략을 추구하는 기업을 말한다. 유사한 전략집단군에 속하는 기업들은 서로가 목표로 하는 고객을 유치하기 위해 경쟁하므로

그림 2-4 ▶▶ 전략집단군분석

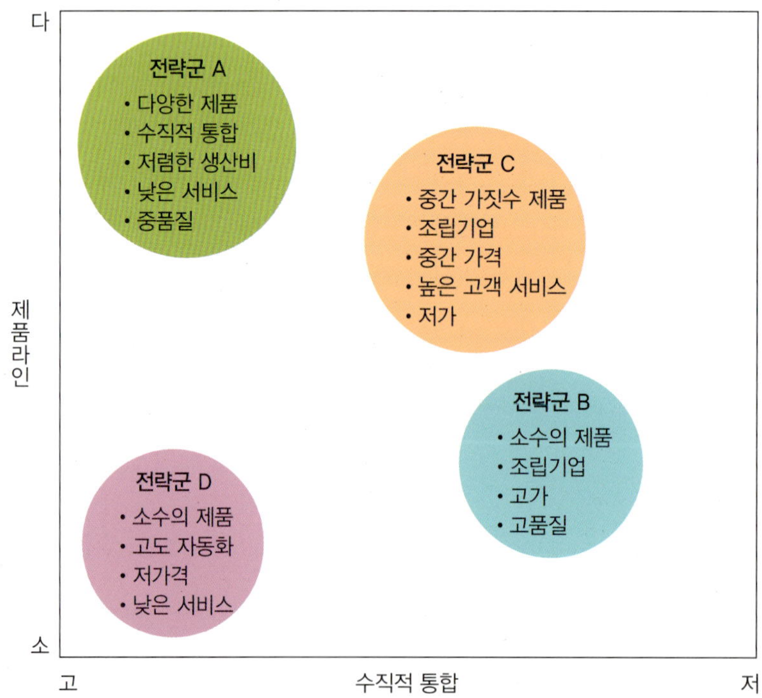

강력한 경쟁기업이 되기 쉽다. 따라서 전략집단군은 오랜 기간 동안 유사한 제품특성들(제품의 종류, 특징, 기능, 품질 등), 유사한 생산특성들(생산 규모, 기술력, 비용구조, 수직적 통합의 정도 등), 유사한 시장특성들(고객층, 가격대, 유통 채널, 판매촉진 등)로 경쟁전략을 추구해온 기업이 해당된다. 따라서 이렇게 유사한 특성을 가진 기업들끼리 묶어 [그림 2-4]와 같이 몇 개의 전략집단군으로 구분할 수 있다.

특정 산업에서 전략집단군이 형성되면 장기간 지속되며, 한 전략집단군에서 다른 전략집단군으로 이동을 억제하는 이동장벽(mobility barrier)이 형성된다.

이동장벽의 높이는 자본 요구량, 규모의 경제, 전환비용, 차별화의 정도, 유통 채널에의 접근성 등에 의해 좌우될 것이다. 이러한 이동장벽은 하나의 전략집단군에 속한 기업들을 외부의 경쟁으로부터 보호해 주는 역할을 함으로써 지속적인 경쟁우위를 가능하게 한다. 특정 산업에서 진입장벽으로 작용하는 대표적인 요소에는 브랜드의 평판이나 신뢰성 및 브랜드 자산이 될 수 있다. 이와 같은 전략집단군분석을 통해 다음과 같은 사항들을 파악해야 한다.

- 현재 우리 산업에서 중요한 전략변수는 무엇인가?
- 우리의 미래 전략방향은 무엇인가?
- 우리가 미래 전략방향으로 이동하기 위해서 준비하거나 극복해야 할 이동장벽에는 어떤 것이 있는가?
- 우리가 미래 전략방향으로 이동할 경우 경쟁상황은 어떨 것이며, 그에 따른 수익성은 어떻게 변할 것인가?

4) 유통경로분석(channels analysis)

유통경로는 제품이나 서비스가 최종 고객에게 구매되고 사용되기까지 거치게 되는 일련의 과정이다. 마케팅에서 유통경로는 소비자와 기업 구매자들에게 그들이 원하는 제품과 서비스를 전달해 주는 역할을 한다. 대체로 최종 사용자들은 제품이나 서비스가 전달되기 위한 복잡한 유통경로에 대해 깊은 관여하지는 못하지만 유통경로는 마케팅의 목적을 위해 제품이나 서비스가 시장에서 최종 사용자들의 목적을 만족시키는 역할을 담당하게 된다.

제조업체의 목적과 유통경로에 있는 이해관계자들의 목적은 판매하는 제품이나 서비스를 통해 자신들의 수익을 극대화하는 것이다. 이러한 목적을 위해 마케팅 관리자는 푸시(push) 전략을 통해 해당 유통업체에 대한 할인 폭을 늘려줌으로써 그들 유통업체가 자사의 제품이나 서비스로부터 얻는 이윤을 보장해 줄 수 있고, 소비자로 하여금 자사의 제품이나 서비스를 찾도록 하는 마케팅 풀(pull) 전략을 실행하면서 다양한 유통경로의 과정을 관리 하고 통제할 수 있다.

마케팅에서 유통경로는 경쟁력을 높이는 데 기여한다. 시장세분화전략이 보편화되면서 다수의 유통경로를 관리할 필요성이 제기되고, 산업재시장이나 소비재시장에서 이미 확립된 유통경로와 함께 인터넷이 또 하나의 경로로 자리 잡게 되었다. 다양한 쇼핑 상황에서 소비자들이 원하는 여러 가지 서비스 산출물들을 총체적으로 제공하는 것이 중요하다. 예를 들어, 전통적인 자동차 타이어 제조기업들은 현재 기존의 산업재시장은(OE, Tires) 물론 소비재시장 진입에도 적극적이다. 한국타이어의 경우 다양한 지정점 및 가맹점에 접근할 수 있도록 브랜드화된 직접 유통경로의 브랜드(T-Station)를 선보이고 있다.

뿐만아니라 소비재시장에서도 경쟁이 심한 기존의 유통경로 이외에도 새로운 유통경로를 개척한 사례를 찾아볼 수 있다. 식음료업종의 경우 유통경로에서의 경쟁력이 대단히 중요하다. 최근 들어 유통할인업태들은 인터넷 장보기를 촉진 하면서 가격할인 프로모션과 지정시간 배달까지 해주고 있다. 유통경로분석을 위해서는 보완효과와 대체효과를 고려하게 될 것이다. 기존의 유통경로와 함께 새로운 유통경로가 기존의 것을 대체하는 경우 기존 고객들은 새로운 유통경로를 통해 구매하게 된다. 반대로 새로운 유통경로가 기존 유통경로를 보완해 주는 경우 새로운 고객집단을 창출할 수 있으며, 기손 제품에 새로운 가치제안을 할 수 있다.

제2절 내부분석

1. 포트폴리오 분석

기업들은 전략적 선택을 통해 여러 가지 선택 가능한 대안 가운데 무엇을 목표로 할지, 어떤 고객과 시장을 상대할 것인지, 어떤 상품과 서비스를 제공할 것인지 그리고 어떤 가치를 창출할 것인지를 결정하고, 성과를 낼 수 있다. 기업의 사명과 목표가 정해지면 기업이 보유하는 한정된 자원을 전략사업 단위에 어떻게 배분해 운영하는 것이 가장 효율적인가를 결정해야 한다. 전략적 마케팅 계획의 수단으로써 비즈니스 포트폴리오 분석은 이러한 의사결정을 위해 필요하다.

사업 포트폴리오 분석에서는 복수의 전략사업단위(SBU: strategic business unit)를 기준으로 성장성과 수익성 제고를 위한 균형 포트폴리오를 구성하는 것을 목적으로 한다. 사업 포트폴리오 분석을 위한 일반적인 접근법으로 BCG 매트릭스, New BCG 매트릭스, GE–McKinsey 매트릭스가 제시된다.

1) BCG 매트릭스

BCG(Boston Consulting Group)에 의해 개발된 BCG 매트릭스는 가장 간단하면서도 일반화된 포트폴리오 분석기법으로 제품 또는 기업이 처해 있는 현재 상황을 분석하는 데 유용하다. [그림 2–5]에서 보는 바와 같이 기업의 전략사업단위(SBU)는 진입해 있는 시장성장률(market growth)과 상대적 시장점유율(relative market share)의 높고 낮음으로 구분해 네 가지 전략사업단위 유형으로 구분될 수 있다. 네 가지 전략사업단위 유형을 살펴보면 다음과 같다.

그림 2-5 ▸▸ BCG 매트릭스

- 스타(star): 성장률과 점유율이 모두 높은 성장사업
- 자금젖소(cash cows): 성장률은 낮으나 점유율이 높은 수익사업
- 문제아 또는 의문부호(problem children or question marks): 성장률은 높으나 점유율이 낮은 투자가능사업
- 개(dogs): 성장률과 점유율이 모두 낮은 사양사업

BCG 매트릭스에서 세로축의 시장성장률은 시장에서의 연평균 성장률로서 해당 시장 또는 산업의 매력도의 척도가 된다. 가로축의 상대적 시장점유율은 한 기업의 시장점유율과 해당 산업에서의 가장 큰 경쟁기업의 시장점유율 간의 비율을 의미한다. 그리고 BCG 매트릭스에는 상대적 시장점유율이 가장 큰 기업은 경험곡선(experience curve)으로 인해 생산량의 증가에 따른 단위당 고정비용 감소와 제조공정에서 효율성이 나타나 가장 낮은 비용으로 제품을 생산할 수 있으므로 비용 체감의 잠재력과 경쟁력을 제고할 수 있다는 기본 전제가 바탕이 된다(그림 2-5 참조).

BCG 매트릭스는 사업의 성격을 단순화, 유형화해 의사결정의 방향을 분명하게 제시해주는 반면 시장성장률과 상대적 시장점유율이라는 두 가지 평가기준을 적용하는 것은 지나치게 단순하다는 단점이 제기되고 있다.

그림 2-6 ▶▶ BCG 매트릭스에서 경험곡선

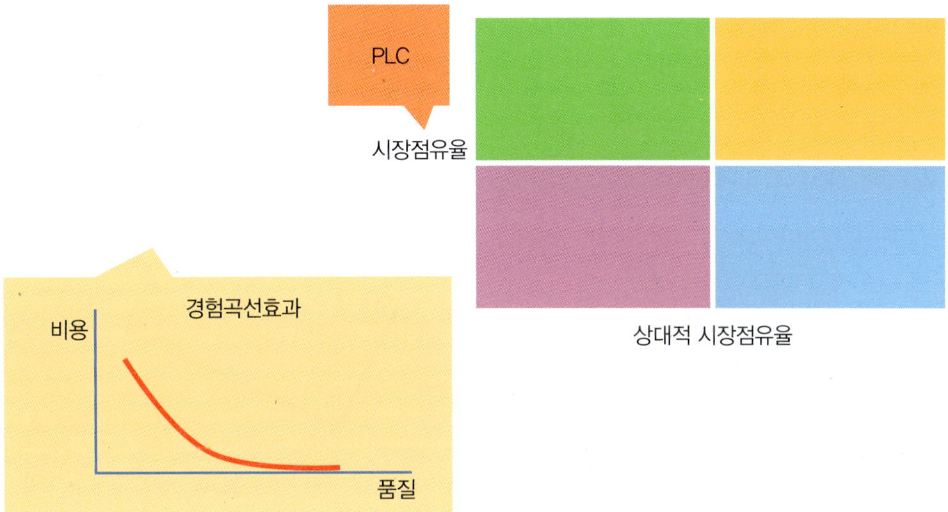

2) New BCG 매트릭스

기존의 BCG 매트릭스는 각각의 사업단위에 특정한 역할을 부여하며, 복수의 사업단위들을 전반적인 기업전략의 구성 요소로 파악했으므로 기업의 포트폴리오 전략에 기여했다는 장점이 있으나, 반면 경쟁적 지위를 결정하는 핵심 요소로 시장점유율을 강조하고 있어 가장 근본적인 한계점으로 지적되었다. 따라서 1990년대 들어 BCG는 경쟁우위를 위한 새로운 매트릭스를 고안하기에 이르렀다. New BCG 매트릭스는 대량생산(volume), 교착(stalemate), 분열(fragmented), 전문화(specialization)라는 네 가지 사업영역으로 나누어진다.

New BCG 매트릭스의 네 가지 사업 영역에서의 시장점유율과 수익성 간 관계는 각각 상이하게 나타난다(그림 2-6 참조). 대량생산하는 사업단위의 경우 BCG 매트릭스에서 가정하는 것처럼 시장점유율과 원가 간에 밀접한 관련이 있으며, 시장점유율이 기업의 수익성을 결정한다. 교착상태에 놓여있는 사업단위의 경우 수익성이 전반적으로 낮게 나타나며, 분열된 사업의 경우 수익성은 시장점유율과 무관하므로 사업의 성과는 경쟁우위의 달성 방안을 얼마나 잘 활용하느냐에 달려있다. 마지막으로 전문화된 사업단위의 경우 집중전략을 채택하여 차별화에 성공한다면 가장 높은 수익을 창출할 수 있다.

전반적으로 New BCG 매트릭스는 사업의 성공조건이 산업환경에 따라 제각각 다르게 나타날 수 있으며, 시장점유율의 확대가 항상 높은 투자수익률을 달성하는 데 효과적인 것만은 아니라는 것을 시사해 주고 있다. 그렇기 때문에 산업환경의 변화를 주시하면서 매력적인 세분시장에 진입해서 경쟁우위의 달성 방안을 제고시키고, 경쟁우위를 달성할 수 있는 전략을 개발해 나아가야 한다.

그림 2-7 ▸▸ New BCG 매트릭스

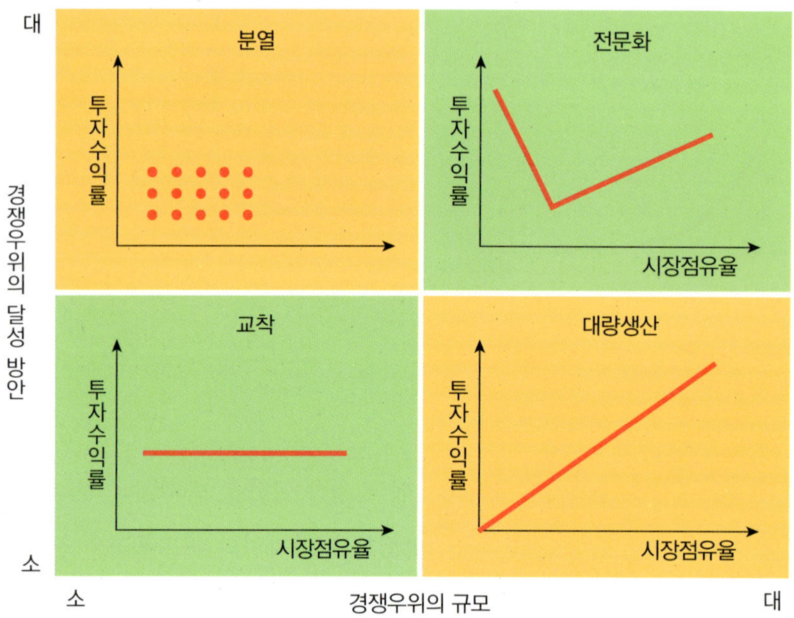

3) GE-McKinsey 매트릭스

GE-McKinsey 매트릭스 모델은 [그림 2-8]에서 보는 바와 같이 산업매력도(industry attractiveness)와 사업경쟁력(business strength)을 양축으로 아홉 개의 하부 유형을 제시하고 있다. 구체적으로 산업매력도는 시장의 규모와 성장률, 산업수익률, 자본집약도, 경쟁의 강도, 수명주기, 규모의 경제, 기술수준 등 산업환경에서의 기회 및 위협 요소들을 포괄하고 있다.

산업매력도에 속하는 이들 각각의 기준 요소들은 기업목표의 달성에 기여하는 중요도에 따라 적절한 가중치의 점수를 부여하고, 합산하여 종합적인 산업매력도의 정도를 산출하게 된다. 사업경쟁력 역시 시장점유율, 수익률, 생산성, 가격 및 품질경쟁력, 시장지식, 기술력, 경영능력 등 경쟁적 강점 및 약점 요소들을 포괄하고 있다. 사업경쟁력에 속하는 이들 각각의 기준 요소들도 기업의 수익성에 기여하는 중요도에 따라 적절한 가중치의 점수를 부여하고, 합산하여 종합적인 산업매력도의 정도를 산출할 수 있다.

그림 2-8 ▶▶ GE-Mckinsey 매트릭스

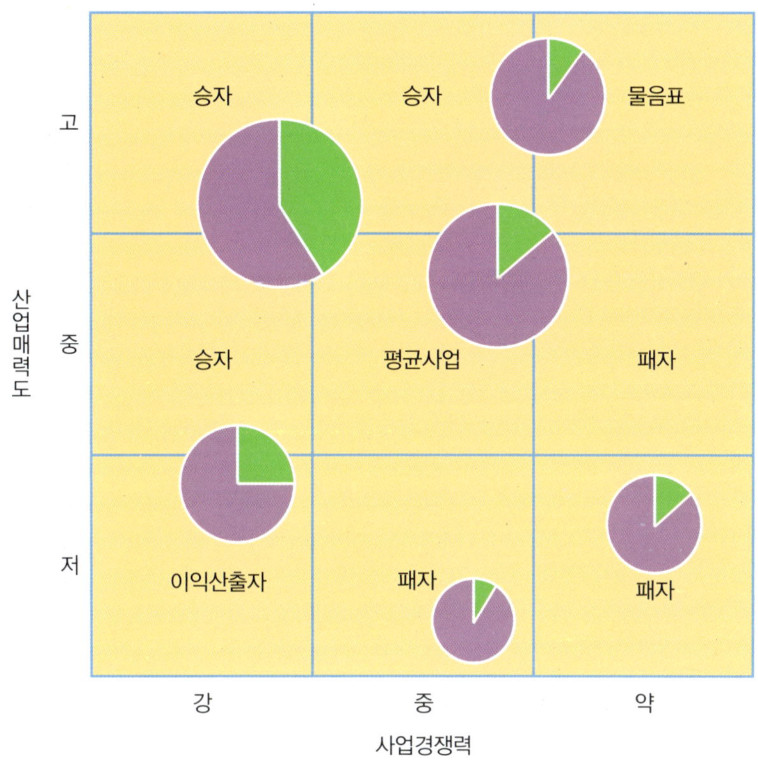

이러한 과정을 통해 만들어진 GE-McKinsey 매트릭스는 기업의 현재 포트폴리오 현황을 보여준다. 산업매력도와 사업경쟁력이 모두 높거나 강한 사업단위는 승자로, 반대로 모두 낮거나 약한 사업단위는 패자로 분류된다. 그 밖에도 산업매력도는 높지만 사업경쟁력이 약한 사업단위는 물음표로, 산업매력도는 낮지만 사업경쟁력이 강한 사업단위는 이익산출자로, 그리고 산업매력도와 사업경쟁력이 모두 중간수준인 사업단위는 평균수준의 사업으로 분류할 수 있다.

2. 가치사슬분석

포터(1985)에 의해 제시된 가치사슬(value chain)분석이란 기업의 여러 내부 활동들의

성격과 범위를 파악하는 방법이다. 이를 통해 개별적인 내부의 조직단위별 활동과 역할을 체계적으로 검토할 수 있으며, 자사 기업의 강점과 약점을 보다 잘 이해할 수 있다.

포터에 따르면 모든 기업은 제품을 설계, 생산, 판매, 배달, 지원하기 위한 활동들의 집합체이고, 이러한 활동들은 가치사슬을 이용해 가시화할 수 있다고 한다. 가치사슬은 크게 주요 활동(primary activity)과 지원 활동(support activity)으로 구분 된다.

먼저, 주요 활동은 어떤 기업에서나 다섯 가지 영역으로 이루어져 있다. 구체적으로, 물류투입(inbound logistics), 운영(operation), 물류산출(outbound logistics), 마케팅과 판매(marketing & sales), 서비스(service)로 구성 된다. 다음으로, 지원 활동은 네 가지 활동으로 구성되며, 이들은 주요 활동에 대한 지원뿐만 아니라 서로를 지원하기도 한다. 조직의 하부구조(firm infrastructure)는 전체 가치사슬을 지원하고 있고, 인적자원관리(human resource management), 기술개발(technology development), 구매조달(procurement)로 구성된다. 가치사슬의 분석은 세 단계를 거치는 것이 일반적이다.

첫째, 특정 제품이나 서비스의 가치사슬을 파악한다.

둘째, 파악된 가치사슬 활동들 간의 관련성을 조사한다. 여기서 관련성이란 특정한 실행 방식이 다른 활동의 실행에 영향을 미치는 정도를 의미한다.

셋째, 제품 또는 사업단위 간 잠재적 시너지를 검토한다.

그림 2-9 ▸▸ 가치사슬

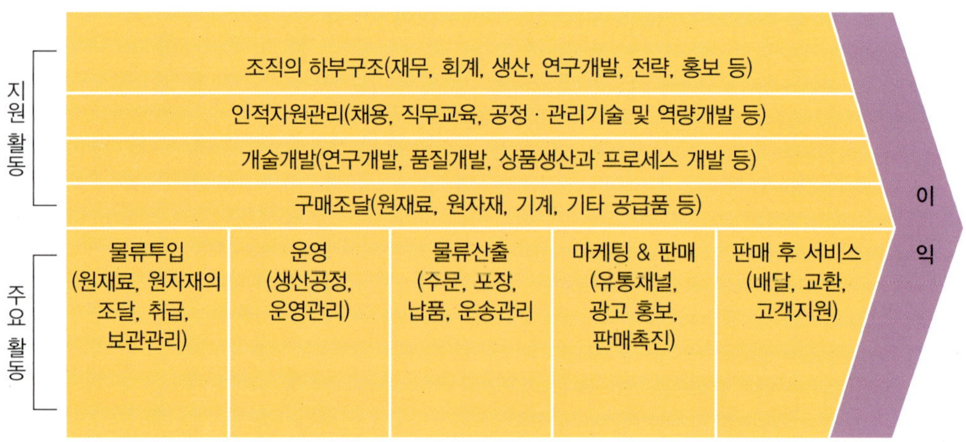

3. 기업성장전략의 결정

기업 내부의 요인을 강조하는 이론에는 자원준거이론, 조직능력이론 그리고 지식창출이론 등이 있다. 자원준거이론은 기업 특유의 자원이나 역량이 기업의 성과를 결정한다는 이론이다. 기업의 성과 차이는 단순히 외부환경에 대응 및 적응하는 수동적인 전략이 아니라 기업의 가용한 자원과 활용능력에 달려있다고 주장한다. 여기서는 어떤 것을 자원으로 볼 것인가가 고려될 필요가 있다. 조직능력이론은 자원준거이론에서 강조하는 자원 자체보다 시장에서 요구되는 자원의 축적 과정이나 활용능력이 경쟁우위에 기여한다는 보다 역동적인 접근을 한다.

그 결과 자원준거이론과 능력축적이론에서 '핵심역량'(Prahalad & Hamcl, 1990)과 '역동적 능력'(Teece, Pisano & Shuen, 1997)이라는 용어가 강조 되었다. 핵심역량이란 제품이나 서비스를 만들어낼 수 있는 기술이나 지식의 묶음을 의미한다. 핵심역량은 적절한 보완적 자산의 결합에 의해 강화되기 때문에 경쟁자들에 의해 쉽게 모방되거나 기업 간 이전이 어려운 기업 특유의 자산인 것이다. 역동적 능력이란 변화하는 외부환경에 대응할 수 있는 기업 내 · 외부의 역량을 통합, 구축, 재구성하는 능력이다. 새롭고 혁신적인 형태의 경쟁우위를 달성하는 조직능력을 반영한다. 조직능력에는 기능적 능력에 속하는 기술능력과 마케팅 능력이 있고, 그 밖에 재무관리능력, 전략계획능력, 운영관리능력, 인사관리능력 등이 포함되고 있다. 조직능력 가운데 특히, 조직의 내 · 외부 지식을 결합하는 '결합능력'(Kogut & Zander, 1992)이 강조되기도 하고, 자산에 근거한 '보유능력'과 역량에 근거한 '활용능력'(Hall, 1993)이 강조되기도 한다. 결합능력에는 외부결합능력과 내부결합능력으로 나누어진다. 지식창출이론은 기업의 자원이나 능력의 원천을 지식으로 규정하고, 이러한 지식이 어떻게 창출되는가(Nonaka, 1991)에 초점을 맞춘다. 그러므로 기업의 자원이나 능력의 기반이 되는 지식을 창출하고 활용하는 것이 경쟁우위를 결정한다고 강조 한다. 이렇듯 기업 내부의 요인을 경쟁우위의 원천으로 강조하는 이론들에서는 경쟁자와 다른 독특한 자원이나 능력을 보유해야 하는 것은 물론 이를 효과적으로 획득, 창출, 활용하는 것이 기업의 경쟁력을 결정한다고 강조한다.

1) 집중적 성장전략

집중적 성장전략(intensive growth strategy)은 현재의 사업범위 안에서 추가적인 성장

기회를 추구하는 전략을 의미한다. 집중적 성장전략에는 시장침투전략(market penetration strategy), 시장개발전략(market development strategy), 제품개발전략(product development strategy)이 있다.

안소프(H. I. Ansoff)는 집중적 성장기회(다각적 성장기회 포함)를 파악할 수 있는 유용한 장치로서 [표 2-3]과 같은 '제품 · 시장 매트릭스에 의한 성장전략' 대안을 제시하였다.

표 2-3 제품 · 시장 매트릭스에 의한 성장전략

시장 \ 제품	기존 제품	신제품
기존 시장	시장침투전략	제품개발전략
신시장	시장개발전략	다각화전략

자료: I. Ansoff, "Strategies for Deversification," *Havard Busines Review*, Sep.-Oct. 1957.

(1) 시장침투전략

이 전략은 기존 시장에서 현재의 기존 제품으로 시장점유율을 증대시키고자 하는 전략이다. 이를 위해 사용할 수 있는 방법으로는 ① 자사의 소비자에게 제품사용량이나 소비율을 증가시키도록 하거나, ② 경쟁상표를 사용하는 소비자들을 자사상표의 고객으로 유도하거나, ③ 제품을 사용하지 않는 비수요자에게 소구함으로써 잠재수요를 활성화시키고 제품사용을 유도하는 등의 세 가지 방법이 있다.

(2) 시장개발전략

이 전략은 기존 제품으로 새로운 시장을 발견하고 개척하는 전략이다. 이를 위해서는 현시장에서 새로운 잠재 소비자집단을 확인하여 제품구매를 유도하거나, 유통경로를 확대, 해외수출시장 개척 등의 방법을 모색할 수 있다.

(3) 제품개발전략

이 전략은 기존 시장의 소비자들을 대상으로 그들의 욕구를 충족할 수 있는 신제품을 개발하는 전략이다. 여기에는 기술혁신에 의해 개발된 신제품뿐만 아니라 기능이나 성능, 디자인의 획기적인 개선에 의한 개량 신상품을 포함하기도 한다. 예를 들어, 소형 속옷전용 세탁기 등의 제품을 개발하여 출시하는 경우를 예로 들 수 있다.

(4) 다각화전략

다각화전략(diversification growth strategy)은 현재의 사업과 전혀 관련이 없는 다른 분야에서 새로운 성장기회를 추구하는 전략을 의미한다. 즉, 기업이 신제품으로 새로운 시장에서 활동하는 것을 말하며, 지금까지의 기업 활동에서 얻은 지식과 경험 및 기타의 이점을 새로운 영역에 투입하는 것을 뜻한다. 따라서, 기업의 활동 영역을 확장하고 기업 활동의 폭을 넓히는 결과를 초래한다. 일반적으로 다각화전략에는 집중적 다각화(concentric diversification strategy), 수평적 다각화(horizontal diversification strategy) 및 복합적 다각화(conglomerate diversification strategy)의 세 가지 형태가 있다.

■ 집중적 다각화전략

이 전략은 개발된 신제품이 기존의 소비자와 다른 새로운 고객계층에게 소구하지만, 기술이나 마케팅 면에서 기존의 제품계열과 시너지효과를 가질 수 있는 신제품을 개발하는 방향으로 다각화해 나가는 전략을 의미한다. 전기기기 제조업자가 전기기술을 토대로 TV나 냉장고와 같은 가전제품 분야로 다각화하는 경우를 예로 들 수 있다.

■ 수평적 다각화전략

이 전략은 기존의 제품계열과 기술적으로 관련은 없지만 기존의 고객들에게 소구될 수 있는 신제품을 개발하는 방향으로 다각화하는 전략을 의미한다. 주류제조업자가 동일한 고객집단에게 소구할 수 있는 음료산업에 진입하는 경우가 해당된다. 기존의 고객집단에 대하여 신제품을 판매하는 일은 새로운 시장을 개척하여 판매하는 경우보다 훨씬 용이한 사업이 될 수 있다.

■ 복합적 다각화전략

이 전략은 현재의 기술이나 제품, 시장과 전혀 관련이 없는 새로운 사업 분야로 진출하는 다각화를 의미한다. 그 동기는 주로 위험의 분산에 있으며, 그 밖에 성장업종에의 참여, 현존 자본의 수익추구 및 경영경험의 선용 등에 있다. 자동차 제조업자가 컴퓨터, 금융, 식료품 등의 업종으로 사업을 확장하는 경우가 해당된다. 각 분야의 표적시장이 서로 다르고, 또 상이한 전술이나 방책이 요구되기 때문에 위험이 가장 많은 전략이라 할 수 있으며, 충분한 성장잠재력이 전제되어야 한다.

2) 통합적 성장전략

통합적 성장전략(integrative growth strategy)은 기업의 현재 사업과 생산 과정상 수직적 또는 수평적으로 관련 있는 사업 분야를 통합함으로써 성장기회를 추구하는 전략이다. 통합적 성장전략에는 전방통합과 후방통합 및 수평적 통합의 세 가지가 있다. 공급업자 · 제조업자 · 도매상 · 소매상 · 소비자로 이루어지는 원료와 제품의 수직적 흐름관계에서 소비자 방향의 기업을 인수 · 통합하는 경우를 전방통합(forward integration)이라고 하고, 그 반대로 공급업자 방향의 기업을 인수 · 통합하는 경우를 후방통합(backward integration)이라 한다. 또 자사와 동일 수준의 기업을 통합하는 경우를 수평적 통합(horizontal integration)이라 한다.

4. 경쟁전략의 결정

포터는 1980년에 발간한 그의 대표적인 저서 〈경쟁전략〉에서 전략을 최초로 유형화 했다. 본원적 전략이라 불리는 세 가지 전략 유형을 차별화전략, 원가주도전략, 집중전략으로 제시했다. 이어 그의 1985년 저서 〈경쟁우위〉에서는 차별화전략, 원가주도전략, 차별화집중전략, 원가집중전략으로 본원적 전략을 보다 세분화했다. 이어 1990년에 내놓은 저서 〈국가 경쟁우위〉에서는 차별화집중전략을 집중차별화전략으로 개명했다.

그림 2-10 ▶▶ 본원적 경쟁전략

경쟁 영역 \ 경쟁우위	차별화우위	원가우위
산업 전체 시장	차별화전략	원가주도전략
산업 내 세분 시장	집중차별화전략	원가집중전략

본원적 전략을 구분하는 핵심 변수로 포터는 경쟁우위(competitive advantage)와 경쟁 영역(competitive scope)을 꼽고 있다. [그림 2-10]에서처럼 본원적 전략은 경쟁우위와 경쟁 영역이라는 두 기준 변수에 따라 네 가지 전략 유형으로 구분된다. 지속적인 경쟁우위를 확보하는 방안으로는 저원가(low cost)와 차별화(differentiation)를 꼽으며, 이를 통해 달성한 경쟁우위를 각각 원가우위와 차별화우위라 불렀다. 본원적 전략의 선택에 있어서 중요한 요소는 경쟁 영역, 즉 기업이 진입하려는 시장의 폭이다. 기본적으로 전체 시장과 같이 넓은 영역을 대상으로 하느냐, 특정한 세분시장을 대상으로 하느냐와 관련되어 있다. 이제 네 가지 전략 유형을 살펴보고자 한다. 먼저, 원가주도전략이다. 이는 비용절감에 주력하는 저원가경쟁전략으로, 전체 시장을 대상으로 한다. 이 전략을 제대로 수행하기 위해서는 효율적인 규모로 과감한 시설증축, 원가 및 간접비의 통제 그리고 연구개발, 서비스, 영업, 마케팅 분야에서의 경비절감을 필요로 한다. 낮은 원가구조는 구매자나 공급자의 교섭력을 약화시키고, 진입장벽을 높이며, 대체품의 위협을 감소시키므로 산업 내 여러 경쟁 요인들로부터 자사 기업을 방어해 주는 결과를 낳는다. 예를 들어, 미국의 월마트는 불필요한 재고비용을 줄여 성공한 원가주도전략의 대명사격인 기업이다.

월마트의 성공 비결은 경쟁사가 모방하기 힘든 저원가전략과 물류시스템 구축에 있다. 월마트는 원하는 목표를 이루기 위해 다음과 같은 세 가지 형태를 긴밀하게 연결하는 시스템을 구축했다.

첫째, 운송회사를 전방통합 해 물류기지를 없애고, 트럭과 트럭에서 제품을 교환 배송하는 크로스 도킹(cross docking: 창고나 물류센터로 입고되는 제품을 재고 상태로 보관하지 않고, 제품을 하역해 재분류한 다음 다시 트럭에 적재해서 다른 배송지로 운반하는 기능) 시스템을 구축했다.

둘째, 이러한 과정을 인공위성을 활용한 재고관리시스템으로 통제 · 관리했다.

셋째, 시장환경분석에서 협력 파트너십의 중요성을 말했듯이 P&G를 비롯한 제조업체가 판매정보에 실시간으로 접속해 자사 브랜드와 제품의 판매량을 모니터하고, 보충하는 긴밀한 물류시스템을 구축했다. 결국 월마트는 시간의 경과에 따라 핵심역량을 갖추게 되었고, 이를 바탕으로 경쟁자들을 능가하게 되었다.

다음으로, 차별화전략이다. 소비자에게 독특하게 인식될 수 있는 제품이나 서비스를 만들어내는 전략으로 전체 시장을 대상으로 한다. 차별화를 위한 대상으로는 제품 특성, 디자인, 브랜드 이미지뿐만 아니라 기업의 평판, 기술력, 고객서비스, 판매망 등이 포함된다. 여기서 주의할 것은 차별화전략이라고 해서 저원가전략을 전혀 무시 하지는 않으며,

단지 주요 전략적 목표로 설정하지 않을 뿐이다. 차별화전략을 통해 원가의 상승 요인은 구매자에게 이전될 것이며, 고객의 선호는 진입장벽을 형성하게 된다. 차별화에 따른 높은 이윤은 공급자의 교섭력을 둔화시키며, 대체품으로부터의 압력을 적게 받을 것이므로 구매자의 교섭력 역시 약화될 것이다. 따라서 소비자의 기호나 수요 패턴의 변화에 주의하면서 차별화전략을 장기적으로 유지하는 것이 중요해진다. 그리고 포터는 〈경쟁우위〉에서 원가우위와 차별화우위를 동시에 달성하는 것은 쉬운 일이 아니지만 만일 이들을 동시에 달성할 수 있으면 엄청난 혜택을 누리게 된다고 함으로써 양자의 동시 추구 가능성을 시사하고 있다.

반면에 원가집중전략은 원가주도전략과 마찬가지로 비용상의 우위를 추구하는 저원가 경쟁전략으로, 특정 세분시장에만 주력한다는 점이 다르다. 일반적으로 좁은 세분시장에 집중하는 기업은 전체 시장을 목표로 하는 기업보다 비용 면에서 더 효율적일 수 있다는 점에서 이 전략의 가치가 있다.

마지막으로, 집중차별화전략은 차별화전략과 마찬가지로 차별화우위를 기반으로 하지만 특정 세분시장을 경쟁 영역으로 한다는 점이 다르다. 특정 세분시장에 속하는 소비자의 특정 욕구를 중심으로 하고 있다. 이렇게 원가집중전략 및 집중차별화전략이 성공하려면 전체 시장의 일부분인 니치 시장 또는 세분시장에서의 원가우위나 차별화우위를 달성할 수 있어야 하며, 각각의 전략이 필요로 하는 기술과 자원을 구비하고 목표 세분시장의 소비자 트랜드를 파악하고 있어야 한다.

학 습 사 례

인도는 지금 '인플루언서 마케팅' 전성시대

최근 인도 마케팅 시장에서 '인플루언서 마케팅'기법이 주목받고 있다. 인플루언서 마케팅은 인스타그램, 스냅챗, 트위터, 페이스북, 유튜브 등에서 여행, 피트니스, 패션, 미용 등의 콘텐츠를 생산하고 확산하는 사람을 일컫는 '인플루언서'들을 활용한 마케팅 기법으로, 인터넷 사용자가 크게 늘어나면서 그 영향력이 크게 확산되고 있다. 인도의 인터넷 사용 인구 수는 4억7,000만 명(2017년 기준)으로 불과 5년 전인 2012년(1억2,000만 명)과 비교해 4배 가까이 증가했다. 이 기간 동안 스마트폰의 사용자도 4,200만 명에서 3억 명 이상으로 폭발적으로 늘어났다. 인도의 소비자들은 제품을 구매함에 있어 가족과 친구, 지인 등의 조언을 듣고 결정하는 경향이 짙고, 또한 원산지, 브랜드 이미지보다는 디자인, 제품 성능을 중시하는 실속형 소비성향이 강하다. 이러한 특징은 인터넷 사용인구의 증가와 함께 인플루언서 마케팅의 최적 환경을 만들어내고 있다.

한 경제 전문지에 따르면 유튜브의 경우 매달 2만 개의 채널에서 38만 개의 영상이 업로드되고 있으며, 1,100만 명의 신규 구독자를 만들어내고 있다. 조회수는 약 100억 회에 달하는 것으로 파악된다.

인도 로컬 광고 에이전시 스타네이지(Starnage)의 조사결과에 따르면 70%의 청소년 유튜브 구독자들은 전통적인 유명인사보다 인플루언서의 말을 더 신뢰하고 있으며, 86%의 여성들은 상품 구매 전 소셜 네트워크에서 관련 반응을 살펴보고, 71%의 소비자들은 소셜 미디어를 참고해 상품을 구매하는 것으로 나타났다.

뷰티, 패션 분야의 기업들이 인플루언서 마케팅에 가장 적극적인 것으로 나타났는데, 유튜브에서 가장 많은 조회수를 기록한 뷰티 관련 영상의 86%는 인플루언서들이 제작한 것으로 화장품회사에서 직접 제작한 것은 14%에 불과했다.

또한 '2018년 인도 인플루언스 보고서'에 따르면 인도에서 인플루언서 마케팅은 아직 시작단계인 것으로 나타났다. 특히 인플루언서 마케팅은 1980~1995년에 출생한 밀레니얼 세대, 1995~2008년에 출생한 센테니얼 세대에게 효과적이고 파급력이 크다고 분석됐다. 이 보고서는 이전까진 브랜드 충성도가 유명인사들에 의해 형성됐던 것과 달리 인플루언서들에 대한 신뢰를 기반으로 소통을 통해 형성된다는 점에서 큰 차이가 있다고 지적했다.

인도에서 인플루언서 마케팅은 제품출시, 콘텐츠 홍보, 이벤트 프로모션 등 각 단계에 걸쳐 골고루 중요한 것으로 파악됐다. 2018년 기준 마케팅 담당자들의 92%는 적어도 하나 이상의 인플루언서 캠페인을 계획했거나 검토 중이고, 89%가 효과적인 마케팅 수단으로 인지하고 있었다. 62%는 소셜 인플루언서 마케팅 지출을 늘릴 것을 검토 하고 있는 것으로 파악됐다.

한 방송에서 떠오르는 스타트업으로 소개된 마숨 미나와라(Masoom Minawala)의 모습.
(구글, 코트라)

인플루언서의 영향력이 확대되면서 직업적인 변화도 나타나고 있다. 인플루언서 마케팅 확산에 따라 소셜 네트워크를 활용한 홍보를 생계수단으로 하는 전업 인플루언서가 늘어나면서 새로운 직업 형태로 자리 잡고 있는 것이다. 이러한 직업을 가진 사람들을 인스타그래머, 유튜버, 블로거 등으로 부르고 있으며, 이들은 사진, 비디오를 활용한 독창적인 온라인 콘텐츠를 생산하며 경력을 쌓아가고 있다.

이코노믹 타임즈는 전세계적으로 약 1억 명의 소셜 미디어 인플루언서가 활동하고 있는 것으로 파악했다. 해당 분야는 진입장벽이 거의 없고 상대적으로 높은 수익성을 기대할 수 있기 때문에 그 숫자는 앞으로도 기하급수적으로 늘어날 것으로 전망된다.

인도의 경우 팔로워 5만 명 이상의 인플루언서 숫자는 약 3만 명, 팔로워 5만 명 미만의 인플루언서는 10만 명으로 집계되고 있다.

일반적으로 인플루언서들의 수입은 팔로워 숫자에 따라 결정되고, 1,000명의 팔로워를 보유한 인플루언서는 5~10달러 수준으로 책정되지만 1만 명 이상의 팔로워를 보유한 경우엔 협상에 따라 달라질 수 있다.

테라리치 조사 결과에 따르면 패션 및 라이프스타일 분야에서 10만 명의 팔로워를 보유한 경우 인스타그램 포스트 하나당 215~500달러를 받는 것으로 조사됐다.

이러한 인플루언서 마케팅은 온라인 화장품 유통 전문기업 누카(Nykaa), 패션유통기업 푼트라(Myntra) 등이 활용해 큰 성공을 거두고 있는 것으로 평가된다.

최근 이코노믹타임즈 기사에 따르면 25세의 인스타그래머로 20만 명의 팔로워를 보유하고 있는 마숨 미나와라는 게시물 하나당 약 500달러에서 900달러까지 받고 있는 것으로 나타났다.

인도에서 인플루언서 마케팅 사업을 운영하고 있는 아니케스 소우자는 "인플루언서 마케팅은 인도에서 이미 흥행하고 있다"며 "화장품의 경우 유튜브보다는 인스타그램을 더 선호하는 경향이 있다"고 말했다. 또한 "인플루언서 마케팅은 상대적으로 브랜드가 없고 소규모 중소기업이 비싼 TV 광고를 할 수 없을 때 선택할 수 있는 효과적인 수단으로 생각하기 쉽지만 화장품 업계의 1위를 다투고 있는 힌두스탄 유니레버, 피앤지(P&G) 등도 인플루언서 마케팅을 병행하고 있다는 점을 주목해볼 필요가 있다"고 설명했다.

출처: 아시아타임즈 2018.10.26. http://www.asiatime.co.kr/news/기사편집

PART 02

마케팅 계획의 체계

CHAPTER 03 시장세분화와 표적시장 마케팅

CHAPTER 04 마케팅 조사

CHAPTER 05 소비자행동

PRINCIPLES OF MARKETING

CHAPTER

03

시장세분화와 표적시장 마케팅

도입사례

5G 폴더블폰시대 중국 스마트폰 시장 별들의 전쟁 포성

5G 통신 시대와 내수 시장구도 변화 주기가 도래하면서, 올해와 내년 중국 스마트폰 시장이 다소 활기를 띨 것으로 업계가 전망하고 있다. 전반적인 스마트폰 산업 침체기 속에서 맞이할 '반짝' 성수기에 대비해 관련 업계가 중국시장 전략 재정비에 속도를 내고 있다.

■ 중국 스마트폰 시장, '3년 주기' 도래로 새로운 강자 맞이 준비

중국 인터넷 전문가 류쾅(劉曠)은 최근 IT 신흥산업 소식 플랫폼 뉴씨드(NEWSEED)를 통해 중국 스마트폰 시장에 소폭의 구도 변화가 발생하는 '3년 주기'가 도래했다고 주장했다.

그의 분석에 따르면, 중국 스마트폰 시장과 관련 산업계에서는 새로운 기술혁신을 통한 산업 전반의 패러다임이 바뀌는 5년의 변화 주기와 업체별 경쟁에 의한 시장구도 변화 중심의 3년 주기가 반복적으로 나타나고 있다. 올해가 3년 주기의 전환점이 된다는 것이 그의 판단이다.

중국 휴대전화의 구도 변화를 살펴보면, 초기 노키아와 모토로라의 쌍두마차 시대를 거쳐, 스마트폰 시대에 돌입하면서 삼성과 애플의 양강 구도가 형성됐다. 이후 샤오미를 주축으로 중국 국산 스마트폰 돌풍이 불면서 '중국 토종 4강 VS 삼성 · 애플'로 시장이 세분화됐다. 그러나 삼성이 중국 시장에서 경쟁력을 상실해가고, 애플의 점유율도 떨어지면서 '중싱(中興) · 화웨이(華為) · 쿠파이(酷派) · 롄샹(聯想)'의 국산 4강 체제가 형성됐다. 중국산 스마트폰 사이의 경쟁이 가열되면서 최근 2년여 동안은 '오포 · 비보 · 화웨이 · 샤오미'의 'OV화미(OV華米)'구도가 이어져 왔다.

그러나, 3년 주기설에 따라 2년 넘게 지속되온 'OV화미(OV華米)' 구도가 곧 변곡점을 맞이할 것이고, 때마침 5G 통신 세대가 열리면서 중국 스마트폰 업계의 변화가 빨라질 것으로 류쾅은 전망했다. 이 같은 분위기에서 2019~2020년 중국 스마트폰 시장이 다시 활기를 띨 것으로 예상했다.

중국 스마트폰 시장에서 이른바 '마태효과(Matthew Effect)' 현상이 약해지는 것도 시장구도 변화를 촉진할 것으로 전망된다. 마태효과란 부익부 빈익빈 현상을 뜻하는 것으로, 산업계에서는 대기업 혹은 기존 강자가 시장을 독식해 나가는 현상이 굳어지는 것을 가리킨다.

전 세계 스마트 시장을 보면, 마태효과는 갈수록 굳어지는 양상이다. 시장조사기구 가트너(Gartner)에 따르면, 2017년 상위 5위 스마트폰 브랜드의 글로벌 시장점유율(출하량)은 59.4%에 달했고, 2018년에는 60.4%로 상승했다. 그러나, 중국시장에서는 기존 강자라고 할 수 있는 삼성과 애플의 영향력이 오히려 줄어들고 시장이 세분되는 현상이 나타나고 있는 것. 이러한 분위기에서 스마트폰 시장이 변곡점을 맞이하면서, 중소 업체와 기존 시장 선점에 실패했던 기업의 '재기' 기회가 늘어날 수 있다고 전문가들은 분석했다.

■ 5G 시장 선점 위한 업계 전략, 중국 가성비 전략 이어진다

주요 기업의 5G 스마트폰 출시 전망

브랜드	브랜드 소속지역	출시연도	상품
애플	미국	2020	iPhone
구글	미국	2019/10	Pixel4
노키아(HMD)	네덜란드	미정	미정
룽야오(荣耀)	중국	2019 초	Honor View 20(5G 버전)
HTC	대만	2019 말	HTC U13
화웨이(華為)	중국	2019	* 폴더블스마트폰 * P30 Pro
LG	한국	2019 초	LG/Sprint LG G8 ThinQ
모토로라/레노버	중국	2019	Moto Z3(Moto Mod 장착)
OnePlus	중국	2019 초	OnePlus 7(5G 버전)
Oppo	중국	2019 초	Oppo R15(5G 버전)
삼성	한국	2019	* Galaxy S10 * Verizon/AT&T 맞춤형 * 폴더블스마트폰
소니	일본	2019	Xperia
샤오미(小米)	중국	2019 초	Mix3(5G 버전)
중싱(中興)	중국	2019 말	미정

자료 : 각 업체 자료, Digital Trends, DGITIMES

류광은 전 세계 스마트폰 시장에서 중국이 차지하는 비중이 절대적인 만큼, 중국시장에서 경쟁력을 잃은 스마트폰 선두 업체의 새로운 전략이 요구된다고 강조했다.

2019년에서 2020년 사이 단기간에 나타날 '반짝 성수기'에 대비해 관련 기업의 움직임도 빨라지고 있다.

일례로, 높은 기술력에도 시장 포지셔닝 설정 실패와 혁신 부족으로 중국시장에서 고배를 마셨던 대만 HTC가 시장 재정비에 나섰다. 2018년 12월 24일 HTC는 중국 전자상거래 플랫폼 톈마오에서 판매하던 스마트폰 제품 대부분을 철수했다. 업계 관계자들은, HTC가 5G 시대를 맞아 전열 재정비에 돌입한 것으로 분석했다.

'홈그라운드' 사수를 위한 중국 업체의 행보는 더욱 두드러진다. 프리미엄 시장을 겨냥한 화웨이는 세계 최초로 폴더블 5G폰을 출시하겠다고 선언하며, 삼성 추격에 나섰다.

비교적 낮은 가격에 우수한 성능의 가성비를 강점으로 중국시장을 장악한 중국 스마트폰 업계는 5G 환경에서도 상대적으로 낮은 가격 공급 전략을 고수할 것으로 보인다.

중국 스마트폰 업계에선 4G 제품보다 500위안(약 8만 원)만 가격을 높여도 수익창출이 가능하다는 '5G+500' 전략이 확산되고 있다. 5G 스마트폰의 생산 원가가 4G 제품보다 약 80달러 올라갈 것으로 예상되기 때문에, 중국기업이 판매가격을 500위안 정도만 올려도 손실은 입지 않을 것이라는 분석에 기반한 구상이다.

5G 프리미엄 제품군의 경우 판매가격이 8,000위안(약 130만 원)에 이를 것으로 예상된다. 현재 중국에서 판매되는 주류 중국산 4G 스마트폰의 가격은 2,000~2,500위안 수준이다.

막강한 브랜드 영향력과 고성능을 무기로 한 글로벌 프리미엄 제품에 대항하기 위해 중국 스마트폰 업계가 '5G+500' 전략으로 5G 시장의 반응을 관찰한 후 2020년 본격화될 5G 시장전략을 확정할 것으로 관련 업계는 전망하고 있다.

출처: 뉴스핌. 2019.01.30. http://www.newspim.com/news/view/

제1절 STP 전략 및 표적시장 마케팅의 의의

과거에 기업들은 경쟁시장에서 잠재고객들을 대상으로 실행하는 마케팅 전략을 두 가지 방식으로 전개하였다. 즉, 시장의 범위에 있어서 매스 마케팅(mass marketing)과 표적 마케팅(target marketing)으로 구분하였는데 전자는 전체시장을 동질적인 욕구를 가진 고객이 존재하는 것으로 파악하고 규모의 경제를 지향하는 반면, 후자는 전체시장을 이질적인 욕구를 가진 고객이 존재한다고 보고, 고객집단별 시장세분화에 기초해 선정된 표적시장을 대상으로 선정하였다.

한편 기업이 모든 소비자가 만족할 수 있는 제품과 서비스를 제공하는 것은 사실상 불가능하며 사회의 발달과 함께 소비자들의 구매행동은 매우 다양해졌을 뿐 아니라 한 기업이 모든 소비자들의 욕구를 이해하고 관리한다는 것은 매우 어렵다. 따라서 소비자가 동일한 제품을 구매하는 상황에서 소비자가 처한 자신의 선호와 위치 그리고 구매상황 등에 따라 소비자는 서로 다른 구매 양상을 보이기 때문에 기업들은 자사가 가장 성공적으로 다루고 공략할만한 표적시장을 선택하는 방식을 취하고 전략적으로 시장과 고객을 선택, 결정함으로써 고객집단별 표적 마케팅을 전개하는 것이 일반적이다.

이와 관련하여 필립 코틀러는 성공적인 마케팅 전략의 열쇠는 표적시장 선정(targeting), 포지셔닝(positioning), 차별화(differentiation)라고 하면서 시장을 분석하고, 그에 맞는 계획을 수립해 차이를 강조하는 것이 중요함을 시사했는데 이를 위해서는 STP[시장세분화(segmentation), 표적시장 선정(targeting), 포지셔닝(positioning)]과 더불어 4P[제품(product), 가격(price), 유통채널(place), 촉진(promotion)]가 뒷받침되어야 한다고 했다.

한편 STP라는 전략적 사고는 4P에 선행한다. 잠재고객의 다양한 욕구를 발견하기 위해서는 먼저 시장세분화를 통해 예상 고객층이 존재하는 표적시장을 선정하는 과정이 요구된다. 표적시장이 선정되어 시장 및 고객의 특징이 파악되면 그 다음에는 자사의 제품이나 브랜드를 포지셔닝 하는 과정이 이어진다. 전략적인 표적 마케팅의 핵심은 STP로 집약된다. 마케팅 관리자는 명확한 표적시장을 선정하고, 그에 대응하는 4P 중심의 마케팅 믹스(marketing mix)를 결정함으로써 마케팅 전략이 구체화 되는데 여기서 4P는 사실 구매자의 사고보다 판매자의 사고를 대변한다고 할 수 있다. 따라서 4P는 4C로 전환될 수 있다. 제품은 고객의 가치(customer value), 가격은 고객의 비용(customer cost), 유통 채널은 고객의 편의성(customer convenience)으로, 촉진은 고객과의 의사소통(customer communication)으로 바뀔 수 있다.

다음에서는 마케팅 전략의 중심 요소가 되는 시장세분화, 표적시장 선정, 제품 포지셔닝 및 마케팅믹스 전략의 체계에 대해서 차례로 살펴보기로 한다.

제2절 시장세분화

1. 시장세분화의 개념

시장이란 말은 여러 가지 의미를 가지고 사용되고 있다. 때로는 다이아몬드시장, 정보통신시장, 자동차시장, 식음료시장 등과 같이 상거래의 대상이 되는 제품이 소비되는 곳을 의미한다. 때로는 소비재시장, 산업재시장 등과 같이 경제적 교환의 대상이 되는 곳을 포괄하기도 한다. 또 콘텐츠시장처럼 특정 산업을 가리키는데 사용되기도 하고, 커피시장처럼 특정 제품군이나 청소년시장처럼 특정 고객군을 지칭하기도 한다.

결국 시장은 구매자와 판매자 사이의 교환이 이루어지는 곳이다. 기존 마케팅 문헌은 대체로 시장을 '특정 욕구를 지니고 있으며, 그 욕구를 만족시키기 위해 기꺼이 교환에 관여하려는 현재의 고객과 잠재고객의 집합체'라고 정의하고 있다. 본서에서 시장에 대한 포괄적인 개념을 좀 더 구체화하여 정의하자면 '어떤 제품에 대한 구매욕구를 가지고 있으며, 그 제품에 대한 구매 능력과 구매의사 및 구매권한을 가진 개인이나 조직의 집합체'로 제시하고자 한다.

효과적인 시장세분화를 위해서 세분시장이 갖추어야 할 요건은 측정가능성(measurability), 접근가능성(accessibility), 실질성(substantiality), 집행력(actionability)으로 집약할 수 있다.

2. 시장세분화의 요건

1) 측정가능성

각 세분시장의 규모나 구매력, 즉 판매잠재력, 비용, 이익 등은 정확히 측정 · 비교될 수 있어야 한다. 어떤 세분화변수는 측정하기 곤란하다. 예를 들어, 부모에게 반항하기 위하여 담배를 피우는 10대 흡연자의 세분시장 규모는 측정하기 어렵다.

2) 접근가능성

기업의 특정한 마케팅믹스 노력이 선정된 세분시장에 도달하기 쉬워야 한다. 어떤 세분시장은 법규나 사회적 제약, 유통상의 제약 요인으로 인하여 도달하기 어려운 경우도 있다. 예를 들어, 청바지나 록음악은 정치 · 무역상의 제약 요인 때문에 특정 국가에서의 판매가 허용되지 않는다.

3) 실질성

세분시장은 별도의 마케팅 프로그램이나 노력을 투입할 수 있을 만큼 충분히 규모가 크거나, 수익성이 유지되어야 한다. 예를 들어, 신장이 4피트 이하인 사람을 세분시장으로 한 자동차개발은 수익성이 충분하지 못할 것이다.

4) 집행력

선정된 세분시장에 효과적인 마케팅 프로그램을 수립하고 집행할 수 있는 마케팅 관리자의 능력이나 자질을 말한다. 예를 들어, 어떤 소규모 항공사가 10개의 유망한 세분시장을 발견했다고 하더라도, 그 회사의 마케팅 관리자는 각 10개의 세분시장에 맞는 별도의 마케팅 프로그램을 개발하여 실행하기는 어려울 것이다.

표 3-2 치약시장의 편익세분화

편익세분시장	인구통계적 특성	행위적 특성	심리분석적 특성	선호 상표
경제성(염가)	남성	重사용자	강한 자립심, 가치지향적	할인상표
충치예방(의료)	대가족	重사용자	보수적, 우울적	크레스트
흰 치아(미용)	10대 청소년	10대 청소년	매우 사교적, 적극적	마클린스
좋은 향기(맛)	어린이	어린이	강한 자기몰입, 쾌락적	콜게이트

자료: W.M . Pride and O.C. Ferrell, *op. cit.*, p. 60.

편익세분화에 관한 실증연구로 유명한 해일리(R.J. Haley)는 치약시장에 대하여 고객이 치약에서 추구하는 편익에 따라 경제성, 충치예방, 흰 치아, 좋은 향기 등 4가지의 세분시장으로 나누어 설명하였다([표 3-2] 참조). 이 표에 의하면 각 편익세분시장은 특이한 인구통계적 · 행위적 · 심리분석적 특징을 지니고 있음을 알 수 있다.

예를 들어, 충치예방 추구집단은 대가족이며 치약사용량이 많고 보수적인 특성을 지니고 있다. 각 세분시장은 또한 특정 상표를 선호하고 있다. 이것은 어떤 기업의 제품이나 상표는 기본적으로 고유의 편익세분시장을 만족시키는 데 마케팅 노력을 집중해야 하는 것을 의미한다. 마케팅 관리자가 현재 제공되는 제품의 편익에 불만족스러워하는 편익세분시장을 찾아낼 수 있다면 매우 큰 마케팅 기회를 갖게 될 것이다.

이 밖에 소비자들의 상표애호도(충성도)에 따라 높은 애호도에서부터 중간 및 낮은 애호도 그리고 애호도가 없는 집단으로 나눌 수 있고, 제품에 대한 태도, 즉 열정의 정도에 따라 열광적 집단, 긍정적 집단, 무관심 집단, 부정적 집단, 적대적 집단으로, 사용자의 신분(user status)에 따라 비사용자, 이전사용자, 잠재사용자, 현재사용자 등으로 시장을 세분할 수 있다.

지금까지 살펴 본 시장세분화의 기준과 관련 변수들은 주로 소비자시장을 중심으로 한 것이다. 한편 이들 여러 변수는 대부분 조직 구매자시장의 세분화에 그대로 원용될 수 있지만 어떤 변수들은 그렇지 못하며, 또 조직 구매자시장에서 특별히 고려되어야 할 변수들도 있다. 조직 구매자시장(산업재 구매자시장)에서 마케팅 관리자가 추구하는 목표는 제품에 대한 조직의 욕구를 충족하는 데 있다. 마케팅 관리자는 지리적 위치, 조직의 유형, 고객(회사)의 규모, 자사충성도, 평균 구매량, 제품의 용도와 사용률 등의 변수로 조직 구매자시장을 세분화 할 수 있다. 일반적으로 소비재나 산업재를 시판하는 기업들은 하나의 세분화변수에 집중하지 않고 여러 세분화변수들을 복합적으로 적용함으로써 그들의 표적시장 기회를 규명하는 경향이 있다.

시장세분화를 위해 적절한 변수(또는 변수의 조합)를 선택하는 일은 그 자체가 곧 표적시장을 정의하는 일차적 요소가 되기 때문에 마케팅 관리의 중요한 결정사항이 된다.

MARKETING FOCUS

편리한 AI 보일러 · 온수매트 등 보일러업계, 스토리텔링 광고 열전

귀뚜라미 인공지능 기술 소개 경동나비엔 수면환경 강조

보일러업계가 성수기 소비자 마음을 공략하기 위한 '광고 열전'에 돌입했다. 올해 보일러 업체들은 광고에서 '스토리텔링'에 중점을 뒀다. 단순한 제품 기능 설명에서 벗어나 소비자의 삶에 제품이 미칠 영향을 보여주는 것에 중점을 둔 것이다.

26일 보일러업계에 따르면 귀뚜라미보일러는 올해 광고를 통해 '인공지능(AI) 보일러로 편리해진 일상'을 보여준다. 보일러 제품에 접목된 AI 기능을 효과적으로 보여주기 위해서다.

귀뚜라미보일러는 '인공지능'편에서는 귀뚜라미와 KT가 협업해 완성한 음성인식 인공지능 컨트롤 기술을 소개한다. 이 기술의 가장 큰 특징은 말 한마디로 보일러 전원, 온도조절, 모드설정 등 원하는 제어가 가능하다는 것이다. 광고에서는 여행을 떠나기 위해 짐을 싸던 가수 홍진영 씨가 KT 기가지니(GiGA Genie)를 이용해 "자기야, 보일러 여행모드"라고 말하면 가스누출탐지, 지진감지, 동파방지 기능 등 귀뚜라미보일러의 안전기술이 집안을 보호한다. 소비자에게 정서적 안정감을 효과적으로 전달하고 인공지능 컨트롤 기술이 가져올 생활의 편리함을 쉽게 표현했다는 설명이다. '귀뚜라미보일러 세트' 편에서는 홍진영이 보일러를 구매할 때는 지진감지기와 가스누출탐지기, 분배기, 각방제어기를 한 세트로 구매해야 안전하고 경제적임을 이야기하며 새로운 보일러 선택법을 알려준다.

귀뚜라미보일러 관계자는 "광고를 통해 단순히 집안 설비로만 인식되어 오던 보일러가 아닌 첨단 가전제품으로 소비자에게 한 걸음 더 다가가고 확실한 혜택을 제공하는 친밀한 브랜드로 거듭나겠다"고 밝혔다.

경동나비엔은 온수매트 광고부터 시작했다. 온수매트 광고를 통해 '물'의 소중함과 가족의 따듯함을 풀어냈다.

경동나비엔은 이번 광고를 통해 '온수의 힘을 믿으니까'라는 카피를 내세웠다. 인체의 70% 이상을 차지하는 물의 중요성을 강조했다. 올해로 3년째 경동나비엔 모델로 활동하고 있는 유지태를 비롯해 다양한 사람들이 일상생활에서 온수를 활용하는 장면을 보여준다. 누군가는 따뜻한 차로 몸을 마음을 녹이고, 또 누군가는 아이와 함께 따뜻한 물로 목욕을 하며 하루의 고단함을 씻어낸다. 그리고 각자의 방법으로 피로를 씻던 사람들이 온수매트를 켜고 따뜻한 물 위에서 편안하게 잠이 든 모습을 차례로 보여준다.

쾌적한 수면환경을 제공하는 온수매트의 힘을 강조하기 위해서다.

김시환 경동나비엔 마케팅본부장은 "올해로 론칭 4년차를 맞는 '나비엔 메이트'는 단순한 난방보조기구가 아닌 쾌적한 수면환경을 위한 생활필수품으로 자리 잡으며 온수매트의 새로운 기준을 만들어가고 있다"며 "이번 TV 광고 캠페인을 통해 나비엔 메이트가 가진 온수의 힘과 쾌적수면에 대한 가치가 많은 분들에게 전해졌으면 하는 바람이다"고 전했다. 경동나비엔은 오는 10월부터 콘덴싱 보일러 광고도 본격화할 예정이다.

출처: 파이낸셜 뉴스 2018.09.26. http://www.fnnews.com/

제3절 표적시장의 선정

1. 표적시장의 평가와 선정

1) 세분시장에 대한 평가

시장세분화는 기업이 직면하는 세분시장의 기회를 나타내 준다. 적절한 세분화 기준에 따라 시장세분화가 이루어지면, 이제 마케팅 관리자는 첫째, 여러 세분시장을 평가하고, 둘째, 어느 세분시장에 그리고 얼마나 많은 세분시장을 대상으로 마케팅 노력을 기울일 것인가를 결정해야 한다.

마케팅 관리자가 상이한 세분시장을 평가하기 위해서는 적어도 다음과 같은 세 가지 측면을 고려해야 한다.

(1) 시장의 규모와 성장성

우선 마케팅 관리자는 잠재적 세분시장이 적절한 규모와 성장성을 유지하고 있는지를 검토해야 한다. 여기서 적절한 규모란 상대적인 개념이다. 일반적으로 대기업들은 판매잠재력이 큰 시장을 선호하는 반면에 중소기업들은 자원의 제약으로 인하여 큰 시장을 회피하는 경향이 있다. 또한, 세분시장의 성장성은 기업의 장래 판매 및 이익 잠재력을 측정하는 한 수단이 될 수 있다. 아울러 마케팅 관리자는 성장성이 높은 세분시장은 상대적으로 경쟁자들의 진입가능성이 높다는 사실을 인지해야 한다.

(2) 시장의 구조적 매력성

어떤 세분시장은 적정한 규모와 성장성을 갖추었다고 하더라도 수익성 관점에서 매력성이 결여될 수 있다. 이에 대하여 포터(M.E. Porter)는 전체시장 또는 특정 세분시장의 장기적인 매력성을 결정하는 요인을 ① 산업 내 기존 경쟁자의 위협, ② 새로운 경쟁자의 진입 위협, ③ 구매자의 교섭력, ④ 공급자의 교섭력, ⑤ 대체품의 등장 위협에 해당하는 5가지(5force model) 분석을 통해 파악할 수 있음을 제시하고 있다.

(3) 기업의 목표와 자원

마케팅 관리자는 이들 위협 요인이 기업의 장기적인 수익성에 미치는 영향을 평가 · 검토함으로써 각 세분시장의 매력성(수익성)을 측정할 수 있다. 또한 특정 세분시장이 기업의 장기적 목표에 부합하는지를 검토하고, 또 기업이 그 세분시장에서 성공하는 데 필요한 기술과 자원을 갖추고 있는지 여부를 고려해야 한다. 즉, 아무리 매력적인 시장이라 하더라도 기업의 목표와 어긋날 수는 없으며, 특정 세분시장의 성공 요건을 충족할 정도의 기업 능력과 경쟁적 우위를 확보할 수 있어야 한다. 더 나아가 표적시장은 관련 마케팅믹스를 개발하고 유지하는 데 소요되는 비용을 정당화할 수 있을 만큼 충분한 판매잠재력(sales potentials)이 있어야 한다.

2) 시장범위의 패턴

선택 가능한 여러 세분시장을 평가한 결과, 기업은 하나 또는 그 이상의 세분시장에 진출하고자 할 것이다. 즉, 기업은 어느 세분시장에 진출할 것인가와 얼마나 많은 세분시장에 진출할 것인가를 결정해야 한다. 세분시장의 선정과 관련하여 기업은 [그림 3-1]에서 보는 바와 같이 5가지의 시장범위 패턴을 고려할 수 있다.

그림 3-1 ▶▶ 5가지 시장확보 패턴

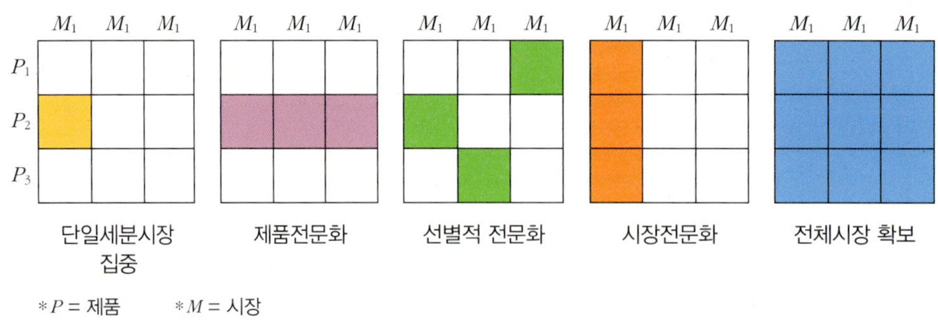

자료: P. Kotler, *op. cit.*, p.299.

(1) 단일세분시장 집중

가장 단순한 경우로서, 기업은 하나의 세분시장을 선택하여 마케팅 노력을 집중하는 형태이다. 기업의 자원이 극히 한정되어 있거나 다른 세분시장으로의 확장을 위한 출발점으로 삼고자 할 때 이용될 수 있는 전략이다. 이때 기업은 집중적 마케팅 전략(concentrated marketing strategy)을 추구하게 된다.

(2) 제품전문화

기업이 다양한 고객집단에게 판매할 수 있는 특정 제품을 생산하는 데 집중하는 형태이다. 예를 들어, 현미경 제조업자가 대학이나 정부, 기업 등의 실험실에 현미경을 판매하는 경우가 여기에 해당한다. 이때 기업은 다양한 고객층의 욕구충족을 위해 여러 종류의 현미경을 시판할 수 있지만, 현미경 이외의 다른 실험용구들은 생산하지 않는다. 이러한 전략은 기업으로 하여금 특정 제품 분야에서 강한 명성을 구축할 수 있는 이점이 있으나, 진보된 기술에 의하여 새로운 대체품이 출현하면 커다란 위험에 직면 하는 단점이 있다.

(3) 선별적 전문화

기업이 객관적으로 매력적이며, 기업의 목표와 자원에 부합하는 몇 개의 세분시장을 선별하여 진출하는 전략이다. 선정된 세분시장 간에 시너지효과를 추구할 수는 없지만, 각 세분시장은 충분한 수익성을 창출할 수 있어야 한다. 복수시장을 추구하는 이 전략은 기업의 위험을 분산시킬 수 있는 이점이 있다. 즉, 여러 세분시장 중에서 한두 개가 기준을 충족시키지 못하더라도, 기업은 다른 세분시장을 통해서 계속 이익을 창출할 수 있다.

(4) 시장전문화

기업은 특정 고객집단(시장)의 다양한 욕구를 충족시키는 데 집중한다. 예를 들어, 대학실험실에서 필요로 하는 일체의 실험용구(현미경, 시험관, 실험용 화학약품 등)를 시판하는 경우가 해당된다. 기업은 특정 고객집단의 욕구를 충족하는데 전문화함으로써 그들에게 높은 지명도를 얻을 수 있으며, 따라서 그들의 경로대리인 역할을 하게 된다. 그러

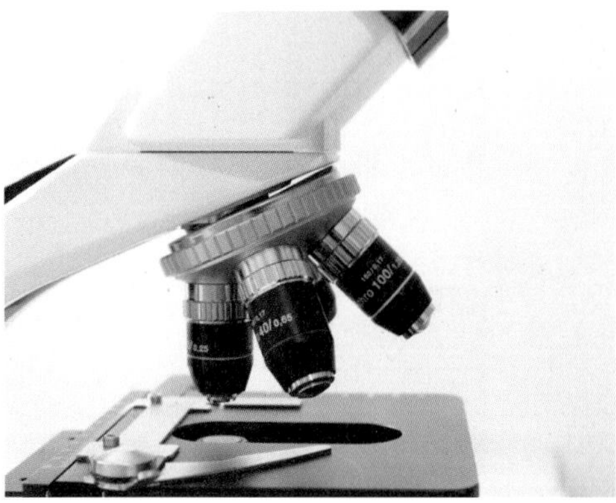

나 그 고객집단의 욕구가 갑자기 변하거나 구매예산의 감소, 또는 다른 공급업자와 거래 관계를 맺는 경우에는 기업이 커다란 위험에 직면하게 된다.

(5) 전체시장 포함

기업은 모든 고객집단들이 필요로 하는 모든 제품을 생산 · 판매하는 전략으로서, 주로 가용자원이 풍부한 대기업의 시장확보전략이라 할 수 있다. 이 전략은 비차별적 마케팅(undifferentiated marketing)전략을 통해 수행될 수 있다.

2. 표적시장의 선정 마케팅 전략

표적시장의 선정과 관련하여 [그림 3-2]에서 보는 바와 같이 마케팅 관리자가 고려할 수 있는 마케팅 전략 대안은 시장에 대한 동질성 및 이질성에 대한 사고를 기준으로 하여 비차별적 마케팅 전략, 차별적 마케팅 전략, 집중적 마케팅 전략 등 세 가지로 정의된다.

그림 3-2 ▶▶ 경쟁기업 분석의 틀

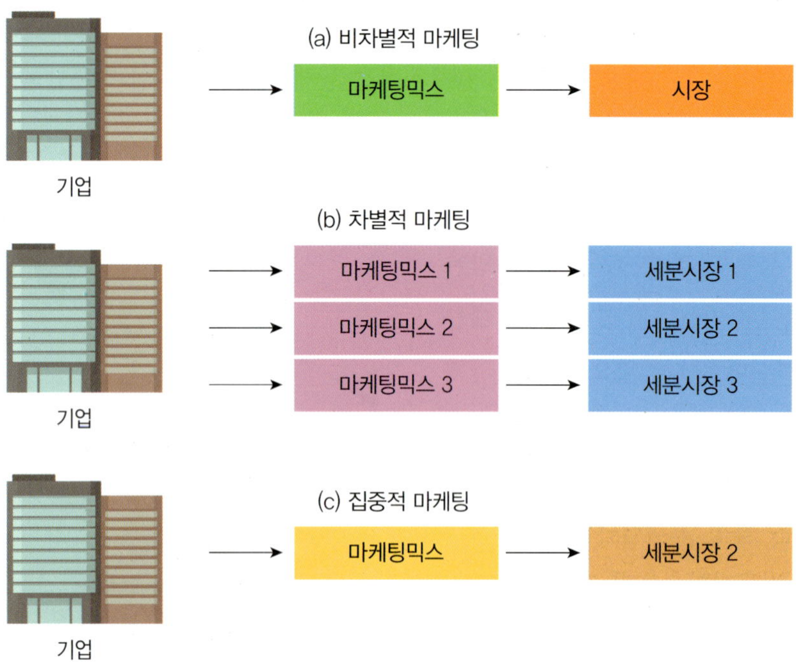

출처 : Philip Kotler and Gary Armstrong, *Principles of Marketing*, Prentice-Hall.

1) 비차별적 마케팅 전략

비차별적 마케팅 전략(undifferentiated marketing strategy)은 각 세분시장의 차이를 무시하고 하나의 제품으로 전체시장을 향해 마케팅 활동을 전개하는 전략을 말한다. 기업은 소비자욕구나 선호의 차이점보다는 공통점이 무엇인가에 초점을 맞추고 전체시장을 동질적으로 보며, 가장 많은 고객들에게 광범하게 소구할 수 있는, 또는 가장 큰 세분시장에 소구될 수 있는, 제품과 마케팅 프로그램을 설계하고 개발한다. 또한, 기업은 대량유통과 대량광고를 통해 대량판매를 추구하며, 제품이 소비자들의 마음속에 우위적인(superior) 이미지를 갖도록 하는 데 목표를 둔다. 따라서 기업은 제품차별화와 촉진 활동의 강화를 통해 자사제품의 비차별적 이미지를 구축하기 위해 모든 노력을 기울인다. 이 전략은 소금이나 설탕, 밀가루, 석유와 같이 소비자들의 욕구가 비슷한 제품이 많이 이용된다. 코카콜라사가 모든 사람들에게 소구하는 한 가지의 맛으로 한 가지의 병 규격에 하나의 음료만을 담아 시판하던 초기의 마케팅 전략은 비차별적 마케팅의 대표적인 사례가 된다.

비차별적 마케팅은 제품표준화, 대량생산, 대량유통, 대량판매, 대량광고 등으로 인한 규모의 경제성으로 제비용을 절감할 수 있다는 이점이 있다. 또한, 세분시장에 대한 마케팅 조사와 세밀한 마케팅 계획이 없어도 되기 때문에 마케팅 비용과 제품관리비용이 절감될 수도 있다.

그러나 소비자들에게 광범하게 소구되는 가장 큰 세분시장만을 표적으로 삼는 이 전략은 그 세분시장에서의 격심한 경쟁(hyper competition)으로 수익성이 감퇴되고, 소규모 세분시장(고객층)들의 불만족을 야기하는 우를 범하는 단점이 있다. 예를 들어, 미국의 자동차업계는 오랫동안 대형차만을 생산해 왔었다. 그 결과 미국의 '가장 큰 세분시장'은 너무나 격심한 경쟁을 초래하여 수익성이 떨어지고, 일본 등지의 소형차 제조업자들에게 돌이킬 수 없을 정도로 시장을 잠식당하는 결과를 초래하였다. 퀸(A.A. Kuehn)과 데이(R.L. Day)는 기업들이 가장 큰 세분시장을 추구해 가는 이러한 경향을 '다수의 오류(majority fallacy)'라고 하였다. 기업들은 이러한 오류를 인식함으로써 작은 세분시장에 대해서 보다 많은 관심을 갖게 되었다.

2) 차별적 마케팅 전략

차별적 마케팅 전략(differentiated marketing strategy)은 일명 복수 세분시장전략(multi-segment strategy)이라고도 하는데, 앞의 [그림 3-2] 에서 보는 바와 같이, 이질적인 전체시장(heterogeneous market)을 세분화 한 다음 두 개 이상의 세분시장을 표적시장으로 삼고 각 세분시장의 상이한 욕구에 부응할 수 있는 마케팅믹스를 개발하여 적용함으로써 기업의 마케팅 목표를 달성하고자 하는 전략이다. 예를 들어, 제너럴 모터스사는 가격, 용도, 개성 등 상이한 고객의 욕구에 맞는 자동차를 만들고자 노력함으로써 비차별적 마케팅을 구사하던 포드자동차를 제압할 수 있는 계기를 만들었다. 이 전략은 기본적으로 전체시장에 개입하게 되므로 특정의 한 시장에서 그 시장의 의미가 퇴색한다고 해도 기업에 미치는 영향이 적다는 이점이 있다. 그리고 보다 다각화된 제품계열(product line)을 다양한 경로를 통해 판매를 하게 되므로 비차별적 마케팅에 비하여 더 많은 매출을 달성할 수 있다.

그러나 차별적 마케팅 전략은 세분시장별 상이한 마케팅 활동에 연관된 제비용, 즉 생산비, 연구개발비, 재고비, 관리비, 촉진비, 제품 수정비 등의 증가를 수반하므로 이 전략의 수익성은 단정할 수 없으며, 지나친 시장세분화는 차별적 마케팅 전략의 의미를 감퇴시키는 결과를 초래한다. 따라서 이 전략의 결정은 효용(utility) 또는 판매증대에 따른 이익이 비용을 상회하는 한도 내에서 이루어져야 한다. 일반적으로 이 전략은 재무적인 잠재력이 상대적으로 큰 대기업에서 선호할 수 있는 전략이다.

비차별적 마케팅이 전체시장을 동질적으로 보고 제품표준화를 통한 대량생산 · 유통 · 판매를 추구하는 판매지향적 마케팅 전략인 반면에, 차별적 마케팅은 전체시장의 이질성을 전제로 한 제품계획(product planning)과 고객의 다양한 욕구충족을 중요시하는 고객지향적 마케팅 전략이라는 점에 차이가 있다. 요컨대, 소비자들의 욕구가 다양하고 경쟁이 치열한 오늘날의 많은 시장에 있어서 시장세분화에 바탕을 둔 마케팅 전략은 필요 불가결한 시장전략이라 할 수 있을 것이다.

3) 집중적 마케팅 전략

집중적 마케팅 전략(concentrated marketing strategy)은 일명 단일 세분시장전략(single segment strategy)이라고도 하며, 여러 세분시장 중에서 하나(또는 제한된 수)의 세분시장만을 표적시장으로 삼고 기업의 마케팅 노력을 집중하는 전략을 말한다. 과거의 소형 승용차시장에만 집중한 독일의 폭스바겐은 그 좋은 예가 된다.

많은 세분시장들 중에서 단일시장에 기업의 집중된 역량을 투입할 수 있으므로 마케팅 비용이 절약되고, 기업의 자원이 한정된 중소기업에서 주로 선호된다. 마케팅 관리자가 이 전략을 응용하기 위해서는 시장의 성장성이 크고, 경쟁이 심하지 않은 세분시장을 선택하는 것이 중요하며, 다른 세분시장으로 시장범위(market coverage)를 확대하기 위한 출발점으로 삼고자 할 때 이 전략을 적용할 수 있다.

집중적 마케팅을 구사하면 기업이 세분시장의 욕구를 보다 잘 알게 되므로 그 시장에서 강력한 시장지위와 명성을 구축할 수 있으며, 생산, 유통 및 촉진 활동의 전문화를 통해 여러 가지 운영상의 경제성을 누릴 수 있는 이점이 있다. 그러나 표적고객들의 욕구가 갑작스레 변하여 제품수요가 격감하거나 동일시장 내에 경쟁자가 진입하게 되면 일시에 표적시장을 상실할 위험성을 안고 있다. 이러한 이유 때문에 많은 기업들은 단일세분시장에서 집중적 마케팅 전략을 추구하기보다는 여러 세분시장에서 다각적인 마케팅 전략을 추구하는 경향이 있다.

제4절 제품 포지셔닝 전략

1. 포지셔닝 전략의 의의

일단 표적시장이 선정되면, 기업은 그 표적시장에 대응하는 포지셔닝 전략을 수립해야 한다. 포지셔닝(positioning)[01]이란 고객들의 마음속에 경쟁제품(상표)과 관련하여 자사의 특정 제품 컨셉을 개발하고 유지시키고자 하는 마케팅 관리자의 결정이나 활동을 말한다. 여기서 중요한 것은 시장에 있는 각 제품에 대한 소비자들의 지각(consumer perception)이다.

마케팅 관리자는 효과적인 제품 포지셔닝을 위해 무엇보다도 제품의 특성과 관련한 소비자의 지각구조를 정확히 이해하는 작업이 선행되어야 한다. 이를 위해 마케팅 관리자는 표적시장의 고객들이 자사의 제품이 경쟁사 제품과 비교하여 어떻게 다른가를 폭넓게 이해하고 평가할 수 있도록 자사 제품을 새롭게 설계해야 한다.

한편 포지셔닝은 기업이 선정한 세분시장(표적시장)중 특정 세분시장에 그 상품을 위치화 함으로써 기업이 지니고 있는 여러 가지의 방안 중 최적화된 전략 방안을 모색할 수 있다. 즉, 기업은 적절한 포지셔닝을 통해 표적시장 내의 실질적인 고객들에게 소구하여 경쟁적 이점을 구축하기 위해 노력하려 한다. 마케팅 관리자가 일반적으로 신제품을 출시할 때에는 그 표적시장이 가장 원하는 제품의 특성을 유지할 수 있도록 제품을 포지셔닝 해야 하며, 이렇게 형성된 이미지는 지속적이며, 궁극적으로 그 제품의 구매에 영향을 미치게 된다.

예를 들어, '크레스트' 치약은 충치를 예방할 수 있는 효과적인 불소치약으로 포지셔닝 되었으며, '클로즈업'치약은 사용자의 성적 소구를 강화하여 치아를 희게 하는 치약으로 포지셔닝 되었다. 만일 특정 제품이 원하는 표적고객들에게 원하는 위치로 적절히 포지션 되지 못하면 성공적인 마케팅 성과를 기대할 수 없을 것이다.

---

01 개념전달 목표와 구매장애 제거목표를 바탕으로 제품의 차별적 이미지를 고객의 마음속에 자리매김 하려는 마케팅 관리자의 모든 노력

2. 포지셔닝 전략의 설계

기업이 제품 포지셔닝 전략을 수립하기 위해서는 우선 자사제품과 경쟁사제품들이 시장에서 각기 어떻게 포지션 되어 있는지를 파악하는 일이 필요한데, 이를 위해 주로 사용되는 방법 중에 하나가 지각도이다. 지각도(perceptual mapping)란 여러 제품들에 대한 소비자들의 지각(perceptions)에 바탕을 두고 2차원 또는 3차원의 도면 위에 신제품이나 기존 제품을 위치화(positioning)시키는 것을 의미한다. 지각도분석을 하려면 먼저 소비자들이 특정 제품을 선택할 때에 어떤 평가 기준(criteria)이 사용되는가를 결정해야 한다.

이는 포지셔닝의 '개념전달 활동'의 영역으로 구분할 수 있는데, 지각도의 척도 설정을 위해 주로 많이 사용되는 평가 기준은 제품의 속성(attributes) 이며, 이는 즉 제품의 품질, 성능, 디자인, 스타일, 서비스 등이 중요한 차원인데 이외에도 제품의 편익(benefits), 용도, 경쟁제품, 주요 고객층 등을 이용할 수도 있다.

그 다음은 소비자조사를 통하여 소비자들의 제품평가 요소들에 대한 상대적 중요도를 측정하고, 각 결정 요소들에 대한 개별 상표들의 '위상(position)'을 부여함으로써 소비자들의 각 상표에 대한 선호도를 평가한다. 소비자조사를 통해 얻어진 자료는 컴퓨터 프로그램을 활용하여 하나의 지각도를 만들어낸다.

그림 3-3 ▶▶ 지각도에 의한 포지셔닝 맵

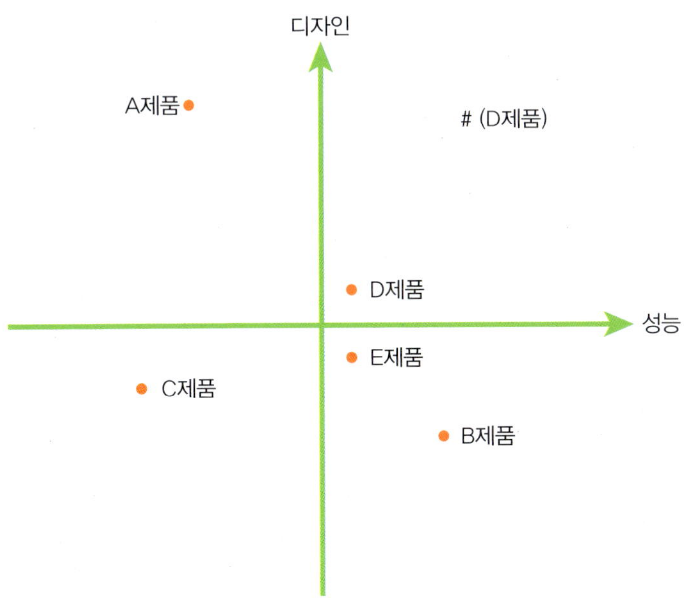

결국 지각도는 여러 동종 제품들에 대한 고객들의 인식 정도를 주요 평가 기준에 따라 그림상에 나타내는 것으로서, 표적시장의 특성을 시각화한 것이다.

마케팅 관리자는 표적시장 안에서 기존의 경쟁제품들을 통해 충족되지 못한 소비자욕구(새로운 포지션)를 발견함으로써 새로운 제품 포지셔닝 기회를 찾을 수 있게 된다.

한편 '구매전환 활동'을 통한 제품 포지셔닝 전략을 효과적으로 수행하면, 고객들의 마음속에 그 제품에 대한 어떤 적절한 컨셉이 형성되어 마케팅 관리자가 설정한 구체적인 표적시장에서 성공적인 마케팅 활동을 전개할 수 있게 된다.

즉, 기업은 효과적인 제품 포지셔닝을 통해 마케팅믹스 문제를 해결할 수 있다. 제품, 가격, 경로 및 촉진의 최적결합을 추구하는 마케팅믹스 문제는 제품 포지셔닝 전략의 전술적인 세부사항으로 이루어지는 것이다. 예를 들어, 고품질 포지션을 구축하고자 하는 기업은 고품질의 제품에 고가격을 부과하여 우수한 판매대리점에 의한 유통으로 고급 전문잡지에 광고하는 등 마케팅믹스를 전개하면서 제품 이미지를 일관성 있게 유지하게 될 것이다.

일반적으로 경쟁상황 하에서 제품 포지셔닝은 ① 고객욕구파악, ② 컨셉 개발 & 제품 개념 인식, ③ 제품 개념 파악, ④ 위상(position)파악, ⑤ 개념전달 차원 목표설정, ⑥ 구매전환 차원 목표설정 ⑦ 예상 재무목표 설정을 실행하는 과업으로 이루어지는데 다음 절에서 각 내용을 자세히 다루고자 한다.

3. 포지셔닝 전략 수립 및 마케팅 목표 정립

표적시장이 선정된 이후 표적시장별로 마케팅 활동에 대한 목표가 명확히 정립되어야 하는데 마케팅 활동 목표는 다음과 같이 크게 세 가지로 구분된다.

첫째 기업제품은 어떤 고객들을 위해 만들어졌으며 어떻게 그들의 욕구를 충족시켜 줄 수 있는가에 대한 이해와 포지션/위상을 정립하는가에 대한 개념전달 활동 목표이며, 둘째, 여섯 가지 거래장애 요인(시간, 장소, 기능, 소유, 지각)의 제거를 위한 거래장애 제거인 구매전환 활동을 위한 목표. 셋째, 앞의 목표들을 달성함으로써 기대되는 매출 및 이익의 형태로 표시할 수 있는 예상 재무에 대한 목표이다. 각 내용을 살펴보면 다음과 같다.

1) 개념전달 차원의 마케팅 목표 설정

일반적인 제품에 대한 위상(position)은 경쟁 제품 간 상대적인 차이의 관점으로 이해되는 보다 구체적이고 세부적인 제품의 의미이다. 이를 통해 경쟁사와 비교한 자사의 제품의 차별화를 할 수 있게 된다. 즉, 제품 포지션은 제품에 대한 개념의 보다 세부적인 형태로서 제품에 대한 경쟁상황을 반영한 제품의 구체화된 위상이다.

때문에 무엇보다 개념전달 차원의 마케팅 목표를 정립할 때 무엇보다 고려해야 할 것은 '제품의 개념' 그리고 '제품 포지션의 설정'이다.

제품 개념은 제품의 포지션과 더불어 포지셔닝 전략을 결정하는데 다음의 세 가지 형태의 소비자욕구와 대응한다. 첫째, 기능적인 제품 개념은 고객들로 하여금 내 · 외적으로 야기될 수 있는 기능적인 문제들을 해결하기 위한 것이다.

둘째 상징적인 개념을 지닌 제품은 소비자들로 하여금 그들이 원하는 역할이나 답안 혹은 자아상(현실 혹은 이상)과 연결시켜 주는 역할을 한다.

셋째, 감각적인 개념을 지닌 제품은 감각적 자극추구를 위하여 내면으로부터 창출되는 소비자들의 욕구를 충족시키는 목적을 갖고 있다. 즉, 개념전달 활동이란 제품이나 서비스가 욕구에 일치한다는 것을 알리는 활동들이라 할 수 있다. 이를 다시 말하면, 즉 표적 고객의 욕구를 충족시킬 수 있게 하는 제품 개념-포지션(위상)의 전달 활동을 말한다.

때문에 개념전달 차원에서의 마케팅 활동 최종 목표는 "2025년까지 특정 표적시장에서 'A' 제품 개념의 인지도를 기존의 20%에서 30%로 증가 시킨다" 와 같이 설정될 수 있다.

(1) 제품 개념의 형태 결정

일반적으로 기업은 자사의 제품을 세 가지 제품 개념 형태들 중 어느 하나의 개념에서 경쟁사와 차별화를 시도하는데 이때 제품 개념에 대한 포지셔닝은 여러 가지 형태로 나타난다.

▪ 기능적 편익에 의한 속성

즉, 제품의 기능적 편익 혹은 속성을 차별적으로 고객에게 소구하기 위한 초점을 맞춘 포지셔닝이다. 예를 들어, 미국의 승용차시장에서 현대자동차의 'Accent'는 저렴한 저가임을 강조하는데 반해 Volvo 는 차량충돌 시험장면을 스스로 연출함으로써 안전성에 대한 부분을 강조하며, BMW는 슬로건인 'the ultimate driving machine'라는 모토를 토대로 우수한 성능을 지닌 차로 포지셔닝 한 바 있다. 한편 과거의 Mcdonald 가 McCafe 신규 브랜드를 확산시키기 위한 전략으로 비교광고를 진행하였는데 이는 스타벅스 커피에 비해 맛과 향이 떨어지지 않으면서도 가격이 저렴하다는 인식을 소비자들의 내면에 자리매김하였다.

■ 상징적 편익에 의한 속성

상징적 포지셔닝은, 즉 제품의 상장적 편익을 고객에게 차별적으로 소구하는 것이다. 즉, 소비자들 누구나 갖고 있는 제품구매를 통한 사회적으로 인정받고 싶어 하는 소비욕구를 충족시켜주는 것이 바로 상징적 편익이다. 예를 들어, 고급 초콜릿으로 유명한 Godiva Chocolates 은 "Make a wish"란 메시지를 광고함으로써 고급 브랜드로 포지셔닝 하였다. 일반적으로 이러한 상징적 포지셔닝은 보석, 고가의 화장품, 고급 패션의류 및 구두 등 고급 제품들을 포지셔닝 하는 경우에 이용되는데 이는 소비자들로 하여금 고급제품이 주는 이미지로 인해 자아의 이미지를 향상시키려는 소비심리에 소구하는 방법이다.

한편 삼성의 냉장고는 과거 'Zipel' 이라는 컨셉 하의 프리미엄 냉장고로 포지셔닝 하였으며 이는 소비자들로 하여금 "지펠을 소유하는 것은 곧 상류층"의 상징으로 인식될 수 있도록 내면화함에 따라 상징적 포지셔닝에 성공한 바 있다.

■ 감각적 편익에 의한 속성

감각적(경험적) 포지셔닝이란 제품의 감각적 만족 혹은 자극의 차별성을 강조하는 것이다. 즉, 소비자가 제품을 사용하는 과정에서 느낄 수 있는 긍정적인 감정과 감각적 즐거움 등 감각적(경험적) 편익을 통해 제품을 포지셔닝 하는 것이다. 한 예로 한국타이어는 "Driving Emotion"이라는 슬로건을 통해 기업이 단순히 자동차 부품을 생산하는 것이 아닌 고객들의 안전을 통해 행복을 실현시킨다는 감각적 표현으로 기업 이미지를 형성하였다. 또한 미국의 AT&T의 "reach out and touch someone" 캠페인을 통해 멀리 있는 가족 혹은 지인들과의 대화 수단으로서 장거리 전화의 감각적 편익을 성공적으로 포지셔닝하였다.

(2) 포지셔닝을 위한 위상정립

포지셔닝이란 제품의 개념을 소비자에게 정확하고 신속하게 전달하기 위한 개념전달목표와 더불어 이를 바탕으로 거래 시 나타날 수 있는 구매진환 활동을 위한 기래장애 요소의 제거목표를 달성함으로써 경쟁사제품 대비 효과적으로 차별화할 수 있는 위치를 고객의 내면속에 자리매김하려는 노력을 의미한다.

이러한 포지셔닝을 통해 제품, 가격, 촉진, 유통 등의 보완적 마케팅믹스 활동이 이루어진다. 예를 들어, 소비자들로 하여금 LG생활건강의 'Tech'나 CJ Lion의 '비트'는 세정력이 매우 강하며 소량으로 사용하더라도 세탁이 잘되는 세제로 여겨지며 기아의 Moning은 실용적인 자동차, Mercedes-Benz나 Jaguar, Cadillac 등은 고급승용차로 여겨진다. 따라서 제품 포지셔닝이란 곧 어떤 자사 제품을 경쟁사 제품 대비 차별적 특징을 가질 수 있도록 제품의 개념을 설정하고 이에 따라 개발된 제품을 소비자가 구매에 따른 어려움을 느끼지 않기 위해(거래장애 요인 제거) 소비자의 내면속(지각)에 적절히 위치화시키는 것이다. 그리고 마지막으로 이를 최대한 달성하기 위해 효율적이고 효과적인 마케팅믹스 활동이 뒷받침되어야 한다.

2) 구매전환 차원의 마케팅 목표 설정

고객이 개념전달 활동을 통해 구축된 제품에 대한 인지를 실제 거래로 전환시키기 위해서는 실제 거래상에 나타나는 여섯 가지 장애 요인들을 제거시키는 구매전환 활동이 필요하다.

잠재적 구매가능성이 있는 고객이 그 제품의 특정 개념에 대해 이해를 하고 있더라도 적시에 구입할 수 없는 상황이거나 혹은 구매 능력을 초과한 높은 가격이라면 거래는 발생하지 않을 것이다. 한편 구매전환(장애 제거) 차원의 마케팅 목표는, 즉 "2025년까지 특정 표적시장에서 'A' 제품 에 대한 실제적 거래와 관련된 소유, 시간, 장소 등에 따른 특정 장애 요인들을 기존보다 각각 15%씩 감소시킨다."와 같이 될 정의될 수 있다.

3) 예상 재무목표 및 타부서 지원사항의 확인

마케팅 관리자는 개념전달 활동과 구매전환(장애 제거) 활동의 결과로 나타날 수 있는 예상매출액 그리고 이익목표를 가지고 있어야 한다. 이에 대한 예측이 쉽지 않더라도 과거의 자료와 더불어 미래의 마케팅 활동에 대한 기대분석을 통하여 목표치를 예측하도록 노력해야 한다. 또한 마케팅 관리자는 목표로 설정한 매출액과 목표점유율 달성을 위해 타 부서들로부터 어떠한 자원이 필요한지에 명확히 파악하고 있어야 한다.

4. 포지셔닝 접근 방법

현대 소비자들은 수많은 제품에 대해 다양한 접근을 통해 정보를 접하고 있는데 이로 인해 구매 시 너무 다양한 정보들로 인하여 제품 평가에 어려움을 겪는다.

때문에 구매의사결정의 단순화를 위해 소비자들은 상품, 브랜드, 회사 등에 대한 사항을 일정한 틀에 끼워 넣곤 한다. 예를 들어 'A'브랜드는 고가격 제품, 'B' 브랜드는 저가격이며 서민층이 주로 이용하는 브랜드로 인식하는 등의 경우이다. 때문에 마케팅 관리자는 소비자로 하여금 마음속에 형성되는 자사제품의 위치가 유리하게 정립될 수 있도록 적극적 노력을 기울일 필요가 있다. 이러한 노력의 과정이 곧 포지셔닝이다. 한편 제품의 포지션을 정립하기 위해서는 기존 제품에 대한 소비자 선호도를 분석해야 하며, 이러한 분석에는 '질적' 또는 '양적' 방법이 있다.

1) 제품 포지션 정립을 위한 질적 방법

관찰 방법(Monitoring)과 초점집단면접 방법(Focus Group Interview)은 특정 제품에 대한 포지션을 결정하는데 도움을 준다. 경우에 따라 소집단 그룹을 대상으로 소비자들이 경쟁제품의 포지션에 대한 인지상황에 대해 관찰함으로써 제품에 대한 포지션 정립에 중요한 통찰력을 얻을 수도 있다. 한편 기존 서비스를 새로운 시장으로 확장하려고 추진하는 기업들은 그들의 서비스와 더불어 새로운 시장에 경쟁자 제공 서비스에 대한 고객들의 반응을 경청함으로써 중요한 정보를 획득할 수 있다.

반면 질적 방법은 제품 포지션 정립에 많은 제약을 갖는다. 일반적으로 이러한 질적 접근 방법은 소비자의 반응에 대힌 주관적인 해석에 지나치게 의존하게 되며, 또한 소비자 집단으로부터 반응의 도출에 대한 여부를 전적으로 조사자 역할에 의존한다. 때문에 특정 제품의 포지션을 결정할 때 단순히 질적 방법으로만 의존하는 것은 바람직하지 못하다.

2) 제품 포지션 정립을 위한 양적 방법

제품 포지션의 정립을 위한 양적 방법은 다음과 같다. 첫째, 소비자의 태도와 의도에 관한 설문조사, 둘째 다차원척도법, 그리고 마지막으로 컨조인트 분석 방법 등이 있다. 이들 세 가지 방법은 모두 상호보완적이므로 병행하여 사용하는 것이 좋다. 본서에서는 소비자의 태도와 의도에 관한 설문조사와 다차원척도법에 대해 살펴보도록 한다.

(1) 소비자의 태도와 의도에 관한 설문조사

일반적으로 설문조사에서는 고객들에게 제품에 대한 속성, 성능에 대한 특성 및 가격의 범위 등에 관한 수많은 정보를 포함한 다양한 포지션을 제시한다. 이로서 소비자들은 여러 경쟁 제품들의 전반적인 선호도와 함께 구매의도를 고려하여 각 제품에 대한 포지션을 평가하는 방식이 일반적인 소비자 의도에 대한 설문조사 방식이다. 그러나 이러한 설문조사 방법의 두 가지 한계점이 존재한다. 첫째, 사전에 마케팅 관리자가 이상적인 제품의 포지션을 정립하는 경우다 많다. 둘째 상세한 선호에 대한 원인 규명 없이 단지 주관적인 선호도나 구매의도 정도만을 밝히고 있다는 점이다.

(2) 다차원척도법(Multi Dimensional Scaling: MDS)

다차원척도법이란, 즉 제품의 포지션을 결정지을 수 있도록 제품의 '핵심적 차원' 및 '속성'들과 이들 핵심적 차원(혹은 제품속성)에 대한 소비자들이 자각한 '인지도(지각도)'를 작성하는 기법이다. 한편 본 다차원척도법은 다차원의 공간을 통해 차원을 기준으로 척도화 하여 소비자가 인식한 특정욕구에 대한 소비자의 제품 인지사항을 지도화하며, 이를 통해 핵심속성들의 차원을 지도상 규명하기 위한 것이다.

이러한 지도화는 다양한 경쟁 제품들에 대한 소비자의 유사성 판단으로부터 도래 된다. 한편 이들로부터 마케팅 관리자는 어떠한 제품이 소비자들로 하여금 동질적 혹은 이질적으로 인지되는지 규명할 수 있게 되는데, 이때 마케팅 관리자는 제품 속성에 대한 직접 혹은 간접적인 경쟁의 원천에 대해 이해하게 된다.

또한 소비자들이 가장 이상적이라고 판단하는 차원의 최적의 조합은 결국 응답자들이 평가한 제품선호도에 대한 평가자료의 수집으로부터 나온다. 이 경우 제품에 대한 선호도는 일반적으로 비율척도나 각각의 제품에 대한 평가순위로 표시되는 것이 일반적인데, 이러한 자료들 또한 차원에 대한 제품유사성에 의해 규명된 인지 차원으로 척도화 된다. 이 경우 인지도가 그려지고 나면 제품 개념 정립을 위한 두 가지 정보를 파악할 수 있다. 첫

그림 3-4 ▶▶ 진통제에 대한 인지도

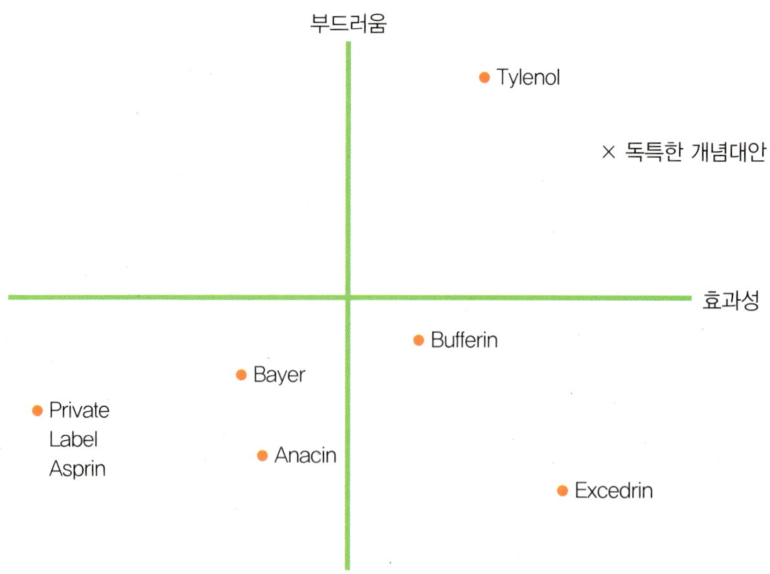

자료: Glen L. Urban and John R. Hauser, *Desien and Marketing of New Product*, Englewood Cliffs, N.J.: Prentice-Hall, Inc., p. 187.

째, 소비자욕구에 기반 한 신제품기회를 확인할 수 있다. 즉, 최상의 욕구에 기반 한 소비자의 인지도를 검토함으로써 기존의 제품들이 충족시키지 못하는 "지각상 공백(perceived gap)"을 규명해 낼 수 있으며, 공백의 발견으로 인해 신제품의 컨셉을 적절히 결정할 수 있게 된다. 한편 진통제시장에 대한 인지도는 [그림 3-4]에 나타내고 있으며, 이 진통제시장 제품들의 주요 핵심적 차원(대표 속성)은 효과성 차원과 부드러움 차원으로 구분되고 있다.

한편 현재의 제품들 중 높은 효과성과 부드러움을 동시에 만족시켜줄 수 있는 대안(독특한 개념 대안)이 없지만 만약 이 대안점에 대한 고객들이 욕구가 많아서 수요가 충분히 발생 가능하다면 이 지점을 통해 공략할 수 있는 독특한 제품 컨셉을 정립하고 이를 기반으로 신제품을 개발하여 포지셔닝할 수 있는 기회가 발견될 수 있다.

둘째, 인지도는 신제품을 기존 제품과 비교함으로써 소비자로 하여금 어떻게 인지될 수 있는지에 대해 알려준다. 예를 들어, [그림 3-5]의 ×점은 제품에 대한 사전조사를 통해 도출된 신제품에 대한 설정위치와 소비자의 사용 후 개념인 인지위치를 표시하고 있는데 설정된 개념과 소비자가 지각한 사용 후 개념상 많은 차이를 나타내고 있다. 이처럼 신제품에 대한 소비자의 인식이 관리자의 의도와는 다름이 파악되고 나면 앞으로 마케팅 관리

그림 3-5 ▸▸ 새로운 진통제에 대한 인지도

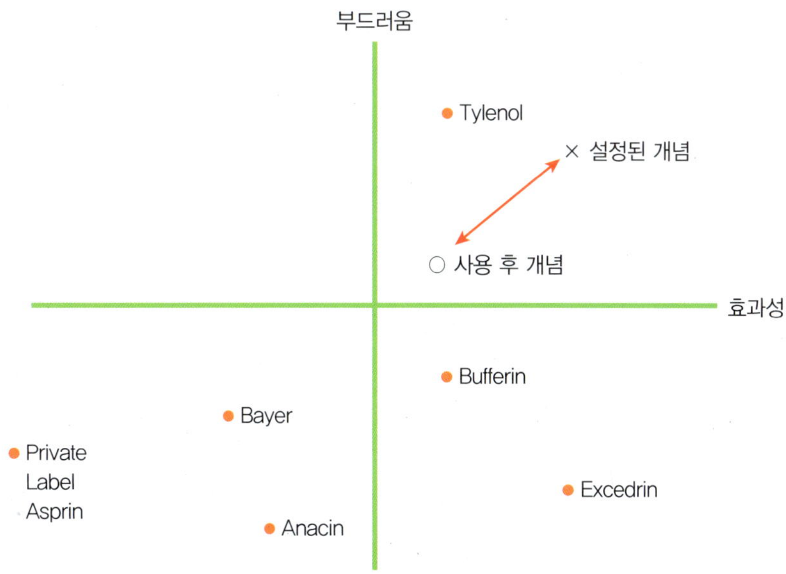

자료: Glen L. Urban and John R. Hauser, *Desien and Marketing of New Product*, Englewood Cliffs, N.J.: Prentice-Hall, Inc., p. 187.

자는 차후 그 제품의 개념을 새롭게 재정립하거나 제품의 포지셔닝에 대한 다른 차원의 마케팅 커뮤니케이션 전략이 필요함을 판단할 수 있을 것이다.

한편 다차원척도법을 통해서 제품 개념을 결정할 경우 다음과 같은 사항을 고려해야 한다.

첫째, 인지도 도출 과정에서 신뢰할만한 두 개의 핵심적 차원을 추출하기 위해서는 적어도 8개 이상의 제품들이 필요하다.

둘째, 두 개의 핵심적 차원의 명칭을 부여하는 과정이 매우 주관적이고 다차원척도 프로그램에서는 단순히 제품에 대한 상대적인 소비자들의 인지를 바탕으로 제품의 위치가 산출된다. 따라서 나타난 제품들 간의 상대적 위치를 보고 각 축의 의미를 판단하는 과정 역시 매우 주관적이게 될 수 있음을 인식해야 한다.

마지막으로 인지도상의 필요한 차원의(척도) 수를 결정하는 것은 매우 복잡하지만 인지도상 보편적으로 두 개의 차원으로 표현된다. 그러나 일반적으로 소비자가 제품들 간의 유사성을 평가할 때는 더 많은 차원의(예를 들어, 복용편의성, 포장, 브랜드 이미지 등)을 활용하게 되는데 이때 다차원적인 차원의 개념을 두 개 차원의 개념으로 표현하는 과정에서 많은 오차가 발생하게 된다.

따라서 소비자가 지각한 유사성평가를 보다 정확하게 파악하기 위해서는 경우에 따라 두 개 이상의 차원을 활용해야 하며, 조사자는 결과의 신뢰도를 높이기 위한 차원의 수 결정에 대한 관리적 유용성을 높이는 방안을 고려해야 한다.

MARKETING FOCUS

STP 전략 · 4P 전략 · SWOT 분석은 신용카드 마케팅에 필수

우리는 텔레비전에서 보고 싶지 않은 광고를 어쩔 수 없이 보게 된다. 자주 등장하는 광고 중 하나가 신용카드 광고다. 인기 연예인이 나와 카드로 사용할 수 있는 다양한 상품과 기능을 선전한다. 단순한 상품 설명에 그치지 않고 카드 브랜드가 가진 이미지를 알리는 경우도 많다. 카드 광고는 카드사의 빅데이터 분석에 따라 만들어지는 경우가 많다. 카드 고객군이 비교적 정확하게 분석되기 때문에 해당 고객군에 마케팅을 집중하기 위해서다. 신용카드사의 마케팅 활동에 대해 더 알아보자.

회원 마케팅이란?

카드사의 회원 마케팅은 일반적으로 개별 상품을 판매하는 것이 아니라 전화, 문자, 이메일, 홈페이지, 명세서 등 이용 가능한 다양한 채널을 통해 한다. 신용카드 회원을 대상으로 의사소통하는 일련의 과정을 말한다. 이런 활동을 통해 이용 금액, 이용 횟수, 카드 자동이체 등의 이용 확대에 중점을 둔다.

회원 마케팅 활동

구 분	내 용
고객유지	이탈 고객관리 및 카드 이용 관련 업무사항을 포함하는 활동
교차판매	해당 카드 소지자가 이용하는 서비스 외에 다른 카드 상품의 이용을 권유하는 활동
판매 제고	신용카드의 사용을 늘려 카드 이용금액을 확대하는 활동

회원 마케팅 전략

그러면 어떤 전략으로 회원 마케팅을 전개해야 할까? 해당 전략을 세우는 기본 개념은 여러분이 알고 있는 마케팅 전략의 기초 개념, 즉 STP 전략, 4P 전략, SWOT 분석 등에 의존한다.

1) STP 전략

고객세분화(Segmentation), 목표고객군 결정(Targeting), 포지셔닝(Positioning)으로 구분할 수 있다. 고객세분화는 매우 다양한 고객에 대한 분석을 의미한다. 이런 분석을 통해 세분화된 그룹별로 마케팅 활동을 진행한다.

목표 고객군 결정은 위에 세분화된 고객정보를 바탕으로 마케팅을 집중할 대상 고객을 선정하는 것이다. 대상의 범위를 좁혀 영업의 성공 확률을 높이는 활동이다. 포지셔닝 활동은 일반적인 마케팅 이론에서는 자사 제품이 가지는 시장에서의 위치나 이미지 정도로 정의될 수 있으나 카드업계의 경우 카드 사용액이나 등급이 낮은 고객이 그 반대 위치로 이동하는 것을 말한다. 만약 여러분이 신용카드를 교통카드로만 사용하지 않고 통신비 이체, 편의점 할인 등의 혜택을 가지는 카드로 교체한다면 카드사는 성공적인 고객 포지셔닝을 한 셈이 된다.

2) 4P 전략

4P 전략은 상품, 가격, 유통, 홍보 등에 대한 광범위한 전략을 의미한다. 여기서 말하는 상품은 카드 자체 상품이라는 의미보다 카드 상품의 결제 형태를 의미한다. 결제 상품, 대출 상품, 기타

상품으로 구분이 가능하다. 가격은 할부, 리볼빙, 현금서비스 등에 붙는 별도의 수수료 또는 이자 부담에 따른 각각의 수수료율 혹은 이자율을 가격이라고 한다. 유통은 고객의 접점을 의미하며 전화 마케팅, 휴대폰 문자, 이메일, 인바운드 상담 등을 들 수 있다. 홍보는 이용금액 증가, 고객 로열티 증가 등의 마케팅 촉진 활동을 의미한다.

신용카드 회원 마케팅 특성

신용카드 마케팅 활동은 최근 모바일 흐름에 따라 급속하게 비대면 중심 마케팅에 집중되고 있다. 기존 회원 및 신규 회원의 구매 상품, 구매 패턴 등의 빅데이터 분석을 통해 마케팅을 기획·운영하고 있다. 신용카드 마케팅은 고객 규모가 다른 일반적인 산업군에 비해 크기 때문에 대면영업 형태보다는 텔레마케팅, 문자, 이메일, 소셜네트워크서비스(SNS) 등 다양한 채널을 활용하고 있다.

신용카드 회원 마케팅을 계획하기에 앞서 신용카드 관련 감독규정 및 법규를 위반할 여지가 없는지 충분히 검토해야 한다. 특히 아래의 정리된 사항에 대한 주의가 필요하다.

구 분	내 용
텔레마케팅 규정준수	금융위원회 및 금융감독원의 신용카드 관련 규정준수
해지방해행위 금지	고객의 해지요청에 신속하게 응해야 함
광고규제	카드 상품광고 시 여신전문금융업법에 따른 규정광고 자율심의 준수
고객정보보호	고객정보보호에 관한 법률을 준수
마케팅 동의 여부 확인	선택적 동의사항으로 체크하며, 해당 동의사항 외에 목적으로 활용해서는 안됨

출처: 한국경제, 2018.03.19. http://news.hankyung.com/article/

제5절 마케팅믹스 전략의 설계

제품 포지셔닝이 이루어지면, 표적시장의 테두리 안에서 기업의 고객집단과 경쟁자가 확정되며, 이로써 기업은 세부적인 마케팅믹스 전략을 입안할 수 있게 된다. 마케팅믹스에 관한 기본적인 개념은 마케팅 관리와 관련하여 이미 서술되었기 때문에 이 절에서는 마케팅믹스의 전략적인 의미를 중심으로 살펴보고자 한다.

마케팅믹스는 마케팅 전략이 추구하는 목표달성을 위하여 제품, 가격, 경로, 촉진 등의 제요소를 효과적으로 결합하는 것으로서, 마케팅 활동에 관한 의사결정의 중심적 과제이자 마케팅 제활동의 통합이다. 즉, 마케팅 목표에 대하여 형성된 표적시장에 따라 마케팅 관리자가 통제할 수 있는 마케팅 수단이나 각 요소를 조합하여 마케팅 전략을 전개하는 것이다. 다시 말해 마케팅믹스는 마케팅 전략을 구성하는 핵심으로써 표적시장에 대한 마케팅 수단 · 방법을 선택하고 편성하는 것이라고 할 수 있다.

마케팅믹스의 구성 요소에 대해서는 학자들에 따라 다소 차이가 있으나, 일반적으로 맥카시(E.J. McCarthy)의 4Ps, 즉 제품(product), 가격(price), 유통(place), 촉진(promotion) 등 4가지 요소를 중심으로 이해되고 있다. 4Ps 이외에도 사람(people), 과정(process), 물적 증거(physical evidence) 등의 요소를 추가하기도 한다.

학자들의 주장을 참고로 하여 마케팅믹스의 구성 요소와 그 내용을 정리해보면 [표 3-3]과 같다.

이 표는 마케팅믹스의 주요 구성 요소를 제시한 것인데, 이 밖에도 여러 가지 요소가 있다. 이들 요소는 대체 가능한 부분도 있고, 또 결합 가능한 부분도 많지만 마케팅 전략을 수행함에 있어서 최적의 믹스를 이루기란 쉬운 일이 아니다. 제품, 가격, 유통 및 촉진 등 4가지의 마케팅믹스 요소가 갖는 전략적 의미를 살펴보면 다음과 같다.

표 3-3 생산지형적 제품계획과 소비지향적 제품계획의 비교

구성 요소	구체적 전개와 그 내용	
제품 (제품 믹스)	제품계열의 구성 – 제품계열의 길이, 확대, 축소 제품수명주기 – 단계별 특성과 전략 제품특성 – 품질(가격), 상표, 포장, 스타일, 색채	제품 믹스
가격 (가격 믹스)	가격의 결정 – 기본적 가격, 판매가격의 결정, 이폭(마진), 할인율, 지불조건 제품믹스에 포함시킬 수도 있다.	가격 믹스
유통 (경로 믹스)	경로의 형태 – 판매경로, 물적 유통경로 판매경로의 선정 – 직접유통, 간접유통	판매경로 믹스 물적유통 믹스
촉진 (척진 믹스)	촉진의 형태 – 인적판매, 광고, 판매촉진, 홍보 인적판매– 판매원 광고 – 광고매체, 광고량, 광고비 판매촉진 – 여타 촉진 요소들의 편성	판매촉진 믹스 인적판매 믹스 광고 믹스 서비스 믹스

1. 제품 믹스

제품 믹스(product mix)의 주요 과제는 가장 적절한 제품계열의 결정이다. 즉, 제품 품종의 최적 수를 기업의 규모와 표적시장, 수요와 비용 등 모든 각도에서 검토하지 않으면 안 된다. 또한, 기존 제품은 제품수명주기상의 어느 단계에 위치하는지, 신제품의 개발, 기존 제품의 확대나 축소, 제품폐기 등 제품 믹스의 모든 측면을 고려해야 한다. 표적시장에 대한 마케팅 전략과 제품 믹스의 관계는 다음과 같이 나타낼 수 있다.

2. 가격 믹스

가격 믹스(price mix)는 마케팅 관리자의 통제 가능한 가격정책을 중심으로 한 마케팅믹스의 한 수단으로서, "가격을 어떻게 마케팅 전략에 이용하는가?", 또한 "어떠한 가격정책을 전개해야 하는가?"하는 것이 가격 믹스의 주요 과제이다. 가격은 제품 믹스 및 촉진 믹스의 한 요소로서 검토되는 경우도 있으며, 그럴 경우 가격 믹스를 따로 거론하지 않는 경우도 있다.

3. 유통 믹스

유통 믹스(place mix)는 마케팅(유통) 경로의 선택이며, 생산된 제품을 어떤 유통단계를 거쳐 최종소비자나 사용자에게 유통시키는 유통기구의 결정이다. 여기에는 유통담당자의 선정이라고 하는 주요 과제가 있다. 즉, 직접 유통경로를 택할 것인가 아니면 간접 유통경로를 택할 것인가, 또한 간접 유통경로를 선택할 경우는 유통경로에 중간 유통업자로서 어떤 중간상을 이용할 것인가 하는 선택의 문제가 생긴다. 그리고 제품의 종류, 경로의 규모 등의 조건도 고려하여 표적시장에 대응하는 유통경로를 구축해야 한다. 또한, 유통 믹스는 유통경로뿐만 아니라 물적 유통경로에 대한 검토가 수반 되어야 한다.

4. 촉진 믹스

마케팅 관리자는 시장의 개발을 도모하고 마케팅 제활동을 여타의 경영기능과 통합하며, 제품의 수요자극 및 촉진 활동을 전개한다. 촉진 믹스(promotion mix)의 수단으로는 광고와 인적판매, 판매촉진, 홍보 등이 있다.

학 | 습 | 사 | 례

스타벅스의 성공 비결, '4C' 전략

기업 중심의 마케팅 버리고 고객 중심의 전략 펼쳐야

최근 한 대학의 경영학과에서 '마켓 4.0과 마케팅 변화의 방향'이라는 주제 강의의 핵심은 이제 기업들이 기존의 마케팅 전략인 STP나 4P가 아닌 4C를 고민하고 수용해야 한다는 것이었다.

STP 전략은 시장을 세분화(Segmentation)하고 자사의 마케팅 전략 대상을 설정(Targeting)한 뒤 어떻게 소비자의 마음속에 위치시킬 것인가(Positioning)에 대한 전략을 말한다.

홍콩 스타벅스 창립 10주년 행사에 참석한 하워드 슐츠 스타벅스 의장이다.

강의를 들은 수강생 중 한 명은 또 무슨 4C가 나왔는지에 대해 질문했다. 그 학생은 정말 실제로 기업들이 그런 방향으로 움직이고 있고 효과가 있느냐고 질문했다. 정리해보면 다음과 같다

최근 마케터들을 혼란스럽게 하는 개념의 변화가 있다. 두 개의 4C가 등장해서다.

애초에 전통적인 마케팅 4P(Product, Price, Place, Promotion)는 기업 중심이었다. 하지만 미국의 경영학자 피터 드럭커는 기업이 아닌 고객의 관점에서 재정의해야 한다며 고객가치 중심의 4C(Customer Benefit, Cost, Convenience, Communication)를 주장했다.

게다가 최근에는 필립 코틀러 켈로그경영대학원 석좌교수가 '마켓 4.0'에서 새로운 4C(Co-Creation, Currency, Communal Activation, Conversation)를 가지고 나왔다.

이제 마케터들은 이 세 가지 마케팅 방식을 어떻게 이해해야 할지에 대해 고민하게 됐다. 이들의 차이는 무엇이고 유용성은 어떻게 봐야 할까.

■ 기업과 고객의 틀 바꾼 '연결성 혁명'

사실 4P는 너무나 자명하다. 마케팅의 기본이라고 할 수 있는 STP로부터 시장을 나누고(Segmentation), 자신이 목표로 하는 시장을 정하고(Targeting), 그 시장에서 자신의 차별화된 위치를 정하고(Positioning), 그 포지셔닝에 맞는 제품을 만드는(Product) 것이다.

이후 제품에 맞는 가치를 결정하고(Price), 제품을 소비자에게 전달하고(Place), 마지막으로 판매를 촉진하기 위해 알리는 일(Promotion)이다. 즉, 4P는 기본적으로 포지셔닝으로부터 가치를 전달하는 방식이다.

여기에 대해 피터 드럭커는 4P는 기업의 시각과 관점이라고 반박했다. 그는 기존의 방식을 고객의 시각에서 재정의해야 한다며 4C를 주장하고 나섰다. 즉, 기업 시각의 제품(Product)은 고객 시각에서는 고객이 가지는 가치 또는 혜택(Customer Value 또는 Benefit)이고 기업이 제시하는 가격(Price)은 고객에게는 비용(Cost)이다.

판매처(Place)는 얼마나 쉽게 접근할 수 있는지의 관점에서 편의시설(Convenience)의 측면으로 봐야 하고 마지막으로 판매촉진 활동(Promotion)은 고객과의 소통(Communication)이라는 것이다. 즉, 4P를 고객의 관점에서 본 것이다.

피터 드럭커는 '주다'라는 행위를 받는 사람 쪽에서는 '받다'는 행위가 되는 것처럼 관점을 바꿨다. 물론 관점을 바꾼 데에는 소비자 중심이라는 시대의 요구가 있었다.

그러면 코틀러 석좌교수가 올봄 '마켓 4.0'이라는 책에서 주장하는 새로운 4C는 무엇일까.

먼저 그는 기존의 소비자 중심은 그대로지만 소비자가 변했다고 주장한다. 이제는 소극적이고 수동적인 소비자가 아니라 연결성의 혁명으로 적극적 · 사회적인 소비자로 변했고 이러한 관점에서 4P가 다시 변해야 한다는 것이다.

그는 4P에는 기업 시각의 적극성 · 주도성이라는 개념이 있는데 이제는 소비자 중심의 적극성과 주도성의 개념을 포용해야 한다고 주장했다.

기업이 만드는 제품(Product)은 이제는 소비자와의 공동창조(Co-Creation)로, 가격(Price)은 환율처럼 가치가 수요와 공급에 따라 계속 변하는 통화(Currency)로, 유통(Place)은 우버처럼 개인과 개인이 거래하는 공유경제(Communal Activation)로, 판촉(Promotion)은 고객과의 대화(Conversation)로 변해야 한다는 것이다. 오늘날 변화된 시대에 4P는 사실 일정 부분 4C로 대체돼야 하는 것도 맞다. 하지만 이 두 개의 4C 사이에서는 과연 어떤 것을 취해야 할까. 코틀러 석좌교수의 4C에는 그 스스로가 항상 강조했듯이 깨어 있으면서 다가오는 세계의 새로운 변화를 많이 담으려고 노력한 흔적이 보인다.

특히 통화의 개념과 공유경제라는 개념이 그것이다. 그러다 보니 미래를 향한 방향성도 맞고 앞서가는 몇몇 기업의 예로서는 맞지만 오늘 당장 많은 기업의 현실을 반영하기에는 무리가 따르는 것도 사실이다.

이에 비해 피터 드럭커의 4C는 4P를 대체하기는 하지만 코틀러 석좌교수의 4C처럼 새로운 방향성과 변화된 소비자 세계를 담기에는 무리가 따른다.

이 두 가지의 4C가 기업의 현장에서 어떻게 적용되고 있고 그 적용의 결과는 어떻게 나타날까.

■ 고객 아이디어로 성장한 스타벅스

최근 커피 전문점 시장에서 스타벅스의 독주가 이어지고 있다. 스타벅스는 시장점유율 측면에서 2, 3위 브랜드들과 큰 격차를 벌리고 있어 커피 전문점 시장이 양극화됐다는 분석까지 나오고 있다.

약진은 국내만의 이야기가 아니다. 글로벌 스타벅스 실적도 2008년 하워드 슐츠 스타벅스 의장의 재부임 이후 10% 이상씩 지속적인 성장세를 보이고 있다.

무엇이 스타벅스의 성장을 이끌고 있을까.

슐츠 의장은 2008년 경영에 복귀하며 "디지털 혁신을 통해 고객과의 정서적 교감에 불을 지피겠다"고 공언했다. 그는 고객과의 정서적 교감 또는 경험의 측면에서 두 가지 계획을 내놓았다.

첫째는 2008년 론칭한 '마이 스타벅스 아이디어'라는 공동 창조 플랫폼을 만든 것이다. 이 플랫폼은 공유 · 투표 · 토론 · 검토의 4단계로 구성돼 있다.

1단계인 공유는 아이디어를 제품 · 매장 · 사회공헌 카테고리로 분류하고 자신의 아이디어를 올리는 장이다.

2단계인 투표단계는 공유된 아이디어들에 대한 찬반 투표를 실시하는 것이고 이 과정을 통해 자연스럽게 아이디어를 선별하는 과정을 거친다.

3단계는 토론단계인데 이 토론 단계는 다른 기업의 공동 창조 플랫폼과 다른 과정이다. 스타벅스는 좋은 아이디어를 뽑는 과정도 중요하지만 개별 아이디어를 놓고 고객들 간에 서로 이야기하는 소통의 과정도 중요하다고 봤다.

이 토론 과정을 통해 고객들은 자신들의 아이디어가 채택되지 못하더라도 다른 고객들로부터 피드백을 받고 얘기를 들음으로써 자신들이 가치 있는 무엇인가를 했다는 느낌을 받을 수 있었다.

사실 제안된 아이디어들의 채택률은 1% 미만이다. 하지만 바로 이런 토론 과정을 거쳐 각자는 자신의 아이디어가 존중받고 있고 가치 있다는 생각을 가질 수 있기 때문이다. 또

필립 코틀러의 '4c'

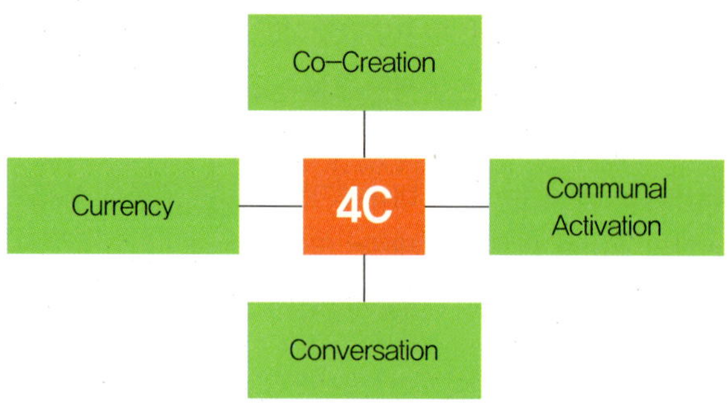

이 토론단계를 통해 단순히 회사와 고객의 관계가 아닌 고객과 고객의 관계로 발전함으로써 사이트가 단순히 공동 창조 사이트가 아닌 고객 커뮤니티 사이트로 발전하게 됐던 것이다.

마지막 4단계인 검토단계도 역시 고객의 아이디어를 스타벅스가 얼마나 진지하게 대하고 있는지를 보여준다. 검토단계에서는 선정된 아이디어들이 무엇인지, 안타깝게 실현되지 못한 아이디어들이 무엇인지 구체적으로 설명한다.

이 사이트를 통해 연간 약 20만 개의 아이디어가 올라오고 그중 연간 약 70개의 아이디어가 구체적으로 실행된다. 대표적인 것이 커피 튀는 것을 방지하는 스플래시 스틱, 매장 내 와이파이 무료 사용 등의 아이디어다.

■ 디지털 혁신 통한 고객 경험 변화

스타벅스 실버카드는 카드 고유번호와 핀번호가 있어 스타벅스 앱에 등록하면 스마트폰으로 결제가 가능하다.

스타벅스에서 2011년 출시한 '스타벅스 애플리케이션(앱)'도 고객 중심의 마케팅 전략으로 볼 수 있다.

사실 이 앱은 2009년 출시한 '마이 스타벅스 리워드' 프로그램을 확대 적용한 주문 · 결제 · 보상 · 개인화 서비스를 하나로 묶은 것으로, 스타벅스 디지털 혁신의 상징적인 프로그램이다.

충전형 사용 방식의 이 앱을 통해 고객들은 매장 밖에서도 모바일로 주문하고 충전된 카드를 통해 쉽게 결제한다.

고객들은 구매할 때마다 포인트인 '별'을 받는다. '별'이 쌓이면 회원 등급이 높아져 가격 할인이나 쿠폰 혜택을 제공받고 이런 구매 이력과 장소 · 날짜 등이 쌓이면서 고객에게 개인화된 상품 및 서비스를 제안하는 방식이다.

이 앱의 가입자는 한국 260만 명, 미국 1,600만 명 정도다. 미국 내 전체 매출의 25%는 이 모바일 앱을 통해 이뤄지고 있다. 충전카드에 충전된 금액은 미국 내에서만 약 1조 원에 이른다.

스타벅스는 이 과정을 '디지털 플라이 휠'을 확장하고 있다고 강조한다.

'플라이 휠'은 기계나 엔진의 회전속도를 고르게 하기 위해 쓰이는 바퀴를 뜻하는데 주문 · 결제 · 보상 · 개인화의 휠을 빅데이터와 자동화라는 디지털 기술을 통해 돌려서 탁월한 소비자 경험을 선사하고 있다는 의미다.

스타벅스의 이 두 가지 전략을 4C의 관점에서 적용해 보면 '마이 스타벅스 아이디어'는

도입사례

쿠팡, 판매자에 '데이터 프로그램' 서비스 … 빅데이터 마케팅 지원

쿠팡이 '로켓배송' 판매자를 위한 유료 빅데이터 분석 서비스를 도입했다. 상품재고 및 주요 구매층을 한 눈에 볼 수 있는 통계 · 분석서비스다. 쿠팡은 유료 보고서로 이를 제공한다.

유통업계에 따르면 쿠팡은 최근 직매입서비스 '로켓배송' 판매자를 위한 '프리미엄 데이터 프로그램' 서비스를 선보였다. 프로모션 전략, 제품매출, 소비자 구매 행태 등을 분석해 마케팅 전략을 돕는 사업 분석자료다.

쿠팡 관계자는 "쿠팡 협력사 사업 성장을 돕기 위한 비즈니스 인텔리전스 리포트"라면서 "자신에게 최적화된 분석 패키지 서비스를 선택해 이용할 수 있다"고 설명했다.

쿠팡은 현재 판매예상 정보, 입고기준 미준수, 납품률 등을 로켓배송 판매자에게 무료로 제공한다. 유료 데이터는 베이식(Basic), 골드(Gold), 실버(Silver)로 구분했다.

베이식 상품을 선택하면 판매재고 현황을 한눈에 확인할 수 있다. 골드는 지역별 판매분포, 카테고리 · 브랜드별 고객, 구매 빈도에 관한 보고서를 제공한다. 실버는 카테고리 · 일별 판매 현황과 상세 판매 현황 등에 관해 한층 고도화된 데이터를 확인할 수 있다. 쿠팡은 향후 소비자 장바구니, 브랜드 검색어, 고객 유입 형태 등을 분석한 '플래티넘(Platinum)'도 선보인다.

쿠팡은 이용 데이터 등급에 따라 최소 100만 원부터 차등으로 비용을 과금한다. 그동안 일부 e커머스 업체가 무료분석서비스를 선보인 사례는 있지만 유료 보고서는 처음이다.

그동안 수집한 방대한 쇼핑 데이터로 새로운 수익 모델을 발굴했다. 현재 판매자 경험을 강화하기 위한 무료체험서비스를 제공 중이다.

쿠팡을 비롯한 e커머스 업계는 빅데이터 기반 통계 서비스 고도화에 한층 속도를 낼 것으로 보인다. 판매 채널 다양화에 따라 타깃 고객을 공략하기 위한 '맞춤형 정보'가 핵심 마케팅 도구로 자리잡았기 때문이다. 개인 판매자가 수집하기 어려운 e커머스 시장 정보를 플랫폼 사업자가 제공하면서 상호 이윤을 극대화하는 윈윈(Win-Win)을 노릴 수 있다.

네이버는 '스마트스토어' 입점 판매자에게 판매, 마케팅, 고객현황 등에 관한 통계서비스를 제공하고 있다. 11번가는 판매 활동 전반에 관한 분석서비스를 제공하는 '셀러 애널리스틱스'를 운영 중이다.

출처: 전자신문 2019.01.01. http://www.etnews.com/기사편집

제1절 마케팅 조사의 의의와 본질

1. 마케팅 조사의 정의

최근 기업들은 데이터를 적극적으로 활용하여 생산공정 최적화, 생산성향상, 생산비용 절감, 신규 매출창출, 브랜드 인지도 향상, 소셜빅데이터, ERP데이터, 생산환경데이터, 신제품창출 결정 등 문제를 해결함으로써 데이터 기반 분석역량을 높이고 있다. 이는 기업들이 추가 수익창출 및 경쟁우위를 확보하고 기업경영 의사결정(decision-making)의 불확실성(uncertainty)을 낮추고 정확성(accuracy)을 높이는 데이터 기반의 경영을 강화하여 제한된 기업의 역량을 선택(selection)과 집중(concentration)으로 양분하여 수익극대화(profit maximization) 등을 추구하고 있다.

따라서, 마케팅은 기업 활동의 하위 개념으로서 상호 계층관계를 형성하고 있으므로 기업과 시장 간의 중요한 교량적 접점역할을 수행하고 있다. 이에, 마케팅 조사(marketing research)는 마케팅 정보시스템의 하위시스템으로서 기업이 당면하고 있는 특수한 시장상황에 관련한 자료를 자의적인(arbitrary) 것이 아닌 체계적(systematic)으로 설계(design), 수집(collection), 분석(analysis), 보고(briefing)하는 경영 활동 기능이다.

다시 말해서 마케팅 조사는 마케팅 의사결정에 도움이 되는 마케팅 활동에 관련된 자료를 수집 · 분석 · 평가하는 경영의 기능이며, 마케팅 전략과 관련된 의사결정을 수행하는데 유용한 정보를 제공하기 위한 기능적 경영 활동이며 응용과학(applied science)이라고도 할 수 있다. 미국마케팅학회(AMA, American Marketing Association)는 마케팅 조사를 다음과 같이 정의하고 있다. 즉, 마케팅 조사란 생산자로부터 소비자에게 재화와 용역을 이전하고 판매하는데 관련된 문제에 대한 모든 사실을 수집 · 기록 · 분석하는 경영 활동기능이다.

마케팅 조사의 개념에 대해서는 다양한 견해가 있지만 마케터의 의사결정에 유용한 정보를 제공하기 위한 일련의 체계적(systematic)이고 공식적인(official) 경영 활동(business management)이라는 측면에서 마케팅 조사가 갖는 의미는 다음과 같다.

첫째, 고객과 기업의 만족을 위해서 필요한 교환의 핵심 요소인 제품, 서비스 등이 마케팅 전략과 밀접하게 관련되어 있다.

둘째, 고객지향적인 마케팅 의사결정에 필요한 정보를 제공해 주는 역할을 하는바, 여기서 정보(information)는 정확성 · 객관성 · 관련성 및 이용가능성의 의미를 내포한다.

셋째, 정보 및 자료가 체계적이고 과학적인 분석 방법을 통해 수집 · 기록 · 분석되어 경영전략 수립이나 의사결정에 유용하게 활용될 수 있다는 점에 그 의의가 있다.

그림 4-1 ▶▶ 마케팅 의사결정 과정과 마케팅 조사

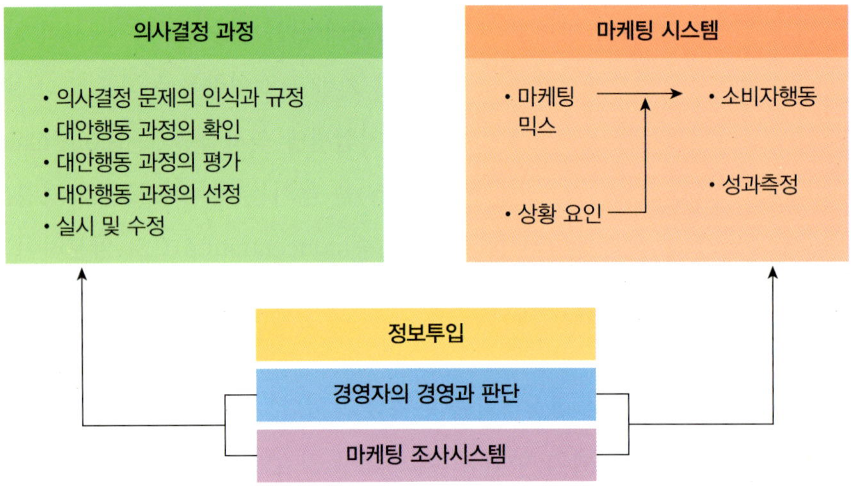

이와 같은 정의에 비추어 볼 때, 마케팅 조사의 기본적인 목적은 마케팅 활동의 기반이 되는 마케팅 의사결정이 합리적으로 이루어지도록 그 판단의 기초를 제공하려는 데 있다. 즉, 마케팅 조사를 통해서 전략적 및 실무적 시사점과 미래의 전략 방안(방향) 등이 반드시 제시되어야 하며, 전략 방안과 시사점이 제시되지 않으며 마케팅 조사로서의 가치가 없는 연구(pseudo-research) 또는 연구 자체를 위한 연구(research of the sake of research)이며 연구자 개인의 호기심을 충족하기 위한 연구라고 할 수 있다. 따라서, 마케팅 조사의 목적은 시장 변화에 대응하는 마케팅 의사결정을 구체적으로 수립하기 위한 유용한 정보의 제공에 있다고 할 수 있다.

마케팅 조사의 역할은 설명적(descriptive), 진단적(diagnostic), 예측적(predictive)으로 정리할 수 있으며, 마케팅 조사에서는 문제해결을 위한 사실적 자료수집과 제출을 해야 한다는 것이다. 예를 들어, 특정 산업군의 과거 판매 추이는

표 4-1 미국 기업의 마케팅 조사 실태

		조사 비율	마케팅 조사 부서에 의한 자체조사	기타 부서에 의한 자체조사	외부 용역
제품	경쟁 상품조사	87	71	10	6
	신제품 수용도 및 잠재력조사	76	59	11	6
	기존 제품조사	80	55	19	6
	패키지 조사	65	44	12	9
가격조사		83	34	47	2
광고와 매출 조사	매출목표와 상권설정조사	78	23	54	1
	광고효과조사	76	42	5	29
	판매보상조사	60	13	43	4
	촉진조사	58	38	14	6
	광고카피조사	61	30	6	25
매체조사		68	22	14	32
유통 조사	유통채널 조사	71	32	38	1
	공장 및 창고입지조사	68	29	35	4

출처: Twedt, D. W.(1983), *1983 Survey of Marketing Research*, Chicago: Americann Marketing Association, p. 44. 마케팅원론, 김성호, 학현사, p. 163.

어떤가? 자사 브랜드와 마케팅 커뮤니케이션에 대한 소비자의 태도는 호의적인가? 포장의 새로운 디자인이 판매에 어떻게 영향을 주는가? 계획한 마케팅 의사결정의 결과를 예측하기 위하여 마케팅 조사자는 설명적이며 진단적인 마케팅 조사를 어떻게 활용할 것인가? 등의 의문에 답과 미래 대안을 제시할 수 있어야 한다. 따라서, 마케팅 조사(marketing research)와 시장조사(market research)는 동일한 의미로 사용되지만, 시장 현상의 사실 파악(fact finding)에 주된 목적이 있는 시장조사와 시장조사 의미를 포함하여 기업의 이슈와 문제를 풀기 위한 전략적 및 실무적 시사점과 미래 전략 방안(방향) 도출에 주된 목적이 있는 마케팅 조사와는 확연히 구별된다.

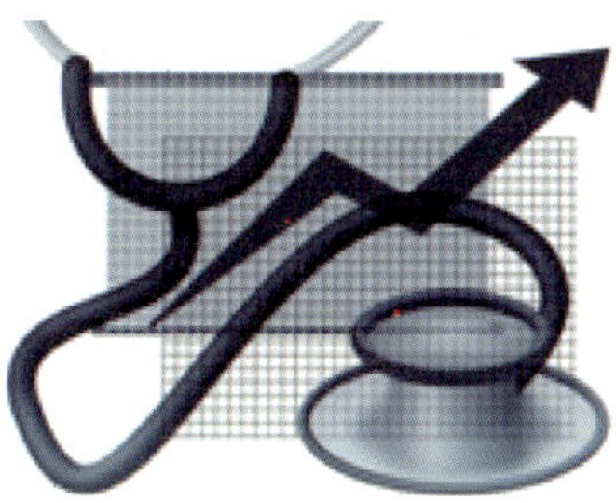

2. 마케팅 조사의 범위와 내용

마케팅 조사 활동의 범위는 기업목표와 문제의 속성 및 해결 방안에 따라 다르지만 마케팅 시스템에 관한 포괄적인 이해가 선행되어야만 한다. [표 4-2]는 미국 435개 기업들이 하고 있는 마케팅 조사 활동의 범위(종류와 빈도)를 나타내고 있다.

마케팅의 성패 요인(success or failure factor)은 주로 마케팅 기회와 위기를 결정하는 환경 요인(habitat factor)에 대한 파악 정도, 표적소비자의 구매행동 변화에 대한 분석, 그리고 환경 변화 여건에 대응하기 위한 마케팅믹스의 최적 대응력에 달려 있다는 견지에서, 포괄적(comprehensive) 마케팅 시스템을 독립변수(independent variable)와 종속변수(dependent variable)의 개념으로 나누어 볼 수 있다.

그림 4-2 ▸▸ 마케팅 시스템

표 4-2 미국의 435개 기업들의 마케팅 조사 활동

종 류	%	종 류	%
A. 기업/사업 단위의 조사		D. 유통(계속)	
1. 산업/시장의 특성 및 주세	92	3. 경로 커버리지 조사	31
2. 사업 인수 · 합병/다각화조사	50	4. 수출 및 국제시장조사	32
3. 시장점유율분석	85	E. 촉진	
4. 내부직원조사(사기, 커뮤니케이션 등)	72	1. 동기조사	56
B. 가격결정		2. 매체조사	70
1. 원가분석	57	3. 카피조사	68
2. 이익분석	55	4. 광고효과	
3. 가격탄력성	56	a. 사전 테스트	67
4. 수요분석		b. 사후 테스트	66
a. 시장잠재력	78	5. 경쟁광고조사	43
b. 판매잠재력	75	6. 일반대중 대상의 이미지 조사	65
c. 판매 예측	71	7. 판매사원 보상체계조사	34
5. 경쟁자 가격분석	71	8. 판매사원 판매쿼터조사	28
C. 상품		9. 판매사원 구역조사	32
1. 컨셉트 개발 및 테스트	78	10. 판촉수단조사	47
2. 브랜드 네임 창출 및 테스트	55	F. 구매행동	
3. 시험시장	55	1. 브랜드 선호도	78
4. 기존 상품의 테스트	63	2. 브랜트 태도	76
5. 포장 디자인 조사	48	3. 상품 만족도	87
6. 경쟁상품조사	54	4. 구매행동	80
D. 유통		5. 구매의도	79
1. 공장/창고 입지조사	25	6. 브랜드 인지도	80
2. 경로 성과조사	30	7. 시장세분화조사	84

출처: Thomas C. Kinnear and Ann R. Root, eds., *1994 Survey of Marketing Research: Organization, Functions, Budget, and Compensation*(Chicago: American Marketing Association, 1994), p. 49, 마케팅원리, 박찬수, 법문사, p. 455.

3. 마케팅 조사의 효용과 한계성

마케팅 조사를 통하여 기업 경영자는 효율적 의사결정을 내리고 마케팅 관련 부서는 신제품개발 등의 의미 있는 정보 제공으로 효용적 가치도 창출한다. 그러나 마케팅 조사가 의사결정을 대신해주지는 않는다. 따라서 마케팅 조사에서의 효용적 가치를 아래와 같이 구체적으로 살펴보자.

첫째, 마케팅 조사는 통합적 경영관리 측면에서 효용적 가치를 지니고 있다. 즉, 기업 경영자가 의사결정 대안들 중에서 최적의 대안을 선택할 경우 오류(mistake, error, fallacy)의 폭을 좁혀주는 의사결정의 보완수단(complementary tool)으로써 효용가치를 지닌다.

둘째, 마케팅 계획의 합리적 수립을 뒷받침해주는 마케팅믹스의 효용가치를 지닌다. 즉, ① 소비자 수요에 부응하는 가격책정과 판매가능시장의 설정이 용이하고, ② 제품과 서비스의 최적판매소구점과 잠재구매자에의 최적도달 방법 및 판매촉진의 최적시기결정이 가능하며, ③ 판매증대와 판매비절감이 가능하다는 점이 있다.

셋째, 광의적 측면에서는 생산자와 소비자 간의 의사전달 방식을 생산 능률과 소비자 생활수준이 향상되는 방향, 즉 시장참여자에게 경제적인 혜택(benefit)을 가져다주는 방향으로 제시되는 마케팅 경로상의 경제적인 효용가치를 가지고 있다.

마케팅이 이러한 효용가치를 지니기 위해서는 ① 유의정보를 예상함으로써 전략적 · 전술적인 향후의 의사결정에 관한 계획 활동을 지원할 수 있도록 관련성을 가져야 하며, ② 최소의 시간과 비용으로 최대의 양적 · 질적인 유의정보를 찾아내어 적시에 조사 활동이 진행되어야 하며, ③ 조사설계가 아무리 완벽하다 할지라도 표본계획과 같은 기타 요인 등으로 편향성이나 왜곡성이 개재할 가능성이 높으므로 이를 감소시킬 수 있도록 정밀조사가 이루어져야 한다.

제2절 마케팅 프로그램의 개발

1. 시장분석

일반적으로 마케팅 프로그램의 개발 과정은 [그림 4-3]에서 보는 바와 같이 ① 마케팅 환경의 감시단계, ② 마케팅 문제점 및 기회의 파악단계, ③ 대안의 파악 및 평가단계, ④ 대안의 검정과 재수정단계, ⑤ 성과측정과 평가단계 등 5단계를 거치게 된다.

그림 4-3 ▸▸ 마케팅 프로그램의 개발 과정

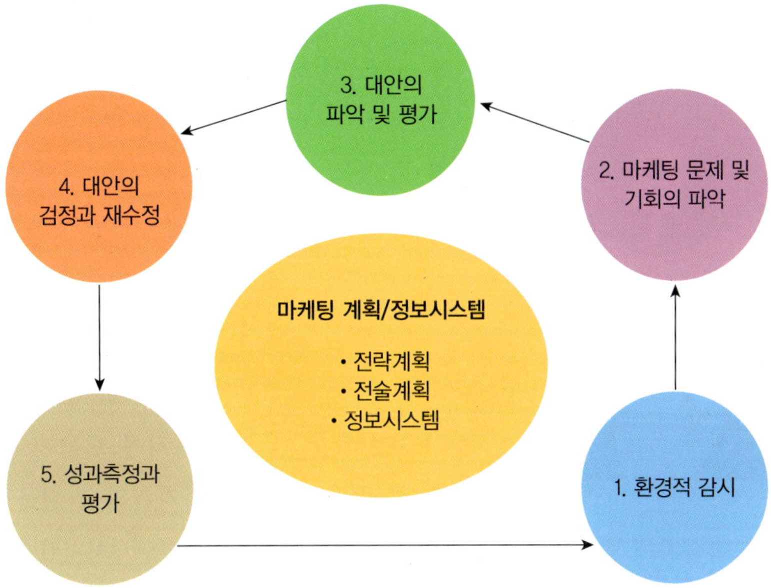

마케팅 프로그램의 개발 과정은 전략적 및 전술적 계획과 유의 정보시스템으로 구성되는 마케팅 계획 · 정보시스템에 의해 지휘 및 통제 되는데, 여기서 유의 정보시스템은 조직의 전반적인 방향을 제시하고 구성 요소를 조정 · 통합하는 역할을 한다. 그리고 전략적 계획은 1년 이상의 시간적 범위를 가진 장기적 업무수행과 관련된 전략적 의사결정에 초점이 맞추어지며, 전술적 계획은 1년 이내의 시간적 범위를 가진 단기적이고 구체적인 일정계획과 관련된 사항이다.

위에서 언급한 마케팅 프로그램의 5단계 개발 과정을 의사결정적 관점에서는 시장분석단계, 마케팅 프로그램단계, 통제단계로 구분할 수 있다.

시장분석(market analysis)의 목적은 마케팅 프로그램의 개발이나 주요 변경과 관련된 문제점이나 기회를 인식 · 파악하는데 있으며, 만약 마케팅 프로그램의 개발이나 마케팅 활동 전개에 문제점이 있다면 아래의 사항을 고려하여 원인, 문제점, 마케팅적 접근 및 조사를 통하여 최종적으로 의사결정을 내려야 한다.

- 원인 : 그 원인은 무엇인가?
- 문제점 : 마케팅 경로 선정, 시장점유율, 매출액 등에 영향을 미치는 문제점은 무엇인가?

• 마케팅적 접근 : 새로운 마케팅 기회가 있다면 그 크기나 특성 그리고 가능성은 어떠한가?
• 마케팅적 조사 : 소비자가 기존 제품에 대해 갖는 불만족에 의해 표출될 수 있는 마케팅의 정도는 어떠한가?

또한 시장분석에는 다양한 조사접근 방법이 사용될 수 있는데, 흔히 사용되는 방법으로는 조사목적에 도움이 될 수 있는 정부 또는 조사기관의 간행물, 기업에서 수집된 자료, 학술지에 발표된 논문, 다른 조사의 목적으로 수집된 2차자료원인 기존 연구조사, 편집된 잡지기사, 정기간행물, 그리고 소비자–판매처에 의한 코멘트(comments) 등으로부터 이미 입수된 정보를 체계화하는 것이 될 것이다.

따라서, 마케팅 정보의 원천은 2차 자료로부터 시작하는 것이 비용이 절감되고 인터넷 등을 활용할 수 있어서 장점이 많이 있다.

2. 마케팅 프로그램의 개발

기회탐색이나 문제점 해결과 관련된 마케팅 프로그램의 개발에는 일련의 의사결정 대안이 포함되는데, 이에 각각의 의사결정 대안은 마케팅 조사에 의해서 획득된 정보에 따라 평가되게 되는데, 여기서 프로그램 개발에 있어서 마케팅 조사를 통해 얻어질 표본적 의사결정 대안의 내용을 보면 다음과 같다.

■ 시장세분화에 관한 의사결정
- 어떤 세분시장이 의사결정의 목표가 되어야 하는가?
- 각 세분화된 시장에서 가장 중요한 편익은 무엇인가?
- 각 세분화된 시장에 어떤 지역이 포함되어야 하는가?

■ 제품에 관한 의사결정

- 제품의 어떤 특징이 포함되어야 하는가?
- 특정 제품은 어떻게 포지션(position)되어야 하는가?
- 어떤 유형의 포장이 고객들에게 선호되는가?

■ 마케팅 경로에 관한 의사결정

- 어떤 유형의 소매상이 이용되어야 하는가?
- 마케팅 경로의 규모는 어떻게 할 것인가?

■ 광고와 촉진에 관한 의사결정

- 특정 광고에 대한 소구 방법의 결정
- 광고 및 촉진에 대한 예산규모의 결정
- 판매촉진의 방법과 시기의 결정

■ 인적판매에 관한 의사결정

- 어떤 유형의 소비자가 가장 잠재력이 있는가?
- 판매원의 수는 어느 정도가 될 것인가?

■ 가격에 관한 의사결정

- 가격수준의 결정
- 할인판매 방법의 결정
- 경쟁자의 가격변경에 대한 대응 방법

마케팅 프로그램의 통제단계는 새로운 마케팅 프로그램이나 전략을 진행시킬 의사결정과 목표 · 예산 · 시간계획과 관련된 개입수준으로 시작된다. 이 시점에서 마케팅 조사의 초점은 다음과 같은 문제로 옮겨진다. 즉,

■ 목표는 마케팅 프로그램의 요소를 통해 달성되었는가?

- 판매는 목표와 어떻게 비교가 되었는가?
- 판매는 어떤 지역에서 실패하였는가? 그 이유는 어디에 있는가?

- 광고와 목표와 일치 되었는가?
- 제품은 제품분배의 목표를 달성하였는가?
- 어떤 소매점이 제품을 반입하지 않고 있는가?

■ 마케팅 프로그램은 지속 · 중단 · 수정 또는 확장되어야 하는가?

- 소비자는 제품에 만족하는가?
- 제품은 변경되어야 하는가? 어떤 속성이 첨가되어야 하는가?
- 광고예산은 변경되어야 하는가?
- 가격은 적정한가?

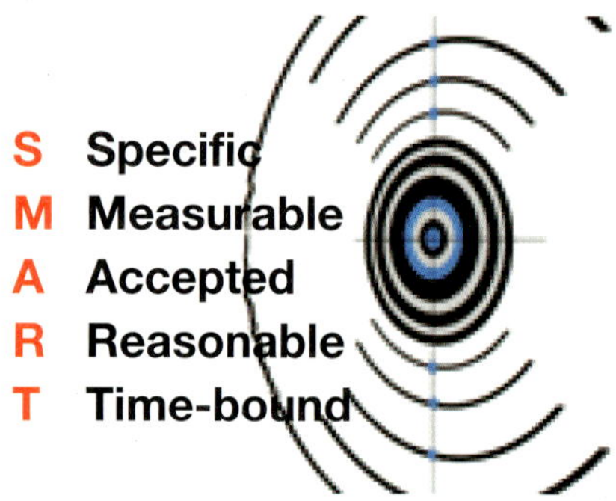

이 단계에서 마케팅 조사가 효과적으로 수행되기 위해서는 마케팅 프로그램이 해당 요소와 관련하여 측정 가능한 목표가 설정되는 것이 중요하다.

위에서 언급한 세 단계의 마케팅 활동의 진행 과정에서 중첩된 면이 있을 수도 있다. 특히 마케팅 프로그램을 통해 문제점이나 기회를 인식하는 과정에서 후속적인 성격의 제3단계 측면은 마케팅 프로그램의 시장분석 단계와 병행되어 이루어질 수도 있다.

3. 조사이행 여부의 결정

조사이행 여부의 결정은 조사비용과 조사를 통한 기대가치를 파악 · 비교함으로써 이루어질 수가 있다. 기대가치(expected value)란 기대가치표에서의 제결과를 가중평균한 것을 말하며, 가중치는 각 사상이 발생할 확률을 이용하여 얻어지게 된다. 이 기대가치는 각 대안(i)을 기준으로 계산되는데 그 산출공식은,

$$EV_{ij} = \Sigma P_{ij} V_{ij}$$

여기서 i : 대안
j : 결과
P_i : i 번째 대안의 확률
V_{ij} : i 번째 대안 시 j 번째 결과가 나올 경우의 가치

이다. 그런데 조사가치의 결정 방법으로는 의사결정자 자신의 누적된 경험과 지식을 바탕으로 조사를 통해 얻어질 정보가치와 비용을 비교 · 판단하는 직관적인 가치판단법과 객관적 정보를 통해 각 대안에 대한 발생확률이나 수익 및 비용을 수리적으로 구체화하여 확률적 의사결정을 하는 베이지안 의사결정법이 있다.

제3절 마케팅 조사 과정

마케팅 조사 과정은 [그림 4-4]와 같이 ① 목적설정, ② 조사설계, ③ 자료수집, ④ 표본설계 및 추출, ⑤ 조사의 실시, ⑥ 자료의 분석과 해석, ⑦ 보고서작성 등 7단계로 구성된다.

마케팅 조사 절차에 포함되는 각 단계는 순차적으로 진행되는 과정만은 아니며 조사 과정에서 재순환 또는 우회하기도 하고, 단계를 뛰어넘을 수도 있고, 경우에 따라서는 동시에 진행할 수도 있다. 조사 과정에 포함되는 모든 단계에 관한 과제는 반드시 수행할 필요는 없으며, 필요에 따라 연속적 · 순차적으로 진행되지 않을 수도 있다.

그림 4-4 ▸▸ 마케팅 조사 과정

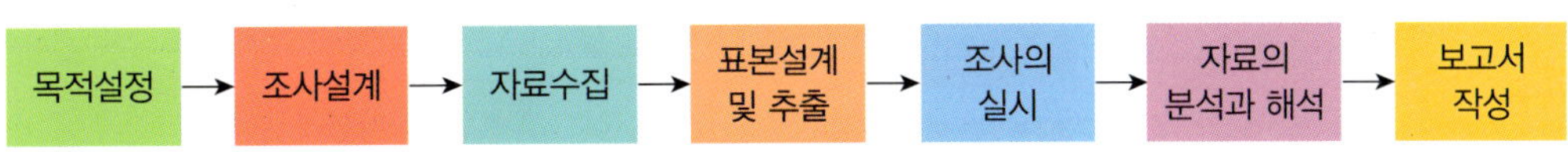

1. 조사목적설정

문제해결 과정에 있어 목적설정단계는 앞에서 살펴본 의사결정지향적 조사의 설정단계와 동일한 개념으로서, 전체적인 마케팅 조사의 방향을 설정하고 마케팅 활동을 수행하는데 발생하는 문제점 규명(problem formulation)이나 기회포착(grabing an opportunity)을 위한 가장 중요한 시작단계가 될 수 있다.

또한 높은 정확도(accuracy)를 요하는 조사문제의 조사(survey)를 설정하기 위해서는 마케팅 문제 자체와 그와 관련된 배경(background)과 상황(circumstances)에 관한 분석이 병행되어야 한다. 대체로 배경과 상황분석의 범위는 두 가지 조건, 즉 문제의 성격과 규모상황에 대해 조사자가 갖는 지식의 정도에 따라 결정되는데, 특히 특정 난점을 가지는 문제의 상황분석 경우에서는 배경적 정보수집의 범위는 좁으나 기초적인 어떤 난점이나 인식 불가능의 기회를 다루는 경우에는 상황적 분석의 범위는 더욱 넓어진다.

아울러 여기서는 문제해결에 이용될 제변수의 규명뿐만 아니라 제변수 간의 가설설정에 대한 고찰이 이루어져야 할 단계이다.

여기서 가설(hypothesis)이란 검증되지 않은 변수들 간의 관계이므로, 기존의 연구나, 관찰사상, 개인적 경험 등을 통하여 변수들 간의 관계를 추론하여 정립한 명제를 의미한다.

그림 4-5 ▶▶ 조사설계의 선택 방법

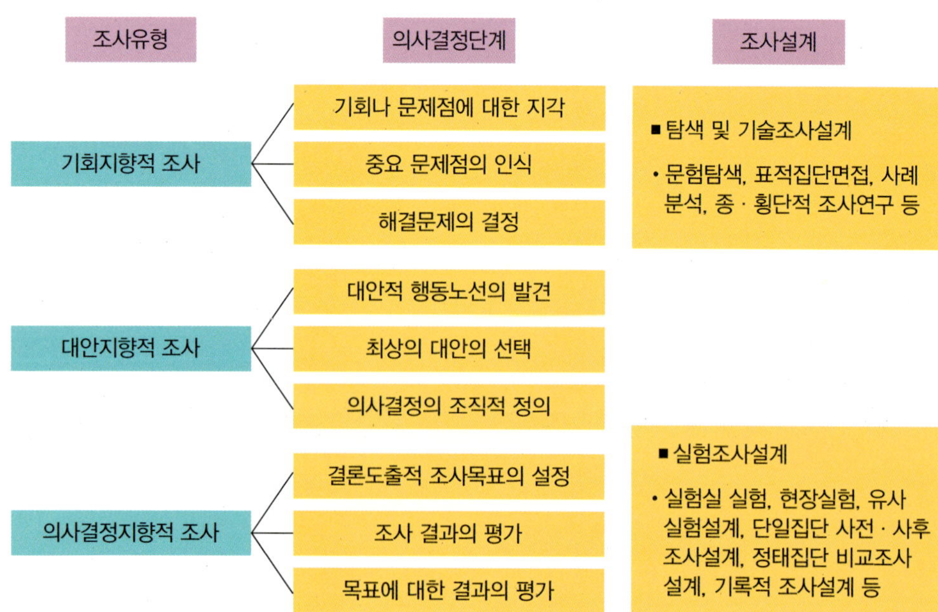

그림 4-6 ▸▸ 조사 방법의 분류

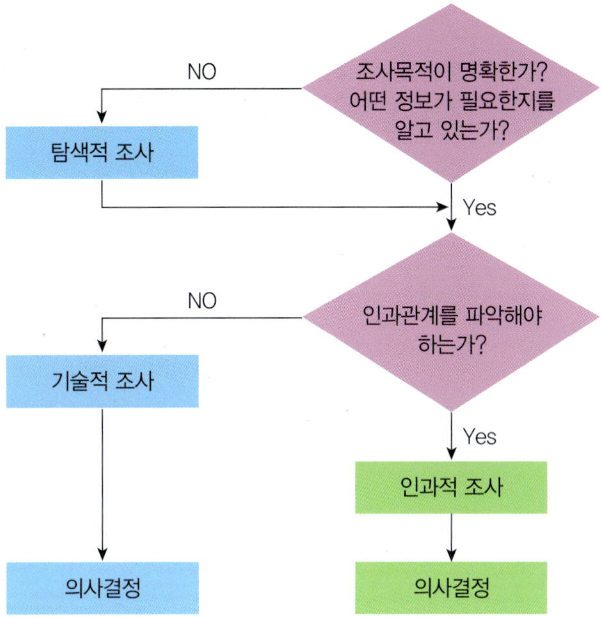

출처: 마케팅원리, 박찬수, 법문사, p. 459.

가설은 크게 두 가지로 나눌 수 있다. 즉, 변수의 존재 · 형태 · 분포 등을 진술하는 명제인 기술가설과 변수 간의 관계를 기술하는 명제인 관계가설로 나누어지며, 이는 조사연구의 방향을 제시해 주는 역할을 한다.

2. 조사설계

마케팅 조사설계(selection of research design)는 흔히 집을 짓기 위한 건축설계에 비유되는데, 조사계획을 구체적으로 세우는 것으로 조사의 성격 규정, 자료수집 · 분석 방법, 수집도구 등 결정하고 표본선정을 하는데 하나의 지침으로 이용되는 연구체계 또는 연구계획을 말한다.

마케팅 조사는 [표 4-3]과 같이 조사의 목적과 정보의 종류에 따라서 탐색적 조사(exploratory research), 기술적 조사(descriptive research), 인과적 조사(causal research) 중 어느 하나의 성격을 나타낸다.

마케팅 조사설계는 시간 · 비용의 제약조건을 감안하여 조사의 효율성을 높여줄 수 있

표 4-3 탐색적 조사, 기술적 조사, 인과적 조사의 비교

	탐색적 조사	기술적 조사	인과적 조사
목적	조사 문제에 대한 통찰과 아이디어의 개발	시장(고객) 특성의 기술	인과관계의 정립
특성	• 조사 방법의 유연성 • 다양한 조사 방법의 활용 • 조사 과정의 초기단계에서 수행	• 가설의 검증 • 구조화된(structured) • 조사설계	• 실험변수의 조작 • 외생변수의 통제
방법	• 전문가의 의견조사 • 2차자료조사 • 사례조사 • 문헌조사 • 정성적 조사	• 관찰기법 • 서베이기법 • 정성적(qualitative) 혹은 정량적(quantitative) 조사	

출처: 마케팅원론, 김성호, 학현사, p. 173.

는 방향으로 구성되는데 그 주요 활동 과제에는 조사 방법의 제시, 자료수집 절차와 자료 분석 기법의 결정, 그리고 조사에 소요되는 예산과 조사일정에 관한 결정문제가 포함된다. 특히 탐색적 조사가 필요하다면 기술적 조사나 인과적 조사에 앞서서 실시하는 것이 좋으며, 조사설계에서 가장 중요한 것은 조사 문제를 구체적으로 명확하게 파악했느냐 하는 것이다.

따라서 인과적 조사를 선택하든, 기술적 조사를 선택하든 상관없이 조사단계에서 기본적인 정보가 부실하면 탐색적 조사부터 다시 시작하게 된다.

3. 자료수집(data collection)

1) 1차자료와 2차자료

마케팅 조사자료는 1차자료(primary data)와 2차자료(secondary data)로 구분된다. 1차자료는 조사자가 특정 조사목적을 달성하기 위해 관찰기록하여 직접적으로 수집한 자료로서 조사자와 직접적인 관련을 가지는데 반하여, 2차자료는 문제해결과 관련된 조사자가 아닌 다른 주체에 의해(다른 목적을 위해) 이미 작성된 기존의 문헌자료를 말한다.

일반적으로 조사목적을 달성하기 위해서는 우선 2차자료를 탐색해 보고 그것이 부적합하다고 판단되면 1차자료에 의존하는 것이 순서로 되어있다. 최근에는 컴퓨터 활용의 증가추세로 2차자료의 양이 방대해지고 활용가치도 높아가고 있다.

2차자료의 장점은 무엇보다 시간과 비용의 절약에 있다. 그 밖에 마케팅 조사 활동을 진행함에 있어 1차적으로 문제나 배경상황에 관한 제반 정보를 획득하는데 활용되며, 문제해결을 위한 가설설정이 용이해질 수 있고, 기존의 유사한 시장조사 방법을 통하여 어떤 유익한 시사점을 찾을 수 있다는 이점이 있다. 그러나 2차자료를 특정 조사목적에 이용하는 데는 몇 가지 한계가 있다.

첫째, 2차자료의 측정단위가 조사자가 측정하려는 단위와 일치하지 않으면 이용이 어렵다.

둘째, 마케팅 조사목적이 상이하면 조사내용의 분류기준도 달라지기 때문에 비록 동일한 내용의 2차자료라 하더라도 이용가치가 없다.

셋째, 기존의 2차자료가 시간의 경과에 따른 마케팅 상황의 변화로 더 이상 이용가치가 없는 경우도 있다. 또한, 2차자료는 시간과 비용 면에서의 이점에도 불구하고 자료를 수집 · 분석하는 과정에서 많은 착오가 개재될 가능성이 있고, 그 정확성을 평가할 방법이 없다. 따라서 이러한 자료의 정확성을 평가하기 위해서는 자료원, 자료 출간목적 및 자료의 신뢰성에 관한 증거입증에 노력을 기울여야 한다.

2차자료의 유형은 일반적으로 기업 내에서 찾을 수 있는 사내자료를 의미하는 내부자료와 자사가 아닌 타기관이나 정보원으로부터 얻어지는 자료를 의미하는 외부자료로 나

그림 4-7 ▶▶ 자료수집원

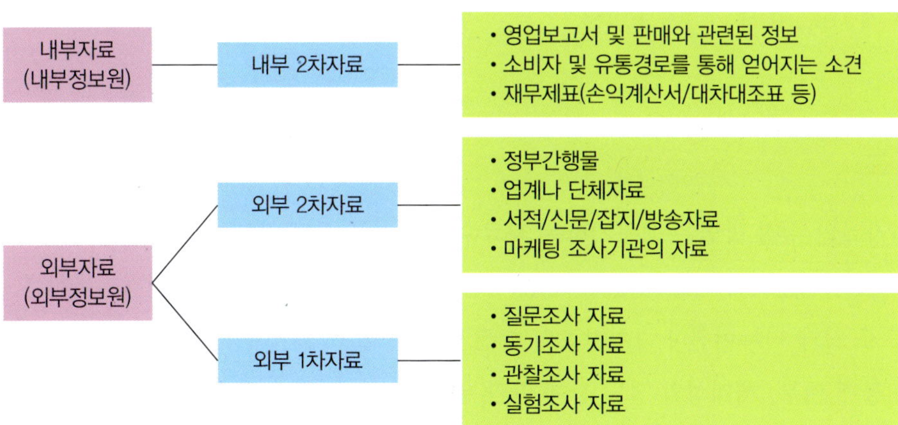

누어진다. 이와 같이 2차자료는 내 · 외부자료로 분류되며, 외부자료는 다시 외부 2차자료와 외부 1차자료로 구체화 되는데, 외부 1차자료는 본질적으로 1차자료의 유형에 속하므로 다음에서 살펴보기로 한다.

1차자료는 조사자가 조사목적을 달성하기 위해 처음으로 관찰기록하여 수집한 자료를 의미하는데 2차자료에 비해 다음과 같은 장점을 가지고 있다.

첫째, 외부 1차자료에 관련 조사문제를 해결하기 위해 사전에 적합한 조사설계를 통해 수집된 자료이기 때문에 신뢰도나 타당성의 문제를 평가할 수 있다.

둘째, 조사목적을 위해 최근에 수집된 자료이기 때문에 적용시기의 제약성에 구애되지 않는다는 점 등이다. 반면에 1차자료는 2차자료에 비해 조사비용이나 인력 · 시간이 많이 드는 단점이 있다.

표 4-4 1차자료와 2차자료의 비교

구 분	1차자료	2차자료
누가	조사자(조사 주체)	제3자
언제	지금	과거
왜	조사의 목적을 위하여	연구조사 이외의 다른 목적으로
자료수집의 관여 정도	높음	낮음
자료수집의 용이성	복잡함	용이함
시간	오래 걸림	짧음
비용	많음	적음

출처: 마케팅원론, 김성호, 학현사, p. 168.

2) 1차자료의 수집 방법

1차자료의 수집 방법은 설문지라는 자료수집 방법을 통해 응답자에게 질문하는 의사소통 방법과, 설문지의 사용은 없이 특정 상황이나 응답자의 행동 등을 관찰기록하는 관찰 방법으로 크게 나누어진다. 1차자료의 수집 방법은 설문지의 이용 방법, 조사목적의 진위 여부, 공개 여부, 체계성의 정도 등에 따라 위의 [그림 4-8]과 같이 분류될 수 있다.

의사소통 방법은 다양성, 신속성 그리고 비용의 저렴성에서 유리한 반면에 면접자의 면

그림 4-8 ▸▸ 1차자료의 수집 방법의 분류

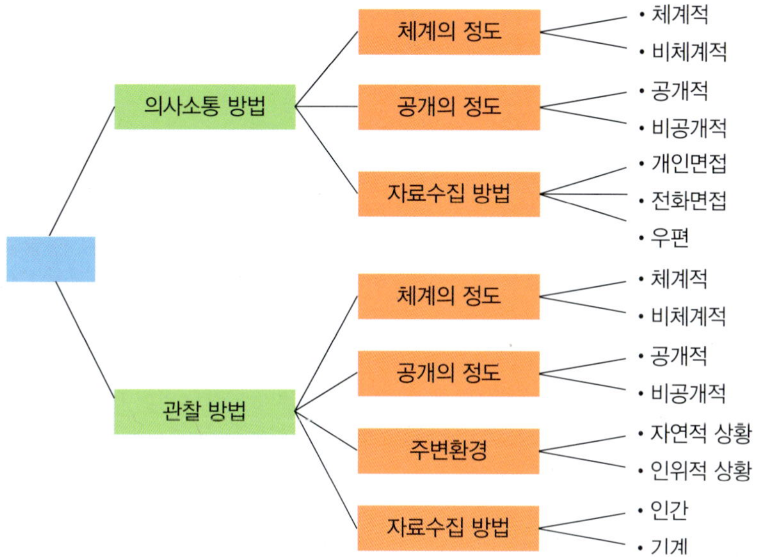

접능력에 한계가 있다. 또한, 관찰 방법은 객관성과 정확성에서 우월하지만 비용과 시간이 많이 소요되고 응답자의 태도나 동기 등을 파악하기 곤란하다는 점이 단점이다. 조사자는 이러한 장 · 단점을 감안하여 자료수집 방법을 선택하며, 그 선택기준으로는 자료의 다양성, 자료수집의 신속성, 비용의 소요 정도, 객관성과 정확성을 들 수 있다.

(1) 의사소통 방법

의사소통 방법을 통한 자료의 수집 방법으로는 일반적으로 개인면접법과 전화면접법, 우편설문지법이 널리 이용되고 있다.

■ 개인면접법(personal interviews)

이 방법은 조사원이 소비자나 판매점 등의 조사대상자를 방문하여 대면접촉 함으로써 질문하여 회답을 얻는 방법이다. 이 방법은 소비자의 행동이나 태도에 관한 대답이 정확하게 기재될 수 있으므로 전화면접법이나 우편설문지법보다는 응답률이 높다. 반면에 면접대상자가 있는 곳에서 면접이 이루어지므로 시간과 비용이 많이 소요되는 것이 단점으로 지적된다. 이 방법의 장 · 단점을 요약하면 다음과 같다. 먼저 장점으로는 ① 질문조사표에 기재된 질문범위를 넘어 보다 심도 있는 조사가 가능하며, ② 표준화된 방식으로 응답이 기록되므로 이해와 집계가 용이하며, ③ 면접에 협조적인 표본만을 선정하여 면접할 수 있으므로 응답률이 높다고 하는 점 등이다. 단점으로는 ① 부재자에게는 면접이 불가능하므로 조사가 왜곡되기 쉬우며, ② 표본이 분산되어 있을 경우에는 시간과 비용이 많이 소요되며, ③ 응답자의 개인적 성향의 질문일 경우에는 거절되기 쉽고, ④ 응답 시 면접자의 편견(bias)이 개재될 가능성이 크다는 점 등이다.

■ 전화면접법(telephone interviews)

이 방법은 조사대상자에게 전화로 질문하여 응답을 기록하는 방법이다. 그 장 · 단점을 요약하면 다음과 같다. 장점으로는 ① 짧은 시간 내에 조사가 종결될 수 있으므로 필요한 자료를 신속히 수집할 수 있으며, ② 조사비용이 적게 소요되며, ③ 표본의 무작위추출로 자료수집이 비교적 간단하다는 점을 들 수 있다. 반면에 단점으로는 ① 표본은 전화소유자에게 국한되므로 표본의 대표성이 결여될 수 있으며, ② 신뢰성 있는 개인적 정보를 얻기 어렵다는 점 등을 들 수 있다.

■ 우편/팩스조사법(mail/fax survey)

이 방법은 조사대상자에게 설문지를 우송하고 응답을 기록하게 하여 회송하도록 하는 조사 방법이다. 이때 설문지 발송자는 설문지 이외에 조사의 취지나 목적을 기술한 협조의뢰서류를 동봉하는 것이 좋다. 이 방법의 장 · 단점을 요약해 보면, 장점으로는 ① 저렴한 비용으로 전국적인 조사가 가능하며, ② 면접자에 의한 심리적인 압박감을 받지 않고 응답을 할 수 있으며, ③ 조사원의 주관이나 편견(bias)이 개입되지 않는다는 점을 들 수 있고, 단점으로는 ① 응답률이 지극히 낮으며, ② 소수의 회송자가 집단을 대표하지 못하며, ③ 응답의 회송시기의 통제가 불가능하다는 점 등을 들 수가 있다.

■ 인터넷조사(internet survey)

이 방법은 인터넷 홈페이지 등에 설문지를 만들어 방문자로 하여금 응답하도록 하여 데이터를 수집하는 방법이다. 이메일(e-mail)로 설문지를 송부하는 것도 인터넷조사로 분류하지만, 이것은 팩스조사와 비슷하므로 여기서는 인터넷 기술을 활용한 홈페이지 이용 혹은 앱(ex: 카카오톡)을 이용한 것만을 인터넷조사라고 하겠다. 인터넷을 활용한 조사의 장점은 낮은 비용, 시간절약 등이 있는데 고품질의 조사결과를 추출하는 데는 비용적인 부분이 낮은 비용은 아닐 것이다. 단점으로는 인터넷조사는 높은 대표성이 있는 표본을 얻기가 쉽지 않지만 여러 가지 방법으로 가중치를 부여할 수도 있다.

표 4-5 대인면접, 전화조사(우편/팩스조사), 인터넷조사의 장 · 단점

	대인면접	전화조사 (우편/팩스조사)	인터넷조사
수집 가능한 데이터의 양	많음	적음	보통
유연성[01]	높음	보통	보통
응답률	보통	낮음	보통
표본의 대표성	보통	높음	보통
비용	높음	보통	낮음
시간	느림	빠름	빠름

출처: 마케팅원리, 박찬수, 법문사, p. 464, Humphrey Taylor *et al.*, "Using Internet Polling to Forecast the 2000 Elections," *Marketing Research*(Spring, 2001), pp.26~30.

(2) 관찰 방법

관찰 방법이란 특정의 현상을 관찰하여 기록하는 방법으로서, 관찰실체는 사람(기술적 방법)이 될 수도 있고, 대상의 행동을 측정 · 기록하는 기계(사진기, 녹음기 등)가 될 수도 있다. 이 방법을 사용할 경우에는 조사자와 관찰 대상자 간에 대인적 접촉관계가 없는 상태에서 관찰이 이루어지는 것이 바람직하다. 즉, 대체로 소비자는 자신이 관찰되고 있음을 의식하게 되면 예상 밖의 의도적인 행동방향으로 변경하고 싶어 하는 경향이 있다.

이 방법은 관찰 대상자의 행동을 있는 그대로 관찰 · 기록하는 것이므로 조사결과가 비교적 구체적이고 정확하지만, 관찰되지 않은 면에 대해서는 알 수 없고, 증거입증이 없는 한 생리학적 현상이나 선호 및 동기 등을 관찰자의 주관대로 추측을 하여서는 안 되며, 시간이나 비용이 많이 소요된다는 취약점도 지니고 있다.

오늘날 점차 보편화되고 있는 컴퓨터화된 첵아웃 스캐너(check-out scanner)의 이용은 관찰법의 주요 돌파구로써 조사자(특히 소매경영자)들로 하여금 매우 구체적이고 유용한 정보를 수집하게 해준다.

01 유연성이란 얼마나 다양한 주제를 다룰수 있으며, 얼마나 다양한 형식을 띌 수 있는가를 의미한다. 대인면접은 상품이나 광고 시안을 직접 보여주면서 할 수 있기 때문에 가장 유연한 조사 방법이다.

4. 표본설계 및 추출 방법

일반적으로 마케팅 조사는 비용 면이나 시간상의 제약으로 전수조사보다는 표본조사에 의존하는 경우가 거의 대부분이다. 즉, 조사대상자를 구성하고 있는 모집단 전체를 조사하지 않고, 그 중에서 일부를 표본으로 추출하여 모집단의 특성을 추정하는 방법을 사용한다. 그러므로 표본선정의 목적은 모집단의 특성을 파악하는 데 있다.

여기서 모집단(population)이란 일정한 특성을 공통적으로 갖는 요소들의 집합체(사람, 상품, 회사)를 말한다. 표본(sample)이란 모집단의 특성을 잘 나타낼 수 있도록 모집단으로부터 추출된 일부의 대상을 말한다. 표본 프레임(sampling frame)이란 모집단에 포함된 조사대상의 리스트(list)를 의미한다. 마케팅 조사에서 표본 프레임이 없는 경우가 많아서 표본 프레임이 있느냐 혹은 없느냐는 표본추출 방법을 결정하는데 영향을 준다. 전수조사란 조사대상으로 하는 집단의 구성원 전체를 조사하는 통계조사를 말하며, 표본조사는 조사대상으로 하는 집단의 일부만을 조사하여 전체에 대한 정보를 추측하는 조사형태를 의미한다.

표본조사는 특정 표본이 모집단을 유효하게 대표한다는 것을 전제로 하고 있다. 표본조사가 사용되는 경우에, 모집단의 특성을 수적으로 나타내는 표본통계량으로부터 추론이 가능하다.

모집단을 전부 조사하지 않고 표본을 통해 모집단의 특성을 추정하려는 이유를 살펴보면 다음과 같다. 첫째, 시간이나 내용 및 인력 면에서 경제적이며, 둘째 전수조사보다 비표본오차(응답자의 무응답에서 발생하는 오류나 자료기록 및 처리상에서 발생하는 오류 등)가 적으며, 셋째 전수조사가 불가능한 경우가 있기 때문이다. 예를 들면, 전구의 수명을 시험하는 경우, 만일 생산된 모든 전구를 시험한다면 판매할 제품이 없어지게 되고 말 것이다.

표본을 통해 모집단의 특성을 추정하기 위해서는, 첫째 표본은 모집단을 대표해야 하며, 둘째 표본으로 추출될 모집단의 구성목록을 수집해야 하며, 셋째 표본의 크기를 결정해야 하는 점 등을 고려해야 한다.

1) 표본추출 방법의 결정

표본을 추출하는 방법은 여러 가지가 있으나 일반적으로 확률표본추출(probability

sampling)과 비확률표본추출(nonprobability sampling)로 나누어진다. 확률표본추출 방법의 특성은 모집단의 구성 요소가 표본으로 선정될 확률이 알려져 있고(0 이상의 확률), 표본추출 방법이 무작위적(random)이며, 표본을 객관적으로 평가할 수 있다는 점 등이다.

반면에 비확률 표본추출 방법은 모집단의 구성 요소가 표본에 포함될 확률을 추정하는 방법이 없고, 표본추출 방법이 주관적이어서 표본을 객관적으로 평가할 수 없다는 점 등이다. 이 밖에도 신뢰구간의 계산이나 모수추정에 대한 편향성의 유무에 따라 다른 면을 가지고 있다.

확률표본추출 방법과 비확률표본추출 방법은 다시 몇 가지 유형으로 세분할 수가 있다.

즉, 비확률표본추출 방법은 임의표본추출법, 판단표본추출법, 할당표본추출법으로 세분할 수 있고, 확률표본추출 방법은 단순무작위표본추출법, 층화표본추출법, 집락표본추출법으로 세분할 수 있고, 표본추출 방법 이외에도 양자의 표본추출 방법을 상호절충한 혼합표본추출 방법이 있는데, 그 대표적인 것이 다단계표본추출 방법이다.

[그림 4-9]는 확률 및 비확률표본추출 방법의 유형을 체계적으로 제시한 것이다.

그림 4-9 ▶▶ **표본추출 방법의 유형**

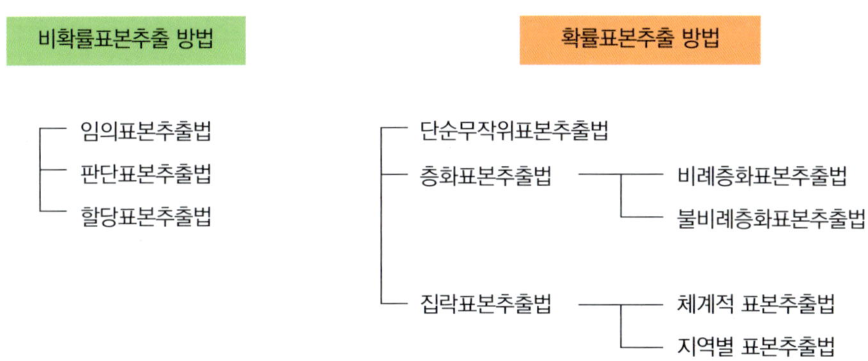

(1) 비확률표본추출 방법

■ 임의표본추출법(convenicence sampling)

이 방법은 표본추출 방법 가운데서 표본선정 방법이 가장 용이하고 시간과 비용 면에서도 가장 많이 절약할 수 있다는 특성을 가지고 있다. 즉, 조사자가 표본선정을 임의적으로 할 수 있는 방법이다. 이 방법은 추출된 표본이 모집단을 대표할 수 없다고 하는 점이 큰 취약점이다. 이 방법은 설문지를 개선하기 위한 사전조사나 문제해결을 위한 대안의 창안폭을 넓히려는 탐색조사에서 주로 사용되지만 많은 문제를 가지고 있어서 사용하지 않는 것이 좋다.

■ 판단표본추출법(purposive sampling 또는 judgment sampling)

이 방법은 조사자가 조사대상에 관해 충분한 지식을 가지고 있을 경우에 사용될 수 있는 것으로써 표본추출의 기준을 전문가의 주관적 · 직관적 · 경험적 판단에 의존하는 방법이다. 이 방법은 모집단의 구성 요소를 조사의 목적에 일치하도록 표본을 추출하려 한다는 점에 특징이 있다. 조사자의 판단이 확실하다면, 판단표본추출은 적은 비용으로 유의미한 데이터를 수집할 수 있다.

■ 할당표본추출법(quota sampling)

할당표본추출법은 비확률표본추출 방법 중에서 가장 널리 사용되는 방법으로써, 표본요소의 구성분포가 동일한 특성을 가진 모집단의 구성분포에 일치되도록 표본을 추출하는 방법이다. 즉, 표본 수를 결정하고 모집단을 세부적인 모집단으로 분류한 다음, 이 집단에 대해 표본을 할당하여 그 할당 수만큼의 표본을 추출하는 방법이다. 할당표본추출법의 특징은 표본을 선정할 때에 객관적인 절차보다는 조사자의 주관적인 판단에 의존하며, 표본선정에 따른 비용이 저렴하다는 점이다. 마케팅 조사에서 표본구조설계가 없을 경우에 가장 많이 쓰이는 방법이 할당표본추출법이다.

(2) 확률표본추출 방법

■ 단순무작위표본추출법(simple random sampling)

단순무작위표본추출법은 모집단을 구성하는 각 측정치들에 대하여 동일한 추출기회를 부여하여 객관적이고 임의적으로 추출하는 표본추출 방법을 말한다. 또한, 모집단 N 개로부터 n개의 표본단위를 선정한다면 어떤 조합이라도 선정될 확률은 모두 동일하다고 하는 점이다.

이 표본추출 방법은 무작위성을 확실히 하기 위해 난수표를 이용하는 것이 바람직하다. 난수표란 동일한 독립적인 발생확률을 가진 0에서부터 9까지의 10개의 숫자를 임의적으로 배열한 표를 말하는데, 이 난수표를 이용하는 절차는 다음과 같다.

첫째, 모집단의 구성 요소를 1번부터 N번까지 일련번호를 메긴다.

둘째, 난수표에서 구한 임의의 숫자들과 동일한 번호를 가진 모집단의 구성 요소들을 결정한다. 이를테면 N=20이면 난수표에서 두 자리의 수를 이용하고 N이 100부터 999 사이의 수라면 난수표에서 세 자리의 수를 이용한다.

셋째, 난수표에서 무작위로 표본을 추출한다. 즉, 난수표를 이용하여 원하는 위치의 숫자를 표본추출의 출발점으로 한다. 모집단의 모수는 표본통계량을 통해 추정이 가능하다. 여기서 모수란 측정 가능한 모집단의 평균치나 분산도와 같은 특성치를 말하며, 다른 모집단과 구분할 수 있는 고정치를 말한다.

표본통계량이란 표본의 특성을 수적으로 표현하는 값을 말하는데, 이 통계량을 계산하여 모집단의 특성, 즉 모수를 추정할 수가 있다. 거의 모든 마케팅 조사에서는 모집단의 모수를 알 수가 없으므로 표본추출을 통해, 즉 통계량을 통해 모수를 추정하게 되는데 우선 통계추정에 관한 기본 개념들을 살펴볼 필요가 있다.

조사자는 표본의 평균치와 모집단의 평균치와의 관계 및 표본분산도와 모집단의 분산도와의 관련성을 이해해야만 한다.

■ 층화표본추출법(stratified sampling)

층화표본추출법이란 모집단을 몇 개의 동질적 세분집단(이를 층(strata)이라고 함)으로 나누고(층화) 각 세분집단에서 표본의 구성 요소들을 단순무작위로 추출하는 방법을 말한다.

이 추출 방법은 모집단을 구성하는 기본단위의 특성이 아주 다양하고 사전에 모집단의 구조를 잘 알고 있을 때에 사용된다. 모집단이 보다 효과적으로 층화될수록 표본의 정도를 높일 수 있고, 또 표본으로부터 유용한 정보를 얻을 수 있다. 그러나 지나치게 많은 세분집단으로 나누게 되면 표본설계와 자료의 수집 및 분석 면에서 많은 비용이 소요된다. 층화표본추출법에서 표본 수는 각 세분집단으로부터 얻어지게 될 표본의 비율을 통해 결정된다. 그리고 각 세분집단에서 추출된 표본 수에 따라 비례층화표본추출법과 불비례층화표본추출법으로 나누어진다. 비례층화표본추출법은 전체 모집단에서 세분집단이 차지하는 상대적인 구성비율, 즉 세분집단의 크기에 따라 해당 표본을 선정하는 것을 말한다.

이를테면 세분화된 모집단의 크기가 전체 모집단의 1/6이라면 세분화된 모집단에서 추출되는 표본의 크기도 1/6이 되도록 하는 것이다. 그리고 불비례층화표본추출법은 세분집단의 크기와 분산도의 2가지 요소를 모두 고려하여 표본을 선정하는 것을 말한다.

만일 표본크기가 일정하다면 분산도가 높은 세분화된 모집단을 그 크기에 비하여 상대적으로 더 많은 표본이 추출되게 된다.

■ 집락표본추출법(cluster sampling)

군집표본추출법 또는 군별표본추출법이라고 불리우는 이 방법은, 모집단을 동질적인 M 개의 집락으로 구분한 후에 이로부터 m 개의 표본집락을 임의추출하여 표본집락에 대해서만 전수조사를 실시하는 것을 말한다.

집락표본추출의 절차는, 우선 모집단을 상호 배타적인 세분집단으로 분류한 다음, 이 세분된 집단 중에서 무작위로 표본을 선정하게 된다. 이때 세분화된 모집단의 구성 요소들을 모두 표본에 포함시키는 경우를 1단계 집락표본추출법이라고 하고, 추출된 세분집단에서 표본 구성 요소를 확률적으로 다시 선정하는 방법을 2단계 집락표본추출법이라고 한다. 그리고 두 단계 이상의 표본추출을 행하는 경우를 다단계표본추출법이라고 한다.

모집단이 대단히 큰 경우, 표본추출구조를 단순무작위표본추출법이나 층화표본추출법을 통해 작성한다는 것은 시간과 비용 면에서 막대한 손실이 수반된다. 이에 반해 집락표본추출법은 층화표본추출법과는 달리 표본의 정도를 높이는 방법이라고는 할 수 없지만 시간과 노력을 절약하기 위한 방법이라고 할 수 있다.

집락표본추출법과 층화표본추출법의 유사점과 상이점을 살펴보면 다음과 같다. 양자가 모집단을 세분집단으로 분류한다는 점에서는 유사하지만, 세분기준이 서로 다르며, 층화표본추출법에서는 각 세분집단에서 구성 요소들의 표본을 선정하는데 비하여 집락표본추출법에서는 세분집단 자체를 표본대상으로 선정하기 때문에 각 세분집단이 가능한 한 모집단을 대표할 수 있도록 소규모가 되어야 하고 동일하게 되어야 한다.

아울러 통계적 효율 면에서 볼 때 집락표본추출법을 통해 선정된 세분집단들은 가능한 한 세분집단 상호간에 이질적으로 구성되어야 하지만, 층화표본추출법에서는 세분집단 내의 이질성과 세분집단 간의 동질성이 유지되어야 한다. 여기서 통계적 효율이란 표본추출 방법을 비교할 때 이용되는 상대적인 개념으로써, 표본크기가 일정할 경우 추정치의 표준오차가 보다 적은 표본추출 방법이 다른 방법에 비하여 통계적으로 효율성이 더 크다고 할 수 있다.

[그림 4-10]은 층화표본추출법과 집락표본추출법의 차이점을 그림으로 나타낸 것이다.

그림 4-10 ▸▸ 층화표본추출법과 집락표본추출법

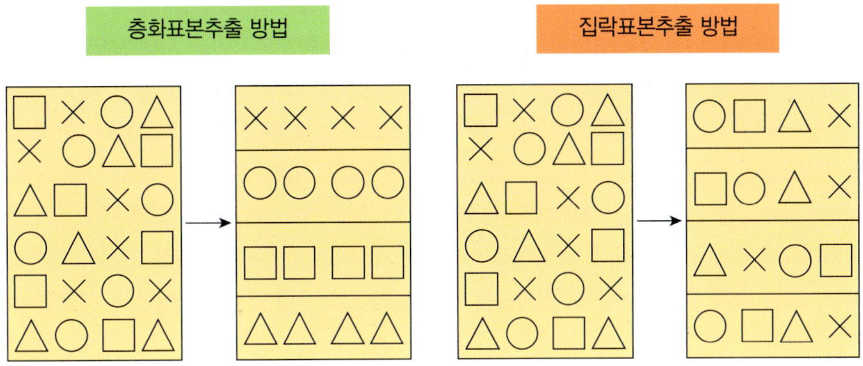

2) 표본크기의 결정

일반적으로 표본의 크기는 예산과 시간적 제약이 많아 국내를 커버하는 설문조사의 경우는 500~1,300명 정도의 표본크기가 적당하다. 조사목적에 따라서 크기는 달라질 수 있지만 표본의 크기가 클수록, 표본이 모집을 잘 대표할 것이라고 판단하지만 여기서 표본추출 방법에 따라 대표성이 좋을 수도 있고 아닐 수도 있으므로 무조건 표본의 크기를 크게 잡지 않는 것이 좋다. 최근 있었던 선거여론조사에서도 예측이 빗나가는 것을 보듯이, 표본의 크기가 표본의 대표성을 반드시 보장해주는 것은 아니라는 것을 경험적으로도 확인된다.

MARKETING FOCUS

아웃백 is Back… 1년 새 이익 230% '껑충'

진대제 스카이레이크인베스트먼트 회장은 2016년 7월 아웃백 스테이크하우스(아웃백) 한국법인을 인수한 뒤 첫 일성으로 이 같은 변화를 주문했다. 불필요한 냉동 과정을 없애면 비용을 줄이고 고기 맛은 좋게 하는 '두 마리 토끼'를 잡을 수 있다는 판단에서였다. 냉장 스테이크는 쉽게 상하기 때문에 재고관리가 불가능하다는 내부 반발에 "하루에 100만 대가 넘는 휴대폰을 생산하는 삼성전자도 재고관

그런데 해석 과정에서는 두 가지의 작업, 즉 분석을 통해 얻은 결과를 일련의 권유안으로 전환하기 위하여 논리적인 추론 과정을 밟아가는 논리적 해석과 특정 기업의 구체적 상황에 적용되기 위한 실제적 해석이 이루어져야 한다.

7. 조사보고서 작성

보고서는 조사의 최종 결과를 평가하는 기준이므로 대단히 중요한 작업의 의미를 지닌다. 보고자는 보고서를 작성할 때 조사의뢰자가 알고자 하는 사항을 논리적으로 응축시켜야 하는데, 특히 정책방향을 제시하고자 하는 표현에 대해서는 도표나 그래프를 이용하여 그 내용을 명료하고 이해하기 쉽도록 전달하여야 한다. 일반적으로 마케팅 조사보고서의 구성은 조사문제와 연관된 배경, 조사문제설정, 조사목적, 조사설계 방법(방법, 표본설계 및 자료수집, 자료분석), 분석결과, 시사점 및 결론으로 구성이 된다. 아울러 조사자는 조사 방법상의 문제점과 한계, 그리고 오류의 범위 등에 관한 상세한 내용들을 서식화된 조사보고서를 통해 실무적 시사점 도출(deriving managerial implication), 향후 계획(future plan and planning) 등을 반드시 표현하여야 한다.

이와 같이 보고서는 표현기능뿐만 아니라 경영자의 의사결정이 합리적으로 이루어지게끔 하는 설득기능을 가지고 있다. 그 이외에도 보고서는 자료의 분석 과정 및 조사결과를 체계적으로 그리고 영구보존이 가능한 형태로 집약시키는 보존기능을 가지고 있다.

1) 보고서의 분류

조사보고서는 그 사용목적에 따라 전문보고서, 일반보고서, 그리고 절충보고서로 크게 나누어질 수 있다.

(1) 전문보고서

전문보고서는 기본보고서라고도 하는데 보고서를 이용하는 독자가 주로 전문층으로 구성되어 있다. 일반적으로 이 전문층은 통상적인 조사문제에 관한 전문지식이나 비판력을 가지고 있기 때문에, 보고서의 형식은 조사목적, 조사내용, 조사 방법, 조사시기, 결론 및 권유내용 등이 포함되도록 이루어져야 한다. 이러한 형태의 보고서는 다음과 같은 제 특성이 고려되어야 한다. 첫째, 보고서의 기술은 논리적이어야 하며, 둘째 감정적인 표현은 가능한 한 제거하여야 하며, 셋째 조사자의 주관적 판단에 의한 유추는 가급적 피하도록 하여야 한다.

(2) 일반보고서

일반보고서는 독자대상이 주로 일반인이므로 전문층을 대상으로 하는 경우와는 다르다. 일반 경영자나 관리자는 대체로 신속한 의사결정을 위해 권유안에 관심이 모아지는 경향이 있으므로 핵심적인 조사내용이나 계획수립에 필요한 정보 등이 간략하게 작성되도록 하여야 한다. 일반보고서의 작성 시에는 다음과 같은 사항들을 유의하여야 한다. 첫째, 가능한 한 전문용어의 표현을 지양하여야 하며, 둘째 전문적인 통계기법의 활용은 가급적 줄여야 하며, 셋째 논리적이기보다는 서정적인 표현으로 구성되어야 한다.

(3) 절충보고서

절충보고서는 전문보고서와 일반보고서의 절충 형식으로서, 독자의 속성이나 조사 내용의 성격 등이 적절하게 고려된 보고서를 말한다.

그 밖에도 보고서의 분류 방법은 그 사용목적이나 보고서의 작성단계에 따라 다양하게 분류될 수 있다. 이를테면 사용목적에 따라 기본보고서, 간행물용 보고서, 전문보고서 그리고 경영자용 보고서로 나누어지며, 또한 작성 단계별로는 중간보고서, 기본보고서 그리고 최종보고서로 대별할 수도 있다.

2) 보고서의 작성기준

보고서가 독자의 이해를 쉽게 하기 위해서는 보고서의 내용이 완전 · 정확 · 명료 · 간결한 기준을 가지고 있어야 한다. 이러한 기준 요소들의 특성을 간략히 살펴보면 다음과 같다.

(1) 완전성

보고서의 독자가 이해할 수 있는 용어로 표현하여 필요한 정보를 모두 제공해 주도록 해야 한다. 보고서가 지나치게 장황하거나 간결해도 불완전하며, 또한 필요한 정의를 규정하지 않거나 이해하기 어려울 정도로 개략적인 설명만 하는 것도 불완전하다. 그리고 보고서를 읽는 사람의 관심 밖의 정보를 필요 이상으로 제시하게 되면 문제의 핵심이 흐트러지며, 또 지나치게 방대한 내용으로 구성되어 있으면 이해하려는 시도조차 포기하게 되는 경향이 있다. 그러므로 보고서의 내용은 보고서 독자의 관심이나 능력수준에 적합하도록 명료하게 구성되어야 한다.

(2) 정확성

투입자료가 정확하다 하더라도 자료처리 과정에서 하자가 있거나, 또는 표현이나 논리적인 측면에서 애매모호한 점이 개재되게 되면 부정확한 보고서가 될 가능성이 있다.

(3) 명료성

명료성이란 논리적인 사고와 명확한 문장의 표현기법과 관련된 개념으로써, 만일 보고서 내용의 배후에 잠재해 있는 논리성이 불투명하거나 또는 문장의 표현이 비합리적으로 배열되어 있을 경우에 보고서의 독자는 이를 이해하기가 어렵게 된다. 따라서 문장은 체계적으로 배열되어야 하고 단어와 문구는 간결하면서도 함축적이고 논리적 의미가 포함되도록 구성되어야 한다.

(4) 간결성

조사결과를 모두 제시하지 말고 가장 중요한 것만을 선택적으로 보고 내용에 포함시키도록 하여야 한다. 가능한 보고서의 독자가 익히 알고 있는 단어나 용어 등을 사용하여 요점만을 선택적으로 기술하도록 하여야 한다.

제4절 마케팅 정보시스템

1. 마케팅 정보시스템의 의의와 필요성

마케팅 정보시스템(marketing information system)이란 마케팅 프로그램과 관련된 경영의사결정에 도움을 주기 위한 정보의 창출과 흐름을 처리할 목적으로 마련된 인간 · 도구 · 기구 · 절차 등이 지속적으로 상호작용하는 미래지향적 체계를 말한다.

광의적으로 보아 마케팅 정보시스템은 기업의 총체적인 경영정보시스템의 하나의 하위시스템 개념으로 볼 수 있다.

즉, [그림 4-11]에 제시된 바와 같이 각 하위시스템에 의해 요구되는 정보와 기초적인 정보시스템의 본질을 알 수 있다.

그림 4-11 ▶▶ 마케팅 정보시스템

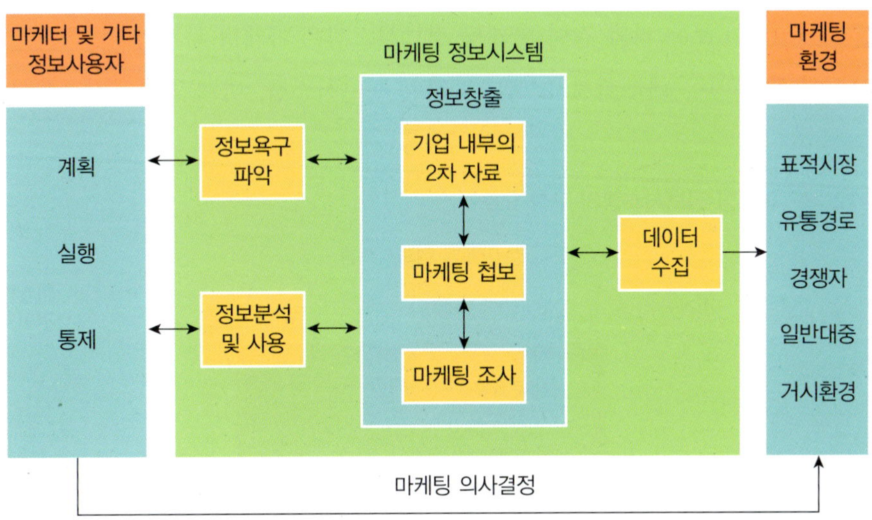

출처: Philip Kotler and Garry Armstrong, *Principles of Marketing*, 12th ed.(Prentice-Hall, 2008), p. 97. 마케팅원리, 박찬수, 법문사, p. 477.

마케팅 정보시스템의 내용을 개략적으로 살펴보면 다음과 같다.

첫째, 정보처리에 시스템 개념을 적용함으로써 ① 기업에 필요한 자료를 확정하고, ② 이 정보를 수집 및 창출하며, ③ 계량적 분석기법을 이용하여 자료를 처리하며, ④ 이를 저장 및 수정한다.

둘째, 마케팅 정보시스템은 미래지향적인 성격을 지니며, 문제 해결뿐만 아니라 문제를 사전에 예측 또는 예방하는 역할을 한다.

셋째, 마케팅 정보시스템은 지속적으로 운용된다.

넷째, 마케팅 정보란 마케팅 활동의 관리에 필요한 의사결정의 기준이 되는 정보라고 할 수 있는데, 기업은 이 마케팅 정보를 효율적으로 관리함으로써 그 기업이 추구하는 목표를 달성할 수가 있다. 그러나 아직도 많은 기업에서는 마케팅 정보관리의 중요성을 인식하지 못하고 있는 경우가 많다. 심지어는 마케팅 조사 전담부서가 설치되어 있지 않은 기업도 부지기수이고, 비록 이런 부서가 존재한다 하더라도 산발적으로 조사를 하고 있는 정도이거나 자료수집에 국한시키는 경우가 많다. 요약하자면, 정보를 갖고 있느냐 안 갖고 있느냐도 중요하지만, 같은 정보라도 어떻게 활용하는지도 매우 중요하다.

2. 마케팅 정보시스템의 구성 요소

[그림 4-12]에서 보는 바와 같이 마케팅 정보시스템은 마케팅 환경과 마케팅 관리자의 영역 사이에 존재하며, 내부회계시스템, 마케팅 정보시스템, 마케팅 조사시스템, 마케팅

그림 4-12 ▶▶ 마케팅 정보시스템의 구성 요소

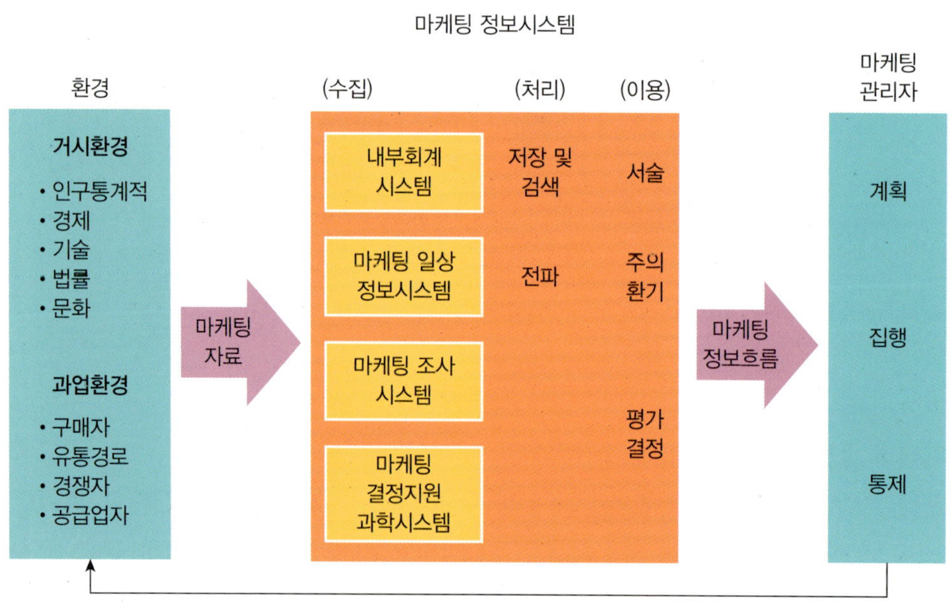

경영과학시스템 등 4가지의 하위시스템으로 구성되어 있다. 즉, 마케팅 환경으로부터 입수된 자료는 마케팅 정보시스템으로 유입되어 마케팅상의 유의적 정보로 전환된 다음 마케팅 관리자의 활동 영역으로 흘러 들어가게 된다. 이 정보를 바탕으로 마케팅 관리자가 마케팅의 계획 · 집행 · 통제 문제를 해결하게 되면 그 결과는 다시 환경 영역으로 환원하게 된다.

여기서 내부회계시스템(marketing accounting system)이란 마케팅 관리자가 이용할 수 있는 가장 기본적인 정보시스템으로서 주로 기업의 재무관리와 회계처리에 관한 의사결정에 필요한 정보를 제공하는 시스템이다. 재무관리를 위한 의사결정은 예산, 이익계획, 투자계획, 자금조달계획, 재무구조 및 경상예산 등을 내용으로 하며, 회계처리를 위한 내용은 손익산정, 원가계산, 세무회계, 재무분석 및 경영평가 등이다. 따라서 마케팅 관리자는 이러한 내부회계시스템으로부터 지역별 · 제품별 과거와 현재의 매출실적 등을 비교하여 마케팅 전략 수립에 활용한다.

내부회계시스템은 결과자료를 제공하지만 마케팅 정보시스템(marketing information system)은 현재 진행 중인 발생자료를 공급해 준다. 마케팅 정보시스템은 마케팅 관리자가 환경 변화에 적시적으로 적응 · 대처함으로써 경영전략의 수립을 자극해 주는 기능을 한다. 마케팅 정보시스템은 판매 활동에 관한 의사결정에 필요한 일상적인 정보를 제공하는 시스템으로서, 그 내용은 판매예측, 판매계획수립, 판매촉진, 광고 방법, 가격 등이다. 이 시스템의 효과는 기업의 새로운 활동의 기회를 주기 위해서 적절한 의사결정을 할 수 있기까지 기업에서부터 시장에 이르기까지의 환류에 의존하는 데 있다. 마케팅 조사 시스템은 기업이 당면하고 있는 특정한 마케팅 상황과 관련된 문제의 해결이나 의사결정을 위해 구체적인 정보를 수집 · 분석 · 평가 및 보고하는 역할을 한다.

마케팅 경영과학시스템은 과학적 · 수리적 방법이나 적절한 모델의 설정을 통해 제 문제를 더욱 개선하고 최적화하는 역할을 한다.

3. 마케팅 정보시스템의 효익

마케팅 정보시스템은 정보가 분산되어 소멸되거나 왜곡되기 쉬운 여러 부서로 세분화된 대규모의 기업에서 이용도가 높을 뿐만 아니라 중소기업관리자의 업무수행에도 큰 효과를 보여주고 있다. 그러나 중소기업은 컴퓨터 설치에 따른 비용상의 부담으로 말미암아

표 4-2 마케팅 정보시스템의 효익과 용도

	적용범위	이 점	예 시
통제시스템	① 마케팅 비용의 통제 ② 판매실적 부진의 진단 ③ 유행품의 관리 ④ 신축성 있는 촉진 전략	① 적시에 컴퓨터 처리된 보고서 ② 적축성 있는 즉각적인 자료의 수정 ③ 문제와 기회의 자동탐색 ④ 보다 저렴하고 상세하며 빈번한 상품	① 불필요한 비용지출을 발견하여 시정조치 ② 경영자는 컴퓨터에게 보완적 질문을 하여 판매감소의 이유를 파악, 대비책 마련 ③ 회전이 빠른 상품의 신속한 재주문, 회전이 느린 상품의 신속한 가격인하 ④ 촉진 활동 결과의 상시 평가로 미달 분야에 대한 신속한 자금의 분배
계획시스템	① 예산 ② 판매촉진계획과 기업의 장기계획 ③ 신용관리 ④ 구매	① 각 부문 간의 용어와 분류표시의 자동해석 ② 각 촉진계획과 부문계획에 대한 체계적 검토 ③ 자료은행정보에 따라 프로그램화된 의사결정기준이 작용 ④ 구체적인 판매광고로 경영의 의사결정이 자동화 됨	① 복잡한 산업용품에 대한 예측으로 부품소요와 생산계획 일정 작성 ② 자료은행정보로 개발 · 운용되고 있는 시뮬레이션 모델로 제품관리자의 촉진계획과 최고경영자의 전략계획의 수립을 가능하게 해줌 ③ 주문건수가 처리됨에 따라 외상판매에 대한 의사결정은 자동적으로 내려감 ④ 판매실적에 관한 자료와 결정원칙의 상관관계로 표준품을 컴퓨터지시에 따라 구매
기초연구시스템	① 광고전략 ② 가격전략 ③ 광고지출의 평가 ④ 계속적인 시험	① 컴퓨터에 프로그램화 시켜 놓음으로써 조작이 항상 가능 ② 저장과 수정 및 재사용 방법의 개선으로 새로운 자료의 수집과 이의 이용이 가능 ③ 철저한 자료은행의 설치로 상이한 자료의 통합 · 비교가 가능 ④ 투입변수와 성과변수를 종합적으로 조절하여 변화에서 나오는 정보를 쉽게 얻을 수 있음	① 새로운 시장세분으로 판매분석 가능 ② 판과거의 연구개발 · 계약입찰에 관한 체계적인 정보의 기록으로 입찰전략의 개선 ③ 광고지출과 지역별 선적을 상호 비교함으로써 광교효과에 관한 정보를 얻음 ④ 계속적으로 판매실적에 대비하여 고객의 형태별로 촉진전략을 대응할 수 있음

컴퓨터에 의존하지 않고 다음과 같은 시스템을 둘 수가 있다.

첫째, 기업 내 각 부서 간의 정보수집 및 처리를 위한 조정노력

둘째, 컴퓨터 이외의 자료처리 방식의 선정(자동식 회계처리시설, 복사기, 녹음기 등)

셋째, 문제해결이나 의사결정에 도움이 될 정보를 제공받기 위해 외부의 마케팅 조사기관을 활용하는 방법 등이다.

그러나 어떠한 규모의 기업체이든지 간에 다음과 같은 하위시스템에 관련되어 있다. 첫째, 마케팅 활동의 통제, 둘째 마케팅 활동의 계획, 셋째 특정 마케팅 문제에 대한 기초연구 등이다.

이들 세 가지 하위시스템에 대한 용도, 이점 그리고 예시내용을 살펴보면 [표 4-2]와 같다.

마케팅 정보시스템과 마케팅 조사와의 관련성을 개략적으로 살펴보면 다음과 같다.

마케팅 조사는 프로젝트별로 시행되는 비체계적인 활동인 반면에 마케팅 정보시스템은 체계화된 시스템의 성격을 띠고 있다. 또한, 전자는 문제해결을 위해 과거자료의 수집에 역점을 두고 있으나 후자는 미래지향적이며 문제의 사전적 조치에 주안점을 두고 있다. [표 4-3]은 이들 양자 간의 관계를 비교 · 설명하고 있다.

표 4-3 마케팅 정보와 마케팅 정보시스템의 특징비교

마케팅 조사	마케팅 정보시스템
① 외부정보의 취급에 역점 ② 문제해결에 치중 ③ 프로젝트 기준으로 실시되기 때문에 단편적 · 일시적 ④ 컴퓨터에 기반을 둔 것 아님 ⑤ 하나의 정보원만이 정보시스템에 투입	① 내 · 외부 자료 모두 취급 ② 문제해결 뿐만 아니라 문제예방에도 치중 ③ 계속적으로 운영되는 시스템 ④ 컴퓨터에 기반을 둔 과정 ⑤ 마케팅 조사 이외에도 다른 하위시스템을 포함

학 | 습 | 사 | 례

日 아빔컨설팅, 싱가포르 데이터 분석회사 인수

일본 컨설팅업체인 아빔컨설팅(ABeam Consulting)이 싱가포르 데이터 분석회사 인수로 아시아권 사업 확대에 나섰다. 아빔은 최근 싱가포르의 데이터 분석회사인 라이트스트림 애널리틱스(LightStream Analytics)를 인수한다고 발표했다. 이 기업은 데이터 활용 지원의 스타트업 기업으로, 현지 금융업과 제조업에 폭넓은 고객망을 가지고 있는 회사다. 아빔은 데이터 분석을 통한 경영전략과 마케팅 전략의 입안이 주류를 이루는 가운데, 해외 유망 기업 M&A(인수 · 합병)로 아시아권의 수요를 크게 끌어들일 전략이라고 니혼게이자이신문이 보도했다.

이 매체에 따르면 라이트스트림 애널리틱스는 2006년 창업한 회사로 싱가포르 금융업계를 중심으로 강고한 고객 기반을 가지고 있다. 인공지능(AI)의 일종인 머신러닝(기계학습)이나 화상 해석 등 복수의 기술을 조합해, 유용한 데이터를 정리하는 노하우를 가지고 있다. 기업 활동으로 축적된 데이터나 소셜네트워크서비스(SNS) 등 다른 시스템의 정보를 활용할 수 있는 것도 특징이다. 예를 들면, 금융기관이 운용하는 시스템의 정보와 외부에서 취득한 정보를 집약해 분석하고, 융자대상자의 신용도를 보다 정밀하게 조사해 위기관리에 유용하게 활용할 수 있는 서비스를 제공하고 있다. 싱가포르에 본사를 두고 있으며, IT(정보기술) 인재가 풍부한 인도네시아에서도 데이터 분석 요원을 갖고 있다. 사원 수는 2개국 합해 약 100명이며 작년 매출액은 720만 싱가포르 달러(약 5억9,000만 엔)로, 올해는 10% 증가한 800만 싱가포르 달러를 전망하고 있다. 데이터 분석의 수요증가에 따라 급성장하고 있다고 이 매체는 설명했다. 아빔은 라이트스트림 애널리틱스의 창업자 등이 가지는 주식을 올해 중에 70%, 2021년까지 100% 취득할 계획이다. 주식 취득 투입 자금은 총액 7억 엔 정도가 될 전망이다. 아빔은 전체 그룹사원 약 4,700여 명 중 데이터 분석 요원이 100명 정도로, 일본 기업을 중심으로 서비스를 제공하고 있다. 아빔이 갖고 있는 컨설팅 비즈니스 방향도 살리면서 이번 라이트스트림 애널리틱스 인수를 계기로 아시아 영어권에서의 사업 확대를 노린다는 것이다. 아빔은 지금까지 기업과의 자본제휴로 해외사업을 전개해왔다. 2015년에는 업무기간 시스템의 개발 등을 다루는 싱가포르의 옵티멈 솔루션즈에 출자해 금융기관이나 제조업 등 전용 비즈니스의 강화를 추진하고 있다. 아빔의 올해 1분기 매출액은 전분기 대비 4% 증가한 748억 엔이었다고 이 매체는 밝혔다.

출처: 초이스경제뉴스 2018.12.08. http://www.choicenews.co.kr/news/

CHAPTER 05

소비자행동

도입사례

체험 마케팅에 혹하는 이유
"한번 써보세요"…속는 셈 치고 써봤더니 마음에 '쏙'

무료 체험 마케팅이 효과를 낼 수 있는 이유는 소비자의 '소유 경험'을 자극하기 때문이다.

직장인 김주민(31) 씨는 최근까지만 해도 불법 다운로드 프로그램 '토렌트'의 애용자였다. 주변에 돈을 주고 영상을 사서 본다는 이들이 있으면 '공짜가 인터넷에 널려 있는데 왜 쓸데없이 돈을 쓰냐'며 핀잔을 주기도 했다. 그랬던 김 씨가 최근 넷플릭스의 유료 멤버십 서비스에 가입했다. 이유는 간단했다. '써보니 좋더라'는 것이다. 김씨는 "가입 후 첫 달은 무료라는 이야기를 듣고 넷플릭스를 사용하기 시작했는데, 한 달 뒤 무료 사용 기간이 끝나 다시 불법 다운로드로 돌아가 보니 일일이 검색하고 다운해야 하는 등 불편한 점이 눈에 들어오기 시작했다"며 "넷플릭스의 편리함이 그리워 결국 결제할 수밖에 없었다"고 말했다.

약 3년 전 넷플릭스가 한국에 상륙했을 때, 넷플릭스의 성공 가능성에 대한 전망은 불투명했다. 다른 나라와 달리, 인터넷이 발달해 있어 콘텐츠를 이용할 수 있는 무료 채널이 널려 있다는 이유에서였다.

넷플릭스도 한국시장이 만만치 않은 상대라는 점을 알고 있었다. 고심을 거듭하던 넷플릭스가 한국시장을 공략하기 위해 꺼내든 카드는 바로 '무료 체험'이었다. 넷플릭스에 대해 반신반의했던 국내 이용자는 1개월 무료 체험을 위해 앞다퉈 넷플릭스에 가입했고, 그중 상당수는 넷플릭스의 '포로'가 돼버렸다. 넷플릭스는 가입자 수를 공개하지 않지만, 업계에서는 한국 넷플릭스 가입자가 30만 명을 넘어선 것으로 추정하고 있다.

'한 달 무료 이용' 마케팅을 펼치고 있는 넷플릭스(사진 : 넷플릭스)

"일단 한번 써보고 결정하세요." 제품 구매를 망설이고 있을 때, 이 말을 들은 소비자 중 대부분은 '속는 셈 치고' 사용해보기로 한다. 비용 손실을 감수하고 '무료 체험' 마케팅을 펼치는 기업의 속내엔, 일단 사용만 하면 자사 고객으로 만들 수 있다는 자신감이 깔려 있다. 경제가 불황일수록 체험 마케팅은 더욱 불타오른다. 지갑을 여는 데 깐깐해진 소비자를 현혹시킬 수 있는 몇 안 되는 방법이기 때문이다. 최근 체험 마케팅이 활황인 것도 이 때문이다. 넷플릭스를 비롯해 유튜브도 광고 없이 영상을 즐길 수 있는 '유튜브 프리미엄' 서비스를 한 달 무료로 제공하고 있다. 후지필름은 소비자에게 카메라와 필름을 2박 3일간 무상으로 대여해주는 프로그램을 2년 전부터 운영 중이다.

프리맨 컨설팅의 '글로벌 브랜드 경험 연구(Global Brand Experience Study)'에 따르면, 각 기업의 최고마케팅책임자(CMO) 중 3분의 1은 향후 수년간 체험 마케팅 활동에 마케팅 예산의 최소 21%, 최대 50%까지 투자할 계획으로 나타났다. 체험 마케팅 이론의 창시자인 번트 슈미트 컬럼비아대 경영대학원 교수는 "오늘날 소비자는 합리적이고 이성적인 의사결정자라기보다는 감각적이고 감성적인 존재"라며 "소비자를 체험적 욕구를 가진 존재로 받아들이는 것이 마케팅 기획의 출발점"이라고 말했다. 무료 체험이 기업에 돈을 벌어다 줄 수 있는 원리는 무엇일까.

"이렇게 좋은 제품을 안 사는 건 실수"

소비자에게 무료로 체험할 기회를 주는 것은 한 번 가져볼 수 있도록, 즉 '소유'했을 때의 기분을 느껴볼 수 있도록 하기 위함이다. 그리고 이 느낌은 큰 힘을 발휘한다. 인간은 가져보지 못한 것보다 가져본 것의 가치를 더 높게 평가하기 때문이다. 일단 자신의 것이라고 판단되면 과대평가하게 되는 경향을 행동경제학에서는 '소유효과(endowment effect)'라고 한다.

지난해 노벨경제학상을 받은 리처드 탈러 시카고대 석좌교수의 실험은 소유의 힘을 증명한다. 탈러 교수는 자신의 수업을 듣는 학생들 중 일부를 절반으로 나눠 한쪽에는 학교 로고가 새겨진 머그

제2절 전통적인 관점의 소비자 의사결정

소비자 구매 의사결정 과정은 소비자가 문제를 인식함에 따라 자신의 필요와 욕구를 충족시키기 위해 해결책을 찾는 내적·외적 정보를 탐색하고, 대안을 평가하고, 선택하고, 구매한 이후 사용 경험을 통해 평가하는 전반적인 과정을 포함한다(그림 5-1 참조). 이와 같은 소비자 구매 의사결정 과정의 관점에서의 궁극적인 마케팅의 목표는 소비자에게 문제를 인식하게 만들고, 제품과 서비스에 대해 관여도를 갖게 만드는 것이다. 각 의사결정 과정에 대한 개념과 목적은 다음과 같이 살펴볼 수 있다.

그림 5-1 ▶▶ 소비자 구매 의사결정 과정

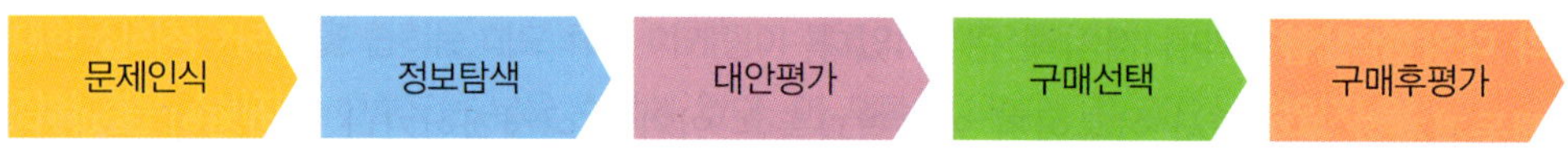

1. 문제인식

의사결정 과정의 최초단계인 문제인식(problem recognition)은 개인이 특정 시점에서 실제상태(actual state)와 이상적 상태(ideal state) 간의 차이를 지각할 때 일어나게 된다.

그 차이란 소비자에게 특정한 구매욕구가 발생되는 것을 의미한다. 소비자의 욕구는 이미 충족된 욕구와 아직 충족되지 않은 욕구로 구분할 수 있는데, 아직 충족되지 않은 욕구를 미충족욕구라고 한다. 따라서 소비자들의 미충족욕구를 충족시킬 수 있는 제품이나 서비스 제공을 통해 현재 상태보다 더 이상적인 상태에 도달할 수 있도록 구매동기를 자극해야 한다.

이 단계는 소비자의 내면적 심리작용과 관련되는데, 특히 소비자의 정보처리나 모티베이션의 작용과 관계가 깊다. 소비자는 내적 또는 외적 원천에서 발생하는 정보를 처리함으로써 문제나 욕구를 인식하게 되며, 그 이후 문제해결을 위한 동기부여가 이루어지게 된다. 따라서 문제인식 과정은 곧 소비자가 어떤 목적지향적 구매 의사결정에 참여하도록 유발 및 활성화되는 것을 의미한다.

2. 정보탐색

소비자가 문제인식을 하게 되면 그 다음의 의사결정단계인 정보탐색이 진행된다. 소비자의 정보탐색은 문제해결을 위해 소비자가 정보를 확인하고 획득하기 위해 취하는 모든 과정을 의미한다. 이에 대해 소비자의 탐색 과정을 정보출처 및 탐색목적에 따라 두 가지 유형으로 구분할 수 있다. 먼저, 정보출처에 따라 내적 탐색과 외적 탐색으로 구분할 수 있다. 내적 탐색은 제품이나 서비스에 대한 정보를 소비자 자신이 가진 장기 기억 속의 지식으로부터 인출하는 과정이다. 이는 자신이 인식하고 있는 모든 제품과 상표를 인출해 구매대안으로 고려하는 것을 의미하는데, 이를 구매고려 대상상표군(consideration set)이라 한다.

내적 탐색만으로 문제가 해결되면 더 이상의 정보탐색은 일어나지 않는다. 그러나 내적 탐색만으로 문제가 해결되지 않을 때 외적 탐색이 일어난다. 외적 탐색은 외부의 다양한 출처로부터 정보를 획득하는 과정이다.

소비자가 외적 탐색 여부를 결정하는데 영향을 미치는 요인으로는 크게 제품특성, 개인적 특성, 상황적 특성이 있다.

첫째, 제품특성이 외적 탐색 노력에 영향을 미칠 수 있는데 가격이 고가일수록, 상표대안들 간에 차별화가 될수록, 상표 대안들의 수가 많을수록 외적 탐색을 계속할 가능성은 낮아진다.

둘째, 개인적 특성으로 소비자의 제품 지식이 부족할 때, 그리고 제품에 대한 관여도와 지각된 위험이 높을수록 외적 탐색의 양은 증가한다.

마지막으로, 상황적 특성을 의미하는데, 즉 욕구가 긴급하지 않아 시간적 여유가 있을 때, 점포가 혼잡하지 않아 충분히 둘러볼 수 있을 때, 점포까지의 거리가 가까워 이동에 부담이 없을 때 외적 탐색의 양은 증가한다.

3. 대안평가

소비자가 정보탐색 활동에 참여하여 복수의 대체안에 관한 정보가 수집되면 이어 이들 대체안들의 평가가 이루어지게 된다. 즉, 대안평가를 통해 소비자가 의사결정에 있어 중요하다고 느끼는 평가기준 또는 제품의 속성들에 견주어 다양한 대체안들을 비교하는 단계를 의미한다. 또한 본 단계에서 소비자는 고려중인 대안들에 대한 신념, 태도, 의도 등을 형성하게 된다. 대안평가는 소비자가 구매고려 대상상표군에 대해 전반적인 평가를 내릴 때 발생하는데, 즉 '가능성 판단'과 '가치 판단'이 대안평가 과정의 중심이다.

일반적으로 소비자들의 가능성 판단과 가치 판단에는 행동경제학적 관점의 소비자 의사결정에서 설명하는 여러 개념들이 사용된다.

'가능성 판단'에서는 휴리스틱과 편향(heuristic and biases)과 관련해 대표성 휴리스틱, 가용성 휴리스틱, 기준점과 조정 휴리스틱이 있으며 '가치 판단'에서는 '프로스펙트 이론'과 '프레이밍(framing) 이론'이 있다. 특히 프레이밍 이론에서 액자는 안에 있는 것과 바깥에 있는 것을 구분하는 테두리 이것을 프레임(frame)이라고 하며, 오늘날의 마케팅 상황에서 정보의 발신자는 이 프레임에 의미를 편집하고 특정 단어를 담아서 소비자들이 보다 가치 있게 느끼도록 중요성을 부여하고 있다. 즉, 선택과 관련한 결정 문제가 제시되는 형태를 '프레이밍'이라고 한다면, 문제의 기본적인 구조는 변하지 않더라도 문제의 표면적인 제시 형태에서의 변화가 판단과 의사결정에 영향을 준다. 이것은 동일한 개념이나 상황을 어떻게 표현하고, 제시하느냐에 따라 소비자들이 생각하는 중요성이 달라진다는 것을 의미한다.

따라서 프레이밍 효과는 어떤 특정한 시각이나 관점에서 생각하도록 유도할 수 있으며, 후속 판단에도 영향을 미치는 효과를 발휘한다.

예를 들어, "75%의 살코기가 함유된 쇠고기"로 판촉 메시지를 표현했을 때와 "25% 지방이 함유된 쇠고기"로 판촉 메시지를 표현했을 때 여러분을 어떤 쇠고기를 선택하겠는가? 에 대해 조사한 한 연구에 따르면 "75% 의 살코기가 함유된 쇠고기"로 표현했을 때가 지방이 적고, 품질이 높은 것으로 평가하였다고 한다. 마케팅 현장에서는 이렇게 의도적으로 특정한 메시지를 만들어 제시하게 되므로 '프레이밍 효과'가 발생한다는 사실을 확인했다. 따라서 경쟁프레임을 어떻게 설정하느냐는 브랜드의 포지셔닝과 직결되는 중요한 사안이 된다.

4. 구매선택

소비자가 대체안의 평가 과정을 마치게 되면 구매선택을 하게 되는데 본 단계에서 전통적인 구매선택에 대한 관점은 소비자가 처한 환경과 상호작용을 통해 합리적인 정보처리 과정으로 이루어진다고 보았는데, 다양한 정보원천에서 정보를 수집 · 평가 및 처리하게 된다.

한편 소비자의 정보처리의 능력은 제약되어 있으므로 반드시 복잡한 분석 과정을 거치는 것은 아니며, 경우에 따라 단순한 선택 룰을 이용하기도 한다. 이는 특히 고관여 조건과 저관여 조건에 따라 다르게 나타나며 고관여 구매선택에서는 **문제인식 → 광범위한 정보탐색 → 확장된 대안평가 → 구매선택**의 단계를 거치는 것이 일반적이다. 그러나 저관여 구매선택에서는 **문제인식 → 제한적 정보탐색 → 최소한의 대안평가 → 구매선택**의 단계를 거친다.

한편 고관여 조건에서 소비자의 정보처리 과정은 주로 브랜드를 중심으로 대안들이 가진 특정 속성에 대한 전반적인 평가로 이루어지며 특정한 속성에 대한 높은 평가가 다른 속성의 낮은 평가를 보상할 수 있게 하는 폭넓은 평가 방식으로 이루어진다. 반면 저관여 조건에서 소비자의 정보처리 과정은 주로 속성을 중심으로 대안들이 비교되고 간단하게 평가가 이루어진다.

5. 구매 후 평가

구매가 이루어지고 난 다음에 소비자는 그것을 평가하는 경향이 있는데, 이는 곧 소비자는 자신의 의사결정이 현명했는가에 대한 확신을 얻기 위해 구매 후 단계에서 그 결정을 다시 생각해보게 되는 것이다. 구매선택을 한 이후 소비자들은 그것을 평가하는 경향이 있으며, 이러한 평가단계에서는 제품이나 서비스를 사용하고 경험하면서 느낀 만족·불만족이 형성된다.

이러한 구매 후 평가는 소비자의 기억에 저장되는 경험의 폭을 넓혀주며, 소비자 스스로 상품(유통채널)에 대한 선택이 잘된 것인가를 평가하게 하며, 향후의 구매선택을 조정하는데 도움을 준다는 점에서 의의가 있다. 또한 소비자의 구매 후 평가는 구매에 대한 만족 또는 불만족의 형태로 나타나며, 이들 양자는 모두 미래의 소비자행동에 강한 영향을 미친다. 이에 대한 구매 후 평가 과정을 도식화하면 [그림 5-2]와 같이 나타낼 수 있다.

그림 5-2 ▶▶ 구매 후 평가 과정

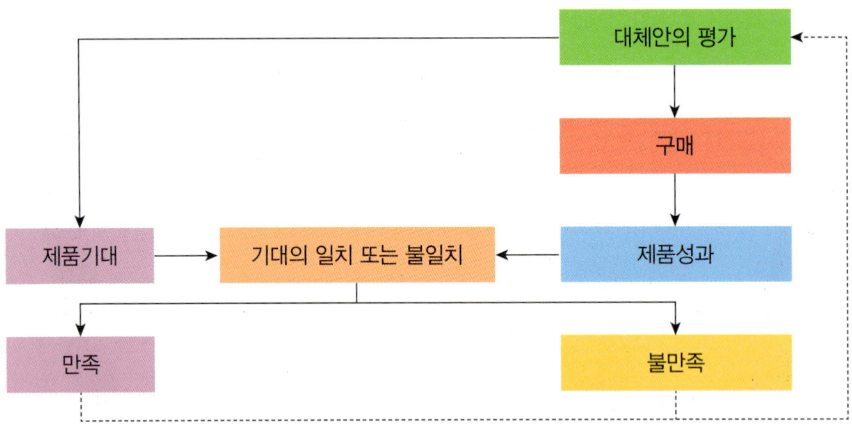

1) 만족

소비자가 구매 후 평가에서 얻는 만족(satisfaction)은 선택된 대체안이 그 대체안에 대한 사전적 신념과 일치한다는 느낌이다. 즉, 구매상황에서 자신이 행한 희생을 충분히 보상받고 있는 상태를 말한다. 소비자는 구매와 관련하여 어떤 식으로든 기대를 갖게 되는

데, 이러한 기대는 제품이나 서비스의 내용 및 성과, 제품이나 서비스로부터 혜택을 얻기 전에 지출한 비용 과 노력 및 구매의 결과, 자신에게 귀착될 사회적 이득이나 비용 등에 관한 것이 대부분이다. 이러한 기대의 구체적 내용이 결정되는 데는 광고가 중요한 영향력으로 작용하는데 이러한 사전적 기대와 구매 후 평가가 일치하게 될 때 소비자만족이 생겨나게 되는 것이다.

그 밖에도 소비자만족에는 인구통계적 변수 및 환경적 변수 등이 영향을 미칠 수 있다. 예컨대, 나이가 많은 소비자들은 일반적으로 더 낮은 기대를 갖고 더 큰 만족을 느끼는 경향이 있으며, 교육수준이 높은 소비자들은 일반적으로 만족감을 덜 느끼는 경우가 많다. 그리고 남성들이 여성들보다 더 만족을 잘하며, 자신감이 클 경우 더 큰 만족을 느끼는 경향이 있다.

또한, 사회경제적 변화도 만족의 크기를 달리하는데, 한 조사에서는 경제력이 낮은 가정은 구매에 따른 문제를 덜 지각하는 경향이 있고, 만족수준이 높다는 사실도 보여준 바 있다.

한편, 소비자가 제품 또는 서비스의 구매에서 만족을 얻게 되면 더욱 긍정적인 구매 후 태도를 갖게 되고, 구매의도가 더욱 높아지게 되며, 상표충실성이 구축될 가능성이 높아지게 된다. 따라서 긍정적 강화(positive reinforcement)가 계속되는 한 소비자는 동일한 상표를 계속해서 구매하는 경향을 보이게 될 것이다. 그러나 때로는 소비자가 이러한 기존의 구매 패턴을 따르지 않을 경우도 종종 있을 수 있다. 특히 새로움을 구하고자 하는 단순한 이유에서 다른 상표를 구입할 수도 있는 것이다.

2) 불만족

소비자가 구매 후 평가의 결과에 의하여 가지는 불만족(unsatisfaction)은 선택된 대체안이 그 대체안에 대한 사전적 신념과 불일치한다는 느낌으로 구매에 따른 희생을 충분히 보상해주지 못하는 상태를 말한다. 따라서 소비자 불만족은 소비자의 기대 및 사전적 신념과 인지된 제품 성과 간의 차이 정도에 따라 결정된다. 따라서 이러한 불만족은 기본적으로 소비자의 인지부조화(cognitive dissonance)에 따라 나타난다고 볼 수 있다. 이럴 경우 소비자는 불편감을 느끼고, 그것을 감소하고자 동기가 부여되며, 더 많은 불협화를 낳을 수 있는 상황을 회피하게 된다. 한편, 구매 후 인지부조화는 다음과 같은 수단에 의해 감소될 수 있다.

첫째, 제품에 대한 평가의 변경으로 이는 소비자가 선택한 상표속성의 매력성을 높이고, 반면 선택되지 않은 상표 속성의 인식을 낮추는 것이다.

둘째, 새로운 정보의 탐색으로 이는 곧 자신의 상표선택이 현명했다는 것을 확인하기 위해 추가적인 정보를 탐색하는 것이다. 대부분의 사람은 자신이 잘못된 의사결정을 내렸다는 사실을 받아들이고 계속 그러한 생각을 가지고 있으려 하지 않으므로 자신이 선택한 상표를 지지하는 정보를 탐색하게 된다는 것이다.

셋째, 태도의 변경으로 이는 소비자가 자신의 행동에 일치하게 자신의 태도를 변화시키는 것이다. 즉, 상표에 대한 비우호적인 태도는 현재 그 상표를 사용하고 있는 사실과 일치하지 않으므로 내면적 일치를 실현하려는 방향으로 자신의 태도를 바꾸게 되는 것인데, 소비자의 측면에서는 이렇게 하는 것이 자신의 구매행위를 비난하거나 상표를 반환하는 것보다 더 용이하기 때문이다. 이렇게 되면 태도와 행위가 일관되게 되어 일치된 상태가 실현되게 된다.

한편 소비자의 만족 · 불만족을 이해하는 중요한 모형으로는 '기대-불일치모형(expectancy-discrepancy model)'이 있는데, 본 모형에 따르면 일반적으로 소비자의 만족 · 불만족에 대한 판단 자체가 제품 성과에 대한 소비자의 지각과 사전 기대수준을 비교하여 그 차이에 따라 결정되는데, 사전 기대는 소비자가 제품 사용 후 지각한 성과를 평가 하는데 있어서 비교 기준이 된다. 따라서 비교 기준 시각에서 볼 때 소비자의 만족 · 불만족의 판단 과정은 곧 제품 성과와 어떤 비교 기준 간 일치 · 불일치라는 인지적 평가가 곧 만족 · 불만족을 결정하게 된다고 보고 있다.

그렇다면, 소비자가 제품 성과를 평가하는데 있어 과연 어떠한 비교 기준이 작용하는가에 대하여 이해할 필요가 있는데, 즉 소비자의 만족 · 불만족을 결정하는 비교 기준은 크게 기능적 편익과 심리적 편익 두 가지로 구분할 수 있다.

기능적 편익의 경우 제품 속성 가운데 객관적이고, 구체적인 속성이 제품사용 과정에서 발휘되는 결과로, 소비자는 기대수준과 비교한 긍정적 · 부정적 불일치평가를 통해 만족 · 불만족 판단에 영향을 미친다. 한편 심리적 편익은 주관적이고, 추상적인 속성에 대한 소비자 반응에 의해 실현되는 결과로, 이는 곧 소비자의 긍정적 · 부정적 감정 경험을 통해 직접적으로 만족 · 불만족 판단에 영향을 미친다. 즉, 소비자가 제품 사용 과정에서 편익을 평가하는 것은 제품 사용을 통해 자신에게 바람직스러운 결과를 얼마나 경험했는가에 대한 평가를 의미한다.

제3절 구매 의사결정에 영향을 미치는 요인

소비자 구매 의사결정 과정은 소비자가 문제를 인식함에 따라 자신의 필요와 욕구를 충족시키기 위해 많은 요인들에 의해 영향을 받는다. 예를 들어, 어떤 소비자가 모바일폰을 구입한다고 가정할 때 그 소비자가 모바일폰에 대한 필요를 느끼는 과정에서부터 시작하여 기기에 대한 정보탐색, 대안평가에 대한 기준 선정 그리고 구매 및 구매 후 행동 전 과정에 걸친 소비자의 성격, 자아 등 소비자 개인적인 요인을 비롯하여 소비자가 속한 문화, 사회 계층 등에 이르기까지 수많은 요인들의 영향을 받게 된다. 이들 중 소비자의 구매 의사결정에 영향을 미치게 되는 중요한 요인들을 열거하면 개인적 요인, 심리적 요인, 사회 · 문화적 요인 등을 들 수 있다.

표 5-1 구매 의사결정에 영향을 미치는 요인

1. 소비자행동의 개인적 영향 요인
2. 소비자행동의 심리적 영향 요인
3. 소비자행동의 사회 · 문화적 영향 요인

1. 소비자행동의 개인적 영향 요인

1) 생애주기단계

소비자들의 제품이나 서비스의 구매양상은 그들이 점차 나이를 먹어감에 따라 변화하게 된다. 일반적으로 주택, 옷, 음식, 레저 활동 등에 대한 기호는 나이가 많아짐에 따라 점차 변화하며 그들이 구매하는 제품은 가족 생애주기단계(life cycle stage)에 따라 달라지기도 한다. 즉, 결혼 여부 혹은 자녀의 유무, 결혼기간 등에 따라 제품이나 서비스에 대한 구매행동이 달라지게 된다. 예를 들어, 신혼부부들은 비교적 실용적인 가구에 많은 관심을 갖지만 중년 부부들은 이태리 수입의 고가 가구에도 관심을 갖는다. 따라서 마케팅 관리자들은 표적시장 소비자군들을 생애주기에 따라 다르게 정의하고 각 생애주기별 단계에 따라 소비자들을 위한 적합한 제품을 개발하고 각 시장에 맞는 합당한 마케팅 전략을 구축해야 한다.

2) 직업, 경제적 상황

개인의 직업은 제품이나 서비스를 구매하는데 영향을 미치게 된다. 운동선수들은 다른 일반인에 비해 운동복이나 스포츠 용품을 더 많이 구매하며 사무직 근로자는 정장을 주로 구매할 가능성이 높다. 뿐만 아니라 작업에 따라 같은 제품이라도 구매하는 제품의 속성의 차이가 있기도 한다. 예를 들어, 자동차의 경우 매일 출퇴근용 장거리를 많이 이용하는 직장인의 경우 자동차의 경제성을 중시 여기는 반면 젊은 여성의 경우 자동차의 디자인에 대한 중요도가 상대적으로 높을 수 있다.

뿐만 아니라 소비자의 경제성 역시 제품이나 서비스의 선택에 영향을 미칠 수밖에 없는데, 경제적 상황은 특히 제품의 브랜드(상표)를 선택하는데 있어서 중요한 영향을 미치게 된다. 한편 특정한 제품의 경우 소비자의 경제적 여건에 따라 소비자와 비소비자로 확연히 구분되는데 예를 들어, BMW, Benz, Jaguar 등의 일부 고가의 수입차량을 판매하는 경우 표적소비자를 일반 대중들에게까지 확대할 필요가 없으며 일부 고소득층을 표적시장으로 삼는 것이 더욱 효과적일 수 있다.

3) 라이프스타일

라이프스타일(life style)이란 일종의 시스템 개념으로서, 광의로는 사회 전체 또는 사회의 부분이 지니고 있는 차별적이고 독특한 생활양식(mode of life)이다. 이는 특정의 부분이 지니고 있는 차별적이고 독특한 생활양식을 표현하는 독특한 구성 요소와 관련 있는 것으로서 문화 · 자원 · 상징 · 인가(licence) 및 규약(sanction)과 같은 요소의 총체이다. 또한, 라이프스타일은 그것을 구성하고 표현하는 개인의 행위에 따라 주관적인 의미와 가치를 지닐 뿐만 아니라, 개인이 라이프스타일을 공유하는 집단에 대해서는 객관적인 의미와 가치를 갖는 생활의 표현양식인 것이다. 따라서 집단의 라이프스타일은 집단의 구성원에 대해서 동조해야 할 규범석인 성격을 가지며, 그것을 대표하는 상징이 되는 것이다.

그런데 라이프스타일이란 구체적인 행동에 상징적으로 나타나는 것이므로 단순한 가치관도 아니며, 또한 태도와도 다른 것으로서 이는 가치와 태도를 모두 포괄하는 복합 개념인 것이다. 소비자구매의 총체 및 재화가 소비되는 양식은 바로 어떤 사회의 라이프스타일을 반영하는 것이므로, 이를 전제로 할 때 국민의 라이프스타일, 각 사회계층의 라이프스타일, 각 생활주기단계상의 각 특정 집단의 라이프스타일 등으로 파악할 수 있게 된다.

그림 5-3 ▸▸ 라이프스타일의 구조

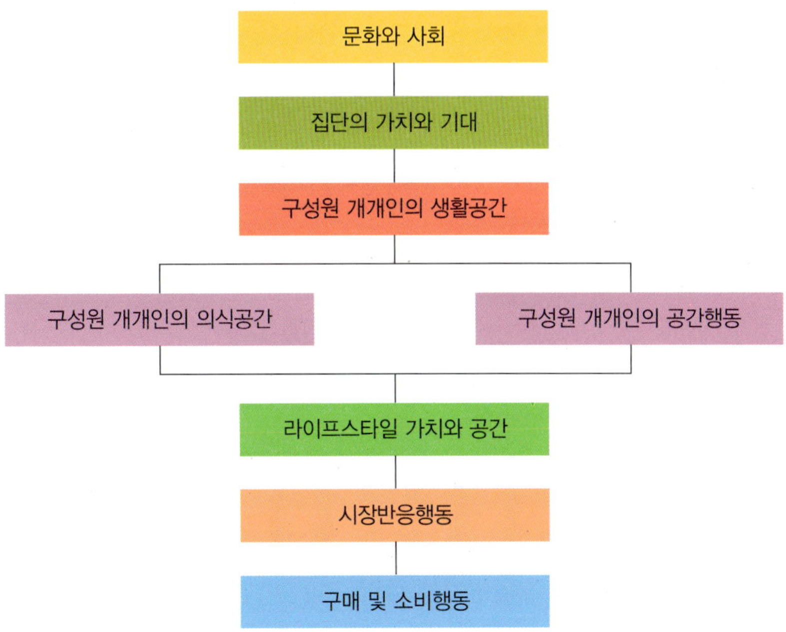

자료 : W. Lazer, *Marketing Management: A System Perspective*, 1971, p. 484.

이러한 관계는 [그림 5-3]에서와 같이 개념화될 수 있다.

한편, 엥겔-블랙웰은 라이프스타일은 사람들이 생활하거나 시간과 돈을 소비하는 유형이라고 정의하고, 라이프스타일은 문화, 사회, 계급, 준거집단 및 가족 등의 영향을 받아 개인이 학습한 것이지만, 더욱 구체적으로는 개인의 가치체계(value system)나 개성의 파생물이라고 본다. 따라서 가치관, 개성 및 라이프스타일이라는 용어 간에는 상당한 의미상의 중복이 있게 되는데, 라이프스타일은 개성의 영향과 개인에 의하여 내면화된 사회적 가치를 결합한 파생 개념으로 생각할 수 있다. 한편 이러한 관계는 [그림 5-4]와 같이 나타낼 수 있다.

그림 5-4 ▸▸ 소비자 의사결정에 대한 라이프스타일의 영향

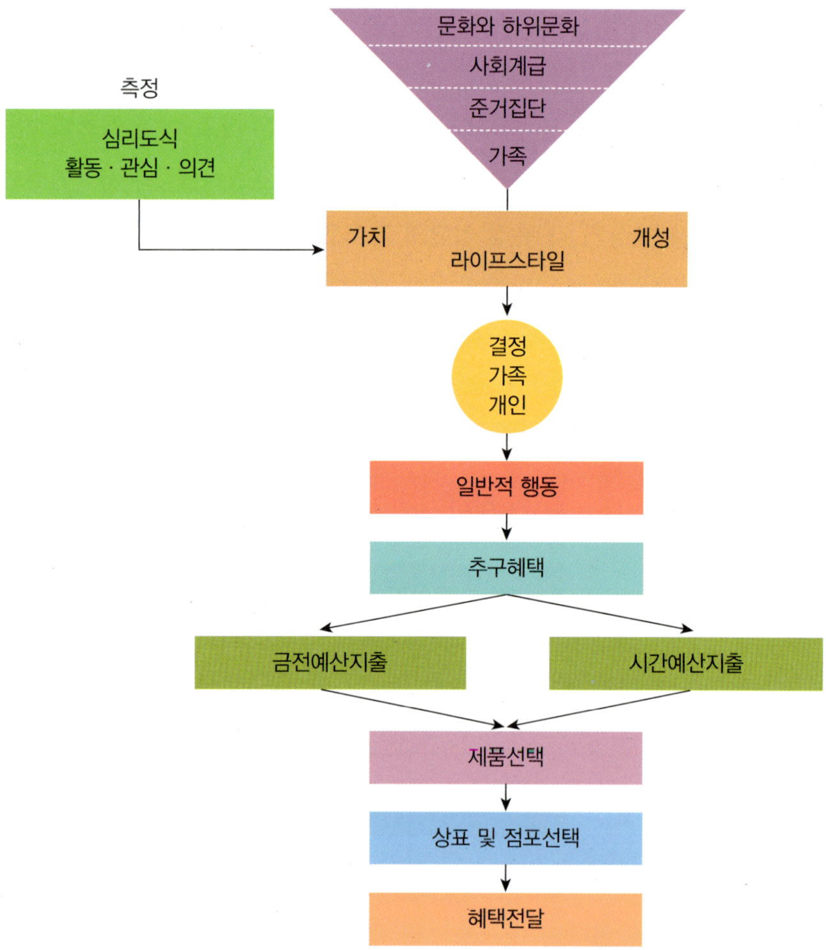

자료: J.F. Engel and R.D. Blackwell, *Consumer Behavior*, 4th ed., 1982, p. 189.

한편 마케팅에서 라이프스타일 개념의 중요성은 라이프스타일 분석이 전체적인 사회의 행동양식을 밝혀준다는 데 있으며, 또한 그 유용성은 세분시장(market segments)을 식별하는 데 있다. 전통적으로 소비자를 세분하는 데는 인구통계적(demographic) 변수가 이용되어 왔다. 이러한 인구통계적 변수는 널리 받아들여졌고 손쉽게 소비자를 계량화하고 분류할 수 있었으나 소비자를 파악하는 데 충분하지는 못하였다. 특히 제2차세계대전 이래로 소비자 조사자들은 새롭고, 더욱 포괄적이며, 더욱 매력적인 변수의 개발을 끊임없이 추구해 왔다. 1960년대 중반에 이르러 라이프스타일 개념을 제시하는 연구가들이 몇몇 나타나면서 이 개념에 대한 관심이 제고되었다. 이는 새로운 구성 개념으로서의 라이프스타일 패턴은 인구통계적 변수의 장점과 심리적 특성 및 심층조사의 중요성을 결합하는 것이다. 라이프스타일은 사람들의 감정 · 태도 및 의견뿐만 아니라 일상의 행동지향적 국면을 다룬다. 따라서 이는 특정 집단의 소비자들이 어떻게 시간을 보내며 행동하는가, 그들이 무엇을 중요하다고 생각하며 특별한 관심을 갖는가 등 고객에 관한 폭넓은 정보를 제공한다. 아울러 라이프스타일은 전술한 바와 같이 복합적인 개념이기 때문에, 이를 측정하는 것이 용이하지 않으나 오늘날 가장 널리 이용되는 유용한 측정 방법은 AIO법이다. AIO법은 소비자의 인간적 측면이나 라이프스타일을 일상의 행동(A: activities), 주변의 사물에 대한 관심(I: interests) 및 사회적 · 개인적 문제에 대한 의견(O: opinion)이라는 세 가지 차원에서 파악하려는 방법이다. 이러한 조사 · 분석을 위해서 필요한 라이프스타일 변수와 질문을 위한 진술은 여러 번의 조사를 통해서 표준화되고 있는데, 위의 세 차원에 걸친 항목의 진술은 매우 방대하다.

표 5-2 라이프스타일의 차원 비교 AIO법

활동(A)	관심(I)	의견(O)	인구통계적 특성
일	가족	자기자신	나이
취미	가정	사회문제	교육
사회적 사상	일	정치	소득
휴가	지역사회	기업	직업
오락	오락	경제	가족크기
클럽회원	유행	교육	주거
지역사회	식품	제품	지리
쇼핑	매체	미래	도시의 크기
스포츠	성취	문화	생활주기의 단계

자료 : J.T. Plummer, "The Concept and Application of Life Style Segmentation," *Journal of Marketing*, Vol. 38, No. 1, January 1974, p. 34.

4) 성격과 자아

성격은 개인의 비교적 독특한 특성으로 사회적응, 자기확신, 적응성, 방어성 등 여러 요인으로 설명되어진다. 이러한 성격은 특정 제품이나 상표를 선택하는 소비특성을 분석하고 이해하는데 매우 유용하다. 예를 들어, 커피 제조사들은 일반적으로 커피를 많아 마시는 사람들은 사람들과 어울리기 좋아하는 경향이 있음을 발견함에 따라 Taster's Choice 커피는 여러 사람들과 어울려 커피를 마시면서 휴식을 취하는 장면을 광고로서 많이 활용하고 있다.

한편 많은 마케팅들이 제품의 개념과 더불어 소비자의 자아(self concept) 개념과 연관지어 규명한다. 예를 들어, 활동적인 여성을 등장시킨 화장품 광고는 활동적인 자아 개념을 지닌 여성들을 등장시킴으로써 유사한 자아 개념을 지닌 여성들로 하여금 그 제품과 개인의 자아 간의 일체감을 느끼도록 함으로써 구매를 유도시킬 수 있다. 하지만 이러한 자아 개념을 마케팅에서 이용하는데 반드시 쉬운 것만은 아닌데, 즉 한 개인의 자아는 이상적인 자아와 상당히 다른 경우가 상당히 존재하기 때문이다. 때문에 소비자의 현재의 자아와 이상적으로 되기를 희망하는 자아 간 차이가 있는 경우 소비자의 제품구매 시 어떤 개념을 충족시킬지를 충분히 고려해야 한다. 때문에 소비자의 자아 개념에 근거한 마케팅은 경우에 따라 성공을 거두지 못하는 경우도 많이 존재한다.

2. 소비자행동의 심리적 영향 요인

1) 모티베이션

인간행동은 반드시 원인이나 이유가 있다. 한 개인이 특정한 상황에서 어떠한 행동을 하는 이유는 다양한 동기(motives)로 추리되며, 이러한 동기들이 활성화되는 과정을 모티베이션(motivation) 또는 동기부여라고 한다.

소비자행동은 현재의 주관적 욕구와 이에 대한 대상의 유의성 등 기타의 객관적 조건에 의해서 규정 지워진다. 소비자의 욕구가 증대하면 긴장이 일어나고, 이 긴장을 해소할 수 있는 대상을 발견하여 구매행동을 함으로써 긴장이 해소된다. 이때 주관적 욕구를 동기(motive)로 볼 수 있고 동기가 활성화하여 긴장을 유발하는 과정을 동기부여라 할 수 있다. 라우던과 델라 비타(D. Loudon and A. J. Della Bitta)는 "동기란 외부환경에 존재하는 목표를 향하여 내적 에너지를 활성화시키고 선택적 방식으로 방향을 지워주는 내적 · 심리적 상태"라고 정의하고 있다.

2) 몰입

소비자 의사결정에 관한 경영이론들은 일반적으로 소비자는 구매하거나 구매를 고려하는 제품에 대해 몰입한다고 가정하였다. 몰입(involvement)은 '관여도'라고도 하며 비교적 새로운 개념으로서 그 본질에 관해서 학자들 간에 완전한 동의가 이루어지지 못하고 있다. 몰입에 대한 연구는 사회심리학에서 먼저 시작되었고, 마케팅에서는 이를 받아들여 응용 · 발전시키는 단계에 있다.

마케팅에서 몰입은 소비자가 어떠한 제품과 자신 간에 형성하는 개인적 관여성(personal revelance)이나 중요성의 정도를 나타내는 개념으로, 또는 유발수준(arousal levels)의 변화나 마케팅 커뮤니케이션과 소비자 정보처리와의 관련성에 중점을 두어 정의하기도 하는데, 몰입에 관한 여러 정의에서 공통된 요소를 정리해보면 다음과 같이 세 가지로 구분할 수 있다.

첫째, 제품에 할당된 개인적 중요성의 정도에 영향을 미치는 소비자의 가치관이나 자아개념에 관련된 것.

둘째, 개인 또는 상이한 상황에 따라 달라질 수 있는 것.

셋째, 어떤 형태의 유발(arousal)과 관련하는 것.

(1) 몰입 개념의 마케팅에의 적용

■ 시장세분화

어떤 제품의 표적시장이 되는 소비자들은 제품에 대한 몰입의 수준에 따라 정보탐색의 정도나 의사결정 과정 및 사후행위 등이 달라지게 되며, 상이한 반응특성을 보이므로, 이에 따라 시장을 세분화할 수 있고, 각 세분시장에 대해서는 상이한 마케팅 전략을 적용할 수 있다. 한편 어떤 소비자들에게 고몰입 제품이 되는 것이 다른 소비자들에게는 저몰입 제품이 될 수도 있다.

■ 광고전략

고몰입 제품에 있어서는 소비자는 정보의 탐색을 열심히 하고 있고, 태도의 변화가 있어야만 구매행동의 변화를 가져온다. 따라서 고몰입 제품의 광고는 정보를 많이 포함하고 있어야 하므로, 메시지는 길어야 하고 매 회의 광고시간도 길어야 한다. 그러나 소비자들은 광고에 민감하게 반응할 것이므로 반복횟수가 많을 필요는 없다. 반면 저몰입 제품에 대해서는 소비자는 주의의 단계에 이어서 태도의 변화 없이 곧 바로 행동으로 옮기므로, 주의의 수준을 높여주고 망각을 방지하기 위하여 노출을 반복하는 것이 중요하다. 또한, 저몰입 하에서 소비자는 제품에 대해서 별로 흥미를 못 느끼므로 많은 정보를 접하기보다는 몇 개의 핵심적 정보를 얻기 원한다. 그리고 저몰입 제품에 대한 광고는 메시지의 길이도 짧고 광고시기도 짧아야 할 것이다.

프레스톤(I.L. Preston)은 고몰입 제품은 인쇄매체를 많이 사용하고, 저몰입 제품은 방송매체를 많이 사용하고 있음을 밝혔다.

3) 개성

인간의 행동은 외적 자극에 의해서만 결정되는 것이 아니라 내적인 개인의 특성에 의해서도 영향을 받는다. 또한, 사람은 타고난 유전적 · 환경적 배경이 다를 뿐만 아니라 외부 환경에 대한 지각과 문제에의 접근 방식 혹은 사고 방식에도 차이가 있다. 이러한 여러 가지의 차이가 개인의 독자적인 개성(personality)을 이루는 구조라고 말할 수 있다. 개성에 대한 탐구는 많은 연구자들에 의해 매우 다양한 방법으로 전개되어 왔다. 혹

자는 유전과 유아기의 경험을 기초로 개성이 형성된다고 보고, 또 혹자는 개성을 광범한 사회 · 환경적 영향력에 의해 결정되며 시간의 경과에 따라 끊임없이 변화하기도 한다고 주장한다. 이처럼 개성에 대한 관점은 매우 다양하므로 통일적 정의를 내리기는 용이하지 않지만, "개인의 환경에 대한 반응양식을 결정 · 반영하는 내면의 심리적 특성"으로 정의할 수 있다. 여기서 내면의 심리적 특성이란 한 개인을 타인으로부터 구별 짓는 특정 자질 · 속성 · 기질 · 요인 및 매너리즘 등을 말한다.

4) 태도

태도(attitude)란 어떤 대상물에 대하여 한결같이 우호적 또는 비우호적으로 반응하게 하는 학습된 선유경향으로서 정의될 수 있다. 마케팅에서의 대상물은 제품 · 상표 · 서비스 · 소매점포 또는 판매원 등이 될 수 있다. 이처럼 태도는 정의상으로는 비교적 단순하지만, 사실상 태도는 학습 · 지각 · 모티베이션 등의 많은 개념이 복합된 것이다. 위의 정의를 좀 더 구체적으로 살펴보면 다음과 같다.

첫째, 태도는 학습되는 것이다. 즉, 인간은 태도를 지닌 채 태어나지는 않는다. 따라서 태도는 부분적으로 장기기억에서 구축되는 것이다. 지각은 태도에 영향을 미치기도 하고, 태도에 의해 영향을 받기도 한다. 또한, 개인의 동기에 따라 우호적 또는 비우호적 반응이 나올 수 있다.

둘째, 선유경향(predisposition)이라는 것은 특정한 방법으로 지각 내지 행동하도록 하는 경향을 말한다. 그러나 실제 반응은 선유경향과 다를 수 있다. 예를 들어, 가짜 제품에 대한 나쁜 경험이 특정 기업을 불신하게 하는 선유경향을 결과했다면, 저가격이나 새로운 보증 등의 다른 요소가 최종 선택 과정에서 비우호적 태도를 극복할 수도 있다.

셋째, 태도는 순간적인 호 · 불호에서 나타나는 것이 아니라는 것을 지적하고 있다. 따라서 우호적이거나 비우호적 반응이 일상적으로 일어나야 한다. 태도는 일시적인 변덕이 아니라 비교적 장기간 지속되는 것이므로, 소비자의 태도를 평가 · 측정하는 것은 소비자가 미래에 행동할 법한 방식에 대한 통찰을 제시해준다.

일반적으로 태도는 인지적 요소와 감정적 요소, 행동적 요소의 3요소로 대별되며, 이들의 관계는 [그림 5-5]와 같다.

그림 5-5 ▶▶ 태도의 구성 요소와 상호관계

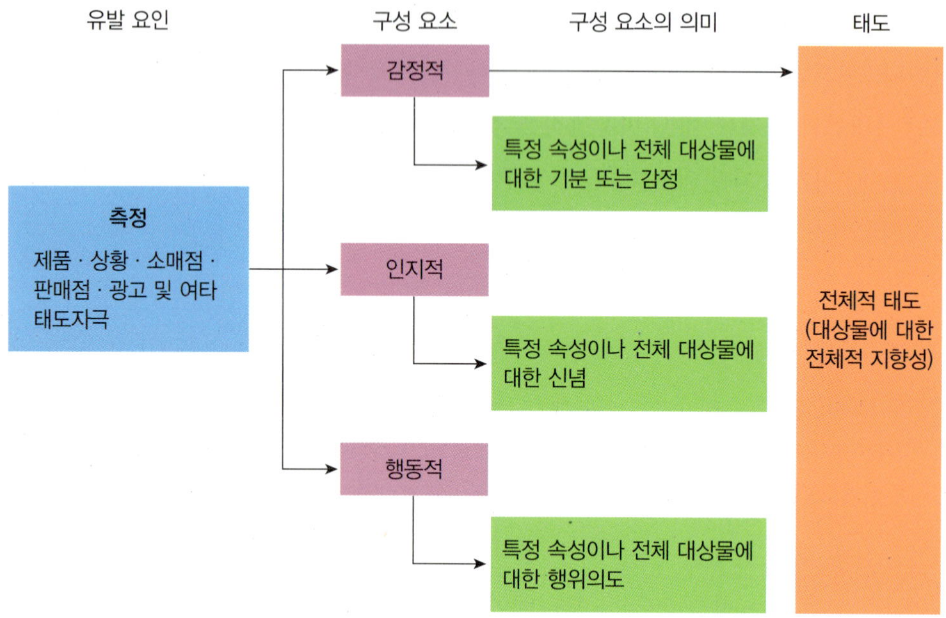

자료: M.J. Rosenberg and C.I. Hovland, *Attitude Organization and Change*, New York, Conn., Yale University Press, 1960, p.3

(1) 감정적 요소

감정적 요소(affective component)는 상표에 대한 소비자의 전반적 감정을 나타내는 것이다. 즉, 이는 상표에 대한 소비자의 호 · 불호를 말한다. 신념이 제품이나 그 속성과 같은 태도 대상물의 이러한 평가적 측면을 제공하는 소비자의 지각과 상호 관련이 있다.

(2) 인지적 요소

인지적 요소(cognitive component)는 지각적 요소 또는 신념 요소라고도 하며, 대상에 대한 소비자의 신념과 지식을 나타낸다. 따라서 이는 여러 대상물에 대한 개인의 정보를 나타내는 것이다. 감각의 정보는 대상의 존재에 대한 신념과 대상에 대한 평가적 신념으로 크게 나누어질 수 있는데, 상표명이나 광고의 문안을 기억하는 것은 대상의 존재에 대한 신념이다. 대상에 대한 평가적 신념은 판단에 관한 정보를 제공하는 것으로, 즉 한 가지 상표 또는 제품과 다른 대안들과의 비교 · 판단을 하는 것을 말한다.

(3) 행동적 요소

행동적 요소(behavior component)는 능동적 요소(conative component) 또는 의도적 요소(intentions component)라고도 하는데, 이는 대상과 관련하여 개인이 어떤 행동을 취하리라고 여겨지는 기대 수준의 총제를 의미하는 것이다.

이러한 구성 요소를 지닌 태도는 많은 원천에 의하여 학습된다. 소비자의 태도형성에 영향을 미치는 요인으로는 제품이나 서비스에 대한 과거의 경험, 가족, 동료집단, 각종 매체에의 노출, 개성 등이 있다.

3. 소비자행동의 사회문화적 영향 요인

1) 가족

가족생활주기(family life cycle)는 결혼하지 않은 단계에서 시작하여 대부분의 가족(family)이 거치게 되는 발전단계를 말하며, 결혼 여부나 가족성원의 나이(가장 또는 자녀), 가족의 수, 가장의 근로 유무(현직 또는 퇴직) 등의 인구통계적 변수들을 복합적으로 결합하여 결정된다. 이러한 가족생활주기는 가족이라는 전체 세계를 나이, 흥미, 욕구, 시간이용, 가처분소득의 크기 등을 비교적 동질적인 가족단위로 분리하여 상호 이질적인 시장을 제시해주므로 여러 영역에 있어서 마케팅 전략 설정에 유용한 자료로 이용될 수 있다. 가족생활주기에 의한 시장세분화는 마케팅 관리자가 가족의 생활단계에 따라 나타나는 정확한 욕구에 부응하여 제품이나 서비스를 개발하는 것을 가능하게 하고, 표적시장을 만족시키는 촉진전략을 용이하게 해준 다. 가족생활주기 모델은 학자에 따라 다르게 지시되고 있으나, 가장 많이 이용되는 웰스(W.D. Wells)와 구바(G. Gubar)의 모델을 중심으로 각 단계별 특징과 소비행동을 살펴보면 다음과 같다.

(1) 가족생활주기 각 단계별 특징과 소비행동 모델

- 독신자(bachelor stage) : 미혼으로 수입은 다소 적으나 가처분소득이 높은 시기
- 신혼부부기(newly married couple) : 아이가 없는 신혼부부로서 내구재 구입에 관심이 많은 시기

- 보금자리 1기(full nest 1) : 첫 아이를 갖는 시기로서 아이로 인해 가족의 소득 지출 방식에 큰 변화를 가져오는 시기
- 보금자리 2기(full nest 2) : 막내아이가 6세 이상이 되며, 남편의 수입이 많아져 자금 사정이 다소 호전되고 소비지출에 아동의 영향이 크게 작용하는 시기
- 보금자리 3기(full nest 3) : 자녀가 성장하여 시간제 일로 용돈을 벌기도 하며 자금사정이 더욱 호전되며, 광고의 영향을 별로 받지 않는 시기
- 노부부 1기(empty nest 1) : 자녀가 독립하여 경제적으로 가장 여유가 있으며, 집수리나 자선단체 기부, 여행, 오락, 자기개발 등에 관심을 갖는 시기
- 노부부 2기(empty nest 2) : 가장이 퇴직하여 수입이 줄어들고, 건강과 관련한 지출이 늘어나는 시기
- 고독생존 1기(solitary survivor 1) : 직장이 있으면 소득은 유지가 되며, 여행, 여가, 건강제품에 대한 지출이 많아지는 시기
- 고독생존 2기(solitary survivor 2) : 완전 퇴직한 고독생존자는 소득이 격감하며, 개인적인 보살핌과 애정과 안전에 대한 욕구가 높아지는 시기

최근에는 가족규모의 축소, 만혼, 이혼율의 증가, 자녀를 갖지 않는 가정의 증가, 별거 중인 부모 등 가족구조상의 많은 변화에 따라 이러한 전통적 가족수명주기 모델을 적용하여 분류하는 데 어려움이 따르기도 한다.

(3) 가족구성원 간의 역할 구조

가족의 구매 의사결정에 대한 구성원의 역할은 통상 영향력의 구조로 파악된다. 영향력 구조(power structure)란 각 구매 의사결정 항목에 대하여 영향력이 구성원 사이에 분배되는 양식으로 구성원이 참여하는 정도이며, 이는 구매 의사결정에 대한 상대적 영향력의 크기에 따라 결정되는 것이다. 이는 또한 지배력이 각 의사결정 영역에 구체적으로 나타난 결과이기도 하다. 이처럼 가족 의사결정에 관한 전통적 연구는 특정한 의사결정에 있

어서 누가 더 지배적(dominant)인가를 파악하는 데 많은 관심을 두어왔다. 소비자행동에 대한 부부 간의 영향력 구조는 이러한 지배성의 개념에 의할 때, 흔히 다음과 같은 4가지 유형을 취하는 것으로 이해된다.

- 자율적 경향(autonomic) : 제품계층에 대한 의사결정이 각 배우자에 의해 독립적으로 행해지는 경우
- 남편 지배적 경향(husband-dominant) : 의사결정을 거의 남편이 주도하는 경우로 가정 밖에서 수동으로 사용되는 제품(예컨대, 잔디 깎는 기계 · 정원용품 등)이나 제품이 기계적으로 복잡하거나 비싼 경우(예컨대, 승용차)에 흔히 나타난다.

그림 5-6 ▸▸ 남편과 아내의 영향력구조에 따른 역할 전문화의 범위

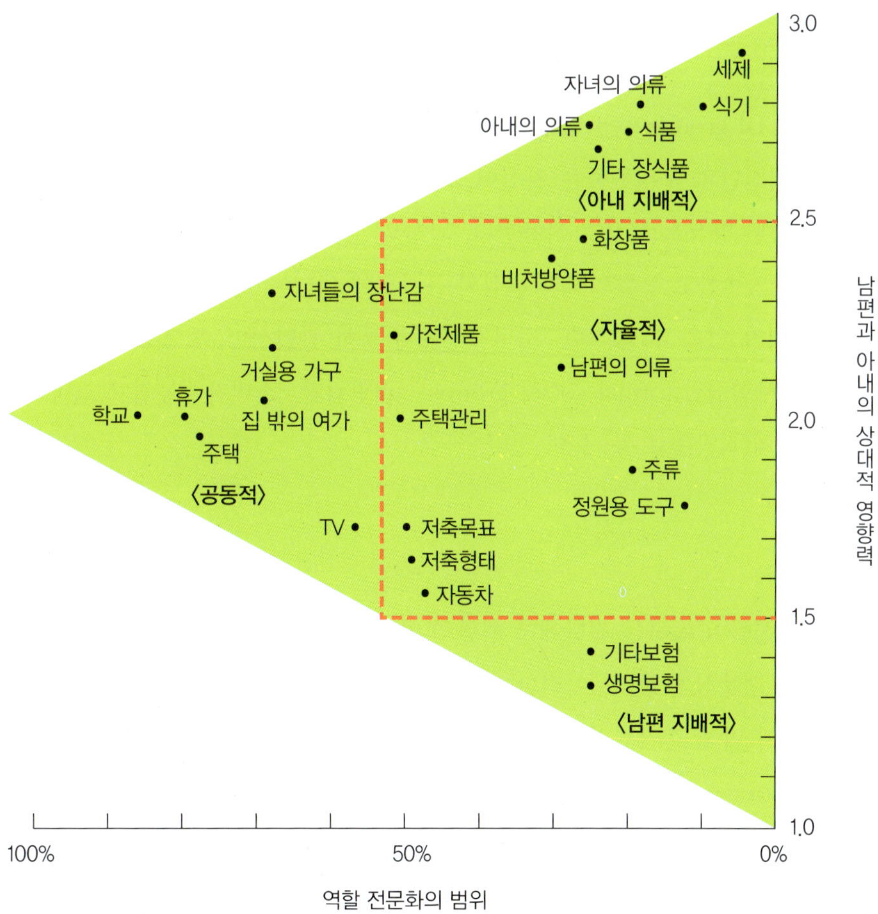

자료: H.L. Davis and B.P. Rigaux, "Perception of Marital Roles in Decision Process," *Journal of Consumer Research*, Vol. 1, June 1974, p. 54.

- 아내 지배적 경향(wife-dominant) : 의사결정을 거의 항상 아내가 주도하는 경우로 가정 내부에서 사용되는 제품(예컨대, 카페트)이나 세제, 가전제품 등의 경우에 흔히 나타난다.
- 공동적 경향(joint or syncretic) : 각 의사결정에 대하여 양 배우자가 동등한 영향력을 갖는 경우

[그림 5-6]은 제품구매에 대한 부부 간의 상대적 역할구조 또는 영향력 정도를 4 가지 유형으로 제시해주고 있다. 이러한 가족성원 간의 역할구조는 여러 가지 커뮤니케이션 전략에 대한 시사점을 제공해 준다. 예를 들어, 배우자 중 어느 한 쪽에 의해 지배적인 의사결정이 이루어질 경우 메시지는 그 특정 배우자를 겨냥하여 설계되어야 한다.

2) 사회집단

사회집단(social group)이란 사회체계의 맥락 안에서 사람들이 융합되어 상호작용하는 구조이다. 사회집단의 구성원들은 자신이 소속한 집단이 채택한 행동규범이나 행동기준을 따라 표준화된 양식으로 상호 작용한다. 그들의 상호 관계와 작용은 서로 연관된 역할과 지위체계에 의존하고 동류의식과 관심의 유사성에 의하여 어느 정도 통합된다. 사회집단은 여러 형태가 있을 수 있지만, 소비자행동에 특히 관련성이 큰 것으로는 가족, 친구집단, 공식적 사회집단(formal social groups), 쇼핑집단, 소비자행동집단(소비자보호단체 등), 직무단체(직장동료 등) 등이 있다.

(1) 준거집단

사람들은 자신들이 속하는 집단에서 행동의 기준을 배우며, 그 집단의 지배적인 규범에 따라 판단하고 행동하게 된다. 이러한 측면에서 그 집단을 준거집단(reference group)이라고 한다. 다시 말해 준거집단이란 행위기준이 되는 표준집단이기도 하며, 닻을 내리는 정박집단(anchorage group)이기도 하다. 준거집단의 중요한 특성은 실질적으로 그 집단과 접촉하지 않을 때에도 개인에게 큰 영향을 미칠 수 있다는 것이다. 즉, 개인은 그를 위한 준거를 제공하는 집단의 성원이 아닐지라도 그가 참여하기를 희구하는 집단의 복장이나 관습, 관례 등을 모방하기도 한다. 준거집단은 개인에게 미치는 영향의 성격과 집단에

그림 5-7 ▸▸ 준거집단의 유형

	성원집단	비성원집단
긍정적 영향집단	접촉진단	희구집단
부정적 영향집단	부인집단	회피집단

자료: L.G. Schiffman and L.L. Kanuk, *Consumer Behavior*, 2nd ed., p.294.

대한 개입의 정도에 따라 다음 과 같은 4가지의 유형으로 대별할 수 있다.

■ 접촉집단(contactual group)

어떤 사람이 성원격을 가지고 적극적으로 대면 접촉을 하고, 집단의 가치나 태도, 기준을 승인하는 집단이다. 따라서 개인의 태도나 행위에 긍정적 영향을 미친다.

■ 부인집단(disclamation group)

개인이 성원격을 가지고 대면접촉을 하지만, 그 집단의 가치나 태도, 행위를 승인하지 않는 집단이다. 따라서 개인은 집단의 규범에 반대되는 태도와 행위를 채택하려 한다.

■ 희구집단(aspirational group)

개인이 그 집단에 대한 성원격이 없거나 대면 접촉을 하고 있지는 않지만 그 집단의 구성원이 되고 그 집단구성원들로부터 인정받기를 갈망하는 집단이다. 어린이들이 영화배우나 가수, 운동선수를 선망의 대상으로 삼고 추종하는 경우라고 할 수 있다.

■ 회피집단(avoidance group)

개인이 현재 소속되어 있지 않고, 대면접촉을 하고 있지도 않는 집단을 말하며, 이 경우 개인은 이러한 집단의 태도나 행위에 반대되는 태도와 행위를 취한다.

3) 사회계층

모든 사회는 수많은 신분제도(status system) – 정치적 · 경제적 · 연령 등을 가지고 있는데, 사회계층(social class)이란 이러한 신분제도들이 가장 확대된 것으로 개인의 사회

제4절 소비자 의사결정의 유형

1. 일반적인 소비자 의사결정 유형

소비자 의사결정의 유형은 관점에 따라 여러 가지 차원으로 나누어 볼 수 있다. 즉, 의사결정의 복잡성이나 반복의 정도, 의사결정을 수행하는 데 필요한 정보의 처리 형태 및 몰입의 수준 등에 따라 다양하게 구분될 수가 있다. 일반적으로 고몰입 의사결정과 저몰입 의사결정, 정형적 의사결정, 비정형적 의사결정, 자동적 반복행동과 제한적 문제해결 및 확대적 문제해결의 세 가지 구분이 흔히 이용된다.

1) 고몰입 의사결정과 저몰입 의사결정

소비자는 구매 및 소비에 대해 매번 똑같은 정도의 관심이나 정열을 보이지는 않는다. 즉, 그들은 구매의 중요성이나 개인적 관련성의 정도 등에 따라 노력의 투입 정도가 달라지게 되며, 따라서 구매 의사결정의 과정도 다르게 나타나게 되는 것이다. 몰입은 소비자의 제품구매 또는 사용과 관련하여 나타내게 되는 특정한 반응이나 입장에 대한 흥미나 개입의 정도를 말하는데, 흔히 고몰입과 저몰입의 두 가지 수준으로 구분된다.

표 5-4 고 · 저몰입 하의 의사결정

저몰입 의사결정	고몰입 의사결정
(문제인식) ⬇ (선택) ⬇ (구매 후 평가)	(문제인식) ⬇ (정보탐색) ⬇ (대안평가) ⬇ (선택) ⬇ (구매 후 평가)

2) 정형적 의사결정과 비정형적 의사결정

소비자는 구매에 따른 경험의 축적 정도에 따라 체계적이고 정해진 절차를 거치게 되는 정형적 의사결정(programmed decision making)과 새롭고 비반복적인 문제에 직면하여 비상규적으로 대체안을 결정하게 되는 비정형적 의사결정(non-programmed decision making)을 내리기도 한다. 여기서 정형적 의사결정은 반복적이고 상규적이며 정해진 절차에 따라 일상적으로 처리되는 의사결정을 말한다. 반면에 비정형적 의사결정은 새롭고 구조화되지 않고, 재무적 또는 심리적 중요성을 가지며, 문제해결의 상규적 절차가 존재하지 않기에 새로운 해결 방안이 요구되는 의사결정을 말한다. 이들 두 가지 의사결정은 마케팅 상황과 관련하여 다음과 같이 나타낼 수 있다.

사실상 오늘날 소비자 의사결정의 상당한 부분은 정형적 의사결정에 속한다고 볼 수 있는데, 그것은 정형적 의사결정이 제품사용을 통해 즉각적인 만족을 가능하게 하며 수행하기가 용이하기 때문이다. 담배, 청량음료, 맥주, 식료품 등 대부분의 편의품에 대한 구매선택은 이러한 정형적 의사결정에 해당된다. 한편, 특정한 문제해결수단이 개발되어 있지 못한 비정형적 의사결정은 소비자가 직면하는 구매 또는 소비상황이 과거에 경험해보지 못한 것이거나, 그 과정이 매우 복잡하거나, 소비자가 느끼기에 특별히 주의를 기울여야

그림 5-8 ▶▶ 정형적 · 비정형적 의사결정

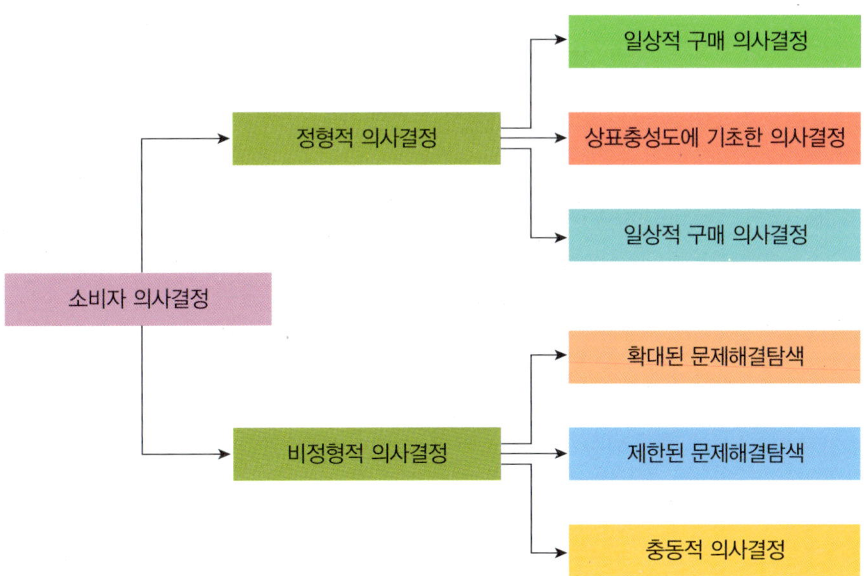

자료: D.W. Mellott, Jr., *Fundamentals of Consumer Behavior*, p. 514.

할 만큼 중요하다고 생각될 때 나타나게 된다. 따라서 이러한 경우 소비자는 고려 중인 제품 및 서비스에 대해 더욱 세밀하고 광범위한 정보를 필요로 하게 된다. 자동차나 값비싼 주방용품, 가구, 보석, 주택, 고급의류 등의 구매선택은 이러한 비정형적 의사결정에 해당된다.

3) 자동적 반복행동과 제한적 문제해결 및 확대적 문제해결

하워드(J.A. Howard)는 소비자의 구매행동을 특정 제품을 반복구매 하는 의사결정행위로 보고 있다. 즉, 소비자가 어떤 상품의 제품을 선택하는가의 문제는 특정한 상표에 대한 학습곡선(learning curve)에 의해 구명되는 것이라고 주장하고 있다. 학습곡선은 구매에 따른 경험횟수와 반응확률과의 상관관계를 나타내는데, 경험횟수의 많고 적음에 따라 구매에 관한 의사결정은 다음과 같은 세 가지 문제 해결행동 중의 하나로 나타나게 된다.

(1) 확대적 반복행동(extended problem solving: EPS)

이는 구매경험횟수가 적은 경우의 구매의사결정으로서, 이러한 경우 소비자는 광범위한 정보를 입수하고, 이것을 분석하여 상표를 선택하게 된다. 환언하면 소비자가 학습경험이 적거나 없어서 의사결정을 서서히 그리고 많은 시간을 들여서 하는 것이다. 이는 소비자가 전적으로 새로운 제품이나 사용경험이 없는 제품을 위한 구매 의사결정을 행할 때 나타내게 된다.

(2) 제한적 반복행동(limited problem solving: LPS)

구매경험횟수가 점차 많아지는 경우, 구매결정에 필요한 정보는 점차 적어지고 소비사의 구매 의사결정이 용이해진다. 이 경우 소비자는 과거의 경험을 기준으로 결정하므로 현재의 구매 의사결정을 위한 새로운 정보탐색의 정도는 낮다. 따라서 LPS는 EPS보다 구매 의사결정이 신속히 이루어진다. 이는 이미 소비자가 경험한 종류의 상품으로서 새로운 상표의 상품구입 시 많이 발생한다.

(3) 자동적 반복행동(routinized response behavior: RRB)

소비자의 구매경험횟수가 보다 많아지게 되면 소비자는 특정한 상표의 상품을 습관적으로 구매하게 된다. 이 경우는 소비자가 특정한 상품에 대한 충분한 학습을 한 단계로 반복확률이 가장 크며, 임의적 · 자동적으로 반복하게 된다. 일반적으로 구매빈도가 높은 편의품의 경우, 흔히 이루어지는 구매 의사결정의 유형이다.

이러한 EPS · LPS · RRB는 상표에 대한 소비자의 의사결정 과정 및 선택행동이 각기 다르게 나타날 수 있다.

제5절 행동경제학 관점의 소비자 의사결정

인간의 합리성에 관한, 합리적 판단능력에 관한 이론은 트비스키와 카너만의 연구에서 나타났다. 이들은 기존 경제학에서 가정하는 '완벽한 합리성'에 의문을 제기하고, 실제로 인간이 행동하는 방식에 근거해 심리적 선택 이론을 제시한 심리학자들이다. 트비스키와 카너만의 '프로스펙트 이론'은 현실적인 문제에서 사람들의 선택 행동의 기준은 효용의 크기가 아니라 준거점으로부터의 이익과 손실의 크기에 대한 판단이라고 보았다.

경제학에서는 개인은 완벽한 합리성을 가지고 있어 한계효용을 극대화시키는 방식을 추구한다고 가정하고, 한 개인의 주관적 가치를 극대화할 수 있는 선택이 합리적이라고 한다. 사람들은 모든 것에 분명한 선호를 가지고 있고, 자신의 선호를 선택이라는 행동을 통해 드러내며 선택하기 전에 모든 가능한 대안들을 비교 · 평가하여 그 가운데 최대한 만족스러운 대안을 선택한다고 보았다. 그렇다면 사람들은 실제로 그렇게 행동할까? 경제학적 입장에서는 사람들이 효용

의 극대화에 목적을 두고, 합리적이며 일관성 있게 사고하고 행동한다고 가정하고 있으나 심리학에 기반 한 행동경제학에서는 사람들이 실제로 느끼는 선호에 관심을 둘 것을 요구한다.

사람들의 정보처리 능력의 한계와 모든 정보를 비교 · 평가할 수 없다는 점을 들어 효용을 극대화하는 선택에는 현실적으로 제약이 따른다고 한다. 따라서 전통적인 경제학에서 가정하는 효용극대화라는 '완전한 합리성'보다 행동경제학자들은 어느 정도 만족스럽게 느끼는 대안을 선택한다는 '제한된 합리성'을 옹호한다. 이제 비합리적인 인간심리와 선택의 문제를 다루는 행동경제학에서의 핵심 개념을 알아본다.

1. 프로스펙트 이론

카너만과 트비스키가 제시한 '프로스펙트 이론'은 이익과 손실의 판단은 준거점을 기준으로 결과의 좋고 나쁨을 평가하려는 개인의 심리 과정을 설명한다. '프로스펙트 이론'의 핵심은 "가치를 좌우하는 것은 가치의 절대 크기가 아니라 사람들이 사전에 가지고 있는 준거점으로부터 변화에 대한 평가"이다. '프로스펙트 이론'은 준거점을 중심으로 이익의 영역에서 한계체감하며, 손실의 영역에서 급격히 한계체증하는 가치함수를 통해 설명되

그림 5-9 ▸▸ 프로스펙트 이론의 가치함수

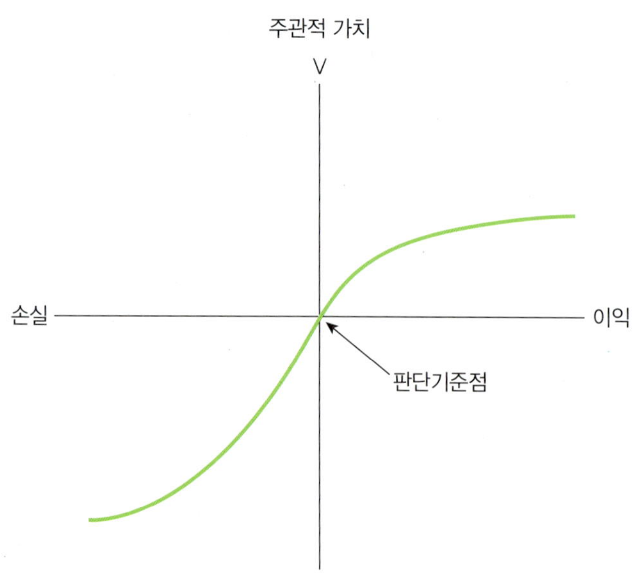

어진다. '프로스펙트 이론'의 가치함수는 이익과 손실이라는 실질적 가치와 심리적 가치 간의 관계에 대한 함수이다(그림 5-9 참조). 가치함수 내에서 준거점을 중심으로 아래로 급격히 볼록해지는 효용함수가 나타나는 손실회피 현상은 자신이 소유한 것의 손실에 대해 느끼는 심리적 고통이 더 크게 작용하는 것을 말한다. 불확실한 상황에서 사람들의 선택 기준은 경제학적인 관점에서 만족을 극대화하는 기대효용의 크기가 아니라 개인의 선택이 이익이냐 손실이냐라는 심리적 판단에 의해 결정된다는 것을 의미한다. 가치함수에 대해 더 자세하게 알아보자.

'프로스펙트 이론'에서 가치함수는 x축이 y축을 자르는 지점은 현재의 자산 상태로, 카너만과 트비스키는 이를 준거점이라고 부른다. 즉, 나의 현재 상태에서 어떤 대안이 지닌 가치를 고려한다는 것이다. 그리고 대안의 가치에 대한 구체적인 평가를 하기에 앞서 이를 단순화하는 과정이 먼저 일어난다. 대안을 이루고 있는 여러 가능한 결과들이 이익을 가져오는지, 아니면 손실을 가져오는지 크게 긍정적인 틀과 부정적인 틀로 나누어본다는 것이다. 가치함수의 또 다른 특징은 그림에서 보듯이 손실 영역에서의 기울기가 이익 영역에서의 기울기보다 더 가파르게 변화하는 것이다.

그 결과 x를 이익으로 얻은 경우와 x를 잃은 경우 그 심리적 반응의 강도가 손실일 때 더 크게 나타난다. 카너만과 트비스키는 이것을 '손실 혐오(loss aversion)'라고 불렀다.

2. 휴리스틱과 편향

휴리스틱과 편향(heuristic and biases)에 관련한 연구는 전통 경제학자들이 가정하는 인간의 완전한 합리성의 개념과 어떻게 다른지, 인간의 의사결정이 제한된 조건에서 기대효용이론의 관점과는 다르게 판단오류가 어떻게 나타나는지를 보여주고 있다. 트비스키와 카너만은 사람들에게 일관되게 나타날 수 있는 휴리스틱과 편향을 다음과 같이 설명하고 있다.

> "불확정적인 상황에서 판단과 예측을 할 때 사람들은 예측에 관한 통계적 이론이 나올 확률계산법을 따르고 있는 것 같지 않다. 오히려 사람들은 어떤 경우에는 괜찮은 결정을 어떤 경우에는 심각하고 체계적인 오류를 일으키는 소수의 휴리스틱(heuristic)에 의존하고 있다."(Kahneman & Tversky, 1973)

> "사람들의 결정들은 선거의 결과나 재판에서의 유죄 여부, 그리고 달러화의 값어치와 같은 불확실한 사건들의 가능성(likelihood)에 대한 신념을 근거로 한다.
> 불확실한 사건에 대한 신념은 보통 "내 생각에는", "…할 가능성은", "내가 보기에 일어나지 않을 것 같은…"과 같이 가능성이나 숫자 형태로 표현한다. 무엇이 그런 신념을 만드는 것인가? … 사람들이 확률적인 평가나 수치와 같은 복잡한 문제를 매우 단순한 판단 과정으로 환원시키는 휴리스틱 원리(heuristic principle)에 의존 … 이 휴리스틱은 심각한 오류가 체계적으로 나타나게 된다."(Tversky & Kahneman, 1974)

사람들은 누군가를 판단할 때 만약 그가 특정 집단에 속해 있다면, 그 집단의 특성을 통해 판단을 내리는 경우가 있다. 이는 그 사람의 특성이 특정 집단과 유사하다는 사실만으로 잘못된 판단을 내리는 경우를 말한다. 트비스키와 카너만의 연구에서 든 예를 보면 다음과 같다. 그들은 피실험자들을 두 집단으로 나누고 한 집단에게는 70명의 엔지니어와 30명의 변호사로 구성된 30:70으로 구성된 표본에서 변호사를 선택할 확률을 구하게 하였다. 그리고 다른 한 집단에게는 반대로 70: 30으로 구성된 표본에서 변호사를 선택할 확률을 구하게 하면서 성격을 나타내는 설명서를 나눠준 후 그가 변호사일 확률을 판단하도록 하였다. 그 설명서는 다음과 같다.

> "딕은 30세이다. 그는 결혼을 했지만 자녀가 없다. 그는 능력이 뛰어나고 동기가 높은 사람으로서 자기 분야에서 유망한 사람으로 기대된다. 그는 동료로부터 큰 호감을 받고 있다." (Kahneman & Tversky, 1973)

사람들이 판단을 내린 결과는 다음과 같다. 설명서를 나눠주지 않은 집단의 판단은 사전확률에 따라 30%라고 올바르게 판단했으나 설명서를 받은 집단은 50%라고 판단을 했다. 사람들은 사전확률을 무시하고 주어진 설명문의 내용이 자신들이 전형적으로 생각하는 엔지니어와 변호사의 성격에 얼마나 들어맞는지에 근거해서 판단을 한 것이다. 그 이유를 트비스키와 카너만은 휴리스틱 개념으로 설명하고 있다. 휴리스틱은 보통 어림짐작, 주먹구구식으로 편의적인, 간편 추론 등을 의미하는데 이들이 초기에 제안한 휴리스틱은 크게 대표성(representativeness), 가용성(availability), 기준점과 조정(anchoring and adjustment)이라는 세 가지가 있다.

대표성 휴리스틱은 앞서 설명한 엔지니어와 변호사를 판단하는 데서 나타났듯이 전체에서 특정 사건이 얼마나 전형적인가를 말한다. 사람들은 사전확률을 적절히 활용해 판단할 수 있지만 전형적으로 드러나는 정보가 제시되면 사전확률을 무시하게 되는 대표성을 통해 판단하는 것이다.

가용성 휴리스틱은 노벨 경제학상을 받은 허버트 사이먼 교수가 제안한 '제한된 합리성(bounded rationality)' 개념처럼 사람들이 정보처리 용량에 한계가 있기 때문에 그때그때 가용한 정보를 중심으로 사용한다고 본다. 정보처리 용량의 한계는 우리가 모든 정보를 탐색하지 못하고 즉각적으로 머릿속에 떠오르는 몇 가지 생각을 위주로 판단과 결정을 한다는 것이다. 즉, 실제적인 정보가 없거나 부족할 때 자신에게 얼마나 익숙한가에 따라 상황을 추정하는 방식으로, 우리가 머릿속에서 얼마나 떠올리기 쉬운가의 정도에 따라 평가하는 것을 말한다. 이때 중요한 것이 사람들의 기억이다. 장기 기억에 저장된 기억으로부터 곧 바로 사용할 수 있는 생각이 떠오르고 그 생각에 따라 판단하는 것이다.

예를 들어, 트비스키와 카너만의 연구에서는 한 실험집단에는 남자가 여자보다 더 유명한 인명 목록을 제시하고, 다른 실험집단에는 여자가 남자보다 더 유명한 인명 목록을 보여준 후 어느 집단에서 특정 성별이 더 많은지를 판단하게 했다. 사람들은 자신에게 익숙한 이름이 많이 적혀있는 경우에 그 익숙한 이름에 준거하여 판단하는 오류를 범한다. 사람들의 판단오류를 불러일으키는 기준점과 조정 휴리스틱은 자신에게 제시된 기준에 따른 초기 값에서 출발해 추정과 판단을 하는 오류를 범하는 것을 말한다.

트비스키와 카너만의 연구에서는 실험참가자들에게 UN회원국으로 가입한 아프리카 국가의 수를 질문했다. "UN에 가입 된 아프리카 국가의 수가 전체U N회원국의 10%보다 많을 것 같습니까?"라고 물었다. 하지만 질문을 바꿔 "UN에 소속 된 아프리카 국가의 수가 전체 UN회원국의 10%보다 많을 것 같습니까?"라고 물어보자 평균 45%라고 대답했다. UN에서는 아시아와 유럽 등에 속한 여러 국가들이 가입해 있다는 것을 상식적으로 알고 있으면서도 거의 절반에 가까운 45%의 국가가 아프리카에 있는 나라라고 대답한 것은 그만큼 사람들이 질문 내용에 있는 초기 기준점에 민감하다는 증거이다. 사람들은 일단 기준점이 설정되면 이 기준점으로 이후에 접하게 되는 정보를 생각해 해석하는 경향이 있다.

3. 심리적 회계

탈러는 트버스키와 카너만의 '프로스펙트 이론'에 기초해 소비자들은 경제학에서 주장하듯 규범적 행동을 하는 것이 아니라 이미 발생한 매몰비용(sunk cost)에 민감하게 반응하거나 현금 지출에 비해 기회비용을 과소평가하는 경향을 보인다고 하였다. 이러한 심리적 회계는 다음과 같은 특징을 갖는다.

첫째, 탈러가 제안한 심리적 회계는 '프로스펙트 이론'의 가치함수에 근거해 설정된다. 즉, 의사결정자는 선택대안으로부터 기대되는 부(wealth)의 절대값 자체보다는 선택대안의 결과가 준거점과 비교하여 이득인지, 손실인지에 근거해 선택대안을 평가하며, 그 과정에서 손실혐오 성향을 보인다.

둘째, 주부들이 가계부를 작성할 때 식비, 난방비 등의 항목으로 분류하듯이 의사결정자는 선택이 이루어질 때마다 머릿속으로 계정항목을 설정하고 자신에게 이득인지, 손실인지를 계산한다는 것이다.

셋째, 계정 항목이 이득인지, 손실인지를 평가함에 있어 의사결정자는 평가기간의 간격을 짧게 잡을 것인지, 길게 잡을 것인지를 결정한다. '프로스펙트 이론'에서 제시된 심적 회계에 의하면 의사결정의 판단기준점이 의사결정결과에 따라 수정되는 경우보다는 의사결정결과가 누적되어도 새로운 상황에 대한 적응이 지연되어 초기의 판단기준점이 그대로 유지되는 경우에 손실상황에서 위험선호경향이 높아지는 경향을 보인다.

심리적 회계 개념은 경제학적으로 설명할 수 없는 현실 세계를 설명하면서 마케팅 전략에 중요한 통찰력을 제공한다. 예컨대, 지불가격에 대한 소비자의 심리적 판단기준점으로 작용하는 준거가격을 변화시킴으로써 소비자의 심리적 손실을 완화시켜주는 것이다. 일시불로 구매하기보다는 나누어서 지불하는 할부요금을 활용하는 것이 그 방법이다.

4. 소유권효과

'프로스펙트 이론'에서 제시되는 손실혐오 성향에 기초해 다양한 소비자행동을 설명할 수 있는데 그 가운데 대표적인 것이 '소유권효과'이다. 소유권효과란 사람들이 어떤 제품이나 상태(자산, 지위, 권리, 의견 등)를 평가할 때 그것을 소유하고 있지 않을 때보다 실제 소유하고 있을 때 그 가치를 높게 평가하는 것을 말한다. 탈러는 '프로스펙트 이론'에서 제시되는 가치함수에서 이익함수의 한계체감보다 손실함수의 한계체감이 크게 나타나는 이유를 자산의 판매를 손실로 인식하는 '소유권효과' 때문이라고 보았다.

이 소유권효과로 인해 동일한 대상을 처분하고자 하는 가격이 획득하기 위해 지불하고자 하는 가격보다 크게 나타나며 이것은 자신이 소유한 것에 대해 느끼는 심리적 손실의 폭이 상대적으로 크게 투영되는 것이라고 했다. 소유권효과는 트비스키와 카너만이 말한 이익보다 손실을 회피하려는 손실혐오 성향에 근거를 두고 있다.

소유권효과는 마케팅 프로그램에서 자주 활용되는데 그 가운데 하나가 '환불보장제도'이다. 특정 제품을 일정한 기간 동안 사용해 보도록 한 후 마음에 들지 않으면 제품을 반환하고, 100퍼센트 환불해 준다고 하면서 구매를 권유한다. 소비자는 제품을 반환함으로 인해 느끼는 손실이 환불로 인해 생기는 이익에 비해 더 크게 지각되기 때문에 결국 구매를 하게 되는 것이다.

학 | 습 | 사 | 례

고객들이 장악하고 있는 리테일 산업 … 쇼핑 경험이 관건

리테일 기술의 디지털 전환 동향...인공지능(AI), 사물인터넷(IoT) 및 가상현실(VR) 부상 중

아마존(Amazon), 월마트(Walmart), 알리바바(Alibaba)와 같은 거대 기업들은 리테일 기술 발전을 통해 빠르게 업계를 변화시키고 있다. 오늘날의 시장에서 경쟁하려면 모든 소매업체는 기술을 활용해 비즈니스 프로세스 문제를 해결하고 고객만족도를 더욱 높여야 한다. 이는 놀랍게도 죽어가는 산업 부문이라고 여겨진 지 얼마 안 되는 전통적인 오프라인 상점에 훨씬 더 많이 적용된다.

새로운 아마존고(AmazonGo))와 같은 유명 소매업체의 기술 투자와 쇼케이스가 일부 이런 추세를 표방했다. 올해의 전미소매업협회(National Retail Federation: NRF) 컨퍼런스와 같은 2019년 리테일 박람회 역시 리테일 기술의 미래에 중요하게 초점을 맞추고 있다.

새로운 소매업은 종전의 옴니채널 추세를 확장시키고 있다. 알리바바(Alibaba)의 잭 마(Jack Ma)는 '하나의 가치사슬 전반에 걸친 온라인, 오프라인, 물류 및 데이터의 통합'이라고 설명하고 있다. 수집된 데이터는 프로세스를 능률화하고 한 층 더 정확한 고객정보를 창출해 맞춤형 쇼핑 경험을 제공하는데 사용된다.

다음에 열거하는 리테일 기술 동향들은 이 새로운 소매업 영역의 일부이다.

소매업체는 기술기업

2017년은 기술 면에서 아마존과 월마트와 같은 소매업체에게는 대단한 한 해였다. 두 회사는 자동화, 가상현실, 로봇공학 및 사물인터넷(IoT) 분야에서 진전을 이루었다. 아마존고(AmazonGo)는 성공적으로 출시되었는데 기술 및 글로벌 뉴스에서 상당한 주목을 받았다. 이들은 물류 및 운영 분야의 내부 기술을 강화함으로써 당일 배송을 가능하게 했고 다루기 어려운 식료품 배달 부문을 소화해냈다.

월마트는 기술 발전을 이루어내 자체적으로 내부 프로세스를 간소화하고 구매 경험을 향상시켰다. 월마트의 기술 인큐베이터인 스토어 넘버 8(Store No 8)이 구축되어 소매업 기술의 내부 발전을 이루어내는 한편, 최근에는 가상현실 스타트업인 스페이셜랜드(Spatialand)를 인수해 소매점 웹사이트 및 실제 매장의 가상현실(VR) 제품 토대를 구축했다. 또한 월마트는 준회원 훈련과 같은 일을 위해 가상현실과 증강현실과 같은 기술을 내부적으로 활용하고 있다.

NRF에서는 디지털 전환이 결실을 보려면 소매업체들이 먼저 전환 부분에 초점을 맞춰야 하고 이후 디지털이 어느 분야에 적합한지 파악해야 한다는 점에 주목했다. IT는 애초부터 계획과 전략의 일부가 돼야 한다. 기술은 비즈니스 프로세스 문제를 해결해야지 사물이 단지 미래지향적으로 보이게 하는 것은 아니다.

1. 단지 전자상거래가 아닌 옴니채널 상거래(Omnichannel Commerce)

전자상거래 자체는 더 이상 살아남지 못하게 되며 옴니채널 형태여야 한다. 이를 통해 소매업체는 모든 판매 채널에서 보다 심층적인 고객 통찰력을 얻을 수 있다. 쇼핑 경험은 고객들이 어디에서 쇼핑을 하든, 그리고 모바일이 되었든 온라인이나 매장이 되었든 수집된 고객 데이터를 바탕으로 개인별로 맞춤화될 수 있다.

고객들은 실제 매장, 소셜미디어, 판매시점관리(POS), 카탈로그, 전자상거래 웹사이트 및 여타 유통망에서 일관성 있고 원활하게 연결되는 경험을 기대하고 있다. 이는 제품을 검색할 때부터 시작해서 구입할 때까지 그리고 반품에 이르기까지 모든 과정에 해당된다.

2. 지속적으로 확대되고 있는 모바일

이는 새로운 추세가 아니다. 지난 몇 년 동안 모바일 쇼핑이 급격히 증가했고 이러한 추세는 계속되고 있다. 모바일 애플리케이션과 모바일 결제는 모바일이 우월한 지위를 확보하는데 기여했다. 새로운 모바일 혁신과 향상된 보안 기능으로 인해 전반적인 사용량이 늘어나고 휴대전화에서 한층 더 가치가 높은 제품 구매가 이루어지게 된다. 소매점 운영에 모바일을 이용하는 것은 이제 필수가 됐다.

3. 비접촉식 결제

주요 모바일 결제 단말기, NFC 페이 포인트(pay points) 및 온라인 거래에서 비접촉식 결제가 주류가 되어가고 있다. 중국은 모바일 결제 분야에서 세계를 선도하고 있고 위챗 페이(WeChat Pay)와 알리바바의 알리페이(Alipay)로 주도함으로써 최초로 현금이 필요 없는 사회가 될 수 있다. 안면 인식과 같은 기술 발전으로 이미 기기나 카드 없이도 대금 지불이 가능해지고 있다.

실제 매장의 리테일 기술

많은 유명 소매업체가 물리적 장소에서 문을 닫는데도 불구하고 전통적인 오프라인 매장이 다시 돌아오고 있다. 리테일 기술을 채택하고 더 나은 쇼핑 경험을 제공하는 매장들은 여전히 무시할 수 없는 곳으로 존재하게 될 것이다.

현실 세계 쇼핑 환경을 개선하기 위한 리테일 기술의 경우, 문제를 해결해야 하고 확장 가능해야 하며 가능한 한 완벽해야 한다. 펩시코(PepsiCo)는 에너지 소비가 적은 블루투스 비콘(beacon)을 이용해 고객에게 바로 모바일 쿠폰을 전송하고 있다. 이 쿠폰은 스스로 전송되어 물건 구매를 하도록 이끈다. 활용되고 있는 매장 내 기술 동향으로는 가상현실과 증강현실, 위치추적 툴, 음성 도구, 사물인터넷(IoT), 음성 작동 지원 그리고 수집된 빅데이터를 기반으로 한 완전 맞춤형 쇼핑 경험 등이 있다.

단기적으로는 전통적인 오프라인 매장 기술의 대부분은 데이터 수집 및 고객행동분석을 위한 것이 될 것이다. 장기적인 기술 발전은 수집된 데이터를 바탕으로 쇼핑 경험 자체를 강화시키게 된다.

4. 매장 내 쇼핑 행동

단일 고객의 쇼핑 경험을 개인화하려면 정확한 구매자 프로파일을 생성하고 이들의 쇼핑 및 실제 행동을 분석해야 한다. 대부분의 소매업체는 매장 내 경험을 개선하기 위해 모바일 장치나 디스플레이, 혹은 키오스크만을 이용하고 있다. mPOS나 BLE 비콘, 근거리 무선통신과 같은 고급기술을 활용하면 경험을 향상시키고 데이터를 더 많이 모을 수 있다. 수집된 데이터는 개인에 맞는 제안을 제작하거나 최선의 방법으로 고객을 지원하는데 사용된다.

이러한 분석이나 계산의 대부분은 앞으로 머신러닝이나 인공지능을 가능하게 한다.

5. 인공지능

개인화는 각각의 소비자들에 대한 분석과 최적화된 재고를 이용해 쇼핑 경험을 창출할 수 있는 인공지능(AI)을 이용함으로써 극대화된다. 인공지능은 소매 경험을 향상시키기 위해 콜센터 및 고객서비스 부서에서도 사용되고 있다.

소매업체는 데이터를 수집하고 이를 분석을 위해 제공할 수 있는 데이터 관리기술을 실용화시킬 수 있어야 한다. 인공지능이 작업과 데이터를 개선함에 따라 인공지능 자체가 저렴해지고 사용하기 쉽게 된다. 그 결과 인공지능은 작업을 능률화시키게 되는데, 이는 인공지능이 데이터를 실행 가능한 통찰력으로 바꿔주기 때문이다.

내장된 인공지능은 "지식 지도(knowledge map)를 고객행동에서 고객의 사회적 맥락의 특성, 잠재적 수요 및 의사결정으로 바꾸면서 혁신적인 접근 방식을 가능케 한다". 이는 휴가 추세를 바탕으로 고객서비스에서부터 낮은 재고를 유지하면서 재주문을 유도하는 것에 이르기까지 모든 것을 자동화할 수 있다. 사물인터넷과 인공지능이 결합돼 작업을 한층 더 능률화시킨다.

6. 사물인터넷(IoT)과 쇼핑 능률화

사물인터넷은 구매결정을 내리는 기기를 통해 고객이 의사결정 해야 할 많은 부분을 제거해 준다. 스마트 냉장고는 알아서 미리 식료품을 주문하고 있고 충동구매의 유혹을 뿌리친다. 소매업체는 신속한 고객 경험을 제공하기 위해 한 번의 클릭으로 대금 지불을 마무리하길 바라고 있다. 이는 RFID 태그를 POS 시스템과 연결된 센서를 결합시켜 이미 가능해졌다. 아마존고(AmazonGo)는 이미 작업 모델을 출시했고 이 기술은 중국 전역에서 볼 수 있다.

또한 사물인터넷은 겉으로 드러나지 않으면서 물류, 재고 구매 및 관리, 제조 및 가공을 최적화하는 용도로서 큰 역할을 하고 있다. 또한 효율성 문제와 손실방지 문제를 해결하는 데 도움을 주고 있다. 안면 인식과 비접촉식 결제 및 그 밖의 발전은 사물인터넷이 결합되어 작업과 쇼핑을 한층 더 능률적으로 만들어준다.

7. 음성 지원을 통한 대화식 상거래

아마존의 알렉사(Alexa)와 구글 어시스턴트(Google Assistant)는 이미 고객을 위해 다양한 소매 관련 작업을 수행하고 있으며 이러한 추세는 더욱 가속화될 것이다. 소비자들은 이제 집에서 편안히 물어보기만 해도 물건을 살 수 있다. 이는 소매업체들이 고객과 대화할 수 있게 해주고 제품을 구매할 수 있게 해준다. 또한 전통적인 오프라인 상점들이 대화식 상거래를 활용하게 됨에 따라 구글 어시스턴트는 조만간 상호작용이 이루어지는 디스플레이와 개별 쇼핑 지원장치의 형태로 소매상점에 등장하게 될 것이다.

8. 안면 인식

안면 인식은 잠긴 휴대폰에 액세스하는 형태로 매일 보여 지지만 또 다른 리테일 기술 동향으로 모습을 드러내고 있다. 월마트는 고객만족도를 측정할 수 있는 안면 인식 특허를 출원했다. 중국의 고객들은 그저 얼굴을 스캔하는 것만으로도 KFC에서 음식을 구입할 수 있다. 또한 유니온 페이(Union Pay)와 같은 그 밖의 결제 프로세서도 안면 인식 결제에 동참하고 있다.

이전보다 더 많은 것을 요구하는 고객들

제한 없는 소매업(Retail Without Limits) 보고서에서 소비자들은 이제 다름 아닌 "자신들이 원할 때, 언제 어디서나 고품질의 저가 제품을 폭넓게 고를 수 있길 바란다."고 지적하고 있다. 소비자에게 가격은 여전히 가장 중요한 요소이며 그 다음이 품질과 선택, 편리함이다.

고객의 기대는 소매업체가 통제할 수 없으며 따라 잡기도 어렵다. 사람들은 소셜미디어를 통해 나쁜 경험은 기꺼이 논의하지만 고객서비스는 다루려 하지 않는다.

기업들은 소셜 대화 채널을 통해 고객들이 최고의 제품에 기뻐하고 눈을 돌리게 하는 쇼핑 경험을 창출해 부정적인 리뷰와 피드백을 앞서가야 한다.

9. 고객 경험

iPhone은 제품이자 서비스이다. 제품의 품질은 애프터서비스 지원을 통해 구매 프로세스의 초기단계부터 양질의 체험을 접목시켜야 한다. 까다로운 고객은 매 단계마다 만족해야 한다. 이는 온라인 및 오프라인 소매점 모두에 해당된다. 구매 프로세스 개선이 모든 채널에서 소매 점주들의 핵심 전략이 돼야 한다.

매장 안에서의 경험은 이제 사물인터넷과 여타 기술을 통해 더욱 능률화되고 증강현실이나 가상현실 그리고 기술을 통해 더욱 재미있고 유익한 정보를 주고 있다.

10. 소매 경험을 확대시키게 될 증강현실과 가상현실

중국은 이미 사람들이 직접 쇼핑하는 방식을 디지털 방식으로 변화시키고 있다. 스마트 미러를 통해 사람들은 옷을 입어보고 화장을 해볼 수 있다. 팝업 T-Mall의 소매 고객은 RFID 및 AR(증강현실)을 통해 클라우드 제품을 시험해보고 비접촉식 알리페이(Alipay) QR 코드로 즉각 구입할 수 있다.

지나치는 고객들을 새로 끌어들이는 이러한 경험은 체험하는 동안 가치를 제공하고, 흥미진진한 새로운 방식으로 제품을 진열하고, 고객들이 이를 구매하게 만든다. 이렇듯 기술이 발전하고 사람들이 증강현실의 오버레이(overlay)와 피팅(fitting)을 신뢰하기 시작함에 따라 집에서 의류 같은 제품들을 더 많이 구매하게 된다.

11. 필수적인 신속한 배송

무한한 종류의 제품을 신속하고 즉각적으로 선적하는 것이 표준이 되고 있다. 아마존과 같은 거대 기업들은 프라임(Prime)을 통한 당일 배달과 시간에 상관없이 어느 식당이든 이용할 수 있게 해주는 그럽허브(GrubHub)와 같은 음식 배달서비스를 늘리고 있다. 사람들은 이제 필요에 따라 무료배송을 확인하고, 이를 제공하는 경쟁사를 선택하는 경우가 흔하다. 이는 사물인터넷이나 인공지능과 같은 리테일 기술이 재고와 물류 속도 및 효율성을 향상시킬 때만 늘어나게 될 것이다.

12. 소셜미디어 마케팅

소셜미디어 마케팅은 여전히 마케팅 및 광고 지출을 위한 최고의 수단으로 여겨지고 있다.

13. 아마존 마케팅 서비스

아마존 마케팅 서비스 역시 2018년 인수 마케팅 전략에서 높은 점수를 받았다.

14. 위치 기반 서비스

위치 기반 서비스는 고객을 상점에 데려다 주는 내비게이션 앱을 넘어서는 것으로 재고 프로세스 및 운영 효율성에 도움을 준다. 물류는 데이터 및 제품 추적을 통해 효율화된다. 이는 실시간 카탈로그 및 소매점 디스플레이 업데이트를 가능케 하고 판매 및 소매 경험 가치를 높여준다.

15. 블록체인

블록체인이 단지 암호화된 화폐만을 위한 것은 아니다. 이제는 소매 현장에서 모습을 드러내고 있고 식료품 업계에서 강력한 잠재력을 보여주고 있다. 블록체인의 분산된 생태계를 통해 출처와 소매경로를 따라 제품을 추적하는 것이 더 쉬워진다. 이는 결함 있는 제품의 리콜을 마무리 짓고 공급망의 효율성을 분석하는데 유용할 수 있다. 테스트 파일럿 프로젝트는 이미 크로거(Kroger), 네슬레(Nestle), 돌(Dole)과 같은 유명 브랜드와 더불어 월마트와 IBM 간의 파트너십을 통해 수행되고 있다.

16. 암호화된 화폐

암호화된 화폐는 현재 소매 업계의 이익을 위해 블록체인과 함께 분석되고 있다. 소매업자는 암호화된 화폐가 환율 문제와 국경 간 거래를 수월하게 해줄 것으로 보고 있다. 라쿠텐(Rakuten)은 최근 새로운 '국경 없는 통화'인 라쿠텐 코인을 공개했다. 라쿠텐은 국제적인 성장과 브랜드 인지도에 도움이 될 것으로 기대하고 있다. 또한 소매업계는 자체적인 보상시스템을 블록체인과 라쿠텐 코인에 접목시키고 있다. 전 세계의 다른 소매업체들도 암호화된 화폐 결제를 실험하고 있다.

17. 디지털 인력

기술 발전으로 소매업 종사자들이 자신의 직업과 직무에 만족하는데 도움이 될 것이다. 소매업 종사자는 더 많은 정보를 얻고 영업 및 고객만족도의 효율성을 높일 수 있게 된다. 고객 프로파일에 관한 데이터를 실시간으로 보다 쉽게 접속할 수 있게 됨에 따라 매장 직원들은 고객이 구매하고자 하는 제품을 선택하는 데 큰 도움을 줄 수 있다. 소매 관리자는 데이터 분석 및 인공지능이 도와주는 판단을 통해 판매에 알맞게 매장을 한층 더 최적화하게 된다.

18. 보안과 프라이버시

소비자는 온라인 및 소매기술을 통해 더 많은 구매를 원하지만 개인정보보호 및 보안에 대해서는 여전히 경계심을 갖고 있다. 소매업체들은 신용카드 및 개인정보를 신중하게 취급해야 한다. 기업들은 안전한 POS 시스템, 사기 방지 도구 및 암호화된 데이터 관리에 투자를 늘리고 있다.

영원한 고객?

충성도와 다시 돌아오는 고객이 여전히 중요한 관건이다. 이에 해당하는 기술 발전은 완벽한 쇼핑 경험과 제품을 완벽한 시간에 제공하도록 설정되어 있다. 쇼핑 경험이 지속적으로 향상됨에 따라 고객은 자신들이 누리고 있는 경험에 더 충실하게 되고 이는 영원한 고객을 만들어낸다.

출처: HelloT첨단뉴스 2019.01.28. http://www.hellot.net/new_hellot/magazine/

PART

03

마케팅 계획의 실행

PRINCIPLES OF MARKETING

CHAPTER

06

제품전략

도입사례

家電 名家의 의류관리기 'LG 트롬 스타일러'라 다르다

올해 가장 뜬 가전제품 중 하나는 의류관리기다. 매일 세탁할 수 없는 옷들을 항상 깔끔하고 깨끗하게 입고 싶은 고객들의 욕구가 급격히 늘어나면서 의류관리기가 필수 가전제품으로 자리 잡았다. 특히 LG '트롬 스타일러'는 무빙(Moving), 스팀(Steam), 건조(Dry), 바지 칼주름 관리(Press)의 4가지 차별화된 핵심기능을 내세우면서 독보적인 기술력과 지속적인 혁신으로 의류관리기의 대명사 자리를 굳혀 가고 있다. LG전자 측은 "트롬 스타일러의 탁월한 의류관리 성능에 고객들이 취향대로 골라 쓸 수 있도록 용량과 디자인 모두 선택의 폭을 넓히면서 또 한 번 앞서 나가고 있다"고 말했다.

■ 한 번에 6벌까지 관리, 전신거울 미러 디자인, 최고급 블랙에디션까지

LG전자는 한 번에 최대 6벌까지 관리할 수 있는 '트롬 스타일러 플러스', 전면을 전신 거울처럼 활용할 수 있는 '트롬 스타일러 미러' 등 다양한 고객욕구를 충족시키는 신제품을 꾸준히 선보이며 좋은 반응을 얻고 있다. 특히, 날씨가 쌀쌀해지면서 롱패딩 등 부피가 큰 겨울옷도 거뜬히 관리해주는 대용량 모델, '트롬 스타일러 플러스'가 인기다.

최근에는 기존에 선보인 다양한 기능들을 모두 적용한 편리함에 고급스러움까지 더한 최고급 라인 '트롬 스타일러 블랙에디션'도 선보였다. 이 제품은 스타일러의 외관과 손잡이에 고급스러운 다크 그레이 색상을 적용, 인테리어의 가치를 더했다. 최대 6벌까지 관리할 수 있는 대용량에 전면 전신거울 디자인도 적용했다.

■ 차별화된 4가지 핵심기능, 무빙(Moving) · 스팀(Steam) · 건조(Dry) · 칼주름(Press)

'트롬 스타일러'는 차별화된 4가지 핵심기능으로 의류를 빈틈없이 관리해준다. 흉내 낼 수 없는 특허 기술인 '무빙 행어(Moving Hanger)'는 1분에 최대 200회 강력한 힘으로 옷을 흔들어 털어줘 옷 전체의 미세먼지를 골고루 제거하고 생활 구김을 줄여준다.

물 입자의 1,600분의 1만큼 미세한 '트루스팀(True Steam)'은 옷의 유해세균을 99.9% 살균하고 옷에 밴 냄새와 집먼지 진드기, 각종 바이러스를 없애준다. 트롬 건조기와 동일하게 '인버터 히트펌프(Inverter Heat Pump)'를 이용한 저온제습 방식을 적용, 옷감 손상 없이 간편한 건조도 가능하다. 최대 10L까지 제습할 수 있어 드레스룸 등 스타일러가 설치된 공간까지 산뜻해진다.

'트롬 스타일러'만의 '바지 칼주름 관리기(Pants Press)'는 바지를 다림질하듯 눌러서 칼주름을 잡아주고 생활 주름도 말끔히 없애준다.

LG전자는 지난 8월 17일부터 한 달간 서울 신사동 가로수길에 'LG 트롬 스타일러 라운지'를 운영하고, 10월 열린 국내 최대 패션 비즈니스 이벤트 '서울 패션위크'에 가전 업계에서 유일하게 'LG 트롬 스타일러 체험존'을 운영하는 등 고객들이 스타일러로 다양한 옷을 관리하는 방법을 체험할 수 있는 기회도 수시로 마련하고 있다. 한국뿐 아니라 미국, 중국, 일본, 독일, 러시아 등 세계 13개국 고객들이 'LG 스타일러'의 프리미엄 가치를 경험하고 있다.

출처: ChosunBiz 2018.12.19. http://biz.chosun.com

제1절 제품의 정의

1. 제품의 개념

마케팅의 중요한 과업은 소비자의 욕구를 파악하여 이 욕구를 충족시킬 수 있는 제품을 개발하는 것이다. 제품(product)이란 인간의 기본적 욕구나 2차적 욕구를 충족시켜 줄 수 있는 제공물로써, 기능적 · 사회적 · 심리적인 편익(benefit)이나 효용(utilities)을 제공해 주는 유형 · 무형의 속성들의 묶음이라고 할 수 있다. 다시 말해 제품은 시장에서 상품화될 수 있고, 교환을 통해 얻을 수 있는 모든 것이며, 재화(goods)와 서비스(services) 및 아이디어(idea)를 포괄하는 개념이다. 즉, 제품에는 신발, 옷, 가방, 스마트폰 등의 유형의 물리적 제품뿐만 아니라 여행, 교육, 콘서트 등과 같은 무형의 서비스(때로는 서비스 제품이라고도 함)와 철학, 상상력, 컨셉(concepts) 같은 아이디어[01]도 제품에 포함된다.

마케팅 관리자는 제품을 단순한 유형의 속성이 아닌, 고객의 욕구충족물 관점에서 이해해야 하며, 이를 위해 3가지 다른 차원으로 이루어진 총제품(total product)으로 바라보아야 한다. [그림 6-1]은 제품을 다차원적인 관점에서 설명하며 각 차원은 고객의 가치계층

그림 6-1 ▶▶ 제품의 차원

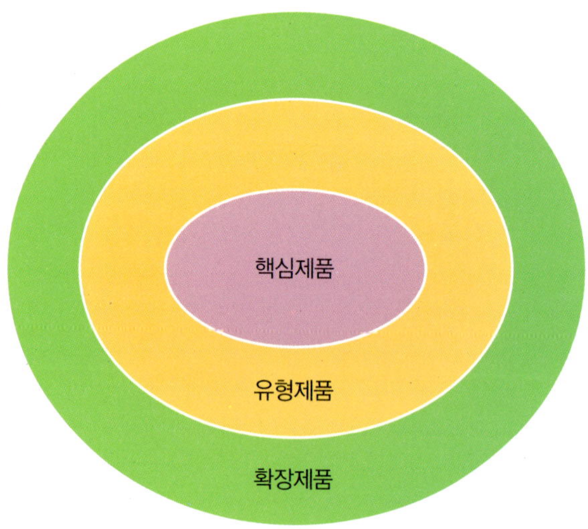

01 제품의 속성이 되는 '아이디어'는 어떤 문제해결이나 환경적응에 도움이 되는 심리적인 자극(psychological stimulation)을 제공해준다.

(customer-value hierarchy)을 구성하고 있다.

1) 핵심제품

핵심제품은 가장 기본적인 제품 개념의 구성 요소로서, 고객이 제품으로부터 추구하는 근본적인 혜택(core benefit)을 말한다. 예를 들어, 소비자는 선풍기를 구매하는 것이 아니라 더위를 해결한 수단을 구매하며, 기차표를 구매하는 것이 아니라 목적지에 도달하기 위한 이동수단을 구매하는 것이다. 호텔고객은 "휴식과 숙면"을 구매하고, 드릴을 구매하는 행위는 "구멍 뚫음"을 구매하며, 노트북을 구매하는 것은 "정보"를 사는 셈이다.

같은 제품을 구매하더라도 고객이 추구하는 근본적인 혜택은 다를 수 있다. 예를 들어 치약을 구매하는 고객은 미백, 잇몸 건강, 구취 제거, 치석 제거 등 서로 다른 혜택을 추구하며, 마케팅 관리자는 고객이 추구하는 혜택을 충족시킬 수 있는 형태로 시장에 포지셔닝 한다.

핵심제품의 관점에서 특정 제품을 구매하는 고객은 제품 자체를 구매하는 것이 아니라 그 제품이 제공해 주는 욕구(만족) 또는 편익을 구매 하는 것이다. 마케팅 관리자는 제품의 이면에 내재되어 있는 잠재구매자들의 기본적인 욕구를 찾아내야 하며, 제품 자체의 특성이 아니고 편익을 판매하도록 해야 한다. 이 경우에 마케팅 관리자는 스스로를 "편익의 공급자"로 간주하여야 한다.

2) 유형제품

두 번째 차원은 유형제품(tangible product)이다. 마케팅 관리자는 기본적인 편익(basic benefit)을 실제적인 제품으로 유형화시켜 주어야 한다. 핵심제품은 유형제품에 의해 구체화 되며, 이를 구체화 시키는 유형제품의 속성으로는 품질, 스타일, 브랜드, 포장, 제품특성 등이 있다. 마케팅 관리자는 각 속성의 결합을 통해 서로 다른 유형적 특성을 가지고 있는 제품을 시장에 제공하며, 소비자들은 각 속성의 차이에 의하여 제품의 차이를 지각한다. 예를 들어, 정보를 얻기 위해 노트북을 구매한다고 하더라도, 노트북의 무게, 용량, 속도, 브랜드, 디자인 등의 다양한 유형적 특성의 차이가 존재하며, 소비자는 이러한 유형적 특성이 다른 여러 제품들 중에 하나를 구매할 수 있다.

3) 확장제품

마지막 차원은 확장제품(augmented product)로 추가적인 서비스 제공물들을 말한다. 확장제품에는 배달, 설치, 대금결제 방식, 애프터서비스, 보증 등이 포함된다. 즉, 유형적 제품속성 이외에 고객이 기대하는 수준 이상의 추가적인 혜택을 제공하는 것이다. 컴퓨터를 구매하는 고객에게 배달하여 사용할 수 있도록 설치해주고, 사용하면서 문제가 발생했을 때 무료로 수리를 해주는 회사의 정책이 확장제품에 해당한다.

기업 간 경쟁이 치열해지면서 기존 유형제품만으로 경쟁우위를 확보하기 힘든 환경에서, 확장제품은 차별화의 요소로 사용 될 수 있다. 도미노피자의 빠른 배달서비스, 삼성전자의 우수한 애프터서비스 등이 대표적인 사례이다.

그러나 마케팅 관리자가 확장제품전략을 수립하기에 앞서 다음과 같은 사항에 주의를

기울여야 한다.

첫째, 확장편익은 비용을 필요로 한다. 마케팅 관리자는 과연 소비자들이 고서비스에 수반되는 고가격을 감당할 용의가 있는지를 알아야 한다. 제품의 주요 고객이 가격을 중요시 여긴다면, 추가적인 서비스를 제공하면서 가격을 높이는 것은 바람직하지 않다.

둘째, 확장편익은 가격상승의 원인이 되므로, 경쟁자들로 하여금 오히려 서비스나 기능이 생략된 제품(기본편익)을 저렴한 가격으로 공급하는 기회를 주게 된다. Hilton, Westin, Hyatt와 같은 고급호텔의 성장과 더불어 나타나는 저렴한 가격의 비즈니스 호텔(ex: IBIZ Hotel) 등이 좋은 예가 된다.

2. 제품의 분류

마케팅 관리자는 제품계획전략을 수립할 때에 모든 제품을 동일하게 취급하지 않는다. 그들은 다양한 제품의 특성을 기초로 하여 여러 가지의 제품 유형으로 분류하며, 각 제품 유형에 따라 적절한 마케팅믹스 전략을 모색한다.

1) 구매자의 구매목적에 따른 분류

(1) 소비재

제품은 구매자들의 구매목적이나 그 제품을 사용하는 고객의 유형에 따라 소비재와 산업재로 구분할 수 있다. 소비재는 최종소비자(개인이나 가계)의 소비 또는 욕구충족을 위해서 구매되는 제품을 말하며, 산업재는 다른 제품의 생산에 사용할 목적 또는 사업을 수행하기 위한 목적으로 개인이나 조직구매자들에 의해 구매되는 제품을 말한다. 때로는 같은 제품이라 하더라도 두 가지 제품부류에 속하며, 따라서 상이한 제품전략이 요구될 수도 있다. 예컨대, 문구류 제품이나 책상은 최종소비자에게 판매될 수도 있고, 조직구매자에게 판매될 수도 있다. [그림 6-2]는 소비재와 산업재의 분류를 요약하고 있다.

그림 6-2 ▶▶ 제품의 분류

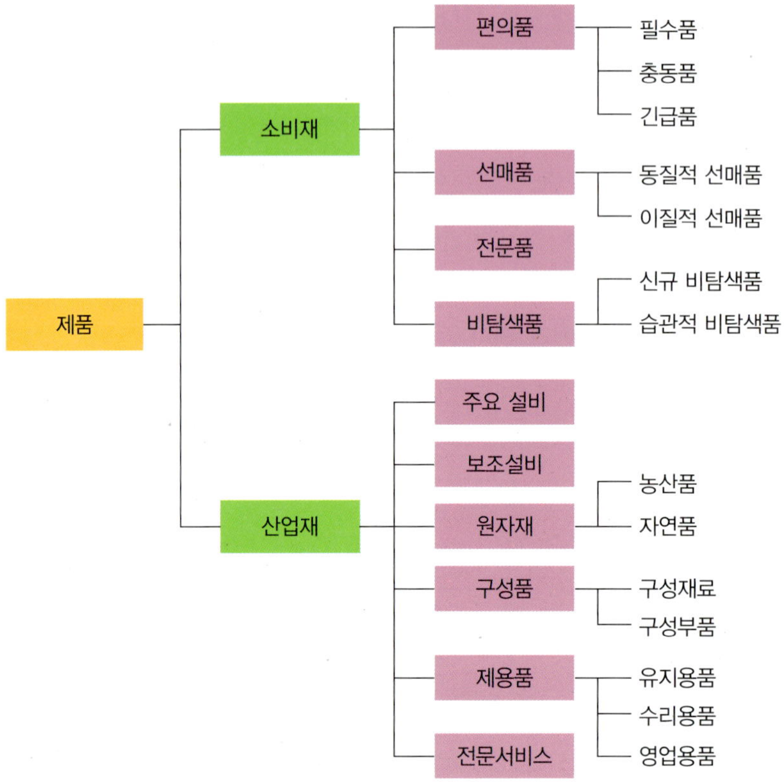

소비재(consumer products)는 소비자들이 제품을 구매하는 과정에서 보이는 행동에 의해 다시 편의품과 선매품, 전문품 및 비탐색품으로 분류할 수 있다.

■ 편의품(convenience goods)

편의품은 소비자가 제품의 구매 과정에 많은 시간과 노력을 기울이지 않는 제품이다. 즉, 제품에 대한 정보수집을 토대로 비교하거나, 여러 점포를 방문하는 등의 행동을 하지 않고 제품에 대한 구매결정을 내리는 경향이 높다. 주로 담배나 비누, 신문 등과 같이 고객이 쇼핑에 최소한의 시간이나 노력을 투입하며, 소량으로 자주 구매하며, 저가이고 습관적인 구매행동을 하는 저관여제품을 말한다.

편의품은 소비자에게 구매욕구가 발생하면 별다른 노력을 기울이지 않고 구매하기 때문에 이에 맞는 마케팅 전략이 요구된다. 구매욕구가 발생 전 소비자에게 해당 브랜드가 친숙해지도록 TV 등의 대중매체광고와, 구매 시점에서 소비자에게 해당 브랜드를 생각나게 하는 점포 내의 광고가 중요한 역할을 수행한다. 또한 제품을 최대한 노출시켜 쉽게 구매할 수 있도록 폭넓은 유통망을 구축하는 것이 중요하다.

편의품은 다시 필수품과 충동품, 긴급품으로 나눌 수 있다.

필수품(staple goods)은 정기적으로 구매되는 상품으로 화장지, 치약, 커피, 포장식품 등과 같이 습관적으로 자주 구매되는 제품으로서 상표가 중요시되며, 저가로 광범한 유통과 최대한의 노출을 요하는 전형적인 편의품이다. 충동품(impulse products)은 사전의 구매계획이 없이 제품을 보는 순간 충동적으로 구매하는 제품으로서, 구매행동은 장소에 의해 크게 영향을 받는다. 이런 제품은 '눈에 잘 띄는 곳'에 위치해야 하며, 지금 당장 팔지 못하면 판매기회를 상실한다. 편의점 등에서 계산대에 위치하고 있는 껌, 사탕 등이 대표적인 충동품의 제품군이다. 긴급품(emergence products)은 필요에 의해 즉각적으로 구매되어야 하는 제품으로서 제품구매에 시간을 투자하지 못하고 가격중요성이 낮아지게 된다. 비가 갑자기 올 때 우산, 폭설 시의 스노우 체인, 정전 시의 플래시를 예로 들 수 있다.

■ 선매품(shopping goods)

선매품은 고객이 상표의 적합성, 품질, 가격, 스타일 등을 기준으로 하여 여러 제품대안들을 비교하고 평가한 다음 구매하는 제품을 말한다. 소비자는 여러 경쟁브랜드의 제품에 대한 정보를 수집하고 비교하기 위하여 많은 시간과 노력을 들이며, 가전제품, 가구, 의류 등이 해당된다. 선매품은 일반적으로 구매빈도가 편의품에 비교하여 낮고, 고가격이다. 따라서 특정 지역 내에 소수의 판매점을 통해 유통되는 선택적 유통경로전략이 유리하며, 불특정다수를 대상으로 하는 광고와 특정 구매자집단을 대상으로 하는 인적판매가

더 중요시된다.

선매품은 다시 동질적 선매품과 이질적 선매품으로 나눠진다. **동질적 선매품**은 고객들이 품질 면에서는 유사하지만 비교쇼핑을 정당화할 정도의 가격 차이가 있다고 인식하는 제품이다. 따라서 마케팅 관리자는 저가 이미지의 가격을 명확히 알리는 것이 중요하다. **이질적 선매품**은 소비자에게 제품의 품질과 스타일, 적합성이 가격보다 더 중요시되는 제품이다(가구, 의류, 등). 특히 비표준화된 제품의 경우는 가격비교가 더욱 힘들어진다. 또한, 소비자의 비교구매의식이 강할수록 상표는 상대적으로 덜 중요하다. 이질적 선매품의 판매자는 다양한 구색을 갖추어 개인별 취향을 충족시켜주어야 하며, 잘 훈련된 판매원을 고용하여 고객들에게 제품정보와 적절한 조언을 해주어야 한다.

■ 전문품(specialty goods)

전문품은 특정 제품이 가지고 있는 독특한 특성이나 매력으로 인하여 고객이 그 제품이나 상표를 구매하기 위해서 특별한 노력을 기울이는 제품을 말한다. 일반적으로 전문품은 독특한 제품차별성, 소비자의 높은 관여도, 강한 브랜드충성도를 특징으로 가지고 있다. 이를테면, 자동차나 고급 오디오제품, 고급의류, 특별한 상표의 기호품 등이 이에 해당되며, 명품류로 분류되는 샤넬, 에르메스, 루이비통 등이 대표적이다. 전문품은 구매 시 고객은 대체상품을 찾거나 여러 상표를 비교쇼핑하지 않고 단지 자신이 선호하는 특정 제품을 구매하며, 이를 찾기 위해 기꺼이 시간과 노력을 투자하고 많은 탐색 활동을 한다. 따라서 마케팅 관리자는 장소(입지)의 편의를 갖출 필요는 없고, 다만 자신의 위치를 잠재고객들에게 고지시켜야 한다. 또한 일반적으로 전문품은 고가격이므로 잠재고객이 제한적이다. 따라서 구매력이 있는 소비자들을 표적시장으로 선정하여 이들을 대상으로 한 광고나 판매촉진전략을 수립하여야 한다.

■ 비탐색품(unsought goods)

비탐색품은 잠재고객이 아직 제품의 존재를 모르고 있거나 알고 있다고 하더라도 보통 구매할 생각을 갖지 않고 지나치는 제품으로서, 신규 비탐색품과 습관적 비탐색품이 있다. 소비자들이 의식적인 탐색 활동을 하지 않기 때문에 비탐색품의 판매를 위해서는 다른 유형의 소비재와 비교하여 광고 등의 강도 높은 마케팅 노력이 요구된다. 즉, 마케팅 관리자는 촉진 활동을 통해 제품의 가치를 제시해야 한다. 이를테면, 최신 아이디어제품 같은 신규 비탐색품은 그 제품이 제공해주는 편익을 제시해주는 정보제공적 촉진 활동이 필요하며, 생명보험, 백과사전, 장례서비스나 비영리 공익단체(적십자 등) 등의 습관적 비탐색품은 아주 구매되지 않는 것은 아니나 비탐색성이 지속되기 때문에 인적판매가 매우 중요하다.

지금까지 소비재를 4가지의 형태로 분류하였지만, 소비재는 같은 제품이라 하더라도 표적시장에 따라 서로 다르게 인식될 수 있다. 예컨대, 비즈니스 호텔을 이용하는 고객의 경우에 있어서 피로에 시친 운선자가 찾은 비즈니스 호텔은 편의품으로 인식될 수 있으나, 염가의 숙박업소를 찾던 이용객은 비즈니스 호텔을 선매품(동질적)으로 여길 수 있으며, 소개받은 비즈니스 호텔을 전화로 찾는 이용객은 전문품으로 인식할 수 있다.

또한 만년필을 구입하는 경우, 소모품으로 사용하기 위하여 구입하는 고객은 편의품으로 인식될 수 있으나, 특별한 날을 기념하여 자신에게 선물하는 고객은 여러 정보를 수집하여 비교 후 구입하는 선매품으로 받아들이며, 몽블랑과 같은 특정한 브랜드에 애착을 가지고 구매하는 고객은 전문품으로 인식하고 있다.

MARKETING FOCUS

뉴브랜드 들어선 명품관…"추위에도 1020 몰렸다".

욜로 성향 뚜렷한 밀레니얼 세대
오프화이트 · N ° 21 · MSGM 등
롯데百 입점 후 신규고객 20배
갤러리아 · 현대 · 신세계서도
전통 럭셔리 브랜드 제치고
앰부쉬 등 유니크 브랜드 인기

지난 10일 오전 8시 롯데백화점 에비뉴엘 본점 앞. 오픈이 두 시간 넘게 남았지만 패딩을 꽁꽁 싸맨 수백 여명의 고객들이 문이 열리기만을 기다리고 있었다. 이들이 한겨울 아침 추위를 견뎠던 건 샤넬 때문도 루이비통 때문도 아니었다. 젊은 고객들이 한마음으로 명품관 앞에서 줄을 섰던 이유는 하이엔드 스트릿 브랜드 '오프화이트(OFF WHITE)'의 한정판 컨버스화를 구매하기 위해서였다. 이날 1,000여 명의 고객이 몰렸고 270족 판매가 모두 끝난 후 대다수의 고객들은 빈손으로 돌아가야 했다.

수백 년의 역사를 자랑하는 전통 럭셔리 브랜드의 집합소인 명품관이 젊어지고 있다. 소비 파워가 세진 밀레니얼 세대의 취향을 반영하면서 명품관에 '럭셔리 2.0 브랜드' 시대가 열리고 있는 것이다.

11일 롯데백화점에 따르면 지난해 8월 에비뉴엘 본점에 단독 매장을 오픈한 오프화이트는 올해 주요 점포로 확대할 예정이다. 오프화이트는 나이키, 컨버스 등과 협업하며 밀레니얼 사이에서 유명세를 떨치고 있으며 반 팔 한 장에 30만 원에 달할 정도로 가격대가 높지만 주요 고객층이 10~20대다.

롯데백화점은 앞서 젊은 층 사이에 인기를 모으고 있는 N ° 21을 비롯해 이탈리아 컨템포러리 브랜드 'MSGM'을 잇따라 입점시켰다. 돌체앤가바나, 필립플레인 등이 퇴점한 자리에 전통 명품 브랜드 대신 밀레니얼 세대를 타깃으로 하는 젊은 브랜드를 들여 매장을 파격적으로 개편했다.

하이엔드급 신규 브랜드를 입점하자 젊은 층 고객들이 대거 몰려들었다. 일반 명품 브랜드가 매장을 낼 때 창출되는 고객 수가 10여 명에 그치는 것과 대조적으로 오프화이트 입점 후 10~20대 신규 고객은 200명으로 늘었다. 심지어 오프화이트의 전체 매출 중 절반 이상은 10~20대 고객에게서 나오고 있다. 롯데백화점 관계자는 "명품 진입장벽이 낮아져 20대, 더 나아가 10대 고객도 명품에 대한 거부감이 낮아지며 해외명품 상품군은 다양한 연령대 고객 흡수를 통해 지속 신장하고 있다"면서 "올해도 밀레니얼 세대들이 열광하는 다양한 해외명품 브랜드를 발굴해 유치할 것"이라고 말했다.

갤러리아 백화점은 편집매장 '지스트리트 494 옴므(G.STREET 494 HOMME+)'에 '앰부쉬(Ambush)', '엘리엇에밀(HELIOT EMIL)' 등 유니크한 브랜드를 들이며 젊은 층의 수요를 만족시키고 있다. 앰부쉬는 일본 도쿄에서 주얼리 브랜드로 시작해 디자이너 중 한 명을 지난해 크리스찬 디올의 주얼리 디자이너로 스카우트 하기도 했다. 2017년 덴마크에서 론칭한 엘리엇에밀은 힙합 씬에서 가장 핫한 아티스트인 캔드릭 라마가 아끼는 브랜드로 알려져 있다. 갤러리아 백화점 관계자는 "이들 브랜드는 중성적인 이미지가 강해서 남성 · 여성에게 모두 인기가 많다"면서 "지스트리트 494 옴므의 전체 방문 고객 중 20~30대의 매출비중은 약 60%에 달한다"고 말했다.

럭셔리 2.0 브랜드의 가세로 현대백화점과 신세계백화점 역시 MSGM과 오프화이트를 입점시키며 밀레니얼 고객의 구미를 당기고 있다.

구정우 성균관대학교 교수는 "한 번뿐인 인생을 살면서 자신이 가치를 두는 것에 과감히 소비하는 젊은 욜로족들의 구매 성향으로 볼 수 있는 한편 계층에 따른 소비 차이가 드러나는 대목으로도 해석할 수 있다"고 말했다.

출처: 서울경제 2019.01.13. https://www.sedaily.com/

(2) 산업재

산업재는 다른 제품의 생산에 사용할 목적 또는 사업을 수행하기 위한 목적으로 개인이나 조직구매자들에 의해 구매되는 제품을 말한다. 산업재의 구매자는 그 목적을 달성하기 위하여 다양한 재화와 서비스를 구매하게 된다. 구매자가 구매제품을 어떻게 생각하며, 어떻게 이용할 것인가에 따라 산업재(industrial products)를 분류하면 다음과 같다.

■ 주요 설비(installations)

건물(공장, 사무실 등)과 고정설비(발전기, 엘리베이터, 컴퓨터 등)로 이루어지는 고가의 주요 자본품목을 말한다. 대개 생산자로부터 직접 구매되며, 장기적이고 전문적인 협상 과정을 거친 후에 구매된다. 설비생산자는 주문명세에 따라 제품을 설계하고 판매 후 서비스도 제공하며, 광고에 비하여 인적판매가 보다 중요시 된다. 구매빈도가 낮고 장기적 · 지속적인 제품이고, 기대 수익은 운영의 효율성에 많은 영향을 받는다. 잠재고객은 주로 동일산업 안에 있으며, 리스 또는 대여 방식을 취하기도 한다.

■ 보조설비(accessories)

운반 가능한 공장용 설비와 도구(지게차 등) 및 사무용 설비(복사기, 타자기 등)로 이루어지며, 생산 공정을 보조하는 자본품목을 말한다. 주요설비 제품에 비하여 수명이 짧고, 표준화되어 있으며, 잠재고객과 경쟁자가 더 많다. 시장이 지리적으로 분산되어 있고 주문량이 적기 때문에 주로 중간상을 이용하여 판매한다. 광고가 효과적으로 사용될 수 있으나 판매원의 역할이 보다 중요시 된다.

■ 원자재(raw materials)

생산자의 제품생산에 완전히 투입되는 가공되지 않은 비용품목으로서, 여기에는 농산품(쌀, 밀, 면화, 가축, 과일 등)과 자연품(철광석, 원유, 목재 등)이 있다. 특정의 한정된 지역에서 생산된 원자재는 다양한 시장의 욕구충족을 위하여 분류 · 등급화 작업이 필요하며, 분산된 수요의 충족을 위해 저장, 수송문제가 따른다. 농산품시장은 자연품보다 더 경쟁적이며(거의 순수경쟁상황 임), 부패성과 계절성으로 인하여 특별한 마케팅 활동이 요구된다. 대량구매자들은 공급의 원활성을 위하여 장기공급계약을 맺는 것이 일반적이다.

■ 구성품(components)

완성품의 부품이 되는 비용품목으로서, 원재료를 가공처리한 부속품을 말한다. 여기에는 철강, 섬유와 같이 완성품의 부품이 되기 위해 추가적인 가공처리가 필요한 구성재료(component materials)와 소형 모터, 타이어, 세척 과정과 같이 조립이나 최소한의 처리

과정만을 남겨둔 구성부품(component parts)이 있다. 구성품은 대개 자사제품의 부품이 되므로 품질이 매우 중요시되며, 아울러 가격과 서비스도 주요 마케팅적인 관심사가 된다. 또 구매를 위해서는 복잡한 구매영향 요인들이 작용하며, 구매담당자는 원활한 생산활동과 재고비용의 부담을 고려하여 신속하고 적시적인 배달(just-in-time delivery)을 요구한다.

■ 제용품(supplies)

완성품의 생산에 투입되지 않는, 즉 완성품의 부품이 아닌 비용품목을 말한다. 여기에는 페인트, 전구와 같은 유지용품(maintenance)과 벨트, 베어링, 기어와 같은 수리용품(repair) 및 윤활유, 타자용지, 클립, 연필과 같은 영업용품(operating) 등 세 부문의 용품으로 이루어지는데, 이들 세 가지의 대문자를 따서 통상 'MRO용품'(MRO supplies)이라고도 한다. 제용품은 대개 일상적인 재구매기준에 의하여 최소한의 노력으로 구매되기 때문에 산업재 분야의 편의품이라고 할 수 있다. 또한, 구매자의 수가 많고 지리적으로 산재해 있으며, 저가품목에 속하기 때문에 주로 중간상을 통해서 판매된다. 그리고 공급업자가 상당히 표준화되어 있고 상표선호도가 높지 않기 때문에 가격과 서비스가 중요한 고려사항이 된다.

■ 전문서비스(professional services or industrial services)

기업 활동을 지원 · 조성해 주는 전문화된 서비스로서, 주로 비용품목에 속한다. 이를테면, 기술이나 경영자문, 마케팅 조사, 디자인(플랜트, 제품 등), 광고대행사, 회계 · 법률 등의 서비스 등을 말한다. 이러한 서비스는 비용이나 전문성을 고려하여 기업 내 또는 기업 외부 구매로 제공받을 수 있다. 전문서비스의 수요나 공급은 대개 비탄력적이며, 따라서 경쟁은 주로 가격이 아니라 서비스의 질과 유형에 바탕을 두고 있다.

2) 제품의 내구성 또는 유형성을 기준한 분류

(1) 비내구재

비내구재(nondurable goods)란 한두 번의 사용으로 소모되는 유형의 제품을 말한다. 예컨대, 맥주, 비누, 소금, 각종 소모품 등 이다. 이러한 제품은 구매빈도가 높고 빨리 소개발 과정에 대해서 살펴본다.

2) 신제품의 개발 과정

[그림 6-3]은 일반적인 신제품개발 과정을 도식화한 것이다. 신제품을 개발하는 과정은 일률적으로 규정되지는 않으며, 실제기업의 신제품개발 과정은 더 복잡할 수도 있고 극히 단순할 수도 있다. 각 단계는 순차적으로 이루어지며, 특정단계가 반복될 수도 있고, 각 단계별로 상호작용이 일어날 수도 있으며, 단계별 결과가 사전에 정한 기준에 미치지 못하면 이전 단계로 돌아가게 된다. 이러한 과정은 기업의 규모나 형태에 상관없이 적용될 수 있으며, 무형의 서비스 제품에도 적용될 수 있다. 이하에서 각 단계를 살펴보기로 한다.

그림 6-3 ▶▶ 신제품개발 과정

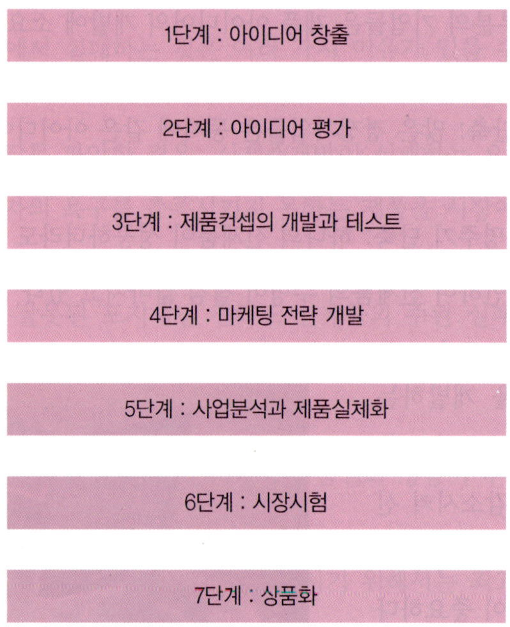

(1) 아이디어 창출(idea generation)

기업목적과 합치하는 신제품의 아이디어를 탐색하는 단계이다. 신제품 아이디어는 기업 내 · 외부의 여러 정보원으로부터 얻을 수 있다. 먼저 기업 내적 정보원으로는 최고경영자, 마케팅 관리자, 조사자, 사내 연구기관, 판매원, 엔지니어, 일반 종업원 등이 있다. 브레인스토밍이나 제안제도를 통한 보상제도는 아이디어 개발을 자극하는 전형적인 기업 내부의 제도적 장치이다. 또한, 기업 외부의 정보원으로는 고객, 경쟁사(의 제품), 유통경로, 마케팅조사기관, 경영자문기관, 광고대행사, 발명가, 업계의 출판물, 대학 및 전문연구기관 등이 있다. 특히 잠재고객의 필요와 욕구분석이 신제품 아이디어를 탐색하는 출발점이라고 볼 때, 소비자조사나 표적집단토의 등을 통해 수집되는 고객의 제안과 불만사항은 중요한 제품 아이디어가 된다. 이처럼 다양한 경로를 통해 수집 가능한 많은 아이디어들은 전담관리자의 책임 하에 조직적으로 수집되고 관리되어야 한다.

(2) 아이디어 평가(idea screening)

수집된 많은 아이디어 중에서 기업의 목표와 자원에 부합하고 제품개발잠재력이 가장 큰 아이디어를 선택하기 위하여 분석 · 검토하는 단계이다. 아이디어를 심사하는 과정에서 기업은 탈락오류(drop error)와 채택오류(go error)를 범하지 말아야 한다. 탈락오류는 실제상 좋은 아이디어임에도 불구하고 기각시키는 오류를 말하며, 채택오류는 그 반대로 나쁜 아이디어를 채택하여 상업화단계까지 진행시킴으로써 불필요한 비용지출과 자원낭비를 초래하는 오류를 말한다.

아이디어 심사의 주된 목적은 부적합한 아이디어를 가능한 한 빨리 선별해내는 데 있다. 제품은 기본적으로 소비자의 욕구충족뿐만 아니라 장기적인 소비자복리를 증대시키는 것이어야 하며, 제품의 안전성과 책임성(제품의 결함이나 불안전성으로 인한 소비자피

(6) 시장시험

기능 테스트와 소비자 테스트를 통과한 모형품은 보다 실제적인 시장에서의 적합성이 시험된다. 즉, 마케팅 관리자는 소비자와 판매상들이 실제 시장에서 그 제품을 어떻게 취급 · 사용 · 재구매할 것인지를 알고, 또 그 시장의 규모가 어느 정도 될 것인지를 파악하기 위하여 시장시험(market testing)을 행한다.

모든 기업들이 시장시험을 하지는 않으나, 많은 기업들은 시장시험을 통해서 구매자와 판매상, 마케팅 프로그램의 효과, 시장점유율, 기타 신제품출시와 관련된 많은 문제들에 대하여 다양하고 유익한 정보를 얻을 수 있다. 주된 문제는 어느 정도의, 어떤 유형으로 시장시험을 할 것인가이다. 시장시험의 범위는 한편으로는 투자액과 위험, 다른 한편으로는 시간적인 제약과 조사비용에 영향을 받는다. 투자비용과 위험부담이 큰 제품은 실패를 하지 않기 위해서 시장시험을 해야 한다. 그러나 제품 수요의 시즌이나 경쟁자의 유사상표 출시가 임박하기 때문에 시간적인 압박을 받고 있는 상태라면, 시장시험의 범위는 매우 감소될 수밖에 없다. 시장시험의 비용은 또한 시장시험을 얼마나 행하며, 어떤 유형을 사용하느냐에 따라 영향을 받는다.

시장시험 방법으로는 주로 시험 마케팅(test marketing)이 흔히 사용되는데, 이것은 제품실패의 위험을 줄이기 위하여 실제의 시장상황과 유사한 한정된 지역의 한정된 소비자들에게 한정된 제품을 출시하여 개발된 신제품과 관련한 마케팅 프로그램을 시험하는 것을 말한다.

시험 마케팅은 여러 가지 이점이 있다. 첫째, 제품을 현실적인 마케팅 환경에 노출시켜 그 제품의 판매성과를 예측할 수 있게 해준다. 제품이 제한된 지역에서만 판매 되지만 기업은 제품의 취약점이나 보완되어야 할 마케팅믹스상의 여러 문제를 인식할 수 있다. 둘째 마케팅 관리자로 하여금 여러 시험지역에서의 광고나 가격, 포장 등에 대한 소비자반응의 편차를 실험하고 마케팅믹스의 변화에 따라 상표인지, 상표선호 변화, 반복구매 등이 변하는 정도를 측정할 수 있게 해준다. 이것은 잠재고객에 대한 지식과 정보를 얻고 적절한 마케팅 프로그램의 대안을 찾는 데 도움이 된다.

그러나 시험 마케팅은 비용이 많이 소요될 뿐만 아니라 경쟁기업의 방해가 개입될 수 있다는 단점이 있다. 경쟁자는 광고나 촉진 활동 강화, 가격인하, 특별 판촉물 제공 등의 행위로 시험 마케팅 프로그램을 무력화시키고 신제품에 대한 인지나 구매를 방해한다. 때로는 경쟁자가 시험 마케팅 단계에서 제품을 복제하여 유사상품의 시장도입에 박차를 가하는 경우도 있다.

(7) 상품화

시장시험을 통해서 경영자들은 신제품의 출시 여부를 결정하기 위한 충분한 정보를 얻게 된다. 상품화(commercialization)는 시장시험의 결과에 따라 최종적인 마케팅믹스를 결정하고 본격적인 제품생산 및 시장도입이 이루어지는 단계이다. 시험 마케팅의 결과에 기초한 마케팅믹스의 수정 · 변화가 너무 많으면 시험 마케팅의 타당성을 저하시킬 수도 있다. 이 단계는 신규의 제조설비를 갖추기 위한 자본비용과 광고촉진 활동 등의 마케팅 비용으로 지금까지의 여러 단계들 중에서 가장 큰 비용이 소요된다.

신제품을 출시하고자 할 때에는 그 도입시기와 장소, 대상, 방법에 대한 고려가 있어야 한다.

먼저 경영자는 신제품의 시장도입시기를 결정함에 있어서 경쟁자의 시장진출과 관련하여 선발진출(first entry), 동시진출(parallel entry), 후발진출(late entry) 등 세 가지의 대안을 가진다. 그리고 신제품이 자사 기존 제품의 대체품일 경우에는 그 재고가 소진될 때까지 도입시기를 연기할 수 있고, 계절제품의 경우라면 성수기가 될 때까지 연기할 수 있다.

또한, 기업은 신제품의 지리적인 출시범위를 특정 지역으로 한정할 것인가 아니면 여러 지역 또는 전국을 대상으로 할 것인가를 결정해야 한다. 기업들은 대개 도입 초기에는 특정 지역(시장)을 상대로 판매를 하다가 점차 다른 지역으로 마케팅의 범위를 확대 · 침투해나가는 시장확대(roll-out marketing)전략을 구사한다.

기업은 침투시장 내에서도 최적 잠재고객, 즉 표적고객에게 유통과 촉진 활동의 초점을 맞추어야 한다. 기업은 이미 시장시험단계를 통해 주요 예상고객의 윤곽을 파악하고 있다. 주로 초기수용자, 다량사용자, 의견선도자로서 그 제품에 대하여 호의적인 구전을 하는 사람, 저렴한 비용으로 접근 가능한 사람이 대상이 될 것이다.

기업은 시제품을 침투시장에 도입하기 위한 실행계획을 개발해야 한다. 즉, 마케팅 예산을 마케팅믹스의 제요소에 적절히 할당하고 제활동의 진행순서를 정하는 등 도입기의 시장전략을 수립해야 한다.

MARKETING FOCUS

롯데 '처음처럼 순하리 유자맛' 개발 3인방이 말하는 인기 비결

친숙한 외모, 상큼한 뒷맛, 계산된 돌풍

이 사람들 요즘 웃음이 끊이지 않는다. 유통업계가 메르스(중동호흡기증후군) 확산으로 때 아닌 타격을 받고 있지만 이들이 만든 제품은 구하고 싶어도 구할 수 없어 많은 소비자들이 아우성을 친다. 주류업계의 '허니버터칩'이라고 불리는 롯데주류의 '처음처럼 순하리 유자맛' 얘기다.

2년 반 연구… 너무 달지 않은 유자 선택

지난 12일 서울 송파구 롯데주류 본사에서 만난 장기석(36) 영업전략팀 책임, 이건순(35) 상품개발팀 책임, 조형일(30) 마케팅1팀 대리 등 순하리 개발 주역 3인방은 자신들이 만든 제품이 성공하리란 기대보다는 어떻게든 성공시켜야 한다는 의지가 컸다고 입을 모아 말했다.

이 책임은 "소비자조사에서 소주의 독한 향이나 맛에 대해 부담스러워하는 신규 유입층은 늘고 있는데 그들이 원하는 저도주의 술맛이 덜 나는 매실주 같은 제품은 가격이 비싸 소비자들이 쉽게 접하지 못하고 있었다"면서 "가장 대중적인 술인 소주를 가지고 새로운 제품을 개발해 보고자 했다"고 설명했다.

출시 두 달 만에 2,200만 병 판매

2012년 11월 새로운 소주 제품개발에 착수해 약 2년 반의 시간이 걸려 순하리가 출시됐다. 이 책임은 "롯데칠성이 음료 쪽이 강하다 보니 향이나 맛에 대한 연구는 다른 주류업체와 비교할 수 없을 정도로 확보됐다"면서 "소비자조사에서 시트러스(감귤류) 계열이 가장 인기가 높았고 그레이프 프루츠, 자몽 등 여러 맛으로 시험을 해 봤다"고 말했다. 이어 조 대리는 "술이 너무 달면 쉽게 질려 오래 마시지 못하고 같은 시트러스 계열의 레몬 등은 흔한 느낌이라 선택한 게 상큼하면서도 지나친 단맛을 주지 않는 유자맛이었다"고 덧붙였다.

가격대 낮추려 일반 소주병 그대로 사용

또 장 책임은 "세련된 병에 유자맛 소주를 넣을 수도 있었겠지만 그러면 가격이 올라가게 돼 일반 초록색 소주병을 그대로 사용해 소비자들에게 친숙하게 다가간 게 성공적이었다"고 분석했다.

순하리가 독특한 맛으로 소셜네트워크서비스(SNS)에서 입소문을 탄 것도 지금의 인기에 한몫

했다. 조 대리는 "순하리 출시 후 테스트 지역인 부산의 식당에 가서 손님들에게 순하리 1병을 시음해 보라고 권했는데 바로 뜨거운 반응이 왔다"면서 "소주는 충성도가 높은 제품이라 성공 예감이 왔다"고 말했다.

와인 · 청주 생산 공장까지 풀가동

순하리는 출시 두 달 만에 2,200만 병이 팔리며 소비층이 성인으로 한정된 주류가 전국적으로 인기를 얻은 보기 드문 히트 제품이다. 경쟁 업체가 순하리와 비슷한 제품을 잇따라 출시하는 가운데 롯데주류는 유자맛 외에 다른 과즙 맛도 준비하고 있지만 일단 수요가 넘치는 순하리를 안정적으로 공급하는 게 최우선 과제라는 입장이다.

장 책임은 "강릉 공장을 풀가동하고 있지만 주문이 밀려 와인과 청주 등을 만드는 경산, 군산 공장도 밤낮을 가리지 않고 순하리를 만들어 내고 있는 상황"이라고 밝혔다. 조 대리는 "다른 업체와의 경쟁에서 순하리가 과즙을 넣은 소주의 인기를 일으킨 선도적인 제품이라는 이미지를 구축하는 것에 집중할 계획"이라고 강조했다.

출처: 서울신문 2015.06.15. http://www.seoul.co.kr/news/

3. 기존 제품의 새로운 용도개발과 계획적 진부화

1) 기존 제품의 새로운 용도개발

기존 제품의 새로운 용도개발(developing new uses of existing products)이란 기존 제품 자체에는 아무런 변경을 하지 않은 채 그 제품의 새로운 용도를 발견하여 제시함으로써 시장의 확대를 도모하는 것이다. 기존 제품의 개량과 함께 제품수명주기의 연장수단으로 이용된다. 제품의 새로운 용도개발은 기존 사용자들의 소비량을 증가시키고 새로운 고객을 창출하는 효과를 낳는다. 예컨대, 듀퐁(DuPont)사가 나일론을 처음 발명하였을 때에는 나일론은 우산을 만드는 소재로 사용 되었으나, 그 용도를 여성용 스타킹, 양말, 블라우스, 남성용 셔츠, 자동차 타이어, 양탄자 등으로 점차 개척해 나감으로써 나일론에 대한 수요가 계속 확대될 수 있었다.

제조업자는 제품이 가지고 있는 현재의 용도에만 만족할 것이 아니라 새로운 용도의 개발가능성을 끊임없이 연구해야 한다. 기존 제품의 새로운 용도를 개발하는 지침으로는 [표 6-5]와 같은 것을 살펴볼 수 있다.

표 6-5 기존 제품의 새로운 용도를 개발하는 지침

- 현재의 용도와 다소 상이한 용도의 개발가능성
- 여성용이나 어린이용을 남성용이나 성인용으로 사용할 가능성 및 그 반대 경우의 가능성
- 타제품과 겸해서 사용할 수 있는 가능성
- 가정 내에서의 사용품이 옥외의 다른 곳에서도 사용될 가능성
- 제품의 성분과 성질상 새로운 분야에서 사용될 가능성
- 산업용을 가정용으로, 또는 그 반대 경우의 사용가능성

이처럼 기존 제품의 새로운 용도개발은 그 가능성이 무한하며, 신제품개발 등 여타의 제품계획 방안들에 비하여 적은 위험부담으로 비용효과를 극대화할 수 있는 이점을 가지고 있다. 오늘날의 새로운 용도개발전략은 제품 그 자체는 그대로 두고 단지 광고를 통해 새로운 용도의 존재만을 알려주는 방식보다는 제품 그 자체의 수정 · 개량을 수반하는 방식이 많이 채택되고 있다.

2) 계획적 진부화

제품의 진부화란 제품의 기능과 품질이 아직 사용할 만한 상태에 있지만, 그 제품보다 더 좋은 기능의 제품이 출현하거나 스타일, 색상, 무늬, 디자인 등의 부차적 기능이 향상된 제품이 시장에 진출함으로써 기존 제품의 사용가치가 없어지는 것을 말한다. 이러한

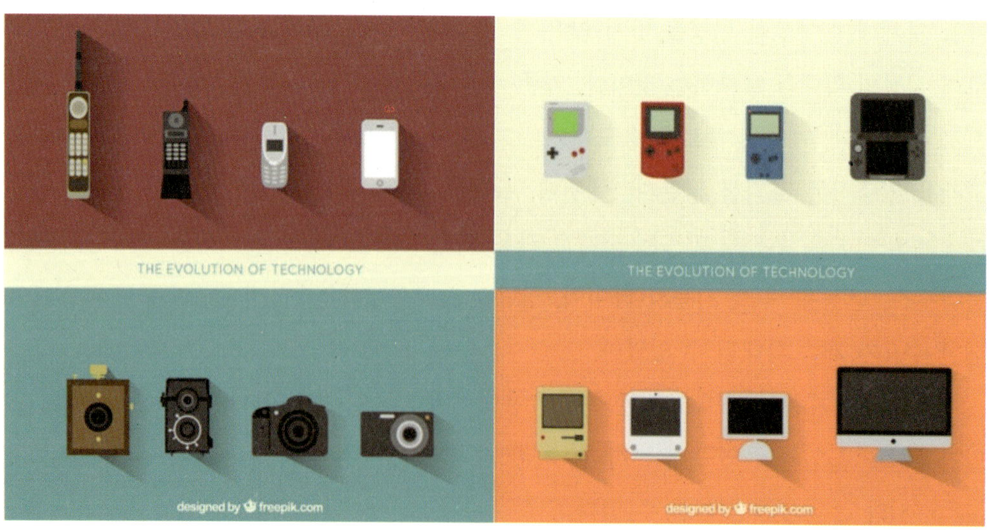

진부화를 계획적으로 실시하고, 이에 따라 제품의 수명(내구연한)을 단축시켜 대체수요를 환기시키고자 하는 제품개발정책을 일컬어 계획적 진부화(planned obsolescence)라고 한다.

계획적 진부화에는 기능적 진부화, 시스템적 진부화, 스타일 진부화 및 품질적 진부화와 예고된 진부화의 여러 가지 형태가 있다.

(1) 기능적 진부화

기능적 진부화(陳腐化, functional obsolescence)는 새로운 기술을 도입하는 기술적 진부화의 한 형태이다. 제품의 기능개량, 성능개량에 의하여 기존의 제품이 기능적으로 진부화된 것으로 인식시켜 신제품에 대한 대체수요를 환기시키는 정책이다. 자동차나 전기기구, 기계 등의 산업에서 많이 나타난다. 기존의 제품은 신제품이 가지고 있는 동일한 역량과 기능성을 가지고 있지 못하다. 한 가지 예를 들면, DVD를 개발하는 일방 video플레이어를 판매하는 기업의 경우가 바로 계획적 진부화를 하고 있는 셈이다. 즉, 보다 더 큰 기능성(더 좋은 품질)을 가진 대체재(DVDs)를 개발함으로써 현존하는 제품(video tape)을 진부화시키고 있다. 다른 예는 전화에 의한 전보의 대체이다. 기존 제품을 보완하는 연관제품도 신제품의 도입으로 진부화 된다. 비디오 테입들이 비디오 플레이어와 같은 운명에 놓이게 되는 경우와 같다. 마찬가지로 경마차를 모는 데 쓰이는 채찍도 경마차 대신 자동차로 여행을 하게 됨에 따라 진부화의 운명을 겪게 되었다.

(2) 시스템적 진부화

시스템적 진부화(systemic obsolescence)란 계속적으로 특정한 제품을 사용할 수 없도록 특정한 제품이 쓰이는 시스템을 변경함으로써 제품이 진부화 되도록 하는 시도이다. 예를 들면, 기존의 소프트웨어와 호환성이 없는 새로운 소프트웨어를 도입하게 되면 기존의 소프트웨어는 대부분 진부화 된다. 컴퓨터에서 워드프로세스 프로그램의 기존 판이 정확하게 작동되더라도, 새로운 판의 워드파일을 읽을 수 없을지도 모른다. 상호 작용성이 부족하기 때문에 새로운 소프트웨어의 수요를 증가시키게 된다. 이러한 진부화의 전략은 소위 제품 시장 간의 연관효과 혹은 망효과(network effect)가 클수록 더욱 효율적이다.

(3) 스타일 진부화

스타일 진부화(style obsolescence)란 주기적으로 제품의 스타일이나 디자인 등의 부차적인 사용가치를 변화시키는 제품정책을 말한다. 이 정책은 소비자의 유행의 변화에 따른 욕구에 합치되도록 심리적으로 제품을 진부화 시키는 것이기 때문에 심리적 진부화라고도 한다. 예컨대, 새로운 자동차 모델의 출시로 구형 자동차가 진부화 되는 경우가 해당되며, 의류와 같은 유행성 제품이나 가전제품 등에서도 많이 볼 수 있다. 스타일 진부화 고객들이 보다 빈번하게 구매하도록 제품의 스타일을 변경하는 일이다. 스타일 변경의 의도는 기존 모델의 소유자가 "한물간(구식)"느낌을 가지도록 하는 데 있다. 또한 경쟁자의 제품과 차별화하여 가격경쟁의 강도를 줄이려는 의도가 있다. 마케팅 관리자들은 또한 스타일을 변경함으로써 소비자들이 기존 제품에서 느끼는 권태감을 없애준다. 동시에 자기 표현과 유행을 따르는 자기 실현의 마음을 충족시켜준다. 스타일 진부화의 좋은 예는 자동차회사에서 볼 수 있는데, 자동차회사는 보통 1~2년에 한 번씩 스타일을 변경한다. GM의 전 CEO였던 Alfred P. Sloan은 "오늘날 자동차의 외형은 판매목적에서 가장 중요한 요소 중에 하나이거나 아마도 가장 중요한 요소일지도 모른다. 왜냐하면 자동차가 달릴 수 있다는 사실은 누구나 아는 당연한 일이기에 운행 능력은 그다지 중요한 요소가 아니다."라고 언급했다.

몇몇 마케팅 관리자들은 한걸음 더 나아가 패션(일정한 기간의 유행)이나 패드(단기간의 유행)를 선도하려고 시도한다. 패드를 선도하는 경우, 마케팅 관리자들은 그들 제품의 수명주기가 짧은 것을 알고 있어서, 그러한 제한 속에서 일을 한다는 의미에서 이러한 제품 속에는 이미 진부화가 깃들여 있다. 예를 들면, 어떤 제품의 경우 판매고가 줄기 시작하자, 시장에서 특매기간을 설정한 후, 제품계열에서 탈락시켰다.

또 다른 전략은 패션주기라고 불리는 패션 변경의 장점을 이용하는 전략이다. 패션주기는 다양한 사회계층에서 스타일의 도입, 매출성장, 인기 절정, 인기 쇠퇴를 반복하는 것이다. 마케팅 관리자들은 다양한 시장 세그멘트에서 제품 믹스를 변경함으로써 패션주기를 반복할 수 있다. 이러한 유행주기는 의류산업에서 일반화 된 일이다. 특정한 의류 스타일은 예를 들어 처음에는 대단히 높은 소득계층을 대상으로 하였으나, 점차 낮은 소득 세그멘트를 목표시장으로 삼는다. 패션주기는 진부화된 제품이 다시 인기를 얻을 수 있어서 진부화를 멈출 수도 있도록 자체적으로 반복될 수 있다.

(4) 예고된 진부화

예고된 진부화(notification obsolescence)는 다음과 같다. 즉, 어떤 기업의 경우는 제품 자체가 제품 사용자에게 대체품의 구매시점을 알려주는 대단히 복잡한 진부화전략안을 개발하였다. 정수기 필터의 경우 미리 지정한 시점에 "필터 교환"을 소비자에게 알려준다거나, 면도날을 갈아 끼는 면도기의 경우는 교환시점에 색깔이 변하는 줄무늬가 바로 예고된 진부화의 사례가 된다. 제품 자체가 실제로 나빠지기 전에 사용자에게 제품의 용도가 끝난다는 사실을 인지시켜 준다면, 그것이 바로 계획된 진부화이다. 새로운 대체제품을 개발하는 비용을 쓰지 않고 이러한 방법으로 진부화를 할 수 있다.

이 밖에 품질적 진부화(quality obsolescence)란 질이 낮은 재료를 사용하거나 낮은 기술을 적용함으로써 제품의 내구성이나 사용연수를 직접적으로 단축시키고자 하는 진부화를 말하는데, 일명 재료적 진부화(material obsolescence)라고도 한다. 셔츠나 타이어의 내구력을 고의적으로 약하게 하는 것이 그러한 예에 속한다.

그런데 이러한 계획적 진부화정책에 대해서는 찬반양론이 있다. 즉, 실질적인 성능이나 품질의 개선이 없이 표면적인 신제품을 만드는 것은 사용가치의 계속성을 계획적으로 파괴하고 소비자에게 불필요한 소비를 조장하며, 더 나아가 사회적으로도 낭비가 되기 때문에 '기만적 진부화'(phony obsolescence)라고 비판을 받고 있다. 이것은 곧 생산자의 소비자에 대한 하나의 책략이자, 배신행위라고 하는 비난으로 집약된다.

이에 대하여 다른 한편에서는 계획적 진부화(특히 기능적 진부화)가 진일보한 기술혁신의 산물이며, 반드시 사회적 낭비라고는 할 수 없다는 것이다. 이를테면, 제품의 기능향상을 위해서는 양질의 원재료가 사용되어야 하며, 이는 그 제품의 사용가치를 높이는 결과가 된다. 또한, 기술혁신에 의한 제품개발은 국민생활수준뿐만 아니라 산업수준의 향상과도 결부된다는 것이다. 이 밖에 새로운 것을 추구하는 소비자의 기호에 적합하고, 진부화된 구제품을 염가구매할 수 있어서 소비생활수준에 기여할 수 있다는 등의 긍정적인 시각도 있다.

따라서 기존 제품을 고의적으로 구식화시키는 계획적 진부화는 "사용하게 하라. 버리게 하라. 사게하라." "소비는 미덕이다"라고 하는 기업의 정책이며, 소비자의 이익을 저해하고 있는 사실도 부정할 수 없으나, 일반적으로 그 공과를 규정하기는 어렵다. 요컨대, 계획적 진부화의 사회적 공과는 그 정도와 산업계의 현상, 소비자의 생활수준 등 여러 각도에서 검토하지 않으면 안 된다. 특히 자원을 낭비하거나 소비자의 필요와 욕구에 합치하지 않는 것과 같은 과도한 진부화정책은 시장이 흡수하지 않게 되고, 스스로 무덤을 파는 격이 되므로 생산자도 충분히 유의하지 않으면 안 된다.

4. 제품차별화전략 신제품 도입과 기존 제품의 개량

1) 제품차별화와 제품의 개량

제품차별화(product differentiation)란 시장에서의 경쟁제품과 차별화된 품질, 디자인, 스타일, 포장 등의 특징을 가지고 소비자수요를 환기시키고 수요를 획득한다는 것이다. 즉, 시장을 동질적으로 보고 경쟁상품에 비하여 자사제품의 차별적 이점(differential advantage)을 소비자에게 널리 알리고 설득하여 경쟁적 우위성을 확보하려는 방책을 말한다. 따라서 제품의 시장성을 높이기 위하여 기존 제품의 제특성을 변화시키는 것을 말하며, 기존 제품의 품질, 기능, 형태, 디자인, 스타일, 원재료, 포장, 상표 등의 개량을 포함한다. 제품의 개량은 제품수명주기상 성숙기에 이른 제품에 대하여 기존 상표의 지속적인 성장과 경쟁적 이점을 확보하기 위하여 행해지며, 이는 곧 제품수명주기를 연장시키는 결과가 된다.

어떤 상황 하에서 특정 제품의 수정이 실제로 제품 믹스의 개량을 가져오기 위해서는 수정 가능한 제품이어야 하고, 기존의 고객을 계속 표적고객으로 삼을 경우, 이들에게 제품의 수정사실이 인지될 수 있어야 하며, 제품의 수정이 고객의 욕구를 더 많이 충족시켜 줄 수 있어야 한다.

기존 제품의 개량은 신제품개발만큼이나 비중이 큰 기업의 제품계획 활동의 하나로서, 시장의 변화나 고객의 욕구 변화에 대응하기 위하여, 새로 개발된 기술을 이용하기 위하여, 효과적인 경쟁수단으로 삼기 위한 배경으로 실행된다.

2) 제품차별화 변수

그런데 제품을 차별화하기 위해서는 다양한 방법이 사용될 수 있으나, 주된 것으로는 기본적 차별화와 외부적 차별화가 있다. 전자는 품질 및 기능을 경쟁사의 제품과 식별될 수 있도록 제품의 특이성을 도모하는 것이며, 때로는 기능적 차별화 또는 실질적 차별화라고도 한다. 후자는 본래적인 사용가치의 차별화와 달리 그 제품의 색상, 디자인, 스타일 등의 부차적인 사용가치의 차별화를 도모하는 것이다. 또한, 제품의 사용가치에 관계없이 상표, 포장, 서비스, 광고에 의한 심리적 차별화(이미지 차별화)가 있다. 이와 같은 외부적 차별화와 심리적 차별화는 소비자의 심리적 약점이나 과학적인 제품지식의 부족을 이용하고, 외관적인 제품의 특징을 대량 매체를 통해 소비자에게 알리고 소비자의 관심을 가격에서부터 비가격 요소로 전환시키려고 하는 것으로서 일반적인 제품차별화의 전형이 된다. 결국 제품차별화정책은 시장세분화정책과 함께 제품다양화 및 비가격경쟁의 한 방책이 되는 것이다. 제품차별화는 일반적으로 시장 또는 소비자의 수요가 동질적이고, 표준화 정도가 높은 제품(비누, 칫솔, 석유 등)에 효과적이다.

제품차별화의 기본목적은 경쟁의 이유 때문에 신제품을 도입하거나, 기존 제품을 변화시키는데, 이때에 주의하여야 할 사항은 기존 제품의 기본기능과 마찬가지로 경쟁제품의 기본기능도 동시에 충족시키도록 하여야 한다는 것이다. 제품차별화에 있어서의 일반적인 장 · 단점은 무엇인가를 알아보면 다음과 같이 말할 수 있다.

표 6-6 제품차별화의 일반적인 장 · 단점

잠재적 장점	잠재적 단점
① 제품연구의 출발점 ② 소비에 합당한 제품생산 ③ 순수한 수요의 창조	① 의식적으로 다른 제품의 공급을 은폐하려는 태도가 생긴다. ② 제한된 마케팅 수단을 시장에 투입하는 데 있어서 분산된 힘만을 발휘하게 한다. ③ 각종의 상이한 제품의 공급으로 유통경로에 대하여 무리한 압박을 준다.

표 6-7 제품차별화 변수

제품	형태, 특징, 작용 일치성, 내구성, 수선가능성, 스타일, 디자인
서비스	용이한 주문절차, 배달, 설치, 고객교육, 고객 상담, 수선유지, 기타
인적자원	능력, 예의, 믿음성, 반응, 커뮤니케이션
경로	수용범위, 전문성, 작용
이미지	상징, 매체, 분위기, 행사

표 6-8 각각 상이한 시장에서 제품차별화의 정도에 영향을 미치는 환경 요소

환경 요소	적응
① 노동비용	자동화 혹은 수동화(제품생산)
② 문맹 정도	재활적 마케팅(remarketing)과 제품단순화
③ 소득	품질과 가격변동
④ 기후	제품적용, 제품단순화
⑤ 공업표준	계기의 눈금 교정
⑥ 전력	제품의 전압크기 교정
⑦ 특수조건	제품의 재디자인 혹은 발명
⑧ 금리	품질과 가격변동

제품차별화전략은 일반적으로 말하자면, 종류가 다양한 제품의 속성 중에서 업종별 · 제품별로 주된 속성이 상이하므로 이 점에 착안하여 제품선호에 영향을 주는 주된 속성을 선별하고 이를 환경에 맞추어 차별화 하는 전략이다. 예를 들면, ① 제품의 외형적 차별화, ② 질(質)의 차별화, ③ 포장과 레이블(label)의 차별화, ④ 브랜드와 트레이드마크(brand and trademark)의 차별화(제7장에서 다룸), ⑤ 서비스와 보증의 차별화 등으로 크게 나눈다. 따라서 제품을 구성하는 속성 요소 중에서 제품선호에 영향을 주는 주된 속성 한 개 이상을 시장환경에 맞추어 변경시키는 것이 제품적응전략 혹은 차별화전략이다.

제품의 물리적 차별화

는 계속성의 차원에서 생성된다. 극단적인 예는 매우 표준화된 제품의 경우(ex: 통닭, 철강, 아스피린)에 거의 제품변동을 할 수 없는 경우이다. 이러한 제품의 경우에도 순수한 제품변동이 가능한데, 바이에르(Bayer) 제약회사의 경우는 그 회사 제품인 아스피린이 "혈관에 더욱 신속하게 흡수된다"는 주장으로 차별화를 한다. P&G회사의 경우는 9가지 상표(Tide, Cheer, Gain, Dash, Bold, Dreft, Ivory Snow, Oxydol, Era)의 세제를 개발하여 각각의 상표 정체성을 가지게 되었다. 이 회사의 전략은 소비자들이 원하는 세제(洗劑)의 차별화 된 혜택을 이용하는 것이다. 예를 들면, Tide의 경우 "옷감의 섬유올실까지 깨끗해 질 만큼 강력한 세제", Ivory Snow의 경우 "순도 99.44%로서 아이들의 기저귀나 의류에 적합할 만큼 부드럽다"는 등의 혜택의 차별화를 강조한다.

이와는 반대로 차별화의 가능성이 큰 경우는 사동차, 상업건물이나 가구 등을 말한다. 디자인 등의 차별화 가능성이 매우 큰 경우이다. 중요한 제품차별화 요인은 특성, 작용 또는 기능, 일치성(소비자 기대의 충족), 내구성, 신뢰성(특정 기능 수행가능성), 수선가능성, 스타일과 디자인 등이다.

3) 제품의 외형적 차별화

제품의 외형적 차별화라면, 특히 형태(form과 style), 색채(color), 크기(size)의 차별화를 의미한다. 그러나 이 중에서 특히 색채는 포장의 차별화와 긴밀한 관계에 있기 때문에 포장의 차별화에서 상세히 언급하겠다. 형태나 크기에 관하여 제품의 차별화에 결정적인 영향을 주는 주요 영향 요소는 다음의 세 가지 조건으로 나누어 생각한다. 즉, ① 사용조건, ② 사용관습, ③ 도량형의 크기에 따라 제품의 외형적 차별화가 생긴다.

스타일 개량(차별화)은 제품의 외형적 · 심미적 소구력을 높이고자 하는 것이다. 소비자들의 구매결정에는 제품의 외적 · 감각적인 요소(외형, 맛, 냄새, 소리, 느낌 등)들에 대하여 많은 고민을 하게 되며, 따라서 스타일 개량은 제품구매에 강한 영향을 미칠 수 있다. 특히 오늘날은 가격경쟁보다는 품질, 서비스, 디자인, 색채, 포장 등의 비가격경쟁의 전개가 중시되는 현상에 비추어 볼 때, 스타일 개량의 중요성은 한층 더 커지고 있다. 자동차 메이커들이 매년 주기적으로 신형 모델을 제시하는 것은 스타일 개량의 대표적인 예가 된다. 기업은 스타일 개량을 통해서 자사의 상표를 경쟁상표와 차별화함으로써 시장점유율을 확보할 수 있는 이점이 있다. 또한, 스타일 개량은 독특한 시장특성(a unique market identity)을 부여하고 그 제품에 대한 충성도를 확고히 하게 해준다. 그러나 스타일 개량이 갖는 주요 결함은 그 개량의 가치가 주로 기업에 의하여 주관적으로 결정된다는 점이다. 이것은 설사 스타일 개량이 이루어졌다고 하더라도 그 제품에 대한 소비자애고를 획득하지 못할 위험성을 안고 있다.

4) 제품의 질적 차별화

생산자는 물건을 판매할 때 구매자가 얻거나 얻고자 기대하는 만족도나 혹은 사용가치를 부여해 준다. 따라서 제품구입 시의 중요 결정인자는 질이며, 질(quality)이란 특정 목적에 적합한 정도를 뜻한다. 결국 마케팅에 있어서는 제품에 합당해야 하는 목적(속성의 선호도)이 시장 세그멘트마다 각각 다르다는 사실에서 문제가 생긴다.

제품전략수단의 결정에 있어서 판매정책적 근본 문제는 질의 차별화 문제에 관한 한, ① 하나의 제품이 획일성을 갖는다는 것, 즉 같은 방법으로 생산되고 시장의 특성을 고려하지 않고, 질의 통제에 대한 같은 표준 내지는 원칙을 적용한다는 문제와 ② 모든 세분화된 시장의 질에 대한 표준원칙에 알맞게 적응하는 문제이다. 품질개량(차별화)은 제품의 원재료나 생산기술, 생산공정 등의 개량에 의하여 제품의 내구성과 신뢰성을 높이는 것으로서 사용가치의 증대화를 도모하는 것이다. 품질개량은 기업이 경쟁상표에 대하여 경쟁적 이점을 누릴 수 있게 해주며, 고객충성도를 낳게 하고, 소비자들이 가격(고가)에 대하여 덜 민감하게 할 수 있다. 때로는 금속재료를 플라스틱 재료로 대체하는 경우와 같이 원자재나 부품의 대체로 인하여 제품의 품질과 내구성이 향상됨과 동시에 제품의 원가인하효과를 가져오기도 한다. 질(質)의 차별화는 품질의 개선에 대한 제조업자나 판매자의 주장을 구매자들이 수용하고, 또 많은 구매자들이 변화된 품질을 원하느냐에 따라 그 효과가 좌우된다. 제품의 질적인 차별화는 크게 나누어 첫째는 재료(원료의 특성, 부가적 재료)의 차별화와, 둘째는 기능의 차별화로 분류한다.

(1) 재료의 차별화

㉠ 사용조건, ㉡ 사용관습, ㉢ 법적인 규제가 역시 중요한 인자로 등장한다.

사용조건에 따라서 보다 내구성이 나은 물건을 만들기 위한 제품원료의 배합을 달리 할 수 있다거나, 소비자 그룹의 소득관계나 제품에 대한 태도에 따라서 소비자 수준에 알맞게 제품의 원자재를 차별화 하게 되는 조건이다.

사용관습은, 특히 소비재에 있어서 소비자들의 제품의 질에 대한 선호 차별화를 일으키는 원인을 말한다. 소비자들이 최대의 만족을 느끼게 함으로써 기업이 최대의 판매고를 보장받고자 차별화 수단을 쓰게 된다.

법적인 규제란, 제품의 질에 대하여 영향을 주는 법규로서, 특히 제품 원재료의 함량, 구성분자에 대한 규제를 가하는 것을 말한다. 예를 들면, 각종의 생활필수품, 의약품 관계법이나 혹은 니코틴 최고 함량, 알코올의 최대 함량치 등에 관한 규정은 바로 제품정책의 영향인자로서 그 의미가 있다. 그 밖에 환경보호규정(ex: 휘발유 속의 납 함량 규제) 같은 것도 이러한 관점에서 매우 의미 깊은 것이다.

(2) 기능의 차별화

기능적 제품의 질(質)이란, 기능 방법, 조작하는 방법, 기능을 유지하는 방법, 기능의 종류, 제대로 기능을 하도록 수선하는 방법을 총망라한다. 따라서 이상의 모든 항목을 시장환경에 맞추어 차별화 하는 것이 제품의 질적인 차별화 중에서 기능의 차별화라고 말한다. 기존 제품의 재설계를 통해서 제품 사용상의 편의성, 안전성, 능률성, 경제성, 다용도성 등의 개량을 도모하는 것으로서, 사용자에게 편익을 주고 제품의 혁신성을 수요자들에게 전해주는 데 목적이 있다.

특히 내구성 소비재와 산업재의 경우는 이러한 기능적 질의 차별화가 중요한 의미를 갖고 있다. 이러한 기능의 차별화 역시 사용조건이나 법 규제에 영향을 받는데, 예를 들어서 전기제품의 경우 전압(120V 혹은 220V)이나 출력에 적응하는 문제라든지, 방송 주파수가 조밀한 곳에서의 전파수신기(ex: 라디오, 텔레비전 등)의 수신 능력의 차별화 등을 들 수 있다. 또한, 기능조작의 경우나 기능유지 면에서 볼 때 기술 서비스 인원의 기능훈련이나 전문기능인의 훈련 관계에 따라서, 쉽게 고칠 수 있는 제품 혹은 쉽게 조작할 수 있는 제품을 마케팅하게 된다. 시장에 따라서는 간단한 제품, 즉 기능, 조작, 기능의 종류가 단순하거나 또는 기능을 유지하는 것이 손쉬운 제품일수록 수요가 많다. 제품수선이나 조작 또는 기능유지를 위하여 그에 합당한 기술을 구할 수 없는 환경에서는 제품의 용도는 있으나, 제품 자체의 기능이 발휘되지 못해서 무용지물이 되므로 자연적으로 그 제품의 수요가 줄어든다. 따라서 시장의 사용 조건에 따라서 넓은 의미의 기능차별화에 대한 필요성이 생기는 것이다. 기능의 차별화에 있어서 국가적 규제의 영향은 "승용차의 안전수칙"을 좋은 예로 삼을 수 있다. 즉, 탑승자의 안전을 보장하기 위하여 자동차 속에 안전

벨트 혹은 운전자의 머리 받침대 등을 구비하여야 하는 여부에 관련된 규정이 각각 상이하다. 따라서 이러한 규정에 알맞게 제품의 기능을 그 시장 사정에 따라 차별화 하여야 한다. 기능개량(차별화)은 기존 제품에 새로운 특성(크기, 무게, 자재, 첨가재, 부속품 등)을 추가하여 보다 많은 사람들에게 제품의 유용성을 높여줌으로써, 그 제품시장을 확장시켜 준다. 또한, 기업은 기능개량을 통해 경쟁사의 품목에서 제공되지 않는 편익을 제공함으로써 보다 유리한 경쟁적 위치를 갖게 된다. 기능개량은 경쟁사에 의하여 모방이 쉽다는 단점이 있다. 따라서 지속적인 기능개량을 통해서 진보적이고 선도적인 기업 이미지를 구축하고 유지하는 것이 필요하다.

MARKETING FOCUS

"잇단 호평에 수상 쾌거까지"... 제네시스, 올해 美서 'V자 반등' 본격화

올해 1분기 약 350여 개 제네시스 전용 딜러 운영··· 美 딜러 판매망 정상화

이르면 올해 상반기 G90 투입, 내년 G80 및 첫 SUV인 GV80 미국 출시

제네시스 브랜드가 글로벌 자동차시장 최대 격전지인 북미에서 'V자 반등'을 위한 여정을 본격화하고 있다.

제네시스는 14일(현지시각) G70가 '2019 북미 올해의 차'에 선정되는 등 브랜드가 북미시장에서 잇단 호평을 이어가며 빠른 속도로 인지도를 끌어올리고 있다고 밝혔다.

특히 제네시스 브랜드는 올해 상반기 북미 딜러 망 구축을 마무리하고, 공격적인 마케팅을 준비하고 있어 북미시장 판매가 빠르게 회복될 것으로 기대된다. 제네시스는 "이번 북미 올해의 차 선정 등 미국에서 지난해 9월부터 판매중인 G70에 대한 현지 반응이 매우 긍정적"이라며 "제네시스 전용 딜러 확충 및 2019년형 차종 확대공급 등을 통해 미국 판매 회복세를 가속화할 것"이라고 밝혔다. 그동안 제네시스 브랜드는 차별화된 고객 경험 제공을 위한 전용 딜러 망 구축 과정에서 북미 지역 판매가 정상적으로 이뤄지지 않았다.

지난해 초에는 미국에서 현대 브랜드와 구분되는 별도 럭셔리 브랜드로서 판매 라이선스를 확보한 주(洲)가 거의 없었다. 하지만 지난해 말에는 미국 전역 50개 주에서 라이선스를 획득했다. 이에 차량도 순차적으로 2019년형 G90, G80, G70 차종을 정상적으로 공급하고 있다. 올해 1분

기까지는 약 350여 개의 제네시스 딜러 운영이 예상됨에 따라 점차 판매가 확대될 전망이다. 점진적으로는 제네시스 브랜드는 단독 딜러 시설 구축을 추진해 나갈 계획이다. 작년 11월 국내에서 론칭한 G90도 이르면 상반기 북미 출시 예정이다. 올해 하반기 국내에서 선보이는 신형 G80와 제네시스 브랜드 최초 SUV인 GV80도 내년에는 북미시장에 진출한다. 중 · 장기적으로 제네시스 브랜드는 GV80 이외에 글로벌 시장에서 오는 2021년까지 SUV 두 대를 추가로 선보여 세단 3종, SUV 3종 등 총 6종의 라인업을 확보할 계획이다.

제네시스 브랜드는 친환경차시장 공략 및 기술 리더십 확보를 위해 세계 최고수준의 전동화 차량 비중도 획기적으로 높여갈 방침이다. 더 나아가 제네시스 브랜드는 올해 상반기 호주 고급차시장 진출을 비롯한 글로벌 시장 공략을 강화한다. 중국은 이르면 올해 말 브랜드 론칭 예정이고, 유럽의 경우 중국 진출 이후 브랜드 론칭을 검토 중인 상황이다.

북미 지역 딜러 망 구축에 맞춰 제네시스 브랜드는 올해 마케팅도 한층 강화한다.

미국 PGA 투어 '제네시스 오픈' 후원을 지속하며, 미국 라이프스타일 매거진 '베니티 페어(Vanity Fair)'가 개최하는 '베니티 페어 애프터 파티' 등 다양한 마케팅 및 후원 활동을 추가해 지속적으로 브랜드 인지도 제고할 계획이다.

아울러 제네시스 브랜드가 북미에서 올해의 차, 디자인, 품질 등의 분야에서 권위 있는 주요상을 휩쓸며 꾸준히 호평을 받는 것도 신생 브랜드인 제네시스 브랜드의 전망을 밝게 하는 부분이다. 제네시스 브랜드 관계자는 "신생 럭셔리 브랜드가 이 만큼 호평을 받는 사례는 극히 드물다"면서 "딜러 망 구축이 마무리 되고 주력 신차가 투입되기 시작하는 올해가 터닝포인트가 될 것"이라고 말했다.

한편, 제네시스와 함께 유틸리티 부문에서 북미 올해의 차를 수상한 코나 역시 글로벌 판매가 순항할 것으로 기대를 모으고 있다. 코나는 지난해 국내시장에서 총 5만468대가 팔려 국내 소형 SUV 부문의 경쟁 차종을 따돌리고 판매 1위를 차지한 바 있다.

출처: 뉴데일리 2019.01.15. http://biz.newdaily.co.kr/

5) 포장화와 레이블링의 차별화

(1) 포장과 포장화

포장화(packaging)란 제품을 덮어 싸는 포장지나 용기를 디자인하고 생산하는 제품계획 활동을 말하며, 포장지나 용기 자체를 포장(package)이라고 한다. 포장은 제품의 중요한 한 부분으로서 유통이나 저장 중에 내용물이 변질 · 파손되지 않도록 보호하고, 취급이나 사용하기 편리하게 해주며, 더 나아가 제품의 가치를 향상시켜 제품에 대한 고객의 태도와 그들의 구매결정에 영향을 미칠 수 있다.

포장의 종류는 구분 기준에 따라 여러 가지 방법으로 나누어지지만, 사용되는 포장재를 기준으로 1차포장, 2차포장 및 운반용 포장의 세 가지로 나눌 수 있다. 1차포장(primary package)은 제품이 내용물을 직접 감싸는 속포장을 말하고, 2차포장(secondary package)은 1차포장을 보호하고 제품을 보호하고 제품 사용 시에는 분리되는 포장재로서 보완적인 제품보호와 촉진기능을 수행한다. 마지막으로 운반용 포장(shipping package)은 보관 · 식별 · 운반을 위해 필요한 겉포장이다. 두꺼운 골판지는 운반용 포장재로 많이 쓰이는 것을 볼 수 있다.

(2) 포장의 기능

첫째, 포장은 단순히 제품을 용기에 담거나 포장지로 덮어 싸는 이상의 의미와 기능을 지니고 있다. 무엇보다도 먼저 포장은 제품을 보호하고 그 기능적 형태(form)를 유지하고 보존하는 기본적인 기능을 가지고 있다. 예컨대, 밀크나 오렌지 쥬스 같은 액체는 그 제품의 질과 유용성을 보존하고 보호할 수 있는 포장이 필요하며, 이러한 노력은 다양한 포장기법의 개발과 함께 비용의 증가를 수반한다. 둘째 포장은 소비자에게 편의성을 제공해준다. 포장의 규격과 형태는 제품의 저장, 사용의 편의성, 제품대체율 등과 관계된다. 예컨대, 소형의 야채류 포장단위는 낭비를 막고 저장을 용이하게 해준다. 셋째 포장은 제품의 특성과 용도, 편익 및 이미지를 소비자에게 전달해줌으로써 제품을 촉진하는 기능을 한다. 즉, 포장은 훌륭한 마케팅 도구로서 활용될 수 있는 바, 그것은 제품의 식별을 용이하게 하여 제품차별화의 한 수단이 될 수 있을 뿐만 아니라 구매시점은 물론 제품의 사용시점에까지 촉진작용을 한다. 날로 격화되어 가는 경쟁상황에서 "말없는 판매원"(Packaging is a silent salesman)으로 불리우는 포장의 촉진기능은 마케팅 관리자에게 매우 중요시되고 있다.

마케팅 도구(특히 촉진수단)로서 포장이 점차 각광을 받고 있는 것은 다음과 같은 배경을 가지고 있다.

■ 셀프 서비스

점차 많은 제품들이 슈퍼마켓이나 할인점의 셀프 서비스를 통해 판매됨에 따라 포장은 스스로 여러 가지의 판매역할을 떠맡아야 한다. 즉, 포장은 주의를 끌고, 제품의 특성을 설명하며 고객에게 확신을 주고 호의적인 인상을 심어주어야 한다.

■ 소비자 풍요

소비자들이 경제적으로 풍요해짐에 따라 그들은 포장의 편의성, 외관, 신뢰성, 품위에 보다 관심을 갖게 되고, 좋아진 포장에 대하여 기꺼이 추가적인 부담을 하고자 한다.

■ 기업 이미지와 상표 이미지

잘 디자인된 포장은 기업이나 상표의 이미지를 높여 준다.

■ 혁신기회

혁신적 포장은 고객들에게는 커다란 편익을, 생산자에게는 높은 판매고와 이익을 가져다준다. 예컨대, 청량음료나 맥주를 처음 캔으로 만들어 판매한 기업은 신규 고객을 대거 확보할 수 있었다.

(3) 포장의 개발

보다 개량된 포장지나 편리해진 포장용기는 기업에게 소요된 비용 이상의 많은 이익과 경쟁적 이점을 제공해준다.

기업이 신제품에 대한 효과적인 포장을 개발하기 위해서는 여러 단계를 거쳐야 한다. 먼저 포장의 주요 기능들 중에서 어디에다 초점을 둘 것인가에 대한 포장 컨셉(packaging concept)을 개발해야 한다. 그런 다음, 포장의 규격, 형태, 재료, 색상, 내용(text), 상표마크 등 포장의 구성 요소들이 서로 조화를 이룰 수 있도록 포장의 디자인에 관한 의사결정이 필요하다. 물론 이러한 포장화 요소들이 가격, 광고, 기타 마케팅 요소들과도 조화를 이루어야 함은 당연한 일이다.

포장이 디자인된 후, 그 포장은 마지막으로 여러 가지 실험을 거쳐야 한다. ① 기술적 실험(engineering tests)은 정상적인 사용조건 하에서 그 포장이 제대로 견뎌낼 수 있는지를 알아보는 것이다. ② 시각실험(visual tests)은 포장지에 기재된 제품정보가 법적으로 하자가 없으며, 색상이 조화를 이루는가 하는 것이다. ③ 중간상실험(dealer tests)은 포장의 매력도와 취급용이성에 대한 중간상들의 평가를 알아보는 것이다. ④ 소비자실험(consumer tests)은 포장에 대한 소비자의 반응을 확인하는 것이다.

효과적인 신제품을 개발하는 데는 많은 비용과 수개월 이상의 장기간이 소요되지만, 고객을 유인하고 만족시킬 수 있는 포장의 다양한 기능을 고려해볼 때, 포장화의 중요성은 아무리 강조해도 지나치지 않다. 특히 마케팅 관리자는 포장에 대한 점증하는 사회적 비판을 충분히 수용하여 사회적 요구에 부합하는 포장을 개발해야 할 것이다.

(4) 레이블과 레이블링

레이블(label)은 특정 제품에 관한 일련의 정보가 기록된 표찰을 말하는 것으로서, 생산자나 판매자가 자사의 제품에 대한 레이블을 설계하고 관리하는 활동을 레이블링(labeling)이라고 한다. 레이블은 단순히 제품에 부착되어 있는 꼬리표(tag)에 불과할 수도 있고, 또는 보다 일반적인 개념으로서 포장의 일부가 되어 정교하게 디자인된 도안(graphic)이 될 수도 있다. 레이블의 기능은 다음과 같다.

■ 식별 레이블(identification label)

단순히 제품의 표면에 상표만을 부착한다.(ex: 'Sunkist'오렌지)

■ 등급 레이블(grade label)

품질 기준에 따라 제품의 등급을 표시해준다.(A , B, C 등급 또는 1, 2, 3 등급)

■ 서술 레이블(descriptive label)

제품에 관한 제반 정보를 상세히 기술해 준다. 제품의 제조업자, 판매업자, 제조일자, 유통기한, 성분, 중량, 규격, 수량, 사용법, 사용 시 유의점, 가격, 품질과 성능, 보증, 검사증 등의 정보가 포함된다.

■ 촉진 레이블(promotion label)

매력적인 도안을 통해 제품을 촉진하기 위한 레이블이다. 제품의 내용물이나 상징물, 그림, 만화 등의 도안이 포함된다.

요컨대, 마케팅 수단으로서의 레이블은 포장과 밀접하게 연관되어 있으며, 정보제공적 기능과 함께 촉진기능을 수행할 수 있다는 점에 그 중요성이 인정되고 있다.

한편, 레이블에 대해서는 오랫동안 법적인 관심이 있어 왔다. 이를테면 판매자가 단순한 레이블만을 원한다고 하더라도 법규상의 요구가 있을 때에는 추가적인 제품정보를 제시해야 한다. 제조업자나 판매업자는 제품의 레이블이 법적 · 실제적 요구에 맞게 필요한 정보를 모두 포함하고 있는지를 확인해야 하며, 다른 한편으로 소비자 또한 자신들에게 주어진 정당한 권리로서 정확하고 완전한 제품정보를 추구하고 있음을 알아야 한다.

(5) 포장과 레이블의 다양화

포장을 차별화 한다는 것은 여러 가지 목적에 합당하게 시장별로 상이한 포장을 함으로써 제품에 대한 선호도를 높이기 위함이다.

레이블링 역시 포장의 다양한 목적과 연관성을 가지고 독특한 의사결정변수를 추구하는 것이다. 즉, 레이블링에 있어서의 주요 요소는 언어와 정부규제, 소비자정보이다.

포장의 차별화에 있어서도 ① 사용조건, ② 사용관습, ③ 기업목적, 특히 포장의 광고적 요소의 차별화와 레이블링을 통한 특정 이미지를 부각시키기 위한 행위, ④ 규제(특히 labeling law) 등이 커다란 영향 요소로 작용한다.

■ 사용조건

생산자로부터 소비자에게 이르기까지의 운송수단, 거리의 장 · 단, 물적 취급(material handling)의 횟수 등에 따른 포장의 차별화가 필요하다. 해운, 육운, 항공운송 등이 다 각기 다른 조건이 있듯이 운송거리의 멀고 가까움은 포장의 제품보호 목적에 심대한 영향을 준다. 그 밖에 마케팅의 부수적 기능을 담당하는 기구인 창고시설이나 유통업체의 근대화 정도에 따른 포장의 차별화도 중요한 사항이다. 특히 제품전략의 본질적인 문제는 포장의 계속적인 사용가능성 여부가 된다. 즉, 제품을 사용한 후에 포장재료를 계속적으로 사용하는 것이 가능한가 하는 점은 제품선호에 영향을 끼친다. 예를 들면, 고객의 의사결정에 있어서 환경공해를 의식하게 되므로 가급적 제품사용 후에도 재사용할 수 있는 포장 등 환경친화적인 요소를 가진 포장이 선호된다.

■ 사용관습

사용관습 역시 소득수준과 더불어 포장규격에 영향을 준다. 포장규격은 시장에서 가장 중요한 포장변수의 하나이다. 만일 매일 쇼핑을 한다면 1주일에 한 번 쇼핑할 때에 비하여 대규격 포장의 필요성이 적어진다. 쇼핑한 물건을 운반할 자동차가 없어도, 대규격 포장의 필요성이 또한 줄어든다. 그러나 소득이 증가하게 되면 대규격의 포장이 더욱 필요하게 된다. 유통경로가 다수의 소규모 소매상으로 구성된 시장에서는 소규격 포장이 적정규격의 포장으로 간주될 수 있다. 소비재의 적정한 규격포장은 소득수준에 따라서 결정되므로 소득의 차이를 감안하여 적정규격을 달리해야 한다. 주로 관습과 전통 또는 세대에 의존하는 포장은 재료, 용기 및 포장색에서도 차이가 난다.

MARKETING FOCUS

풀무원샘물, 소비자 의견 반영한
'풀무원샘물 by Nature' 새 라벨 공개

소비자 참여형 이벤트를 통해 당선된 재치 있는 문구 적용

풀무원샘물(대표 조현근)이 '풀무원샘물 by Nature' 라벨에 '물'에 대한 소비자들의 참신한 카피를 새 라벨에 적용해 제품을 리뉴얼 출시했다.

풀무원샘물은 수분 섭취의 중요성을 알리고 소비자들과의 양방향 소통을 확대하기 위해 '풀무원샘물 by Nature' 제품 라벨을 활용한 마케팅을 적극적으로 펼치고 있다. 지난 9월에는 풀무원샘물 공식 페이스북 페이지를 통해 '한 줄 백일장 水詩(수시)모집' 이벤트를 진행하고 물에 대한 문구를 공모했으며, 총 8,000명이 참가하는 등 뜨거운 관심을 받았다.

최종 선발된 작품은 직장인을 응원하는 마음을 담은 '야근은 밀물, 월급은 썰물, 이 물은 샘물'과 지하 천연암반수의 뛰어난 품질과 특징을 잘 표현한 '난 네가 속물이어도 괜찮아'와 '요 물, 아주 요물일세?' 총 세 가지이다.

풀무원샘물은 해당 문구를 라벨에 적용한 '풀무원샘물 by Nature' 500ml 및 2L 에디션을 새롭게 출시했으며, 편의점, 대형마트 및 슈퍼마켓 등에서 구매가 가능하다.

풀무원샘물 관계자는 "수분 섭취는 모든 이들의 건강한 라이프스타일을 위한 필수 요소인 만큼, 더욱 많은 사람들에게 쉽고 재미있게 수분 섭취의 필요성을 전하고자 다양한 참여형 이벤트를 진행하고 있다"며 "특히 올해는 풀무원샘물 페이스북 페이지를 오픈해 소비자와의 소통을 확대하고, '한 줄 백일장 水詩(수시)모집'과 '풀샘의 작심20 캠페인' 등의 이벤트를 진행하며 소비자의 공감을 크게 이끌어 냈다"고 전했다.

출처: 식품음료신문 2018.12.21. http://www.thinkfood.co.kr/

6) 서비스와 보증의 차별화

제품서비스(product services)란 제품을 구매하고자 하는 자에게 구매결심을 용이하게 해주거나, 또는 구매자에 대하여 적정한 소비나 사용을 할 수 있도록 제품의 효용성을 높여주는 일체의 활동을 뜻하며, 이러한 서비스는 생산자나 판매자에 의하여 이루어진다.

구매자들은 어떤 제품을 구매하기에 앞서 그것을 경험할 수 없을 때, 필연적으로 제품이 제공해줄 수 있는 만족의 정도에 대한 약속(promise)을 판매자로부터 얻고 싶어 한다. 판매자가 제품계획을 통해 아무리 소비자의 욕구를 반영하는 훌륭한 제품을 만들었다고 하더라도, 소비자 입장에서는 그 제품의 성능이나 품질에 대한 불안감과 구매위험 때문에 구매행위가 저해되며, 또 제품을 구매한 후에도 작동 방법이 미숙하거나 고장 등의 이유로 제품이 가지고 있는 본래의 기능을 충분히 발휘할 수 없게 되면 소비자불만의 한 요인이 될 수 있다.

제품서비스는 구매자 중심의 시장에서 제품의 판매전서비스와 판매후서비스를 포괄하는 개념으로서, 소비자의 제품구매를 촉진하고 소비자만족을 강화시켜 재구매를 유도하며, 비가격경쟁 및 제품차별화의 한 수단이 된다.

(1) 보증

보증(warranty)은 제품의 기능에 이상이 있을 경우 생산자 또는 판매자가 어떻게 하겠다고 보장하는 것을 말한다. 기업이 제공하는 보증의 유형은 구매자에게 매우 중요한 관심사가 되며, 특히 가격이 비싸고 기술적으로 복잡한 제품일수록 보증의 중요성은 더 커진다. 또한, 보증은 구매자의 구매결심을 촉진하고 구매제품에 대한 만족감을 증대시키는 역할을 한다.

보증은 보다 구체적이고 정확하게 이루어져야 하기 때문에, 마케팅 관리자들은 보증을 자사상표의 경쟁적 이점을 제고하는 도구로 사용하고 있다. 예컨대, 자동차산업에서 현대 · 기아자동차를 비롯한 많은 자동차회사들이나 삼성전자나 LG전자 같은 전자제품회사들이 보증기간을 연장하고 보증에 포함되는 부품의 수를 확대해줌으로써 점차 보증을 경쟁도구로 이용하는 경향을 보이고 있다.

서비스의 경우는 물리적 제품에 비하여 보증을 제공하기가 어렵지만 어떤 마케팅 관리자들은 고객만족을 보증해준다. 효과적인 서비스 보증이 되려면 조건을 달지 않고, 의미 있는 내용으로, 그것을 이해하고 소구하기 쉬워야 하며, 보증받기가 신속하고 용이해야 한다. 예컨대, KT가 제공하는 올레 인터넷 서비스의 경우 "24시간" 소비자 신고를 받아 빠른 시간 내에 안테나 부품의 교환이나 고장수리를 완벽하게 수행함으로써 인터넷 사용자의 편의를 보장해주면서 고객을 창출하고 있다.

일반적으로 보증의 종류에는 ① 반품과 교환의 보증, ② 일정한 품질의 보증, ③ 고장이나 손상에 대한 보증, ④ 일정한 기간에 대한 보증 등이 있다.

(2) 사후서비스

사후서비스(after sales services)는 판매된 제품에 대하여 필요한 대체부품을 공급하고 고장 시에는 무료 또는 실비로 수리하거나 부품교환을 해주며, 제품에 대한 사용법이나 기술적인 조언을 해주는 등의 서비스 활동을 통해 그 제품이 지니고 있는 본래의 정상적인 기능을 항시 유지할 수 있도록 하는 활동을 말한다.

사후서비스는 고객지향적인 마케팅 활동의 일환으로서 구매 후 부조화(dissonance)를 감소시키고 자사제품의 구매자를 '영구적 고객'(permanent customers)으로 만들 수 있어 오늘날 마케팅 관리자들에게 차별적 경쟁수단으로 매우 중요시되고 있다. 이러한 지원서비스는 구매자가 오랫동안 제품의 기능이 유지되기 원하는 고가의 복잡한 산업제품의 경우에 특히 중요시된다.

판매제품의 수선 · 유지서비스를 포함하는 사후서비스를 고객들에게 제공하는 방법으로는 다음과 같은 세 가지 대안이 있다.

제조업자들은 통상 첫 번째의 대안인 사후서비스를 직접 제공하는 것으로부터 출발한다. 서비스 관련 설비가 항상 가까이 있으며, 또한 문제 요인을 쉽게 파악할 수 있으나, 서비스 요원의 훈련과 관리에 많은 시간과 비용이 소요된다. 이들은 '부품 및 서비스 사업부'를 만들어 수익성을 유지하면서 필요한 서비스를 제공하기도 한다. 시간이 지남에 따라 제조업자는 인가된 중간상이나 판매대리점에게 수선 · 유지서비스의 상당 부분을 넘기게 된다. 중간상들은 고객들과 보다 근접하여 많은 지역에서 영업을 하므로 서비스의 질은 다소 떨어질지 모르지만 보다 신속한 서비스를 제공할 수 있다.

그 다음에는 제조업자와 완전히 독립된 서비스 기업이 등장한다. 이들 독립된 서비스 기업들은 일반적으로 제조업자나 인가된 중간상들보다 훨씬 더 싸고 신속하게 서비스를 제공한다.

마지막 대안으로 대고객 중의 일부는 자신의 취급품목에 대하여 직접 수선 · 유지서비스를 하는 경우도 있다. 예컨대, 대규모의 개인용 컴퓨터나 프린터 및 관련 설비를 수요하고 있는 조직체(ex: 대학 또는 기업, 관청 등)는 자체 내에 서비스 요원을 확보해두는 경우가 많다. 대개 이런 경우에는 자체서비스를 제공하기 때문에, 제품구매 시 '개별적'(unbundled) 가격조건으로 제조업자에게 압력을 줄 수 있다.

MARKETING FOCUS

인포뱅크, 귀뚜라미보일러에 카카오톡을 통한 A/S접수 서비스 공급

카카오톡 상담톡 공식 딜러사인 인포뱅크가 귀뚜라미보일러에 챗봇(Chatbot, 채팅로봇) 기반의 카카오톡을 통한 A/S접수 서비스를 공급한다.

전화를 통한 A/S접수는 문의가 많은 시간대나 성수기 시즌에는 대기시간이 발생하는 불편함이 있다. 귀뚜라미보일러는 보일러 업계 최초로A/S접수 서비스에 챗봇(Chatbot) 기술을 활용해서, 고객 문의 접수 창구를 카카오톡으로 확대해 시간과 장소에 구애 받지 않고 신속하게 서비스를 신청할 수 있도록 했다.

카카오톡을 통한 A/S접수 이용 방법은 간단하다. 귀뚜라미보일러 고객센터(1588-9000)로 전화를 한 다음 '1번(편리한 카카오톡 AS접수)'을 누르면 카카오톡 알림톡이 도착하며 해당 채팅창에서 간편하게 자동응답 상담을 진행할 수 있다. 직접 카카오톡에서 '귀뚜라미보일러(@kiturami)'를 검색해 접수하는 방법도 있다.

인포뱅크는 콜센터와의 제휴를 통해 ARS와 카카오톡을 연동해 기업의 전화 상담을 카카오톡으로 전환함으로써 고객의 편의성과 접근성을 높이고 기업 상담원의 상담환경을 효율적으로 개선할 수 있을 것이라 기대하고 있다.

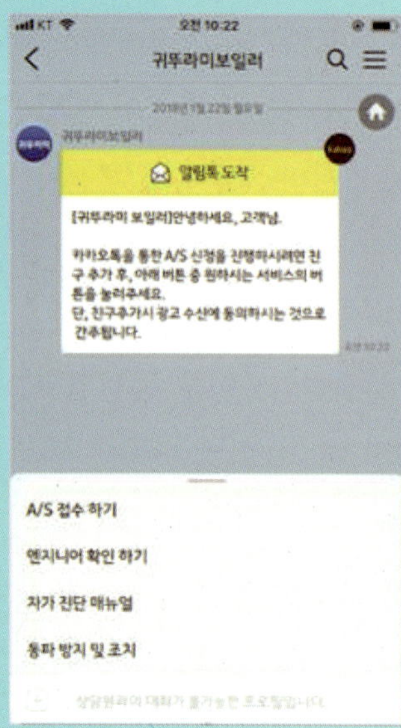

인포뱅크 홍승표 전무는 "카카오톡이 중요한 커뮤니케이션 수단으로 자리 잡으면서, 기업의 고객센터에 전화를 걸어 처리하던 업무를 채팅 상담으로 전환하고자 하는 니즈가 늘어나고 있는 중"이라며, "인포뱅크도 콜센터와의 제휴를 통해 이러한 고객의 요구사항을 충족시킬 수 있는 서비스를 제공하는데 주력하고 있다"고 전했다.

귀뚜라미보일러에 카카오톡을 통한 A/S접수 서비스를 공급하는 인포뱅크는 카카오톡 상담톡 공식 딜러사로, 1995년 설립한 IT기업이다. 인포뱅크는 기업메시징서비스를 필두로 방송참여서비스, 자율주행 자동차 SW개발 등의 사업을 진행하며 1세대 벤처 IT기업으로서의 명성을 이어가고 있다.

출처: cctv뉴스 2018.01.24. http://www.cctvnews.co.kr/news/

(3) 신용서비스

기업은 경우에 따라서 고객들에게 신용서비스를 제공해야 한다. 신용서비스는 비록 기업에 재무적인 부담을 안겨줄 수도 있으나, 여러 가지의 이점을 낳을 수 있다.

그중에 하나는 안정된 시장점유율을 획득하고 유지할 수 있다는 점이다. 예컨대, 많은 주요 석유회사들은 신용서비스를 제공함으로써 유가인하를 단행한 군소업체들에 대하여 효과적으로 경쟁력을 유지하면서 시장을 확장할 수 있었다. 신용서비스를 제공하는 또 다른 이점은 고객들로부터 이자소득을 얻는다는 점이다.

기업이 제공하는 신용서비스의 유형은 표적시장 구성원들의 특성과 기업의 재무자원, 판매되는 제품의 유형, 경쟁자가 제공하는 신용서비스의 유형 등에 의하여 결정된다.

(4) 서비스와 보증의 다양화

제품을 구입할 때 소비자들은 제품의 속성과 실체, 그리고 효용을 받을 자격을 갖게 된다. 제품의 유용성, 기능, 성능뿐만 아니라 이미지와 지위도 구매하는 것이다. 명확한 기능과 유용성을 지닌 세탁기, 헤어 드라이어, 자전거용 신발, 그리고 자동차 같은 제품의 경우, 소비자들은 제품이 약속한대로 잘 작동할 것이라는 확신과 보장을 원한다.

마케팅 관리자는 품질보증이나 반품보증, 무료교환을 통하여 사후서비스에 대한 약속을 소비자 시장환경에 맞게 차별화하여 경쟁수단으로 사용할 수 있다.

보증정책을 표준회 또는 적응화 하는 선택은 모든 소비자계층에게 동일한 품질보증을 제공하거나 특정한 국가나 지역에 맞게 보장 내용을 수정해야 하는 문제이다. 사용조선, 정부규정, 품질보증서비스를 제공하는 가격과 비용 등의 여러 가지 요인에 따라 경쟁회사를 능가하거나 또는 경쟁회사에 준하는 전략을 취하게 된다. 즉, 품질보증을 경쟁사에 대항해서 시장점유율을 확보하는 수단이나 또는 시장확대를 저해하는 제품속성을 극복하는데 사용한다.

보증이 소비자와의 마케팅 협상의 전면을 의미한다면, 그 이면에 약속된 보증의 제공은 그 기업의 사후판매서비스 네트워크에 의해 이루어진다.

한 기업의 보증정책과 사후판매서비스 네트워크 간에는 일관성이 있어야 한다. 이러한 네트워크를 만들기 위해서는 서비스를 제공할 위치를 선택하고 시설, 장비, 부품에 투자하고, 자격을 갖춘 서비스 기술자들을 채용하고, 교육하는 것이 필요하다. 그리고 운송과 서비스와 소비자 불만사항이 만족스럽게 처리되었나를 확인할 수 있는 정보 네트워크가 필요하다.

입증된 서비스 수행 능력은 새로운 고객을 얻을 수 있는 제품차별화의 요소이다. 서비스 제공에 있어서는 직접 제공하느냐, 아니면 유통업자와 에이젠트, 계약업자, 또는 제3자와의 계약을 통해 제공하느냐를 결정하여야 한다. 중요한 문제는 목표의 일치(goal congruence)이다. 유통업자들이 튼튼한 서비스 네트워크를 구축하는 데 필요한 자본투자에 관심을 가지고 있는지, 아니면 단지 다음 제품으로 옮겨가기 전 단기판매수익을 올리기 위한 것에 관심을 가지고 있는지를 알아야 한다. 만약 유통업자가 자본이 부족하고 장기시장점유에 적은 노력을 기울인다면 유통업자에게 재정적 · 기술적 지원을 해서 높은 수준의 서비스 능력을 확실히 확보하도록 해야 한다. 유통업자에게 필요한 부품을 공급하고 유통업자의 서비스 담당 직원들에게 지속적인 교육을 제공하는 것도 포함한다.

7) 제품차별화의 한계

제품적응전략, 즉 제품차별화전략은 한 마디로 요약하면, 다음 [표 6-9]와 같다. 즉, 제품 이미지에 영향을 주는 요소를 변경하는 것이라고 할 수 있다.

이러한 제품정책에 고려사항으로서 두 가지 인자를 염두에 두어야 한다. 첫째, 소비자의 특정한 문제 해결에 필요한 제품을 마케팅 해야 한다. 둘째, 시장의 상이한 조건과 표준에 제품을 적응시켜야 한다.

제품의 차별화는 주된 속성을 탐색하여 주된 속성 선호조(選好組)를 만드는 방향으로 수행되어야 한다.

표 6-9 제품차별화 전략의 요약

- 물리적 · 기능적 특성의 변동
- 미적 특성(form, color, style)의 변동
- 추가기능의 첨가로 인한 변동
- 상표 및 상표명의 변동 등

제품차별화를 크게 나누면 강제적 혹은 의무적인 제품 변화(mandatory product changes)와 임의의 제품 변화(optional product changes)로 볼 수 있다.

(1) 의무적인 제품 변화

의무적인 제품 변화는 법적, 그리고 경제적인 요구사항에 합당하도록 제품의 외양, 기능, 재료 등을 변경하는 것을 말하는데, 이러한 변경은 도량형 단위, 포장 크기, 그리고 레이블에 의하여 영향을 받는다.

(2) 임의의 제품 변화

임의의 제품 변화는 시장에서의 포지셔닝을 개선하기 위한 제품의 변경을 의미한다. 이 경우에는 임의의 변동사항이 주로 포장의 미학, 제품의 성분, 포장의 보호목적, 제품양태, 용도서술, 브랜드 네임 등이다.

이와 같은 제품수정 또는 제품변경에 의한 제품적응전략의 한계는 기업 내부적 영향과 외부적 영향에 의하여 좌우된다. 기업 내부적으로 볼 때 개별제품의 표준화 혹은 전 제품

프로그램의 표준화 사이에는 목적의 상충이 생기게 되므로 제한을 받는다. 그 이유는 전 프로그램의 표준화를 통하여 저렴한 생산단가를 추구하는 생산지향적인 사고 방식과 개별제품의 표준화로 판매 능력과 소비자만족을 극대화하려는 마케팅 지향적 사고 방식의 차이에서 연유되는 것이다.

제품적응의 한계에 있어서 기업 외부적인 영향이란 차별화 수단을 금지하거나 혹은 무효화하는 입법관계를 말한다. 예를 들면, 식료품법 및 제약법에 의한 "재료의 차별화" 수단의 적용금지 등을 열거할 수 있다. 또한, 뿌리 깊은 소비자들의 제품, 기능 및 기업에 대한 관념이나 인상도 커다란 외부의 영향 요소이다.

제3절 제품수용과 제품수명주기

1. 소비자의 혁신수용 과정

기업혁신의 산물인 신제품은 소비자혁신수용 과정을 통하여 시장에 확산 보급된다. 즉, 신제품의 소비자수용 과정(consumer-adoption process)이란 잠재고객들이 신제품을 어떻게 학습하고 사용하며, 그 제품을 수용 또는 거절하는가를 나타내는 것이다. 마케팅 관리자는 소비자의 혁신수용 과정을 이해함으로써 초기단계에 효과적인 시장침투전략을 수립할 수 있다. 소비자수용 과정은 시간이 지나면서 소비자상표충성 과정(consumer-loyalty process)으로 이어진다.

과거에는 신제품 출시에 모든 사람이 잠재구매자라는 가정 하에서 대량유통과 대량광고를 하는 대량시장접근법(mass-user target marketing)이 등장하였으나, 특정 제품군에 대하여 사용경험이 풍부한 기존 소비자라고 하더라도, 각 소비자의 신제품(상표)에 대한 관심도는 서로 다르기 때문에 문제 요인이 해결되지 않았다.

오늘날 많은 신제품 마케팅 관리자들은 초기수용층에 속하는 소비자들을 표적으로 삼는 조기수용자 이론(early-adopter theory)으로 위의 두 가지 결함을 극복하고 있다. 조기수용자 이론은 다음과 같은 특성을 기초로 하고 있다. 첫째, 표적시장 내의 수요자들은 신제품에 대한 노출과 시용하기까지 걸리는 시간이 서로 다르다. 둘째, 조기수용자들은 후기수용자와 서로 다른 특성(traits)을 가지고 있다. 셋째, 조기수용자들에게 도달하기 위한 효율적인 매체가 존재한다. 마지막으로 조기수용자들은 의견선도자가 되는 경향이 있으며, 다른 잠재구매자들에게 신제품을 광고하는 데 도움이 된다.

그러면 조기수용자 이론의 바탕이 되는 혁신의 확산 · 수용 이론과 그 영향 요인에 대하여 살펴보자.

1) 혁신의 수용 과정

혁신(innovation)이란 사람들에 의하여 새로운(new) 것으로 지각되는 제품이나 서비스 또는 아이디어로서, 이것으로 사회시스템 전반으로 확산되는 데는 상당한 시간이 걸린다. 혁신수용 과정(adoption process)은 개인이 혁신에 관하여 처음 듣는 순간부터 최종 수용단계까지 겪게 되는 정신적 · 심리적 과정이라고 할 수 있는데, 여기서 수용이란 어떤 제품에 대하여 정규적인 사용자가 되고자 하는 개인의 결정을 말한다.

혁신(신제품)이 수용되는 과정은 [표 6-10]과 같은 5단계를 거친다.

표 6-10 혁신(신제품)이 수용되는 과정

단계	내용
인식(awareness)	소비자는 혁신을 인식하고 있지만, 그것에 대한 정보는 충분히 가지고 있지 못하다.
관심(interest)	혁신에 대한 정보를 탐색하기 시작한다.
평가(evaluation)	혁신의 시용 여부를 검토한다.
시용(trial)	혁신의 가치를 평가하기 위하여 직접 사용해본다.
수용(adoption)	혁신을 완전히 수용(사용)하기로 결정을 내린다.

마케팅 관리자는 혁신의 수용단계에 따라 필요한 마케팅 프로그램을 개발하고, 최종 수용단계에 이르는 소비자 이동을 조성하는 마케팅 노력을 기울여야 한다.

2) 혁신의 수용 · 확산에 영향을 미치는 요인

혁신의 수용 · 확산 또는 수용률에 영향을 미치는 요인으로는 개인차, 개인적 영향, 제품 특성 및 조직구매자의 특성 등이 있다.

첫째, 혁신성의 개인차(individual difference): 개인의 혁신성(innovativeness), 즉 어떤 개인이 그 사회시스템의 다른 구성원들보다 새로운 아이디어를 상대적으로 조기에 받아들이는 정도는 사람에 따라 다르다. 로저스(E.M . Rogers)는 [그림 6-4]에서 보는 바와 같이 혁신의 수용 과정을 정규분포로 나타내고 혁신의 수용시간에 따른 수용자 분류와

그림 6-4 ▸▸ **혁신의 수용시간에 따른 소비자 분류**

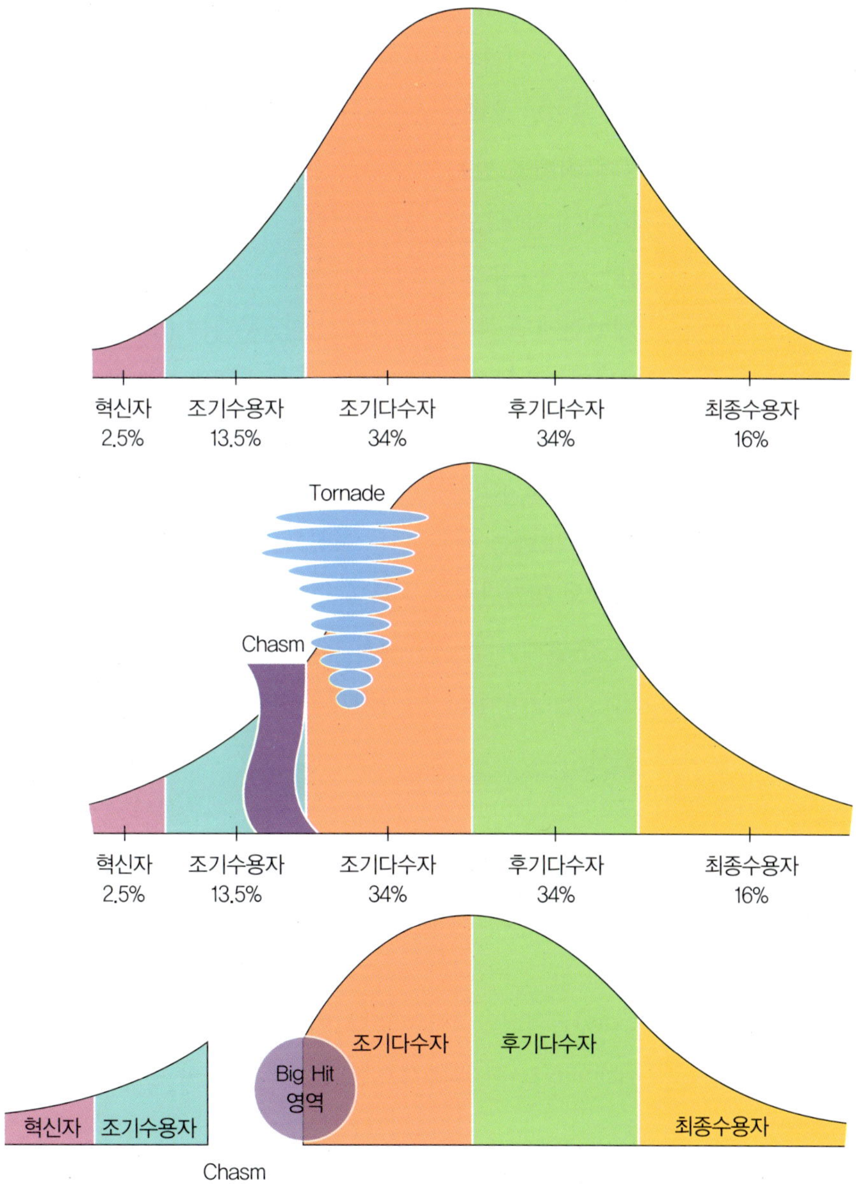

자료: P. Kotler & K . L. Keller, *op. cit.*, 12ed., 2006, p. 611 및 필자 정리.

전체 인구에서 차지하는 구성비율을 혁신자(2.5%), 조기수용자(13.5%), 조기다수자(34%), 후기다수자(34%), 최종수용자(16%)의 5가지로 나누고 있다.

로저스(Everett M. Rogers)는 이들 5부류의 수용자는 각기 추구하는 가치지향성이 서로 다르다고 보았다. 즉, 혁신자(innovators)는 모험적이고 어떤 위험을 기꺼이 감수하면서 새로운 아이디어를 추구하는 부류이며, 조기수용자(early adopters)는 존경을 받고 소속공동체의 의견선도자(opinion leader)로서 새로운 아이디어를 조기에 수용하되 신중을 기하는 부류이다. 조기다수자(early majority)는 신중하며, 의견선도자는 아니지만 조기에 아이디어를 수용하는 편이고, 후기다수자(late majority)는 회의적이어서 대다수 사람들의 시용으로 혁신의 가치가 확인된 후에야 수용하는 부류이다. 마지막으로 최종수용자, 즉 지체자(laggards)는 전통에 지배를 받는 사람들로서, 변화를 두려워하고 혁신이 전통적인 것으로 굳어진 다음에서야 수용하는 부류를 말한다.

마케팅 관리자는 혁신자와 조기수용자들의 인구통계적 · 심리묘사적 · 매체적 특성을 조사하여 그들과의 커뮤니케이션에 초점을 맞추어야 한다. 문제는 이들 초기수용층을 찾아낸다는 것이 쉬운 일이 아니며, 또 개인의 혁신성은 불변의 일반적인 개성이 아니라 혁신 영역에 따라 다를 수 있다는 점이다.

둘째, 개인적 영향(personal influence): 한 사람의 제품에 대한 설명이 다른 사람의 태도나 구매결정에 미치는 효과를 말하는 것으로서, 혁신(신제품)의 수용에 중요한 역할을 한다. 개인적 영향은 수용 과정의 평가단계에서 특히 중요하며, 조기수용자보다는 후기수용자에게, 안정된 상황보다는 위험에 처한 상황에서 더욱 중요하다.

셋째, 제품의 특성(product characteristics): 혁신의 수용률에 영향을 미치는 혁신(신제품)의 특성 요인은 다음과 같다.

- 혁신의 상대적 이점(relative advantage) – 신제품이 기존 제품보다 우수하게 보이는 정도이다.
- 혁신의 양립성(compatibility) – 개인의 가치관과 경험이 혁신과 서로 부합하는 정도이다.
- 혁신의 복잡성(complexity) – 혁신을 사용하거나 이해하기 어려운 정도이다.
- 혁신의 분할가능성(divisibility) – 혁신을 제한된 양으로 사용할 수 있는가 하는 것이다.
- 혁신의 의사소통능력(communicability) – 혁신의 사용 결과를 다른 사람들에게 설명 · 묘사할 수 있는 정도이다.

이 밖에도 수용률에 영향을 주는 제품의 특성 요인으로는 도입 초기 및 그 이후의 원가, 위험의 불확실성, 과학적 신뢰성, 사회적 승인 등이 있다.

넷째, 조직구매자의 특성(characteristics): 조직은 신제품을 시용하고 수용할 수 있는 준비 정도에 따라 분류될 수 있다. 예컨대, 새로운 의료기기를 개발한 생산자는 그것을 수용할 가능성이 가장 높은 병원(표적고객)을 확인해야 할 것이다. 혁신의 수용은 조직의 환경(진보성, 수익)과 조직 그 자체(규모, 이익, 변화에 대한 압력), 관리자(교육수준, 연령, 세계관) 등의 변수와 관련되어 있다. 일련의 유용한 지표가 확인되면, 그것은 최적의 표적조직을 확인하는 데 이용될 수 있을 것이다.

MARKETING FOCUS

올해 스마트홈 시장 32조…갤럭시홈 · 엑스붐 AI 씽큐 등 격돌

스피커에 '오늘 날씨를 TV로 보여줘'라고 말하면 TV가 관련 정보를 띄워준다. '스마트홈'이라는 개념을 비교적 쉽게 상상할 수 있는 일상생활이다. 스마트홈의 중심에는 각각의 기기들의 연결고리 역할을 하는 인공지능(AI) 스피커가 있다. 내년 1월 초에 열리는 세계 최대 전자제품 박람회 CES에서도 전자 · IT 기업들이 다양한 스마트홈 솔루션을 선보일 것으로 전망돼 향후 해당 시장의 주도권 다툼도 치열해질 전망이다.

26일 시장조사업체 IHS 마킷에 따르면 올해 전 세계 스마트기기 시장 매출은 280억 달러(약 31조7,000억 원)로 지난해 대비 약 55.5% 신장할 것으로 보인다. 특히 AI 스피커는 집에서 시작해 차후 공공장소 등으로 적용 영역을 넓힐 수 있기 때문에 스마트홈의 성패 및 주도권 잡기가 기업 입장에서는 결정적이다. 전 세계적인 관심도 높다. 최근 독일에서 열린 비즈니스 컨퍼런스 '이노데이(Innoday18)'에서는 현지 도이치텔레콤 본사 측이 한국의 스타트업 기업 중에선 스마트홈 및 스마트 스피커 관련 기업들과 협업하기를 희망했다고 코트라 함부르크 무역관 측은 밝혔다.

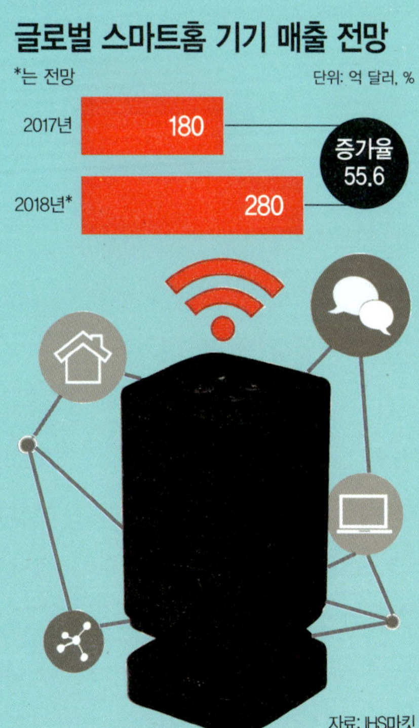

국내 기업들은 이미 전자뿐 아니라 IT 및 통신기업에서도 각각의 서비스를 내놓으며 주도권 잡기에 나섰다.

삼성전자는 지난 8월 갤럭시 언팩 행사 현장에서 AI 스피커 '갤럭시홈'을 예고 없이 등장시키고 곧이어 11월 샌프란시스코에서 진행한 개발자 행사에서도 이를 소개했다. 특히 갤럭시 홈은 후발주자이긴 하지만 자사가 인수한 '하만'의 음향기술을 기반으로 차별화한다는 전략이다.

LG전자는 AI 스피커 '엑스붐 AI 씽큐 WK9'를 최근 미국서 출시했다. 구글 어시스턴트를 지원하는 '엑스붐 AI 씽큐'는 '메리디안 오디오'와 기술 협업을 통해 스피커 본연의 고음질을 구현, 기존 인공지능 스피커와 확실히 차별화했다는게 LG전자 측 설명이다.

카카오는 인공지능(AI) 스피커 카카오미니에 카카오톡 메시지 읽기 기능을 추가한다며 기능 측면을 지속적으로 강조하고 있다.

특히 양 사는 스마트 가전의 주요 무대인 북미를 비롯한 해외시장에서 아마존 · 구글 · 화웨이 등 해외 업체들과도 겨눌 전망이다.

현재 AI 스피커의 주요 소비자 층은 젊은 세대 및 싱글족과 얼리어댑터 등이지만, 자동 스프링클러를 이용한 정원관리 · 실내 온도 조절 · 보안시설 점검 등 활용도가 다양한 만큼 소비자 층도 보다 넓어질 것으로 업계는 예상하고 있다. 무엇보다 현재의 음성인식기술에서 동작인식 · 얼굴인식 · 뇌신호 인식 등 기술 확대의 여지가 많은데다가, 로봇 제품의 발달로도 이어질 수 있다. 코트라 미국 LA 무역관은 "스마트 홈 기술 분야는 그 자체의 독립적인 혁신을 도모하기보다는 TV, 스마트 스피커, 온도 조절, 보안시스템, 조명기기 등 각기 다른 기능의 다양한 제품들이 함께 연결돼 새로운 혁신을 만들어가는 방향으로 발전할 것"이라고 전망했다.

출처: 아시아투데이 2018.11.27. http://www.asiatoday.co.kr/

2. 제품수명주기

1) 제품수명주기의 개념

인간이 태어나서 성장 과정을 거치면서 사망하기까지 일련의 주기가 있듯이, 시장에 도입된 제품도 일정한 수명과 주기를 가지고 있다. 즉, 시장에 도입된 신제품은 영구히 존속하는 것이 아니라 일정한 기간이 지나면 소비자의 필요와 욕구의 변화나 새로 개발된 대체제품의 등장으로 인하여 점차로 시장에서 쇠퇴하고 모습을 감추게 된다는 것이다. 일반적으로 제품수명주기(PLC: product life cycle)란 신제품이 시장에 출시되어 경쟁제품에 의하여 다시 시장에서 사라지기까지의 과정을 말한다. 제품수명주기는 학자에 따라 여러 단계로 구분되고 있으나, 일반적으로 도입기, 성장기, 성숙기, 쇠퇴기의 4단계로 나누어진다.

[그림 6–5]는 S자형의 제품수명주기곡선과 이익곡선을 보여주고 있는데, 신제품이 시장에 처음 출시된 도입기에는 완만한 매출성장을 보이고 이익도 절정에 달하게 된다. 기업 간의 치열한 경쟁과 제품수요가 포화상태를 이루는 성숙기에는 매출성장이 둔화되고 이익률도 떨어지며, 결국에는 대체적인 경쟁상품에 의하여 쇠퇴기를 맞이하고 시장에서 철수한다는 것이다.[03]

그림 6-5 ▶▶ 제품수명주기곡선과 이익곡선

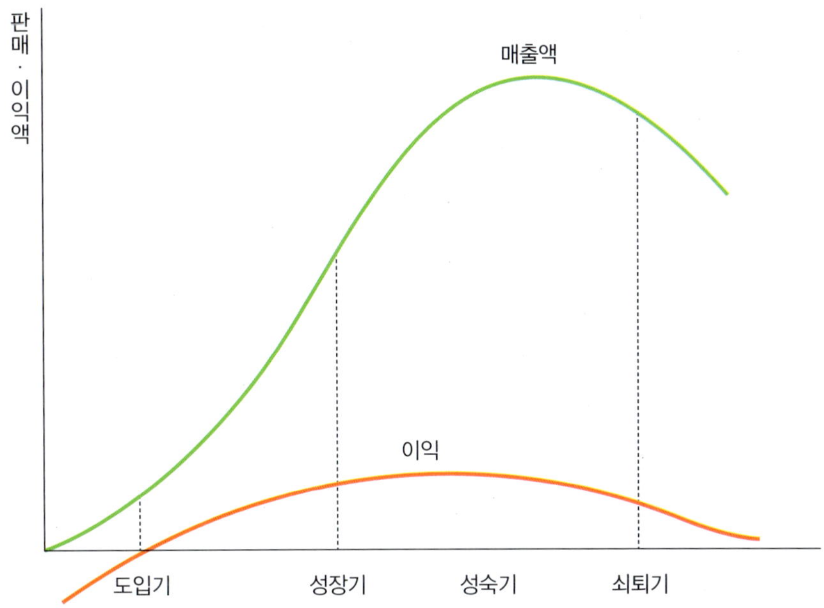

자료 : P. Kotler & K.L. Keller, *op. cit.*, 14ed., 2012, p.332.

제품의 수명주기는 다음과 같은 4가지의 의미를 지니고 있다.

- 제품은 유한한 수명을 가지고 있다.
- 제품의 판매고는 여러 단계를 거쳐 가는데, 각 단계마다 판매자에게 상이한 도전기회가 제기된다.
- 제품수명주기의 각 단계별로 이익은 점차 증가하다가 감소한다.

03 [그림 6–5]는 제품에 관한 많은 아이디어가 탐색된 다음 하나의 아이디어로 좁혀져서, 이것이 시장에 도입된 후 쇠퇴기를 맞이할 때까지의 수명주기를 포괄적으로 그려내고 있다.

• 제품수명주기에 따라 각기 상이한 마케팅, 재무, 제조, 구매 및 인사전략이 요구된다.

제품수명주기 개념의 이론적 근거는 혁신의 확산과 수용이론에서 비롯된다. 즉, 신제품이 출시되면 기업은 인식, 관심, 시용, 구매를 자극하여야 한다. 이 모든 과정은 상당한 시간이 걸리는데 도입기단계에서는 소수의 혁신자만이 제품을 구매하고, 그 제품이 만족스러우면 보다 많은 조기수용자들까지 구매한다. 경쟁자가 등장하고 가격이 인하됨에 따라 제품수용은 가속화되어 조기다수자들이 구매에 참여한다(성장기). 결국 잠재적인 신규구매자가 거의 없어짐에 따라 성장률은 둔화하고 대체구매율 정도의 매출이 유지된다(성숙기). 마침내 새로운 신제품이 등장하고 기존 제품에 대한 구매자의 관심이 멀어짐에 따라 매출과 이익이 감소하는 쇠퇴기를 맞게 되는 것이다.

그림 6-6 ▶▶ 아이디어와 제품수명주기의 관리도표

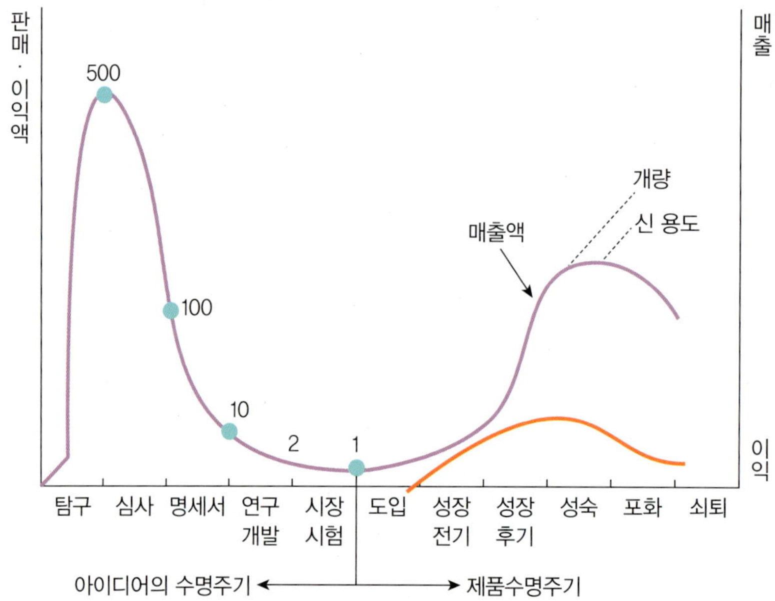

2) 제품수명주기의 단계별 특성과 마케팅 전략

제품수명주기 개념은 기존 제품의 수명과 장래성을 예측하고, 제품수명주기 단계별 마케팅 전략을 효과적으로 수립할 수 있는 유용한 지침을 제공해준다.

(1) 도입기

도입기(introduction stage)는 개발 과정을 거친 신제품이 시장에 도입되면서 매출이 완만하게 성장하는 기간이며, 제품의 시장도입에 따른 막대한 비용으로 인하여 이익은 거의 존재하지 않거나 손실을 내는 시기이다.

도입기에는 일반적으로 점진적인 시장확대정책(roll-out marketing)이 이루어지고, 또한 제품유통에 시간이 필요한데다가 소비자들의 제품인지가 낮은 상태이기 때문에 매출의 성장속도가 매우 느리다. 아울러 이 단계에서 이익을 내지 못하는 것은 제품의 원가가 높고 매출이 적은데다가 유통비가 높고 중간상의 제품취급 및 소비자의 제품시용을 유인하기 위한 촉진비용이 많이 소요되기 때문이다.

이 시기는 구매가능성이 가장 높은 고소득층을 대상으로 고가정책이 주로 사용되는데, 이는 ① 경쟁자가 거의 없고, ② 제품의 단위당 원가가 높으며, ③ 제품의 생산기술상의 문제가 남아있고, ④ 연구개발 및 설비투자에 소요된 자금을 조기에 회수하고, ⑤ 성장에 필요한 엄청난 촉진비용을 지원하기 위해 고마진이 필요하기 때문이다. 그러나 ① 시장규모가 크고 대량생산의 이점을 누릴 수 있는 제품일 때, ② 경쟁자의 침투가능성이 높을 때, ③ 시장이 가격에 민감하게 반응할 때 등의 상황 하에서는 저가정책으로 빠른 시장침투와 높은 시장점유율을 추구할 수도 있다.

요컨대, 도입기는 시장개척 및 경로개발에 대한 지출이 매우 크며, 제품의 품질관리에 특별한 관심을 가지면서 신제품의 품질, 특징, 효용, 유용성 등의 정보 제공적 촉진 활동을 적극적으로 전개하는 것이 요구된다. 때로는 도입기를 개척기(pioneering stage) 또는 시장개발기(market development stage)라고도 한다.

(2) 성장기

성장기(growth stage)는 제품의 시장수용이 급속히 이루어짐에 따라 매출과 이익이 현저히 증가되는 시기이다. 즉, 성장기에 들어가면 기업의 적극적인 촉진 활동에 의하여 제품의 지명도와 유용성이 소비자들에게 널리 인식(여기에는 구전효과도 작용함)되어 매출이 급증하고 이익률이 최고수준에 이른다.

이 단계에는 대규모생산과 이익기회에 매료되어 새로운 경쟁자가 시장에 진입하게 된다. 성장 전기에는 독점적 경쟁을 유지하면서 제품의 수요도 확대되고 이익률도 증가하지만, 성장 후기가 되면 경쟁이 치열해짐에 따라 이익률도 점차 감소한다. 따라서 성장 후기를 경쟁기(competitive stage)라고 부르기도 한다. 기업은 성장률이 하락하기 시작하는 성장 전후기의 분기점을 새로운 마케팅 전략을 준비하는 출발점으로 삼아야 한다.

제품의 가격은 수요가 급증함에 따라 약간 내리는 경향이 있으며, 촉진비용은 경쟁에 대처하기 위하여 계속 높은 수준을 유지할 수 있으나 제품 단위당 촉진비용은 떨어진다. 또한, 단위당 제조원가는 경험곡선과 대량생산에 의하여 가격의 하락폭보다 더 빠르게 낮아지는데, 이러한 제요인이 작용하여 이익률이 급속히 신장되는 것이다.

기업이 성장기 동안 경쟁적 위치를 강화하고 빠른 시장 성장을 유지하기 위해서는 다음과 같은 시장확장전략(market-expanding strategies)을 사용할 수 있다.

- 제품의 품질을 개량하고 새로운 특징과 개량된 스타일을 추가한다.
- 새로운 모델과 주변제품을 추가한다.
- 새로운 세분시장에 진출한다.
- 새로운 유통경로에 진출한다.
- 광고의 일부를 제품인지로부터 제품확신과 구매를 소구하는 내용으로 바꾼다.
- 가격의식적인 구매자들을 유인하기 위하여 적정한 시기에 가격을 인하한다.

이처럼 기업이 제품개량과 촉진 활동 및 유통경로 강화 등의 전략을 전개하기 위해서는 추가적인 비용부담으로 현재의 최대이윤이 희생되지만, 높은 시장점유율을 확보함으로써 다음 단계인 성숙기에서의 유리한 시장지위를 구축할 수 있게 된다.

(3) 성숙기

성숙기(maturity stage)는 대부분의 잠재구매자들이 이미 그 제품을 구매하였을 뿐만 아니라 경쟁이 격화되어 매출성장이 둔화되고 이익률도 계속 떨어지는 시기이다. 즉, 성숙기는 수요가 포화상태로 되고, 신규수요가 없어져서 대체수요나 반복구매수요가 주된 것이고, 매출도 거의 안정된 일정수준을 유지하는 시기를 말하며, 그래서 안정기라고도 한다. 이 단계는 이전의 단계들에 비하여 오랫동안 지속되는 것이 일반적이며, 마케팅 관리면에서 여러 가지 어려운 문제들이 제기된다. 대부분의 시장제품은 제품수명주기상 성숙기단계에 위치하고 있으며, 따라서 마케팅 관리도 성숙기제품에 관한 것이 주종을 이룬다.

매출성장률의 둔화로 인한 업계의 과잉 능력은 경쟁을 더욱 심화시킨다. 경쟁자들은 이익 없는 가격경쟁을 벌이고 광고나 중간상 및 소비자촉진을 강화하기도 하며, 경쟁이 없는 틈새시장(適所市場, niche markets)을 찾거나 일부 경쟁력을 상실한 기업은 시장에서 철수하기도 한다. 또한, 제품개량과 주변제품을 개발하기 위하여 연구개발(R&D)예산을 증액하기도 한다.

성숙기의 마케팅 전략으로는 시장수정 및 마케팅믹스 수정 등 두 가지의 차원으로 대별하여 고려할 수 있다.

■ 시장수정(market modification)

기업은 판매량을 구성하는 두 가지 요소를 활용하여 자사상표의 시장확대를 기도할 수 있다.

판매량 = 상표사용자 수 × 사용자당 사용률

상표사용자의 수를 확대하는 방법으로 세 가지가 있다. ① 비사용자를 사용자로 전환시킨다. ② 시장세분화전략의 일환으로서 새로운 세분시장으로 진출한다. ③ 경쟁자의 고객을 빼앗는다.

이러한 전략은 경쟁자 간에 심각한 문제를 야기할 수 있다. 판매량은 또한 현재의 제품(상표)사용자들에게 사용빈도를 늘리도록 함으로써 증가할 수 있다. 즉, ① 사용빈도를 증가시킨다. ② 제품의 매번 사용량을 늘리도록 한다. ③ 새롭고 다양한 용도를 제시한다. ④ 제품수정(product modification).

제품차별화전략으로 제품의 질적 · 외형적 또는 심미적 특성을 수정 · 개량함으로써 성숙기제품의 판매를 자극할 수 있다. 특히 성숙기제품을 가진 기업은 장기적인 성장을 위해 제품수정을 포함하여 연구개발(R&D)에 대한 투자와 노력을 강화하는 것이 필요함을 인식해야 한다.

■ 마케팅믹스 수정(marketing mix modification)

제품관리자는 한 가지 이 상의 마케팅믹스 요소를 수정함으로써 판매를 자극할 수 있다. 즉, 제품관리자는 마케팅믹스의 비제품 요소(가격, 유통경로, 광고, 판매촉진, 인적판매 등)들에 대하여 수정을 가함으로써 성숙기제품의 판매를 조성할 수 있는 방법을 탐색할 수 있다. 예컨대, 신규고객의 유인을 위한 가격인하나 품질향상을 위한 가격인상, 유통경로의 확충이나 정비 문제, 광고의 규모나 시기, 빈도, 문안변경, 거래할인이나 보증, 쿠폰제공, 경연대회 등의 판매촉진, 판매원의 충원, 교육, 보상제도, 배달이나 설치, 기술지원, 신용확대와 같은 서비스 활동 등의 문제가 고려될 수 있다.

성숙기에는 어떠한 마케팅믹스 도구가 보다 더 효과적인가에 대해서는 논란의 여지가 있다. 이를테면, 성숙기에는 소비자들의 구매관습과 선호도가 어떤 균형상태에 도달해 있기 때문에 심리적인 설득보다는 재무(금전)적인 설득이 더 효과적이다. 따라서 광고보다 판매촉진이 더 효과적이라는 것이 많은 마케팅 관리자들의 견해이지만, 예외적으로 견해를 피력하는 사람도 있다.

마케팅믹스 수정전략이 갖는 커다란 단점은 경쟁자들의 모방이 용이하다(특히 가격인하나 추가적 서비스 제공의 경우)는 점이다. 그렇게 되면, 기업은 기대한 만큼의 이익을 획득할 수 없고, 사실상 모든 기업은 상호 간에 마케팅 공격을 시도함에 따라 이익이 침식됨을 경험하게 된다.

(4) 쇠퇴기

쇠퇴기(decline stage)는 제품이 시장성을 잃어감에 따라 매출이 급속히 감소하고 이익도 감소하여 영(0)에 가까워지는 시기를 말한다. 매출이 감소하는 원인은 기술진보, 소비자기호의 변화, 국내 · 외 경쟁의 증가 등 여러 가지가 있으며 이러한 상황에서는 적극적인 마케팅 전략을 수행해도 그 성과를 기대할 수 없다.

매출과 이익 모두 격감하기 때문에 일부 기업은 시장에서 철수한다. 그리고 잔존 기업들은 제품의 규격이나 종류를 단순화 또는 축소하고, 소규모세분시장과 취약한 유통경로를 제거한다. 또한, 촉진예산 등 마케팅 비용의 지출을 최대한 억제하고, 가격을 인하하면서 보수적 소비자층(hard-core buyers)을 흡수할 수 있다.

실제상의 취약한 제품에 대해서조차 경기의 호전이나 마케팅 전략의 변경 또는 제품의 개량을 통해 제품의 판매고가 신장될 것이라고 믿는 경향이 있다. 쇠퇴기에 접어든 취약한 제품(weak product)은 직접 · 간접으로 기업에 많은 비용과 부정적인 영향을 초래한다. 즉, 취약한 제품을 적기에 제거하지 못하면 대체될 신제품의 개발작업이 그만큼 지연되고, 과거의 수익성 제품에 집착함으로써 제품 믹스의 불균형과 고객의 불만족을 초래하여 기업 이미지가 악화될 수도 있다. 이것은 보다 수익성 있는 타부문에 자원을 투입할 수 있는 기회를 잃게 하며, 현재의 수익성과 미래의 수익성 기반을 약화시키는 결과를 초래한다.

쇠퇴기에 접어든 산업(제품)에 대한 마케팅 전략으로는 다음과 같은 5가지의 대안을 고려할 수 있다.

- 경쟁적 지위를 지배 · 강화하기 위하여 기업의 투자를 증가시킨다.
- 산업의 불확실성이 해소될 때까지 기업의 투자수준을 유지한다.
- 수익성이 없는 고객층을 배제함으로써 기업의 투자를 선별적으로 줄이는 한편, 수익성 있는 틈새시장(niche market)에 대한 투자를 강화한다.
- 조속하게 현금을 회수하기 위하여 기업의 투자를 거두어들인다.
- 가능한 한 이익이 되게 자산을 처분함으로써 신속히 그 사업에서 철수한다.

표 6-11 제품수명주기의 단계별 특징과 마케팅 목적 및 마케팅 전략[04]

		도입기	성장기	성숙기	쇠퇴기
특징	매출	낮다	급속성장	최대 판매고	감소
	비용(고객당)	고객당 비용 높다	평균	낮다	낮다
	이익	적자	점차 증가	높다	감소
	고객	혁신층	조기수용층	중간 다수층	지체그룹
	경쟁업자	소수	점차 증대	안정 후 감소	감소
마케팅목적		제품인지와 試用창출	시장점유율의 극대화	이익의 극대화와 시장점유율 방어	비용절감과 상표가치 증진
마케팅 전략	제품	기초제품의 제공	제품확장, 서비스 및 보증의 제공	상표와 모델의 다양화	취약제품의 폐기
	가격	원가가산가격	시장침투가격	경쟁대등가격	가격인하
	유통	선택적 유통	개방적 유통	집약적 유통 보다개방적인 유통 강화	선택적 유통 : 수익성이 적은 유통경로 폐쇄
	광고	조기수용층과 유통상에 대한 제풍인지 형성	대중시장에서의 제품인지와 관심의 형성	상표 차이와 편익의 강조	보수적 핵심고객 의 유지에 필요한 수준으로 축소
	판매촉진	시용확보를 위한 판촉 강화	수요확대에 따른 판촉의 감소	상표전환을 유도하기 위한 판촉 증대	최저수준으로 축소

04 [표 6-11]은 제품수명주기의 단계별 특징과 마케팅 목적 및 마케팅 전략을 개략적으로 요약한 것이다.

학습사례

2030 여성 소비자 마음 읽은 마케팅으로 불황에도 승승장구

장기 경기침체로 유통업계 전반에 걸쳐 소비가 얼어붙은 가운데 꾸준히 성장세를 보이며 새로운 시장을 형성하는 제품들이 주목 받고 있다.

올 여름 바캉스 시즌에 유용한 아이템으로 시장공략에 성공한 '탐폰' 부터 유명 카페나 브랜드 제품에서 시작해 편의점 PB 제품까지 다양하게 출시되며 시장이 계속해서 성장하고 있는 디저트 제품까지 다양하다.

특히 이러한 제품군은 공통적으로 핵심 소비층인 2030 젊은 여성 소비자들의 변화하는 라이프스타일에 주목해 제품을 업그레이드하고, 차별화된 마케팅 활동을 시도한 것이 성공 요인으로 작용한 것으로 분석되고 있다.

■ 그 날에도 활동적인 여성 공략한 '탐폰'

체내삽입형 여성 위생용품인 '탐폰'의 국내시장은 최근 5년 새 50% 이상 성장했으며, 연 10% 이상 성장하는 등 급격한 성장세를 이어가고 있다.

야외 활동이나 레포츠를 즐기는 여성들이 크게 증가하며 국내 탐폰시장도 빠르게 성장하고 있다는 것이 업계의 분석이다. 그 중에서도 유한킴벌리 '화이트 탐폰'은 그 날에 대한 제약으로부터 자유롭고자 하는 젊은 여성 소비자들의 니즈를 반영해 플라스틱 손잡이 부분에 미끄럼을 방지하는 '핑크 젤 그립'을 적용하는 등 차별화를 시도해 시장을 리드하고 있다.

또한, 올해는 제품 리뉴얼 외에도 2030 여성 소비자들이 라이프스타일이나 경험담 등을 공유하는 주체로 나서고 있는데 주목해 화이트 탐폰 제품을 사용해 본 소비자가 직접 참여하는 '브랜드 홍보대사' 프로그램을 운영하고, 젊은 여성 소비자와의 접점 확대를 위해 온 · 오프라인 샘플링 마케팅을 펼친 결과 올해 8월 시장점유율이 30%를 넘어서며 가파른

성장세를 보이고 있다.

특히 동기간 동안 체인대형슈퍼와 같은 일부 판매 채널에서는 시장점유율 1위를 달성하며 2030 여성 소비자를 겨냥해 성공한 마케팅의 대표적인 사례로 꼽히고 있다.

■ 청량함의 대명사 사이다를 넘어선 탄산수

탄산수 역시 젊은 여성 소비자를 사로잡아 대중화에 성공한 제품이다. 해외에서는 대중적인 음료이지만 우리나라에는 단 맛이 없는 탄산음료로 다소 생소하게 여겨졌다. 탄산수는 웰빙을 지향하는 여성들이 해외 탄산수 브랜드를 선호하기 시작해 이후 다이어트와 피부 미용에 좋다는 인식이 젊은 여성들 사이에 퍼지며 그 수요가 급해 대중화에 성공했다.

코카-콜라사의 '씨그램'과 롯데칠성음료 '트레비', 네슬레 '페리에', 일화의 '초정탄산수'가 탄산수시장을 선점한 가운데 지난해부터 계속되는 탄산수 열풍에 남양유업, 웅진식품, CJ제일제당 등 일부 식음료 업체에서 후발주자로 뛰어들고, 대형마트와 편의점에서도 자체 PB 상품을 내놓으며 탄산수는 춘추전국시대를 맞이했다.

지난해 시장점유율 1위를 기록한 트레비는 생산 라인 증설에 이어 최근 '트레비 자몽'을 출시하고 300mL 새로운 용량 제품을 선보이는 등 더욱 넓어진 탄산수시장에서 선두를 유지하기 위해 노력하고 있다.

국내 탄산수시장은 2013년 200억 원에서 지난해 400억 원으로 가파르게 성장했다. 최근 이마트가 탄산수 매출비중이 사이다를 처음으로 넘어섰다고 밝혔으며, 업계에서도 올해 탄산수가 계속해서 시장성장률을 이어갈 것으로 전망하고 있다.

■ 웰빙 라이프스타일 · 자기 관리에 철저한 여성 공략한 착즙 주스 인기

침체된 음료시장에서 탄산수와 함께 주목 받고 있는 제품으로 '착즙 주스'가 있다. 착즙 주스는 기존 주스와 달리 과일에서 짜낸 즙을 그대로 용기에 담아낸 프리미엄 제품이다. 착즙 주스는 일반 주스보다 과일 맛이 풍부하고 영양소 파괴가 적어 식사 대용 등으로 건강한 다이어트에 관심이 많은 젊은 여성들에게 인기를 끌며 주스 제품의 핵심 소비층은 주부라는 공식을 깨고 시장이 꾸준한 성장세를 보이고 있다.

자기 관리에 철저하고 건강한 삶을 추구하는 여성 소비자들이 늘어나며 편의점이나 커피 전문점에서도 착즙 주스시장에 뛰어들어 시장이 더욱 성장하고 있다. 세븐일레븐은 지난 4월 자체브랜드 착즙 주스인 'PB톡톡주스'를 출시했으며 커피전문점 드롭탑은 착즙기 제조업체 휴롬과 제휴한 착즙 주스를 판매하고 있다.

업계에서는 2030 여성을 중심으로 웰빙 열풍과 프리미엄 식음료를 선호하는 트렌드가 계속되면서 국내 착즙 주스시장의 비중이 전체 주스시장에서 선진국과 비슷한 30~40% 수준으로 성장할 것으로 보고 있다.

■ 언제 어디서든 달콤한 디저트로 힐링! 편의점 프리미엄 디저트 강세

바쁜 일상에 쫓기는 2030 젊은 여성들 사이에서 언제 어디서든 고급스러운 디저트를 즐기게 하는 편의점 프리미엄 디저트도 속속 대박 상품으로 등극하고 있다. 맛도 좋고 고급스러운 디저트를 전국 어디서나 만날 수 있다는 점이 편의점 프리미엄 디저트의 성공 포인트다.

CJ제일제당 냉장 크림 롤케이크 '쁘띠첼 스윗롤'은 출시 한 달 여 만에 10억 원의 매출을 올리며 편의점 디저트시장을 강타했다. '쁘띠첼 스윗롤'은 일반 롤케이크보다 크림을 가득 담아 숟가락으로 떠 먹을 수 있게 한 냉장 디저트롤이다. 빵 사이에 크림에 가득 들어간 고급 롤케이크와 비슷한 맛과 품질을 편의점에서 맛볼 수 있다는 점이 장점이다.

편의점에서 디저트를 찾는 젊은 여성층이 증가함에 따라 최근에는 청과브랜드 돌(Dole)에서도 프리미엄 과일을 언제 어디서든 편리하게 즐길 수 있는 과일 디저트 '디퍼 시리즈(2종)'를 출시하는 등 제품이 더욱 다양하게 출시되며 인기를 얻고 있다.

출처: 뉴스탭 2015.09.11. http://www.newstap.co.kr/news/

CHAPTER

07

브랜드 전략

도입사례

[2017 한국산업의 브랜드파워] 잘 키운 브랜드, 불황에도 끄떡없네

최상의 품질과 최저 가격대를 갖춘 제품은 항상 인기가 있다. 그러나 소비자들은 단순히 품질과 가격만 충족되는 제품을 원하지 않는다. 가습기살균제 등 일련의 성분과 관련된 이슈를 통해 볼 때 소비자들은 제조사와 유통사에 책임 있는 행동을 요구하고 있다는 것을 알 수 있다.

신뢰하는 제조사와 유통사를 이용하는 것은 만약에 발생할 수 있는 '잠재적 사용 위험에 따른 보상'을 구매하는 것이기도 하다. 또 전자제품, 스마트 기기는 정기적으로 업데이트해야 하고 충분한 보증기간과 더불어 신속한 애프터서비스도 필요하다. 최종적으로는 처분가치까지 따져야 한다. 소비자는 품질과 가격만 놓고 따지는 게 아니라 총체적인 리스크에 대한 신뢰와 만족을 주는 브랜드를 구매한다는 점을 알 수 있다.

한국능률협회컨설팅(KMAC · 대표 김종립)이 15일 발표한 '2017년도 제19차 한국산업의 브랜드파워(K-BPI)' 조사결과도 이런 경향을 강하게 보여주고 있다. 귀뚜라미보일러(가정용 보일러), 신한금융그룹(금융지주(그룹)), 신한은행(은행), 롯데슈퍼(대형슈퍼마켓), 정관장(건강식품), 아로나민(종합영양제), 신도리코(사무용 복합기), 바디프랜드(헬스케어) 등이 대표적이다.

불황일수록 넘버 1 브랜드 로열티 상승

오랫동안 변치 않는 브랜드 원칙이 있다. 불황기에는 넘버 1 브랜드에 대한 충성도가 더욱 높아진다는 점이다. 세계적인 브랜드 분야 대가로 불리는 데이비드 아커 교수는 경기가 불황이고 경쟁이 치열할수록 고객들은 브랜드를 중시하는 경향이 강해지며, 실제로 같은 제품군이라면 넘버 1 브랜드로 소비가 집중되는 것이 경기침체기의 전형적인 현상이라고 주장한다. 소비가 위축되면 도전적으로 새로운 브랜드를 시도하기보다는 검증된 브랜드를 통한 심리적 안정감을 더 중요시한다는 것이다. 제한된 소비 기회에서 실패비용을 줄이기 위해 기존에 신뢰가 형성돼 있는 브랜드로 소비 행태가 이뤄지기 때문이다.

대표적으로 크로커다일레이디(여성의류), Z:IN window Plus(창호재), 에이스침대(침대), 해표식용유(식용유), 교촌치킨(브랜드치킨 전문점), 롯데리아(패스트푸드점) 등의 로열티 상승이 두드러졌다.

꾸준한 투자가 브랜드 성과로 연결

브랜드는 단기간에 승부를 볼 수 있는 것이 아니라 오랜 시간 동안 꾸준히 쌓아 올려야 하는 자산이다. 오랫동안 넘버 1 브랜드로 인식됐다가 후발 브랜드에 역전되는 사례도 적지 않다. 2위 브랜드는 1위로 올라서기 위해 치열하게 노력하는 만큼 1위 브랜드도 꾸준한 투자를 하지 않으면 또다시 경쟁에서 뒤처진다는 뜻이다.

이번 KMAC 조사 결과 새롭게 1위 브랜드로 올라선 코오롱스포츠(아웃도어)는 9년 동안 1위였던 경쟁 브랜드를 제쳤다. LG올레드 TV(TV)는 14년 만에 1위를 차지했다. 반면 1위 지위를 더욱 공고히 한 브랜드로는 롯데면세점(면세점), 에스원 SECOM(방범보안 서비스), 부라보콘(아이스크림), 서울대학교병원(종합병원), 롯데월드 어드벤처(테마파크), CU(편의점), 파리바게뜨(베이커리), ESSE(담배) 등이었다.

브랜드 파워는 소비자의 구매 행동을 예측하는 중요한 척도다.

2017년 제19차 한국산업의 브랜드파워(K-BPI) 조사 주요 1월 브랜드

소배재 산업		
산업명	1월브랜드	기업명
가공우유	빙그레바나나맛우유	빙그레
감기약	화이투벤	한국다케다제약주식회사
건강식품	정관장	KGC인삼공사
기능성마시는 요구르트	윌	한국야쿠르트
기저귀	하기스	유한킴벌리
김치	종가집 김치	대상
남성내의	보디가드	좋은사람들
남성정장구두	금강	금강
남성화장품	헤라옴므	아모레퍼시픽
냉동만두	고향만두	해태제과식품
냉장/냉동육	하림	하림
농산물브랜드	임금님표이천	이천시
담배	ESSE	KT&G
두유	베지밀	정식품
떠먹는 요구르트	요플레	빙그레
롤화장지	뽀삐	유한킴벌리
맥주	카스	OB맥주
미용용 화장지	크리넥스	유한킴벌리
민감성 스킨케어	아토팜	네오팜
밀폐용기	락앤락	락앤락
보디케어	해피바스	아모레퍼시픽
밸런스이온음료	포카리스웨트	동아오츠카
분유/이유식	남양	남양
붙이는 관절염치료제	코토톱	한독
비누	도브	유한킴벌리
비즈니스캐주얼	인디안	세정
생리대	화이트	유한킴벌리
생수	제주삼다수	제주특별자치도개발공사
섬유유연제	피죤	피죤
세탁세제	비트	CJ라이온
소스/드레싱	청정원 드레싱	대상
소주	참진이슬로(참이슬)	하이트진로
소화제	까스활명수-큐	동화약품
식용유	해표 식용유	사조해표
아웃도어	코오롱스포츠	코오롱인더스트리 FnC부문
아이스크림	부라보콘	해태제고식품
엔진오일	AIC	SK루브리컨츠
여성기초화장품	설화수	아모레퍼시픽
여성내의	비너스	신영와코루
여성색조화장품	헤라	아모레퍼시픽
여성의류	크로커다일레이디	패션그룹형지
여성정장구두	금강	금강
염모염색제	미쟝센	아모레퍼시픽
영유아복	아가방	아가방앤컴퍼니
위스키	발렌타인	페르노리카코리아
조미김	동원 양반김	동원F&B
종합문구	모닝글로리	모닝글로리
종합영양제	아로나민	일동제약
주방용품	락앤락	락앤락
주스	델몬트	롯데칠성음료
참치캔	동원참치	동원F&B
축산물브랜드	횡성축협한우	횡성축산업협동조합
치약	덴탈크리닉 2080	애경
칫솔	덴탈크리닉 2080 칫솔	애경
캐주얼화	랜드로바	금강
캠핑용품	코베아	금강
커피음료	맥심 T.O.P	동서식품
학생교복	스마트학생복	스마트에프앤디
홈패션	이브자리	이브자리
휘발유	SK EnClean	SK에너지

따라서 1위 브랜드는 안정적인 수익을 창출하는 캐시카우(cash cow) 역할을 한다. 경쟁기업보다 미래를 위한 투자를 할 수 있는 여력이 그만큼 크다고 볼 수 있다. 이기동 KMAC 팀장은 “소비자들은 불황일수록 브랜드에 대한 로열티가 높아지게 되므로 꾸준한 브랜드 마케팅 투자로 기업 성장을 견인하고 시장을 선도하는 차세대 파워브랜드 육성을 서둘러야 한다”고 강조했다.

출처: 한국경제 2017.03.15. http://news.hankyung.com/

제1절 브랜드 이해

1. 브랜드의 개념과 중요성

기업이 개별제품에 대한 마케팅 전략을 수립함에 있어서 마케팅 관리자는 상표, 상표명, 상표마크, 등록상표 등의 브랜드화(branding)와 관련한 많은 의사결정을 해야 한다. 브랜드(상표)는 제품전략의 주요 과제가 되며, 기업의 제품을 경쟁사의 제품과는 분명하게 식별하게 해주므로 전통적으로 제품차별화의 중요한 수단이 되어 왔다. 또한 기업 간 경쟁이 심화되고 기술적인 격차가 감소하면서 제품의 물리적인 속성이나 객관적인 특징보다 소비자가 인식하는 품질의 중요성이 증가하게 되었다. 즉, '지각된 품질'은 기업의 브랜드에서 영향을 받아 형성되며, 이를 위한 브랜드관리의 중요성은 더욱 커지게 되었다. 강력한 브랜드는 소비자에게 인식되는 상품의 가치를 높이며, 특별한 느낌으로 상품에 대한 충성도를 높일 수 있다. 또한 소비자에게 호의적인 느낌으로 인식된 브랜드는 광고와 같은 촉진비용을 절감하는 긍정적인 효과가 발생하며, 강력한 충성도는 신상품의 성공가능성 또한 높일 수 있다.

1) 브랜드의 개념

'브랜드'란 단어는 '태우다'란 의미의 옛 노르웨이말인 'brandr'에서 유래되었는데, 가축 소유주들이 자신의 가축들을 식별하기 위해 가축의 털가죽을 일부 태워서 표시하는 수단이었다. 미국마케팅학회(AMA)에 따르면, 브랜드란 "개인이나 단체가 재화와 서비스를 특징 짓고 이들을 경쟁자의 재화와 서비스로부터 차별화시킬 목적으로 만들어진 이름, 용어, 사인, 심벌이나 디자인 또는 이들의 조합"이라고 정의한다. 요약컨대 브랜드(brand: 상표)란 특정 제품군에서 소비자가 특정 기업(판매자)의 제품이나 서비스임을 확인하고, 그것이 경쟁사의 제품이나 서비스와 차별화될 수 있도록 하기 위해 사용하는 명칭, 로고, 캐릭터, 패키징 또는 이들의 결합을 말한다.

이러한 정의에 따르면, 브랜드 개발의 핵심은 하나의 제품을 특징짓고 그 제품을 다른 제품들과 차별화시키기 위한 네임, 로고, 캐릭터, 패키지 디자인 또는 다른 속성들을 선택하는 것이다. 이처럼 하나의 브랜드를 특징짓고 차별화시키는 서로 다른 요소들을 "브랜드 구성 요소"라고 한다.

브랜드 구성 요소는 브랜드 네임, 로고, 캐릭터, 징글, 슬로건, 패키징 등이 있다.

브랜드 네임(brand name)이란 브랜드의 구성 요소 중 단어, 문자 또는 숫자로 구성된 발음 가능한 명칭을 말한다. 브랜드 마크(brand mark)란 브랜드의 일부로서 상징, 디자인이나 독특한 문자로 되어 있어서 형체는 알아볼 수 있으나 발음이 되지 않는 것을 말한다. 예를 들어, 라코스테의 악어그림, 맥도날드의 노랑색의 M 로고, 나이키의 낮은 V로고 등을 말한다. 트레이드 마크(trade mark)란 법적인 보호를 받고 있는 브랜드나 브랜드의 일부분으로서, 특정 소유권자에게만 독점적인 사용권이 허용된다. 통상 트레이드 마크는 TM와 함께 사용되는 항목들이다. 자사의 브랜드 네임이나 브랜드 마크를 보호받기 위해서는 특허청에 등록상표로서 등록되어야 한다. 마지막으로 브랜드화(branding)는 자사가 생산 또는 판매하는 제품에 대하여 브랜드를 결정하고 관리하는 활동을 말한다.

일반적으로 브랜드가 갖추어야 할 요건은 [표 7-1]과 같다.

표 7-1 브랜드가 갖추어야 할 요건

- 제품의 편익이나 특성을 암시하는 것이어야 한다.
- 제품의 식별이 용이해야 한다.
- 발음하고, 쓰고, 기억하기가 용이해야 한다. 이를테면 간단하고 단순한 것이 좋다.
- 부정적이거나 저속하거나 진부하지 않은 것이어야 한다.
- 독특해야 한다.
- 법적인 보호를 받을 수 있는 것이어야 한다.

2) 브랜드의 중요성

브랜드가 왜 중요한가? 그리고 브랜드가 어떤 기능을 수행하기에 마케팅 관리자들에게 가치가 있는가이다. 이에 대한 몇 가지 견해들로 소비자들과 기업 모두를 위한 브랜드 가치에 대해 언급하고 있다. [표 7-2]은 브랜드가 소비자와 기업에게 제공하는 서로 다른 역할들을 정리한 것이다.

표 7-2 브랜드의 역할

소비자 측면	기업 측면
• 제품 출처의 확인 • 제품생산자에 대한 책임부여 • 제품 선택의 위험감소 • 탐색비용 절감 • 제품생산자와의 약속, 보증, 계약 • 상징적 도구 • 품질표시	• 제품 취급이나 관리를 간편하게 하는 확인 수단 • 제품 고유의 특징을 법적으로 보호하는 수단 • 소비자를 만족시키는 품질수준 표시 • 제품에 독특한 연상을 부여하는 수단 • 경쟁우위의 원천 • 재무적 이익의 원천

(1) 소비자 측면에서의 브랜드 역할

브랜드는 소비자에게 제품 생산자나 제품 출처를 확실히 밝혀줄 뿐 아니라, 소비자들로 하여금 어떤 특정한 제조업자나 판매업자가 책임을 져야 하는지 그 책임 소재를 밝힐 수 있게 해준다. 가장 중요한 것은 브랜드가 소비자들에게 특별한 의미를 갖는다는 점이다. 소비자들은 수년간의 제품에 대한 과거의 경험과 그 제품의 마케팅 프로그램들 때문에 여러 브랜드에 대해 알게 된다. 소비자들은 어떤 브랜드가 자신들의 욕구를 충족시켜주고 어떤 브랜드가 그렇지 못한가를 알게 된다. 결국, 브랜드는 소비자들의 제품 의사결정을 단순화 시켜주는 신속한 수단과 방법을 제시한다.

만일, 소비자들이 하나의 브랜드를 인지하여 브랜드에 대한 지식을 어느 정도 갖고 있다면, 소비자들은 제품과 관련된 의사결정을 내리기 위해 여러 가지 부가적인 생각이나 정보처리를 할 필요가 없게 된다. 그러므로 경제적인 관점에서 보면, 브랜드는 소비자들로 하여금 내적 · 외적으로 제품에 대한 탐색비용을 줄일 수 있게 해준다. 소비자들은 그 브랜드에 대해 이미 알고 있는 것(품질, 제품특성 등)을 기초로, 그 브랜드에 대해 모르고 있을 수도 있는 부분에 대해서는 합리적인 기대와 가치를 형성할 수 있다.

때로는 브랜드에 내포된 의미가 아주 심오한 것일 수 있다. 하나의 브랜드와 소비자 간의 관계를 일종의 보장이나 계약으로 볼 수 있기 때문이다. 소비자들은 자신들이 선택한 브랜드가 특정한 방향으로 행동할 것이고, 일관성 있는 제품성능과 적절한 가격설정, 판매촉진, 유통 프로그램 등을 통해 소비자들에게 효용성을 제공할 것이라는 암묵적인 이해를 가지고, 브랜드에 대한 신뢰와 충성도(loyalty)를 제공한다. 소비자들이 그 브랜드를 구입함으로써 얻는 이익과 편익을 확실히 이해하고 있는 한, 그리고 소비자들이 그 제품을 소비함으로써 만족을 얻는 한, 소비자들은 그 제품을 계속 구매할 가능성이 높다.

이러한 제품의 편익들은 순수하게 기능적인 면만을 추구하는 것은 아니다. 브랜드는 소비자들이 그들 자신의 자아를 표출하게 해주는 상징적 수단으로서의 역할을 할 수 있기 때문이다. 일부 브랜드들은 특정한 타입의 사람들이 사용하는 것으로 연상되므로, 서로 다른 가치나 특징을 나타내기도 한다. 그러한 제품들을 소비하는 것은 소비자들이 자신들의 현재 모습이나 준거 타입을 다른 사람들에게 또는 자신에게 전달할 수 있는 수단이 된다.

브랜드는 제품의 특징들을 소비자들에게 알려주는 아주 중요한 역할을 수행한다. 종종 소비자들은 제품, 그리고 그 제품과 연관된 속성이나 편익을 해석하는 데 어려움을 느끼는데, 브랜드는 소비자들에게 이러한 제품에 대한 품질과 특성들을 나타내어 주는 단서가 될 수 있다. 따라서 브랜드는 제품의 구매결정 시 그 위험을 줄여 줄 수 있다. 소비자들이 하나의 제품을 구매하고 소비할 때 인식 가능한 여러 가지 형태의 위험은 [표 7-3]과 같다.

비록, 소비자들이 이러한 위험들을 해결할 수 있는 수단들이 많이 있긴 하지만, 소비자들이 대처할 수 있는 확실한 방법은 잘 알려진 브랜드, 특히 자신들이 과거에 호의적으로 경험했던 브랜드만을 구매하는 것이다. 그러므로 브랜드는 매우 중요한 위험 대처 수단이라고 할 수 있다.

요약컨대, 브랜드에 대한 소비자의 특별한 의미가 그 제품과 관련된 소비자들의 인식

표 7-3 지각된 위험의 종류

기능적 위험(functional risk)	제품이 기대만큼 성능이 좋지 않다.
신체적 위험(physical risks)	제품이 사용자나 다른 사람들의 건강이나 신체적인 안정 또는 안전에 위협을 가한다.
재무적 위험(financial risk)	제품이 지불된 가격만큼의 가치가 없다.
사회적 위험(social risk)	제품이 다른 사람들을 당혹스럽게 할 수 있다.
정신적 위험(psychological risk)	제품이 사용자의 정신적인 안정에 영향을 준다.
시간적 위험(time risk)	제품결정에 따른 실패는 또 다른 만족스러운 제품을 찾는데 소요되는 기회비용을 유발할 수 있다.

및 경험을 변화시킬 수 있다는 점이다. 동일한 제품이라도 그 제품이 갖는 브랜드 아이덴티티나 속성에 따라서 소비자들에게 서로 다른 평가를 받을 수 있기 때문이다. 따라서 브랜드는 소비자들에게 보다 유익하고 삶을 풍요롭게 해주는 독특하고 개인적인 차원에서의 의미를 갖는다. 소비자의 삶이 점점 더 복잡해지고, 빨라지며, 시간이 부족함에 따라 소비자의 의사결정을 단순화시키고, 위험을 감소시켜주는 브랜드의 능력은 매우 중요하다.

(2) 기업 측면에서의 브랜드의 역할

브랜드는 또한 기업에게도 여러 가지 가치 있는 기능들을 제공한다. 근본적으로 브랜드는 그 기업의 제품 취급이나 관리를 간소화시키기 위한 표준화 목적에 기여한다. 기업 운영 면에 있어서도 브랜드는 재고관리, 회계 및 기록 문서들을 체계화하는 데 도움이 된다. 또한, 브랜드는 기업이 제품의 독특한 특징이나 외관을 법적으로 보호할 수 있게 해준다. 브랜드는 그 브랜드 소유자에게 법적 권리를 부여하는 지적소유권을 확보할 수 있다. 브랜드 네임은 등록된 트레이드 마크를 통해 보호되고, 제조 과정은 특허를 통해 보호받을 수 있으며, 상품화를 위한 포장은 저작권과 디자인을 통해 보호를 받을 수 있다. 이러한 지적재산권은 그 기업이 브랜드에 안심하고 투자해서 하나의 가치 있는 자산 혜택을 확실히 얻을 수 있게 해준다.

전술한 바와 같이 이러한 브랜드에 대한 투자를 통해 하나의 제품이 다른 제품과 차별화 될 수 있는 제품 특유의 연상과 의미를 확보할 수 있다. 브랜드는 어떤 제품에 만족한 구매자들이 그 제품을 다시 자연스럽게 선택할 수 있게 해주는 특정 수준의 품질을 표시할 수 있다. 이러한 브랜드 로열티는 그 기업에 대한 수요를 예측할 수 있게 해주고 어느 정도의 수요에 대한 확실성을 보장해 준다. 그리고 다른 기업들이 시장에 진입하는 것을 어렵게 하는 진입장벽을 만들어 낸다. 비록, 제조 과정과 제품 디자인은 쉽게 모방될 수 있지만, 수년간의 마케팅 활동과 제품경험을 통해 소비자들의 마음속에 각인 된 지속적인 인상은 그리 쉽게 재현되지 않는다. 이러한 측면에서, 브랜딩은 비교우위를 확보할 수 있는 강력한 수단이 된다. Fortune지는 "미국에서 가장 우수한 기업들"에 대한 연례 논평에서 Coke, Microsoft, Disney와 같은 강력한 브랜드 네임이 기업경쟁을 위한 결정적인 도구가 될 수 있다는 것을 입증하면서 브랜드는 아주 중요한 것이라고 주장하였다. 그러므로 기업 입장에서 브랜드는 소비자행동에 영향을 줄 수 있고 매매할 수 있으며, 브랜드 소유자에게는 미래의 확고한 수입을 보장해 줄 수 있는 엄청난 가치가 있는 법적 재산을 의미한다.

2. 브랜드의 유형

브랜드의 유형은 여러 가지로 분류될 수 있으나, 소유기준에 따라 제조업자 브랜드와 유통업자 브랜드로 구분된다.

제조업자 브랜드(manufacturer's brand)는 제조업자에 의하여 고안 · 소유되는 브랜드로서 그 브랜드가 전국 또는 광범한 지역에 걸쳐서 촉진되기 때문에 전국상표(national brands)라고도 불린다. 이때 제조업자는 유통, 촉진 활동을 전개하며, 어느 정도까지는 가격결정도 하게 된다. 또한, 촉진과 품질관리 및 보증에 의하여 브랜드 충성도(brand loyalty)를 구축하며, 이것은 제조업자에게 가치 있는 자산이 된다. 제조업자는 제품의 수요를 자극하기 위하여 많은 노력을 기울이며, 중간상들이 자사의 제품(브랜드)을 취급하도록 고무시킨다. 제조업자 브랜드는 이미 형성된 명성으로 적은 판촉비용으로도 높은 판매고를 유지하고 신규 고객을 유인할 수 있다. 하지만 제품의 품질이 떨어질 경우에는 제조업자가 비난을 면치 못하고 중간상들의 상표변경을 초래한다. 때로 제조업자는 중간상들에게 낮은 마진을 제공하고, 상표통제를 기도하기도 한다.

반면에 유통업체 브랜드(private brand, distributor's brand)는 도매상이나 소매상 같은 재판매업자에 의해 고안 · 소유되는 브랜드로서, 딜러 브랜드(dealer brand)라고도 한다. 예컨대 유통업체가 하청을 주어 생산한 제품에 유통업체의 상표명을 부착하는 방식이다. 유통업자 브랜드의 중요한 특징은 제품에 대한 제조업자가 확인되지 않는다는 점이다. 소매상과 도매상은 보다 효율적인 촉진과 높은 이폭(margin) 및 점포 이미지를 개발하기 위하여 유통업자 브랜드를 개발한다. 판매업자는 독자적으로 제품을 저가로 구매하여 고마진 · 저가판매가 가능하며, 판매시점을 통제하고 자체 브랜드를 위한 특별 진열공간이나 독자적인 촉진 활동이 가능해진다. 반면에 유통업체 브랜드를 소유하는 유통업체에게는 보다 많은 책임이 주어진다. 자체 브랜드에 관련된 모든 마케팅 활동, 예를 들면, 촉진 활동 비용과 대량구매에 다른 재고유지비용과 위험부담을 감수해야 한다. 또한 낮은 품질에 대한 비난을 직접 감수해야 하며, 항상 양질의 제품을 저가구매하기가 쉽지 않다. 유통업체브랜드가 성공하기 위해서는 [표 7-4]와 같은 요건을 갖추어야 한다.

표 7-4 유통업체 브랜드의 성공 요건

- 시장이 크고 잘 조성되어 있을 것
- 제조업자의 장벽이 없을 것
- 품질 · 수량 면에서 적정원가로 제품을 확보할 수 있을 것
- 제조업자 브랜드의 가격이 비쌀 것
- 촉진비용 이상의 초과마진(extra gross margine)이 가능할 것
- 경기가 침체되어 저가의 유통업자 브랜드로 고객유인이 가능할 것

한편, 제조업자 브랜드와 유통업체 브랜드 간의 치열한 경쟁을 '브랜드 전쟁'(battle of brands)이라고 하는데, 여기서 '전쟁'이란 어느 브랜드가 더 대중적(popular)이며, 어느 쪽이 통제권을 갖느냐 하는 것이다. 제품군에 따라 다르지만 한때는 제조업자 브랜드가 유통업체 브랜드에 비하여 우세했으나, 점차 그 지위를 잃게 되어 지금은 다수의 제품군에서 유통업체 브랜드가 우위를 점하는 경우가 많다. 유통업체 브랜드가 제조업자 브랜드와 비교하여 가지고 있는 강점은 첫 번째로 진열공간의 통제가 가능하다는 점이다. 소비자의 눈에 쉽게 띄는 좋은 위치에 진열하고 진열공간을 확대하는 방식으로 우위를 누릴 수 있다. 두 번째로 유통업체 브랜드는 제조업자 브랜드와 비교하여 저렴한 가격에 상품을 판매하여 가격에 민감한 소비자를 유인할 수 있다. 유통업체 브랜드는 이미 구축된 유통경로, 브랜드 인지도를 활용하여 비용을 절감하여 낮은 가격에 상품을 제공하는 것이 가능하다.

3. 브랜드의 정책

기업은 브랜드 정책(brand policy)을 수립하기에 앞서, 자사제품에 대하여 브랜드를 부착할 것인지의 여부를 결정해야 한다. 만일 기업의 제품이 동질적이고 경쟁자의 제품과 유사하다면 브랜드를 붙이기가 어려울 것이다. 예컨대, 석탄, 농산물 같은 원자재나 소금, 기계부속품 등은 그 제품의 동질성과 물리적 특성으로 인하여 브랜드를 부착하기가 어렵기 때문에 특정 브랜드를 부착하지 않는 무브랜드 정책을 취한다.

무브랜드(generic brand)란 제품의 범주와 필요한 레이블(표찰)만 표시할 뿐, 회사명이나 여타의 사항들을 명시하지 않는 브랜드를 말한다. 무브랜드는 대개 브랜드 제품에 비하여 염가로 판매되며, 품질은 대등하거나 다소 낮은 편이다. 이러한 저가격은 저급한 원자재나 포장의 사용, 최소한의 광고 등을 통해 가능해진다. 기업이 자사제품에 대하여 브

랜드를 부착하기로 결정되면, 다음과 같은 상표정책 대안을 고려할 수 있다.

MARKETING FOCUS

예능으로 살펴본 브랜드 전략

브랜드를 관리하고 운영하려면 전략이 필요하다. 크게 '통합 브랜드 전략'과 '개별 브랜드 전략' 두 가지로 구분할 수 있다. 김태호 PD가 이끄는 〈무한도전〉과 나영석 PD의 예능 프로그램에서 두 가지 전략이 갖는 장 · 단점을 살펴볼 수 있다.

말 그대로 무모한 도전이었습니다. 기차와 달리기 시합을 한다든가, 황소와 줄다리기를 한다든가 하는 하찮기 짝이 없는 도전들이었습니다. 그런데 아무도 관심 없던 그 '무모한 도전'이 진화에 진화를 거듭하며 무려 14년째 이어지고 있습니다. 다소간에 부침이야 있었지만 명실상부한 국민 예능 프로그램으로 자리 잡은 게 사실입니다. 김태호 PD가 이끄는 〈무한도전〉 이야기입니다. 그동안 쏟아낸 레전드급 특집들이 수십 편입니다. 대표적인 게 '무한도전 가요제'나 '무한상사', '못친소'와 '토토가' 특집입니다. 레슬링과 조정, 스포츠댄스 등 스포츠를 통해 시청자들의 웃음과 눈물을 동시에 자아냈던 감동의 작품들도 여러 편입니다. 기존에 없던 '리얼 버라이어티'라는 새로운 장르를 개척하며 우리나라 예능 방송사에 한 획을 그은 무한도전입니다. 그렇게 무한도전은 살아있는 전설이 되었고 거대한 플랫폼이 되었습니다. 예능 명장 김태호 PD는 이 모든 것들을 무한도전이라는 메가브랜드로 엮어냈습니다. 마케팅으로 치자면 '통합 브랜드 전략'입니다.

반면 새롭게 떠오른 명장 나영석 PD의 전략은 또 다릅니다. 시청자들에게 눈도장을 찍은 그의 대표작은 〈1박2일〉이었습니다. 전국 방방곡곡 우리나라의 아름다운 자연과 그 품에 안겨 사는 사람들의 모습을 보여줌으로써 많은 시청자들의 사랑을 받았던 인기 프로그램입니다. 하지만 그게 끝이 아니었습니다. 방송사 이적 후 연달아 홈런을 터뜨렸습니다. 〈꽃보다 할배〉를 시작으로 〈꽃보다 누나〉, 〈꽃보다 청춘〉 시리즈가 이어졌고, 그 뒤를 〈삼시세끼〉, 〈신서유기〉가 받쳤으며, 〈윤식당〉에 이어 〈강식당〉, 〈알쓸신잡〉까지 하나하나가 메가톤급 태풍이었습니다. 낯선 환경에 출연자를 몰아넣고 그 반응을 세상에 없는 따뜻한 시선으로 보여주는 게 그의 장기입니다. 아니나 다를까 시즌제로 진행된 그의 작품들은 그 각각이 독립적인 파워브랜드가 되었습니다. 역시 마케팅의 관점에서 보면 이른바 '개별 브랜드 전략'입니다.

마케팅에선 브랜드를 관리하고 운영하는 데 전략이 필요합니다. 거칠게 보아 크게 두 가지로 구분할 수 있을 듯합니다. 먼저 '통합 브랜드 전략'입니다. 통합 브랜드 전략은 다양한 제품군에 하나의 브랜드를 활용하는 겁니다. 자동차 브랜드 BMW가 대표적인 예입니다. BMW도 다른 자동차회사들처럼 다양한 사양의 다양한 차종을 생산합니다. 하지만 그 차들의 브랜드는 모두 BMW입니다. 개별적인 모델들을 구분하는 건 숫자와 기호일 뿐, BMW라는 브랜드는 동일하게 적용됩니다. 같은 브랜드를 활용하니 마케팅 비용이 줄고 커뮤니케이션 효율이 높아집니다. 통합 브랜드 전략의 장점입니다. 물론 단점도 있습니다. 한 제품에 문제가 생기면 브랜드 전체 라인업에도 부정적인 영향을 끼친다는 점입니다. 예컨대 BMW의 3시리즈 차종에서 문제가 발생하면 BMW 전체 브랜드에 대한 고객 인식이 나빠질 수 있습니다.

이와 달리 '개별 브랜드 전략'은 다양한 제품군에 각기 다른 브랜드를 붙여주는 전략입니다. 제품의 속성과 이미지에 맞춰 브랜드를 붙여주니 브랜드의 초점이 명확해집니다. 브랜드가 독립적으로 운영되니 하나의 제품군에 문제가 생겨도 다른 제품군으로 전이가 쉽게 되지 않습니다. 반면 개별 브랜드 하나하나를 다 키워주려면 마케팅 비용이 많이 들 수밖에 없습니다. 개별 브랜드 전략의 대표주자는 P&G입니다. P&G는 수많은 제품군을 생산, 운영하지만 브랜드는 모두 제 각각입니다. 타이드, 페브리즈, 다우니, 아이보리, 팬틴, 위스퍼, 질레트, 오랄비, 웰라, 올드 스파이스 같은 다양한 제품군에 각각의 브랜드 특성을 살린 개별 브랜드를 활용합니다. 심지어는 세계 건전지시장을 좌지우지하고 있는 듀라셀도 P&G의 브랜드입니다. 얼핏 보면 모두 다른 회사들에서 만든 제품처럼 보입니다. 그만큼 개별 브랜드들은 저마다의 원칙과 기준에 따라 독립적으로 운영됩니다.

〈꽃청춘〉이나 〈삼시세끼〉, 〈신서유기〉, 〈알쓸신잡〉 등은 개별 브랜드 전략의 성과를 오롯이 보여주는 사례들입니다. 〈윤식당〉을 원전으로 하여 만들어 낸 〈강식당〉은 개별 브랜드 간의 교차와 융합이라는 새로운 성공 방정식도 증명해 냈습니다. 〈신서유기〉에서 가지를 친 또 다른 스핀오프 프로그램 〈위너의 꽃청춘〉 특집도 같은 맥락입니다. 이런 식이라면 할배들이 주인공이 된 〈알쓸신잡-연기하는 할배〉 편이나 중년 여배우들이 머나먼 이국 땅에서 그림 같은 식당을 운영하는 〈누나식당〉도 없으란 법이 없습니다. 나영석 PD의 후속작이 더욱 기대되는 이유입니다.

최근에 현대자동차와 쌍용자동차의 전략 비교에 관한 짧은 기사 하나를 보았습니다. 현대차는 차종을 늘리는 데 집중하고 쌍용은 SUV라는 특정 분야에 집중한다는 게 골자였습니다. 소형차 엑센트부터 대형 세단 EQ900까지 16개 승용차 모델을 만들어내는 현대차와 SUV에 특화해 단 6개 모델을 만들어내는 쌍용차. 어느 전략이 더 낫다고 말할 순 없습니다. 각 사가 처한 상황이나 맥락에 따라 당연히 다를 수 있고 또 달라야 하는 부분입니다. 생존과 성장을 위한 각 사의 서로 다른 전략이자 선택일 뿐입니다. 김태호 PD와 나영석 PD도 마찬가지입니다. 두 사람의 선택이 다를 수밖에 없었던 배경은 '시즌제'라는 생각입니다. 시즌제 도입을 통해 다양한 상품 라인업이 가능했던 나영석 PD와 광고매출에 발이 묶여 매주 무한도전이란 단일상품으로 방송 시간대를 채울 수밖에 없는 김태호 PD의 브랜드 전략은 같을 수가 없습니다.

기업의 브랜드 포트폴리오도 그런 관점에서 살펴보아야 합니다. 고객의 머리 속에서 이미 폐기 처분된 고루한 브랜드를 신주단지 모시듯 가져가는 것도 문제이고, 늘 새로운 브랜드를 전가의 보도처럼 꺼내 드는 것도 문제입니다. 통합 브랜드가 무조건 정답도 아니고, 그렇다고 개별 브랜드가 항상 정답인 것도 아니라는 이야기입니다. 관건은 통합 브랜드와 개별 브랜드의 적절한 활용에 대한 전략적 시각입니다. 자사가 보유하고 있는 자원뿐만 아니라 고객과 시장의 인식, 자사와 경쟁사의 강 · 약점 등 현 상황에 대한 냉철하고 입체적인 분석이 선행되어야 합니다. 미래시장에 대한 전망과 의지도 중요합니다. 예컨대, 고급 자동차시장 진입을 위해 기존의 '현대' 브랜드를 감추고 '제네시스'를 따로 런칭한 현대차 사례는 그래서 전략적입니다. 김태호 PD와 나영석 PD, 그들이 의도했건 안 했건 그들이 빚어내는 예능 프로그램들을 통해 이렇게 또 브랜드 전략 개념을 다시금 짚어봅니다. 일상이 경영이고 삶이 마케팅입니다.

출처: 서울경제 2018.03.12.https://www.sedaily.com/NewsView/

1) 개별 브랜드 정책

개별 브랜드 정책(individual brand policy)이란 모든 제품 또는 제품라인에 대하여 별도의 브랜드명을 부착하는 방식이다. P&G는 개별 브랜드 정책을 사용하는 대표적인 기업으로 샴푸브랜드로 팬틴, 헤드앤숄더, 비달사순 등을 각각 부착하여 운용하고 있다. 이 정책은 제품의 품질이나 유형, 유통경로 등이 상이할 경우에 주로 사용된다.

개별 브랜드 정책의 중요한 이점은 어떤 제품의 나쁜 이미지가 그 기업의 다른 제품 또는 기업 자체에 미치는 영향이 제한적이라는 것이다. 예를 들어, 한 브랜드의 제품품질에 문제가 발생하여도 그 브랜드 외의 다른 브랜드가 받는 영향이 거의 없다. 또한, 기업이 동일한 시장 안에서 다양한 표적시장으로 시장세분화를 추구할 때 효과적이며, 개개 제품의 특성을 효과적으로 촉진이 가능하고, 각각의 신제품에 대하여 최적의 상표명을 모색할 수 있다는 이점이 있다. 반면에 개별상표별로 소비자에게 인식시키기 위한 마케팅 활동을 전개하기 위해서는 많은 촉진비용이 수반된다는 단점이 있다.

P&G의 샴푸와 같이 동일한 제품 범주 내에 두 가지 이상의 브랜드를 개발하여 사용하는 정책을 복수 브랜드 정책(multiple brand policy)이라 말한다. 제조업자가 복수 브랜드 정책을 사용하는 이유는 ① 소매점의 진열 공간을 보다 많이 확보하여 자사 브랜드에 대한 소매업자의 의존도를 높이고자 할 때, ② 경쟁 브랜드 고객들을 브랜드 전환자(brand switchers)로 유인하기 위하여, ③ 신규 브랜드를 고안함으로써 조직 내에 활력과 효율성을 제고하기 위하여, ④ 각 브랜드를 상이한 세분시장에 포지셔닝 하기 위하여 등

이 있다. 복수 브랜드 정책은 잘못하면 소비자 저항과 유통경로의 혼란을 야기할 수 있으므로 신중하게 사용되어야 한다.

복수 브랜드 정책이 사용되는 경우는 ① 기업의 합병, ② 판매경로의 확장, ③ 가격 혼란의 방지, ④ 구브랜드 제품의 처분, ⑤ 시장의 확대 등을 들 수 있다.

2) 공동 브랜드 정책

공동 브랜드 정책(family or blanket brand policy)이란 모든 제품품목에 대하여 같은 브랜드 네임을 부착하는 정책을 말하며, 기업명 또는 별도의 브랜드가 사용될 수 있다. 예를 들어, 오뚜기식품에서 생산되는 모든 제품은 오뚜기 케첩, 오뚜기 마요네즈, 오뚜기 카레 등 모든 제품에 동일한 기업명을 사용하고 있다. 일반적으로 각 제품의 품질수준이나 유통경로, 용도 등이 서로 밀접하게 연관되어 있어서 동일한 판매소구가 가능한 경우에 주로 사용된다.

이 정책의 중요한 이점은 개별 브랜드와 달리 광고 · 촉진비용을 절감할 수 있고, 신제품 도입 시 마케팅 비용을 절감할 수 있으며, 패밀리 브랜드 내의 어느 한 품목의 좋은 평판이 다른 제품에까지 영향을 미칠 수 있다는 점이다. 반면에 한 제품의 나쁜 이미지가 패밀리 브랜드 내의 다른 제품에까지 부정적인 영향을 미칠 수 있다는 단점이 있다. 따라서 인지도와 호감도가 높은 대기업의 제품군에 주로 많이 사용된다. 때로는 기업이 동일 제품 라인의 제품에 대하여 같은 브랜드 네임을 부착하는 경우가 있는데, 이러한 정책을 계열별 패밀리 브랜드 정책(line family brand policy)이라고 한다.

또한, 개별상표와 패밀리 브랜드의 장 · 단점을 보완할 목적으로 두 가지의 상표를 병용한 병용 브랜드 정책이 사용되기도 하는데, 여기에는 모든 제품에 패밀리 브랜드를 사용함과 동시에 각각의 제품에 대하여 개별상표를 부착하는 경우와 일부의 제품에는 개별상표를, 또 다른 일부의 제품에는 패밀리 브랜드를 부착하는 경우의 두 가지가 있다.

3) 혼합 브랜드 정책

혼합 브랜드 정책은 각각의 개별제품에 공동 브랜드와 개별 브랜드를 조합하여 사용하는 방식이다. 예컨대 농심은 농심 신라면, 농심 너구리, 농심 안성탕면 등과 같이 개별제품에 기업명과 개별 브랜드를 연계하여 사용하고 있다. 혼합 브랜드 정책은 높은 기업인지도로부터 오는 공동 브랜드의 장점과 각 제품의 독특성과 차별점을 제시하는 개별 브랜드의 장점을 취할 수 있으나, 각각의 단점도 결합될 수 있는 위험성도 존재한다.

4) 브랜드 확장정책

브랜드 확장정책(brand extension policy)은 기존의 성공적인 브랜드명을 신제품이나 개량된 제품 또는 제품계열에 확장하여 사용하는 정책을 말한다. 기업은 기존의 강력한 브랜드 네임을 신제품의 브랜드로 그대로 사용함으로써 즉각적인 제품 인지(recognition)를 획득할 수 있으며, 소비자들에게 생소한 신규 브랜드를 인지시키는 데 소요되는 막대한 광고비를 절감시킬 수 있다. 그러나 확장된 브랜드가 소비자에게 실망을 주면 기업 내 다른 제품에까지 나쁜 영향을 미치게 된다. 즉, 브랜드 네임이 잘 지어졌다고 하더라도 그 신제품에는 적합하지 않을 수 있다. 또한, 브랜드 네임이 남용되면 소비자의 마음속에 형성되어 있던 호의적인 이미지를 상실하게 되는데, 이를 '계열확장의 함정'(line-extension trap)이라고 한다.

5) 라이센스 브랜드 정책

제조업자나 소매업자는 신규 브랜드를 개발하여 소비자들에게 친숙해지기까지는 오랜 시간과 비용이 소요되기 때문에, 최근에 와서는 일반 소비자들에게 이미 잘 알려진 다른 기업의 브랜드(라이센스 브랜드)를 빌려 쓰는 라이센스 브랜드 정책(licensing brand policy)이 널리 활용되는 추세에 있다.

기업(licenser)은 라이센스 계약(licensing agreement)을 체결함으로써 일정한 라이센스 요금, 즉 로열티(royalty)를 받는 조건으로 다른 제조업자(licensee)가 생산한 제품에 대하여 자사의 등록상표를 사용할 수 있도록 허락해 준다. 이때 로열티는 적게는 2%에서 많게는 10%에 이르는 수준이며, 상표를 제공받는 제조업자는 모든 제조 · 판매 · 광고기능에 대한 책임을 지고, 만일 라이센스된 제품이 실패하는 경우는 그 비용을 스스로 감수해야 한다.

라이센스 브랜드 정책의 이점은 저원가와 초과수익에서부터 높은 지명도(publicity), 새로운 이미지, 등록상표보호 등에 이르기까지 매우 다양하다. 즉, 라이센스된 브랜드는 즉각적으로 신제품을 친숙하게 해주며, 경쟁사의 제품과 구분시켜준다. 의류판매업자들은 특히 라이센스 브랜드를 많이 사용한다. 그러나 라이센싱 브랜드가 갖는 주요 결함은 라이센스된 제품에 대한 제조통제가 결여되고, 관련이 없는 라이센스 브랜드들이 너무 많이 생산되어 기업 또는 브랜드 이미지가 손상될 수 있다는 점이다. 또한, 라이센스 계약은 시기나 유통경로가 적절하지 않고, 제품과 브랜드 네임이 합치되지 못하면 실패로 끝날 수 있다.

제2절 브랜드 아이덴티티

1. 브랜드 아이덴티티의 개념

브랜드 아이덴티티란 무엇인가? 사람의 아이덴티티는 그 사람의 성향, 목표와 의미를 제공해 준다. 다음의 질문이 얼마나 중요한지 생각해 보라. 내 자신의 핵심적인 가치는 무엇인가? 나는 무엇을 상징하는가? 나는 어떻게 여겨지길 원하는가? 나는 어떤 개인적인 특징을 갖고 싶은가? 내 인생에서 가장 중요한 관계는 무엇인가?

마찬가지로 브랜드 아이덴티티도 그 브랜드에 대한 성향, 목표 그리고 의미를 제공해 준다. 이것이 브랜드의 전략적 시각에 중심이 되고, 브랜드 에쿼티의 중요한 네 가지 중 하나를 이끌게 되며, 브랜드 연상 이미지의 중심과 정신이 된다. 네슬레(Nestlé)는 브랜드 아이덴티티의 중요성과 경건함을 강조하기 위해 '브랜드 헌법(Brand Constitution, 회사의 사규와 같은 존재 규정)'이란 용어를 사용한다. 그렇다면 브랜드 아이덴티티란 정확히 무엇인가?

브랜드 아이덴티티는 브랜드 매니저들이 창조하고 유지하기 위해 불러일으키는 브랜드와 관련된 일련의 독특한 연상이다. 이런 연상은 브랜드가 상징하는 것을 나타내고 그것을 만든 사람으로부터 고객에 대한 약속을 포함한다. 브랜드 아이덴티티는 기능적 · 정서적 혹은 자아표현적 편익과 관련된 가치 제안을 만들어냄으로써 브랜드와 고객 사이의 관계가 형성되는 것을 도와야 한다.

브랜드 아이덴티티는 4가지 차원에서 만들어진 12개의 요소로 이루어져 있다. 즉, 그것은 제품으로서의 브랜드(상품의 범위, 특징, 품질과 가치, 사용 경험, 사용자, 원산지), 조직으로서의 브랜드(회사의 특징, 지역 대 세계), 사람으로서의 브랜드(브랜드의 특성, 브랜드-고객의 관계), 상징으로서의 브랜드(시각적인 이미지, 은유와 브랜드의 전통)이다.

브랜드 아이덴티티는 핵심적인 아이덴티티와 확장된 아이덴티티로 이루어져 있다. 핵심적인 아이덴티티 – 브랜드의 중심이 되고 시간을 초월하는 아이덴티티가 새로운 시장과 제품으로 이동할 때 거의 변함이 없는 것이다. 확장된 아이덴티티는 구조와 완벽함을 부여하는, 결합력 있고 중요하게 그룹 지어지는 브랜드 아이덴티티 요소를 포함한다.

2. 제품으로서의 브랜드 아이덴티티

브랜드 아이덴티티가 다양한 내용과 깊이를 가지고 있다는 측면에서 기업들은 ① 제품으로서의 브랜드, ② 조직으로서의 브랜드, ③ 사람으로서의 브랜드, ④ 상징으로서의 브랜드라는 관점을 고려해야 한다. 관점은 매우 여러 가지이다. 다양한 관점의 목표는 전략가들이 아이덴티티를 명확하고 풍부하게 하며 차별화시키는 데 도움이 되는 다양한 브랜드 아이덴티티 구성 요소와 형태를 고려하도록 하기 위한 것이다. 또한 더 구체적으로는 브랜드 아이덴티티를 적용하기 위한 의사결정을 지원하게 될 것이다. [그림 7-1]에 제시한 바와 같이 모든 브랜드 아이덴티티에 이런 관점을 모두 다 적용시켜야 하는 것은 아니다. 어떤 브랜드는 한 가지 관점만으로 충분할 수도 있다. 그러나 각각의 브랜드는 브랜드가 고객의 마음속에 어떤 것을 상징하는가를 명확히 하는 데 도움이 되는 모든 관점들을 고려해야 한다.

여기에서는 브랜드 아이덴티티의 가장 기본이 되며 브랜드 차별화에 가장 핵심적인 요소인 제품으로서의 브랜드 측면만을 살펴보고자 한다.

1) 제품과 관련된 연상

제품과 관련된 연상은 브랜드 아이덴티티를 구성하는 중

그림 7-1 ▶▶ 브랜드 아이덴티티 기획 모델

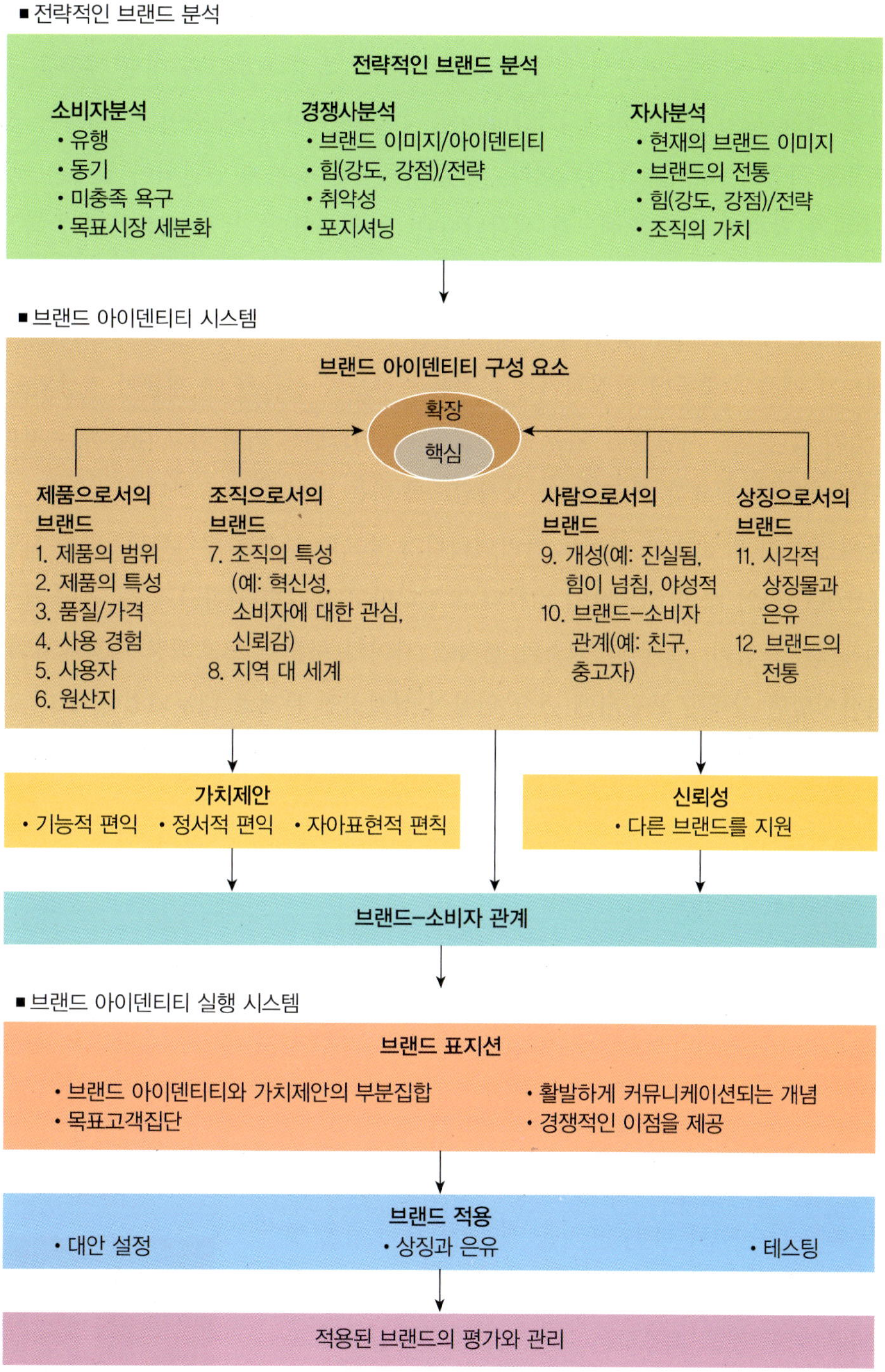

요한 부분이다. 왜냐하면 그것은 브랜드의 선택과 사용 경험에 직접적으로 연결되기 때문이다. 브랜드 아이덴티티를 구성하는 핵심적인 요소는 보통 제품의 본질이다. 그리고 이것이 바람직하고 적절한 연상의 형태에 영향을 준다. 특정 브랜드가 어떤 제품을 연상시키는가를 예를 들어 보자. 하겐다즈(Haagen-Dazs)는 아이스크림이고, 비자는 신용카드, 뷰익은 자동차, 컴팩은 컴퓨터이다. 제품의 종류에 강하게 연관되어 있다는 것은 제품의 종류가 암시되면 그 브랜드가 생각난다는 걸 의미한다. 특정 제품군에서 독점적인 브랜드(진통제에서 타이레놀, 휴지에서 크리넥스, 1회용 밴드에서 대일밴드)는 그 제품군에서 생각나는 유일한 브랜드가 될 것이다.

브랜드를 제품의 종류에 연결시키는 목적은 브랜드가 언급될 때 제품이 연상되도록 하는 데 있지 않다. 즉, 사람들이 '카누'를 언급할 때 '인스턴트 커피'라고 대답하는 것보다는 '인스턴트 커피'가 필요할 때 '카누'가 상기되도록 하는 것이 더 중요하다.

제품의 종류가 확장될 때 브랜드 아이덴티티가 중요한 문제로 부각된다. 많은 사람들이 HP 제트(Jet) 라인 하면 선도적인 컴퓨터 프린터라고 생각한다(다시 말해, 데스크제트와 레이저제트). 프린터, 스캐너, 팩스와 복사기 사이의 구분이 모호해진 시점에서 한때는 핵심자산이었던 강력한 프린터에 관한 연상이 실질적인 문제로 대두되었다. HP는 더 넓은 제품 그룹에까지 어필할 수 있도록 제품의 아이덴티티를 바꿀 필요가 있었다. 그 이유는 지금 HP는 스캐너(ScanJet)와 팩스 기계(FaxJet)는 물론 여기에다 복사기와 프린터(OfficeJet)의 기능을 모두 갖춘 기계까지 생산하고 있다.

2) 제품과 관련된 속성

구매나 제품의 사용에 직접 연결된 제품 속성들은 고객들에게 기능상의 편익과 때로는 정서적인 편익까지 제공해 줄 수 있다. 제품에 연결된 속성은 여분의 어떤 것(서비스에서의 특징 같은)이나 더 나은 것을 제공함으로써 가치 제안을 만들 수도 있다.

더 나은 어떤 것을 제공하는 브랜드로는 잇몸건강에 좋은 치약인 죽염치약, 슈퍼마켓보다 더 편리한 세븐일레븐 24시간 편의점, 빠른 체크아웃의 매리어트호텔 체인, 전세계적으로 가장 뛰어난 제품의 일관성을 보유하고 있는 맥도널드가 있다. 콜먼 미츠(Coleman Meats)의 소고기는 방부제나 성장 호르몬이 없이 사육되고, 버진항공사(Virgin Airlines)는 비즈니스 클래스에 탑승하는 고객에게 리무진을 서비스하는데, 이것 모두 부가적인 어떤 것을 제공하는 경우다. 앞에서 말한대로 문제는 브랜드를 위하여 경쟁자와 구별되고 더 나은 어떤 것을 제공하려는 아이덴티티를 개발하려는 데 집중하지 않고 제품 속성에만 의존하는 것이다.

3) 제품과 관련된 품질 · 가격

소비자가 자사의 브랜드에 대하여 지각하고 있는 품질은 중요한 제품과 연결된 상징이다. 소비자들은 스타벅스의 커피는 우수하며, 신라호텔의 서비스는 다른 호텔보다 월등하다고 생각한다. 각 경쟁 분야에서 품질을 인정받으면 가격에 대한 승인을 얻거나 경쟁을 멈출 수 있는 힘(최고의 브랜드만이 가질 수 있는 특권)을 갖게 된다. 많은 브랜드들이 중요한 아이덴티티의 요소로 품질을 적용한다. 예를 들어, 질레트는 '남자가 가질 수 있는 최고의 것'으로 많은 부분에서 최고의 위치에 올랐고, 일회용 면도기 중에서 최고라는 명성을 얻었다.

가격은 품질과 밀접한 관련이 있다. 품질에 가격의 차원을 더함으로써 그 개념을 강화할 수 있다. 예를 들어, 러버메이드(Rubbermaid)는 적당한 가격에 최고의 품질의 제품을 판매한다는 가치를 제공하려고 노력한다. 또한 월마트는 근본적으로 가치 있는 소매유통업체로 위상이 설정되어 있다. 또한 소비자들은 품질에 대한 객관적인 정보가 부족한 경우 가격을 품질을 평가하는 지표로 사용하는 경향이 있다. 즉, 가격이 높을수록 품질이 더 좋을 것으로 판단하는 것이다.

4) 제품과 관련된 사용상황

몇몇 브랜드들은 경쟁자들이 접근하지 못하도록 실생활에서 제품과 관련된 독특한 사용상황을 연관시킴으로써 성공하였다. 예를 들어, 게토레이는 최고의 성능을 유지하려고 노력하는 선수들의 제품 이용 동기를 소개하면서 운동 후 갈증해소를 위한 음료수로 소비자의 마음에 자리 잡았다.고디바 초콜릿은 특별한 기념일에 선물용 초콜릿으로 연상되며, 스타벅스 커피하우스는 친근한 종업원들 때문에 친숙한 장소로 연상되기도 하지만, 때로는 고상한 휴식을 제공한다는 연상 이미지도 보유하고 있다.

5) 제품과 관련된 사용자

브랜드 아이덴티티 개발의 다른 방법은 사용자의 유형에 브랜드를 맞추는 것이다. 예를 들어, 에디 바우어(Eddie Bauer)는 레저 스포츠를 즐기는 사람들을 위해 현대적인 패션을 제공한다. 거버(Gerber)는 아기들을, 웨이트 워처스는 체중 조절과 건강에 관심이 있는 사람들을 주고객으로 하고, 프리스키즈(Friskies)는 활동적인 고양이를 위한 음식을 제공한다. 사용자의 유형과 깊은 관련이 있다는 것은 가치 제안과 브랜드 개성을 함축하고 있다는 의미이기도 하다. 이런 특성은 브랜드 개성에서 더 살펴보기로 하자.

6) 제품과 관련된 나라와 지역

브랜드 아이덴티티 개발에서 보다 전략적인 방법은 브랜드에 신뢰성을 더해줄 나라나 지역을 브랜드에 연결시키는 것이다. 샤넬은 프랑스제, 스와치 시계는 스위스제, 벡스(Beck's) 맥주나 메르세데스는 독일, 스톨리츠나야(Stolichnaya) 보드카는 러시아, 몰슨(Molson) 아이스 맥주는 캐나다제(거기서 얼음이 발명되었다)로 널리 알려져 있다. 블루밍데일(Bloomingdale)이 뉴욕을 의미하듯이 샴페인은 프랑스를 의미한다. 각각의 경우에 브랜드가 나라나 지역을 연상시킨다는 것은 그 나라나 지역이 그 제품 종류에 한해 최고를 만든다는 전통을 보유하고 있기 때문에 그 브랜드가 최고의 품질을 제공할 것이라는 암시를 준다.

제품에 대한 원산지의 영향을 보여주는 많은 연구가 있으며, 또 다른 연구는 영향의 정도가 제품의 종류에 따라 다르다는 것을 보여주고 있다. 예를 들어, 일본의 전자제품은 일본의 음식보다 높이 평가되고, 프랑스의 패션은 전자제품보다 우수하다고 인식된다. 그러나 원산지는 제품 카테고리를 넘나드는 속성을 제공하지는 않는다. 미국 소비자들을 대상으로 자동차와 텔레비전 제품에 대한 국가적인 이미지를 비교·평가했는데, 그 결과 미국 제품은 서비스가 좋고, 일제는 명성이 보통이고(가장 많이 팔림에도 불구하고), 독일제는 명성은 높지만 경제적이지 못하다는 사실을 발견하였다.

3. 브랜드의 개성

'브랜드 개성'이란 주어진 브랜드에 결부되는 일련의 '인간적 특성들'이라고 정의된다. 그러므로 이것은 전형적인 인간의 개성뿐 아니라 성별, 나이, 사회경제적 계층과 같은 특성도 포함된다. 예를 들어, 버지니아슬림은 남성적인 말보로와 비교해 여성적이다.

브랜드 개성은 인간의 개성과 마찬가지로 독특하고 지속적이다. 예를 들면, 한 조사에서 코카콜라는 실제적이고 본질적인 반면에 펩시는 젊고 생기 있고 흥미로우며, 닥터 페퍼(Dr. Pepper)는 독특하고 재미있다는 결과가 나왔다. 게다가 이 세 브랜드는 그 개성을 확대하거나 바꿔보려는 노력에도 불구하고 오랫동안 지속되어 왔다.

브랜드 개성의 컨셉은 상당한 타당성을 갖고 있다. 다시 말해서 정성조사 및 정량조사를 통해 응답자들에게 브랜드 개성의 프로필에 관한 일련의 질문들을 하게 된다. 그렇게 하면 일반적으로 사람들이 공통적으로 느끼는 일치된 의견들을 쉽게 도출할 수 있다. 그룹 간(사용자와 비사용자 같은)의 차이점은 보통 합리적이고 유용한 통찰을 제공해 준다.

예를 들어, 사용자들은 그 브랜드의 강한 개성을 지각하고 있지만, 비사용자들은 그렇지 못하다. 오랄-B는 사용자들에게 중요하고 알맞은 브랜드이지만, 비사용자에게는 아무런 개성이 없는 것으로 보인다.

브랜드 개성의 창출은 사람들이 해당 브랜드를 어떻게 지각하고 있으며, 어떤 태도를 가지고 있는지에 대한 이해를 넓혀주고, 브랜드 아이덴티티를 차별화시키는 데 도움을 준다. 또한 커뮤니케이션의 지침이 되어 주며 브랜드 에퀴티를 창조함으로써 브랜드 매니저들에게 도움을 준다.

사람으로서의 브랜드라는 관점은 제품의 속성에 기반을 둔 것보다는 더 풍부하고 흥미로운 브랜드 아이덴티티를 제시한다. 사람처럼 브랜드는 고상하고, 유능하고, 인상적이고, 믿을 만하고, 재미있고, 활동적이고, 유머스럽고, 평범하고, 형식적이고, 젊거나 지적인 것으로 여겨질 수 있다. 예를 들어, 새턴은 아주 믿을 만한 친구 같은 개성을 보유하고 있다.

여러 가지 방법으로 브랜드에 개성을 부여함으로써 보다 강력한 브랜드를 만들 수 있다.

첫째, 소비자가 자신의 개성을 표현하는 수단이 되는 자아표현적인 편익을 창출해 낼 수 있다. 소비자들은 자신이 생각하는 스스로의 이미지와 일치하는 브랜드를 선택하거나 또는 자신이 바라는 이미지를 표현하는 데 도움이 되는 이미지를 가진 브랜드를 선호하는 경향이 있다. 예를 들어, 스스로를 개방적이라고 생각하는 소비자가 애플 모바일폰을 개방적이라고 지각한다면 소비자는 애플 모바일폰을 선호하여 구입할 가능성이 높다.

둘째, 각 개인이 보유하고 있는 개성이 대인관계에 영향을 미치듯이 브랜드 개성은 소비자와 고객 사이의 관계에 기초가 될 수 있다. 친구관계라는 새턴의 아이덴티티는 아이덴티티 프로그램이 원활히 진행되도록 돕는다. 마찬가지로 델 컴퓨터(Dell Computer)는 어려운 일을 돕는 전문가가 될 수 있다. 레비 스트로스(Levi Strauss)는 거친 외부의 동료애, 메르세데스 벤츠는 품위 있고 존경받을 만한 사람, 워드퍼펙트는 유능하고 세심한 전문가, 홀마크(Hallmark)는 따뜻하고 인정 있는 친척 등을 상징한다.

셋째, 브랜드의 개성은 제품의 특성을 전달하는 데 유용하며, 이것 때문에 기능상의 편익이 강조될 수도 있다. 예를 들어, 미쉐린 맨(미쉐린 타이어의 캐릭터)이 나타내는 강인하고 활력적인 개성은 미쉐린 타이어도 역시 강하고 힘이 있을 것이라고 암시한다.

4. 브랜드의 편익

브랜드 아이덴티티는 고객들에게 구체적인 가치제안을 전달할 필요가 있다. 그렇다면 가치 제안이란 무엇인가? 브랜드 가치 제안은 고객에게 가치를 제공하는 브랜드가 주는 기능적이고, 정서적이며, 자아표현적인 편익을 말한다. 효율적인 가치 제안은 브랜드와 고객관계를 만들어내고 구매를 결정하게 된다. 기능적 · 정서적 · 자아표현적 편익의 중심 개념은 다음과 같다.

1) 기능적 편익

가치 제안의 가장 일반적인 형태는 기능적인 편익(functional benefits)이다. 그것은 고객에게 기능적인 유용성을 주는 제품의 특성에 기반을 둔다. 이러한 편익은 보통 고객을 위해 제품이나 서비스에 의해 행해지는 기능과 직접적인 관련성을 갖고 있다. 레이저 프린터의 경우, 기능적인 편익은 인쇄속도, 해상도, 품질, 용지공급능력이나 비가동시간의 단축과 에너지 절감 등이다. 또 다른 보기는 [표 7-5]와 같다.

특히 특성에 바탕을 둔 기능적인 편익은 고객의 구매결정이나 사용 경험에 직접적으로 영향을 미친다. 브랜드가 중요한 기능상의 편익을 지배할 수 있다면 해당 브랜드는 그 제품군을 지배할 수 있다. 예를 들어, 크레스트(Crest)는 1950년에 최초로 미국치과협회의 승인을 얻어 충치를 줄이는 데 효과가 있다는 광고를 함으로써 몇 십 년간 칫솔 관련 제품군을 선도하고 있다. 경쟁사들은 향기로운 호흡이나 하얀 치아 같은 한 단계 낮은 특성으로 자신들의 브랜드를 광고할 수밖에 없었다.

표 7-5 기능적 편익의 예

- 볼보는 무게와 디자인 때문에 안전하고 견고한 고급 승용차이다.
- 퀘어커 오츠는 뜨겁고 영양가 있는 아침식사를 제공한다.
- BMW는 빙판에서도 잘 조정된다.
- 하기스(Huggies)는 편리함과 견고함을 제공하고 새지 않는다.
- 게토레이는 경기할 때 물 대신 마신다.
- 세븐-일레븐 매장은 편리함을 의미한다.
- 코카콜라는 상쾌함과 상쾌한 맛을 제공한다.
- 노드스톰은 소비자에게 세심한 서비를 제공한다.

■ 기능적 편익의 한계

과제는 고객의 관심을 끌 수 있는 "벨을 울릴 수 있는가"와 같이 경쟁사와 비교하여 확고한 지위를 뒷받침할 기능적인 편익을 선택하는 것이다. 그리고 이후의 작업은 전달할 제품이나 서비스를 만들어내는 일 뿐만 아니라 고객에게 그 능력을 전달하는 것과 관계가 있다. 물론 전달이 항상 중요한 일이긴 하지만, 때때로 무척 어렵기도 하다.

제품의 속성과 기능적인 편익을 통한 브랜드 가치 제안에는 한계가 있다. 그것은 시간이 갈수록 차별성이 없어지고, 모방하기 쉽고, 소비자가 합리적인 소비를 한다는 가정에만 집착해야 한다. 또 전략상의 유연성을 감소시키고, 브랜드의 확장을 막는다. 이런 한계를 극복하는 한 가지 방법은 이미 얘기했듯이 조직, 개인, 상징으로서의 브랜드를 고려함으로써 제품의 속성을 넘어서 브랜드 아이덴티티에 대한 견해를 확장시키는 것이다. 또 다른 방법은 기능적인 편익뿐 아니라 정서적 · 자기 표현적 편익을 포함하도록 가치 제안을 확장시키는 것이다.

2) 감성적 편익

특별한 브랜드를 사거나 이용할 경우 그것이 소비자에게 긍정적인 느낌을 준다면, 그 브랜드는 감성적인(정서적인) 편익(emotional benefits)을 제공하고 있는 것이다. 때로는 가장 확고한 브랜드 아이덴티티는 정서적인 편익을 포함하기도 한다. 그래서 고객은 [표 7-6]과 같은 느낌을 가질 수가 있다.

표 7-6 감성적 편익의 예

- 볼보는 안전하다.
- BMW를 운전을 하거나 MTV를 보는 동안 즐거움을 느낄 수 있다.
- 코카콜라를 마시면 활력과 힘이 솟는다.
- 올레이(Olay)의 오일로 나이가 드는 것을 억제한다.
- 노드스톰에 있을 때는 자신이 중요하다고 생각된다.
- 홀마크 카드를 사거나 읽을 때는 따뜻함을 느낀다.
- 리바이스 청바지를 입으면 강하고 야성적인 느낌을 받는다.

에비앙(Evian) 생수는 특별히 기능상의 장점이 없는 물이다. 그러나 그 광고에서 ([그림 7-2]에서 볼 수 있듯이) 브랜드는 정서적인 편익으로 가득 차 있다. 슬로건 "또 다른 날, 건강을 느낄 수 있는 또 다른 기회"와 시각적 이미지를 통해 에비앙 생수는 제품뿐만 아니라 그 사용에서 오는 만족감에까지 자신을 연결시키고 있다.

감성적인 편익은 그 브랜드를 사용하는 경험에 풍요로움과 깊이를 더해준다. 선 메이드(Sun-Maid) 건포도가 불러일으키는 추억이 없었다면, 그 브랜드는 제품의 지위를 확고

그림 7-2 ▶▶ 에비앙 생수의 정서적인 편익을 제공하는 광고

적인 관심 및 마케팅 리서치 활동에 대한 초점을 제공했다는 것이다. 나쁜 뉴스란 브랜드 순자본의 개념이 각기 다른 많은 목적을 위해 그 만큼 많은 다른 방식으로 정의되어져 왔기 때문에, [표 7-8]에서 보듯이 그 개념은 결국, 용어 자체에 대한 혼동으로까지 이어지게 되었다는 것이다. 그러나 이러한 모든 변화에도 불구하고 브랜드 순자본이 어떻게 개념화되어져야 하고 측정되어져야 하는지에 대한 일반적 관점은 제시되지 않았다.

비록 브랜드 순자본에 대해 많은 서로 다른 관점들이 존재하지만, 대부분의 마케팅 관계자들은 브랜드 순자본이 브랜드에 차별적으로 적용되어 질 수 있는 마케팅 효과 측면이라는 정의에 동의한다. 즉, 브랜드 순자본은 동일한 제품이나 서비스가 브랜드를 가졌기

표 7-8 브랜드 순자본의 정의

- 브랜드 네임이 없을 때보다 많은 매출 혹은 더 많은 이익을 얻게끔 하고, 경쟁자에 비해 브랜드에 강력하고 지속 가능하며, 차별화된 우위를 제공하는 브랜드의 고객, 채널 구성원 그리고 모기업의 연상과 행동들의 집합(Marketing Science Institute)
- 주어진 브랜드가 제품에 부여하는 기업, 거래 또는 고객에 대한 부가가치[a](Peter Farquhar, Claremont Graduate School)
- 기업과 (혹은) 기업의 고객에 대해 제품이나 서비스가 제공하는 가치를 증가시키거나 감소시키는 브랜드, 브랜드 네임, 심벌과 연계된 브랜드 자산과 부채의 집합[b](David Aaker, University of California at Berkeley)
- 비교 가능한 새로운 브랜드에 대한 이전 마케팅 노력의 결과로서 향유되는 매출과 이익에의 효과[c](John Brodsky, NPD Group)
- 브랜드 순자본은 브랜드 강도와 브랜드 가치를 포함한다. 브랜드 강도는 브랜드가 지속 가능하고 차별화된 경쟁우위를 향유하게 하는 브랜드의 고객, 채널 구성원 그리고 모기업의 연상과 행동들의 집합이다. 브랜드 가치는 현재의 미래의 이익을 높이고 위험을 낮추기 위해 전술적이고 전략적인 행위를 통해 브랜드 강도를 증가시키는 경영자의 능력에 대한 재무적인 결과이다.[d](Raj Srivastava, University of Texas, and Allan Shocker, University of Minnesota)
- 성공적인 프로그램과 행동을 통해 발생하는 제품이나 서비스의 거래에 있어 측정 가능한 재무적 가치[e](J. Walker Smith, Yankelovich Clancy Schulman)
- 브랜드 순자본은 어떤 사람이 계속해서 당신의 브랜드를 구매하고자 하는 긍정적인 태도(willingness)이다. 그러므로 브랜드 순자본의 측정은 충성도와 강하게 연관되어 있으며, 확고한 고객부터 유동적인 고객까지의 연속체상에서 세분시장을 측정한다.(Market Facts)
- 순자본을 가진 브랜드는 "고객에게 소유 가능하고, 믿을만하며, 관련성이 있고, 구별되는 약속"을 제공한다.(Brand Equity Board)

a). Peter Farquhar, " Managing Brand Equity," *Marketing Research*(September 1989): 1-11.
b). David A . Aaker, *Managing Brand Equity*(New York: Free Press, 1991).
c). John Brodsky, "Issues in Measuring and Monitoring"(paper presented at the ARF Third Annual Advertising and Promotion Workshop, February 5-6, 1991).
d). Rajendra Srivastava and Allan D . Schocker, "Brand Equity: A Perspective on Its Meaning and Measurement," *MSI Report* 91-124(Cambridge, MA: Marketing Science Institute, 1991).
e). J. Walker Smith, "Thinking About Brand Equity and the Analysis of Customer Transactions"(Paper Presented at the ARF Third Annual Advertising and Promotion Workshop, February 5-6, 1991)

때문에 발생하는 긍정적인 마케팅의 결과를 말한다. 예를 들어, 높은 시장점유율, 브랜드 충성도 등의 마케팅 효과가 발생할 수 있다. 이러한 브랜딩의 변화력(transformational power)의 좋은 예로서 다음을 생각해 보자.

■ 크리스티 경매(Christie's Auctions)

크리스티 경매장(Christie's East)에서 2000년 5월에 실시한 경매는 브랜드가 어떻게 사람들의 의견과 지불가격을 완전히 바꿀 수 있는지를 보여주는 좋은 예이다. "오즈의 마법사"에 등장한 여배우 Judy Garland의 슬리퍼는 1938년 만들어진 당시 12달러 50센트에 불과했으나 무려 80만 달러에 낙찰되었다. Christopher Reeve의 슈퍼맨 의상은 3만 달러를 상회했다. Gilligan's Islands의 선장 모자는 8천 달러 이상에 팔렸고, Laverne & Shirley에 등장한 Penny Marshall의 파자마는 1천 5백 달러에 팔렸다. 만약 이러한 유명인에 대한 연상들이 없었다면, 이런 물품들이 벼룩시장에서 몇 백 달러 이상을 받을 수 있을지 의심스럽다.

결국 브랜딩은 차별점을 만드는 것이다. 대부분의 마케팅 관계자들은 [표 7-9]와 같은 원칙에 동의한다.

기본적으로 브랜드 순자본의 개념은 마케팅 전략에 있어 브랜드 역할의 중요성을 강조한다. 브랜드 순자본의 개념은 브랜드 관리에 관한 많은 기존의 원칙들을 수립하였다. 하지만, 현재의 이론과 연구 성과를 변화하는 마케팅 환경의 새로운 도전들에 대처하기 위해 적용시킬 수 있다는 사실 때문에, 브랜드 순자본의 개념은 지금까지 뿐만 아니라 잠재적으로도 유용한 새로운 통찰을 제공할 수 있다.

표 7-9 브랜딩과 브랜드 순자본에 대한 원칙

- 결과에서의 차이는 브랜드에 대한 과거 마케팅 활동의 결과로서 제품에 부여된 "부가가치"로부터 창출되는 것이다.
- 이러한 가치는 많은 다른 방법에 의해 만들어 질 수 있다.
- 브랜드 순자본은 마케팅 전략을 해석하고 브랜드의 가치를 평가하기 위한 공통 분모를 제공한다.
- 브랜드의 가치를 증명하거나 기업의 이익을 위해 개발하는 방법에는 여러 가지가 있다.(보다 큰 이익 혹은 낮은 비용 혹은 둘 다의 관점에서)

2. 브랜드 순자본의 구성 요소

무엇이 브랜드 순자본을 존재하게 하는가? 마케팅 관리자들은 브랜드 순자본을 어떻게 창출할 수 있는가? 고객에 기초한 브랜드 순자본은 소비자가 브랜드에 대해 높은 인지도와 친근성을 가지고 있으며, 기억 속에 강하고 호의적이며 독특한 브랜드 연상을 보유하고 있을 때 형성된다. 몇몇 경우에 있어서는 브랜드 인지도만으로 호의적인 소비자 반응을 충분히 얻을 수도 있다. 예를 들면, 저관여상황의 의사결정에서는 친숙한 브랜드가 선택의 기준이 되고 있다. 하지만, 고관여상황에서는 브랜드 연상의 강도, 호감도, 독특성 등이 브랜드 순자본을 구성하는 차별적 반응을 결정하는데 있어서 결정적인 역할을 수행한다. 만약 그 브랜드가 카테고리 내에서 제품 또는 서비스와 소비자들이 동일하게 인식한다면, 그 브랜드를 위한 마케팅에 대한 소비자반응이 무브랜드에 적용되는 마케팅 결과와 다를 것이라고 기대하지 않는 것이 좋다. 하지만 그 브랜드가 현저하고 독특한 연상을 가지고 있다면, 소비자반응은 달라질 것이다.

브랜딩 전략이 성공적으로 전개되고, 브랜드 순자본을 창출하기 위해서는 제품 및 서비스군에 있는 브랜드들 사이에서의 차별성을 소비자에게 확신시켜야만 한다. 브랜딩의 핵심은 소비자들이 해당 영역에 속한 모든 브랜드들과 유사함을 느끼지 않도록 해야만 한다는 점이다. 따라서 강하고 호의적이며 독특한 연상이라는 측면에서 소비자 기억 속에 브랜드 인지도 및 긍정적 브랜드 이미지를 확립한다는 것은 소비자반응에 영향을 미치는 지식구조를 창출하고, 다양한 유형의 고객에 기초한 브랜드 순자본을 창출하는 데에도 영향을 미친다.

1) 브랜드 인지

브랜드 인지(brand awareness)는 소비자가 제품범주에 속한 특정 브랜드를 상기하는 능력을 말하며, **보조 상기**와 **비보조 상기**로 구성되어 있다.

보조 상기(recognition)는 특정 브랜드가 하나의 실마리로 주어졌을 때, 전에 그 브랜드를 접해 본적이 있다고 확신하는 소비자의 능력과 관련되어 있다. 다시 말해서, 보조 상기는 소비자들이 그 브랜드를 전에 본 적이 있거나 들은 적이 있는 것으로 정확히 구별해 낼 수 있어야 한다는 것을 의미한다. 예를 들어, 소비자들이 쇼핑하러 갔을 때, 특정 브랜드를 광고에서 접한 것을 기억한다면 보조 상기가 발생한 것이다.

비보조 상기(recall)는 제품군이나 그 제품군이 충족시키는 니즈 또는 구매나 사용상황이 실마리로 주어 졌을 때, 기억 속에서 그 브랜드를 회상해 낼 수 있는 소비자의 능력과 관련이 있다. 다시 말해서 비보조 상기란 소비자들이 그 브랜드와 관련된 실마리가 주어졌을 때, 기억 속에서 그 브랜드를 정확히 끄집어 낼 수 있어야 한다는 것을 의미한다. 예를 들어, Kellogg's Corn Flakes에 대한 상기는 상점(구매시점)이나 집(소비선택시점), 또는 어디에서든 소비자들이 시리얼 품목에 대해 생각할 때나 아침이나 간식으로 무엇을 먹을까에 대해 생각할 때, 그 브랜드를 상기해 낼 수 있는 소비자의 능력에 따라 결정된다.

기억 속에 있는 대부분의 정보가 그렇듯이 기억 속에서 하나의 브랜드를 상기(비보조 상기)해 내는 것보다는 하나의 브랜드를 인지해 내는 것(보조 상기)이 일반적으로 더 쉽다. 보조 상기와 비보조 상기의 상대적인 중요도는 소비자들이 그 브랜드가 자기 앞에 있을 때 또는 없을 때, 제품 관련 의사결정을 하는 범위에 따라 결정된다. 예를 들어, 제품 결정이 상점 안에서 이루어지게 된다면 보조 상기가 더욱 중요할 수가 있다. 왜냐하면, 그 브랜드가 실제로 자기 눈앞에 있게 되기 때문이다. 반면에 그 브랜드가 바로 앞에 없는 상황이나 상점 밖에서는, 기억 속에서 그 브랜드를 실제로 상기해 낼 수 있는 비보조 상기가 더욱 중요할 것이다. 이러한 이유 때문에 서비스와 온라인 브랜드의 경우 비보조 상기가 매우 중요하다. 소비자의 기억속에서 가장 먼저 생각나는 브랜드(top of mind brand)는 강력한 인지도를 가지므로 경쟁자와 비교하여 높은 경쟁우위를 갖게 된다. 예를 들어, 다시다, 크리넥스, 대일밴드, 삼다수는 각 제품범주에서 가장 먼저 생각나는 브랜드로서 높은 시장점유율을 누리고 있다.

2) 브랜드 인지의 중요성

높은 수준의 브랜드 인지도를 창출해 냄으로써 얻을 수 있는 이점은 무엇인가? 브랜드 인지는 다음의 두 가지 중요한 이유 때문에 소비자의 의사결정에서 중요한 역할을 하게 된다.

(1) 고려의 이점

소비자들이 그 브랜드가 수용 가능하여 구매를 할 때마다, 그리고 그 브랜드와 동일한 욕구를 충족시킬 수 있는 제품을 소비할 때마다 그 브랜드를 생각해 내고 또 관심을 기울이는 것이 중요하다. 특히, 브랜드 인지를 높이게 되면, 그 브랜드는 주요 구매 고려 대상이 되는 소수의 브랜드로 구성된 구매 고려 대상 집합(consideration set)에 속하게 될 가능성이 높아진다. 여러 연구조사에 따르면, 소비자들이 하나의 브랜드에만 충성하는 것은 드문 일이며 대신에 구매 고려 대상이 될 일련의 브랜드와 정기적으로 실제 구매하는 또 다른 일련의 브랜드들을 확보하고 있다. 소비자들은 소수의 브랜드만을 구매 대상으로 고려하기 때문에, 그 브랜드가 구매 고려 대상 집합에 속해 있다고 확신하는 것은 그 외 다른 브랜드들이 고려 대상이 되거나 상기될 가능성이 더욱 낮아진다는 것을 의미한다. 'part-list cuing effects(분할 상기 효과)'에 대한 심리학적 연구조사에 따르면 어떤 정보에 대한 상기가 다른 정보에 대한 상기를 방해할 수 있다. 이것은 마케팅 측면에서 보면 만일 어떤 소비자가 점심을 빨리 해결하기 위해 버거킹으로 갈 생각을 하고 있다면, 그 소비자가 KFC나 롯데리아와 같은 다른 형태의 패스트푸드점에 갈 가능성은 훨씬 더 적어진다는 것을 의미한다. 특히 제품구매를 위해서 많은 노력을 기울이지 않는 저관여 제품의 경우 고려 대상 집합에 속하지 못하면 제품 구매가 일어날 가능성이 현저하게 낮아지게 된다.

(2) 선택의 이점

높은 수준의 브랜드 인지를 창출해내는 데 따른 세 번째 이점은 상표친숙성(brand familiarity)을 높여 그 브랜드에 대한 선택가능성을 증가시킨다는 점이다. 구매 고려 대상 집합에 속해 있는 브랜드들에 대해 별개의 연상이 전혀 없다 할지라도, 소비자들은 광고에서 본적이 있거나 들어본 적이 있는 상표를 구매하는 경우가 많다. 특히, 저관여 제품의 경우 소비자들은 좀 더 친숙하고 이름이 알려진 브랜드들에 대하여 제품평가 과정 없이 그 브랜드에 대한 호의적인 감정을 가질 수 있다.

3) 브랜드 인지의 구축

여러분은 브랜드 인지를 어떻게 창출하는가? 이론적으로, 브랜드 인지는 반복노출을 통해 브랜드와의 친밀성이 증가함으로써 창출되며 대개는 비보조 상기보다 보조 상기의 경우 더 효력이 있다. 즉, 소비자가 그 브랜드를 보거나 듣거나 생각함으로써 더 많이 경험하면 할수록, 그 브랜드가 기억 속에 강력하게 새겨질 가능성은 더욱 더 커진다. 따라서 소비자들로 하여금 브랜드 네임, 심볼, 로고, 캐릭터, 패키지 또는 슬로건을 접할 수 있게 해주는 광고와 판촉, 후원과 이벤트 마케팅, 출판과 PR 그리고 옥외광고 등 모든 것이 브랜드 요소에 대한 인지와 친밀성을 증대시킬 수 있다.

특히, 브랜드 인지를 창출하기 위해 적절한 제품군, 구매 또는 소비에 관한 단서들과 창의적인 슬로건이나 CM송 등을 개발하는 것이 바람직하다(긍정적인 브랜드 이미지를 창출한다는 점에서 브랜드 포지셔닝 역시 이상적이다). 또한 로고, 심볼, 캐릭터, 패키지 등과 같은 다른 브랜드 요소가 추가적으로 사용될 수도 있다.

그 브랜드와 그에 해당하는 제품군이 결합되는 방식(예를 들면, 광고 슬로건의 경우처럼)은 제품군 연결강도를 결정짓는 데 큰 영향을 미친다. 강력한 제품군 연상을 가진 브랜드(ex: Ford 자동차)들에 있어서는 소비자들이 제품군을 떠올릴 때 브랜드를 떠올리기 쉽기 때문에 브랜드 보조 상기와 비보조 상기 사이의 구분이 그렇게 중요하지 않다. 경쟁시장에서 또는 그 브랜드가 그 제품군에 처음 진입할 때와 같이 초기 제품군 인지수준이 똑같지 않은 브랜드들에 대해서는 마케팅 프로그램이 제품 카테고리와의 연결을 강조하는 것이 더욱 중요하다.

4) 브랜드 이미지

긍정적인 브랜드 이미지는 소비자의 기억 속에 강하고 호의적이며 독특한 연상을 브랜드와 연결시키는 마케팅 프로그램에 의해서 창출된다. 고객에 기초한 브랜드 순자본의 정의는 브랜드 연상의 원천과 그 형성 방식을 구분하지 않는다. 문제는 브랜드 연상의 호감도, 강도 그리고 독특함이다. 이러한 사실들은 브랜드 순자본 구축을 위한 중요한 시사점을 제공해 준다. 브랜드 연상은 마케팅 관리자에 의해 통제되는 정보의 원천 외에, 또 다양한 방식들에 의해서도 창출될 수 있다. 예를 들면, 직접적 경험에 의해서, 상업적 또는 객관적 원천(예를 들면, Consumer Report나 기타 매체 수단들)과 구전에 의해 커뮤니케이션 되는 정보로부터 그리고 브랜드나 회사, 국가, 유통채널 또는 특정 인사, 장소, 사건 등을 포함한 브랜드 아이덴티티에 영향을 주는 가정과 추론들을 통해서도 창출될 수 있다.

(1) 브랜드 연상의 강도

어떤 브랜드와 브랜드 연상을 강하게 연결시키기 위해서는 마케팅 프로그램 및 기타 제반 요소들이 소비자의 브랜드 경험에 얼마나 영향을 미칠 수 있는가에 달려있다. 브랜드 연상은 브랜드 노드에서 연결 강도가 다양하게 나타난다. 강도는 정보를 받는 소비자의 정보처리의 양 그리고 질과의 함수관계에 있다. 사람이 제품정보에 관하여 깊이 생각하고 그것을 기존 브랜드 지식에 연결시킬수록 브랜드 연상은 강해질 수 있다. 정보에 대한 연상 강도를 촉진하는 두 가지 요인은 정보에 대한 개인적 관련성과 시간의 흐름에 따라 제시되어지는 정보의 일관성이다. 소비자에게 상기되는 특정 연상은 단지 연상 강도에만 의존하는 것은 아니다. 특정 브랜드가 고려되어지는 맥락과, 브랜드 상기를 위한 수단으로 제시되는 단서에 따라서 달라진다.

앞서 언급했듯이, 브랜드 속성과 편익에 대한 소비자의 신념은 각기 다른 방식으로 형성될 수 있다. 브랜드 속성이란 하나의 제품이나 서비스를 특징짓는 설명적인 특성들을 의미한다. 브랜드 편익은 소비자들이 그 제품이나 서비스 속성에 부여하는 개인적인 가치와 의미를 말한다. 일반적으로 가장 강력한 브랜드 연상을 창출하는 방법은 직접적인 경험을 통해서이다. 소비자들이 자신들의 경험을 해석하는 방법을 알고 있는 한 이러한 유형의 정보는 소비자들의 제품결정에 특히 영향을 미칠 수 있다. [그림 7-4]에 나와 있는 바와 같이 한 소비자조사에 따르면, 과거의 경험으로 인하여 하나의 제품에서 무엇을 기

그림 7-4 ▶▶ 소비자의 브랜드 선택 기준

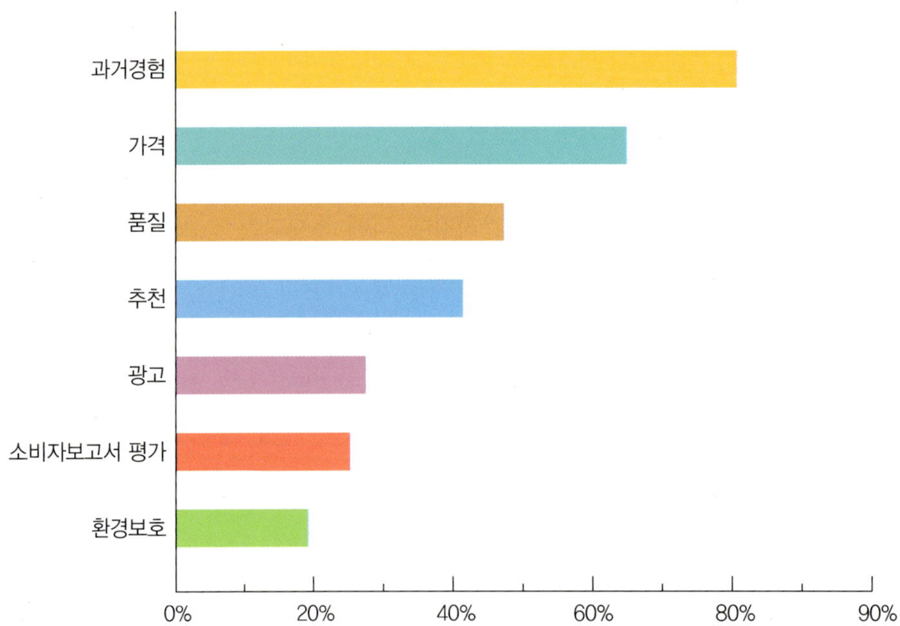

자료: The Roper Organization

대할 수 있는지를 알고 있다는 것이 하나의 특정 브랜드를 구입하는 가장 일반적인 이유였다. 그 다음으로 강력한 브랜드 연상은 구전(친구, 가족 등)이나 그 외 비상업적인 정보원들(소비자연합, 신문)을 토대로 형성되어 질 수 있다. 구전은 레스토랑, 연예계, 금융 및 개인 서비스사업 등에 특히 중요한 영향을 미친다. 광고처럼 기업의 영향을 받는 정보원이 때로는 가장 미약한 연상을 창출할 수도 있고 따라서 가장 쉽게 바뀔 수도 있다.

이러한 문제를 극복하기 위해 마케팅 커뮤니케이션 프로그램은, 소비자로 하여금 브랜드 관련 정보를 정교화 하여 그것을 기존의 지식과 적절히 관련시키도록 하는 창의적인 커뮤니케이션을 사용한다. 또한, 소비자를 반복적으로 커뮤니케이션에 노출시켜 정보가 기억에 자리잡게 하고, 많은 단서들을 제공하여 강력한 브랜드 연상과 커뮤니케이션 효과가 창출될 수 있도록 한다. 브랜드와 관련된 전체 미게팅 프로그램의 모든 활농들은 브랜드 연상의 강도에 영향을 주게 된다. 강력한 광고 프로그램의 이점 없이 놀라울 정도로 강력한 브랜드 이미지를 창출한 회사로는 Starbucks와 Amazon.com을 들 수 있다.

MARKETING **FOCUS**

나이키에 '조던'이 있다면? 아디다스엔 '이지부스트'가 있다!

이지(Yeezy) 시리즈란?

이지는 세계적인 스포츠 기업 '아디다스'와 미국의 세계적 힙합스타 '칸예 웨스트(Kanye West)'의 협업 라인업으로 전 세계 사람들에게 큰 인기를 얻고 있는 신발 라인업이다.

〈리셀러들이 노리는 신발〉, 〈줄 서서 사는 신발〉의 대명사가 된 이지는 '칸예 웨스트(이하 칸예)' 가 직접 디자인한 것으로 유명한 프리미엄 슈즈로 알려져 있으며 본래 나이키에서 시작됐지만 현재는 아디다스로 옮겨 운영 중이다.

이지가 발매된 초창기에는 '한정판', '완판', '프리미엄', '리셀'이라는 의도적 마케팅과 키워드로 이지의 브랜드 가치를 높였다.

한정판 마케팅에서 대중적 프리미엄으로 〈의도적 마케팅〉

하지만 현재는 재발매와 다양한 모델들과 함께 많은 수량을 대중들에게 공개하고 있어 '대중적인 프리미엄 스니커즈'로 탈바꿈하고 있다는 게 업계의 분석이다. 칸예 웨스트는 한 인터뷰를 통해 "최대한 많은 수량으로 많은 사람들에게 이지부스트를 신기겠다"라고 밝혔으며 2018년 말부터 그 약속이 어느 정도 지켜지고 있는 중이다. 나이키의 한 카테고리에서 단독 브랜드가 된 '조던'처럼 아디다스 이지의 앞날도 조던만큼 성장할 가능이 있어 보인다.

칸예의 디자인과 명성+ 아디다스의 기술력

이지 시리즈의 신발(이하 스니커즈)들은 모델별로 들어가는 기술이 다르지만 대부분 '부스트폼'이 들어가서 '이지부스트'라는 이름으로 사람들에게 불리고 있다. '부스트폼'은 아디다스가 가진 최고의 기술로써 발이 편안한 〈쿠셔닝〉 기술과 반발력을 갖춘 〈에너지 리턴〉 기능을 동시에 충족시키는 기술을 가졌으며 스니커즈 마니아들 사이에선 최고의 쿠셔닝으로 평가받고 있다. 거기에 맨발과 같은 착용감을 유도하는 '프라임 니트' 소재 또한 아디다스의 기술력의 집약체이며 피부에 밀착되는 〈편안한 착용감〉을 주는 것이 특징이다. 현재 나이키에서도 비슷한 '플라이니트' 기술을 주력 상품에 적용하고 있으며 이 기술 때문에 아디다스와 특허기술 전쟁을 벌이는 중이다. 참고로 이지 시리즈에선 350 모델만 '프라임 니트' 기술이 적용됐으며, 350 모델과 700, 그리고 750 하이컷 제품에만 '부스트폼' 기술력이 적용됐다.

이지 시리즈의 인기 요인

유니크, 한정판 … 의도적인 〈헝거 마케팅〉을 노린 이지 시리즈는 칸예 웨스트를 등에 업고 인기를 얻었다. 그는 매 앨범마다 실험적인 프로듀싱 방식에 모든 사람들이 극찬을 보내고 있으며 항상 이슈 몰이를 해왔다. 그런 가운데 음악적 재능을 넘어 '디자인'적 재능이 깃들여져 인기를 끈 것이 바로 이지 시리즈다. 〈아디다스의 기술력의 집약체〉+〈트랜디하고 잘 빠진 디자인〉+〈카니예 웨스트의 네임밸류〉 가 잘 어울려진 결과물로 볼 수 있다.

출처: 데일리팝 2018.12.10. http://www.dailypop.kr/기사편집

■ 브랜드 연상의 호감도(favorable association)

가장 기본적인 관점에서, 호의적인 브랜드 연상은 소비자로 하여금 긍정적인 브랜드 평가를 형성하게 하기 위해 브랜드가 기본적 욕구와 2차적 욕구를 충족시킬 수 있는 적절한 속성 및 편익들을 가지고 있다는 것을 소비자에게 확신시킴으로써 창출된다. 예를 들어, 스타벅스하면 세련된 인테리어, 고품질의 원두, 로스팅 향과 비싼 가격이 연상된다고 하자. 이때 세련된 인테리어, 고품격의 원두와 로스팅 향은 스타벅스에 호의적인 연상이지만 비싼 가격은 부정적인 연상이다. 호의적인 연상의 수가 많을수록 소비자는 브랜드에 긍정적인 감정을 가지고, 이는 브랜드 순자본 명성에 유리하게 작용할 것이다. 따라서 기업은 호의적인 연상을 창출하기 위한 바람직한 연상 전달을 위해서 노력해야 한다.

(3) 브랜드 연상의 독특성

호의적인 브랜드 연상이 형성되었다고 하더라도, 그 연상이 경쟁 브랜드와 차별점이 없다면 성공적인 브랜드 포지셔닝이라고 할 수 없을 것이다. 예를 들어, 스타벅스의 '세련된 인테리어'에 대해 호의적인 연상이 있더라도 카페베네나 엔젤리너스에 대해 동일한 연상이 있다면 경쟁우위가 될 수 없다. 즉, 독특한 브랜드 연상이란 경쟁 브랜드와 공유되지 않는 차별적인 연상이다. 소비자에게 연상은 보다 긍적적인 브랜드 평가와 선택가능성으로 이어질 수 있다.

학 | 습 | 사 | 례

믹스커피 너머 원두커피 시장도 제패... '맥심'의 승승장구

한 뼘 남짓한 길이에 인스턴트 커피와 프리마(크리머), 설탕을 적절하게 담은 노란색 비닐봉지. 뜨거운 물만 부으면 금세 부드러운 커피의 향과 달짝지근한 맛을 선사하는 이 제품을 향해 한국의 수많은 직장인들은 '소울 푸드'라 부르며 30년 가까이 애정을 바쳐왔다. 1989년 출시된 이래 인스턴트 커피 분야의 국내 판매 1위라는 왕좌를 놓치지 않은 동서(026960)식품의 '맥심 모카골드' 이야기다. 맥심 모카골드가 성공한 이유로는 여러 가지가 거론되지만 핵심 비결은 역시 '맛'에 있다. 믹스커피라는 제품을 발명하고 발전시켜온 동서식품의 반세기 가까운 기술력을 바탕으로 최상급의 원두를 엄선해 크리머와 설탕을 황금비율로 블렌딩한 끝에 누가 어디서 타도 맛있는 맛을 만들어낸 것이다.

동서식품은 '맥심 모카골드'의 성공에 안주하지 않았다. 2011년 커피전문점에서 즐기는 고품질 아메리카노를 집에서도 간편하게 즐길 수 있도록 한 '맥심 카누(KANY)'를 출시하며 인스턴트 원두커피라는 새 시장을 연 것이다. '카누'는 때마침 점점 고급화되는 커피 애호가들의 입맛을 사로잡으며 빠르게 성장해 현재 인스턴트 원두커피시장의 80%를 차지한 상황이다. 그리고 동서식품은 '맥심 카누'를 출시한 지 7년 만인 지난해 겨울 프리미엄 인스턴트 원두커피인 '맥심 카누 시그니처'를 출시하며 새로운 도전에 나섰다. 맛은 물론 아로마와 용량 등 모든 면에서 커피전문점 아메리카노를 능가하는 제품력을 바탕으로 다시 한 번 한국의 커피 문화를 업그레이드시키겠다는 것이 동서식품의 포부다.

■ 믹스커피 강자 넘어 원두커피 시장에서도 1위

물에 쉽게 녹으면서도 원두의 맛과 향을 그대로 살린 인스턴트 원두커피 '카누'는 출시된 이후 합리적인 가격과 간편함으로 인해 폭발적인 인기를 누리며 급성장했다. 2011년 출시된 후 첫해 90%라는 기록적인 성장세를 보인 이래 매년 20~30%씩 꾸준히 판매량이 늘며 2017년 마침내 연간 판매량이 10억 잔을 넘어섰다. 매년 16억 잔 가량 팔린다는 인스턴트 원두커피 시장의 약 80%를 '맥심 카누'가 차지하고 있다는 게 동서식품 측의 설명이다.

카누의 맛과 품질에는 동서식품의 50년 커피제조 노하우와 기술력이 모두 담겨있다. 동서식품은 짧은 시간 내에 기존 인스턴트 커피보다 낮은 온도와 압력으로 커피를 추출하는 LTMS 방식을 사용해 원두 고유의 풍미를 살렸다. 또 일반 인스턴트 커피보다 3배 많은 원두를 사용해 더욱 진한 커피의 맛과 향미를 완성했다.

지난해 창립 50주년을 맞아 출시된 '맥심 카누 시그니처'는 향보존동결(아이스버스 · Iceberg) 공법을 적용해 원두의 신선함과 아로마의 풍부함을 더욱 강조한 프리미엄 제품이다. 향보존동결공법은 커피 추출액을 가열해 수분을 제거하는 기존 방식과 달리 추출액을 얼린 후 물과 커피의 어는 점 차이를 이용해 수분을 제거함으로써 향미의 파괴를 최소화하는 방식이다. 또 일정량의 원두에서 뽑아내는 커피의 추출량을 기존보다 더욱 줄인 저수율 추출 공법을 적용해 원두 본연의 맛을 최대한 살렸다. 용량까지 커피전문점 아메리카노를 그대로 구현하기 위해 제품 용량을 '카누 미니'에 비해 두 배 이상 늘린 2.1g로 출시한 것도 특징이다.

■ '맥심 플랜트' 통해 보여주는 커피 명가의 자부심

지난해 창립 50주년을 맞은 동서식품은 서울 용산구 한남동에 대표 브랜드 '맥심'의 이름을 내건 복합문화공간 '맥심 플랜트'를 문 열며 주목받기도 했다. 이곳은 반세기 가까이 국내 커피시장을 이끌어온 동서식품의 '커피 명가'로서의 기술력과 자부심이 녹아있는 공간이다. 지하에는 맥심이 선별한 원두를 체험하고 기술력을 보여줄 수 있는 거대한 로스팅 기계가 들어서 있고, 각 층은 '도심 속 정원, 숲 속 커피 공장이라는 콘셉트' 아래 누구나 편안하게 커피를 마시며 커피 문화를 향유할 수 있도록 조성됐다. 특히 3층 '더 리저브'에서는 지난 50년간 수십 만톤의 원두를 다뤄온 동서식품의 노하우를 바탕으로 엄선된 24개의 스페셜 블랜딩 커피를 만날 수 있다. 공감각(共感覺) 커피(Synesthesia Coffee)라고 이름 붙여진 커피는 각각의 커피가 지니고 있는 향미와 산미 등의 특성에 기반 해 소비자 개별에 커피를 추천해주고 이와 어울리는 디자인, 음악, 그리고 적절한 글귀까지 함께 제공함으로써 오감을 모두 즐겁게 해준다. 공감각 커피는 전국에서 오로지 이곳 '맥심 플랜트'에서만 즐길 수 있다는 점에서 더욱 특별하다.

동서식품은 맥심 플랜트를 운영하며 소비자들과 접점을 찾고 새로운 브랜드 경험을 선사하겠다는 방침이다. 반세기 동안 국내 소비자들의 커피 입맛을 좌우해온 대표 기업으로서 세계 여느 커피기업 못지않은 기술력과 노하우를 지니고 있다는 점을 보여주고 싶다는 포부도 읽힌다. 회사 한 관계자는 "소비자들에게 최고의 커피를 제공하기 위해 끊임없이 노력해 왔으며 앞으로도 신제품 출시와 리뉴얼 등의 적극적인 대응을 통해 '맥심'의 브랜드 가치를 강화하고 국내 커피 문화를 이끌 수 있도록 최선을 다하겠다"고 말했다.

출처: 서울경제 2019.01.28. https://www.sedaily.com/NewsView

CHAPTER

08

가격전략

도입사례

경기불황을 '마케팅'으로… "절약해서 쓰세요"소비 줄이기 제품 잇따라

부(富)의 양극화는 선진국, 후진국을 가리지 않고 벌어진다. 보편적 복지가 일반화된 서구도 이 현상에선 벗어날 수 없게 된 게 오히려 21세기 현대사회의 특징이라 할 만하다. 사회적 제도가 일부 계층의 '기회와 부의 독점'을 보완한다고 하지만, 더 많은 부자와 더 많은 빈자가 발생하는 양상이다.

1인당 국내총생산(GDP)이 2만 달러를 넘는 선진형 국가에선 소비의 양극화도 벌어진다. 소비 양극화는 부의 양극화와 정비례하는 현상이 아니다. 부자가 더 많은 부를 쌓고, 빈자는 더 빈곤해지는 악순환이 일어나지도 않는다. 자신의 구매력을 초과하는 명품을 구입하고선 월셋방에서 숙식을 해결하는 젊은이도 수두룩하다. 자신이 지닌 경제력, 부에 환원되지 않는 소비 패턴이 지속되는 것이다. 각종 고가 사치품을 구매하는 소비자가 생활필수품은 최저가 가성비 상품에 집착하고, 구매력이 높지 않은 20대 청년층이 초고가 명품 수집에 열을 올리는 현상이 벌어지기 때문이다.

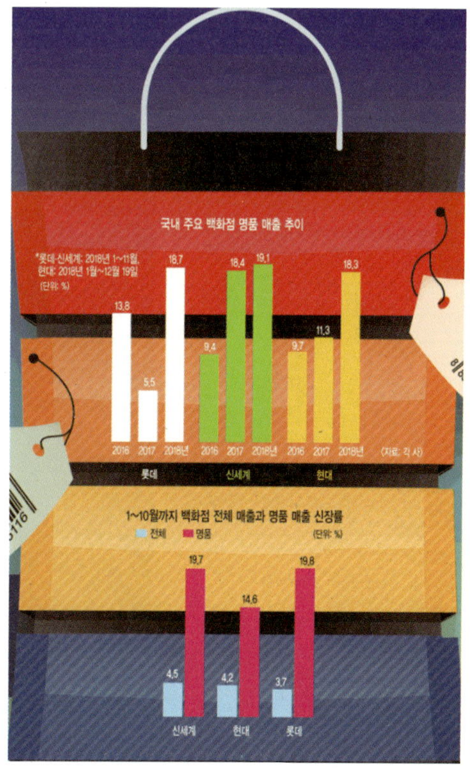

'이상한 소비'.

똑같은 옷도 수백만 원짜리 디자이너 브랜드는 잘 팔리고, 10만~20만 원 중저가는 잘 안 팔리며, 1만~7만 원 초저가 SPA(의류기획 · 디자인, 생산 · 제조, 유통 · 판매까지 전 과정을 제조 회사가 맡는 의류 전문점) 옷은 불티나게 팔려나가는 현상이 우리 사회에서도 대세가 돼 가고 있다. 할인마트는 장사가 안 되는데 백화점은 역대급 호황을 누린다. 합리적인 가격과 맛을 내세운 패밀리 레스토랑은 줄줄이 문을 닫는 반면 최고급 호텔 뷔페는 하루 이틀 전엔 예약조차 힘들 정도다. 연휴만 되면 인천국제공항엔 패키지 해외여행을 나서는 이들로 북새통을 이룬다.

전문가들은 이 같은 소비 양극화를 '일단 나누어지면 서로 정반대 방향으로 치닫는' 부의 양극화처럼 단순한 양극화가 아니라고 지적한다. 온라인 구매와 해외 직구로 듣도 보도 못한 외국산 명품이 젊은 세대 사이에 유행하고, 가격 대 성능을 따지는 '가성비'가 아닌 가격 대비 심리적 만족을 추구하는 '가심비' 현상이 일반화하면서 소비시장이 급격히 변하고 있다는 것이다.

'전통적' 소비의 종언(終焉)

전통적 형태의 소비 양극화는 부의 양극화와 대체로 정비례하는 소비 패턴을 일컫는다. 부자가 값비싼 사치품을 쓰고, 빈자가 값싼 물건을 소비하는 현상 말이다. 따라서 '브랜드=신분과 계층'이란 등식이 성립하는 소비인 셈이다. 물건 하나의 사용가치보다 브랜드가 지닌 이미지와 가격을 소비했다고 할 수도 있다. 예를 들어, 프랑스 명품 샤넬 핸드백을 구매한 부유한 여성은 샤넬의 화장품과 향수를 쓰고 드레스 원피스를 입고, 시장 패션을 입는 아줌마의 구매원칙은 '이 제품이 얼마나 싼지'인 식이다.

그런데 이제 우리 사회는 이 같은 형태의 전통적 소비 양극화가 깨져가고 있다. 상류층의 전유물로 여겨지던 초고가 명품과 서민의 전유물로 여겨지던 최저가 브랜드가 한 사람의 소비자를 통해 뒤섞인다. SPA 브랜드의 3만 원짜리 청바지를 입은 여성이 500만 원짜리 명품 가방을 들고 다니는 한국판 젊은 '신(新)인류'가 대세가 돼 가는 시대라는 것이다.

골프 마니아인 30대 직장인 A씨는 최근 스웨덴산 J브랜드의 골프 캐디백을 65만 원 주고 구매했다. 얼마 전 그는 10년 된 드라이버를 바꾸면서 국내 소매점에서 50만 원이 훌쩍 넘자 해외 옥션 사이트를 샅샅이 뒤져 30만 원에 똑같은 채를 낙찰 받았다. 골프채보다 가방이 비싼데도 A씨는 "이전보다 만족감이 훨씬 높다"고 했다. 캐디백과 옷가방을 합쳐 100만 원인데 말이다.

결혼 10년째인 B씨는 최근 인터넷 해외 구매 대행 사이트를 통해 스위스산 명품 손목시계를 800만 원에 구입했다. 그리곤 시계 전문점에 가서 결혼선물로 받았던 시계를 400여만 원에 팔았다. B씨는 "아내와 상의해 결정한 것"이라며 "아무래도 디자인이 구닥다리라 좀 젊고 스포티한 시계로 바꾸고 싶었다. 조만간 아내도 결혼시계를 이렇게 바꿀 것"이라고 했다.

예상치 못한 반전, 백화점↑ 할인점↓

경기 불황과 소비 침체에도 백화점들은 호황을 누리고 있다. 반면 대형마트들은 침체다. 극도로 인색한 소비자들의 자린고비 구매에다 온라인 몰에 손님을 빼앗기고 있기 때문이다.

10여 년 전 경기 불황이 시작될 당시 유통업계는 고급품을 파는 백화점은 엄청난 침체를 겪을 것이고 할인점과 초저가, 중저가 브랜드가 호황을 누릴 것이라고 예상했었다. 그런데 현실은 정반대가 된 것이다.

유통업계에 따르면 지난해 11월 말까지 신세계백화점의 명품 매출은 전년도보다 19.1%나 늘었다. 2016년 9.4%였던 명품 매출이 2017년 18.4%, 지난해 이같이 급증한 것이다. 국내 경제성장률이 3%를 밑도는 상황을 감안하면 놀라운 수치다. 이 백화점의 연령대별 명품 구매 증가율을 보면 20대가 전년 대비 78.6%, 30대 16.7%로 40대(12.9%)와 50대(13.0%)를 크게 앞선다. 전체 명품 매출에선 20

대가 30% 선을 넘어 2년 전(8.4%)보다 3.6배 높아졌다. 30대도 16% 가량을 차지해 20, 30대 매출 비중이 약 47%에 달한다. 현대백화점, 롯데백화점 등도 이런 현상은 마찬가지다.

반면 대형마트는 고전을 거듭하고 있다. 이마트의 2018년 3분기까지 매출은 10조125억 원으로 2017년 같은 기간보다 7.8% 늘었지만 영업이익은 12.5% 줄었다. 같은 기간 롯데마트는 1,818억 원의 영업적자를 냈다. 전문가들은 이에 대해 "대형마트가 온라인 가격보다 높고 차별화된 상품과 타깃 고객층을 확보하지 못해 발생하는 현상"이라고 분석하고 있다.

여행, 외식, 자동차도 마찬가지 양극화

패밀리 레스토랑 같은 외식업은 불황을 겪고 있지만 고급 호텔 뷔페 레스토랑은 번창을 거듭하고 있다. 편의점 도시락 판매는 계속 느는데, 평범한 동네 식당은 개점휴업이다. 국내여행은 불황인데, 호화 해외여행 패키지는 유례없이 잘 팔려나간다.

한국은행이 발표한 소비자심리지수는 12월 97.2, 11월 96.0으로 100을 밑돈다. 소비자심리지수는 소비자의 체감 경기를 보여주는 지표로 지수가 100을 밑돌면 장기 평균보다 소비자심리가 비관적임을 의미한다.

그런데 전체적인 유통업 매출은 증가세다. 산업부에 따르면 2018년 10월 유통업체 매출은 2017년 같은 기간보다 6.7% 증가하는 등 올 들어 11개월 연속 증가세를 보였다. 오프라인은 3.6% 감소했지만 온라인이 28.3% 늘었기 때문이다. 가격 경쟁력을 갖춘 온라인 쇼핑은 젊은 세대에게 바쁜 일상에서 소비시간을 절약할 수 있는 방편으로 여겨진다.

자동차 소비도 양극화가 뚜렷하다. 준중형 이하 국산차 판매는 떨어지고, 고가의 수입차가 잘 팔리는 현상이 나타난다. 15일 한국수입자동차협회에 따르면 지난해 1억 원 넘는 수입차 판매(2만 6,314대)는 전년보다 10.5% 증가해 사상 최다였다. 2015년 24.9%에 달했던 준중형 이하 승용차급의 비중이 올해는 14.9%까지 떨어질 것으로 전망된다. SUV(다목적스포츠차량)로 고객층이 이동한 것도 큰 원인 가운데 하나로 꼽힌다.

그러나 수입차 증가와 준중형 승용차 수요 감소는 30, 40대 '두 번째 차량 구매층'의 선호도 변화 때문이라는 분석이 지배적이다. 자동차의 성능, 승차감 같은 전통적 구매 기준이 '하차감'으로 변해가고 있다는 것이다. 하차감은 '내가 차에서 내릴 때 그 차를 보면 만족하는 감도'를 일컫는 신조어다. 국산차에 식상한 젊은 소비자들이 같은 성능이라면 좀 더 많은 돈을 지불하더라도 신선한 외국산 럭셔리 브랜드 자동차를 구입하려 한다는 것이다.

출처: 국민일보 2019.01.19. http://news.kmib.co.kr/

제1절 가격의 개념과 가격결정

1. 가격의 정의와 가격결정의 목표

1) 가격의 의의

가격이란 "소비자가 제품이나 서비스를 구입하고 그 대가로 지불하는 화폐가치"를 말한다. 즉, 소비자와 판매자에게 제품이나 서비스의 가치를 나타내는 기준을 가격이라고 할 수 있다. 기업에게 가격정책은 수익의 변화와 직접 관련이 있는 수단이 된다. 가격정책 이외의 마케팅 정책 수단인 제품정책 및 유통정책이나 촉진 · 광고정책들이 생산 요소의 다량투입이나 소량투입 여부와 관련되어서 생각될 수 있는 수단이므로, 이들 수단은 가격정책과 달리 비용과 연관된 수단이라고 할 수 있다. 또한 가격은 다른 마케팅 정책 수단과는 달리 환경 변화에 따라 즉각적으로 대응이 가능하다.

가격정책 결정에 있어서 두 가지 선택 가능한 대안은 첫째로, 가격정책을 마케팅의 목적달성을 위한 적극적인 수단으로 인식하여, 시장의 목표수익과 매출액 달성을 위한 도구로 선택하거나, 둘째로 기업 의사결정의 소극적인 요소로 인식하여 시장가격과 동일한 가격으로 판매될 수 있는 경우에만 공급을 하는 도구로 선택하는 것이다.

2) 가격정책의 목표

일반적인 의미에서 가격정책이라면, 기업목표를 달성하기 위하여 가격 분야에서 취하는 모든 기업의 조처를 말한다. 그러나 가격정책에 대하여 제약이 너무 많다. 예를 들면, 국가적인 가격규정, 수요자의 상이한 가격인식, 기업 간의 담합 등등으로 인하여 가격정책 면의 자유 의사 폭이 줄어들고, 가격정책의 의의가 감소되었다. 마케팅에서 가격의 산정을 비롯한 여러 가지 가격정책 수단은 가장 힘든 과업 중의 하나이다.

가격결정의 문제 또는 가격정책상의 제문제가 발생되는 경우는 다음과 같이 상정할 수 있다.

첫째, 신제품을 개발하거나 기존 제품을 새로운 시장에 도입하는 경우이다(처음으로 가격을 산정하는 일). 둘째 가격변경을 시도할 경우이다(가격변경을 주도하는 일, 경쟁기업의 가격변경에 대응하거나 반응하는 일). 셋째 수요와 원가가 상호 연관된 다양한 제품라인을 동시에 취급하는 경우이다(다수의 제품품목이나 수요가 상호 연관되어 있는 제품계열의 가격을 결정하는 일). 주로 이상과 같은 경우가 가격정책의 출발점이 된다고 볼 수 있다.

가격결정의 목표는 기업의 목표와 일치하는 방향으로 설정된다. 예컨대 시장점유율, 수익, 매출액 등 중에서 기업이 추구하는 방향에 따라서 가격의 방향이 달라지게 되는 것이다. 예를 들어, 시장점유율 확대가 목표인 기업은 단위당 제품 마진은 낮추는 대신에 판매량을 증가시키고자 하여 낮은 가격을 설정할 것이다. 반면에 이윤극대화를 추구하는 기업이라면 최고의 이윤을 낼 수 있는 가격전략을 선택할 것이며, 만약에 기업의 현재 위치가 시장에서 바람직하여 더 이상의 변화를 원치 않는 기업은 현상유지를 목표로 가격을 설정할 수 있다.

표 8-1 가격결정과 연관된 기업이 추구하는 목표

목표매출액 또는 이익률목표이다.	활동비용과 이익이 포함될 수 있도록 매출액에 일정한 비율을 가산하여 판매가를 정한다. 이익의 비율은 일정하나 이익의 절대액은 판매량의 변화에 따라 항상 변동하게 된다.
현상유지목표 또는 가격안정목표이다.	가격결정은 수요가 격심하게 변동하지 않도록 하고 가격이 안정을 유지하도록 하는 범위에서 크게 이탈하지 않아야 한다.
시장점유율의 유지 및 향상목표이다.	시장의 수요가 증대되면 목표매출액이나 이익률은 시장점유율에 좌우된다. 기업의 발전과 유지 여부도 시장점유율에 의하여 크게 영향을 받는다.
경쟁에 순응하는 목표이다.	소극적 가격결정의 대안으로써 경쟁사에 의한 시장의 침투를 억제하기 위한 목표이다.
이윤극대화 목표이다.	가격에 의하여 판매 가능한 예상판매량을 측정한다(목표수익률법 참조).

2. 가격결정 요소와 가격의 변동

1) 가격의 결정 요소

가격결정에는 다음과 같은 요소들이 중요하다.

표 8-2 가격결정의 중요 요소

- 가격결정 방법과 전략적인 목표
- 경쟁자들의 가격결정 행동의 관찰 및 그들의 전략적 목표평가
- 다양한 시장에서의 소비자 구매 능력평가
- 기업의 비용과 수익목표에 관련된 가격
- 가격결정에 영향을 미치는 제품수명주기의 단계를 포함한 제품 특유의 요소에 대한 이해. 일반적으로 제품이 상품화되고 경쟁이 증가하게 되는 성숙기에는 가격이 인하된다.
- 각각의 시장에서 가격에 영향을 주는 환경의 차이점에 대한 인식: 법적 및 규제환경, 시장구조(특히 배분시장), 경쟁환경의 차이점 등

각각의 시장에서 이러한 차이점들은 기업의 가격결정 행위에 영향을 미치게 되는데, [그림 8-1]은 그 구조를 보여주고 있다.

(1) 가격결정 요소: 가격탄력성

가격의 인상폭이나 인하폭을 결정하는 등 가격변동에 영향을 끼치는 요소는 수요, 경쟁, 원가 등이다. 우선 수요의 가격탄력성(price elasticity of demand)에 의하여 가격변수에 대한 구매자의 반응을 설명할 수 있다. 즉, 수요의 가격탄력성이란 가격변동률에 대한 수요(일정 기간 중의 판매량)의 변동률을 말한다.

가격탄력성이 1과 같으면 ($E = 1$), 가격의 하락 또는 상승률과 판매가 동일한 비율로 상승 또는 하락한다. 가격탄력성이 1보다 작거나 ($1 > E$) 큰 경우($1 < E$)는 가격의 변동률에 비하여 수요, 즉 판매량의 변동률이 가격변동률보다 작거나 커지는 것을 의미한다. 따라서 총수입이 감소하거나 증대되므로, 전자의 경우, 즉 $E < 1$ 일 때 비탄력적이라 하고, 후자의 경우, 즉 $E > 1$일 때 탄력적이라고 한다.

$$E = -\frac{(Q_1 - Q_0)/\frac{1}{2}(Q_0 - Q_1)}{(P_1 - P_0)/\frac{1}{2}(P_0 + P_1)}$$

E : 가격변동에 대한 판매량의 탄력성
Q_0 : 가격변동 전 기간의 판매량
Q_1 : 가격변동 후 기간의 판매량
P_0 : 변동 전 가격(구가격)
P_1 : 변동 후 가격(신가격)

(2) 가격결정 요소: 원가

원가는 가격결정에 있어서 출발점을 제시하는 요소이다. 제품원가보다 낮은 가격은 기업에게 이익을 보장해 주지 못하므로, 따라서 원가는 가격의 하한선을 결정한다. 원가를 분류하는 방식은 다양하지만 가장 많이 사용되는 방식은 고정비(fixed cost)와 변동비(variable cost)로 나누는 방식이다.

고정비란 생산량의 변동과 관계없이 고정되는 비용을 의미한다. 예컨대 기계의 감가상각비, 임차료, 지급이자, 재산세 등을 고정비로 분류한다. 변동비는 생산량의 증감에 따라서 변동되는 비용을 말한다. 즉, 원재료비, 부품비 등은 하나의 완제품을 만드는데 동일하게 투입되므로 제품 생산량이 증가면 이에 비례해서 증가하게 된다. 총비용(total cost)은 고정비와 변동비를 합한 것으로, 기업이 생산과 판매 활동을 통하여 재생산 활동을 지속시켜 나가는 데 필요한 비용의 총액을 말한다.

가격정책과 관련하여 원가는 세 가지 개념으로 파악할 수 있다. 즉, 총원가(full cost), 증분원가(incremental cost), 전환원가(conversion cost)이다.

(3) 가격결정 요소: 경쟁

기업은 경쟁사의 가격도 고려하여 가격을 결정해야 한다. 일반적으로 시장수요가 가격을 상한선을 정하고, 원가가 가격의 하한선을 정한다. 이 범위에서 기업의 구체적인 가격의 결정에 고려해야 하는 요인이 경쟁사의 가격과 품질수준이다. 자사 제품의 품질이 경쟁사와 유사하면서 더 높은 가격을 제시한다면 다수의 소비자들은 경쟁사의 제품을 선택할 것이다. 반면에 경쟁사와 비교하여 더 낮은 원가구조를 가지고 있어서, 경쟁사와 비교하여 낮은 가격을 제시한다면 자사의 제품이 선택받을 가능성이 높다.

가격은 수요에 영향을 미치기 때문에 시장점유율을 높이는 유용한 도구이다. 그러나 기업이 항상 저가정책을 통한 시장점유율의 향상을 목표로 하는 것은 아니다. 경쟁자가 적은 과점시장에서는 기업이 가격을 꾸준하게 유지하거나 혹은 인상하는 경우도 있다. 또한, 시장점유율을 높이기 위해서 경쟁사보다 낮은 가격을 책정하면 경쟁자도 즉각적으로 가격을 인하할 가능성이 높다. 따라서 가격인하에 따른 이윤이 크지 않을 가능성이 존재한다.

하지만 자사의 제품이 경쟁사와 비교하여 상대적으로 차별화된 제품과 서비스를 제공할 수 있는 경우에는 가격책정을 주도적으로 수행할 수 있다. 예를 들어, 높은 품질 또는

그림 8-1 ▸▸ 가격결정전략의 구조

기업수준의 요소
- 전략적인 목표: 시장점유율, 이익
- 마케팅믹스 요소: 제품 포지셔닝, 소비자 세분화
- 원가구조: 고정비(제품개발, 생산, 마케팅), 생산원가(경험곡선, 범위의 경제, 최저원가 목표)
- 마케팅 및 기타 비용: 재고수준

기업 특유의 요소
- 제품수명단계
- 제품의 다른 속성(질, 서비스, 배달)
- 선적, 운송비용
- 생산라인에서의 위치
- 금융: 금융조건, 이자율수준

시장 특유의 요소
- 소비자: 구매력, 정보추구
- 정부의 간섭: 가격 통제, 이전가격 통제, 가격하한선 설정
- 시장 특유의 비용: 제품적응, 마케팅 서비스 비용, 유통경로(상점 선택, 할인 압력)

환경 요소
- 경쟁: 경쟁목표, 가격신호
- 시장 간 제품흐름
- 거시경제적인 요소: 경기주기단계, 인플레이션 수준, 리스의 역할

→

가격의 구축
- 제품라인과 관련된 제품가격
- 제품의 재디자인과 가격암시
- 외주(아웃소싱)
- 저비용 제조지역으로 생산지 이전
- 이전가격결정 및 인플레이션의 조정
- 다국적기업의 고객에 대한 가격결정
- 고객특유의 가격결정 및 할인
- 제품묶음에 대한 가격결정(price-bundling)

자료: Vern Terpstra/Ravi Sarathy, *International Marketing*, 7th Ed., Dreyden.

독특한 브랜드 이미지로 충성도가 높은 고객을 다수 확보하고 있는 기업은 가격 책정에 있어 경쟁사보다 더 높은 가격을 책정할 수 있을 것이다.

2) 가격의 변동과 변동폭

(1) 가격의 변동

일반적으로 가격은 인상되거나 인하됨으로써 구매자 또는 경쟁기업의 반응에 직접적으

로 영향을 준다. 가격이 인하되는 경우는, 경쟁이 심하여 시장점유율이 하락하게 되어 가격 인하를 통하여 시장을 지배하고자 하는 시도에서 추진되는 것이다. 또한, 제품의 원가를 구성하는 요소가 변화함으로써 가격이 인상되거나 인하된다. 특히 과잉수요가 발생한다거나 생산원가가 상승되는 경우는 가격 인상의 원인이 된다.

가격 변화에 관한 적절한 시기결정은 가격에 관한 고객들의 지각상태를 변화시키는 다른 하나의 요소이다. 예를 들면, 두 경쟁회사가 공시한 가격 변화가 같은 날 실시된다 할지라도 고객들은 경쟁회사보다 2, 3주 후에 가격 변동에 대해 발표하는 회사를 저렴한 공급자라고 생각할 수도 있다.

불충분한 정보는 가격수준과 구성 그리고 가격 변동에 대한 적절한 시기결정에 대해 올바른 결정을 내리는 데 있어서 어려움을 가중시킨다. 정확한 원가정보나 명확한 시장가격의 참조대상, 또는 고객이 상품에 부여하는 가치에 대한 정보의 부족으로 제조업자들은 가격수준을 정함에 있어서 어림짐작에 의존해야만 한다. 또한, 이들이 소비자가 구매결정을 할 때 가졌던 견해를 이해하지 못한다면 비생산적인 방법으로 가격을 구성하고 통보하기 쉬울 것이다. 끝으로 미래의 인플레이션과 원가의 변동, 경쟁자의 거동, 고객의 반응 등에 대한 불확실함이 가격 변화에 대한 적절한 시기결정을 어렵게 하고 있다.

(2) 가격의 변동폭

특정 시장에서 특정 산업용 상품에 대한 많은 수의 개별주문들을 가격을 중심으로 그래프에 표시하게 되면 정규분포곡선과 유사한 분포가 나타나기 쉽다. 기재된 가격이나 자동할인액 등에 대한 보편화된 관례상의 차이점들 때문에 곡선의 형태는 업계에 따라 변하기는 하나 업계의 평균가격수준을 중심으로 해서 볼 때 양쪽으로 10%씩 분포되어 있는 것은 보기 드문 경우가 아니다.

가격곡선의 형태에 관계없이 이러한 가격의 상 · 하한선 폭이 실질적으로 모든 산업용 상품시장에 존재하는 것은 수요와 공급 두 요소의 변화와 불안전성에서 기인된다. 수요측면에서는 거래해오던 공급자와 거래를 계속하려는 고객의 타성이 간혹 가격범위의 확장에 큰 영향을 미친다. 어떤 업계에 있어서는 상당한 가격상의 자극이 없이는 새로운 고객을 확보한다는 것은 거의 불가능하다. 새 고객이 새 공급자를 싫어할 수도 있고 또한 질과 신뢰성을 시험해보지 않은 새로운 공급자와 거래를 하는데 따르는 개인적인 모험 때문에 가끔 이러한 자극제들이 필요하게 된다.

가격의 명백성은 가격 상 · 하한선 폭의 간격을 결정하는 다른 하나의 변수가 된다. 즉, 각 고객들이 그들의 경쟁업자가 동일한 상품에 대해 얼마를 지불하는가를 알고 있는 일용품업계에 있어서는 설령 가격의 차이가 조금 있다하더라도 거의 없는 것이나 다름없다. 대조적으로, 가격의 명백성이 낮은 업계에 있어서는 가격 상 · 하한선 폭이 일반적으로 넓다. 가격 상 · 하한선 폭은 가끔 고객의 구매력을 반영시킨다. 많은 소규모 고객들 사이에 구매력이 분산되어 있을 때는 공급자들이 임의대로 가격을 증가시키려는 경향이 있지만 큰 규모의 구매자들은 공급자들이 임의대로 가격인상을 하려는 것을 제한하려는 경향이 있다.

공급자 측면에서는 경쟁자들 간의 차이점, 즉 운영역사와 수송비용, 제품의 질, 특징, 성능, 가격책정조건과 규정, 판매의 능률과 효율성 등이 가격변화량에 영향을 미친다. 업계 경쟁강도는 가격 변화에 한층 더 영향을 미치며, 따라서 능동적 가격책정자가 임의대로 가격을 책정할 수 있는 범위에도 영향을 미치게 된다.

세분화된 시장 속에서 가격 상 · 하한선 폭이 어떻게 변화할 수 있는지를 아이스크림업계가 이를 쉽게 설명해주고 있다. 일용품과 동등한 일반 혹은 보통 상품의 경우에는 고객의 가격 상 · 하한선 폭이 상당히 좁으나(아이스크림 1인분에 ±2센트 정도의 폭) 특제품(고급상품)시장의 경우에는 가격 상 · 하한선 폭이 아이스크림 1인분에 ±10센트 정도까

그림 8-2 ▶▶ 한 제품에 관한 주문의 전형적인 분포

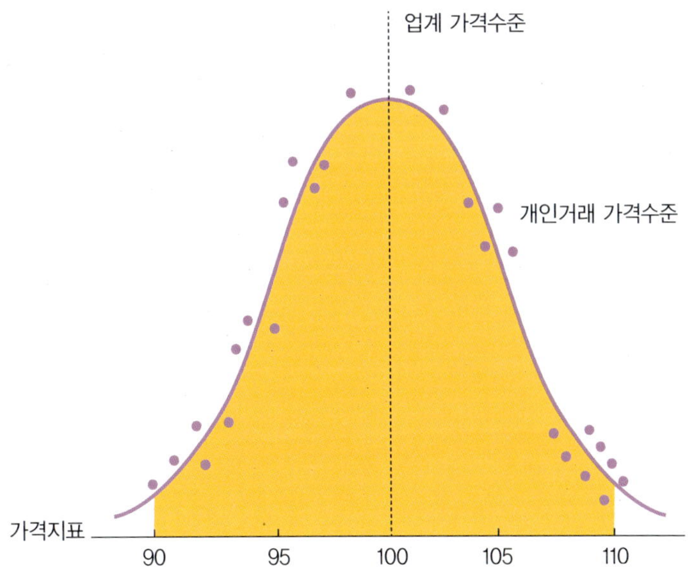

자료: Mckinsey & Company

지 확장된다. 이러한 가격폭 범위는 부분적으로는 그 시장에 있는 고객들이 각기 다른 상표를 가진 상품들의 상대적 가치에 관해 어떻게 느끼고 있느냐에 달려 있으며 또 한편으로는 세분화된 각 시장의 경쟁강도에 달려있다.

3. 표준화된 가격정책과 차별화된 가격정책의 전제

시장에서 어느 정도까지 통일된 가격정책을 수행하는 것이 바람직한 것인가 하는 문제는 마케팅을 하는 기업이 늘 당면하고 있는 의문이다. 모든 시장에서 표준화된 가격정책으로 균일한 가격을 책정할 것인가, 아니면 차별화 된 가격정책을 수행할 것인가 하는 문제는 법적 · 경제적 · 정부의 규제 및 마케팅 관점이 개입된 논쟁점이다. 이론적으로 보면 시장마다 수요와 공급이 상이하므로, 각각 상이한 시장에서는 차별화 된 가격정책을 수행하는 것이 바람직하다. 이러한 일은 순수한 독점, 과점 또는 독점적 경쟁과 같은 불완전경쟁에서는 타당한 일이다.

각각의 개별적 시장의 평가에 있어서, 개별시장에는 상이한 수요의 탄력성이 존재하므로, 각 시장에 적절한 가격을 부과함으로써 상이한 "수요의 탄력성"의 이점을 이용할 수도 있다. 이러한 면에서 보면 각 시장에서 각각 차별화 된 가격을 부과하는 것이 보다 논리적이다.

그러나 차별가격의 중요성에도 불구하고, 많은 기업들이 적어도 상대적인 가격수준의 표준화를 고집하고 있다. 그 이유는 실제로 가격에서의 표준화정책은 제품의 포지셔닝(positioning)과 통제를 확고하게 해주기 때문이다. 표준화된 가격정책과 차별화된 가격정책의 결정은 경쟁조건, 제품수명주기상의 포지션(position), 제품 확산 과정, 규제사항, 경로(channel)구조, 기업목적 및 소비자의 가격인지 등과 같은 요소에 좌우된다.

만약 한 기업의 경쟁상의 위치가 각 시장별로 차이가 없다면, 표준화된 가격전략을 추구하는 것이 더 가치가 있다. 또한 독점 혹은 과점적 상황에 있는 기업의 경우에도 제품의 가격을 균일하게 책정하게 된다. 제품이 제품수명주기로 볼 때 시장도입기에 속해 있는 경우에는, 제품이 확산되지 못한 상태이므로 시장이 소수의 기술혁신적 고객에게만 한정되어 있다. 이러한 고객들은 지리적으로 분산되어 있다 하더라도, 동질적인 시장을 형성하고 있는 것이므로, 이러한 신제품은 균일하게 가격이 책정된다.

더욱이 혁신적인 제품이 동일한 패턴(pattern)으로 확산되는 경우에도 표준화된 가격정책은 의미가 있다. 표준화 된 가격정책이냐 차별화 된 가격정책이냐 하는 문제는 또한 법, 규제 및 유통기구에 의해서도 영향을 받는다. 유통경로구조가 비능률적인 경우에는 유통비용이 추가되며, 추가된 유통비용으로 가격이 상승하므로 균일한 가격을 책정할 수 없게 된다. 고객의 가격인지도(認知度)도 시장 세그멘트마다 상이하므로 차별화 된 가격정책이 요구된다. 표준화와 차별화의 전제를 정리해보면 다음과 같다.

표준화의 전제는 ① 법적인 관점에서 덤핑(dumping)혐의를 불식할 목적, ② 경쟁상의 위치가 무차별한 경우, ③ 혁신제품의 확산을 목적으로 하는 경우라 할 수 있다.

반면에 차별화의 전제는 ① 상이한 수요의 탄력성, ② 유통기구의 차이, ③ 상이한 고객의 가격인지(價格認知)라고 할 수 있다.

제2절 가격산정 방법

시장의 반발을 사는 위험이 없이 가격책정의 성과를 향상시키는 비결은 "업계에서 가격책정이 어떻게 이루어지며, 특히 고객들이 가격에 관해 어떻게 느끼는가"를 이해하는 데 있다. 공급자들의 상품을 비교하는 데 있어서 고객은 일반적으로 그들이 각 상품으로부터 기대하는 성능의 상대적 가치와 공급자가 제공하는 서비스를 구매가격에 비교하여 본다. 가격 · 성능 · 서비스의 세 요소들 중에서 가격이 가장 덜 주관적인 성질의 것으로 여겨진다. 다시 말해 어떤 무엇도 숫자 자체보다 더 명확할 수는 없다.

그러나 가격이란 비교적 주관적인 성질의 것으로 가격의 단순한 숫자 자체는 가격에 관한 느낌을 형성하는 데 있어서 단지 한 요소

에 지나지 않는다. 많은 경우 이와 동일하게 중요시되는 것은 가격이 어떤 방법에 의해 구성되었느냐 하는 점이다. 예를 들면, 어떤 산업용 상품제조기업들은 표면적으로는 낮은 단가를 유지하기 위하여 설치비용을 별개로 청구하고 있다. 대량판매 할인, 연말할인, 신용판매조건, 운송비용의 지불 등은 고객이 가격에 관해 느끼는 지각상태에 영향을 미치기 위한 다른 유형의 가격구성 방법이며 전달 방법이다. 가격산정은 일반적으로 가격결정 요소인 원가, 수요, 경쟁에 의하여 주로 영향을 받게 된다. 따라서 가격산정 방법도 이들 세 요소를 중심으로 원가 중심, 수요 중심 및 경쟁 중심의 가격산정 방법으로 크게 구분한다.

1. 원가 중심의 가격결정

1) 원가가산 가격결정법

가격결정에 있어서 비교적 많이 사용되는 것으로서, 원가(직접비+간접비)에 일정한 율의 이폭(margin)을 가산한 것을 판매가격으로 하는 것이다. 그것은 일반적으로 가격의 하한을 결정하는 것이다. 원가에 가산하는 이익률에 대해서는 정확한 결정 방법이 없다. 기업에 있어서는 과거의 실적 또는 업계의 관습에 의하여 일정한 마진율을 결정하거나, 원가에 일정한 판매자이윤(markup)을 적용하여 판매가격을 결정한다. 이것은 원가에 일정한 율의 이익률을 가산하여 판매가를 결정하는 것으로서 총원가원칙(full-cost principle)이라고 한다.

총원가원칙에 있어서 원가와 목표이익률의 산출 방법에 의하여 이익액이 크게 좌우된다. 목표이익률은 기업이나 상품에 따라서도 다르나, 관습에 의하는 경우가 많다.

(1) 이폭가산 가격결정

이폭가산 가격결정(markup pricing)법은 단위원가에다 일정 비율의 이익을 가산하여 가격을 결정한다. 적정이익을 남길 수 있는 수준의 마진을 비율로 구매원가에 가산하여 가격을 결정하는 방식으로 유통기업이 흔히 쓰는 방법이다.

소매상의 경우 고정비용을 무시하고 단순히 공급자에게 지불한 구매가격을 비용산정의 기준으로 한다. 따라서 간접적으로 고정비용 할당부분을 마진(markup)에 구체화시킨다.

더욱 간단히 하자면 고정비용의 비율 대신에 고정비용의 절대치를 적용시킨다. 고정비용의 절대치는 유통기업의 본사에서 결정한다. 따라서 턴키 가격산정(turnkey pricing) 방식이라고 한다.

이폭가산 가격결정은 계산이 단순하여 사용하기 편리하다는 이점이 있으나, 경쟁자의 가격과 수요 등을 고려하지 않은 가격결정이라는 문제점을 가지고 있다.

$$\text{판매가격} = \frac{\text{원가}}{(100 - \text{마진율})}$$

$$\text{단위원가} = \text{변동비} + \frac{\text{고정비}}{(\text{예상판매량})}$$

markup 비율 = 1 − 예상판매수익

$$P = (AVC + FC) \times (1 + MK\%)$$

P: 가격	AVC: 평균 변동비용
FC: 고정비용(단위당 감수율)	$MK\%$: markup비율

예 : 변동비가 30원, 단위당 고정비용 10원, 50%의 markup비율을 산정한다면 가격은 60원

$$\begin{aligned} P &= (30 + 10) \cdot (1 + 0.50) \\ &= 40 \times 1.5 \\ &= 60 \end{aligned}$$

가격산정의 대안:

$$P = \frac{AVC + FC}{1 - MK\%}$$

(2) 원가가산 가격결정

단위원가에 고정된 비율의 금액을 가산하여 가격을 결정한다. 사전에 총원가의 정확한 산정이 곤란하여 미리 가격을 정할 수 없는 경우에, 사후 확정된 원가에 일정률의 마진(margin)을 가산하여 가격을 결정하는 것이다. 주로 주문품(기계 · 설비 · 플랜트), 건축물 등의 가격결정에 쓰인다.

원가가산 가격결정(cost-plus pricing)법의 장 · 단점은 [표 8-3]과 같다.

표 8-3 원가가산 가격결정의 장 · 단점

장 점	단 점
• 원가의 산출이 정확하고 안정적이다. • 수요예측이 불가능해도 일정한 적정이윤이 확보되고 가격경쟁을 회피하기 쉽다. • 가격결정이 간단하고 사회적으로 보아서 공정하다.	• 수요의 변화를 무시하고 있다(현재 수요의 탄력성을 고려하지 않음). • 경쟁기업의 행동 및 잠재경쟁자의 발생을 무시하고 있다. • 비용의 계산은 과거 또는 현재의 것이고, 장래 비용의 예측이 반영되지 않는다. 원가배분 계산이 부정확하다. • 전략적인 가격결정에는 적합하지 않다. 즉, 수요란 계절, 경기변동, 제품수명주기에 따라 상이하며 이에 따라 최적이폭도 달라야 하는데 이를 반영할 수 없다.

(3) 목표수익률

목표수익률(target pricing)법은 제조업자가 주로 사용하는 가격결정 방법으로써, 추정된 표준생산량을 전제로 하여 총원가를 계산한 후 구체적인 목표수익률을 실현시켜주는 가격을 결정한다. 따라서 총원가의 예측, 예상조업도 및 목표수익률이 책정될 필요가 있으며 이 때문에 손익분기점분석이 행하여진다. 손익분기점분석이란 총비용(total-cost)과 총수익(총수입)이 일치할 때의 판매량을 구하려고 하는 것이다. 이 총비용과 총수입이 일치하는 점을 손익분기점(BEP: break-even point)이라고 하는데, 일종의 cost-plus 방식의 변형이다. 매상량이 그 이상이면 총수입 쪽이 많아져 이익이 생기고, 그 이하이면 총비용 쪽이 많아 손실이 생긴다. 그러므로 그 점은 손익의 분기를 가리키게 된다. 이 손익분기점을 도시한 것이 손익분기도표(break-even chart)이다. 도시하여 보면 [그림 8-3]과 같다.

그림 8-3 ▸▸ 손익분기도표

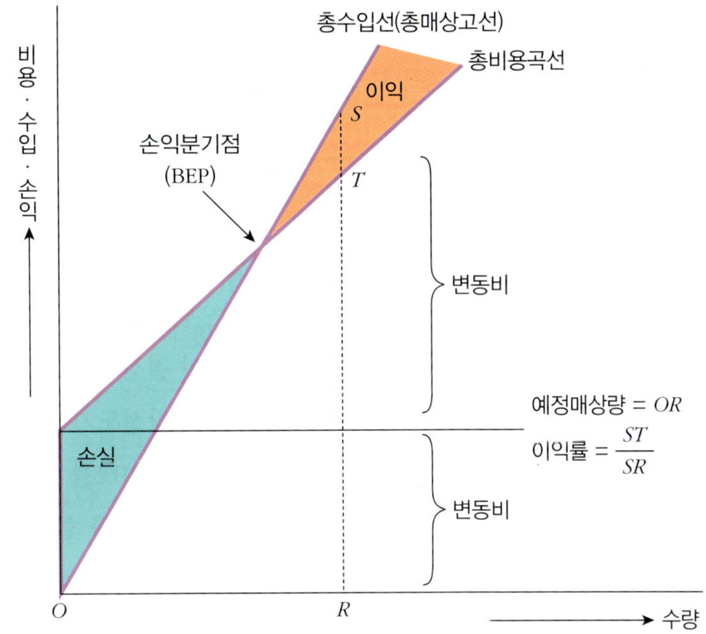

[그림 8−3]과 같이 횡축에 일정 기간의 매상량, 생산량 및 조업도를 나타내고, 종축에 비용 · 수입 · 손익을 금액으로 나타낸다.

일반적으로 평균변동비는 일정하다고 가정하고, 변동비와 고정비의 합계가 총비용이다. 총비용선과 총수입선의 교차점이 손익분기점이며, 이점 이상의 매상량이 있을 때는 이익을 얻을 수 있다. 총비용에 예정이익을 가한 직선을 총비용선의 상방에 가하면, 손익분기점 이외에 예정이익률을 가리키는 분기점도 나온다.

손익분기점은 그림에 의하지 않고서 구할 경우 다음 산식에 의해서 구해진다.

여기서 F: 공정비, P: 판매가, V: 변동비라고 할 때,

$$\text{BEP(수량)} = \text{총고정비}(F) + \frac{\text{이익}}{\text{단위당 공헌고정비}(P-V)}$$

단위당 공헌고정비는 단위당 매상가격으로부터 단위당 변동비를 공제한 것과 같다. 이 분기점을 넘어 매상고가 증가하면 단위당 공헌고정비에 따라 이익도 증대하게 된다.

요곡선은 소비자들의 수요가 가격이 상승하면 줄어들고, 가격이 하락하면 증가한다는 가정에 기초하고 있다. 하지만 명품, 고급 시계, 디자이너 의류와 같은 제품에 대해서는 소비자들은 가격에 대해 합리적인 방식으로 반응하지 않는 경우가 있다. 즉, 가격이 하락하면 수요가 증가하는 것이 일반적인 수요곡선의 양상인데, 이 경우는 가격이 일정한 수준 이하가 되면 판매량이 오히려 감소하는 기현상을 보인다. 따라서 이러한 가격 방식에 의하여 결정되는 제품들은 D커브(D curve 또는 backward-bending curve)제품이라고 한다.

그림 8-4 ▸▸ 품위가격 곡선

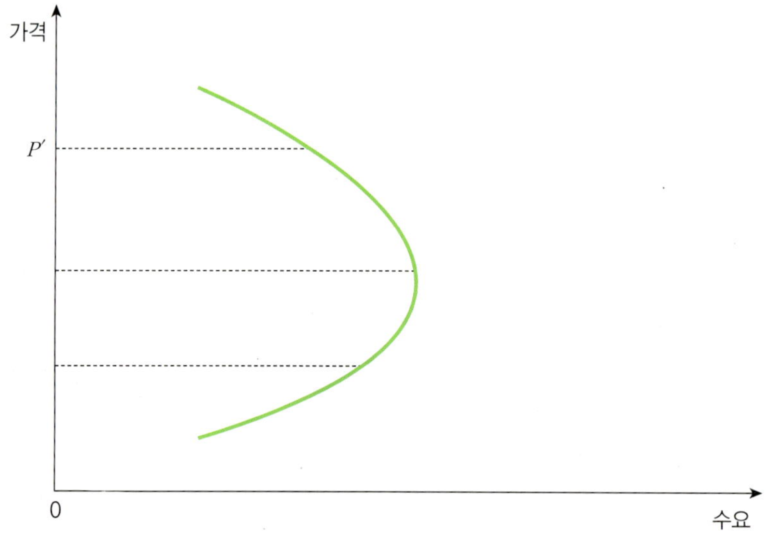

2) 단수가격결정법

단수가격(odd pricing)결정법은 판매가격에 단수(우수리)의 가격으로 결정하는 방식이며, 소비자가 어떤 가격을 높은 가격 또는 낮은 가격으로 지각하느냐에 기초를 둔 기법이다. 예를 들어, 100,000원과 99,000원의 실질적인 차이는 1,000원 이지만 소비자들은 그 차이를 심리적으로 더 크게 지각해서 판매량의 변화가 발생할 수 있다. 특히 슈퍼마켓에 있어서는 대부분의 제품에 이 방식을 적용하고 있다.

3) 준거가격결정법

준거가격(reference pricing)이란 소비자들이 특정 제품에 대해 심리적으로 기준이 되는 가격을 말한다. 즉, 그 제품을 구매하고자 할 때 비교기준으로 사용하는 가격이다. 준거가격의 형성은 과거의 구매경험, 현재의 일반적인 가격을 토대로 이루어진다. 소비자들은 준거가격보다 구매하고자 하는 제품의 가격이 높으면 비싸다고 지각하고, 낮으면 저렴하다고 판단하여 쉽게 구매를 결정할 것이다. 따라서 기업은 준거가격이 높게 설정되도록 유도하고 그보다 낮은 가격을 제시하여 판매량을 증진시킬 수 있다. 예컨대 백화점은 세일기간에 기존가격과 할인된 가격을 제시하여 소비자의 준거가격으로 활용되도록 할 수 있다.

4) 가격차별

가격차별(demand differential pricing)이란 동일한 제품에 대하여 둘 이상의 상이한 가격으로 판매가를 정하는 경우를 말하는데, 가격차별의 전제는 ① 상이한 가격탄력성이 존재하는 세분시장이 있어야 한다. ② 세분시장(market segment) 간에는 상호 제품유입이 불가능해야 한다(cross selling 금지)이다.

가격차별은 기준에 따라 다음과 같이 구분할 수 있다.

(1) 용도별 내지 고객기준으로 가격차별

소비자들의 제품지식이 상이한 수준에 있거나 수요의 강도가 상이한 것을 이용하여 상이한 가격을 적용한다.

(2) 제품기준으로 가격차별

고객과 용도의 특성 또는 경쟁관계에 의하여 수요의 탄력성이 다를 때에 이용된다. 예를 들어, 소비용 우유는 탄력성이 적으므로 고가로 판매하는 것이 가능하지만, 가공용 우유는 탄력성이 높으므로 저가로 판매하는 것이 용이하다. 그 밖에도 제품차별화와 병행하여 기능과 디자인 등에 차이가 있을 때 가격차별화를 이용할 수 있다.

(3) 장소기준으로 가격차별

장소도 효용의 한 형태로 간주할 수 있다. 예를 들면, 경기장의 좌석이나 음악회의 좌석 등은 위치에 따라 수요의 강도가 차이가 나므로 상이한 가격으로 차별화된다.

(4) 시간기준으로 가격차별

경기변동, 계절(성수기, 비성수기) 및 시가에 따라 수요의 강도가 다르므로 가격을 차별화한다. 예를 들면, 영화관의 조조할인, 겨울에 에어컨 할인 등이 좋은 본보기이다.

3. 경쟁 중심의 가격결정

가격결정에 있어서는 경쟁기업의 제품가격에 영향을 받는다. 특히 경쟁제품이 시장에 있는 경우에 항상 경쟁제품과의 비교에 의하여 가격을 결정하고, 자사의 판단으로 가격을 설정하기가 어렵다. 물론 시장의 경쟁이 독점인가 과점인가, 완전경쟁인가 불완전경쟁인가에 의하여 상이하나, 일반적으로는 불완전경쟁 내지 과점적 상태에 있다고 볼 수 있다. 그러므로 경쟁기업의 가격정책에 대응한 가격을 검토하고 결정하는 방법이 바람직하다. 가격의 상한선 및 하한선을 결정하는 경우에 있어서는 [표 8-4]와 같은 여러 요인을 충분히 참고하지 않으면 안 된다.

표 8-4 가격 상한선과 하한선의 참고 요인

- 경쟁기업의 제품에 관한 시장정보의 수집과 분석이 필요하다.
- 경쟁제품의 품질과 자사제품의 품질평가와 제품차별화의 추진이 특히 필요하다.
- 신제품을 시장에 공급하는 경우에는 일정한 이익률을 고려한 가격결정이 필요하다.
- 스스로 가격지도제(price leadership)를 발휘하여 가격을 설정한, 타 경쟁기업이 설정한 가격, 즉 지도가격에 따라가는 방식의 채용 여부도 문제점이다.
- 가격이 구매동기에 주는 영향을 분석 · 검토하지 않으면 안 된다.

즉, 마케팅 전략의 전개와 소비자의 심리적 측면도 고려하지 않으면 안 된다.

일반적으로 시장가격(market price)을 기준으로 가격을 결정하는 경우에는 ① 시가를 판매가격으로 결정하는 방식, ② 시가보다 저가로 판매가격을 결정하는 방식, ③ 시가보다 고가로 판매가격을 결정하는 방식 등이 있다.

신제품의 경우는 새로이 시장경쟁에 참가하는 것이므로 저가격이 타당하나, 경우에 따라서는 제품의 차별화가 촉진전략에 의하여 효과적으로 이루어질 가능성이 있는 경우에는 고가격이라도 좋다. 또 저가격주의나 고가격주의 어느 편을 채용하는가의 문제는 타기업 제품의 영향을 받는 것이므로 충분히 검토하지 않으면 안 된다.

경쟁관계를 기초로 하는 가격결정법에는 업계의 평균가격에 되도록 합치시키려고 하는 'going-rate-pricing'(모방가격)과 입찰에 근거하여 계약을 다투는 'sealed-bid-pricing'(입찰가격)의 두 종류가 있다. 전자는 동질적 제품이 고도의 경쟁적 시장에서 판매되는 경우 소수의 대기업이 지배하는 과점상태에서 흔히 나타나는 것이다. 입찰가격결정은, 계약업무의 입찰을 둘러싸고 이루어지는 것으로서, 계약확보에 가격결정의 목적이 있다.

이상과 같이 원가구조의 변동이나 주요 변화와 관계없이 경쟁업자의 가격을 기준으로 가격을 산정하는 방법을 정리하면 다음과 같다.

1) 모방가격결정

동질적 제품(편의품과 선매품 중 표준제품)은 완전경쟁에 가까운 시장구조를 형성하므로 개별기업의 독자적 가격설정이 불가능하다. 따라서 앞에서 말한 것처럼 시장의 대표적

그림 8-5 ▸▸ 입찰가격의 설정

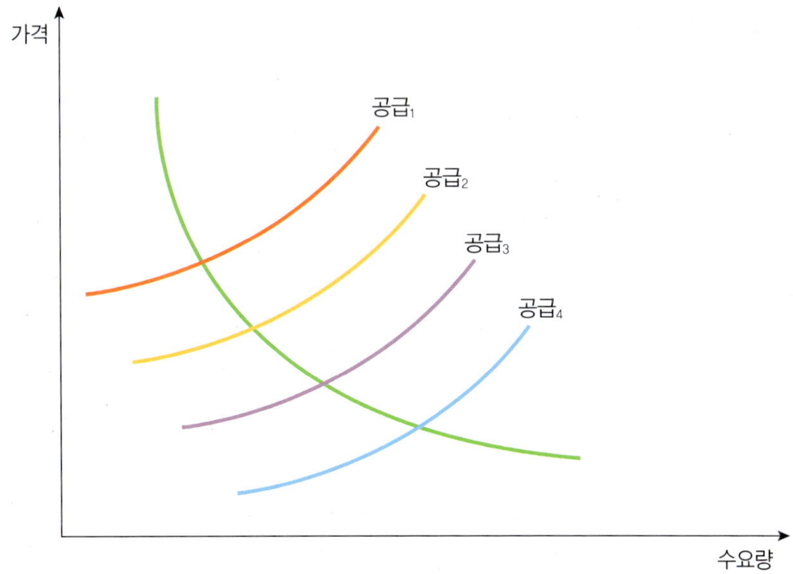

제품가격이나 업계의 평균가격(market leader 또는 price leader)과 동일하게 가격을 설정한다. 따라서 업자 간 가격카르텔(price cartel)이 형성되어 가격의 경직성이 생긴다.

2) 입찰가격결정

조직구매나 정부 등이 구매하는 제품이나 서비스의 가격은 경쟁입찰로 결정되는 경우가 많다. 경쟁입찰(sealed-bid pricing)이란 두 개 이상의 기업들이 특정 제품이나 서비스에 대하여 독자적으로 각각 가격을 제시하여 가장 낮은 가격을 제시한 기업이 낙찰되는 것을 말한다. 따라서 자사의 비용이나 수요 등의 추정을 통한 가격보다 경쟁업자가 설정한 가격이 가격결정의 기본이 된다.

경쟁입찰에서 가격결정은 기대이익(expected profit)을 상정하여 입찰가격을 제시하는데, 기대이익은 각 입찰금액에서 비용을 제외한 이익금액에 낙찰 받을 수 있는 확률을 곱한 값이다. 낙찰가가 높으면 이익은 커지지만 그만큼 낙찰될 확률이 떨어지게 된다.

제3절 가격정책수단

1. 가격결정의 제약 요소와 가격정책의 분류

가격정책은 가격결정과 불가분의 관계에 있고, 여러 가지 가격결정의 요소와 그 제약을 고려하여 수행된다.

켈리(E.J. Kelly)는 가격결정의 제약 요소로서 다음과 같은 사항을 들고 있다.

표 8-5 가격결정의 제약 요소

법적 고려	기술	사회적 관련성
가격결정을 규제하는 법률은 복잡하다. 대기업이 가격을 결정할 때는 대체로 법률, 경제상황 및 정부의 정책경향도 고려한다.	다수의 기업이 중복된 연구를 행하는 경우에, 경쟁으로 인하여 설비능력의 과잉을 초래한다. 또한, 기술 과점기간의 단축과 함께 과당가격경쟁을 불러 온다.	가격경쟁의 윤리와 가격결정기업의 사회적 책임은 무제한한 가격경쟁에 대한 규제이다.

본래 가격정책은 기업의 수익에 중대한 영향을 미침과 동시에 경쟁기업의 시장점유율 경쟁에 대항하고, 매상고의 제고와 목표이익률을 달성하는 데에 있다.

가격정책수단을 중심으로 가격정책을 체계화하면 [표 8-6]과 같다.

이들 가격정책 중에서 차별가격정책, 신제품가격정책 및 재판매가격유지정책의 목표와 방법에 대하여 설명한다.

표 8-6 가격정책수단의 체계

<table>
<tr><td rowspan="3">① 가격신축정책
(price flexibility policies)</td><td colspan="3">㉠ 신축가격정책</td></tr>
<tr><td colspan="3">㉡ 단일가격정책</td></tr>
<tr><td colspan="3">㉢ 관리가격정책</td></tr>
<tr><td rowspan="3">② 가격수준정책
(price level policies)</td><td colspan="3">㉠ 시가 이하 정책</td></tr>
<tr><td colspan="3">㉡ 적합경쟁가격정책</td></tr>
<tr><td colspan="3">㉢ 시가 이상 정책</td></tr>
<tr><td rowspan="3">③ 특수가격정책
(specific price policies)</td><td colspan="3">㉠ 가격대 설정</td></tr>
<tr><td colspan="3">㉡ 단수가격과 심리가격정책</td></tr>
<tr><td colspan="3">㉢ 특가정책</td></tr>
<tr><td rowspan="6">④ 차별가격정책
(price discrimination policies)</td><td>㉠ 할인정책</td><td colspan="2">1. 현금할인
2. 수량할인
3. 중간상할인
4. 촉진적 할인
5. 계절할인</td></tr>
<tr><td rowspan="5">㉡ 지역적 가격정책</td><td colspan="2">1. 생산지점가격제도</td></tr>
<tr><td colspan="2">2. 수요자인도가격제도</td></tr>
<tr><td colspan="2">3. 지역가격제도</td></tr>
<tr><td rowspan="2">4. 기점가격제도</td><td>단일기점</td></tr>
<tr><td>복수기점</td></tr>
</table>

<table>
<tr><td rowspan="2">⑤ 신제품 및 제품계열의 가격정책
(new product and full line price policies)</td><td colspan="2">㉠ 초기고가격정책</td></tr>
<tr><td colspan="2">㉡ 초기저가격정책</td></tr>
<tr><td>⑥ 재판매가격유지정책
(resale price maintenance policies)</td><td colspan="2"></td></tr>
<tr><td rowspan="3">⑦ 가격안정정책
(price stability policies)</td><td colspan="2">㉠ 가격카르텔</td></tr>
<tr><td colspan="2">㉡ 가격지도제</td></tr>
<tr><td>㉢ 인도가격제</td><td>1. 공장인도가격제
2. 지역가격제
3. 기점가격제</td></tr>
</table>

2. 차별가격정책(가격차별)

차별가격정책은 동일한 종류의 제품판매가격에 차이를 두어서 판매고의 확대를 도모하는 정책이다. 특히 가격차별을 행하는 경우에 있어서 이들의 세세한 조건을 고려하는 가격결정에 대하여, 이들의 가격을 통괄한 가격, 즉 사회 전체의 평균가격 또는 제품 전체의 가격수준이라고 하는 의미에서의 기본가격(basic price)의 결정이 필요하다.

차별가격정책은 할인정책과 지역적 가격제와 시간적 차별가격 및 용도에 의한 차별가격으로 대별된다.

1) 할인정책

할인정책에는 현금할인과 수량할인 및 업자할인 등이 있다.

(1) 현금할인

현금할인(cash discount)의 경우는 자금의 회수가 빠르고, 금리 · 수수료, 대손가능성이 없어지므로 그에 해당하는 몫을 할인하는 방식이다. 즉, 현찰(spot cash)로 지불하는 구매자에 대한 할인이다. 유동성을 확보하기 위해서 주로 사용되는 방법이다.

(2) 수량할인

수량할인(quantity discount)은 구매자의 확대를 목적으로 대량 구입하는 구매자에게 할인하는 방식이다. 대량판매는 재고비용, 수송비, 주문처리비용이나 판매비용 등을 절감할 수 있으므로 기업은 고객에게 이에 상응하는 금액을 할인해 줄 수 있다. '품목별 할인과 종합적 할인' 및 '판매금액에 의한 할인과 판매수량에 의한 할인'이 있다. 판매금액 및 판매수량에 대한 할인의 경우에는 일정 기간의 판매량의 누계에 대한 누적적 할인(cumulative discount)과 개개의 주문에 대한 비누적적 할인(non-cumulative discount)이 있다. 전자는 단골에게 계속적으로 사게 하기 위한 가격정책이며 애고할인(patronage discount)이라고 한다. 이와 유사한 할인에 부분환불(rebate)이 있다. 이것은 원래 금액에 의한 다량할인을 가리켰으나, 오늘날은 메이커가 거래선(판매업자)의 적극적인 협력을 기대하는 장려금의 의미를 가지는 경우도 있다.

(3) 업자할인

업자할인이란 거래업자가 유통경로상 차지하는 위치에 따라서 할인받는 것이다. 즉, 도매상과 소매상에게 판매가격을 차별한다. 도매 · 소매라는 판매경로의 기능상의 지위에 의하여 할인의 폭에 차이를 두는 것으로서 기능적 할인(functional discount)이라고 일컬어진다. 또 중간상할인, 거래할인(trade discount)이라고도 한다.

(4) 계절할인

계절적 제품은 팔다 남으면 상품가치가 감소하고 자금이 고정되며, 또한 불필요한 보관비용이나 금리 부담 때문에 이를 막기 위하여 판매가격을 점차로 인하하게 된다. 따라서 자동적 할인이라고 부르기도 한다. 자동적 할인은 판매가격을 여러 원인(예를 들면 수요의 감소)에 의하여 인하하는 것으로서 일반적으로 mark-down(표시가격-판매가격)이라고 한다.

2) 지역적 가격제

수요의 탄력성과 운임에 의한 가격차별이다.

(1) 지역가격제

일정한 지역 간에는 같은 가격이 설정되나 상이한 지역 간에는 가격차별이 있다. 또 수요의 가격탄력성을 위하여 지역가격을 설정하는 경우도 있다. 또 국제시장을 개척하기 위하여 수출가격을 국내가격보다 더욱 싸게 하는 경우도 있다.

(2) 균일가격제

전국적 균일가격제(postage-stamp pricing)는 장소가 멀고 가까움에 관계없이 소매가격의 전국적 통일이 바람직할 경우에 적용된다. 예를 들면, 운송비가 얼마 안 되는 초콜렛, 잡지, 서적, 레코드 등과 같은 제품의 경우이다.

균일공장도가격제(uniform, FOB mill pricing)란, 구매자에 따라서 가격차별을 두지 않고, 모든 구매자에게 동일한 인도가격을 적용하는 경우이다.

운임균등제(system freight equalization)란 판매자가 공장인도가격에 "구매자에게 가장 가까이에 있는 경쟁업자로부터"의 운임을 가산하는 경우이다.

(3) 기점가격제

기점가격제(basing-point pricing system)란 주요 생산지를 기점으로 하고 각 소비지의 가격은 공장소재지나 구입지에 관계없이, 일정한 기준가격에 운임(기점과 그 소비지 간의 운임)을 가산하는 방식이다. 기점을 한 지점으로 한정한 단일기점제와 2지점 이상으로 한 복수기점제가 있다.

3) 시간적 차별가격

(1) Clock time 차별가격

Clock time 차별가격이란 하루 24시간 중 수요가 상이한 시간에 의하여 가격을 차별하는 방식이다. 예를 들면 영화관의 조조할인 등이다.

(2) Calendar time 차별가격

일, 주, 월, 계절에 의하여 가격을 변화시킴으로써 판매량의 증가를 기도한다. 계절에 따라서 수요의 탄력성이 변하므로 비성수기의 수요자에 대한 할인혜택이다. 예를 들면, 비수요기의 제품재고를 구매하는 소매상에 대한 계절할인(seasonal discount)이라든가, season off의 여관 · 호텔 등의 계절할인의 숙박요금이다.

4) 용도에 의한 차별가격

동일 종류의 제품이 용도에 따라서 수요의 가격탄력성이 다른 경우에 적용하는 방식이다.

3. 신제품가격정책

오늘날과 같이 기술혁신이 빠르게 진행되는 상황에서는 신제품이 차지하고 있는 경제적 위치의 변화가 실제 가격결정에 있어서 전략적인 지침이 되어야만 한다.

신제품은 도입 초기에 경쟁자 없는 독점적인 지위를 누리게 될 것이나, 결국에는 경쟁제품의 출현으로 인해서 점진적으로 경쟁력을 잃게 된다.

상업화할 수 있는 신발명품은 시장수요가 별로 크지 않고 제품디자인 자체가 특정 기간 동안 특허권에 의해 보호를 받는 것이 보통이다. 그런 연후에는 시장의 제품수용도가 높아짐에 따라 매출액이 급격히 증가하게 된다.

경쟁제품이 출현하게 되면 가격결정 가능 범위가 축소된다. 다시 말해서, 신제품과 다른 경쟁제품과의 차별화가 불가능해짐에 따라 제품 공급기업은 가격결정에서 독자적인 결정권을 점차 잃게 된다.

신제품이 이러한 주기를 거치는 과정에서 판촉 및 가격에 대한 수요의 탄력성과 생산 및 유통비용의 변화가 계속되며, 이러한 변화는 역으로 가격정책에 반영되어야 한다.

제품수명주기별 가격결정은 세 가지 측면에서 성숙도의 전개에 따라 좌우된다. 시간적으로 거의 동시에 전개되는 세 가지 성숙도의 내용은 다음과 같다.

표 8-7 성숙도의 유형

기술적 성숙	시장 성숙	경쟁적 성숙
제품개량 속도가 감소되고, 경쟁제품 간의 표준화 강도가 증대되며, 제조공정 및 공정지식이 점진적으로 평준화 된다.	제품 아이디어의 수용도가 증가하고, 경쟁제품의 성능이 유사하다는 점이 널리 인식되며, 소비자에 의한 상표 간의 비교평가 능력이 향상된다.	시장점유율과 가격구조가 점차 안정된다.

이와 같은 세 가지 유형의 성숙은 상호 관련되어 있어서 보조를 맞추어 변화한다.

1) 시장도입기의 가격정책

신제품 가격의 전략적 결정은 두 가지 중 한 가지 선택으로 귀결된다. 하나는 고소득층을 상대로 하는 초기고가정책(skimming price)이고, 또 하나는 처음부터 시장침투를 달성하는 수단으로서의 초기저가정책(침투가격정책; penetration price)이다.

(1) 초기고가정책

초기고가정책은 처음에는 제품이나 서비스에 비교적 높은 가격을 책정하지만 시간이 경과함에 따라 가격을 낮추는 가격정책이다. 가격차별화의 임시방편적 수행이라고도 할 수 있다. 초기고가정책은 경쟁기업이 나타나서 시장가격을 낮추기 전에 신속하게 매몰비용(sunk cost)을 회수하기 위한 전략으로 이용될 수 있다.

초기고가정책은 "수요곡선을 타고 내려가는 것"과 같은 모양으로 언급된다. [그림 8-6]에서 첫 번째 도표는 $t=1$일 때의 수요, 가격 및 수요량을 나타낸다. 그 다음 도표는 $t=2$, $t=3$과 같이 시간이 경과함에 따라서 가격이 내려가고 수요량이 증가하는 추세를 보여준다. 세 도표를 합쳐보면 최종적인 수요의 변화 상태를 알 수 있다.

초기고가정책의 목적은 소비자잉여편익 또는 잉여혜택을 얻기 위한 것이다.(도표에서 단수시장의 결제가격(P^*)과 최고가격($P1$) 사이에 있는 표시된 부분) 이러한 메커니즘이 제대로 작동한다면, 소비자들은 지불하고자 했던 최고가격보다 저렴한 가격을 지불하지 않는 것이 이론적으로 옳지만 현실적으로 기업이 잉여혜택을 모두 차지한다는 것이 불가능하다.

그림 8-6 ▸▸ 초기고가정책과 수요 변화

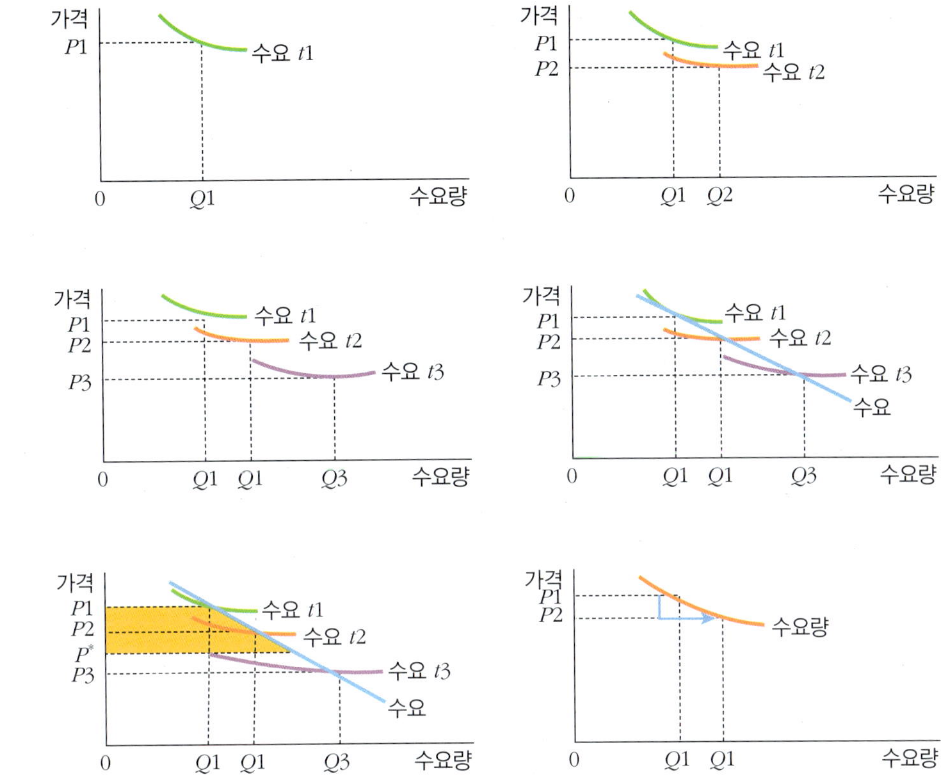

자료: http://en.wikipedia.org/wiki/priceskimmng

초기고가정책에는 몇 가지 문제가 있다. 이 정책은 수요가 비탄력적일 때만 효율적이다. 만일 장기적으로 보아 수요가 탄력적이 된다면, 가격 변동이 아니고 수요량의 변동에 의하여 시장균형이 이루어지게 된다. 이러한 경우 초기저가정책보다 적합한 정책이 된다.

어느 한 기업에 의한 가격변동은 다른 기업들의 호응을 받아 급속한 공급 성장으로 이어진다. 따라서 초기저가정책을 추구하는 저렴한 비용의 생산자가 시장점유율을 대부분 차지하게 된다.

초기고가정책을 쓰는 제품의 경우 재고순환비율이 대단히 낮다. 이러한 제품은 생산자의 유통망에 문제를 야기시킨다. 따라서 유통마진을 높여야 할지도 모른다. 또한 초기고가정책은 경쟁기업의 시장 진출을 고무시킬 뿐만 아니라 제품 적응과 확산이 지체되게 함으로써 결국에는 시장 수요를 충족시키지 못하게 되고 경쟁기업이 제품을 모방할 기회를 주거나 또는 새로운 혁신제품으로 시장을 선점할 위험이 생긴다. 또한 초기고가정책에서 제품 변경이 없이 너무 빠른 기간 내에 가격을 내리게 되면, 고가로 구매한 초기 구매자들이 박탈감을 느끼게 된다. 따라서 초기 구매 대신에 어느 정도 기간이 지난 후 훨씬 낮아진 가격으로 구매하는 것이 낫다고 느끼게 된다. 이러한 부정적인 성향이 특정 상표와 특정 기업 전체에 전이가 될 위험성이 있다.

그러나 특정 기능을 수행하는 방법이 기존의 제품과는 아주 다른 독특한 신제품의 경우, 시장개척의 초기에 고가와 높은 판촉 활동을 믹스하여 좋은 결과를 낳은 예가 많이 있다. 이러한 성공의 요인에는 여러 가지가 있다.

- 성숙되기 전 초기단계에 있는 제품은 성숙했을 때에 비해서 가격에 대한 수요의 탄력성이 낮은 것이 보통이다. 이러한 경향은 소비재의 경우에 더 심한데, 소비자는 신제품이 시장에 나오는 초기에는 신제품을 일상 구매품목으로 고려하지 않는다. 왜냐하면 다른 대안적 상품과 비교한 신상품의 가치를 소비자가 잘 모르고 있기 때문이다. 적어도 초기단계에는 비슷한 경쟁제품이 거의 없기 때문에 수요의 교차탄력성도 낮다.

  반면에 판촉에 대한 수요의 탄력성은 이 단계에서 매우 큰데, 소비자는 제품의 가치를 합리적으로 평가하기가 어렵기 때문에 성능에만 관심을 갖게 되기가 쉽다.
- 고가격으로 신제품을 내놓으면 시장을 가격탄력성에 따라 여러 세분시장으로 분할하기가 용이해진다. 초기의 고가는 가격에 그다지 민감하지 않은 시장의 고소득층을 상대로 높은 이득을 보게 하여 준다. 점진적으로 가격을 인하함으로써 차츰 가격탄력적인 수요층을 접하게 된다.(ex: 호화장정의 50달러짜리 책에서부터 시작해서 나중에는 25센트짜리 문고판까지 책값을 인하해 나가는 정책을 들 수 있다.)
- 불확실한 수요의 탄력성에 접해서 우선 고가격을 책정하고 추후에 시장이 확대되고 생산 공정의 효율이 높아짐에 따라 어느 정도의 원가절감이 가능할 것인지는 예측하기 쉽다. 한 전기제품회사의 경우 신제품 전구를 초기에는 고가로 시판하고는, 추후에 원가를 절감하는 방법이 발견되었으므로 가격을 인하하였다.
- 대부분의 기업들은 초기 시장개척비용을 회수하는데 장시간을 기다릴 만한 자금여유를 갖고 있지 못하다. 특히 여러 가지 불확실 속에서 초기의 생산과 유통 및 판촉에 투입된 막대한 자금부담을 빨리 해결하는 방법으로서 고가격정책이 유용함은 당연한 일이다.

MARKETING FOCUS

애플, 인도시장 점유율 1%대로 추락…"고가정책이 걸림돌"

중국 업체 · 삼성과 경쟁서 밀려…판매량 · 점유율 전년比 반토막

미국 정보기술(IT) '공룡기업' 애플이 세계 2위의 휴대전화 판매시장인 인도에서 갈수록 존재감을 잃어가는 것으로 나타났다. 인도 일간 이코노믹타임스 등 현지 언론은 시장조사업체 카운터포인트 리서치 등의 통계를 인용해 지난해 인도시장의 아이폰 판매 대수(공장 출하 물량 기준)가 160만~170만 대에 그쳤다고 15일 보도했다. 이는 애플의 2017년 현지 아이폰 판매 대수 320만 대에서 절반으로 줄어든 수치다. 이에 따라 아이폰의 인도 스마트폰 시장점유율도 2017년 2.4%에서 지난해 1.2%로 반 토막이 났다. 카운터포인트는 애플의 지난해 인도시장 판매 규모는 150만 대를 판 2014년 수준으로 뒷걸음질 치면서 시장점유율도 크게 줄었다고 설명했다. 반면 인도의 스마트폰 판매시장은 2014년 8천만 대 규모에서 지난해 1억5천만 대 규모로 급성장했다.

전문가들은 아이폰의 높은 가격이 애플의 인도시장 공략에 걸림돌이 됐다고 지적했다. 아이폰 최고급 모델의 경우 200만 원에 육박한다. 인도 스마트폰 시장은 1만 루피(약 16만 원) 이하의 저가 제품이 장악하고 있으며, 3만 루피(약 48만 원) 이상이면 대체로 프리미엄 제품으로 분류된다.

다른 선진국에서는 충성도 높은 소비자 덕분에 이 같은 고가정책이 먹혀들지만, 전반적으로 경제수준이 낮고 실용성을 중시하는 인도에서는 아이폰이 외면당했다는 것이다. 이코노믹타임스는 "중국 원플러스는 아이폰보다 나은 성능을 갖췄지만, 아이폰 가격의 절반 또는 3분의 1 수준"이라며 "아이폰은 원플러스 등과 경쟁하기 어려운 형편"이라고 분석했다. "인도는 넥스트 차이나(차세대 중국)"라고 공언하며 인도 공략에 공을 들이는 팀 쿡 애플 최고경영자(CEO)의 의지와 달리 현지 시장 판매는 고전을 면치 못하는 상황인 셈이다.

현재 인도 스마트폰 시장에서는 샤오미와 삼성전자가 점유율 1위 싸움을 치열하게 벌이는 상황이다. 샤오미는 2017년 4분기 점유율 27%를 기록, 처음으로 인도 스마트폰 시장 1위를 차지했다. 이어 지난해 3분기 점유율에서도 삼성전자에 앞섰지만 이은 4분기에는 다시 혼전 양상이 펼

쳐진 것으로 알려졌다. 한편, 애플은 이달 초 중국시장에서도 아이폰 판매 부진을 주된 이유로 거론하면서 올해 1분기 실적 전망치(가이던스)를 대폭 하향 조정, 글로벌 시장에 큰 충격을 줬다. 중국 휴대전화시장에서는 화웨이, 오포, 비보, 샤오미 등 중국 4대 토종 제조사들이 80%에 가까운 시장을 장악했으며 아이폰의 시장점유율은 9% 가량에 불과하다. 이 같은 상황 속에 애플은 이르면 올해부터 인도에서 최신형 아이폰을 조립 생산하는 안을 검토하는 것으로 알려졌다. 로이터통신은 애플의 대만 스마트폰 위탁생산업체인 폭스콘이 인도에서 아이폰X 시리즈 같은 고가 모델을 조립할 것이라고 최근 보도했다. 또 애플은 뉴델리, 뭄바이 등 인도 주요 도시에 대형 플래그십 직영 고급매장 수를 늘리는 등 시장확대전략을 마련한 것으로 전해졌다.

출처: 한국경제 2019.01.15.http://moneys.mt.co.kr/news/

(2) 초기저가정책

대중시장을 침투하는 주된 수단으로서 저가격을 채택하는 것이다. 고가정책은 시장침투의 초기에 어느 정도의 이윤을 확보하는 장점이 있다. 그러나 소득수준이 낮거나 제품에 대한 선호도가 낮아서 제품이나 평판의 우수성에 대해서 높은 프리미엄을 지불할 용의가 없는 많은 고객에게는 판매를 하지 못하는 문제가 생긴다.

시장확대를 지향하는 가격은 제품수명의 여러 단계에서 결정될 수 있다. 그러나 대량판매의 가능성에 대해서는 제품의 연구개발 이전의 단계부터 탐색할 필요가 있고, 더 나아가서는 제품의 생산이 시작되고 가격 및 판로계획이 결정될 즈음에는 더 확고한 조사가 이루어져야 한다. 그때까지도 시장확대지향의 가격결정이 검토되지 않았다면, 그 후 제품의 차별적 시장위치가 구축된 연후에 그 문제가 다시 대두될 것이다. 고가시장에서는 매출액의 성장이 성숙기에 접어들었던 제품들이지만 갑작스러운 가격인하로 인해서 신시장에서 매출액이 급신장한 경우가 많다.

그렇다면 어떤 조건 아래서 시장침투를 위한 이러한 적극적인 가격정책이 채택될 수 있는가? 이 문제에 대해서는 일률적으로 말할 수는 없으나 [표 8-8]과 같은 조건을 제시할 수 있다.

그러나 경쟁가능성이 있는 동일 업종의 업체가 아니라, 다른 제품시장에서 활약하고 있는 제품라인이 많은 대기업인 경우가 있다. 이런 경우에 시장진출을 노리는 기업의 우선적인 고려사항은 단기적인 이익이 아니고 장기적으로 얼마나 많은 매출액을 달성할 수 있는가 하는 문제이다. 이러한 기업들은 물량만 확보되면 생산비를 경쟁사의 수준까지 인하

표 8-8 초기저가정책의 채택조건

- 수요의 가격탄력성이 단기간 안에 매우 높은 경우, 그러니까 가격인하에 대한 매출량의 반응이 큰 경우
- 수량증가로 인해서 생산비가 상당히 절감될 수 있는 경우
- 처음부터 소비자의 일상적인 구매 패턴에 맞추기가 어렵지 않은 특성을 지닌 상품의 경우
- 경쟁사의 위협이 매우 큰 경우, 경쟁사의 위협이 침투가격전략을 채택하는 충분한 이유가 된다. 시장개발의 도입기에 저가격정책을 채택하는 가장 중요한 이유 중의 하나는 경쟁 가능 회사들의 시장 진입을 막고자 하는 데 있다. 이 정책은 경쟁기업들이 최저가격을 달성하기 위하여 대규모 투자를 하여야 하는 대신에 할인가격정책으로서는 쉽게 기존 시장에 침투하기가 어려운 상황인 경우에 적절함

시킬 수 있다는 확신이 서 있기 때문에, 단기적인 수익성이 결정적인 진입장애 요인이 되지 않는다.

따라서 시장 전체의 매출액이 그다지 크지 않은 경우에는 고마진정책이 채택되는 것이 바람직하다. 그 이유는 첫째 예상되는 물량이 얼마 되지 않아서 경쟁사의 시장 진입의 가능성이 낮고, 둘째 자사의 신제품을 출하하더라도 경쟁 가능 업체들이 별로 개의치 않을 것이기 때문이다.

잠재시장 규모가 큰 제품의 경우에는 처음부터 선점적 가격을 책정하는 것이 유리함은 분명한 사실이다. 어느 세탁비누회사는 표백성능이 있고 동시에 색감이 더욱 나게 하는 첨가제를 새로 개발하였을 때 단기적인 가격 프리미엄을 택하는 대신 높은 시장점유율을 확보하기로 하였다. 이 경우에는 경쟁사들이 금방 이 제품을 모방하거나 또는 개량할 것이 예상되었기 때문에 그러한 결정이 매우 타당한 것이었다. 가격 프리미엄은 오래 존속할 수 없지만 일단 확보된 시장점유율은 더 오래 지속될 수 있기 때문이다.

초기저가정책을 택하는 경우에 고려해야 할 점은 만약 신제품이 장기간에 걸쳐서야 자본회수가 가능한 상품인 경우에 후발 시장진입기업들이 원가절감형의 새로운 공법의 혜택을 통해서 혁신기업의 원가구성을 위협할 가능성이 있다는 점이다. 그런 상황에서는 시장의 잠재규모를 달성하는데 장기간이 소요될 것이라는 전제 하에 장기적인 수익성을 지향하는 초기저가정책이 채택되어야 할 것이다.

그런 경우에는 수익성을 마진율보다는 금액으로 표시하거나, 또는 일정 수준의 물량을 생산 · 판매하는 데 소요되는 자본에 대한 투자수익률의 개념으로 표시하는 것이 타당할 것이다. 또한, 수익성을 계산하는데 있어서 초기저가정책으로 인해서 유발될 다른 상품의 판매와 기업의 장기적 전망에 미칠 기여도 또한 감안되어야 한다. 초기저가정책은 개별상

품에 국한되는 이윤보다는 기업의 전반적인 전략에 미치는 장기적 영향을 고려해서 채택하는 경우를 종종 볼 수 있다.

그림 8-7 ▶▶ 초기고가정책과 초기저가정책

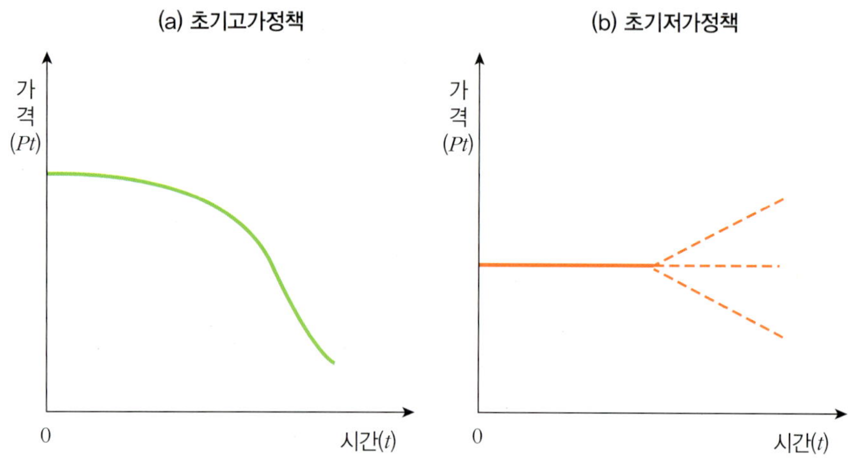

2) 제품성숙기의 가격결정

시장이 성숙된 경쟁기에 들어가게 되면 가격인하가 매우 위험하고도 인기 없는 과점적 경쟁관계가 형성되게 된다. 또한 만약 가격경쟁이 배제된 상태라면 경쟁의 양상은 제품개량이나 시장세분화와 같은 방향으로 바뀌게 된다.

대부분의 중요한 제품개발이 이미 모든 상표에 반영된 이 단계에서의 제품개량은 실제로는 시장세분화나 마찬가지이다. 왜냐하면 제품의 품질을 개량하고 수정하여 어떤 상품을 고급제품의 카테고리에 집어넣는다는 것은 결국은 고소득층에게만 어필하는 결과를 낳기 때문이다.

제품이 성숙되고 독특성이 없어짐에 따라 제품가격의 위치를 아주 낮은 수준과 중간 수준 사이의 가격대를 설정(price lining)하는 선택이 필요하게 된다. 업계의 실질가격대에서 가장 낮은 가격수준에 있는 기업은 일반적으로 최소한의 서비스와 평판을 유지하면서(그러나 제품이 외견상 경쟁제품과 다르지는 않음), 경쟁사들보다 낮은 총마진(gross margin)을 얻는 것이 보통이다(그렇다고 해서 반드시 순마진이 더 적은 것은 아님). 그러한 초기저가정책은 제품의 기술적인 낮은 수준이나, 또는 시장에서의 낮은 위치 때문에 선택되는 경우도 있다. 그 밖에 장기적인 수요의 가격탄력성에 대한 확신이 있거나 초기저가정책 수단으로 현재까지 개척되지 않은 중요한 세분시장을 침투할 수 있으리라는 전망 때문에 그러한 저가정책이 선택될 수도 있다.

3) 재판매가격 유지정책

재판매가격 유지정책(resale price maintenance policy)이란 제조업자나 도매업자가 그 제품(유표품)의 판매가격을 도매업자나 소매업자에게 보호 · 유지시켜 주려고 하는 가격정책이다.

이 정책의 목적은 고가의 유지 및 안정과 덤핑의 방지에 있으며 메이커에게 있어서는 제품의 명성이나 상표에 대한 소비자의 신뢰를 유지하기 위한 것이다. 만약에 소매의 단계에서 권장가격이 지켜지지 않고 덤핑판매 되거나, 특가품(loss leader)으로 이용되든가 하면 상품에 대한 신뢰감이 없어지게 된다. 또 이와 같이 소비자의 신뢰를 손상시키면서 가격인하 경쟁을 하게 되면, 점차로 매상고의 감소와 판매경로의 혼란이 생겨 메이커의 지배력은 급격하게 저하하게 된다. 또 소매업자에게 있어서도 가격인하경쟁이 격화되면 상호간 마진이 저하되고 경영이 악화되게 된다. 즉, 격렬한 가격인하경쟁이 발생하면 메이커나 판매업자는 적정한 마진의 확보도 어려워지고, 그 때문에 이들 제품은 품질저하의 방향으로 나가게 되어 소비자도 결국은 피해를 본다고 하는 관점에서 재판매가격 유지정책이 인정되었다. 또 슈퍼마켓과 같은 대량판매점의 공세로부터 보호하는 데도 필요한 정책이라고 일컬어진다.

이 정책은 메이커나 도매업자가 자기제품의 재판매가격을 유지하고자 하는 정책이다. 그러나 판매업자의 자유로운 가격결정을 제한하는 것으로서 '공정거래'에 반하는 것이라고 하여 일반적으로는 카르텔과 같이 금지되어 왔으나, 공정거래위원회의 지정을 받으면 예외도 인정되었다. 특히 재판매가격 유지가 인정되는 조건은 아래와 같다.

표 8-9 재판매가격이 인정되는 조건

- 일반소비자에 의하여 일상 사용되고 있는 것, 즉 생활용품일 것.
- 자유로운 경쟁이 이루어져서 소비자에게 선택의 자유가 있을 것.
- 일반소비자의 이익을 부당하게 침해하는 것이 아닐 것.
- 재판매가격 유지정책을 도매업자가 행하는 경우에는 생산자의 의사에 반하지 않을 것.

AMA의 정의에 의하면 재판매가격유지는 "공급자가 공정거래법에 근거하여, 계약상의 합의에 따라서 그 유표품의 판매가격을 계속적인 유통단계에 있어서 통제하는 것이다"라고 기술하고 있다.

일반적으로 '파격봉사'라든가 '사은세일'의 이름 아래 유명제품이 '특가상품'으로서 싸게 팔리는 경우가 있다. 이와 같이 특가정책이 너무 과도하게 되면, 동업자의 격렬한 경쟁을 불러오게 되어 판매가격이 유지되지 못하므로 경쟁을 무시하고 이익폭을 확보함으로써 업계의 공존을 도모하고 유통경로의 혼란을 방지하기 위한 목적에서 재판매가격 유지제도가 존재한다.

학 | 습 | 사 | 례

TV, 냉장고...백화점서 살까, 인터넷서 살까?

"백화점에서 보고 인터넷으로 구매한다.", "백화점이나 대형마트에서 인터넷 가격으로 나오는 프로모션을 꼼꼼히 살펴본다." 어쩌면 '당연한' 손해 보지 않고 가전제품을 구매하는 방법이다. 이렇듯 가전제품을 고르다 보면 궁금한 점이 생긴다. 똑같은 제품인 것 같은데 파는 매장에 따라 가격 차이가 나기 때문이다. 과연 동일한 제품이 맞는 건가 하는 의심도 생긴다. 가격 대비 성능 중심으로 가는 소비 패턴에 소비자들이 능동적으로 움직이기 시작하면서 이점에 대한 궁금증은 한층 더해졌다. 동일한 제품이라면 가격 차이가 왜 나는 것일까. 소비자를 유혹하는 마케팅의 비밀이 숨겨져 있는 것일까. 과거에는 동일 제품에 모델명이 비슷하거나 같아도 기능에 문제가 없는 부품들을 빼거나 저등급 부품으로 교체해 매장마다 가격 차이가 나기도 했다. 백화점, 마트, 홈쇼핑, 인터넷 등에 각기 다른 전용 모델을 공급했기 때문이다. 그러나 지금은 제품 모델명이 같으면 세부 부품의 차이도 없는 동일제품이다. 그러나 여전히 판매하는 곳에 따라 가격 차이는 꽤 심한 편이다.

■ 냉장고 인터넷은 273만 원부터 오프라인 450만 원...대체 왜?

궁금증을 해결하기 위해 기자는 백화점과 대형마트, 그리고 제조사별 직영점 및 인터넷 쇼핑몰 등 유통 채널별로 발품을 팔았다. 오프라인 매장의 경우 현장 판매가가 큰 차이는 없었지만, 인터넷과는 가격 차이가 제법 있었다. 일례로, L사의 냉장고(모델명 : JB27SS33)의 가격을 비교해보니 백화점은 431만 원, 대형마트는 450만 원, 직영점은 435만 원, 인터넷은 최저 273만 원부터 최고 390만 원에 판매되고 있었다. 또한 TV(모델명 : 55EG9370)는 백화점 360만 원, 대형마트 370만 원, 직영점 360만 원, 인터넷은 최저 270만 원부터 최고 400만 원으로 가격 차이가 났다.

물론, 오프라인 매장의 경우 대부분 가전제품은 적혀있는 판매가에서 다양한 방식으로 할인을 해준다. 현장/일별/주말 프로모션이나 백화점 카드 할인, 제휴카드 할인, 회원 등록, 시즌 특별행사 할인, 보상판매 할인 등이 그것이다. 이 때문에 정확한 가격정보를 알 수 없어 실질적인 비교는 어려웠으나 가격 차이는 분명 있었다. 그 이유는 유통업자가 가격을 정하는 오픈 프라이스 제도에 기인한다. 유통 채널별 마케팅 전략에 따라 가격이 달라지기 때문에 같은 제품이어도 매장별 차이가 있는 것이다. 알파벳과 숫자로 된 모델명이 똑같은 동일 모델이지만 행사나 특판, 기획전, 할인기간, 제휴회사 카드가입 등에 따라 가격 차이가 나는 것이다. 이에 대해 한 대형마트 가전매장 매니저는 "유통업자가 자신의 이익을 포기하고 가격을 추가로 할인을 해주기도 한다"며 "마진은 작지만 싼 가격에 많이 팔아 이윤을 남기는 등 다양한 판매전략이 있다"고 말했다. 특히, 홈쇼핑의 경우는 일반 매장에서 팔리는 공용 모델이 아니라 더욱 싸게 판매가 가능하다. 일부 제품이 홈쇼핑용 '전용 모델'로 박리다매를 목표로 진행되고 있어 더 낮은 가격에 제품이 공급되는 것이다. 예를 들어, L사의 TV(모델명 : 55UF6610)는 홈쇼핑에서 190만 원대에 소비자에게 판매된다. 이 제품은 다른 유통 채널에서는 볼 수 없는 홈쇼핑 전용 모델이다. 오프라인 매장 등에서 판매되는 제품과 모양은 비슷하지만, 기능이나 재질, 부품 등이 다른 제품이다.

제품모델명	백화점	직영점 (베스트 샵, 디지털 프라자)	대형마트 (이마트 홈플러스)	인터넷
삼성TV (UN55KS9600f)	415만원대	439만원대	현재 입고되어 있지 않음	330만원~780만원
삼성냉장고 (RF85K9062X8)	338만원대	382만원대	현재 입고되어 있지 않음	270만원~360만원
LG TV (55EG9370)	360만원대	360만원대	370만원대	270만원~400만원
LG 냉장고 (JB27SS33)	431만원대	435만원대	450만원대	273만원~390만원

제품모델명	백화점	직영점 (베스트 샵, 디지털 프라자)	대형마트 (이마트, 홈플러스)
삼성TV (UN55KS9600f)	349만원대 (기본할인율 8%, 백화점할인 5%, 300만원 이상시 할인, 주말이용시 추가할인)	411만원대 (삼성카드로 결제시, 회원가입, 캐시백 적립, 홈플러스 상품권 증정)	현재 입고되어 있지 않음
삼성냉장고 (RF85K9062X8)	250만원대 (기본할인율 8%, 백화점할인 5%, 300만원 이상시 할인, 주말이용시 추가할인)	270만원대 (삼성카드로 결제시, 회원가입, 캐시백 적립, 홈플러스 상품권 증정)	현재 입고되어 있지 않음
LG TV (55EG9370)	287만원대 (기본할인율 8%, 백화점 5%, 300만원 이상시 할인, 주말이용시 추가할인)	299만원대 (행사가격, 시즌에 따라 변동 있음. 신한카드 결제시 8%추가할인, 적립, 특별사은품 증정)	273만원대 (베스트 신한결제시 8%할인, 적립, 보상판매 추가할인, 일별 할인 혜택)
LG 냉장고 (JB27SS33)	353만원대 (기본할인율 8%, 백화점 5%, 300만원 이상시 할인, 주말이용시 추가할인)	369만원대 (행사가격, 시즌에 따라 변동 있음. 신한카드 결제시 8% 추가할인, 적립, 보상판매 추가할인, 특별사은품 증정)	330만원대 (베스트 신한결제시 8%할인, 적립, 보상판매 추가할인, 일별 할인 혜택)

홈쇼핑의 경우 제품 외에도 작은 가전 등 추가 구성품이 제공되는 등 파격적인 구성으로 제공되는 경우가 많다. 하지만 판매업자가 홈쇼핑에 지급해야 하는 수수료 등 비용 탓에 다소 기능이 제한된 제품이 공급되는 경우도 있으니 꼼꼼하게 따져볼 필요가 있다. 최근에는 시중 동일제품이지만 판매시기가 지난 구형 모델을 박리다매로 판매하는 경우가 늘고 있다. 가전제품을 가장 저렴하게 구입할 수 있는 곳은 인터넷이다. 인터넷 쇼핑몰은 매장 임대료, 전기요금, 물류비용, 인건비 등 부수비용이 들지 않고 대량 발주가 가능해 큰 폭의 가격할인이 가능하다. 다만 중고제품을 수리해 파는 '리퍼' 제품일 가능성이 있고, 저렴한 대신 배송비나 설치비 등이 별도인 경우도 있기에 주의할 필요가 있다. 제품 배송이 오래 걸릴 수도 있다. 이와 같은 이유로 각 유통 채널별로 동일제품도 가격 차이가 난다. 그렇기 때문에 소비자는 자신에게 필요한 기능을 살피고, 그에 적합한 가격을 온라인 정보를 활용해서 실속 있게 구매하는 것이 좋다. 한 가전제품 직영점 판매원은 "특판, 기획전, 할인기간 등을 이용하고 오프라인 매장에서 협상을 통해 좋은 조건으로 제품을 구매하는 것도 구매 팁"이라며 "제품에 문제가 발생 시 빠른 대처가 가능하고 AS가 잘되는 조항 등도 꼼꼼하게 살펴보는 것이 좋다"고 귀띔했다.

출처: KINEWS 2016.07.02. http://www.kinews.net

CHAPTER 09

마케팅 경로관리

도입사례

죽어가던 브랜드 되살린 혁신, 티파니와 휠라서 배운다

181년 전통의 미국 보석업체인 '티파니'는 밀레니얼 세대의 아이콘으로 떠오른 배우 엘르 패닝(왼쪽 사진)을 기용했다. 국내 패션업체인 '휠라코리아'는 배우 김유정을 모델로 기용해 젊은층이 선호하는 이미지로의 변신을 시도했다.

기업 브랜드는 하나의 생명체와도 같다. 태어나서 성장하고 성숙하고 또 쇠락기에 이르는 사이클을 갖는다. 장수 브랜드들은 그래서 전성기일 때 안주하지 않고 오히려 브랜드를 혁신하면서 다시 새 생명을 불어넣는다. 브랜드의 '골격'인 핵심 정체성은 유지하되 브랜드의 노쇠한 세포를 걷어내고 거듭나게 하는 것이다. 기로에 선 브랜드는 어떻게 다시 살 수 있을까.

국내 화장품업계 1위 브랜드인 아모레퍼시픽의 고민 중 하나다. 설화수, 아이오페, 라네즈 등을 거느린 'K뷰티'의 대표 브랜드지만 지난 3분기 매출액이 지난해 같은 기간에 비해 6% 증가한 반면 영업이익은 24% 줄어들었다. 마케팅 비용을 늘렸는데도 매출 성장세 둔화를 피하지 못했다. 업계에서는 달라진 시장에 적응이 느렸기 때문이라고 보고 있다. 현재 화장품 산업은 대기업 '빅 브랜드'가 아닌 중소기업 '패스트 뷰티'를 중심으로 재편되는 중이다. 소비자들이 브랜드숍보다는 헬스앤드뷰티(H&B) 편집숍에서 다양한 제품을 한눈에 보기를 원하고, 사회관계망서비스(SNS)로 사용 경험을 적극 공유하면서 나타난 변화다. '마이너리티' 회사들이 혁신적 콘셉트의 제품을 잇따라 출시하며 반란을 일으키고 있다. 박종대 하나금융투자 애널리스트는 최근 분석에서 "K뷰티의 가장 큰 경쟁력인 '혁신성' 측면에서 아모레퍼시픽은 에어쿠션 이후 이렇다 할 신규 카테고리가 없다"면서 "글로벌 화장품 시장의 '마이너리티 시대'에 아모레퍼시픽의 한계를 어떻게 극복할 것인지 해답을 내놓지 못하고 있다"고 지적했다. 이에 대해 아모레퍼시픽 관계자는 "모바일로 구매 방식이 바뀌면서 '브랜드'라는 메리트가 약해지고 있는 게 사실"이라며 "자체 유통 채널인 '아리따움'에 타사 제품들을 들이고 최근 브랜드와 상품개발 중심으로 조직을 개편하면서 변화에 대응하는 중"이라고 말했다. 이 같은 부진은 장수기업이라면 어디나 한 번쯤은 겪는 일이다. 다만 어떻게 극복하느냐가 관건이다. 한 패션업계 관계자는 "브랜드가 지속되기 위해서는 자사 정체성을 잃지 않는 고집스러움과 동시에 소비자들에게 귀기울이는 겸허함이 필요하다"면서 "새로운 소비자들을 적극 포용하지 않으면 고객들이 고령화되면서 브랜드도 고령화되고 힘을 잃기 마련"이라고 지적했다.

최근 업계의 모범사례로 손꼽히는 브랜드가 미국 뉴욕에 본사를 둔 181년 전통의 고급 보석업체 '티파니'이다. 젊은 세대에게 결혼이나 보석이 매력을 잃으면서 2년 연속 매출이 하락하자 지난해 리브랜딩에 나섰다. 밀레니얼 세대(1981~1996년생)의 아이콘으로 떠오른 배우 엘르 패닝을 모델로 기용해 고전적인 티파니 브랜드에 스트리트 문화의 유전자를 차용했다. 영화 〈티파니에서 아침을〉(1961)의 명장면에서 배우 오드리 헵번이 그랬듯이 패닝도 진열장 속 보석의 아름다움에 눈길을 빼앗긴다. 다만 패닝은 후드티를 입고 경쾌한 스트리트 댄스를 춘다. '빌리브 인 러브' 캠페인을 통해서는 다양한 사람들의 사랑 이야기 속 아름다운 반지들을 노출시키면서 밀레니얼 세대에게 보석의 매력을 다시 알렸다. 지난해에는 뉴욕 티파니 매장의 일부를 '블루 박스 카페'로 개조해 밀레니얼 세대들이 티파니라는 브랜드를 체험할 수 있는 공간을 열었다. 신세대들이 많은 SNS 계정을 적극 운영하는 것도 두드러진 전략이다. 인스타그램에서 700만 명, 페이스북에서 900만 명이 넘는 구독자를 보유하고 있다. 올해 1분기 티파니의 전 세계 매출액은 지난해 같은 기간 대비 15%나 늘었다. 미국의 마케팅 전문가 톰 카프라소는 "이 같은 변화를 단기에 이뤄낸 것은 티파니가 그만큼 고객들을 잘 이해하고 있었다는 것"이라며 "브랜드를 새롭게 하면서 나이 많고 부유한 기존 충성고객층을 잃지 않는 데도 성공했다"고 평가했다.

국내 업계에서 브랜드 리뉴얼의 모범사례로 손꼽히는 업체는 '휠라코리아'다. 2015년만 하더라도 국내 시장에서 휠라의 주요 고객층은 30~50대였다. 하지만 실적 부진이 계속되자 그해 4월 브랜드 혁신에 나섰다. 10~20대 젊은층이 선호하는 이미지로 탈바꿈을 시작한 것이다. '아저씨 옷' 이미지가 강한 아웃도어 사업은 과감하게 포기하고, 2016년에는 배우 김유정을 휠라의 젊은 얼굴로 기용했다. 여기에 합리적 가격의 운동화인 '코트 디럭스'가 10대들 사이에서 '교복 신발'이 될 정도로 인기몰이를 하면서 휠라의 새로운 전성기가 열렸다. 미국과 유럽, 중국에서의 사업도 호조를 보이며 지난 3분기 연결기준 매출이 전년 같은 기간 대비 28% 증가한 7,259억 원, 영업이익은 108% 늘어난 739억 원을 기록했다.

업계 관계자는 "기존 매출의 대부분을 차지하는 30~50대 고객을 과감히 버리고 10~20대 소비자들에게 초점을 맞춘 휠라의 결정은 매우 대담했다"면서 "올해에는 이탈리아 명품 브랜드인 '펜디'의 로고를 휠라식으로 패러디한 기업 간 협업 아이템으로 유행을 선도하고 있다"고 말했다.

자료: 경향비즈 2018.11.18. http://biz.khan.co.kr/khan

제1절 마케팅 경로의 본질

우리는 지금까지 마케팅믹스(marketing mix)의 제품(Product), 가격(price), 촉진(promotion) 또는 마케팅 커뮤니케이션(marketing communication)에 대하여 학습하였다.

이 장에서는 소비자 가치전달의 한 방법인 마케팅 경로, 즉 유통에 대하여 학습한다. 일반적으로 기업들은 제품이나 서비스를 최종 소비자에게 판매하기 위하여 다양한 마케팅 경로의 중간상들의 손을 거쳐서 소비자에게 전달된다.

따라서, 생산자와 최종 소비자 사이에는 다양한 기능을 수행하고 다양한 이름으로 불리는 중간상들이 존재한다. 하지만 마케팅 경로에서 중간상은 없애도 중간상의 기능은 없앨 수가 없으므로 유통의 결정은 기업의 다른 마케팅믹스 결정에 중대한 영향을 주고, 중간상들과의 장기적인 계약의 성격을 띠기 때문에 기업경영 결정권자에게는 매우 중요한 "업"이 된다.

SHINSEGAE emart

1. 마케팅 경로의 의의

마케팅 경로(marketing channel)는 유통경로(distribution channel) 또는 판매경로(sales channel)라고도 불리는데, 일반적으로 "어떤 제품이나 서비스를 생산자로부터 최종 소비자나 사용자에게 옮겨가는 전 과정"을 말한다. 노스웨스턴대학교 켈로그경영대학원 석좌교수인 필립 코틀러(P. Kotler)는 마케팅 경로를 "생산자로부터 소비자에게 특정 제품이나 서비스를 이전(유통)함에 있어서 소유권을 갖고 있거나 소유권의 이전을 보조하는 개인이나 회사의 집합"이라고 정의하였으며, 스턴과 엘란서리(L.W. Stern & A.I. El-Ansary)는 "어떤 제품이나 서비스가 소비 또는 사용될 수 있도록 하는 과정과 관련된 일련의 상호 의존적인 독립된 조직의 집합"이라고 했다. 즉, 마케팅 경로란 "어떤 유통구조 하에서 특정 제품이나 서비스를 생산자로부터 소비자에게 이전시키는 과정에 참여하는 모든 개인이나 회사의 결합"을 가리킨다.

현재 우리의 사회는 고도로 분화되고 전문화된 경제상황에서 대부분의 생산자들은 자사의 제품이나 서비스를 최종 소비자에게 직접 판매하기보다는 다양한 형태의 중간상(도 · 소매상)을 이용하고 있다. [그림 9-1]은 생산자로부터 시작되어 최종 소비자에 이르는 마케팅 경로를 단적으로 보여준다.

그림 9-1 ▶▶ 마케팅 경로의 구조

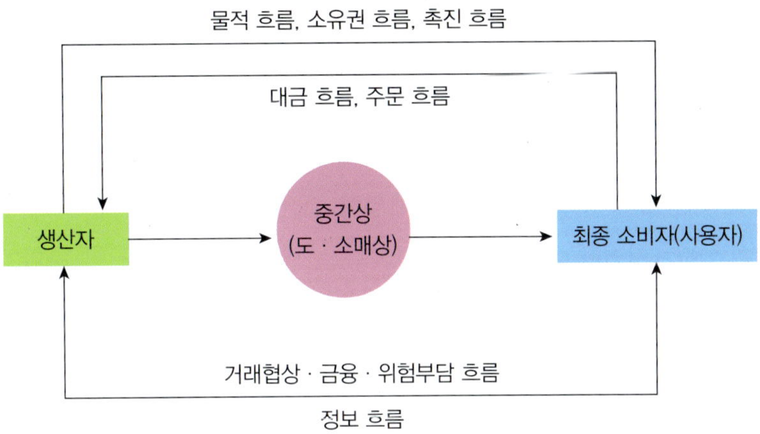

다시 말해서, 마케팅 경로는 사회 · 경제적 관점과 기업 경영적 관점에서 그 개념적 의미를 살펴 볼 수 있고 제품이나 서비스의 유통 · 과정을 수집과 분산의 각각의 과정으로 구분하여 사회 · 경제적 유통현상을 파악하는 것이다.

생산자로부터 소비자에 이르는 제품유통이 어떤 경로를 거쳐서 이루어지는가, 또는 마케팅 경로상의 유통기관이 어떤 사회 · 경제적 기능을 수행하는가가 주된 연구과제가 될 수 있다. 하워드(J.A. Howard)는 유통기구와 판매경로를 구분하여 정의하고 있는데, 유통기구란 일정 시점에서 모든 기업이 이용할 수 있는 마케팅 경로의 전부를 말하고, 판매경로란 기업이 자기 제품을 최종의 소비자 또는 수요자에게 유통시키기 위하여 선정하는 판매 대리자의 통합을 의미한다고 정의하였다.

요컨대, 유통기구 및 유통조직은 기업 입장에서는 통제 불가능한 환경 요인이며, 판매경로는 유통기구 중에서 자기 제품의 마케팅 경로로서 선정한 판매업자의 결합이라고 할 수 있다. 개별기업의 경영적 관점에서 마케팅 경로의 주된 연구는 기업이 마케팅 활동을 수행함에 있어서, 자사의 제품에 보다 적합한 마케팅 경로의 선정 및 효율적인 이용, 마케팅 경로 강화 정책, 어떤 판매 채널(sales channel)을 이용하면 좋은가 등의 이슈로 모아진다.

또한, 생산자에게 있어서 제품의 판매를 위해 어떤 도·소매 유통기관을 선정할 것인가, 혹은 매입에 있어서도 어떤 유통기관을 선택할 것인가는 일반적으로 개별기업에서는 마케팅 경로를 통제할 수 있는 유통기업을 협상 및 협력의 대상으로 선정한다.

2. 마케팅 경로의 기능

마케팅 경로는 생산자로부터 소비자에게로 제품을 옮겨가기 위하여 다양한 기능을 수행하는데, 이는 생산자와 소비자 간에 제품을 분리시키고 있는 시공간 및 소유의 차이를 극복하여 유통 과정에서 활동하는 중간 판매업자(중간상인)의 지속적인 관계 형성에 의한 것으로 볼 수 있다. 이러한 마케팅 경로의 기능은 생산자와 중간상 및 소비자 사이에서 경로구성원이 수행하는 역할을 말하는데, 아래와 같은 9가지의 흐름이 있다.

- 물적 소유(physical possession): 물리적 제품을 저장·보관하고 운반하는 기능
- 소유권(ownership): 유통기관으로부터 다른 유통기관에게 소유권을 이전시키는 기능
- 촉진(promotion): 제품 구매를 유도하기 위해 수행되는 설득적 커뮤니케이션 기능
- 주문(ordering): 제조업자로부터 경로구성원이 구매에 필요한 역방향 커뮤니케이션 기능
- 대금지급(payment): 구매자가 판매자에게 제품이나 서비스에 대금을 지급하는 기능
- 협상(negotiation): 가격을 포함한 매매조건에 대하여 거래협상을 하는 기능
- 금융(financing): 거래에 필요한 자금을 획득하고 분배하는 기능
- 위험부담(risk taking): 경로 활동 수행 과정에서 수반되는 위험을 부담하는 기능
- 정보(information): 고객, 경쟁자, 제품 등 마케팅 요인을 수집하고 제공하는 기능

위의 마케팅 경로 기능 중에서 물적 소유와 소유권, 촉진은 생산자로부터 소비자에게 흐르는 전방 흐름이고, 주문과 대금지불기능은 역방향의 후방 흐름이며, 협상과 금융, 위

험부담, 정보는 쌍방향 흐름을 나타내며 유통 과정에 참여하는 경로구성원들의 연속적인 결합관계에 의하여 다양한 기능이 형성되는 것이다.

경로구성원에 의해 수행되는 유통기능은 이러한 기능들을 누가 수행할 것인가 하는 것이 중요하다. 유통기능은 제한된 자원을 사용하여 수행되며, 필요에 따라 경로구성원들 간에 전환이 가능할 뿐만 아니라 기능 전문화를 통해 특정 경로구성원이 훨씬 더 잘 수행할 수 있기 때문이다. 만일 제조업자가 이들 기능을 수행하게 된다면 그만큼 생산자의 원가가 상승하고 가격도 높아진다.

대신에 중간상이 몇 가지 기능을 대신해 수행한다면 생산자의 원가부담은 그만큼 낮아지게 될 것이지만, 중간상은 생산자에게 자신이 수행한 기능에 대한 금전적 보상을 요구하게 될 것이다. 결국, 다양한 마케팅 경로의 기능을 누가 수행할 것인가에 대한 문제는 경로구성원들 간의 상대적인 효율성과 효과에 의해 결정된다고 할 수 있다.

1) 중간상의 필요성

마케팅 경로에서 중간상은 거래의 집중화, 불확실성의 감소, 구색 갖추기, 거래의 정형화 등을 촉진하기 위해서 반드시 필요하다. 따라서 아래와 같이 4가지 필요성을 설명하고 있다.

- 거래의 집중화(centralization) : 생산자와 소비자들 사이에서 유통기관을 매개함으로써 재화와 서비스의 흐름에서 발생되는 거래(교환) 과정을 원활히 하여 경로상의 효율성을 높일 수 있다.
- 불확실성의 감소(Uncertainty decline): 중간상은 생산자에 비해 소비자와 더 밀접한 관계에 있으므로 소비자의 필요(need), 요구(want), 욕구(desire) 등을 민감하게 반응하여 유용한 정보를 획득하고 이를 생산자에게 공유함으로써 불확실성을 줄일 수 있다.
- 구색 갖추기(assortment): 일반적으로 생산자는 다양성이 제한된 소품종의 제품을 많이 생산하려고 하는 반면에, 소비자는 다양한 종류의 제품을 소량으로 구매하기를 원하므로 따라서 생산자가 생산하는 제품의 구색과 소비자가 원하는 제품의 구색 사이에 괴리가 존재하기 마련이며, 그 괴리를 줄이기 위해 중간상이 필요하다.
- 거래의 정형화(routinization): 시장에서 거래와 수반되는 규칙(rule)을 미리 규정하

여 마케팅 경로상의 구성원 간에서 발생되는 흥정, 협상, 논쟁 등을 줄임으로써, 중간상은 운영의 효율성을 높이고 소비자는 간편하고 편리하게 거래할 수 있다.

또한, 중간상은 그들의 접촉관계나 경험, 전문화, 영업규모를 통하여 생산자들에 비하여 높은 효율성을 확보하고 있다.

2) 마케팅 경로가 존재하는 이유

마케팅 경로가 존재하는 필수적인 이유는 생산자와 소비자 간의 시장, 장소, 형태상의 불일치가 있기 때문이며 경로에 포함되는 비즈니스 관계형성은 도매상, 소매상과 같은 조직이나 개인을 중간상(middlemen) 혹은 경로구성원(intermediaries)이라고 한다.

- 시간상의 불일치: 생산시점과 소비시점의 불일치를 가리킨다. 예를 들어, 한국의 쌀은 가을에만 생산되지만 소비는 연중 내내 일어난다.
- 장소상의 불일치: 생산장소와 소비장소의 불일치를 가리킨다. 한국 쌀 생산의 경우에 농촌지역에 이루어지지만, 소비는 전국적으로 발생된다.
- 형태상의 불일치: 생산되는 형태와 소비되는 형태의 불일치를 가르킨다. 쌀의 경우에 생산자는 대량으로 생산하지만 소비자에 따라서 소비량이 다양하다.

따라서, 마케팅 경로에 의하여 창출된 시간, 장소, 형태상 등의 불일치를 중간상은 최종 소비자에게 다음과 같은 네 가지의 효용으로 다시 정리할 수 있다.

- 시간효용: 소비자가 원하는 시기에 제품을 구매할 수 있는 편의 제공
- 장소효용: 소비자가 원하는 장소에서 제품을 구매할 수 있는 편의 제공
- 소유효용: 소비자가 제품이나 서비스를 소유할 수 있도록 도와주는 활동
- 형태효용: 제품과 서비스를 고객들에게 보다 매력적으로 보이게 하기 위하여 그 형태 및 모양을 변경시키는 활동

마케팅 경로 상에서 중간상은 생산자로부터 여러 제품을 구매(purchasing)하여 같은 것끼리 분류(sorting out)하고 모음(accumulation), 소비자의 수요에 맞게 적당한 크기로

분할(allocation)하고, 소비자가 원하는 다양한 종류의 제품으로 구색(assorting)을 갖추는 기능을 수행한다. 이러한 중간상의 기능은 [표 9-1]에서 보는 바와 같이 거래기능, 물적 유통기능 및 촉진(조성)기능의 세 가지로 요약할 수 있다.

표 9-1 중간상의 기능

Ⅰ. 거래기능 (소유권 이전과 관련 되는 기능)	• 판매기능: 잠재고객에 대한 판매, 거래의 성립, 계약조건의 확정 • 구매기능: 재판매를 위해 여러 공급업자로부터 제품구입
Ⅱ. 물적 유통기능 (제품의 시간적 · 공간적 이전과 관련되는 기능	• 구색기능: 소비자들이 원하는 다양한 종류의 제품을 조합하는 활동 • 보관기능: 생산시점과 소비시점의 괴리를 연결함으로써 시간효용 창출, 제품을 보관하고 적정수준의 재고확보와 유지 • 소량판매기능: 대량으로 구입한 품목이나 부피가 큰 상품을 고객의 기호에 맞세 소량으로 나누어 판매하는 기능 • 운송기능: 생산 지역과 소비 지역의 괴리를 연결함으로써 장소효용 창출, 제조업자로부터 소비자에게 제품운송
Ⅲ. 촉진(조성)기능 (거래 및 물적 유통이 원활히 이루어지도록 보조하는 기능)	• 위험부담기능: 재고유지, 제품의 진부화를 포함한 여러 가지 위험을 부담함으로써 거래 및 물적 유통을 원활히 하는 기능 • 금융기능: 소비자 또는 생산자에게 소비자금 또는 생산자금의 공여로 거래가 원활이 이루어지도록 보조하는 기능 • 등급분류기능: 제품을 품질 수준에 따라 분류하거나 규격화하는 기능 • 정보제공기능: 예상판매량, 소비자정보, 가격정보 등을 생산자에게 제공하고, 제품정보를 소비자에게 제공하여 거래를 조성하는 기능

따라서, 중간상의 존재 이유는 '총거래 수 최소의 원리(principle of minimum total transaction)'로 설명할 수 있다. 즉, 생산자와 소비자 간의 총거래 수는 중간상이 개입됨으로써 현저하게 줄어들어 효율적인 마케팅 경로관리를 수행할 수 있다.

[그림 9-2]은 세 명의 생산자(P1, P2, P3)와 세 명의 소비자(C1, C2, C3) 사이에 중간상(M)이 없다면 생산자들이 소비자들에게 제품을 판매하기 위해서 9번의 거래수(접촉)가 필요하지만, 이들 사이에 중간상의 등장으로 거래수(접촉)는 6번으로 줄어서 생산자와 소비자의 접촉효율을 높인다는 것이다.

그림 9-2 ▶▶ 중간상에 의한 총거래 수 감소효과

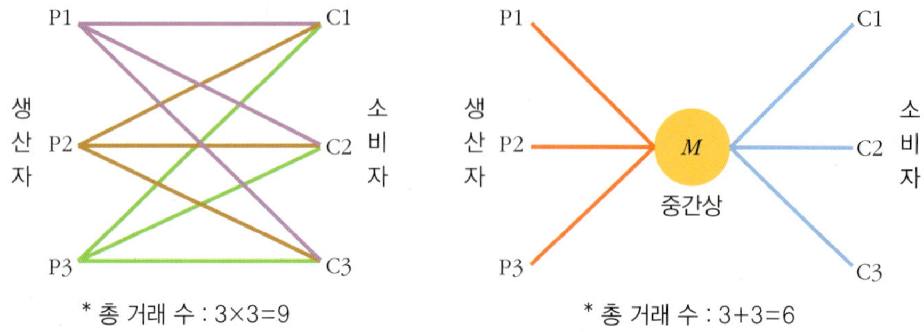

(a) 중간상이 없는 경우 (b) 중간상이 있는 경우

제2절 마케팅 경로의 유형

1. 마케팅 경로의 단계

마케팅 경로는 경로단계를 형성하는 중간상의 수에 의해서 그 유형이 결정된다. 따라서 생산자(또는 제조업자)가 최적의 마케팅 경로를 디자인(구성)함으로써 경쟁우위의 원천이 될 수 있으며 중간상이 수행하는 기능에 따라서 다음과 같은 경로 유형으로 구분될 수 있다.

- 중간상(middleman): 생산자와 최종 소비자 혹은 산업체 구매자 간의 연결(link) 역할을 수행하는 독립적 중간상임
- 상인중간상(merchant middleman): 제조업자로부터 제품을 구매하여 다시 소비자에게 판매하는 중간상으로서 제품에 대한 소유권을 가짐
- 대리상(agent): 구매 및 판매 활동의 거래상담기능을 수행하는 중간상으로 제품에 대한 소유권은 가지지 않음

- 도매상(wholesaler): 대량의 제품을 소매상이나 산업체 사용자 혹은 기관구매자를 대상으로 재판매를 전문적으로 수행하는 중간상으로서 제품에 대한 소유권을 가짐
- 소매상(retailer): 최종 소비자를 대상으로 판매 활동을 하는 중간상임
- 거간(broker): 구매자 혹은 판매자의 중개역할을 수행하는 중간상으로서 소유권을 가지지 않음
- 판매대리점(sales agent): 독립적 중간상으로서 제품이나 서비스의 판매 활동 기능만 수행하며 제품에 대한 소유권은 취득하지 않음
- 유통업자(distributor): 도매중간상으로서 제조기업이 강력한 촉진지원을 해주는 선택적 혹은 전속적 유통업자임
- 중개인(jobber): 제조기업으로부터 제품을 구매하여 도매상이나 소매상을 대상으로 판매 활동을 수행하는 중간상을 의미함
- 유통조성 대리상(facilitating agent): 구매, 판매 활동, 소유권이전 등의 기능보다는 유통 활동을 간접적으로 지원해주는 보조기관임(ex: 수송회사, 창고업 등의 물류회사가 대표적임)

또한, 마케팅 경로는 제품의 최종 사용처에 따라 아래와 같이 소비재와 산업재의 경로로도 구분될 수 있다.

2. 소비재의 마케팅 경로

소비재는 최종 소비자가 구매대상이므로 직접 유통보다는 간접유통의 구조를 가지며, 일반적으로 아래와 같은 5가지의 경로구조를 가진다. 이에, 제조업체는 판매지점이나 판매사무소를 이용할 수 있으며 대규모의 도매상에 의하여 도매상 제품은 여러 개의 소도매상에게 옮겨지고, 다시 소매상에 제품을 공급하는 역할을 한다. 유통구조에 따라서 두 개의 도매상을 경유할 때도 있다.

1) 제조업자 – 소비자(disintermediation)

이는 가장 단순한 소비재의 마케팅 경로로 생산자로부터 소비자에게 직접 이르는 직접 유통 방식이며 중간상의 개입이 없으므로 제조업자는 가구방문판매나 우편주문판매를 할 수 있다. 예를 들어, 공장직판(빵, 주문양복 등)이나 방문판매(백과사전, 화장품 등)나 통신판매(서적, 잡지 등), 직영소매점(의류, 가솔린, 가구 등)을 통한 직접판매 등의 경우가 이에 해당된다.

2) 제조업자 – 소매상 – 소비자

이는 제조업자와 소비자 사이에 소매상이 개입되는 경로구조이다. 예를 들어, 가전제품, 의류, 자동차 등의 제조업자가 대리점이나 독립적인 일반 소매상을 통해 제품을 판매하는 경우라고 할 수 있다. 따라서, 소매업자가 대량구매를 하거나 혹은 판매 지역에 인구가 밀집해 있을 때 그리고 제품이 유행에 민감하거나 부패하기 쉬운 제품인 경우에 해당된다.

3) 제조업자 – 도매상 – 소매상 – 소비자

가장 전형적인 소비재의 마케팅 경로로서, 제조업자와 최종 소비자 사이에 도매상과 소매상이 참여하는 경로구조이다. 소매업자가 소량의 제품을 구매하고 다수이며 분산되어 있고, 제조업자가 소매업자와 직접 접촉할 필요가 없거나 강력한 도매상을 이용할 수 있을 때, 생필품이나 잡화와 같은 공산품 제조업자들이 주로 이용하는 마케팅 경로이다.

4) 제조업자 – 대리상 – 소매상 – 소비자

이는 제조업자가 도매상을 이용하는 대신에 제조업자의 대리상이나 일반 대리점, 거간 등을 이용하여 다수의 대규모 소매상(연쇄점 등)들에게 제품을 판매하는 방식의 마케팅 경로를 말한다.

5) 제조업자 – 대리상 – 도매상 – 소매상 – 소비자

이는 제조업자와 소비자 사이에 세 종류의 중간상이 개재하는 경로구조로서, 제조업자는 대리상이나 거간을 이용하여 제품을 출하하고, 이들을 통해 도매상과 소매상에게 단계적으로 제품을 유통시키는 경로를 말한다. 제조업자의 대리상이나 거간, 산지의 수집상이나 중개상 등이 도매상에 제품을 공급하는 경우가 해당된다.

3. 산업재의 마케팅 경로

산업재는 주로 제조나 가공을 목적으로 하는 산업체를 소비자로 하기 때문에 그 제품의 특성상 소비재와 다른 마케팅 경로구조를 가진다. 일반적으로 산업재는 아래와 같은 세 가지 경로 유형을 가진다.

1) 제조업자 – 사용자(disintermediation)

이는 가장 전형적인 산업재의 마케팅 경로로서, 자사의 판매원을 통해 직접 판매하는 방식을 말한다. 예를 들어, 기관차나 발전기, 생산설비 등과 같이 제품의 판매단위가 크고, 고도로 기술적인 제품(특히 주문제품)일 때, 시장이 지역적으로 집중되어 있고 소수의 잠재구매자가 존재할 때 유리한 경로구조라고 할 수 있다.

2) 제조업자 – 유통업자(중간상, 마케팅 경로구성원) – 사용자

이는 산업재 전문 유통업자(중간상)를 통해 제품을 판매하는 마케팅 경로를 말한다. 예를 들어, 공작기구나 건축자재, 냉·난방설비 등과 같이 제품의 판매단위가 적고, 시장이 지역적으로 분산되어 있으며, 제품이 표준화되어 있어 취급상 높은 기술성이 요구되지 않는 경우에 주로 이용된다.

그림 9-3 ▶▶ 마케팅 경로의 유형

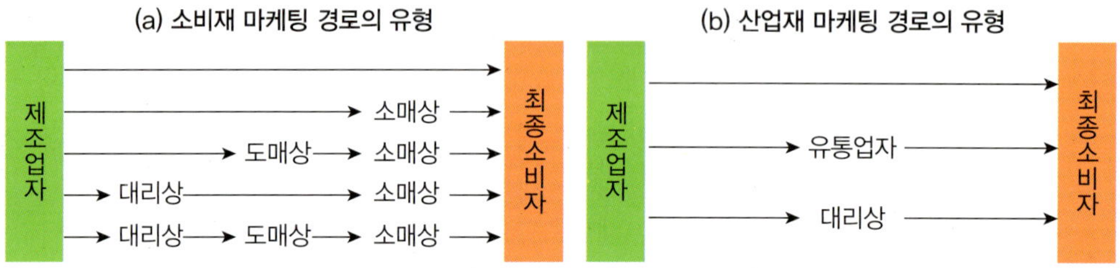

3) 제조업자 – 대리상 – 사용자

이는 제조업자의 대리상(agent)을 이용하여 제품을 유통시키는 방법이다. 직접판매체제를 갖추지 못한 기업 혹은 신제품을 도입하여 새로운 시장에 진출하고자 하는 기업이 전문유통업자가 아닌 대리상을 이용하는 경우라고 할 수 있다.

4) 제조업자 – 대리상 – 산업재배급업자 – 산업재사용자

이 경로는 3)의 경우와 유사한 경로이지만, 다만 대리상이 어떤 이유가 있어 다시 배급업자를 경유하는 예를 말한다. 판매단위가 너무 소량이어서 직접 거래가 불가능하거나 사용자에게 신속하게 유통·전달하기 위하여 재고의 분산을 필요로 해서 그럴 수도 있을 것이다. 때로는 배급업자의 창고보관서비스를 필요로 하는 경우도 있다.

[그림 9-4]에서 살펴본 중간상 중에서 도매상과 소매상이 제조업자와 소비자를 연결하여 제품 판매를 촉진시키는 결정적인 역할을 하므로 다음에서는 도매상과 소매상의 유형과 그 기능을 살펴보기로 한다.

그림 9-4 ▶▶ 마케팅 경로에서 행해지는 여러 기능의 흐름

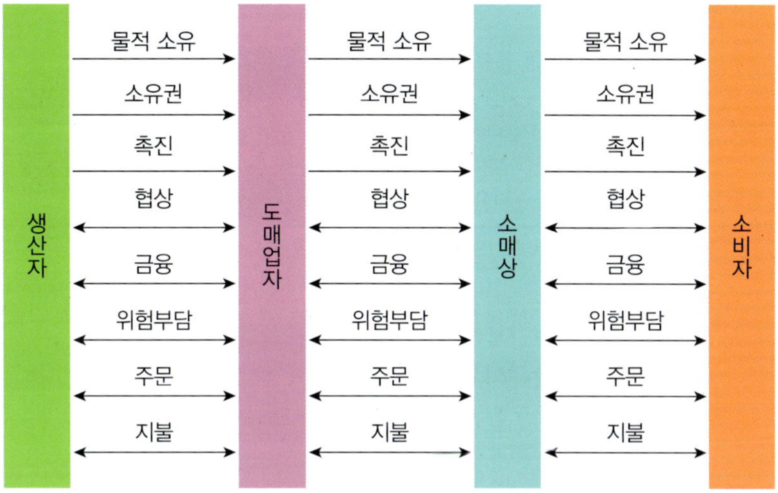

4. 도매상

도매상(wholesaler, wholesale institution)이란 제품을 구입하여 소매상, 다른 도매상, 산업재 생산자에게 재판매하는 상인이나 조직체를 의미하며 일반적으로 도매상이 수행하는 기능은 조달(sourcing)과 분배(distribution)를 의미한다. 따라서 도매상은 최종 소비자와는 원칙적으로 거래를 하지 않으며, 거래를 하더라도 그 비중이 매우 적다.

한국의 경우에는 미국, 중국, 유럽 국가(독일, 프랑스, 영국 등)에 비하여 비교적 국토가 넓지 않지만 교통수단이 잘 발달하여 제조업자가 국내 소매상을 필요이상으로 접촉(거래)할 이유가 전혀 없어서 도매상이 규모 및 범위의 경제로 발달하기가 쉽지 않다.

특히, 한국에는 제조업들이 소매상을 통제하고자 하는 다양한 동기(motivation)와 욕구(desire)가 도매상 자체적인 발달을 저해하는 원인으로 작용하여 한국의 마케팅 경로(유통) 산업에서 도매상이 가장 미발달된 분야로 평가받고 있다.

또한 도매상에는 다양한 유형으로 존재하고 다양한 명칭으로 불려지고 있어서 이해하기가 쉽지 않다. 일반적으로 [그림 9-5]에는 상인도매상(merchant wholesaler), 대리점(agent) 혹은 대리도매상(agent wholesaler), 브로커(broker), 제조업자도매점(manufacturer's sales branches and offices)의 주요 유형이 정리되어 있다.

그림 9-5 ▶▶ 마케팅 경로에서 도매상의 유형

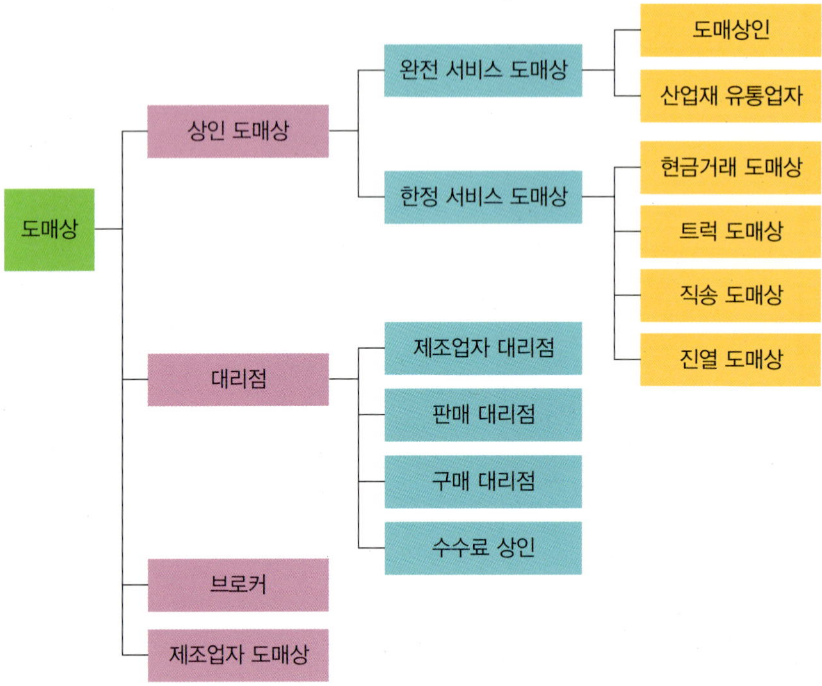

출처: 마케팅원리, 박찬수, 법문사, p. 391.

상인 도매상과 대리점 및 브로커의 차이점에는 제품 소유권의 주체에 따라 달라진다. 다시 말해서 상인 도매상의 경우에 제품을 생산자로부터 구매하여 이것을 재판매할 때까지는 자신이 소유권을 유지하지만, 대리인(대리도매상) 혹은 브로커는 제품을 생산자로부터 구매하는 것이 아니라, 제품은 계속 생산자가 소유하고 있으면서 거래로 연결시켜주는 역할만 할뿐이다. 마지막으로 제조업자 도매상은 독립적인 기능을 수행하는 도매상이 아니라, 대부분 제조업자가 소유하고 경영(management)하는 도매상을 말한다. 아래에서 구체적으로 살펴보도록 하자.

1) 상인도매상

상인도매상(merchant wholesaler)은 자신들이 취급하는 제품의 소유권을 가지며 제조업자와 소매상과는 독립된 사업체이다. 상인도매상은 크게 완전 서비스 도매상(full-service wholesaler)과 한정 서비스 도매상(limited-service wholesaler)으로 나누어진다.

(1) 완전 서비스 도매상

완전 서비스 도매상은 재고유지, 신용제공, 배달, 촉진 등 다양한 마케팅 기능을 제공이며, 취급되는 제품계열의 폭과 길이에 따라 일반도매상인(general merchandise wholesalers)과 산업재 유통업자(industrial distributor)로 구분된다.

도매상인은 가장 대표적인 도매상으로 소매상을 상대로 포괄적인 마케팅 경로관리를 수행하며 취급하는 제품의 폭에 따라서 ① 종합 머천다이즈 도매상(general merchandise wholesaler, 다양한 제품라인 취급), ② 한정 상품도매상(limited line wholesaler, 연관된 몇 가지의 제품 라인만을 취급), ③ 전문도매상(specialty wholesaler, 한 가지의 제품 라인만을 취급)으로 나눌 수 있다. 산업재 유통업자는 소매상이 아니라 생산자를 대상으로 산업재를 판매하는 도매싱을 가리킨다.

(2) 한정 서비스 도매상

한정 서비스 도매상은 일부 마케팅 기능만을 전문적으로 수행하는 도매상으로, 현금판매도매상, 직송도매상, 트럭도매상, 선반도매상 등 다양한 형태의 도매상들이 있다.

■ 현금판매도매상(cash-and-carry wholesaler)

회전이 빠른 한정된 계열의 제품만을 현금으로 소매상에게 판매하며 배달 서비스를 제공하지 않는다.

■ 직송도매상(drop shipper)

제품을 재고로 가지고 있지 않으며, 고객에게 직접 배달을 하지 않는다. 직송도매상은 고객으로부터 주문을 받으면 조건에 맞는 제조업자를 선정해 제조업자가 직접 제품을 운송하도록 한다. 그러나 주문 후 배달까지 제품의 소유권을 가지고 제조업자와 고객을 위해 위험을 부담하게 된다. 주로 석탄, 목재, 중장비, 화학자재 등 부피가 큰 제품을 취급하고 있다.

■ 트럭도매상(truck jobber)

트럭에 제품을 싣고 다니며 판매하기 때문에 고객에게 편의성을 제공한다. 판매와 배달을 결합한 도매상 형태이며, 우유, 과일 등 부패성이 높거나, 캔디, 담배, 스낵 등 회전성이 높은 제품을 주로 취급한다.

■ 진열(선반)도매상(rack jobber)

잡화점이나 슈퍼마켓에 비식품류 분야를 공급하는 도매상으로서 주로 미용 관련 제품, 잡지, 레코드 등을 취급한다. 선반도매상은 이러한 제품들을 점포 내에 진열하고 제품의 가격을 정하는 등의 서비스를 제공하므로 소매상들의 재고유지 및 제품관리 부담을 덜어준다. 이러한 선반도매상의 출현은 슈퍼마켓이 주로 식료품만을 취급하다가 비식료품을 추가하는 과정에서 부족한 경험과 지식을 보완해 줄 도매상의 필요성에 의해 발생되었다.

2) 대리점(대리도매상) 및 브로커(거간)

대리점(대리도매상, agent wholesaler) 및 브로커(거간, broker)은 제품의 소유권을 가지지 않고 마케팅 기능만을 수행하여 생산자와 고객 간의 거래를 용이하게 한다. 대리점과 브로커는 마케팅 서비스 기능을 제공한 대가로 수수료를 받는 것은 동일하나 대리점은 장기적인 관계인 반면, 브로커는 일시적인 거래로 끝나는 단기적인 관계를 갖는다는 차이점이 존재한다. 일상적으로 부동산거래를 브로커에 비유하고 제조업자 제품판매 스토어를 대리점이라고 부른다. 아래에서 구체적으로 살펴보도록 하자. 이와 별도로, 우리 생활에서 일반적으로 '대리점'이라고 부르는 것들이 여기서 언급된 대리점에 반드시 해당되는 것은 아니다. 예로서, 전자제품 대리점은 엄격한 의미에서 프랜차이즈(franchise)로 볼 수 있다.

(1) 대리점(대리도매상)

대리점(대리도매상, agent wholesaler)은 구매자와 판매자 중 한쪽을 대표하며, 이들과 지속적인 관계를 유지한다. 대리점에는 제조업자대리점, 판매대리점, 구매대리점, 수수료상인 등의 유형이 있다.

■ 제조업자대리점(manufacturer's agent)

제조업자와의 계약에 의해 특정 지역 내에서 제조업자 생산제품들을 판매하며, 영업사원에 대한 비용을 충당하기 위해 서로 경쟁하지 않는 제조업자들의 제품을 취급한다. 기계, 자동차부품 등의 산업용품이나, 의류, 카메라 등에서 흔히 볼 수 있다.

■ 판매대리점(selling agents)

제조업자의 제품에 대한 마케팅 활동을 대신 수행한다는 점에서 제조업자 대리점과 유사하지만, 석탄, 직물, 목재, 금속제품업체에서 흔히 이용되는 도매상을 말한다.

■ 구매대리점(purchasing agents)

구매자와 장기적인 관계를 유지하면서, 구매자를 대신하여 제품구매, 검사, 창고보관 등의 기능을 수행하고, 구매자에게 제품을 운송한다.

■ 수수료상인(commission merchant)

생산자가 위탁한 제품을 보관 및 운송하며, 구매자에게 판매한 대가로 생산자로부터 수수료를 받는다. 주로 농산물시장에서 이용되는 대리도매상이 대표적인 예이다.

(2) 브로커(broker, 거간)

브로커(broker, 거간)는 구매자와 판매자 간의 제품매매가 원활히 이루어지도록 중개 기능을 수행한다. 즉, 구매자와 판매자의 요구조건, 가격수준 등에 관한 정보를 이들에게 제공하여 거래가 이루어지도록 연결한다. 브로커는 판매자와 구매자 양쪽으로부터 수수료를 받는다. 예를 들어, 부동산, 보험 및 증권, 식료품 등의 분야에서 흔히 볼 수 있다.

3) 제조업자도매상

제조업자도매상(Manufacturer's branches and offices)은 제조업자가 소유 · 운영하는 도매상이다. 제조업자 판매지점은 자신들이 직접 재고를 보유하여 소매점, 기타 도매상들에게 판매한다. 제조업자 판매사무소는 직접 재고를 보유하지 않고 다만, 독립도매상이 고객들에게 기술적 지원을 할 능력이 없거나 재고관리와 판촉 활동을 직접 통제하고자 할 때 이용된다. 예를 들어, 자동차정비, 농기구, 자동차, 건설자재 분야에서 흔히 볼 수 있다.

5. 소매상

소매상(retailer or retail shop)은 제품이나 서비스를 최종 소비자에게 직접 판매하는데 관련된 활동을 수행하는 상인을 말한다. 소매상은 마케팅 경로의 마지막 단계에서 최종 소비자와 직접 접촉을 한다는 측면에서 제조업자의 판매업자의 성과에 많은 영향을 미친다. 소매상의 유형은 매우 다양하며, 일반적으로 소매업자가 점포를 소유하고 있는지의 여부에 따라 점포소매상과 무점포소매상으로 나누어진다.

표 9-2 소매상의 분류

점포분류에 의한 분류	소매점포 믹스 전략에 의한 구분
점포소매상(store retailing)	전문점 백화점 슈퍼마켓 편의점 슈퍼센터 하이퍼마켓 대형할인전문점 할인점 양판점 제조업체 상설할인매장 회원제 창고형 도소매업
무점포소매상(nonstore retailing)	자동판매기 직접마케팅 텔레비전 마케팅 전자마케팅 방문판매

1) 점포소매상

(1) 전문점

전문점(specialty store)은 취급되는 제품계열의 수(폭)는 한정되어 있으나(narrow product line) 각 계열 내에서 매우 다양한 제품구색(deep assortment)을 갖추고 있는 소매점을 말한다. 전문점의 경쟁우위는 전문적 제품 구색과 높은 서비스에 있으며, 의류, 가구, 운동용품, 가구 등의 제품계열에서 주로 볼 수 있다.

예를 들어, 남성복 전문매장인 에스에스패션, 청바지 전문매장인 게스 내의 전문매장인 트라이, BYC 대리점, 이동통신 대리점 등이 전문점의 예이다. 소비자 라이프스타일의 변화와 맞벌이 부부의 증가에 따라 고품질의 제품, 편리한 위치, 친절한 서비스를 제공하는 전문점에 대한 수요가 계속 증대될 것이다.

(2) 백화점

백화점(department store)은 의류, 가정용품, 잡화 등의 각종 제품을 부문별로 구성하여 소비자들이 일괄구매를 할 수 있도록 하고 주로 직영으로 운영하는 대규모 점포를 말한다. 백화점은 다양한 제품구색, 편리한 입지, 쾌적한 쇼핑환경, 일괄구매의 용이성 등의 장점이 있다.

(3) 슈퍼마켓

슈퍼마켓(supermarket)은 식료품, 일용품 등을 주로 취급하며 다양한 제품들을 낮은 마진으로 대량 판매하는 점포이며, 셀프서비스가 특징이다. 슈퍼마켓은 대개 연쇄점(corporate chain)의 조직으로 운영된다. 미국의 경우 슈퍼마켓은 다양한 신업태의 출현으로 성장이 둔화되고 있다.

따라서, 슈퍼마켓은 이에 대한 대응 방안으로 전통적인 식품 중심에서 마진이 높은 비식료 품목을 취급하고 매장면적을 더욱 대형화하고 있다. 이와 함께 즉석제조 베이커리코너, 미식가용 식품, 신선한 생선과 야채, 조리된 포장식품 등의 제공을 통해 식품의 매출도 유지하려고 한다. 한국은 1964년 탄생된 한남체인이 최초의 슈퍼마켓이며, 1971년에 8개의 슈퍼마켓을 가맹점으로 하여 최초의 가맹점형 체인인 새마을 슈퍼체인이 설립되었으며, 1974년 정부가 연쇄화 사업자를 지정하면서 LG유통, 농심가, 해태유통 등 대형 슈퍼마켓체인(연쇄점)이 급속히 늘어나게 되었다.

(4) 편의점

편의점(convenience store)은 식료품 위주의 제품 회전율이 높은 편의품을 주로 취급하는 셀프서비스 방식의 소규모 점포이다. 편

의점은 본사가 직영하거나 본사와 계약을 체결한 가맹점에 의해 운영된다. 편의점은 주로 주거 지역이나 교통이 편리한 곳에 위치하고 있으며(입지의 편리성), 연중 무휴 24시간의 영업을 하며(시간의 편리성), 각 품목에 대해 소비자들이 신뢰할 수 있는 소수의 브랜드만을 취급하는(구색의 편리성) 특징을 가지고 있다.

예를 들어, 미국의 편의점은 1927년 South-Land사의 7-Eleven으로 시작되었으며, 7-Eleven 이외의 Circle K , Stop-N-Go Store 등이 대표적인 예이다. 미국 편의점 업체들이 거느리고 있는 점포 수는 149,220개(2012년 12월)가 넘는 것으로 추산된다. 일본의 경우 1974년 미국 South-Land사와 기술제휴로 도쿄에 개점한 7-Eleven이 설립된 후 급성장하였다. 한국의 편의점은 동화산업이 1989년 세계 최대의 편의점 체인업체인 미국의 South-Land사(7-Eleven)와 기술제휴 하여 코리아 세븐을 설립함으로써 시작되었다. 국내 편의점의 도입배경에는 국내유통시장의 단계적 개방화, 소비자 라이프스타일의 변화, 심야활동인구의 증가, 여성의 사회진출 증가, 맞벌이 부부의 증대 등을 요인으로 들 수 있다.

(5) 슈퍼스토어

슈퍼스토어(superstore)는 종래의 슈퍼마켓에서 판매되는 식료품뿐만 아니라 일상적으로 빈번히 구매되는 비식료 제품도 취급함으로써 소비자의 모든 쇼핑욕구를 충족시키려는 대형점포를 말하는데, 이에는 슈퍼센터(supercenter), 하이퍼마켓(hypermarket), 대형전문할인점(카테고리 킬러: category killer) 등이 포함된다.

■ 슈퍼센터

슈퍼마켓과 할인점이 결합한 소매업태로서, 식품, 비식품뿐만 아니라 세탁소, 구두수선, 자동차부품 등의 다양한 서비스를 제공하지만 식품의 비중이 상대적으로 높다. 대표적인 슈퍼센터로는 Wal-Mart Supercenter가 있다.

■ 하이퍼마켓

대형화된 슈퍼마켓에 할인점을 접목시켜 저가로 판매하는 소매업태로서 식품, 비식품 생활용품은 물론, 가전, 의류까지 취급하는 초대형 슈퍼센터를 말한다. 우리나라에서는 프랑스의 까르푸가 대표적이다.

■ 대형할인전문점

한 가지 제품을 깊게 취급하여 한정된 제품군 내의 모든 제품을 할인점보다 훨씬 낮은 가격으로 판매하는 소매업태이다. 대형할인전문점의 특징은 한정된 제품군 내의 다양하고 풍부한 구색과 저가격이다. 대형할인전문점이 활성화 된 분야로는 이동완구, 컴퓨터, 자동차용품, 스포츠용품 등이다. 미국의 유명완구업체 Toy's R'Us, ABC마트 등이 세계적으로 유명한 카테고리 킬러업체이고, 우리나라는 전자랜드, 하이마트 등이 있다.

■ 할인점(discount store)

대중적이고 실용적인 생활용품을 철저한 셀프서비스 하에서 저가격으로 대량판매를 실시하는 소매업태를 말한다. 특히, 식품과 일용잡화의 중저가 상표 중에서 매출회전이 빠른 제품을 위주로 묶음판매나 박스판매를 실시한다. 할인점의 특징은 저렴한 가격, 유명브랜드 판매, 셀프서비스, 건물임대료가 저렴한 지역에 위치, 평범한 내부시설 등을 들 수 있다. 예를 들어, 롯데마트, 이마트, 홈플러스 등이 대표적인 할인점이다.

■ 양판점(GMS: general merchandising store)

백화점과 할인점의 중간 형태로 규모는 백화점, 운영은 할인점 형태를 취하며 식료품, 의류, 잡화 등의 다양한 제품계열을 중저가로 판매하는 실용품 중심의 종합점이다. 제품구색과 매장운영 방식은 백화점과 유사하나 체인화를 통한 대량구매, 중간상표의 개발, 기획제품개발 등을 통해 가격 면에서는 백화점보다 저렴하다는 장점을 가지고 있다. 따라서 양판점이 백화점 보다 가격 측면에서 저렴한 이유는 ① 자체브랜드(private brand)와 ② 다점포화를 통한 대량구매로 구입원가를 낮춤으로써 가격경쟁력을 구축하였기 때문이다. 한국 최초의 양판점 형태는 1988년 설립된 새나라 슈퍼백화점을 시작으로 한양유통, 해태유통 등도 개점하였으나 점포운영의 비효율성, 부족한 제품구색, 급성장한 할인점 등의 원인으로 유통 비즈니스로서의 성공사례는 매우 드물다.

■ 제조업체 상설할인매장(아울렛: Outlet)

제조업체 상설할인매장은 다양한 재고품을 초염가로 판매하는 제조업체 직영점이다. 제조업체 상설할인매장은 제조업체나 백화점에서 판매하고 남은 재고제품이나, 비인기제품, 하자제품 등을 정상가의 절반 이하로 판매한다. 주로 의류 부문에서 발달했으며 우리나라에는 이랜드그룹이 운영하는 '2001 아울렛'이 대표적이며 롯데백화점도 매장 한 층을 의류 아울렛으로 운영하고 있다.

■ 회원제 도매 클럽(membership wholesale club: MWC)

회원제 도매 클럽은 일정한 회비를 정기적으로 내는 회원에게만 정상적인 유명제조업체 상표들을 매우 저렴하게 판매하는 소매업태이며, 일정 기간 동안의 회비를 받기 때문에 할인점보다 더 할인된 가격으로 판매를 하고 있다. 한국에서는 회원제가 다소 변형되어 비회원에게도 일정률만큼 가격을 높게 해서 구매자격을 주기도 한다. 예로서는 코스트코, 프라이스 클럽, 마크로, 킴스 클럽, 델타 클럽 등이 여기에 속한다.

2) 무점포소매상

무점포소매상(nonstore retailing)은 점포 내에서 판매가 이루어지는 것이 아니라 우편, 전화, 여러 전자매체를 통하여 거래하는 방식으로 자동판매기, 통신판매, 방문판매, 홈쇼핑, 인터넷판매 등이 있다.

(1) 자동판매기

자동판매기(automatic vending)는 점포를 통해 판매하기 어려운 장소와 시간에 제품을 24시간 구매할 수 있게 함으로써 소비자에게 편리함을 제공하는 무점포형 소매업태이다. 자동판매기의 이점은 24시간 판매, 셀프서비스이다. 그러나 빈번한 기계고장, 높은 도난율 등으로 인한 비용이 지불된다는 단점이 있다. 자동판매기는 담배, 음료, 스낵, 라면, 화장품, 서적, 레코드, 피자 등 다양한 편의품과 충동품을 주로 판매하고 있다. 우리나라의 자동판매기는 커피, 음료, 담배, 스낵, 기타 일상용품이 주류를 이루고 있지만, 일본, 미국에서는 다양한 자동판매기가 등장하고 있다. 예를들어, 보석, 내의, 티셔츠, 비디오테이프, 렌트용 자동판매기가 보급되어 있다.

(2) 직접마케팅

직접마케팅(direct marketing)이란 다양한 매체를 이용하여 예상고객들에게 제품정보를 제공함으로써 즉각적인 구매를 유도하려는 소매 형태이다. 예를 들어. 직접마케팅의 주요 유형들로는 우편(통신)판매, 텔레마케팅 등이 있다.

■ 통신판매(direct mail)

공급업자가 광고매체(우편으로 보내진 카탈로그)를 통하여 판매하고자 하는 제품 또는 서비스에 대한 광고를 하고 고객으로부터 통신수단(전화, 팩스, 편지 등)을 통해 주문을 받은 제품을 직접 또는 우편을 통하여 제품배달을 하는 판매 방식을 말한다. 우리나라에서는 황소의 눈, 더하우스, 메도산 등의 통신판매전문업체들이 자체 회원을 확보하고 우편으로 보내진 카탈로그를 통해 다양한 제품을 판매하고 있다.

■ 텔레마케팅(telemarketing)

전화로 표적소비자 층에게 제품정보를 제공한 후 제품판매를 유도하거나, 고객이 TV광고나 라디오광고, 우편광고 등을 보고 수신자부담 전화를 이용하여 주문하는 소매유형이다.

(3) 텔레비전 마케팅(홈쇼핑)

텔레비전 마케팅(television marketing)은 TV광고를 통해 제품구매를 유도하는 소매 방식으로, 크게 직접반응광고(direct response advertising)를 이용한 주문 방식과 홈쇼핑 채널(home shopping network)을 이용한 방식으로 나누어진다.

■ 직접반응광고

광고를 이용한 주문 방식 30초에서 1분 정도의 제품정보를 제공하는 TV 스파트 광고나 증언광고 형식으로 된 30분짜리 다큐멘터리형의 인포머셜(informercials)을 방영하고 난 후 무료전화를 이용하여 주문을 받는 방식이다.

■ 홈쇼핑 채널

방송채널을 이용한 주문 방식 홈쇼핑 전문 채널이 케이블 TV에 가입한 시청자들에게 케이블 TV를 통해 24시간 제품을 소개 · 설명하면, TV 시청자들은 자신이 원하는 제품을 무료전화를 이용하여 주문하는 소매 방식이다.

(4) 온라인 마케팅

온라인 마케팅(on-line marketing) 혹은 인터넷 마케팅(internet marketing)은 컴퓨터라는 가상공간을 통하여 기업과 소비자들이 상거래를 하거나 정보를 교환하는 것을 말하며, 전자마케팅(electronic marketing)이라고도 부른다. 전통적으로 마케팅의 대상은 대중이며 고객은 수동적이었다. 하지만, 인터넷 기반의 온라인 마케팅에서는 스마트기기(smart device)의 도입과 확산으로 일방향 전달에서 쌍방으로 생산자와 소비자는 소통하고 모바일 영역으로 확장되어, 개인화된 서비스 개발이 매우 중요해지고 있다. 여기서, 개인화는 고객화나 맞춤화와 차별적인 용어로 사용되는데, 먼저 각 용어의 차이를 정의하면 다음과 같다.

- 고객화(customization): 사이트 제공자 스스로가 고객의 취향을 파악하여 그에 적합한 컨텍스트와 콘텐츠를 구성하여 주거나, 사용자 스스로가 선호하는 것을 선택해 컨텍스트와 콘텐츠를 구성하는 것을 의미함
- 맞춤화(tailoring): 사이트 제공자가 고객을 위하여 맞춤 서비스를 제공하는 사이트에 의한 고객화를 말함
- 개인화(personalization by User): 개인화는 사용자의 명확한 의도 및 선호 스타일을 기초로 하는데, 예를 들어 급성장 중인 VOD서비스는, 개인이 어떤 기기나 플랫폼에서도 제공될 수 있는 서비스 전략을 채택한다. 즉, 웹사이트 자체에서 자사의 콘텐츠를 제공하기도 하고, 다른 웹사이트 간의 공식적 혹은 비공식적 연결을 통해서도 제공되므로 서비스의 편이성을 높임

따라서, 2000년 이후 폭발적으로 늘어난 PC 사용 인구의 증가는 인터넷을 이용한 무점포 판매를 가능하게 만들었다. 전세계 어느 곳이든 시간과 공간을 초월해 들어가서 마음에 드는 제품을 화면의 주문 요령에 따라 주문하고 신용카드번호를 통해 대금결제를 치루고 나면, 구매절차가 끝나는 인터넷을 이용한 온라인 마케팅의 거래 규모는 급격히 증가하고 있다. 특히 고객과의 쌍방향(interactive) 커뮤니케이션이 가능한 인터넷의 월드와이

드 웹(www)을 이용한 마케팅과 광고는 전세계의 고객들에게 저렴한 비용으로 자사의 제품정보를 전달할 수 있게 만들었으며, 고객들의 반응을 측정할 수 있게 하였다.

국내의 인터넷 사용자의 수가 계속적으로 증가하면서 대기업인 백화점과 유통업체가 인터넷 쇼핑에 참여하고 있다. 롯데백화점이 인터넷에 홈페이지를 개설하고 점포안내를 비롯하여 통신판매안내, 기획행사안내, 제품정보, 이벤트행사 안내 등의 정보제공을 시작하였다. 롯데백화점의 인터넷 쇼핑 시스템 구축은 국내 인터넷 쇼핑의 선례를 제공하였으며 현대, 신세계, 미도파 등의 유통업체들이 그 뒤를 이었다. 최근에는 앱 중심으로 가는 모바일 플랫폼 시장에서 플랫폼의 레버리지 효과(타인자본을 이용한 자기자본이익률의 상승효과)로 유통을 장악하기 위한 사업자들의 다양한 마케팅 전략도 구사하고 있다. 예를 들어, 애플은 앱스토어(앱 유통), 아이튠즈(음악 · 영화 · TV 유통), 아이북스(책 · 잡지 · 신문 유통)으로 분산전략을 구축했으며, 구글은 플레이(play)라는 통합 플랫폼(디지털 콘텐츠 유통)과 유튜브(비디오 콘텐츠 유통)로 플랫폼 유통의 중심지 구축과 그곳은 분산이 아닌 통합된 한 곳에 집중될 것으로 예측도 된다.

(5) 방문판매

방문판매(doorstep selling)란 판매원들이 소비자들의 가정을 방문하여 제품을 직접판매를 하는 무점포형 소매업이다. 방문판매의 대표적 회사로는 화장품회사, 가정용 학습교재회사, 다단계 판매회사 등이 있다. 다단계 판매 방식이란 제품을 사용해 보고 이에 만족한 소비자가 스스로의 의사로 판매원이 되어 주위의 사람들에게 제품 사용을 권하며, 이들이 다시 판매원으로 전환되는 과정이 반복됨으로써 제품의 판매범위가 넓어지는 '무한연쇄 소매판매'의 유통기법이다. 이와 같은 방문판매는 점포 및 재고유지비가 들지 않는다는 장점이 있으나 높은 인건비를 지불해야 한다는 단점이 있다.

제3절 마케팅 경로의 설계

제품이 성숙기시장에 들어서면 기존 제품의 차별화가 쉽지 않고, 제조업자(생산자)들이 소매점의 제한된 진열공간에 자사의 제품을 진열하는 경쟁도 시간이 지남에 따라서 치열해지고, 중간상은 제조업자의 제품을 취급하면서 높은 마진과 더 많은 촉진 활동을 요구하여 제조업자는 마케팅 경로를 통제 가능하도록 구축하는 노력을 해 왔으며, 이는 제조업자에게는 마케팅 경로가 바이패스(bypass)가 아니므로 마케팅 경로를 설계함에 있어서 이상과 현실 사이에서 많은 고민을 한다. 즉, 기업의 가용자원을 포함한 현실적 여건이나 시장규모, 제품의 특성, 경쟁상황, 유통환경 등 많은 요소들을 고려하여 경로를 변화하거나 설계(구축)하는 과정에 대해서 아래와 같이 살펴보도록 하자.

1. 마케팅 경로에 대한 고객욕구분석

마케팅 경로를 설계함에 있어서 기업은 무엇보다도 먼저 표적시장의 고객들이 경로구성원들로부터 어떤 종류의 서비스를 원하고 있는지를 파악하는 것이 중요하다. 고객들이 기대하는 서비스 수준은 아래와 같이 다섯 가지 차원으로 나누어 볼 수 있다.

1) 구매단위의 적정화(lot size)

1회 구매단위: 소비자들이 1회의 거래에서 구매하는 단위를 말하며, 소비자의 1회 구매단위가 작아질수록 경로가 제공하는 서비스 수준은 더 높아지고 길어짐

2) 대기시간의 단축(waiting time)

대기시간: 소비자가 제품을 주문하고 그 제품을 인도받기까지 기다리는 시간을 말하며, 소비자들은 당장의 소비에 필요한 제품일수록 더 빨리 배달되기를 원함

3) 공간적 편의성 제공(시장분산, market decentralization)

점포의 수와 분포: 제품을 취급하는 점포의 수와 분포 정도를 말하며, 점포의 수가 많고 지역적으로 골고루 분산되어 있을수록 소비자의 탐색비용과 운송비용은 절감되고 경로의 서비스 수준은 높아짐

4) 제품 구색의 다양성(product variety)

제품의 다양성: 경로를 갖추고 있는 제품의 구색이 다양 할수록 경로의 서비스 수준은 높음

5) 부가적인 서비스(backup service)

부가적인 서비스: 유통기업은 제조업자의 제품을 판매하는 이외에 추가로 신용판매, 운반, 이동, A/S 등의 서비스 제공을 말하며 부가적인 서비스가 클수록 서비스 수준은 높아짐

효과적인 경로설계를 위해서는 소비자들이 원하는 요소별 서비스 수준뿐만 아니라 각각의 서비스 수준에 대한 전체적 수요함수를 파악해야하며, 경로가 소비자들에게 제공하는 서비스 수준을 높이게 되면 그만큼 경로비용이 증가하고, 제품 소비자의 수준도 높아진다.

할인점(discount store)의 성공사례를 보면, 소비자들은 서비스 수준을 감수하는 대신에 가격인하의 혜택을 추구함을 확인할 수 있는 좋은 사례가 된다.

2. 경로목표의 설정

소비자들이 원하는 서비스 수준이 확인되면, 이들에게 제공할 서비스 수준을 결정해야 한다. 경로구성원들은 적정수준의 서비스를 최소의 경로비용으로 제공할 수 있도록 기능적 역할을 조절한다.

기업은 소비자들이 원하는 서비스 수준에 따라 몇 개의 세분시장으로 나눌 수 있다. 즉, 효과적인 경로계획을 수립한다는 것은 기업이 어느 세분시장에 어느 정도의 서비스(수준)를 어떤 경로를 통해서 제공할 것인가를 결정하는 것을 의미한다.

효과적인 경로목표를 설정하기 위해서는 위에서 살펴본 고객이 원하는 서비스 수준뿐만 아니라 제품 · 중간상 · 경쟁사 · 회사 · 환경 등으로 발생되는 '마케팅 경로 설계 또는 선정 시 고려해야 할 요소들' 을 충분히 검토해야 한다.

1) 제품의 특성

경로의 설계 및 선정은 제품의 부패성이나 부피(용적), 전문성 · 기술성 · 단가 등 제품의 특성에 의해 영향을 받는다. 부패하기 쉽거나 취급상 위험이 높은 제품은 직접마케팅이 필요하며, 부피가 큰 제품은 운송거리와 취급횟수를 최적화하는 경로조정이 필요하며, 고도의 전문성이나 기술성이 요구되는 비표준화 된 제품은 중간상이 필요한 전문지식(expert knowledge)이 부족하므로 직접 판매를 하는 경우가 많다.

중간상을 이용하는 소비자의 관여도(involvement)가 낮은 저가의 제품(low price product)은 마케팅 경로가 길어지지만, 상대적으로 소비자의 관여도가 높은 고가의 제품(high price product)은 생산자가 판매원을 통해 직접 판매하는 경우가 많다.

2) 중간상의 특성

생산자(기업)에서 마케팅 경로를 구축(설계)할 때에는 중간상(유통기업)의 장 · 단점과 기업경영 역량을 세밀하게 검토해야 한다. 생산자는 자사가 제공할 수 없거나 혹은 경제적으로 수행할 수 없는 서비스를 제공할 수 있는 중간상을 선정하여야 좋으며 또한 생산자 요구사항이 중간상의 수용가능성도 함께 검토해야 한다. 중간상들 중에는 생산자의 마케팅 경로와 다른 경로 구축을 수용하면서 특별한 요구(독점판매권 등)도 할 수 있으며, 이미 경쟁사의 제품을 취급하고 있는 경우에는 자사제품의 취급을 꺼려할 수도 있다.

3) 경쟁적 특성

마케팅 경로 설계는 경쟁사가 취하고 있는 경로에 의해서도 영향을 받는다. 어떤 생산자는 경쟁사의 점포들이 밀집되어 있는 곳(가구 등)이나 점포 내에서 경쟁상표와 함께 진열(식품 등)되기를 원하지만, 또 다른 생산자는 가급적 경쟁사의 마케팅 경로와 차별화되는 새로운 경로정책을 추구하는 경우도 있다.

4) 기업의 특성

기업의 규모와 재무능력은 시장이 규모와 유능한 중간상의 확보 및 기업과 중간상이 수행할 마케팅 기능에 영향을 미친다. 대기업은 경로통제를 위해 직접 판매나 짧은 경로를 선호하지만, 중소기업은 중간상에게 서비스의 많은 부분을 의존하게 될 것이며 또한 잦은 경로수정은 비용부담이 가중되므로 마케팅 경로 설계는 전반적이고 장기적인 기업목표가 고려되어야 한다.

경영자의 경영 능력이나 마케팅 노하우가 없는 기업은 중간상에게 그 직무를 떠맡기게 되며 이에 강력한 경로통제를 원하는 기업은 전속적 경로와 같은 짧은 경로를 설정하고, 적극적인 판매촉진을 꾀하며 소매가격과 재고통제를 원활히 하게 될 것이고 높은 상표지명도를 구축하여 직접 유통을 하기도 한다.

따라서, 기업의 제품 믹스가 넓으면 고객과 직접 거래할 수 있는 기업의 능력이 커지고, 제품 믹스가 깊으면 전속적 또는 선택적 중간상들을 만족시킬 수 있다.

또한, 기업의 마케팅 전략 차원의 신속한 배달방침은 소매점의 수와 물류기능, 운송수단의 선택, 중간상에게 맡겨지는 기능 등에 영향을 미친다. 따라서 기업은 항상 통제가능성과 투자비 사이에서 균형을 유지하는 것이 필요하다.

5) 환경적 특성

경제의 경기순환이 어려워지면 기업은 제품을 가장 경제적인 방법으로 유통시키려고 한다. 즉, 가능한 한 짧은 경로를 취하고 제품가격에 부가되는 불필요한 서비스는 제거하게 된다. 이 밖에도 법률 및 정부의 규제, 기술의 발달, 유통시장의 개방, 국제환경의 변화(WTO 체제 등) 등은 모두 경로설계에 영향을 미친다.

3. 경로대안의 평가와 경로정책의 개발

기업은 경로목표와 설계 시의 제약 요인들을 충분히 검토한 후에 자사의 경로대안을 결정하여야 한다. 이를 위해 기업(생산자)은 ① 자사의 경로기능을 수행할 마케팅 경로와 중간상의 유형을 결정하고, ② 회사의 유통집중도와 중간상 통제의 범위와 관련하여 각 경로단계에 참여할 중간상의 수 및 ③ 경로구성원들의 조건과 상호 책임관계를 결정해야 한다.

1) 경로대안의 평가

기업은 여러 가지 선택 가능한 경로대안들에 대하여 다음과 같은 세 가지 평가기준에 따라 평가하게 된다.

(1) 경제적 기준

각 경로대안에 따라 판매량과 판매비용은 서로 차이가 있다. 기업은 판매고와 판매비용의 관점에서 판매원(직접유통)과 대리상(간접유통)을 이용하는 방법 또는 각 경로대안들 중에서 어떤 경로를 이용하는 것이 더 유리한지를 파악해야 한다.

숙련된 판매원을 이용하면 보다 높은 판매 성과를 올릴 수 있는 장점이 있지만, 판매점 설치 등과 관련한 고정비의 증가 부담이 있다. 반면에 대리상에 대한 보상 정도에 따라 판매원보다 더 높은 판매 성과를 올릴 수도 있다. [그림 9-6]은 자사판매원과 대리상을 이용할 때 소요되는 판매비용을 비교해 주고 있다. 그림에서 매출액이 *S*(두 판매비용의 일치점) 이하일 때에는 대리상을 이용하는 것이 더 유리하지만, 매출액이 *S*보다 많을 때에는 자사판매원을 이용하는 것이 더 유리하다.

(2) 통제기준

경로평가를 위해서는 경로에 대한 통제의 정도를 고려해야 한다. 대리상을 이용하게 되면 많은 경로통제 문제가 야기될 수 있다. 즉, 대리상은 자신의 이윤극대화를 추구하는 독립된 조직이기 때문에 특정 생산자의 제품에 대한 관심보다는 다양한 제품구색을 원하는 고객들에게 충분한 구색을 제공하는 데에만 관심을 집중하게 된다.

그림 9-7 ▶▶ 마케팅 경로의 개방수준과 마케팅 경로정책

경로전략	개방적 유통정책	선택적 유통정책	전속적 유통정책
중간상의 수	다수	제한적	단일
	사용 가능한 모든 유통업자를 통하여 판매	제한된 수의 유통업자를 통하여 판매	단일유통업자를 통하여 판매
소비재의 예	콜라, 라면	가전제품	고급시계, 고급의상
산업재의 예	사무용품 트럭용 타이어	기계부품	대형에어컨

유통시키는 정책이다. 기업은 제한된 수의 중간상들과 우호적인 협력관계를 확보함으로써 보다 높은 판매성과를 기대할 수 있다.

따라서 개방적 유통 방식에 비하여 더 적은 유통비용으로 중간상 통제력을 더 높일 수 있는 이점이 있다. 의류나 가구, 가전제품과 같은 선매품 제조업자들이 주로 채택하는 유통정책이다. 개방적 유통정책에 따른 과다한 유통비용이나 중간상의 비협조와 저조한 실적 등의 문제가 대두되는 경우, 제조업자는 선택적 유통정책으로의 전환을 모색할 수 있다. 거래선의 수를 줄여서 보다 효율적인 마케팅 프로그램으로 매출액의 증대를 가져 올 수 있기 때문이다.

(3) 전속적 유통정책

전속적 유통정책(exclusive distribution policy)은 특정 판매 지역에서 자사의 제품만을 취급할 수 있는 중간상을 선정하여 제품을 유통시키는 정책이다.

이 정책은 전속적인 제품판매권을 가진 판매업자(특약점, 대리점 등)에게 자사제품의 판매노력을 집중하게 함으로써 경로통제와 함께 매출증대를 기하는 데 목적이 있다.

또한, 이 정책은 제품의 이미지를 개선하고 중간상의 마진을 높여주는 경향이 있다. 자동차나 고급여성의류와 같은 전문품의 마케팅에 흔히 이용된다. 제조업자는 판매업자가 수행하는 가격이나 촉진, 신용, 여타 서비스 등의 영업정책에 대하여 강력하게 통제를 할 수 있다.

특정 지역에서 취급 판매점의 판매부진은 바로 제조업자에게 영향을 미치게 된다. 판매업자는 강한 책임감을 가지고 영업 활동을 하고 제조업자와 공동운명을 갖게 되므로 협조적이지만, 판매업자가 고객에게 호의나 이미지를 부각시키지 못하면 제조업체도 피해를 입을 수 있다. 따라서 제조업자는 판매업자의 선정에 신중을 기해야 한다.

4. 중간상의 선

중간상이란 어떤 점에서는 제조업자의 사업성패에 대한 열쇠를 쥐고 있는 강력한 존재이기도 하다. 그들은 최종소비자나 산업재사용자와 직접 접촉을 하는 당사자이므로 제조업자로서는 마케팅 효율을 극대화하고자 하는 그들의 목표를 달성하는데 하나의 완전한 시스템으로 다루지 않으면 안 된다.

그러므로 제조업자의 유통 활동의 성공은 ① 구체적으로 거래할 대상인 중간상을 선정하는 일과, ② 중간상들과의 행동적 시스템을 얼마나 효율적으로 관리하느냐에 달려있다고 하겠다. 중간상이 성공하는 데에는 몇 가지 요소가 작용하게 되는 것이다.

기업환경과 경쟁 등은 기업의 외적 요소로서 통제불능 요소이므로 중간상으로선 어쩔 수 없는 문제들이다. 그러나 다음 요소들은 중간상이 임의로 통제할 수 있거나 해결할 수 있는 문제들이므로 이에 기준하여 중간상의 능력과 자질을 평가함으로써 제조업자는 자사의 마케팅 효율을 높이고 나아가서는 기업의 목표를 달성하는 지름길을 택하게 될 것이다.

- 표적시장에 접근: 중간상은 제조업체가 표적시장으로 설정한 고객에게 제품을 판매하고 있는가? 이것은 중간상을 선정하는 데 핵심적 요소가 되는 것이다.
- 입지: 중간상이 다른 경쟁업자와 비교하여 유리한 입지적 조건을 갖추고 있는가?
- 제품계획 및 정책 중간상인이 경쟁기업의 제품을 취급하고 있는가, 또는 만족스러운 정도의 제품 구색을 갖추고 있는가? 중간상은 자사제품의 품질과 가격에 경합이 되는 제품을 취급하고 있는가?
- 판매촉진정책: 중간상은 판매촉진 활동에 관련하여 제조업체에게 무엇을 요구하고 있는가? 중간상은 유능한 판매원을 보유하고 있는가?
- 고객에게 제공하는 서비스: 중간상은 제품의 특성상 필요한 서비스(외상판매 · 배달 · 수리 등)를 제공하고 있는가?
- 재정적 능력: 중간상은 제품대금을 지급할 능력이 있으며, 고객에게 외상편의 등을

제공할 능력이 있는가?

• 관리능력: 중간상은 유능한 경영진을 보유하고 있는가?

MARKETING FOCUS

e쇼핑 '골리앗' 아마존과 싸울 '다윗'의 무기는

빅데이터, 사물인터넷(IoT), 증강현실, 가상현실, 3D 프린팅 등 4차산업혁명 기술들이 디지털 경제와 결합하면서 새로운 경제, 비즈니스와 소비자를 만든다. 온라인 쇼핑에서 시작된 디지털 경제는 오프라인 경제와는 판이하게 다른 경제와 비즈니스를 만들었다. 승자의 저주가 아니라 승자독식으로 이어지는 플랫폼 경제는 아마존, 알리바바 등의 리테일 타이탄들의 등장으로 귀결됐다. 언제 어디서나 접속되는 디지털은 소유보다 이용에 기반한 공유경제의 출현으로 이어졌다.

스마트폰, 컴퓨터, 아이패드, 비디오게임과 함께 성장해온 밀레니얼 세대는 온라인 쇼핑을 습관처럼 받아들인 최초의 세대다. 이들은 '언제 어디서나 원하는 것에 대한 소비를 욕망'하는 세대다. 아마존, 알리바바 등 거대 리테일 기업들은 이들의 소비욕망을 충족시키는 데 노력을 아끼지 않는다. 개인 맞춤화된 제품과 서비스를 제안하고 온라인에서도 오프라인과 마찬가지로 제품을 사용해볼 수 있도록 무료 반품 정책을 도입했으며 보다 빠른 배송을 위해 과감한 투자를 아끼지 않는다. 승자의 저주가 사라진 이들 기업은 모든 상품을 모두에게 파는 기업 또는 밸류체인의 모든 역할을 혼자 도맡는 기업으로 바뀌었다.

책과 CD를 팔던 아마존은 식료품에서 약품까지 팔지 않는 것이 없으며 전자상거래 사이트가 아니라 클라우드 호스팅, 홈 스피커 등의 기술 영역에서 물류까지 모든 부분을 담당한다. 향후 소비의 주축이 될 밀레니얼 세대가 이들 기업에 보이는 호감은 기존 리테일 업체에게 선택을 강요하고 있다. 저자는 메크로폴리스라는 온라인 쇼핑몰을 창업했던 선도적인 e-커머스 사업가였다. 유럽연합 e-커머스 집행위원장으로 구글, 아마존, 알리바바, 텐센트 등을 비롯한 현재의 강자들과 일본, 유럽 등에서 이들과 같은 지위를 구축하기 위해 애쓰는 라쿠텐, 아소스닷컴 등 수많은 기업들의 경영자들과 고위 임원들을 만났다. 구글의 반독점법 소송을 진행중인 유럽처럼 이들 기업들의 진출로부터 소비자와 자국 기업의 보호, 새로운 경제로 나아갈 대책을 고민하는 각국 정부의 고위관료들도 만나왔다. 이 책은 거대 담론의 차원에서 새로운 경제가 등장한 배경과 특징, 새로운 경제 하에서 부상한 새로운 소비자, 이 같은 경제가 우리 삶과 사회에 미치는 영향을 다룬다. 리테일 분야의 최강자들인 아마존이나 알리바바 등의 전략을 소개하고 이들 기업의 압도적인 위력 앞에서 자신만의 장점을 개발해 생존에 분투하고 있는 소규모 리테일 기업들의 전략과 사례를 담았다. 이처럼 새로운 물결이 밀려오고 있는데도 변방에 있는 우리는 아직 변화를 위한 준비가 부족한 것이 현실이다. 한 사회가 새로운 패러다임을 받아들이기까지 어느 정도 지체는 불가피하다. 그러나 치열한 생존경쟁에서 살아남아야 할 기업에게 이같은 지체는 곧 파멸로 귀결될 뿐이다.

최근 신세계 그룹이 1조 원을 투자해 전자상거래 기업을 세우고, 쿠팡은 또다시 2조 원을 유치해 물류 최강자의 자리 굳히기에 나섰다. G마켓, 11번가, 인터파크, 위메프, 쿠팡 등 전자상거래 사이트에다 롯데, 신세계 등 전통적 유통 강호들이 건재한 한국에서도 리테일 대전이 임박한 것일까. 승자독식의 경제가 이들 기업의 대전을 피할 수 없는 것으로 만들 것이다. 만약 이들 리테일 대전에서 승자가 나오지 않는다면 기존 리테일 타이탄들도 플레이어로 참가하는 더 큰 대전이 펼쳐질 것이다.

자료: 파아낸셜뉴스 2019.01.09. https://www.fnnews.com/news/

제4절 마케팅 경로의 관리

마케팅 경로는 다양한 구성원으로 구축되어 있고 각자가 추구하고자하는 목표가 상이하여 경로구성원의 행동이 다른 경로구성원의 성과에 필연적으로 상호간 영향을 미친다.

따라서 마케팅 경로에서 지도적인 위치에 있는 채널 상위층은 경로구성원이 각자의 이익을 극대화하는 것이 아니라, 경로 전체의 이익을 최적화(극대화)하는 방향으로 관리하여 경로구성원에게는 신뢰에 기반을 둔 공동 번영의 동반자관계(partnership)로 움직이도록 관리할 필요가 있다.

1. 마케팅 경로갈등

1) 마케팅 경로갈등의 개념

마케팅 경로갈등은 한 경로구성원이 자기의 목표들을 달성하려는 데 있어 다른 경로구성원이 그를 방해하거나 해롭게 하는 행동에 종사하고 있다고 지각하는 상태를 말한다. 바꾸어 말하면, 한 경로구성원이 다른 구성원의 목표달성에 방해가 된다고 인식하는 상황이라고 할 수 있다. 경로갈등은 경로구성원들이 상호 배타적이고 양립 불가능한 목적 · 가치 · 이해관계를 지니고 있을 때 발생할 수 있다.

각 유통단계의 마케팅 경로구성원들은 고객의 서비스 요구에 부응하기 위하여 각자의 마케팅 활동을 할당하고 이의 전문화를 시도한다.

제조업체들은 생산과 국내시장의 전반적인 판촉 활동에 주력하고, 소매점들은 해당 지역 수준에서의 제품계획, 유통, 촉진 활동 등에 전문화를 꾀한다. 각 경로구성원의 전문화는 경로구성원들 간의 업무상의 상호 의존도를 창출하고 증진시키며, 분업화를 통한 경제적 효율성을 추구하게 된다.

각 경로구성원은 자기 목적을 달성하기 위해서 다른 구성원들에 의존하고 기능상의 어떤 협력을 요구한다. 예컨대, 제조업자와 소매점은 그들의 고객에게 접근하기 위해 상호 의존하면서 협력관계를 유지해 나가야 한다.

상호 의존관계에 있는 경로구성원들은 독립적인 조직체로서 각기 자신의 목표와 이익을 추구하게 되며, 이에 따라 구성원 간의 이해관계가 상충되고 경로상의 갈등이 발생하게 된다. 일반적으로 경로구성원 간의 상호 의존도가 높을수록 구성원들 간에 갈등이 생길 가능성은 더 커진다.

힘(power)의 행사는 갈등과 밀접한 관련이 있다. 힘(권한)은 상대방의 행동에 영향력을 행사할 수 있는 개인 또는 집단의 능력이라고 정의된다.

이러한 힘은 상호 의존관계에서 생기는 상대적인 개념이다. 상대적으로 의존의 정도가 낮은 쪽을 힘의 우위에 있다고 하며, 마케팅 경로 상에서 힘의 우위를 확보한 경로구성원은 바로 경로주도자가 된다. 경로구성원이 행사할 수 있는 힘은 힘의 원천(power

표 9-3 파워의 종류

종 류	정 의	예 시
보상의 힘 (reward power)	한 경로구성원의 금전적 · 물질적 · 심리적 보상에 기초하여 형성되는 힘	거래할인, 중간상 촉진 등
강압적 힘 (coercive power)	한 경로구성원의 처벌이나 부정적 제재를 바탕으로 한 힘	제품결제 기일단축, 제품공급 지연, 마진율 인하 등
전문적인 힘 (expert power)	한 경로구성원의 전문지식이나 경험, 정보에 바탕을 둔 힘	소비자 및 경영정보 제공, 경영지도, 매장관리 지도 등
준거적 힘 (referent power)	학연, 지연, 명성, 전통 등의 준거(집단)적 요소에 근거한 힘	유명백화점 판매긍지, 유명상표, 국산품 등
합법적인 힘 (legitimate power)	한 경로구성원의 정당한 권리나 지위, 법령, 계약관계 등에 기초한 힘	프랜차이즈 본부의 가맹점에 대한 권리행사 등

source)에 따라 [표 9-3]과 같이 5가지로 나누어진다.

한 경로구성원이 다른 구성원에게 어떤 힘을 행사하거나 기존의 힘을 강화하려는 시도는 곧 상대방의 수용 여하에 따라 경로갈등을 야기할 수 있다.

2) 경로갈등의 원인과 유형

마케팅 경로 과정에 참여하는 유통기관들은 상호 의존적인 공동의 목표를 가지고 있으면서도 각자의 이익을 극대화하고자 하기 때문에 이해가 상충되고 경로갈등이 존재하게 된다. 즉, 경로구성원 간에는 구매자와 판매자관계로 거래가 이루어짐으로써 서로 이해관계가 상충하고 갈등이 유발되는 것이다.

(1) 갈등의 원인

경로갈등의 원인은 학자들에 따라 다양하게 제시되고 있으나, 일반적으로 아래와 같이 세 가지로 요약된다.

■ 목표의 불일치

독립적인 기관으로 존재하는 경로구성원들은 상호 의존적인 관계 속에서 각기 목표가 서로 상충할 수 있다. 전형적인 목표불일치는 경로이익의 적정한 분배와 재무적인 지원 문제에서 나타난다. 예컨대, 마진율, 타사제품취급, 성과평가기준의 차이, 판매관할 지역의 중복 문제, 제조업체의 비인기 품목 할당, 중간상의 재고수준 유지, 대금결제 등이 이에 해당된다.

■ 역할-영역의 불일치

경로구성원들 간에는 각자의 역할과 영역이 서로 합의되어 있어야 상호 간의 행동을 예측할 수 있게 된다. 구성원 간의 역할이나 제품 · 시장 · 기능상의 영역이 모호하게 인식되면 양자 간에 불일치가 야기된다. 역할-영역의 불일치는 제조업체가 이중적인 경로를 이용할 때 자주 나타나며, 어떤 경로구성원이 자신의 능력 이상으로 역할이 주어질 때도 많이 나타난다. 그리고 한 경로구성원이 다른 경로구성원이 생각하고 있는 것과 다르게 자신의 역할-영역을 규정할 때 경로상의 갈등이 강하게 나타난다. 우리나라 가전제품 마케팅 경로의 경우, 대규모 가전업체들이 대리점이나 백화점, 연금매장, 직영매점 등의 복수 경로 형태를 취하고 있으나 각 경로 형태별로 목표고객의 구분이 명확하지 않다. 연금매장의 경우에도 공무원 등 특정 집단을 위한 할인의 의미가 다른 고객들에게도 일부 개방됨으로써 다른 경로 형태로부터 비난을 받고 있다. 그리고 제조업체들은 경로 형태별로 역할을 할당하여 고객의 요구에 차별적으로 부응하게 하는 노력도 역시 미흡하다.

■ 지각의 불일치

경로구성원 간에 상이한 경험과 배경, 편견, 경로 내 지위 등으로 인해 동일한 사실이나 상황에 대하여 서로 다르게 지각하는 불일치를 말한다. 재고 부족으로 판매기회를 잃게 된 상황에 대하여 제조업자는 소매점의 안전재고 부족에 기인한 것이라고 여기는 반면에, 소매점은 제조업자의 출고지연에 기인한 것이라고 여기는 인식의 차이를 예로 들 수 있다. 경로구성원 간에 상호 의존성이 클수록 힘의 불균형이 커질 수 있으며, 사소한 목표불일치나 역할불일치, 지각불일치에도 경로갈등이 커질 수 있다.

또한 마케팅 경로 상에서 발생하는 갈등은 수평적 갈등, 수직적 갈등, 업태 간 갈등의 세 가지 유형이 있다.

■ 수평적 갈등

마케팅 경로상 동일 유통단계에 있는 경로구성원 간에 발생하는 갈등을 말함(동종 소매상 간의 갈등)

■ 수직적 갈등

마케팅 경로 내의 다른 유통단계에 있는 경로구성원 간에 발생하는 갈등을 말한고, 마케팅 경로의 효율성 제고를 위해 중요하게 다루어짐(제조업자와 중간상의 갈등)

■ 업태 간 갈등

동일 유통단계의 다른 형태의 유통기관들 사이에서 발생하는 갈등을 말하며, 동일한 고객을 대상으로 경쟁하는 이종 업태 간의 갈등을 의미하고 슈퍼마켓과 연쇄점, 할인점 간에 발생하는 갈등을 예로 듬

3) 갈등의 관리

마케팅 경로상의 갈등은 조직의 매너리즘과 무사안일을 탈피하게 하고, 갈등 요인의 해소노력과 경로 내의 힘의 균형, 경로구성원 간의 유대감 향상을 통해 경로 성과에 결정적인 영향을 미치기도 한다. 하지만, 대체로 경로구성원 간의 비효율을 증대시키고 관계를 악화시키며, 경로구성원들에게 비생산적이고 역기능적이기 때문에 경로 성과에 부정적인 영향을 미친다.

경로갈등이 심화되면, 구성원들은 서로 비협조적이 되고, 각 단계마다 유통기능이 중복되어 경로 내 비능률이 야기될 뿐만 아니라 자원이 낭비된다. 또, 경로구성원 간의 정보전달이 왜곡되고 정보의 공유가 이루어지지 못하게 된다.

갈등을 해소하고 원활한 조정을 하기 위해서는 먼저 목표고객들이 마케팅 경로시스템으로부터 어떠한 서비스를 어느 정도 원하는지를 명확히 파악하여야 한다.

그리고 그러한 서비스 요구수준에 대하여 마케팅 경로시스템이 일정 기간 동안에 어느 정도 제공해 줄 수 있는지를 고려하여야 한다. 이것은 경로구성원들의 목표를 명확히 하는 것을 의미한다. 다음으로 경로시스템의 목표를 달성하기 위하여 요구되는 마케팅 기능이 무엇인지를 확인하고, 그 기능을 가장 효율적으로 수행할 수 있는 경로구성원에게 할당하여야 한다. 기능의 할당은 경로구성원 간의 계약이나 협상 또는 자본적 소유에 의하여 이루어진다. 경로갈등을 관리 · 해결하는 방법으로는 문제해결, 설득, 협상, 정치적 타결 등의 네 가지가 있다.

(1) 문제해결

문제해결(problem solving)은 경로구성원 간에 상위의 공동목표를 설정하고 이의 달성을 추구함으로써 상호 만족할 수 있는 해결책을 찾는 방법을 말한다. 이 방법은 경로가 외부의 위협에 직면했을 때 효과적이다.

또한 다른 방법으로는 경로구성원 간의 커뮤니케이션 부재로 인해 발생한 모호함이나 갈등을 제거하고 경로관계를 강화하기 위하여 경로구성원 간의 커뮤니케이션 체제를 확립하는 방법이 있다. 이를 위해서는 전 경로구성원이 참여하는 거래모임이나 위원회조직, 마케팅 경로 섭외담당인력, 경로구성원 간의 상호 인력교환 등을 도입 · 운영할 수 있다.

(2) 설득

설득(persuation)은 경로구성원이 경로상의 비강압적 힘이나 리더십을 통해 상위의 공동목표에 연관시켜 상대방의 관점이나 의사결정기준을 수정하려고 노력하는 것을 말한다. 설득은 구성원 간의 목표가 상이하고 정보를 공유하는 것만으로는 갈등이 해소되지 않을 때 필요하다. 설득은 판매지역, 경로기능, 목표고객 등의 영역이나 직무범위에서 구성원 간에 차이를 보일 때 유용하다.

(3) 협상

협상(negotiation)은 당사자들 간에 목표의 차이가 커서 공동의 목표를 추구하기보다는 새로운 협의를 통해 갈등을 해결하는 방법이다. 이것은 설득과 달리 합의에 이른 후에도 긴장관계가 유지되며, 당사자 간의 양보를 통한 타협에 의해 갈등을 일단 중지시키고 더 이상 갈등이 증폭되지 않도록 하는 데 목적이 있다.

(4) 정치적 타결

정치적 타결(politics)은 갈등해결 과정에 제3자를 개입시키는 것으로, 조정과 중재, 기업연합, 로비, 법적 해결 등의 방법이 있다. 조정(mediation)과 중재(arbitration)는 제3자가 갈등에 대한 공정한 해결안을 제시하여 갈등을 해결하는 방법이다. 조정은 그 해결안의 수용 여부가 당사자들의 결정에 맡겨지지만, 중재는 당사자들이 반드시 해결안을 수용해야 하는 구속력이 있다는 점에서 차이가 있다. 기업연합(coalitions)은 힘이 약한 당사자들이 연합하여 강자와 대등하게 협상하여 갈등을 해소하는 방법이다. 게다가 로비(lobbying)는 갈등해결을 위해 정부나 국회의 법률 과정에 영향력을 행사하는 방법이고 법적 해결(judicial appeal)은 사법부의 재판을 통해 갈등을 해소하는 방법이다.

경로갈등을 해결하기 위해 어떠한 방법을 택할 것인가 하는 것은 경로갈등 원인의 소재와 전략을 구사하는 경로선도자의 영향력의 원천과 비중에 달려있다. 경로구성원의 갈등해소는 가능한 한 외부기관이나 인사의 개입이 없이 자체적으로 해결하도록 노력해야 하고, 갈등이 누적되지 않도록 이를 해소시킬 수 있는 창구를 다양하게 열어 놓아야 한다. 경로갈등이 누적되면 구성원 간의 불신과 기회주의적 행동을 유발시키고 경로 성과 달성의 중요한 저해 요인이 되기 때문이다.

2. 유통계열화 마케팅 시스템

전통적으로 유통시스템은 중간상의 개입 여하에 따라 직접유통 또는 간접유통 방식으로 이루어져 왔으며, 거래규모와 판매 지역 확대 등의 이유로 대개 간접판매 방식으로 이루어져 왔다. 전통적인 마케팅 경로는 독립적인 생산자와 도매상, 소매상으로 이루어져 있는데, 이들은 각기 경로시스템 전체의 이익을 희생하면서까지 자신의 독자적인 이익극대화를 추구하는 개별사업체라고 할 수 있다.

즉, 독립적인 유통기관들의 단순한 복합체인 전통적인 마케팅 경로는 유통구성원들의 독자적인 이익만 추구할 뿐 유통시스템의 효율성을 기할 수 없고, 유통구성원 간의 수직적 · 수평적 갈등을 야기하게 되었다.

또한, 경제적 환경 변화나 소비자 구매 패턴의 변화, 컨슈머리즘의 대두, 마케팅 컨셉의 실현을 위한 기업의 노력 등 기업 내 · 외의 환경 변화에 부응하기 위한 전략적 방안이 요구되고, 이러한 요청에 대한 대안으로 유통계열화 또는 마케팅 시스템화를 강구하게 되었다.

유통계열화(channel system or marketing system)란 전문적인 경영과 중앙집권적 유통망(distribution network)을 통해서 각 유통기관이 수행해야 될 마케팅 기능을 할당하고, 유통기관 상호 간의 이해관계를 조정 · 통제함으로써 유통상의 규모의 경제와 경로구성원들 간의 갈등을 조정 · 해소하고자 하는 유통조직망을 의미한다.

유통계열화의 방법으로는 ① 생산과 소비단계를 통일된 경로 형태로 계열화하는 수직

그림 9-8 ▸▸ 마케팅 계열화의 유형

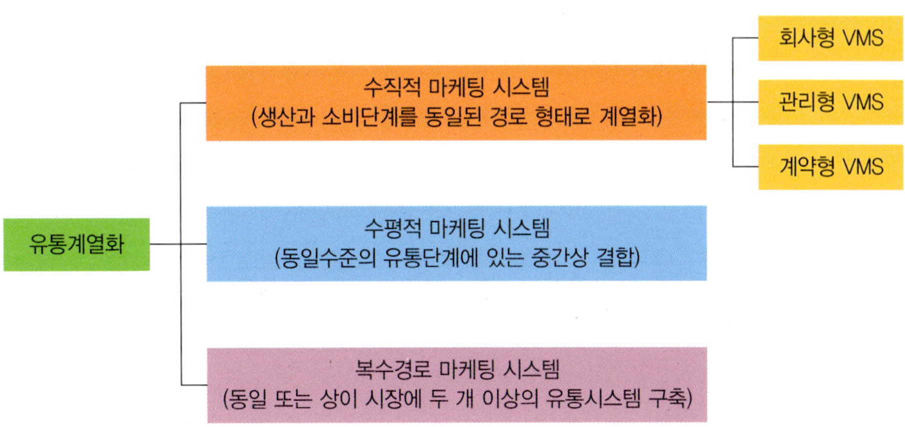

적 마케팅 시스템과 ② 동일수준의 유통단계에 있는 중간상들이 상호 결합하여 시너지효과를 추구하는 수평적 마케팅 시스템 및 ③ 동일한 또는 상이한 시장에 두 개 이상의 유통시스템을 구축하는 복수 마케팅 시스템이 있다. 그런데 흔히 유통계열화라고 하면 협의로 해석하여 수직적 마케팅 시스템을 의미한다. 다음에서는 유통계열화의 유형과 특성에 대하여 살펴보고자 한다.

1) 수직적 마케팅 시스템

대부분의 전통적인 마케팅 경로는 중소규모 중간상들로 구성되어 독자적인 이익을 추구하려는 독립적인 조직의 단순한 집합에 불과하였고, 그로 인해 그들 간의 경쟁과 갈등은 경로구조의 중복성과 다단계성, 저생산성 및 비능률을 초래하였던 바, 이를 해결하기 위한 방안의 하나로 등장한 것이 바로 수직적 마케팅 시스템(VMS: vertical marketing system)이다.

수직적 마케팅 시스템은 생산자 · 도매상 · 소매상으로 구성되는 유통단계상의 한 경로구성원이 다른 경로구성원을 소유하거나 경로구성원들 간에 계약관계 또는 상호 협력체제를 유지하면서 결합된 중앙집권적 유통망으로서 경로갈등을 해소하고, 규모의 경제성과 유통효율을 높이며, 경로주도자에 의한 경로통제를 강화하는 데 목적이 있다. 오늘날 수직적 마케팅 시스템은 소비자시장에 있어서 마케팅 경로의 지배적인 시스템이 되고 있다. 협의의 유통계열화로 일컬어지는 수직적 마케팅 시스템은 회사형 VMS와 관리형 VMS, 계약형 VMS의 세 가지 유형이 있다.

(1) 회사형 VMS

회사형 VMS(corporate VMS)는 한 유통기관에 의하여 소유되고 생산에서 분배의 모든 단계가 서로 밀접하게 결합되어 있는 형태로서, 그 소유자는 생산자 또는 도매상이나 소매상이 될 수도 있다. 주로 제조업자가 대량생산체제의 확보에 따라 제조업자가 주도권을 가지고, 도매상이나 소매상의 활동을 통제하기 위하여 통합(계열화)하는 전방통합(forward integration)과, 그 반대로 소매상이나 도매상이 제조업자의 활동을 직접 통제하기 위하여 통합하는 후방통합(backward integration)이 있다.

이 시스템은 물량의 확보, 재고관리, 물적 유통, 비용의 절감, 재판매가격의 유지 등 규모의 경제효과를 얻을 수 있는 장점이 있다. 반면에, 막대한 투자비용이 투입되고 각 유통단계가 서로 관료적 체제로 결합될 위험이 있으며, 규모의 확대로 오히려 급격한 시장 환경 변화에 신속히 대응하지 못하여 유통비용을 증대시킬 수 있는 단점이 있다.

(2) 관리형 VMS

관리형 VMS(administrative VMS)는 수직적 마케팅 시스템 중에서 통합 또는 통제의 정도가 가장 낮은 계열화 방식으로서, 생산에서 유통의 각 단계에 이르기까지 결합 · 조정되어 있다는 점에서는 회사형 VMS와 동일하지만, 그것이 시스템 내의 한 경로리더의 규모와 파워에 의하여 이루어져 있다는 점에서 차이가 있다.

즉, 유통 과정에 참가하는 유통기관들은 독자적인 목적과 의사결정을 하는 독립된 경로구성원들로 구성되지만 공동의 목적을 위해서는 비공식적 협조가 이루어진다. 예컨대, 상표지명도가 높은 제조업자(경로리더)가 효과적인 머천다이징 프로그램이나 소매점 지원 시스템을 통하여 제품진열이나 진열공간 확보, 판촉, 가격정책 등에서 중간상들의 적극적인 지원과 협조를 확보하는 체제가 이에 해당된다. 전통적으로 이 시스템에서는 제조업자들이 주로 경로 리더가 되어 왔으나, 최근에 와서는 대형소매상들이 제조업자를 통제하는 경로 리더가 되는 현상이 나타나고 있다(ex: 미국의 Seras, Wal-Mart 등).

그림 9-9 ▶▶ 프랜차이즈 시스템의 구조

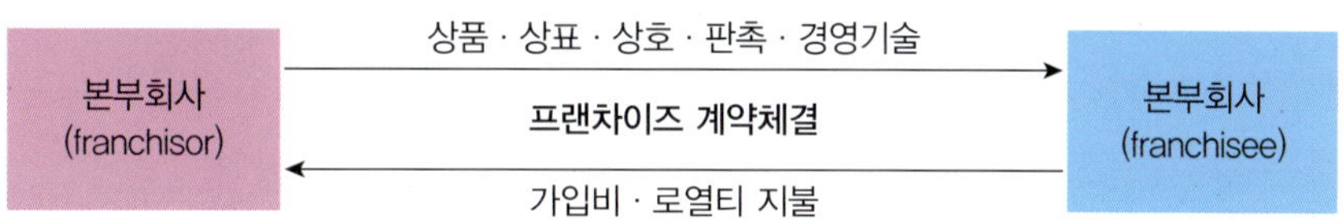

(3) 계약형 VMS

계약형 VMS(contracted VMS)는 생산자로부터 소비단계에 이르기까지 서로 독립된 경로구성원들이 규모의 경제와 판매효과를 노리기 위하여 계약에 의하여 서로 통합 · 조정되어 있는 유통시스템으로서, 관리형 VMS에 비하여 경로구성원들에 대한 경로리더의 통제력이 더 강하다고 할 수 있다. 계약형 VMS는 다음과 같은 세 가지 유형으로 분류된다.

■ 도매상 주도연쇄점(wholesaler-sponsored voluntary chain)

이것은 대규모 회사형 연쇄점(corporate chain)에 효과적으로 대항하기 위하여 도매상 주도 하에 다수의 소매상들과 계약을 맺어 수직으로 통합된 경로시스템을 말한다.

■ 소매상협동조합(retailer-sponsored cooperative)

독립적인 중소 소매상들이 자발적인 동기에 의하여 협동조합과 같은 조직을 결성하여 일괄 공동구매, 공동광고, 공동상표 등을 활용하는 시스템이다. 소매상조합을 통해 도매상의 기능까지 수행하면서 주도권을 갖고자 하는 경우라고 할 수 있다.

■ 프랜차이즈 시스템(franchise system)

프랜차이즈 시스템은 생산-유통 과정이 프랜차이저(franchisor)라는 본부회사와 프랜차이지(franchisee)라는 가맹점 간의 계약 하에 서로 결합되어 있는 경로조직이다. 본부회사는 가맹점들로부터 가입비와 매출액에 대한 일정 비율의 로열티(royalty)를 받는 대신에, 가맹점에 대해서는 제품의 판매권과 상표, 상호, 종업원 훈련, 경영기술, 마케팅정보, 촉진 활동 등을 제공하게 된다. 프랜차이즈 시스템은 최근에 와서 특히 주목을 받으며 급성장을 하고 있다.

이 제도는 시스템 전체의 프로그램을 개발하여 소비자들에게 일관성 있는 제품, 서비스를 제공하여 거래질서를 표준화시킴으로써 소비자들이 멀리서도 상표나 간판만 보더라도 그 점포의 이미지를 연상하고 식별할 수 있게 하는 장점이 있다.

반면에, 자유경쟁을 제한하거나 경제적 약자인 가맹점에 대한 불공평계약이 사회 문제로 등장하는 경우도 있으며, 경영 창의성을 제한받는 등의 문제가 있다.

프랜차이즈 시스템에는 다음과 같은 세 가지 유형이 있다.

- 제조업 주관형 소매상 프랜차이즈 시스템(Ford 자동차 등)
- 제조업 주관형 도매상 프랜차이즈 시스템(코카콜라 등)
- 서비스업자 주관형 소매상 프랜차이즈 시스템(McDonald's, 롯데리아, Hyatt 등)

2) 수평적 마케팅 시스템

수평적 마케팅 시스템(HMS: horizontal marketing system)은 동일한 유통단계에 두 개 이상의 유통기관이 서로 대등한 입장에서 일종의 연맹체를 결성하고 있는 시스템을 말한다. 주로 단일기업으로서는 자본이나 노하우, 생산 · 마케팅 설비를 감당할 수 없거나, 이를 감당하기에 너무 큰 위험부담이 수반될 때, 상호 연맹체를 구성 · 유지함으로써 상호 간의 공존공영과 시너지효과(synergy effects)를 추구하는 경우에 이루어지는 경로결합이다.

이처럼 동일한 유통단계의 경로 멤버들 간에 이루어지는 공동의 마케팅 노력은 심비오틱 마케팅(symbiotic marketing)의 대표적인 예라고 할 수 있다.

3) 복수경로 마케팅 시스템

복수경로 마케팅 시스템(multi-channel marketing system)은 동일한 또는 상이한 시장에 대하여 2개 이상의 유통시스템을 구축하는 경우로서, 동일한 고객층에 상이한 경로시스템을 두는 경우와 고객층에 따라 별도의 유통시스템을 두는 경우를 말한다.

이 방식은 다양한 고객층에 두루 도달할 수 있고, 또 시장에 대한 제품의 노출을 최대화할 수 있는 이점이 있는 반면에, 그 제품을 취급하는 경로 멤버들 간의 경쟁과 갈등이 증폭되고 가격차별화가 수반될 경우에는 소비자의 저항이 유발될 수 있다.

요컨대, 마케팅 경로 계열화는 전통적 유통시스템의 단점을 극복하고 경로구성원들 간의 갈등을 최소화와 경로 리더의 통제력을 확보함에 있어서 매우 중요한 문제가 된다. 이러한 마케팅 경로 계열화 방식의 결정은 취급하는 제품과 기업의 제반 여건을 고려하여 신중하게 이루어져야 할 것이다.

3. 물적 유통관리

1) 물적 유통의 본질

현대 사회에 있어서 마케팅 경로는 재화나 서비스의 생산과 소비를 연결하는 경제 활동을 그 주된 내용으로 하고 있다. 국민경제의 균형 있는 발전을 위해서는 생산과 유통, 소비가 원활하게 이루어져야 한다. 오늘날 사회가 점차 분업화되고 시장의 영역이 확대됨에 따라 생산과 소비 간의 시간적 · 공간적 차이(gap)를 유기적으로 결합하는 유통기능은 매우 중요하게 되었다. 적절한 마케팅 경로나 유통시스템을 구축하는 것은 표적시장에서의 원활한 제품판매를 위해서 매우 중요하지만, 이것만으로 표적고객들에 대한 원활한 제품 공급을 보장하지는 못한다. 이에 기업은 적정한 시간에 적정한 장소에서 적정한 양의 제품을 고객들에게 공급할 수 있도록 하기 위하여 물적 유통 활동을 하게 된다.

물적 유통(PD: physical distribution,' 물류'라고도 함)의 개념은 다양하게 정의되고 있다. 미국마케팅학회(AMA)에서는 물적 유통을 "생산단계에서부터 소비 또는 사용에 이르기까지 제품의 이동과 취급을 관리하는 것"이라고 정의하고 있다. 맥카시(E.J. McCarthy)는 물적 유통을 "기업이 마케팅믹스 차원에서 마케팅 경로에 따라 표적고객이 욕구를 충족시키기 위하여 재화를 이동하고 저장하는 것"이라고 정의하고 있다.

또한 코틀러(P. Kotler)는 물적 유통을 "적정한 이윤 하에서 고객의 욕구를 충족시키기 위하여 생산된 곳으로부터 사용된 곳에까지 물자와 완제품이 물리적 흐름을 계획하고 실행하며 통제하는 일련의 활동"을 포괄하는 것으로 정의하고 있다.

오늘날은 물적 유통을 보다 광의적으로 해석하여 로지스틱스(logistics)의 개념으로 이해하는 경향이 있다. 즉, 물적 유통의 개념을 원재료나 부품의 조달단계에서부터 생산단계를 거쳐 최종소비자에게까지 물리적인 물자나 제품이 옮겨가는 과정을 관리하는 것으로 보는 것이다.

여기에서는 이러한 제정의를 토대로 하여 물적 유통을 다음과 같이 정의하고자 한다.

- 물적 유통: 적정한 수준의 이윤을 보장하면서 고객의 욕구를 충족시키기 위하여 물자(원재료, 부품 등)나 제품을 생산지점으로부터 그 사용 또는 소비지점에까지 옮기는 것과 관련된 일련의 활동을 말하며, 여기에는 주문처리, 보관(창고), 재고관리, 운송, 하역, 포장, 위치선정 및 이들 활동을 지원하는 정보 등의 제활동을 포함한다.

이 개념은 크게 두 가지의 함축적인 의미를 내포하고 있다. 첫째, 물적 유통의 1차적인 관심은 물리적인 재화(물자, 제품)의 흐름을 어떻게 하면 보다 효율적이고 경제적인 방법으로 고객에게 도달하도록 관리할 것인가 하는 것이다. 둘째 고객의 욕구, 즉 고객이 원하는 제품을 원하는 시간에 원하는 장소로 공급하는 '고객에 대한 서비스'는 기업에 대한 적정한 수준의 이윤보장과 조화를 이루어야 한다는 것이다. 고객에 대한 유통서비스 수준의 증대는 재고유지비나 창고비, 운송비 등의 유통비용의 증가를 초래하며, 이는 생산자인 기업의 이윤을 상쇄하는 요인으로 작용하기 때문이다.

흔히 물적 유통의 목표는 "최소의 비용으로 적정한 제품을 적정한 시기에 적정한 장소로 공급하는 것"이라고 규정하고 있으나, 이것은 현실적인 지침이 되지 못한다.

왜냐하면, 고객서비스 증대와 유통비용 최소화는 서로 상충관계(trade-off)에 있기 때문에 유통비용을 최소화하면서 고객서비스를 극대화할 수 없는 것이다. 따라서 물적 유통의 목표는 기업이 목표로 하는 특정 수준의 대고객 유통서비스의 수준을 결정하기 위해서는 마케팅 조사와 경쟁사의 서비스 수준을 함께 고려해야 할 것이다.

기업 활동에 있어서 물적 유통 분야는 주문처리, 운송, 보관, 재고관리 등 여러 면에서 비용절감의 혁신기회를 찾을 수 있음에도 불구하고 지금까지 미개척 분야로 지적되어 왔다. 이러한 사정에 대하여 미국의 드럭커(P. Drucker)는 물적 유통 분야를 '경제의 암흑대륙(the economy's dark continent)'이라고 하였다. 최근 들어서는 물적 유통 분야는 '비용절감을 위한 최후의 보고', '제3의 이윤원(源)' 등의 표현으로 그 중요성이 강조되고 있다.10

2) 물적 유통관리(물적 유통시스템)

물적 유통관리란 고객의 욕구를 충족시키기 위해 물자(원재료, 반제품 등)와 제품의 물리적 흐름을 계획 · 실행 · 통제하는 일련의 활동을 말한다. 기업의 물적 유통 목적을 효과적으로 달성하기 위해서는 물적 유통시스템의 설계가 필요하다. [그림 9-10]은 일반적인 물적 유통시스템의 구조를 나타내주고 있다. 이 그림에서 물적 유통시스템은 고객의 주문을 받아 처리하는 것으로부터 시작하여 재고, 보관, 운송 과정을 거쳐 다시 고객에게 배달되는 흐름을 보여주고 있으며, 이 모든 과정이 컴퓨터화 된 유통정보시스템의 통제 하에서 이루어짐을 알 수 있다.

그림 9-10 ▶▶ 물적 유통시스템

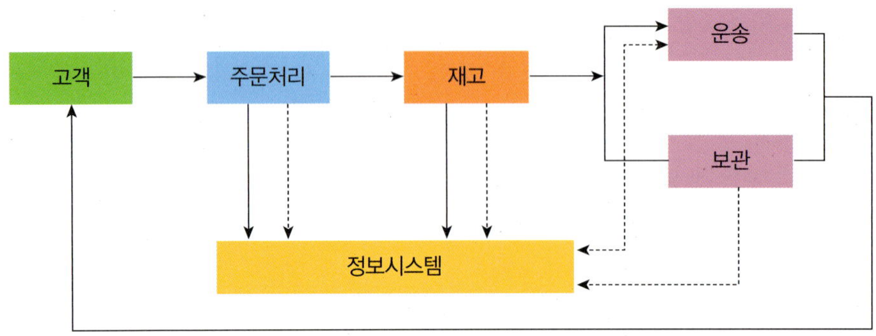

* 점선은 정보의 흐름을 나타낸다.

물적 유통관리자는 주문처리, 재고, 보관, 운송 등 크게 네 가지의 물적 유통기능을 중심으로 하여 일상적인 활동을 하게 된다.

(1) 주문처리(order processing)

물적 유통은 고객의 주문에서부터 시작된다. 기업과 고객의 주문을 최대한 빠르고 정확하게 처리함으로써 상호 이익을 얻을 수 있다. 오늘날 컴퓨터를 이용한 정보시스템의 활용으로 주문 · 적송 · 대금청구의 과정이 점차 단축 되고 있으며, ① 고객의 주문서가 회사에 도착하는 시간과, ② 주문의 처리시간(고객의 신용조사와 재고조사 및 생산 부서의 추가생산에 소요되는 절차와 시간), ③ 제품의 발송준비, ④ 배달 과정으로 이어지는 주문주기(order cycle) 역시 점차 짧아지고 있다.

(2) 보관(창고, warehousing)

기업은 제품이 판매될 때까지는 제품을 보관해야 한다. 생산과 소비의 시간적 · 공간적 차이가 커지고, 그 주기가 일치하지 않을수록 제품에 대한 보관의 기능은 더 중요시된다. 예컨대, 농산물은 계절적으로 생산되지만 그 수요는 계절에 관계없이 지속되므로 보관 또는 저장기능은 고객들이 원하는 물량과 시기의 차이를 극복하게 해준다.

기업은 최적의 보유창고 수를 결정해야 한다. 보관창고가 많다는 것은 고객들에게 그만큼 빨리 배달할 수 있어 고객서비스 수준이 증가됨을 의미하지만, 동시에 보관비용의 증가를 수반하기 때문에 양자 간의 균형을 이루는 결정이 필요하다. 기업은 자가창고

(private warehousing)를 보유할 수도 있고, 공공창고(public warehousing)를 임차하여 사용할 수도 있다. 자가창고는 마음대로 쓸 수 있어 통제가 용이하다는 장점이 있지만, 많은 자본이 소요되고 보관장소를 융통성 있게 변경하기 어렵다는 단점이 있다. 반면에 공공창고는 임차료를 지불해야 하고, 마음대로 쓸 수가 없다는 어려움은 있으나, 고정설비 투자가 필요치 않고 창고의 유형이나 위치에 대한 선택의 폭이 넓다는 이점이 있다.

기업들은 보관창고(storage warehousing)와 유통센터(distribution centers)를 이용하기도 한다. 보관창고는 일정 기간 이상의 보관이 필요한 경우에 활용하는 창고를 말하며, 유통센터는 여러 공장이나 공급업자로부터 제품을 공급받아 필요한 고객들에게 효과적이고 신속하게 제품을 공급하기 위하여 이용하는 대규모 창고를 말한다. 최근에는 물류합리화의 일환으로 개별기업단위의 자동화창고나 물류센터, 동종업체 간의 공동물류센터, 대규모 복합유통단지 등이 활발하게 만들어지고 있다.

(3) 재고(inventory)

제품의 재고유지는 소비자만족에 다양하게 영향을 미친다. 마케팅 관리자의 입장에서는 신속한 주문처리를 위하여 기업이 항상 충분한 재고를 확보하기를 원하지만, 기업 전체 입장에서는 재고를 많이 확보할수록 재고와 연관된 비용은 일반적으로 증가하게 된다. 따라서 경영자는 재고확대 및 주문처리시간 단축이 기업 매출과 이익에 미치는 영향을 정확히 분석하고 예측할 수 있어야 한다.

제품의 재고량 결정에는 주문시점과 주문량 결정이 반드시 필요하다. 판매가 이루어짐에 따라 재고가 줄어들어 경영자는 어느 정도의 재고수준에서 재주문을 할 것인가를 알아야 하는데, 이 재고수준을 '주문점' 또는 '재주문점'이라고 한다. 주문처리시간이 길거나 사용률이 높고 고객서비스 수준이 높을수록 재주문점은 높아야 한다. 만일 주문처리시간이나 소비자의 사용률이 일정하지 않고 변동이 심할 경우, 재주문점은 안전재고(safety stock) 이상으로 높게 책정해야 한다. 따라서 기업은 재고부족위험과 과잉재고비용 간의 균형이 이루어지는 점에서 최종 주문점을 결정하게 된다.

재고와 관련한 두 번째의 결정은 주문량(order quantity)의 결정이다. 1회 주문량이 많을수록 주문횟수는 줄어들고 주문처리비용은 적지만 재고유지비용은 많이 든다. 따라서 주문처리비용은 반드시 재고유지비용과 함께 검토되어야 한다. 즉, 주문량이 증가할수록 단위당 주문처리비용은 적어지며, 평균재고수준이 높을수록 재고유지비용은 높아진다.

그림 9-11 ▶▶ 최적주문량의 결정

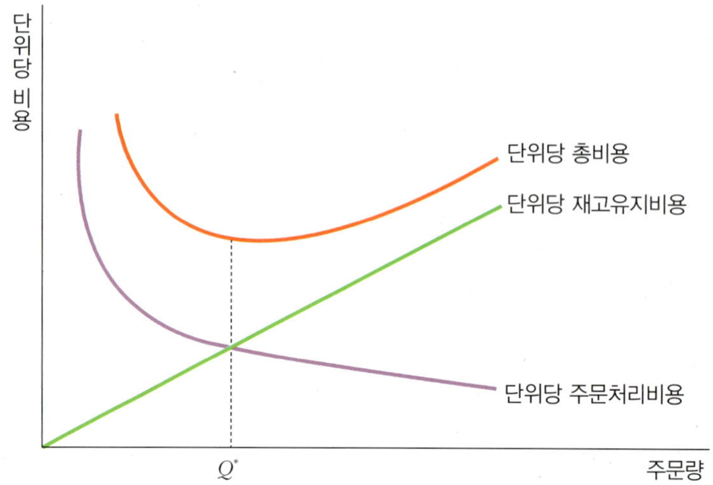

자료: Bert Rosenbloom, *Marketing Channels*, 7ed., Thompson, 2004, p. 393.

재고유지비용에는 보관비용, 자본비용, 세금 및 보험비용, 감가상각비와 진부화비용 등이 포함된다.

따라서, 적정주문량은 주문량에 따라 주문처리비용과 재고유지비용의 합이 어떻게 변화하는가에 따라 결정된다. [그림 9-11]은 주문량에 반비례하는 단위당 주문처리비용곡선과 주문량에 비례하는 단위당 재고유지비용곡선의 합이 단위당 총비용곡선이 됨을 보여주고 있으며, 기업의 최적주문량(Q^*)은 단위당 총비용이 최저가 되는 주문량임을 알 수 있다.

(4) 운송(transportation)

마케팅 관리자는 제품의 물적 유통을 위하여 어떠한 운송수단을 선택할 것인가를 결정하는 것이 필요하다. 운송수단의 선택은 제품의 가격이나 배달의 신속성, 제품도착 후의 상태 등에 영향을 미치며, 이것은 고객만족도에 영향을 미치게 된다.

일반적으로 운송수단으로는 철도, 트럭, 해상, 항공, 파이프라인 등이 있다. 각 운송수단은 장·단점을 지니고 있기 때문에 기업은 운송수단을 결정함에 있어서 배달속도(발송지에서 목적지까지), 운송비용, 신뢰도(예정시간 내 배달능력), 운행빈도, 지리적 범위(이용가능성), 신축성(여러 품종을 취급할 수 있는 능력)등의 요소를 고려해야 한다.

[표 9-4]는 각 운송수단의 상대적 특성을 제시해 주고 있다.

표 9-4 각 운송수단의 상대적 특성

특성 / 운송수단	배달속도	운송비용	신뢰도 (정확성)	운행빈도	지리적 범위	신축성 (취급능력)
철도	3	3	3	4	2	2
트럭	2	4	2	2	1	4
해상	4	1	4	5	4	1
항공	1	5	5	3	3	3
파이프라인	5	2	1	1	5	5

※ 숫자는 각 요소에 대한 수송수단 간의 상대적 이점 순위를 나타낸다.

기업 혹은 개인이 수송비용을 최소화하고자 한다면 해상운송이나 파이프라인을 우선적으로 고려할 것이고, 목적지까지의 신속한 수송을 원한다면 항공편이나 트럭을 우선적으로 고려하게 될 것이다. 또한, 운송화물의 종류에 따라서 운송수단이 결정된다.

예를 들어, 전자부품이나 의약품과 같은 고가품이나 부패성이 높은 제품은 항공운송이 적합하며, 유류나 천연가스 제품은 파이프라인을 이용하는 것이 적합할 것이다. 또한 광물이나 곡물과 같이 부피가 크고, 값이 싸며 부패성이 적은 제품운송에는 해상운송이 효과적일 것이다.

트럭은 거리의 장 · 단에 구애받지 않고 다양한 유형의 제품을 목적지까지 운송(door-to-door)할 수 있으며, 단거리 수송이나 도시 내 수송에서 가장 많이 이용되는 수송수단이다. 철도는 석탄이나 광물, 농산물, 목재와 같이 부피가 크고 무거운 제품을 비교적 염가로 장거리 수송하는 데 매우 경제적인 운송수단이다. 추가적으로 두 가지 이상의 운송수단을 서로 결합함으로써 'Door-to-Door' 운송을 지향하고 개별 수송수단의 장 · 단점을 상호 보완하는 복합운송 방식도 널리 활용되고 있다.

이를테면, 트럭과 철도를 결합한 피기백(piggyback), 선박과 트럭을 결합한 피시백(fishyback), 그리고, 항공기와 트럭을 결합한 버디백(birdyback) 등의 방식이다. 이 밖에도 국내 또는 국제적 규모의 운송서비스를 제공하는 운송대행사(freight forwarders)를 활용하기도 한다. 운송대행사는 대개 소량의 운송화물을 모아서 전문적으로 대량운송을 하기 때문에 상대적으로 저렴한 비용으로 화물을 수송할 수 있는 이점이 있다.

최근에는 드론을 이용한 무인 배달서비스에 블록체인 기술을 적용하는 방안도 강구하고 있는 것으로 알려졌다.

마지막으로 한국의 온라인 · 홈쇼핑 등 무점포 판매액이 60조(2017년 통계청 기준)를 넘어서며 유통산업 판도 변화도 가속화하고 있으며, 딜로이트 컨설팅이 발표한 2016년 기준 세계 1위 유통기업은 미국 월마트였고, 이어 미국 코스트코, 크로거, 독일 슈와츠그룹, 미국 월그린스 부츠 얼아이언스, 미국 아마존 순이었다.

학 | 습 | 사 | 례

'유통공룡' 월마트, 블록체인 활용한 드론 배달서비스 검토

세계 최대 유통업체인 미국 월마트가 드론을 이용한 무인 배달서비스에 블록체인 기술을 적용하는 방안을 강구하고 있는 것으로 알려졌다.

코인데스크에 따르면 월마트는 지난달 30일 미국 특허청에 '자동화된 전자기기들 간에 무선으로 상호 의사를 소통하고 식별 과정을 거쳐 상대방과의 이동순서를 정하고 물건을 건네주는 시스템'에 관한 특허를 신청했다.

이는 월마트가 추진하고 있는 미국 내 드론 배송과 관련된 것으로, 드론들이 블록체인 키를 활용해 상호 식별 코드를 교환해 하나의 드론이 특정 지역을 먼저 지나가게 해주거나 서로간에 동료임을 확인하면 가지고 있는 물건을 건네주도록 하는 시스템이다. 드론은 월마트가 운영하고 있는 블록체인에 저장된 배송정보 데이터베이스에 의존해 이동하도록 하는 식이다.

서로를 식별하기 위해 드론들은 RFID코드나 QR코드, 초음파 등 다양한 신호를 사용할 수 있도록 한 것이 이 특허의 주요 내용이다. 특히 이 특허에서 블록체인 기술을 활용하도록 한 것은, 이 같은 배송이 자동화된 방식이다보니 소비자들이 보안상의 우려 없이 비행하는 드론을 자신에게 제품을 배송하는 물체라는 것을 신뢰해야 하며 이를 위해서는 드론들 간에 서로의 정체를 확인하는 시스템도 신뢰할 만해야 하기 때문이다.

월마트는 현재 자신들의 사업 영역에서 다양한 블록체인 솔루션을 적용하는 방안을 고민하고 있고 최근에는 스마트 기기 관리와 이를 통한 배송 관제시스템에 관한 특허도 신청한 바 있다.

출처: 이데일리 2018.09.04. http://www.edaily.co.kr/news. 기사편집

CHAPTER

10

마케팅 커뮤니케이션 전략

제1절 통합적 마케팅 커뮤니케이션

제2절 마케팅 커뮤니케이션(광고) 정책의 계획

제3절 마케팅 커뮤니케이션(광고) 정책의 실행

제4절 인적판매/판매촉진/홍보전략

도입사례

가르치려 하지 말라, 유혹하라

토끼처럼 뛰어다니는 고양이 소비자
유튜브에서 인정받는 브랜드만 살아남는다

[shutterstock]

주말에 할 게 없으면 친구들과 약속 잡으면 되지 않느냐고? 밀레니얼 세대는 굳이 그러지 않는다. 친구들과 시간 맞추기가 번거롭기도 하거니와 취향도 제각각이므로. 그 대신 스마트폰 애플리케이션(앱)을 켜고 내 취향에 맞는 모임이나 액티비티를 고른다. 거기 가서 누굴 만나느냐고? '안물안궁'(안 물어보고 안 궁금함)이다. 이런 모임에서 "저는 ??년생이고요, △△회사에 다녀요"라고 자기 소개하는 것은 정말 촌스러운 일이다. 구체적으로 뭐 하고 노는지 알고 싶다면 인스타그램에서 '#프립'을 검색해볼 것.

패러다임을 바꿔버린 세대

밀레니얼 세대가 즐겨 이용하는 소셜 액티비티 플랫폼 '프립'. [사진제공: 프립]

'소비자로서 밀레니얼 세대'는 이 세대를 주목하는 주요 관점 중 하나다. 20대 초반부터 30대 중반까지를 아우르는 이들이 주요 소비자 군단으로 등극했을 뿐 아니라, 이들로부터 인정받는 제품과 브랜드가 윗세대로 전파되는 등 이 세대가 소비의 액셀러레이터로도 역할을 하기 때문이다. 이제 밀레니얼 세대를 잡지 못하면 비즈니스에서 성공할 수 없다.

'나도 한때 신세대였고, 반항 좀 했었다'는 생각은 접어두는 게 현명하다. 밀레니얼 세대는 예전 신세대와 완전히 다르다. 이들은 유사 이래 최초로 '4차산업혁명과 함께 온' 신세대다. 인터넷으로 초연결된 세상 속에서 방대한 정보를 접하며 자랐기에 세상에 완벽한 것이 없음을, 영원한 비밀이 있을 수 없음을 잘 안다. 따라서 '나음'보다 '다름'을, 수직적 위계보다 수평적 네트워크를 선호한다. 그리고 바람직하게도 기성세대보다 사회적 소비에 관심이 많다. 이들의 등장으로 우리 사회의 패러다임은 변화하고 있다.

얼마 전까지만 해도 소비자들은 더 나아지길 소망했다. 더 부유해 보이기를, 더 세련돼 보이기를 욕망했다. 비교 대상이 제한적이던 과거에는 뭐가 더 나은지 따져보거나, 내가 더 뛰어나다고 자신만만해할 수 있었다. 하지만 비교 대상이 압도적으로 늘면서 무엇이 가장 뛰어나다고 말할 수 없는 시대가 됐다. 게다가 밀레니얼 세대는 자라면서 한 번도 '나쁜 품질'을 경험해본 적이 없다. 이들은 화장품을 고르면서 '혹시 수은이 들어 있지 않을까' 걱정하지 않는다. 중요한 것은 KS마크가 아니라 취향이다. 이 상품, 서비스, 브랜드가 내 취향에 부합하는가. 이것이 소비자 선택의 주요 잣대가 됐다.

이들은 완벽함을 기대하지 않는다. 3년 전 갤럭시노트7 배터리 게이트가 터졌을 때 밀레니얼 세대는 '기술의 삼성'이 배터리를 거지같이 만들었다며 화내지 않았다. 나도 실수하고, 삼성도 실수할 수 있다. 중요한 것은 실수 다음의 행동이다. 만약 삼성전자가 빠르고 적극적으로 후속 조치를 취하지 않았다면 엄청난 역풍을 맞았을 것이다. 한편 밀레니얼 세대는 브랜드 호핑(hopping)도 심하다. 토끼처럼 폴짝폴짝 뛰어다니며 내 취향에 맞는 브랜드를 고른다. 이 브랜드가 맘에 들었다고, 그 연대감이 오래 지속되는 것은 아니다. 이들은 방대한 정보와 놀라운 검색 능력을 바탕으로 늘 새로운 시도를 한다. 마케터로서는 고역이 아닐 수 없다.

"감자튀김이나 똑바로 만들라"

엉뚱하고 재밌는 존재로 자리매김한 배달앱 '배달의민족'(왼쪽)과
숙박 대신 여행을 강조해 업계 1위에 오른 숙박앱 '야놀자'. [사진제공: 배달의민족, 야놀자]

그리하여 밀레니얼 세대가 주요 소비층이 된 비즈니스 환경에서 마케팅은 4.0 버전으로 한 단계 더 나아간다. 마케팅 1.0은 제품 자체에 중심을 둔다. '천연암반수로 만든 생수'라는 점을 드러낸다. 마케팅 2.0은 제품이 고객에게 주는 이점을 강조한다. 천연암반수로 만들었기에 '피부에 좋은 생수'라고 속삭인다. 마케팅 3.0에서 소비자는 상품이 아닌 브랜드 자체를 소비한다. 롯데칠성음료가 생수 '아이시스'에 핑크빛 브랜드 정체성을 심은 것이 그 예다. 마케팅 4.0에 이르면 브랜드가 인격화된다. 사람들처럼 웃고 떠들고 또 실수도 하면서 그 나름 사회생활을 한다.

흥미로운 사례가 있다. 2016년 2월 미국에서 오랜 맞수 맥도날드가 버거킹을 '디스'하는 광고 캠페인을 벌였다. 맥도날드는 지점 수가 많아 5km만 가면 되는데, 버거킹에 가려면 258km를 운전해야 한다는 내용이었다. 이에 버거킹은 한 운전자가 맥도날드 매장에서 커피를 주문하는 광고로 맞섰다. 멀리 있는 버거킹까지 운전해 가려고 맥도날드에서 졸음을 물리쳐줄 커피를 산다는 것이다. 이러한 광고 맞대결을 본 소비자의 반응은 시큰둥했다. 서로 자신이 더 잘났다고 싸워대는 게 대체 무슨 의미냐는 거다. 이미 소비자는 '햄버거는 버거킹이, 감자튀김은 맥도날드가 더 맛있고, 커피는 둘 다 별로'라는 평가를 마쳤기 때문이다. 맥도날드에 맞불을 놓은 버거킹에는 "감자튀김이나 똑바로 만들라"는 일침을 가했다.

반면 배달앱 '배달의민족'(배민)이나 숙박앱 '야놀자'는 밀레니얼 세대를 제대로 이해한 마케팅을 보여준다. 배민과 야놀자는 '음식을 빨리 배달해준다'거나 '숙소를 저렴한 가격에 예약할 수 있다'고 강조하지 않는다. 치믈리에(치킨+소믈리에) 자격시험, '치킨은 살 안 쪄요, 살은 내가 쪄요' 등 히트작을 낸 배민신춘문예, '너 먼저 씻어'라는 문구가 새겨진 수건 등 재미난 물건만 판매하는 인터넷 쇼핑몰 배민문방구 등을 통해 배민은 엉뚱하고 재밌고 친근한 존재로 자리매김했다. 야놀자는 숙박 대신 여행을 팔기 시작하면서 여타 숙박앱들과 격차를 벌리고 업계 1위를 차지했다. 고객의 여행 후기를 지속적으로 공유하고, 강원 홍천군의 작은 맛집들과 연합해 페스티벌을 열거나 '이불 밖은 짜릿해 이색 액티비티'를 소개한다. 이를 통해 여행이 얼마나 즐거운 일인지, 떠나는 것이 당신에게 얼마나 의미 있는 일인지를 속삭인다. 앞으로는 '내가 더 잘났다'고 떠드는 회사보다 배민이나 야놀자처럼 소비자가 공감하는 콘텐츠로 다가가는 회사가 경쟁사와 간격을 벌리며 독보적 존재가 될 것이다.

출처: 주간동아 2019.01.26. http://news.donga.com/기사편집

제1절 통합적 마케팅 커뮤니케이션

1. 마케팅 커뮤니케이션의 정의

마케팅 커뮤니케이션이란 ① 표적시장 내에서 바람직한 반응이 일어날 수 있도록 통합적 자극(integrated stimuli)을 주며, ② 메시지를 수정하고 새로운 커뮤니케이션 기회를 확인하기 위하여 시장으로부터 얻어진 메시지를 수신하고 해석하기 위한 경로를 설계하는 과정이라고 할 수 있다. 마케팅의 주체인 기업이 시장 관련 메시지의 송신자이자 수신자이므로 마케팅 컨셉과 조화를 이루고 있다.

1) 마케팅 커뮤니케이션의 특징 및 과정

통합적 마케팅 커뮤니케이션(IMC)의 개념은 DM, 판매촉진, PR 등 다양한 커뮤니케이션 수단들의 전략적인 역할을 비교 · 검토하고, 명료성과 정확성 측면에서 최대의 커뮤니케이션 효과를 거둘 수 있도록 이들을 통합하는 총괄적인 계획의 수립 과정이라고 볼 수 있다.

IMC의 특징은 다음과 같다.

첫째, 고객의 행동에 영향을 미친다. 커뮤니케이션 효과 과정을 거쳐 궁극적으로 구매를 유도해야 한다. 둘째, 모든 접촉 수단의 활용이다. 고객에게 메시지를 전달할 수 있는 모든 수단들의 검토한다. 셋째, 고객 혹은 유망고객으로부터 출발한다. 고객의 관점을 가지고 outside-in 접근법을 이용한다. 넷째, 시너지 효과의 달성이다. 각 수단들이 서로 상승효과를 낼 수 있도록 조정한다. 다섯째, 관계구축이다. 궁극적으로 고객과의 관계를 강화하여야 한다.

커뮤니케이션 목표를 기업에서 추구하는 목적과 일치하도록 설정하여 투자환수의 정도를 높이는 과정으로 정의할 수 있는 마케팅 커뮤니케이션(IMC)에 관한 논의는 1980년대 말부터 활발히 시작되었다. 즉, 마케팅 커뮤니케이션(IMC: intergrated marketing communication)이 등장하게 되는 배경은 광고 이외의 촉진 활동, 즉 SP, 이벤트, PR, DM, POP광고 등의 중요성이 증대되었기 때문이다.

- 데이터베이스 마케팅의 등장과 활용－Cable TV, Interactive media 마케팅 비용의 효율적 운영 가능
- 세분화된 소비자층의 등장－신세대, 독립 생활자, 취업주부, 실버세대 등
- 소매업자 역할의 중요성 증대－대형화, 전문화된 소매상의 출현
- 데이터베이스 마케팅의 등장과 활용 등이다.

또한, 마케팅 커뮤니케이션은 다양하지만 [그림 10-1]에서 보는 바와 같이 기본적으로 발신자, 메시지, 수신자 및 매체 등 네 가지 요소가 여기에 해당된다. 먼저 발신자(sender)란 아이디어를 가진 사람으로 다른 사람과 공유하려고 하는 사람이 해당되며 대표적으로 기업, 정치가, 지도자 및 사회단체대표 등이 있다. 다음으로 메시지(message)는 발신자가 가지고 있는 아이디어를 표현 가능한 상징적인 것들로 구성한 것을 말하는데 발신자가 보내는 정보를 포함하고 있는 메시지로서 수신자의 태도나 의견을 바꾸기 위해 보내는 하나의 자극을 말한다. 예를 들어, 광고에서의 메시지, 문자, 언어, 소리, 색 등을 통해 구성 가능하다. 수신사(receiver)는 발신자의 아이디어를 공유하거나 전달받은 객체로써 소비자, 기업의 경영자 등이 있다. 발신자가 보내나는 여러 자극들을 받는 개인이나

그림 10-1 ▸▸ 마케팅 커뮤니케이션 과정 (1) 전통적 커뮤니케이션 모델

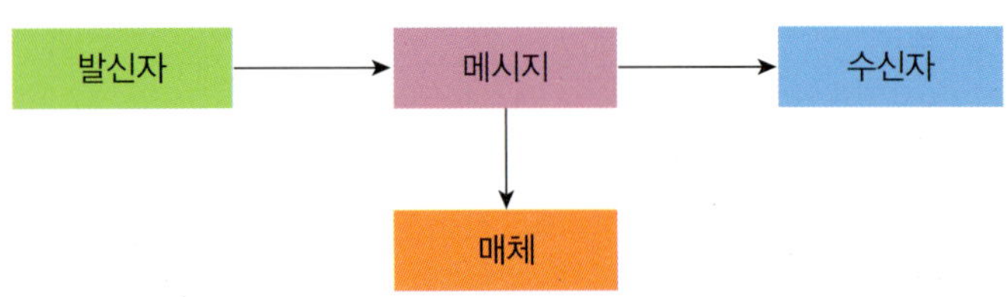

집단으로 과거에는 수신자들이 수동적으로 파악했지만 오늘날의 수신자들은 뉴미디어의 영향으로 많은 정보에 노출되면서 많은 정보들을 수용함에 있어서 능동적이고 선별적인 수신자도 등장하기 시작했다.

매체(media)는 발신자가 보낸 아이디어가 담긴 메시지를 수신자에게 전달하는 도구로써 송신자와 수신자 사이에 존재하는 시공간적 간격을 뛰어넘도록 메시지를 담아 전달하는 메시지의 매개체라고 할 수 있다.

기본적으로 TV, 라디오, 신문, 및 잡지, 인터넷 등이 있으나, 최근에는 인터넷을 기반으로 한 스마트 미디어들이 급증을 하면서 매체를 활용하는 방법에도 엄청난 변화가 나타나고 있는 추세이다.

한편, [그림 10-2]에서 보는 바와 같이 정교화 커뮤니케이션 모델은 전통 커뮤니케이션 모델에서 부호화, 해독, 피드백 및 소음이 추가된 것으로 코틀러에 의해 정립되었다. 부호화(encoding)란 발신자가 가지고 있는 아이디어를 전달 가능한 상징적인 형태를 사용하여 구체적인 표현의 한 형태로 전환시키는 과정이다. 해독(decoding)은 아이디어가 담긴 메시지에 포함된 상징을 해석하여 발신자가 보낸 아이디어를 추출해 내는 과정을 말한다. 반응(response)은 수신자가 아이디어가 담긴 메시지를 수신자가 해독한 후에 이에 대한 반응으로 나타나는 소비자들의 태도이다. 피드백(feed back)은 발신자가 자신의 아이디어가 담긴 메시지가 수신자에게 어떻게 전달되고 있는지를 검토하고 커뮤니케이션 활동들을 조정할 수 있도록 수신자의 반응이 발신자에게 전달되는 과정을 말한다.

그림 10-2 ▸▸ 마케팅 커뮤니케이션 과정 (2) 정교화 된 커뮤니케이션 모델[01]

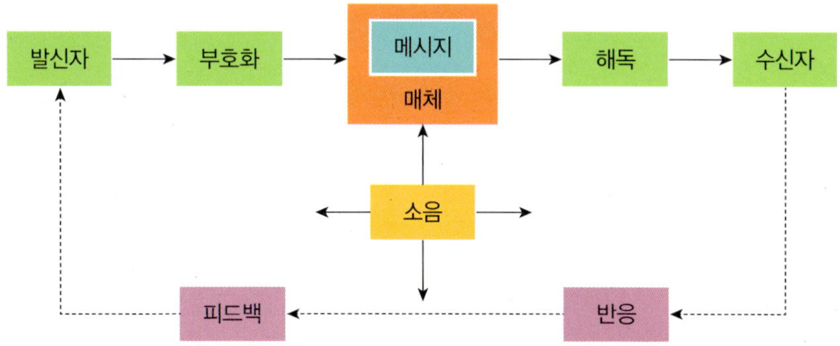

자료: P. Kotler, *op. cit.*, 2000, p. 551.

---

01 발신자=(마케팅 관리자), 부호화=(판매제시, 광고, 판촉물, 진열 등), 매체=(광고매체, 판매원 판촉수단, 홍보), 해독=(소비자의 선택적 지각 과정과 해석), 수신자=(표적시장 소비자), 소음=(경쟁사의 광고, 판매원 소음, 인쇄물, 불량매체)

즉, 수신자가 발신자에게 보내는 신호로 발신자가 보낸 메시지에 대한 일종의 평가로써 발신자로 하여금 그 메시지를 유지해야 할지, 수정해야 할지에 대한 정보를 가져다주는 역할을 한다. 소음(noise)은 커뮤니케이션 과정의 모든 단계에서 수신자에게 초기에 전달하고자 했던 메시지의 정확한 전달을 방해하는 요인들을 말하는데, 예를 들어 대화 중의 잡음이나 신문의 오탈자, 발신자와 수신자 간의 언어 차이, 경험의 차이, 물리적 잡음 등이 커뮤니케이션 상황을 방해할 수 있는 다양한 요인들이다.

최근에는 전통적 커뮤니케이션 모델과 정교화 된 커뮤니케이션 모델(SMCRE MODEL) 모두 적용이 잘 되지 않는 상황이 많아졌다. 인터넷과 뉴미디어, SNS의 영향력이 커져가면서 소비자들이 다원화되었으며 커뮤니케이션이 복잡해지면서 그에 따른 방향성도 다양해지고 있기 때문에 발신자와 수신자가 구분되었다고 보기 힘들어졌으며 커뮤니케이션 효과가 수신자가 발신자로부터 메시지를 받은 이후에 나타난다고 보기 어려워졌다.

정교화 된 커뮤니케이션 모델도 커뮤니케이션 과정을 단순화하여 표현하게 되면서 최근에 다양해진 커뮤니케이션의 방향성을 포함시키지 못했기 때문이다. 또한 마케팅 커뮤니케이션에는 다섯 가지 요소뿐만 아니라 다양한 요소들이 존재한다.

그러나 정교화 된 커뮤니케이션 모델은 다섯 가지 요소 이외의 다른 요소들은 포함을 하지 못하고 있다. 다섯 가지 요소 이외에도 경험, 게이트키핑 등 다양한 요소들로 구성되고 있다.

2) 마케팅 커뮤니케이션에 영향을 미치는 요인

(1) 발신자의 특성

발신자의 특성은 마케팅 커뮤니케이션에 영향을 미치는 중요한 요소 중 하나로 발신자의 전문성, 진실성, 일치성, 사회적 지위 등에 따라서 메시지에 대한 신뢰성을 평가하는데 다르게 영향을 미칠 수 있다. 예를 들어, 발신자의 사회적 지위가 높고 전문성이 높다고 인식이 되면 메시지 내용에 대한 신뢰성을 높게 평가하고 메시지 지각을 더 쉽고 용이하게 지각하는 경향이 있다.

(2) 메시지의 특성

메시지의 특성 또한 마케팅 커뮤니케이션 효과에 영향을 미치는 중요한 요소이다. 메시지를 받는 수신자가 발신자와 견해 및 태도가 일치될 경우에는 메시지에 장점을 어필하여 기존의 태도를 강화시킬 수 있으며, 때로는 장점과 단점을 같이 전달함으로써 수신자에게 진실성을 높여 신뢰성을 이끌며 커뮤니케이션 효과를 강화시킬 수 있다. 또한 메시지의 상징은 아이디어를 수신자에게 전달 가능한 형태로 바꾸기 위해 이용할 수 있는데 언어적 상징, 비언어적 상징, 중간적 상징으로 나뉠 수 있다. 중간적 상징은 감정을 나타낼 수 있는 음성의 높낮음, 말전달 속도, 리듬, 발음의 정확성 등을 말한다. 메시지의 소구 유형 또한 커뮤니케이션 효과에 영향을 미치는 중요한 특성인데, 이성적 소구, 정서적 소구, 공포소구, 유머소구 등으로 구분할 수 있다. 이성적 소구는 수신자가 얻을 수 있는 제품효익을 중점적으로 객관적인 근거를 제시함으로써 전달할 수 있으며, 정서적 소구는 수신자의 감성을 자극시킬 수 있는 스토리나 시각적 또는 비언어적 자극을 구사하여 전달이 가능하다. 공포소구는 수신자가 제품을 구매하지 않음으로써 겪을 수 있는 불행한 상태를 지적하고 경고하여 제품을 구매하도록 하는 것을 예로 들을 수 있다. 유머소구는 전달하고자 하는 메시지를 수신자가 즐거움을 느끼고 관심을 가질 수 있게 유도할 수 있다.

(3) 수신자의 특성

수신자의 특성은 마케팅 커뮤니케이션에 영향을 미치는 중요한 요소이다. 수신자의 성별에 따라서 마케팅 커뮤니케이션의 수용 정도는 다르게 받아들일 수 있다. 연구에 따르면 일반적으로 남자보다는 여자가 마케팅 커뮤니케이션에 수용적인 편이다. 뿐만 아니라 수신자는 수신자의 욕구와 관심에 따라 메시지 수용 정도에 차이가 있을 수 있는데 수신자의 욕구가 강할수록 제품이나 메시지에 관심이 강할수록 전달된 메시지에 더 수용적이며 집중한다. 마지막으로 수신자들은 자신이 가지고 있는 태도나 신념에 따라 메시지를 수용하거나 거부할 수 있는데 자신의 태도와 신념에 일치하지 않는 경우에는 메시지를 거부하는 경향이 있다.

3) 마케팅 커뮤니케이션의 유형

마케팅 커뮤니케이션의 유형은 촉진의 주체와 대상, 촉진내용 등의 구분기준에 따라 다양하게 구분될 수 있다. 촉진은 사람들에게 아이디어나 메시지를 전달하고 그것을 수행하도록 설득하기 위한 활동을 말하며, 촉진 활동의 목적은 광고, 홍보, 등 여러 가지 방법으로 사람들에게 정보를 제공하는 것을 목적으로 한다.

특히 제품수평주기의 도입기단계에서는 아직 사람들이 제품에 대해 알지 못하는 단계로서 그 무엇보다 촉진 활동이 중요한 시기이다. 따라서 자사제품을 잠재고객에게 정보를 전달하기 위해 도입기에서는 촉진 활동이 활발하게 이루어지며 신제품의 경우가 여기에 해당된다. 촉진 활동은 소비자들의 태도와 행동을 수정하거나 혹은 현재의 태도와 행동을 강화하기 위해서 실시되기도 한다. 현재 소비자가 사용하고 있는 제품이 자사의 제품이 아니라면 자사의 제품을 사용하기 위해 권장을 유도하거나, 혹은 자사의 제품을 사용하고 있는 소비자라면 자사 제품의 사용을 지속적으로 유도하고 앞으로 자사의 제품을 재구매하도록 설득할 수 있다.

이는 제품수명주기에서 성장기에 해당하는 촉진 방법이다. 회상을 통해 촉진 활동을 진행할 수도 있는데 회사는 소비자들에게 자사의 제품이 떠오르고 선택받을 수 있도록 진행 가능한 촉진 활동 방법이다. 제품수명주기에서 성숙기에 해당하며 이미 시장이 성숙기에 들어와 있는 제품의 경우 소비자들은 제품에 대한 기본적인 정보와 효익은 이미 알고 있는 경우가 많다. 이런 상황에서는 회상 촉진 활동을 통해 소비자들에게 제품에 대한 기억을 되살리고 제품을 지속적으로 지각할 수 있도록 유지시켜주는 것이 중요하다.

(1) 촉진의 주체와 대상에 따른 구분

촉진 활동을 행하는 주체(제조업자 또는 판매업자)와 촉진의 대상(소비자, 판매업자)을 기준으로 하여 촉진 활동을 구분하면 다음과 같다.

- 대 소비자 촉진

  제조업자에 의한 대 소비자 촉진

  도매업자에 의한 대 소비자 촉진

  소매업자에 의한 대 소비자 촉진

- 대 판매업자 촉진

  제조업자에 의한 대 도매업자 촉진

  제조업자에 의한 대 소매업자 촉진

  도매업자에 의한 대 소매업자 촉진

(2) 촉진의 내용에 따른 구분

- 인적판매촉진(personal selling)
- 비인적판매촉진(non-personal selling)[02]

  광고(advertising)

  홍보(publicity)

  판매촉진(sales promotion)

표 10-1 마케팅 커뮤니케이션(촉진)의 구성내용

마케팅 커뮤니케이션	인적판매(personal selling)
	광고(advertising)
	홍보(publicity)
	판매촉진(sales promotion): 협의의 판매촉진

4) 시장경쟁구조와 촉진의 역할

촉진 방법은 시장의 경쟁구조에 따라 달라질 수 있으며 시장의 구조는 순수경쟁, 독점경쟁, 과점 및 순수독점 등으로 나뉠 수 있으며 이에 따른 촉진의 역할은 각기 다르다.

순수경쟁은 수요와 공급의 상호작용에 의해 시장의 가격이 결정되기 때문에 기업이 자

02 비인적 판매촉진은 판매원 이외의 각종 매체를 이용하여 촉진하는 것으로서, 기구적 판매촉진이라고도 한다.

사에 유리하도록 할 수가 없기 때문에 기업이 각기 개별적으로 촉진 활동을 거의 할 수 없는 상황이다.

독점경쟁에서는 경쟁구조가 갖춰져 있는 상태로써 각 기업별로 자사 제품의 차별화된 효익을 강조하여 여러 가지 촉진도구를 이용하여 촉진 활동을 할 수 있다.

과점상태는 전체시장에서 소수의 기업에 의해 시장이 장악되어 있는 상황을 말하는데, 대표적으로 통신사, 담배, 자동차 시장이 해당된다. 이러한 상태에서는 주로 서비스와 제품을 개선하는 것을 중점으로 촉진 활동을 진행할 수 있다.

순수독점은 시장에서 특정 제품이 한 기업에서만 공급되어져 있으며 대체품 없이 한 기업에서만 생산되는 제품이 전체시장을 장악하고 있는 경쟁구조를 말한다. 이러한 경우에는 자사의 제품을 보다 많이 사용하도록 유도하는 촉진 활동이나 소비자와의 관계를 긍정적이며 이상적인 관계로 유도하는 촉진 활동을 하기 위해 노력할 수 있다.

5) 마케팅 커뮤니케이션의 목적

마케팅 관리자의 촉진 활동은 단순히 정보전달(communicating)에만 관심이 있는 것이 아니라 그 커뮤니케이션 과정을 통해 자사의 제품(또는 상표)을 선택하도록 고객들을 고무시키고자 한다. 즉, 마케팅 관리자들은 훌륭한 제품을 가지고 있는 한 그것을 알게 된 고객들(informed customers)은 기꺼이 자사의 제품을 구매할 것임을 알고 있다. 따라서 그들은 ① 호의적인 행동을 유발할 수 있는 현재의 태도를 재강화 하고, ② 표적시장의 태도와 행동을 실제로 변화시키는 데 관심을 집중한다.

경제학적인 측면에서 볼 때, 커뮤니케이션은 [그림 10-3]에서 보는 바와 같이 (a) 현재의 수요곡선을 보다 비탄력적인 형태로 변화시키거나 (b) 수요곡선의 위치를 우측으로 이동시키거나 또는 (c) 이 두 가지의 변화를 동시에 추구함으로써 결과적으로 소비자의 구매행동에 영향을 미치는 데 그 목적이 있다. 즉, 기업은 커뮤니케이션 활동을 통하여 주어진 가격에서 매출의 증대를 기하고, 가격인상 시에는 비탄력적이고 가격인하 시에는 탄력적인 수요탄력성을 갖도록 잠재고객들을 유도하고자 노력한다. 궁극적으로 소비자의

그림 10-3 ▸▸ 커뮤니케이션에 의한 수요곡선 변화

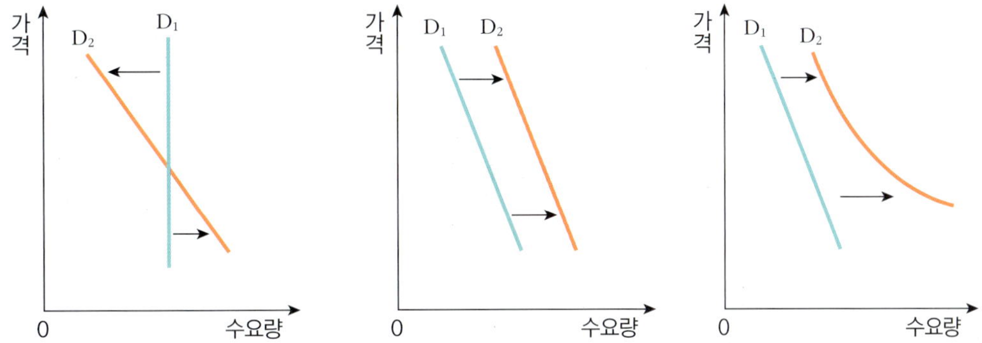

(a) 형태의 변화 (b) 위치의 변화 (c) 위치 · 형태의 변화

구매행동에 영향을 미치고자 하는 커뮤니케이션 활동은 정보제공(informing), 설득(persuading), 회상(reminding)이라는 세 가지의 기본적인 목적을 가지고 있다.[03]

마케팅 관리자는 '누구에게', '왜' 정보를 제공하고, 설득하며, 회상하게 하는지가 구체적으로 정확하게 표현되는 커뮤니케이션 활동을 전개해야 한다.

6) 통합적 마케팅 커뮤니케이션

커뮤니케이션은 기업이 목표 청중에게 전달하고자 하는 메시지를 전달하는 과정이며, 광고, 판촉 메시지 등 사용 가능한 모든 매체 수단도 포함한다. 따라서 상품 디자인, 색상, 가격, 마케팅 경로 등은 제품 성능 혹은 품질, 브랜드, 이미지에 관한 메시지를 나타내는 수단으로 가능하다.

즉, 시장에서 메시지를 전달하는 다양한 수단들을 이용하여 커뮤니케이션 활동을 통합적 마케팅 커뮤니케이션(integrated marketing communication: IMC)이라고 부른다. 통합적 마케팅 커뮤니케이션의 핵심은 "커뮤니케이션은 마케팅이며, 마케팅은 곧 커뮤니케이션이다"라는 명제로 대표된다. 촉진관리에서 사용되는 커뮤니케이션 모형을 간단하게 살펴보면 [그림 10-4]와 같다.

03 때로는 촉진의 목적을 위에서 언급한 정보제공, 설득, 회상에 소비자행동의 수정(behavior modification)을 포함시켜 4가지로 제시하는 경우도 있다.

그림 10-4 ▶▶ 통합적 마케팅 커뮤니케이션

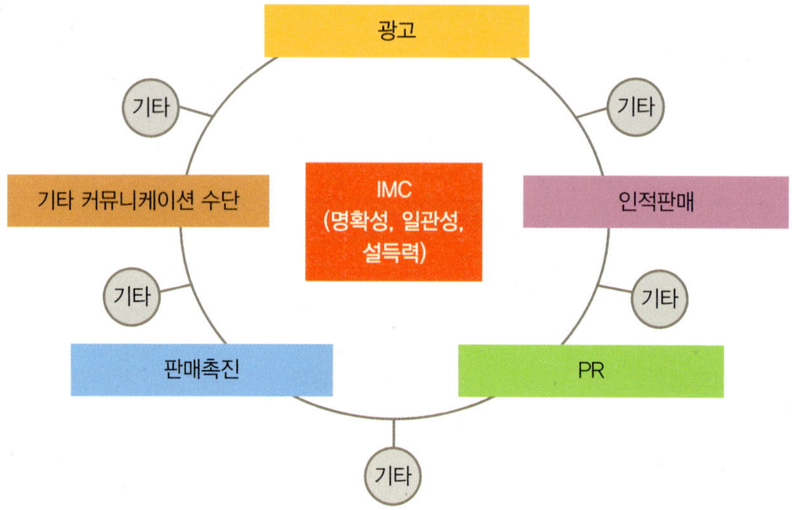

자료: 마케팅원론, 김성호, 2015, p. 291.

통합적 마케팅 커뮤니케이션을 실행하려는 기업의 마케팅 책임자는 기업에서 수행하는 활동들이 상호 보완하여 시너지 효과가 극대화되도록 운영 및 관리하는 것이 매우 중요하다.

MARKETING FOCUS

통합적 마케팅 커뮤니케이션 성공사례

"레드불, 날개를 펼쳐줘요."

에너지 음료로 유명한 레드불은 성공적인 통합적 마케팅 커뮤니케이션의 대표적인 성공사례이다. 소비자들이 에너지 음료에 대한 효과에만 떠오르는 것을 넘어서 '레드불, 날개를 펼쳐줘요'라는 광고카피를 선두로 도전을 하게 하는 음료라는 컨셉을 소비자들에게 지각시켜 기존 에너지 드링크와는 차별화를 강조하였다.

레드불은 소비자들에게 익스트림한 브랜드 이미지를 각인시켜 주고 성공적인 통합 마케팅 커뮤니케이션 전략을 통해 시장에서 성공 브랜드로 우뚝 자리매김 하였다. 레드불은 바이럴 마케팅에 집중하였다. 하늘에서 떨어진 레드불이라는 사람들의 이목을 집중시키는 창의적인 바이럴 마케팅을 통해 레드불의 입소문 효과를 톡톡히 보았다.

레드볼이 가득 담긴 나무상자를 대학가 캠퍼스, 사람들이 많은 거리에 두고 지나가는 사람들로 하여금 레드볼을 접하고 이용하게 유도하였다. 이를 접한 사람들은 무료로 제공되어진 레드볼을 사진과 포스터를 작성하여 페이스북과 같은 SMS에 업로드 하였으며 이를 통해 레드볼의 관심은 온라인을 타고 확산되었다. 레드볼 프로모션 관련 페이스북 댓글과 좋아요의 수는 100만건이 넘어섰다.

출처:https://www.youtube.com/watch?v=Dl4hoE6vXyw)

레드볼의 또다른 바이럴 마케팅은 '레드볼 윙스팀'이라는 대학생 홍보대사를 통해 진행되었다. 스포츠 경기가 열리는 장소마다 대학생 홍보대사들이 찾아다니면서 사람들에게 레드볼을 무료로 나눠주었으며 커다란 레드볼 캔 모형이 달린 미니카를 사고 사람들을 찾아다니며 서프라이즈 이벤트를 실시해주었고 그 결과 큰 홍보효과를 보았다.

출처:https://www.youtube.com/watch?v=wjmivnr5DlY&feature=youtu.be)

레드볼은 총 예산의 30%를 스포츠 마케팅에 쏟고 있는데 레드볼의 편익과 이미지가 유사한 스포츠를 접목시켜 스포츠에 쏠린 사람들의 관심을 레드볼로 자연스레 유도하였다. 대표적인 예로 레드볼 스트라토스 행사가 있는데 2012년 10월 14일에 이루어진 우주낙하 프로젝트를 통해 성공적으로 진행되었다.

출처:https://www.youtube.com/watch?v=FHtvDA0W34I

우주에서 다이빙을 하는 특별한 이벤트로 사람들의 이목을 끌었으며 50개 국가의 40개 방송국이 실시간으로 생중계하였으며 30분 만에 3만 명이 이벤트 관련 글을 올리고 310만 명의 트위터리안이 글을 남겼다. 이 행사 이후 레드볼은 8만7천 명의 신규고객을 확보하고 800만 명에게 생중계를 통해 레드볼을 알리는 효과를 보았으며 결국 단순한 에너지드링크가 아닌 도전정신과 익스트림한 삶을 응원하는 브랜드로 사람들에게 다가갈 수 있었다.

이 밖에도 모터바이크, 서핑, 산악바이크, 스카이다이빙 등 잘 알려지지 않았지만 익스트림 스포츠를 후원함으로써 도전정신이라는 브랜드 가치를 보다 강화하는 전략을 지속하였다. 그 결과 레드볼은 창의적인 마케팅 커뮤니케이션 전략을 통해 시장에서 성공적인 브랜드로 우뚝 자리매김 할 수 있었다.

출처: https://www.youtube.com/watch?v=Hv_DRJZZ2qI
https://www.youtube.com/watch?v=BYNX0nsjV9U

2. 데이터베이스 마케팅

1) 데이터베이스 마케팅의 개념

기업은 고객 정보관리를 위하여 체계적인 데이터베이스를 구축하는 것이 무엇보다도 중요하고 또한, 통합적으로 관리되는 데이터의 집합을 IT 기술 등으로 분석 및 조사를 하여 마케팅에 활용한다. 따라서, 기업이 지속적이고 체계적으로 데이터베이스를 구축하는 것에서부터, 구축된 데이터베이스를 통해 고객 예측 및 고객과 장기적인 관계를 유지하기 위한 마케팅 활동을 데이터베이스 마케팅(database marketing)이라고 한다.

데이터베이스 마케팅은 기업과 고객의 관계를 일방적 커뮤니케이션(one way communication)에서 쌍방향 커뮤니케이션(two way communication)으로 마케팅 전략 방향을 반영하여 고객과 기업의 지속적인 관계 유지를 도모하고 있다.

데이터베이스 마케팅에서 고객의 정보를 수집하는 방법은 크게 두 가지로 나누어 살펴볼 수 있다. 첫째, 기업시스템을 통해서 고객정보를 직·간접적으로 얻을 수 있다. 예를 들면, 신용카드, 유통업체의 POS 시스템(point of sales system), 백화점 고객카드, 주유소 카드, 음식점 및 미용실 고객카드 등이 여기에 속한다. 둘째, 기업의 촉진 활동을 통해서 고객의 정보를 획득하는 것이다. 이 방법은 판매촉진(쿠폰, 할인 등), 광고 등으로 고객 정보를 구축할 수 있다. 이와 같이 촉진 활동을 통해 얻어진 데이터는 신규 고객 발굴, 신상품개발 등에 활용할 수 있다.

2) 데이터베이스 마케팅 전략

(1) 고객 활성화 전략

고객 활성화 전략(customer activation strategy)은 신규 고객이 자사와 지속적인 관계를 유지하여 우량 고객화를 추구하는 전략이다. 관계를 지속하기 위한 연결고리를 만들어 줌으로써 고객의 이탈을 방지하고 자사의 주요 고객으로 자리매김할 수 있도록 강화시켜 줄 수 있다. 예를 들어, 커피전문점의 쿠폰도장, OK캐쉬백, 이마트, CGV, 대한항공 등의 제휴사 포인트 누적 프로그램 등이 이에 속한다.

(2) 고객충성도 제고 전략

고객의 경쟁사로의 브랜드 전환을 방지하고 신규 고객을 우량 고객으로 전환시키기 위한 전략의 하나로 고객충성도 제고 전략(customer loyalty enhancement strategy)이라고 한다. 자사와 고객 간 관계를 강화시키는 전략으로서 자사의 제품이나 서비스를 이용함으로써 다른 고객과 차별화된 혜택을 받을 수 있는 것을 느낄 수 있도록 다양한 방법을 통해 제공해주는 것이다. 이를 통해 고객들의 마음은 더 굳건해 지고 자사의 제품이나 서비스를 지속적으로 이요하게 된다. 차별화된 특별한 혜택은 자사에 대한 고객의 마음을 강화시킨다.

예를 들어, 비행기 탑승 시의 좌석 업그레이드, 호텔 객실 등급을 올려주는 행동이 여기에 속한다. 고객이 기업으로부터 대우받고 있다고 느끼고 더욱 충성도를 가지게 되는 것이다.

(3) 고객유지 전략

고객유지 전략(customer retention strategy)은 고객활성화 전략, 고객애호도 전략과 유사한 전략으로 자동차, 전자제품 등의 내구재를 대상으로 활용될 수 있다. 내구재의 경우에 첫 번째 구매가 두 번째 구매로 이어지기에는 어려움이 있으므로 기업은 고객에게 제품과 관련된 정보를 지속적으로 제공함으로써 고객과 관계를 유지시키는 활동이 필요하다. 예를 들면, 차량재구입 할인, 회원등급에 따른 제품서비스 무료 제공 등이 있다. 고객을 유지하는 전략은 신규 고객을 새롭게 확보하는 것보다 비용적 측면에서도 저렴할 뿐만 아니라 고객을 유지함으로써 자사의 경쟁력을 강화시킬 수 있다. 한번 이탈한 고객들은 다시 돌아오기 쉽지 않기 때문에 기업에서는 무엇보다 이미 확보한 고객을 유지하는 전략이 매우 중요하다.

(4) 교차판매 전략

교차판매 전략(cross-selling strategy)은 구매했던 제품과 연관성 높은 제품들을 연계해서 판매하는 방법으로 예를 들어 컴퓨터와 프린터 혹은 프린터와 잉크의 구매를 제안할 수 있다. 또한 교차판매의 한 형태로는 상향판매(up selling)가 있으며 이는 고객이 구매하고자 하는 제품보다 상위단계 이상 가격 및 품질이 높은 제품을 추천하거나 추가 제품을 구입하도록 권유하는 것을 의미하는데 컴퓨터 구매 고객의 경우에 RAM이나 하드디스크 용량을 크게 하도록 추천 구매하도록 하는 것도 여기에 해당한다.

3. 마케팅 커뮤니케이션 믹스(Mix's) 수단의 특성

특정 제품을 촉진하기 위하여 구체적인 제수단을 결합할 때, 이러한 결합을 그 제품에 대한 마케팅 커뮤니케이션 믹스(MC mix)라고 한다. 마케팅 커뮤니케이션 믹스는 광고, 판매촉진, PR, 인적판매, Direct Marketing 등 5가지 요소로 이루어진다.

소비자에게 구매를 환기시키기 위한 촉진 수단의 가장 적절하고 유효한 조합을 말한다. 마케팅 커뮤니케이션 도구들은 제각기 상이한 특성과 촉진효과를 지니고 있으며, 고유의 장 · 단점을 지니고 있다. 따라서 효과적인 마케팅 커뮤니케이션 믹스를 위해서는 여러 수단의 장 · 단점을 상호 보완하여 조화되도록 결합해야 하며, 마케팅믹스와 밀접한 통합관계를 이루도록 해야 한다.

1) 광고

광고란 확인된 광고주(sponsor)가 유료의 광고대금을 지불하고 제품이나 서비스, 아이디어에 관한 메시지를 신문, TV, 라디오, 잡지 등의 대량매체(mass media)를 이용하여 촉진하는 모든 형태의 비인적(非人的) 커뮤니케이션 수단을 말한다. 광고에는 다양한 형태와 용도가 있기 때문에 그 특성을 일반화하기 어렵지만 대체적으로 다음과 같이 요약할 수 있다.

(1) 대중적 제시(public presentation)

광고는 대중성을 지닌 커뮤니케이션 수단이다. 광고의 대중성은 그 제품에 일련의 합법성을 부여하고, 그 제품이 표준화된 제공물임을 암시한다. 많은 사람들이 동일한 메시지를 접하게 되므로 구매자들은 그 제품에 대한 자신들의 구매동기가 대중적으로 널리 이해될 수 있는 것을 알고 있다. 즉, 광고는 잠재적인 소비자들이 소득, 나이, 취미, 동기 등 여러 가지 면에서 상이함에도 불구하고 같은 메시지를 일방적으로 전달한다.

(2) 다중접근(pervasiveness)

광고는 판매자가 메시지를 여러 번 되풀이하여 침투시키는 보급매체이다. 또한, 광고는 구매자들이 여러 경쟁자들의 메시지를 접하고 비교하게 해준다.

(3) 과장표현(amplified expressiveness)

광고는 인쇄물, 소리, 색상 등을 교묘하게 사용하여 묘사함으로써 기업과 그 제품에 대하여 극화할 기회를 제공해준다. 즉, 문자, 소리 및 그림 등을 이용하여 기업이나 제품을 다양하게 표현할 뿐만 안라 연출할 수 있는 특징을 가지고 있다.

(4) 비인간성(impersonality)

광고는 회사의 판매원과 같은 추진력이 없다. 즉, 오디언스들은 광고에 주의를 기울이거나 반응해야 할 의무감을 느끼지 않는다. 따라서 광고는 오디언스들과의 대화가 아닌 독백으로 전달될 뿐이다.

따라서, 광고의 역할은 날이 갈수록 그 중요성이 증대되고 있다. 정보의 홍수 속에서도 차별화된 광고는 제품이나 서비스를 소비자들에게 효과적으로 전달하고 기업의 성과를 높일 수 있는 중요한 수단임에는 분명하다. 제품이 대량생산되고 경제구조가 복잡해짐에 따라 소비자들은 제품 및 서비스에 대한 정보를 쉽게 얻기를 희망하는데 광고는 이러한 역할을 용이하게 할 수 있도록 도와준다. 뿐만 아니라 소비자들에게 제품이나 서비스를 구매할 수 있도록 자극하고 설득하며 구매행동을 유도한다. 그리고 기업이 신제품을 출시하거나 신규 고객을 확보하는데 있어서 시장을 개척하거나 확대시켜주는 데 도움을 제공할 뿐만 아니라 광고는 소비자들을 새롭게 하거나 생활수준을 향상시켜 주기도 한다.

그러나, 광고가 반드시 긍정적인 효과만 있는 것은 아니다. 필요 이상의 과한 광고비 지출은 제품이나 서비스의 불필요한 가격상승을 유발하여 소비자들에게 경제적인 부담을 가져올 수 있으며 때때로 과장된 광고로 인하여 소비자들에게 잘못된 정보를 전달하거나 충동구매와 같은 불필요한 구매행동을 유발시킬 수 있다. 또한 사회적으로 바람직하지 못한 광고를 하는 경우에는 사회에 부정적인 영향을 끼치고 부정적인 사회분위기를 조장할 수 있다.

그림 10-5 ▶▶ 마케팅믹스와 마케팅 커뮤니케이션 믹스의 결합 관계

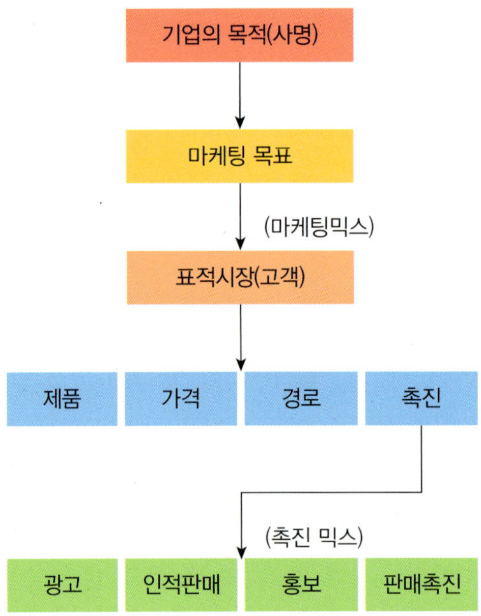

2) 인적판매

인적판매(personal selling)는 대면(face-to-face) 커뮤니케이션이라고도 하며, 판매자가 잠재구매자를 만나 대화를 통해 제품의 판매를 실현시키고자 하는 방법으로서, 교환(exchange)상황에서 인적 커뮤니케이션을 통하여 잠재고객에게 제품에 대한 정보를 제공하고 구매하도록 설득하게 된다.

현장판매원의 방문판매(sales call)나 점원의 판매조성행위가 그 대표적인 예가 된다.

인적판매는 구매 과정상 일정 단계 이후, 특히 구매자의 제품선호(preference), 확신(conviction) 및 판매행동(action)을 유발시키는 데 효과적인 방법이다. 인적판매는 광고와 비교해 볼 때, 다음과 같은 특성을 지니고 있다.

(1) 인적대면(personal confrontation)

2인 이상의 사람들 간의 생동적 · 즉각적 · 상호 교감적 관계 속에서 이루어진다. 판매자와 구매자는 서로 상대방의 특성과 욕구를 면전에서 관찰하여 즉각적으로 필요한 조정을 할 수 있다. 즉, 인적판매는 표적고객과의 개인적인 접촉을 통하여 고객의 욕구와 상황을 직접 관찰하고 대응할 수 있다.

(2) 인간관계조성(cultivation)

일상적인 판매관계로부터 깊은 유대관계에 이르기까지 다양한 유형의 관계를 형성할 수 있게 해준다. 단기적이고 고압적인 주문획득보다는 장기적인 유대관계를 맺기 위해서 고객의 관심사를 깊이 간파해야 한다.

(3) 반응(response)

고객들로 하여금 판매원의 말에 귀를 기울이도록 하는 어떤 의무감을 느끼게 한다. 요컨대, 인적판매는 상대하는 고객의 태도나 반응에 따라 적절히 대응할 수 있는 유연성(flexibility)이 가장 큰 자산이라고 할 수 있으며, 고객 단위당 비용이 비싸기 때문에 광고나 판매촉진과 같은 촉진수단과 결합하여 사용하는 것이 일반적이다.

(4) 쌍방적 커뮤니케이션(both communication)

광고, 홍보, 판매촉진은 기업이 소비자에게 전달하는 일방적인 커뮤니케이션이지만,

그리고 홍보는 산업재와 소비재의 마케팅 커뮤니케이션 믹스에서 두루 나타나고 있다. [그림 10-7]에서 보는 바와 같이 소비재와 산업재에 대한 마케팅 커뮤니케이션 수단의 상대적 중요도를 나타내고 있다. 또한, 상표에 대한 선호도나 친숙도가 이미 형성되어 있을 때에는 적극적인 인적판매보다는 회상형(reminder-type)의 광고가 더 효과적일 것이다.

그리고 생산자가 제품이나 상표를 차별화하지 않고 예산 등의 제약으로 상표친숙도를 확립할 의도가 없을 때에는 광고보다 인적판매에 더 비중을 두게 될 것이다. 계절제품은 흔히 광고가 중요시되고 비수기를 대비하여 인적판매를 하기도 한다.

또한, 제품의 가격 역시 촉진 믹스의 구성에 영향을 준다. 고가의 제품은 소비자들의 구매위험을 피하고 판매원의 조언을 원하기 때문에 인적판매가 효과적이지만 저가품목은 판매원 이용을 정당화할 만큼의 이익 마진이 보장되지 않기 때문에 광고가 더 효과적이다.

그림 10-7 ▶▶ 소비재와 산업재의 마케팅 커뮤니케이션 수단별 상대적 중요도

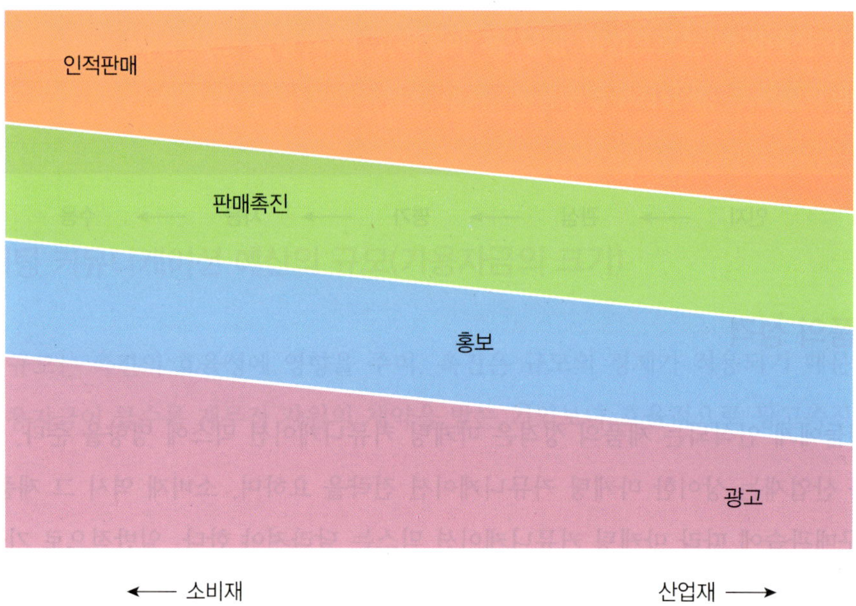

4) 표적시장의 성격

표적시장의 규모나 지리적 분포도, 사회경제적 특성은 제품의 촉진 믹스에 영향을 미친

다. 먼저 시장의 규모는 어느 정도 마케팅 커뮤니케이션 믹스의 구성을 결정짓는다. 표적시장의 규모가 아주 작으면 소수의 한정된 사람들에게 접근하기가 효과적인 인적판매가 강조될 것이다. 하지만 제품시장의 규모가 크다면 고객단위당 비용이 낮은 광고나 판매촉진을 이용할 것이다. 또한, 잠재고객들이 한정된 지역에 집중되어 있다면 인적판매가 효과적이지만, 넓은 지역에 무수히 분산되어 있다면 광고가 훨씬 더 실용적인 방법이 될 것이다.

연령이나 소득, 교육과 같은 표적시장의 사회경제적 특성의 분포도는 마케팅 관리자가 선택하는 촉진기법의 유형에 영향을 미친다. 예컨대, 교육수준이 낮은 사람들과의 커뮤니케이션을 위해서는 인쇄광고보다 인적판매가 더 효과적일 것이다.

5) 제품수명주기단계

[그림 10-8]에서 보는 바와 같이 제품이 현재 위치한 제품수명주기단계에 상응하는 촉진목표를 달성하기 위해서는 당연히 단계별 촉진 믹스를 달리 해야 하므로 [표 10-3]에서 보는 바와 같이 도입기의 기본적인 촉진목표는 정보제공에 있으며, 1차적 수요(primary demand)를 개발하기 위하여 광고를 한다. 인적판매는 잠재적 혁신자층을 찾는데 도움이 되고, 판매촉진은 협조적인 유통기구를 찾아 그들로 하여금 자사의 신제품을 취급하도록 설득하거나 고객들의 시용을 조성하는데 필요하다.

성장기가 되면 경쟁자의 진입으로 촉진의 강조점은 1차적 수요에서 선택적 수요(selective demand)를 자극하는 쪽으로 바뀐다. 보다 많은 잠재고객들이 제품을 시용하고 수용하기 때문에 대량판매식의 광고가 보다 경제적이며, 인적판매는 유통경로나 취급점포의 수를 계속 늘리는 데 필요하다. 그리고 이 단계에는 구전(word-of-mouth) 커뮤니케이션이 활발하게 작용하여 기업의 촉진노력을 보강하기도 한다.

성숙기가 되면 경쟁이 매우 치열해짐에 따라 설득적 촉진이 보다 중요시 되며, 따라서 촉진비용이 급격히 증가하는 경향이 있다. 소비재는 광고와 판매촉진이 지배적이고, 산업재는 광고가 보강되는 인적판매가 보다 강조된다.

이때 강력한 상표 이미지를 확보한 기업은 회상적 광고를 할 수 있다. 쇠퇴기가 되면 일반적으로 촉진비용을 가능한 한 억제하면서 수익성을 유지하려고 한다. 그러나 때로는 제품수명주기를 연장 · 지속시킬 목적으로 촉진비용을 증가시키기도 한다.

쇠퇴기에는 판매촉진이 가장 효율성이 높으며, 판매원은 그 제품에 최소한의 주의만을 기울인다.

표 10-3 제품수명주기의 단계별 특징

구분	도입기	성장기	성숙기	쇠퇴기
매출	낮은 매출	급속한 성장	극대화된 매출	매출 감소
고객당 비용	높은 비용	평균 비용	낮은 비용	낮은 비용
이윤	마이너스	이윤증가	높은 이윤	이윤 감소
고객	혁신자	초기수용자	다수 수용자(초기, 후기)	최종 수용자
경쟁자	거의 없음	늘어남	고정적 숫자 감소하기 시작	수적으로 감소

그림 10-8 ▶▶ 제품수명주기 곡선

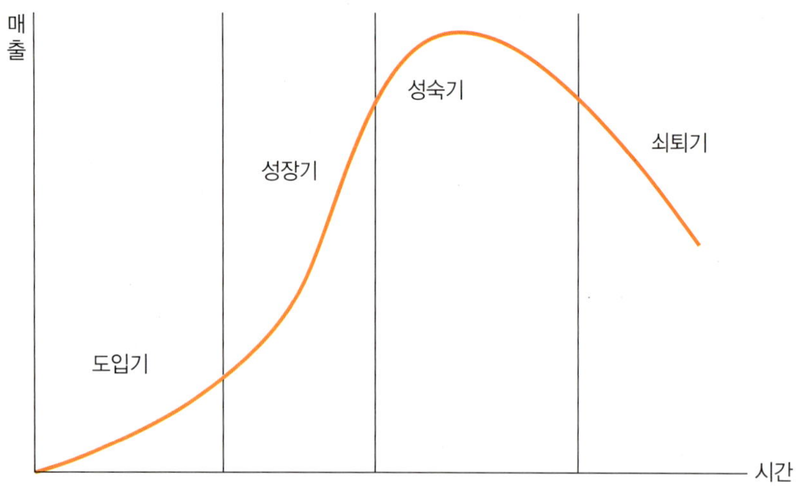

6) 푸쉬전략과 풀전략

[그림 10-9]에서 보는 바와 같이 푸쉬전략(push strategy, 밀어내기전략)은 생산자가 마케팅 경로를 따라 제품을 밀어내는 식으로 촉진하는 방법으로서 인적판매와 중간상촉

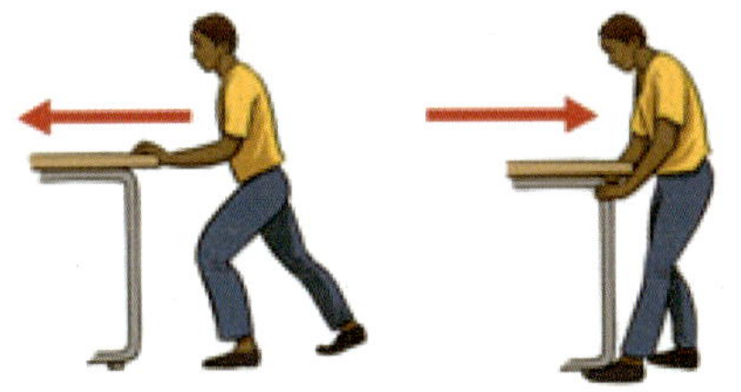

진을 중점적으로 사용하며, 때로 광고나 판매촉진 활동이 경로를 따라 전개되는 인적판매활동을 보강하기도 한다. 반면에 풀 전략(pull strategy, 끌어당기기전략)은 생산자가 제품에 대한 강력한 소비자 수요를 창출하고 시장점유율을 확충할 목적으로 소비자에게 직접 촉진을 하는 방법으로서 광고와 소비자 촉진에 많은 예산을 투입한다. 때로는 판촉수단으로서의 포장(packaging)에 관심을 갖기도 한다.

그림 10-9 ▸▸ 풀(pull)과 푸시(push)전략

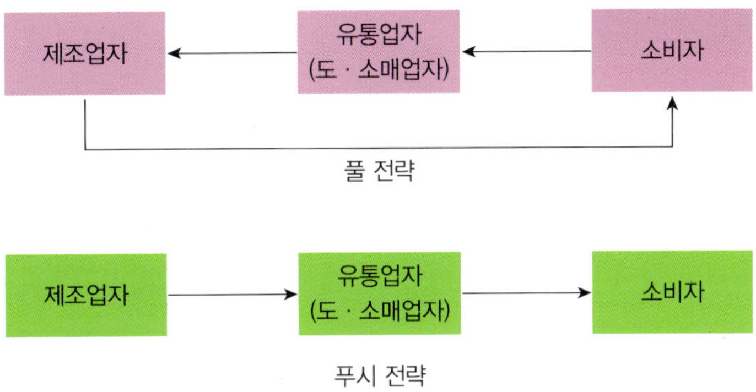

7) 경기상황

인플레이션이 심화될 때에는 소비자들이 제품의 가격에 민감하게 반응하므로 촉진에서 제품의 가치와 가격을 강조하고, 광고보다는 다양한 마케팅 커뮤니케이션 수단을 통해 소비자가 얻게 되는 혜택을 강조하며, 합리적이고 현명한 구매를 제시해 주는 촉진 메시지를 개발하는 것이 좋다. 이 밖에 마케팅 관리자는 결정된 마케팅 커뮤니케이션 믹스를 실행한 후, 그에 대한 표적시장의 반응을 측정함으로써 얻어진 촉진효과를 향후의 촉진 믹스 계획에 반영해야 한다. 또한, 표적시장에게 도달하기 위해 이용 가능한 광범위한 커뮤니케이션 매체와 그 메시지는 통합적인 기업 이미지를 지향할 수 있도록 일관성 있게 조정되어야 한다.

제2절 마케팅 커뮤니케이션(광고) 정책의 계획

1. 광고의 개념과 목적

광고의 개념은 단순한 마케팅 차원을 넘어 영리기업뿐만 아니라 비영리단체에까지 그 폭이 넓어졌다. 그러나 이 책에서는 광고의 개념을 마케팅적 차원에서 영리단체인 기업의 촉진정책수단의 하나로 한정한다. 이렇게 볼 때, 광고는 소비자로부터 제품이나 서비스에 대한 주의(attention)－흥미(interest)－욕망(desire)－구매행동(action) 또는 접근－정보수용－태도 변화－행동 변화를 유발하는 과정이라고 할 수 있으며, 이를 통해 거래를 촉진시키기 위한 한 수단이라 할 수 있는 것이다. 광고는 마케팅 정책의 한 수단이어서 그 목적하는 바는 매상액의 증가를 꾀하여 경영이익을 획득하려는 데 있다.

광고목적은 광고 형태에 따라 직접적인 광고목적과 간접적인 광고목적으로 나눌 수 있다. 직접목적이란 광고하는 제품이나 서비스의 존재와 사용 결과, 이익, 사용 방법을 알려서 그 광고상품을 사들이도록 하고 또는 견본이나 카탈로그 같은 것을 청구하게 하는 등 직접적인 반응을 소비자에게 요구하는 것이다. 간접목적이란 제품이나 서비스에 대한 사정을 잘 알려서 이해를 높이고 호의적인 태도를 환기시켜서 간접적으로 자사제품에 대한 선호를 유도하려는 것이다.

새로운 제품이나 서비스를 위한 광고는 1차적 수요, 즉 동일한 종류나 유형의 제품에 대한 수요를 조성할 목적으로 하고, 기존 제품에 대한 광고는 선택적 수요의 환기를 목적으로 삼는 것이 일반적이다.

2. 광고의 기능

1) 기업경영 측면의 기능

광고는 판매증가를 위한 수단으로 쓰여지며 판매시장을 확보 또는 개척하는 동시에 생산자와 소비자 간의 인간관계를 매개하는 한 수단인 것이며, 아울러 경쟁관계를 매개하여 소비자의 구매를 전환시키는 기능을 발휘한다. 광고 활동에 대한 사람들의 심리반응을 목적으로 할 때 광고는 다음과 같은 다섯 가지 반응, 즉 AIDMA 모델의 반응을 일으키는 기능을 갖는다.

① 주의를 끌게 한다.(Attention)
② 광고물을 보거나 들은 사람이 흥미나 관심을 갖게 한다.(Interest)
③ 광고제품에 대하여 구매욕구를 일으키게 한다.(Desire)
④ 광고제품은 소매점에서 살 수 있다는 확신을 갖고 그 제품을 기억한다. (Memory)
⑤ 제품에 대한 구매결심을 하고 실제 구매행위로 움직인다.(Action)

따라서, 광고를 하는 궁극적인 목적은 판매량의 유지 내지 증대에 있으며, 이에 광고의 기능은 다음과 같이 세분할 수 있다.

(1) 신제품 도입기능

예상구매자에게 신제품의 사용을 미리 익숙하게 해주거나 또는 중간상에게 신제품의 유용성을 잘 알게 해줌으로써 신제품의 시장도입을 보다 용이하게 해준다.

(2) 시장확대기능

광고는 사회대중에게 널리 제품의 존재를 인식시키고 구매하도록 설득하는 것이므로 시장을 확대시킨다. 특히 상표광고의 경우에는 소비자가 상표를 선호하여 구매하게 되므로 시장점유율에 영향을 미칠 수 있을 정도로 시장을 확대하는 경우가 많다.

(3) 판로확보기능

광고는 소비자의 판매저항(sales resistance)을 감소 시켜주므로 판매 활동이 보다 용이하게 이루어지게 된다. 따라서 유통기구는 광고된 제품을 주로 취급하려 하므로 판로를 쉽사리 확보할 수 있다.

(4) 판매원 활동 조성기능

광고는 예상구매자로 하여금 미리 회사명과 제품의 성능 등을 숙지하도록 하므로 방문판매원의 판매 활동이 보다 용이하게 이루어질 수 있다.

(5) 제품제시기능

실물원형이나 사진이 기록된 카탈로그를 통하여 광고를 하는 경우에는 판매원이나 혹은 점포를 통하여 제품을 직접 제시하거나 진열하지 않더라도 예상구매자에게 제품을 제시하는 효과를 볼 수 있게 된다.

(6) 고지(정보제공)기능

예상구매자에게 단순히 제품의 존재나 혹은 용도, 성능, 기타 제정보를 널리 알리는 기능이다. 이와 같은 기능으로 신제품이 시장도입과 동시에 모든 사람이 그 존재를 알 수 있게 되는 것이다.

(7) 설득기능

예상구매자의 구매의욕을 적극적으로 자극 · 환기시키는 기능으로서, 근대광고의 핵심적 기능이라고 할 수 있다. 예상구매자가 자극을 받아 구매하도록 하는 기능은 광고의 설득력 때문이다.

(8) 연상기능

기업은 계속적인 판매 활동을 수행하여야 하므로 단 1회의 판매로서 기업 활동이 종결되는 것은 아니다. 그러므로 항상 판매의 뒷받침이 되는 수요의 장기적 · 지속적 창출을 위해서 광고도 단순한 고지나 설득에 그쳐서는 안 되며, 또한 광고시점과 구매시점이 일치하지 않으므로 광고내용을 기억하도록 하는 연상기능이 수행되어야만 하는 것이다. 다시 말하면, 반복광고를 함으로써 소비자가 강렬한 연상을 받아서 그 연상이 구매로 유도되게 하는 기능을 발한다. 네온사인이나 전광판광고는 연상기능에 중점을 둔 광고 방법이다.

(9) 수요창조기능

수요창조기능은 새로운 아이디어의 개발에 의하여 새로운 수요를 창조 · 환기시키는 것이다. 광고는 판매증가와 동시에 이익의 증가를 가져오는 기능을 하게 된다. 광고의 사명을 사회적 또는 소비자 측면에서 보면 소비자의 경제 생활을 도와 소비자잉여를 증대시켜 생활수준을 높이게 하는 사회복지적 기능을 발휘하게 된다.

2) 사회 · 경제적 기능

광고가 기업경영과 소비자의 이익 차원에서 사회 · 경제적으로 수행하고 있는 유용한 기능을 살펴보면 다음과 같다.

첫째, 광고는 소비자들에게 새로운 제품과 가격에 대한 정보선택의 기회를 제공한다. 이에 따라 제품의 수요를 진작시켜 결과적으로 기업의 생산의욕을 북돋운다.

둘째, 광고는 인적판매의 업무를 감소 내지 제거시킴으로써 유통비용을 절감시킨다.

셋째, 광고는 제품의 경쟁을 촉진하여 새로운 기술을 발달하게 한다.

넷째, 광고는 소비자에게 새로운 라이프스타일의 소개와 제품비교에 의한 취사선택, 성능, 기능의 이해촉진으로 건전한 소비풍토를 조성하고 제품의 수용을 증대시켜 경제를 안정시킨다.

이상 언급한 네 가지 기능 이외에도 광고는 교육, 문화 등 여러 사회 부문에서 다양한 기능을 수행하고 있다. 그러나 이러한 순기능적 측면뿐만 아니라 불필요한 수요나 소비를 증대시켜 인플레이션이나 낭비풍토를 조장하고 소비에 있어서의 획일화, 대량소비, 물질만능주의 등을 야기시킬 수 있다. 또한, 과대광고나 퇴폐적 광고에 의한 퇴폐주의의 조장, 선진문화의 무비판적 수용, 향락주의에로의 유도 등 많은 역기능을 갖고 있다. 따라서 기업의 사회공공적 책임으로서의 광고에 대한 건전한 인식 및 활용이 시대적 요청이라 하겠다.

3. 광고의 종류

1) 광고의 주체에 따른 분류

광고는 개인에 의해 행해질 수도 있고, 집단 내지 조직에 의해서 이루어질 수도 있다. 그리고 후자의 경우 그것이 제조업자, 도매상, 소매상 혹은 은행과 같은 서비스업체 등의 영리조직에 의한 것이냐 아니면 정부, 종교단체, 자선단체와 같은 비영리조직에 의한 것이냐에 따라 각기 상이한 광고로 분류될 수 있다. 그런데 특히 비영리조직에 의한 광고를 공공서비스광고(public service advertising)라 하는데 이는 주로 공공의 복지를 촉진하기 위해 행해지는 광고를 일컫는다.

2) 광고의 표적에 따른 분류

(1) 전국광고

지리적 범위만을 고려한 명칭이 아니라 광고주(sponsor)까지도 고려하여 붙여진 이름이다. 중간상인상표(private brand)만을 일정한 지역에 한하여 촉진하는 재판매업자의 광고와 구분하여 자사상표를 광범위하게 촉진하는 제조업자의 광고를 지칭한다.

(2) 지역광고

순전히 소매업에 의한 소매광고(retail advertising)와는 달리 그 지역에 속한 기업에 의해 혹은 전국적인 판매망을 지닌 제조업자에 의해 그 지역 소비자들의 애고를 얻을 목적으로 실시되는 일체의 광고를 일컫는다.

(3) 소매광고

지역광고와 동의어로 사용되기도 하지만 광고주가 소매점인 광고를 일컫는다. 소매광고가 특히 전국광고와 다른 점은 광고가 미치는 지역적 범위가 작고, 고객과 보다 밀접한 관계를 가지며, 보다 정기적이며 특정 상점의 방문을 기대하고 있고, 광고 내용의 초점이 주로 가격에 있는 것이다. 또한 전국광고가 대체로 장기적으로 자사제품에 대한 우호적 태도의 형성에 목적을 두는 반면에, 소매광고는 즉시적 반응에 더 관심을 두는 데 차이가 있다.

(4) 소비자광고

생산이나 재판매를 목적으로 하지 않고 개인 혹은 가계의 소비를 목적으로 구매되는 제품에 대한 광고가 이에 속한다. 대체로 완제품이 그 대상이 되고 있지만 때로는 반제품이나 원자재가 되는 경우도 있다.

(5) 산업광고

각종의 산업사용자(industrial user)를 표적으로 한 광고가 이에 속한다. 따라서 제조업자는 물론 농업이나 광산물을 포함하여 원자재, 반제품, 설비, 부품, 서비스 등의 판매를 목적으로 하는 일체의 광고가 이에 해당한다. 산업광고는 비용절약의 필요성과 표적고객의 매체습성 때문에 대중매체를 이용하지 않고 업계지, 전문지 혹은 직접 우편광고에 의존하는 것이 보통이다.

(6) 거래광고

도매상, 소매상 혹은 유통업자에 대한 광고가 이에 속한다. 유통기관들이 자사제품을 취급하고 반복구매를 실시하며, 보다 넓은 진열공간을 할애해 주고 자사제품에 대한 보다 집중적인 판매노력을 촉구하는 데에 그 목적을 둔다.

(7) 전문광고

의사, 건축가 등 전문직업인에 대한 광고를 말한다. 물론 이들이 광고되는 제품을 직접 사용하는 경우도 있겠지만 그들은 대체로 일반 소비자나 고객(clients)에게 사용을 추천하고 처방하며, 자세히 설명하는 입장에 있기 때문에 어떻게 보면 간접광고의 성격을 띠고 있다.

표 10-4 제조기업과 유통기업의 광고정책적 목표

제조기업	유통기업
• 전국규모의 제품광고 • 제품 이미지의 제고를 위한 광고 컨셉의 실현 • 범지역적 광고의 우선 • 광고효과를 유발하는 포장	• 지역규모의 기업광고 • 기업 이미지의 제고를 위한 광고 컨셉의 실현 • 집단적 점포 중심 광고 • 합리적 · 기능 중심적 포장

자료: E. Dichtl, *Die Idee der Partnershaft zwishen Herstellern und Handel*, Berlin, 1988, p. 125.

3) 광고내용에 따른 분류

(1) 제품광고

제품광고(product advertising)란 광고주가 제품이나 서비스에 관한 정보를 시장에 제공하거나 자극하는 것을 말한다. 제품을 광고객체로 하여 판매촉진적 성격을 가지는 모든 광고를 말하는 것으로서, 제품에 관한 좋은 이미지를 예상구매자가 가지도록 주로 제품 자체의 판매 강조점을 설득 · 이해시킴으로써 그 제품을 신뢰하고 기억하게 하여 구매하게끔 유도하는 광고이다. 즉, 제품광고는 제품의 크기, 무게, 성능, 가격, 용도 및 이미지 등의 제품 속성을 중심으로 제품의 현재 또는 미래에 제품을 구매할 잠재적 구매자를 대상으로 하는 광고이다.

(2) 기업광고

소비자나 사회대중으로 하여금 기업에 대하여 호의적인 태도를 갖거나 좋은 이미지를 갖도록 하는 광고를 말하는 것이다. 즉, 기업광고(institutional advertising)는 기업의 사회적 공헌이나 사회적 유용성을 알림으로써 기업의 명성을 높이거나 또는 이에 대한 신뢰

감을 가지도록 함으로써 광고주에 대한 호감 내지 호의적 태도를 형성하려는 광고이므로 특정 기업에 대한 애고형성에 도움이 되는 것이다. 기업광고는 주로 애고기업광고와 공중관계기업광고, 공공서비스기업광고 등 3가지 유형으로 분류 할 수 있다.

■ 애고기업광고(patronage institutional advertising)

소비자 또는 고객의 애고동기를 자극하기 위하여 행하는 광고로서, 예컨대 새로운 영업시간이나 배달서비스에 대한 정책의 변경 등을 알리는 것을 들 수 있다.

■ 공중관계기업광고(public relations institutional advertising)

기업이 사회적 책임을 수행하기 위하여 전개하고 있는 기업의 정책이나 사업을 알림으로써 대중과의 우호적 관계를 형성 · 유지 · 발전시키기 위한 목적으로 수행되는 광고를 말한다. (ex: 대기오염방지를 위한 캠페인, 금연운동, 녹지보전운동 등)

■ 공공서비스기업광고(public service institutional advertising)

소비자나 대중에게 기업이 사회성이나 공공성을 저버리지 않고 사회에 봉사하고 있음을 알리는 광고로, 예컨대 적십자의 캠페인을 지원하고 있거나 수재민을 위한 모금운동에 적극 협력하고 있음을 널리 알리는 따위의 광고를 말한다.

(3) 공익광고

공익광고는 시민정신의 함양 등 사회공익을 실현하기 위함을 강조하는 광고로서, 교통법규의 준수 내용을 남고 있는 광고, 화재조심을 알리는 광고 등의 광고들이 여기에 해당된다. 공익광고는 사회 및 공동체의 발전과 설득 커뮤니케이션을 통해서 사회의 문제에 포커스를 맞추고 국민들의 개개인의 태도를 공공의 이익으로 지향하려는 모습으로 변화시키는 것을 목적으로 한다.

4. 광고예산의 책정과 이행

1) 광고예산 산정 방법

보통의 경우 광고예산은 매체에 관련된 비용이 대부분을 차지하고 있다. 매체비용은 제품의 특성에 따라 또 제품의 판매전략 및 시장상황에 따라 약간의 변동이 있을 수 있다.

광고비의 많은 부분을 차지하는 매체집행 비용은 그 중요성이나 가능성에 비추어 상승(synergistic)효과를 기대할 수 있고 빠른 시일 내에 적은 비용으로 목표에 도달할 수 있도록 잘 조화되어 운용되어야 한다.

광고예산은 다음의 몇 가지 방법으로 결정할 수 있다.

(1) 가용자금기준법(affordable method)

최대가용법(all-you-can-affordable method) 또는 임의적 방법(arbitrary method)이라 불리는 방법으로 "여유가 있으면 행한다"는 식의 가장 원시적인 방법이다. 광고예산이 임의적으로 결정되는 만큼, 현대의 극심한 경쟁사회에서는 결코 경쟁적인 방법이 될 수 없다. 그 기업의 자본력, 수익, 경쟁경험 등을 조감해서 가장 합리적이라고 생각되는 금액의 한도를 정해서, 그 한도를 넘지 않는 범위 내에서 임의로 광고비의 총액을 선결한 다음에 그 정도의 비용을 어떻게 사용할 것인가를 검토하는 방법이다. 따라서 이 방식은 광고예산이 마음대로 책정될 수 있다는 자유자재성이 있어 좋으나 격심한 경쟁환경 하에서의 광고책정법으로는 적극성과 탄력성이 전혀 없는 방식이라 하겠다.

(2) 매출액비율법(percentage-of-sales method)

매출액에 일정한 비율을 곱해서 광고비를 산정하는 방법이며, 경우에 따라서는 이익백분법이 사용되기도 한다. 이 방법은 다음과 같이 구분될 수 있다. ① 과거 판매액의 일정 비율, ② 차년도 매출예정액의 일정 비율, ③ 과거 매출이익의 일정 비율, ④ 차년도 매출예정이익의 일정 비율.

이 방법은 가장 빈번하게 사용되고 있는 것이기는 하나 비과학적이며 경쟁적 시장에서 탄력성을 잃게 된다. 오히려 광고주에게 나름대로의 믿음을 주기는 하나 잘못 생각될 수도 있는 방법이다. 이 방법은 간편하여 자금상의 여유에 따라 그 백분율도 적당히 조정할 수 있으며, 단기적으로 보아 경영상의 허용한계점이 미리 통제될 수 있다는 장점이 있다. 반면 일정 비율 자체가 미리 주관적으로 결정된다는 점에서 경쟁제품의 공세에 대한 탄력성이 작다는 단점도 있다. 뿐만 아니라 매출액을 그 결과로 간주하게 됨으로써 장래 수요를 개척한다는 장기적인 투자로서의 사고 방식을 지닐 수 없게 된다. 그럼에도 이 방식이 대다수의 기업에 의해 현실적으로 가장 매력 있는 특징을 지닌 것으로 대변되고 있다. 그 이유는 이 방법을 채택함으로써 광고비는 대략 시장에서의 매출액에 비례하게 되며 광고에 의한 경쟁의 정도가 그것에 의해 제약되기 때문이다.

(3) 경쟁사대응법(competitive-parity method)

경쟁자기준법 또는 동업자등가법이라고도 하는데, 경쟁업자가 계산하는 광고비를 기준해서 자사의 광고예산액을 결정하는 방식이다. 그 기준으로는 해당 업계의 의견선도자(opinion leader)가 되는 경우도 있으며, 동업종의 평균광고비를 산정해서 이를 기준으로 삼을 때도 있다. 광고비뿐만 아니라 그 매체도 추종하게 될 경우도 많은데, 의외로 이런 방식이 실제 기업에 의해 백분율법의 경우처럼 이용빈도가 잦은 것은 경쟁기업의 광고비 지출은 업계의 지혜를 집약적으로 표현하고 있기 때문에, 경쟁력의 균형을 유지하기 위한 최선의 방법이라고 믿기 때문이다. 기업규모, 상품종류, 생산량 등의 측면에서 제약이 있으며, 경쟁기업이 실시하고 있는 방법이 최량의 방법이라는 보장이 없다는 데에 한계가 있는 것이다.

(4) 목표과업법(objective-and-task method)

목적법(objective method) 또는 과업법(task method)이라고도 일컬어지는 방식으로서, 일정한 매출목표를 결정한 다음에 이를 달성하기 위해 필요하다고 여기는 광고예산을 산출하는 방법이다.

(5) 판매단위법(unit-of-sales method)

매출단위법 또는 단위당 누적법이라고도 불리워지는 방법으로 제품단위마다 일정한 예산을 계상해서 이 단위당 예산을 합계한 것을 예정판매량에 곱해서 광고비 총액을 결정하는 방법이다. 이 방법은 얼핏 매출액비례법과 비슷한 방식으로 항상 광고비와 매출액을 연계(match)시키는 매우 간편한 방법이라 할 수 있다. 또 각 기업이 1단위에 같은 금액의 광고비를 들인 때에는 동업자의 경쟁을 억제한다는 효과도 있게 된다. 따라서 이 방식은 얼핏 합리적인 것처럼 착각되지만 실제로는 총 광고예산을 먼저 정해놓고 이 금액을 각 제품에 배분하는 식의 총액할당법이 택해질 경우가 많다. 이 경우에 각 제품에 배분할 만한 충분한 광고예산이 염출될 수 없는 위험이 있다.

(6) PM법(profit-metrics method)

매우 극심한 경쟁상황, 다양한 변수 등을 예상하여 볼 때 광고비의 산정은 좀더 과학적이며 분석적이어야 하는데, 이에 가장 근접한 방법이 PM법으로 앞에 열거한 방법의 특징적 요소를 결합한 것이다. 이 방법은 사용하고자 하면 일단 매출액에 나타난 광고효과, 이익 면에 나타난 판매효과, 경쟁자 광고비 지출 등 일련의 영향 요소를 고려하여 마지막으로 목표와 과업의 달성을 위한 광고비를 산정하는 것이다.

2) 광고예산의 이행

책정된 광고예산의 이행은 다음과 같은 점을 고려한다. 즉, 계절적인 판매변동이 있거나 경쟁자의 광고시기를 고려하는 경우이다. 어떤 제품의 수요가 계절적인 변동이 심할 때는, ① 그러한 변동에 맞추어 광고하거나, ② 반대로 비수기에 광고할 수 있고, ③ 연중 일정한 횟수로 광고하는 방법도 있다. 대부분 ①의 방법을 이용한다. 그러나 여기에서도 ㉠ 수요발생에 선행하여 광고할 것인가 또는 ㉡ 이에 병행하여 광고할 것인가의 문제도 고려하여야 한다.

쿠엔(A. A. Kuehn)[05]은 구매빈도가 높고 매우 계절적이며, 낮은 원가의 제품인 음료 잡화류를 (판매하기) 위하여 어떻게 광고시기를 맞출 것인가를 연구하는 하나의 모형을 개발하였다. 그는 적절한 광고타이밍의 패턴은 고객의 상표선택에서 나타나는 습관적 태도와 광고이월의 수준에 좌우된다는 것을 밝혔다. 이월효과(carry-over)란 광고비용의 효과가 시간이 지나감에 따라 쇠퇴하는 정도를 의미한다. 월 0.75의 이월효과란 광고비용의 현재효과가 지난 달 수준의 75%임을 뜻한다. 습관적 태도는 광고수준과 관계없이 상표이월(brand holdover)이 얼마나 많이 발생하는가를 의미한다. 0.90의 높은 습관적 구매는 구매자의 90%가 다음 기간에 그들의 상표 선택을 반복한다는 뜻이다.

쿠엔은 광고 이월효과와 습관적 구매가 없는 경우에 의사결정자는 광고예산책정에 있어서 매출액비율법을 사용하는 것이 옳다는 것을 발견하였다. 광고비용의 최적정시기의 유형은 예상되는 산업판매의 계절적 유형과 일치한다. 그러나, 만일 광고 이월효과나 습관적 구매가 존재할 때에는 매출액비율 예산책정법은 적정한 것이 아니다. 이 경우에는 판매곡선을 선도하기 위하여 광고시기를 맞추는 것이 더 나을 것이다. 광고비용의 최고점은 예상되는 판매 최고점 앞에 와야 한다. 즉, 매출이 정점에 오기 전에 광고비는 정점에 도달해야 한다. 이월효과가 클수록 리드타임(lead time)이 더 커져야 한다. 더욱이 습관적 구매의 정도가 클수록 광고비용은 더욱 안정적이 되어야 한다. 끝으로 광고시기의 책정에 있어서 고려할 요소는 다음과 같다.

- 구매자이동률(buyer-turnover): 새로운 구매자가 시장에 나타나는 비율이 높을수록 계속적으로 광고를 강화해야 한다.
- 구매빈도(purchase frequency): 구매빈도가 높을수록 구매자의 마음에 그 상표가 간직되도록 더욱 계속적인 광고를 하여야 한다.
- 망각률(forgetting rate): 자극을 주지 않으면 구매자가 그 제품을 망각하는 비율이 높아진다. 그러므로 망각률이 높을수록 구매자의 마음속에 그 상표가 간직되도록 계속

---

05 본 내용은 Alfred A. Kuehn, "How Advertising Performance Depends on Other Marketing Factors," *Journal of Advertising Research*, March 1962, pp. 2~10; 재인용 P. Kotler, *op. cit.*, 2000, p. 592.

그림 10-10 ▶▶ 광고의 시간배분 패턴

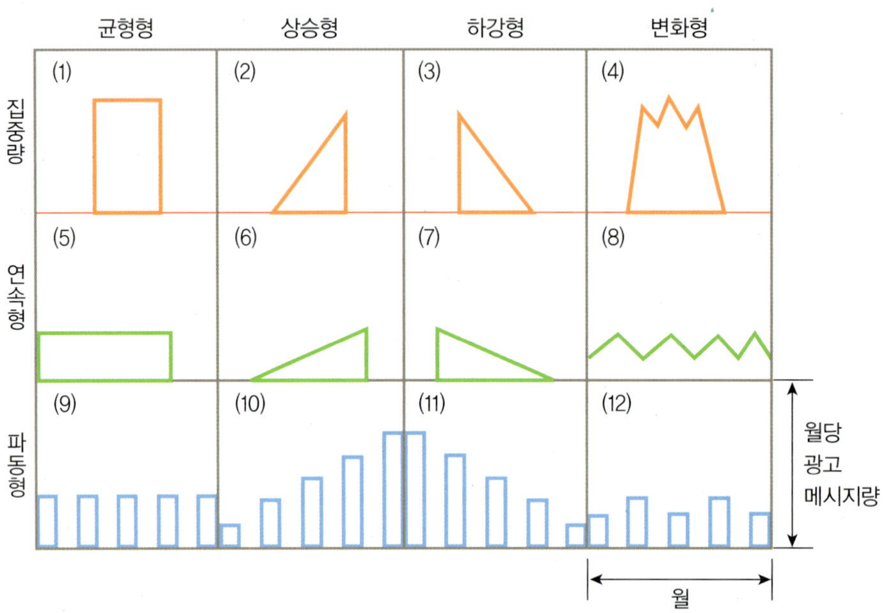

자료: P. Kotler & K. L. Keller, *op. cit.*, 14ed, 2012, p. 539.

광고를 하여야 한다.

5. 광고관리

광고관리에 있어서 중요한 사항은 광고목표 설정, 광고예산 결정, 매체의 설정, 메시지의 선정, 메시지의 개발 및 광고효과 측정이다. 광고를 개발할 때 마케터가 가장 먼저 해야 하는 것은 광고목표를 설정하는 것이다. 광고목표는 광고의 전반적인 방향을 제시해주며 목표를 달성하기 위하여 구체적으로 어떤 일을 어느 정도 어떻게 해야 하는 지를 정할 때 지침서가 되기도 한다. 뿐만 아니라 광고목표를 추후 측정하게 되는 광고효과를 평가하는 기준이 된다.

① 기업에서 제품과 관련하여 목표고객을 누구로 하여 광고할 것인가?
② 제품과 관련하여 어떤 내용을 메시지로 고객에게 전달할 것이가?
③ 메시지를 목표고객에게 전달되었을 때 어떤 효과가 나타나겠는가?
④ 기간은 얼마동안 설정하여 목표를 달성하기 위해 진행할 것인가?

광고의 목표를 설정할 때에는 자사가 현재 놓여져 있는 마케팅 상황을 체계적으로 분석한 후에 설정해야 한다. 만약 제품이 아직 소비자에게 알려지지 않았다면 광고의 목표는 자사의 제품을 소비자들에게 알리는 것이 목표가 될 수 있을 것이다. 또한 자사의 제품과 타자의 제품을 소비자들이 유사하게 펑가하거나 인식하고 있는 경우라 한다면 자사의 제품과 타사의 제품과의 차별점을 강조하고 자사의 제품이 차별적인 측면에서 더 우수하다는 것을 소비자들에게 지각시켜 줄 수 있도록 강화시켜 줄 수 있는 광고목표를 설정할 수 있다.

제3절 마케팅 커뮤니케이션(광고) 정책의 실행

1. 광고의 표현전략

광고는 표적집단에 대하여 소구를 얼마만큼 강도 있게 실시할 수 있는가에 의하여 그 효용이 좌우된다. 광고의 표현전략(creative strategy)이란 "무엇을 소구할 것인가(전달내용)"와 "어떻게 소구할 것인가(표현 아이디어)"의 구성 요소로서 나누어진다. 표현전략이 필요한 이유는 다음과 같다. 즉, 첫째로 광고소구는 소비자의 기호(tastes), 욕구(wants) 및 태도(attitudes)에 적합해야 하고, 둘째 문안(copy)이나 도안(illustration), 배치안(layout)은 보편적으로 이해가 되는 것이어야 하며, 셋째 표현 언어는 표적집단에서 이해되도록 해야 하기 때문이다.

1) 광고 메시지의 선정

광고 메시지는 "광고 메시지의 작성(message generation), 메시지의 평가와 선택(message evaluation and selection), 그리고 메시지의 실현(message execution)이라는 '크리에이티브'(creative) 전략의 개발을 위한 세 단계를 거쳐 이루어진다." 광고 메시지는 바람직하거나 또는 흥미를 끌만한 내용을 담고 있는가(desirability), 또한 독창적이고 차별화된 무엇인가를 담고 있는가(exclusiveness), 그리고 신빙성, 즉 믿을만한 내용(believability)을 담고 있는가의 세 가지 기준을 가지고 평가하여야 한다.

이상적인 메시지는 소비자의 주의(attention)를 집중시키고 흥미(interest)를 끌며 욕망(desire)을 유발시키고 기억(memory)하게 하여 결국 행동(action)으로 이끄는 것이다(AIDMA 모델). 실제 소비자로 하여금 인식으로부터 구매에까지 유도하는 메시지는 거의 없지만 AIDMA 모델의 틀은 바람직한 방향을 제시해 준다.

광고 메시지는 광고주가 표적 그룹으로 하여금 희망하는 반응을 하게끔 하기 위해 전달하는 것이므로, 그와 같은 반응을 일으키게 할 수 있는 내용이 있어야만 한다. 그 내용은 소구(appeal), 주제(theme), 아이디어(idea) 또는 특유의 판매제언(USP: Unique Selling Preposition)이라고 불린다.

메시지의 내용으로 원하는 반응을 가져올 수 있는 소구(appeal) 또는 주제를 개발하여야 한다. 광고소구(ad. appeals)란 어느 의미에서 표적 그룹에게 주는 만족의 약속으로서 광고주의 광고내용인 제품에 대한 주장(claim)이라고도 하는데, 바로 표적 그룹이 어떠한 생각이나 행동을 왜 하여야만 하는가에 대한 이유나 동기 또는 그렇게함으로써 얻게 되는 혜택(benefit)이나 그것을 식별할 수 있는 근거가 되는 것이다.

소구의 유형은 주로 3가지로 나눈다.

(1) 합리적 소구(rational appeal)

소비자의 이익에 관련지운 것이다. 그 제품을 살 경우 바라는 편익을 얻을 수 있을 것이라고 강조한다. 예컨대, 제품의 품질, 경제성, 가치, 성능 등을 강조하는 메시지가 여기에 속하는 것이다.

(2) 감정적 소구(emotional appeal)

구매를 촉진시킬 수 있도록 약간의 부정적 또는 긍정적 감정을 불러일으키는 것이다. 사람들로 하여금 해야 할 일(이 닦기, 정기 건강진단)과 하지 말아야 할 일(흡연, 과음, 약물과용, 과식)을 부각시키기 위하여 공포심, 죄의식, 수치심 등이 이용된다. 공포심에 의한 소구는 어느 정도까지는 효과적이지만 한계를 벗어나면 청중이 회피하게 된다.

(3) 도덕적 소구(moral appeal)

무엇이 옳고 적절한 것인가에 관한 청중의 의식에 호소하는 것이다. 이러한 소구는 사람들로 하여금 환경보호, 차별금지, 남녀평등, 장애자보호 등과 같은 사회적 명분을 지지하도록 하는데 자주 사용된다. 따라서 소구를 중심으로 다음과 같은 광고 컨셉을 선정하게 된다.

- 고유한 판매제안의 발견(USP) : 광고는 소비자에게 무엇인가를 제안해야하는데, 제안은 경쟁자가 소유하지 못한 것이어야 하고, 소비자를 움직일 수 있는 강력한 것이어야 한다(ex: 암반수로 만든 맥주).
- 브랜드 이미지의 창조: 브랜드 이미지가 표현되는 형태는 아래의 예와 같다.
  - 제품범주와 관련된 연상(ex: 프린터하면 휴렛팩커드),
  - 제품속성에 관련된 연상(ex: 대우전자의 탱크주의, KT 올레)
  - 품질 및 가격과 관련된 연상(ex: BMW의 'the ultimate driving machine', KTF의 "Have a Good Time!")
  - 브랜드 개성과 관련된 연상(ex: 말보로의 카우보이, 마몽드의 산소 같은 여자)
  - 사용자와 관련된 연상(ex: 나이키의 마이클 조던, 경동보일러의 시골 부모님)
- 내재된 드라마의 발견: 제품 속에 숨어있는 내재된 드라마(비밀)를 발견하면 그것을 있는 그대로 표현(common touch)하고, 이를 위해 알려져 있는 사실들을 재구성할 수 있는 능력의 중요성을 강조하거나, 드라마틱한 표현을 자주 사용한다.
- 제품 포지션의 개발: 제품 포지션의 검토(경쟁사에 대한 상대적 위치) 및 포지션을 표현하는 아이디어의 개발.

- 경험적 요소의 발견: 표현 시 오락적 요소와 정감을 주는 소재를 강조한다든가, 표현의 유연성과 컨셉의 새로움을 강조한다.

2) 광고 메시지의 구성

메시지의 효과성은 구조와도 관련되어 있다. 구조에 관하여 3가지 문제를 생각해야 한다.

첫째, 명확한 결론을 제시해 줄 것인가 또는 청중에게 맡겨 둘 것인가 하는 문제이다. 보통 결론은 제시하는 것이 보다 효과적이다.

둘째, 일면적 주장을 할 것인가 아니면 양면적 주장(장 · 단점)을 할 것인가 하는 문제이다. 청중의 교육수준이 매우 높거나 부정적 태도를 가지고 있는 경우가 아니면 일면적 주장이 보다 효과적이다.

셋째, 강조점을 초반부에 둘 것인가 후반부에 둘 것인가 하는 문제이다. 초반부에 두는 것이 관심을 끄는 데 유리하지만, 마지막에서 극적 효과가 나지 않는다. 기본적으로 광고 메시지는 두 가지 부분으로 구성되는데, 하나는 시각적(visual) 부분이며 다른 하나는 언어적(verbal) 부분이다. 그것이 의미전달적인 기능을 수행하면 광고문안, 시각소구적인 기능을 수행하면 광고도안이 된다.

(1) 문안의 구성 요소

문안이란 문자가 가지는 기호능력을 통하여 사람들이 그 의미하는 바를 전달받게 되는 광고 메시지 요소이다. 메시지 요소에는 본문(body), 표제(headline), 도안의 설명문, 슬로건, 상표명, 상표, 가격 및 광고주명이나 서명 등을 뜻한다. 문안 요소가 수행하는 기능을 전제로 하여 나누어 보면 네 가지 부분으로 나누어진다.

- 표제문(headline): 표적그룹의 주의와 관심을 끄는 집중 요소이다.
- 부표제문(sub headline): 표제에서 본문으로 이어주는 다리의 구실을 한다.
- 본문(body): 제품에서 얻을 수 있는 혜택과 이를 뒷받침하는 판매 강조점 및 이러한 주장을 뒷받침하는 구매 이유를 나타낸다.

- 유도문(lead in paragraph): 읽고자하는 관심에서 제품에 대한 관심으로 유도하는 부분
- 내용문(interior paragraph): 주장이나 약속의 증거가 제시된 부분
- 행동촉구문(trial close): 지루하다고 느끼기 전에 선택을 하게끔 하는 부분
- 종결문(close): 행동을 할 때 어떻게 하도록 설명한 부분
- 종결(close): 주의를 하고 관심을 가져 욕구를 가지게 된 표적그룹이 어떠한 행동을 하도록 집약하는 요소이다.

(2) 문안의 종류

- 이유 제시형 문안(reason-why copy): 표제나 도안에서 보상(reward)을 특징 있게 제시하고 왜 그것이 진실이냐 하는 것을 설명하는 문안으로서 표적 그룹에의 이성적 소구를 강조하는 것이다.
- 유머형 문안(humorous copy): 유머(humor)를 이용한 문안인데 다른 문안보다 반드시 더 효과적이라고 할 수는 없으나 아래와 같은 특징이 있다.
  - 주의를 환기한다.
  - 중요한 소구보다는 보통 설득력이 약하다.
  - 표적 그룹과 관련되어야만 효과가 있다.
  - 이미 수용하고 있는 표적 그룹의 태도를 강화하기 위해 쓰일 때는 효과가 더 커진다.
- 설명형 문안(descriptive copy): 제품의 외양이나 약속하는 보상을 예상고객에게 명확하게 하기 위해 강조할 필요가 있을 때에 주로 이용된다. 특히 도안으로서 그것을 나타내기 어려울 때 필요하다.
- 증언형 문안(testimonial copy): 예컨대, 많은 제품에 대해 증언을 하지 않는 사람으로서 널리 알려져 있고 쉽게 인지되며 또한 호감을 가지고 있는 인기인(celebrity) 내지 의견선도자(opinion leader)로 하여금 증언을 하도록 하는 문안이다.
- 대화형 문안(dialogue copy): TV에 가장 적합한 문안으로서 대화를 하는 형식으로 제시한다. 그러나 지루하고 자연스럽지 못한 대화는 오히려 역효과적이다.
- 서술형 문안(narrative copy): 이야기(story)가 중심이 되는 문안인데 일반적으로는 짧은 이야기, 그림, 소설명 및 4컷으로 된 연속만화(comic strip)로 구성된다. 이야기

속에서 반드시 갈등(conflict)이 있어야만 관심을 끌게 된다.

(3) 도안

도안(illustrations)이란 삽화나 사진과 같은 비문자적 심벌인 시각적 요소(visual element)에 의하여 광고 아이디어를 보다 구체적으로 보다 빨리 전달하기 위하여 사용되는 것으로서 비언어적 커뮤니케이션(nonverbal communication) 요소 내지 시각소구적 요소 전체를 말한다. 이러한 도안을 더욱 많이 사용하는 경향이 생기는 까닭은 이것이 주의가치를 높여주기 때문이다. 뿐만 아니라 잘 다루어진 도안은 단지 주의만 하게끔 하는 것으로 그치지 않고 소구 과정상의 각 단계를 증폭시키고 가속화시켜 주는 것이다. 도안은 다음과 같은 목적 하에 사용된다. ① 독자의 주의를 유발한다. ② 광고 메시지의 주제를 확인하도록 한다. ③ 예상고객이 되는 질적 독자를 확보한다. ④ 표제를 읽게끔 관심을 유발한다. ⑤ 제품이나 광고주에 대한 좋은 인상을 가지게 한다. ⑥ 문안에 있는 주장을 명확히 한다. ⑦ 문안의 주장이 진실하다는 것을 확신케 한다. ⑧ 제품의 특징을 강조한다. ⑨ 광고에 동일한 도안을 사용함으로써 캠페인상의 모든 광고물이 계속성을 가지게 한다.

또한, 도안은 그 표제 방법에 따라 네 가지로 나누어진다.

- 사진(photography): 색채사진의 사용은 도안의 소구효과를 한층 더 높여준다.
- 삽화(drawings, original paintings): 잉크화(line drawing), 묵화(wash drawing), 부식판화(etching), 소묘화(sketch), 만화(cartoon) 및 목판화(wood cut) 등은 값도 싸며 효과적이다. 광고물의 외양은 제작한 화가의 능력에 좌우된다.
- 기계도안(mechanical drawing): 업계지와 직접광고의 경우에 널리 이용되는데, 차트(chart)나 그래프(graph)는 특히 합리적 구매동기에 소구하는 광고를 더 흥미롭게 또한 용이하게 파악할 수 있도록 한다.
- 판화(scratch board): 표면에 녹색 잉크를 칠한 판 위에 철필 등과 같은 각화도구를 가지고 선으로 그린 그림이며, 특수한 효과가 있다.

3) 광고 메시지의 실현

크리에이티브 아이디어를 구현하는 데 있어서는 메시지의 스타일(style)과 어조(tone), 단어(words), 양식(format) 등을 조심스럽게 선정해야 한다.

(1) 메시지 집행 스타일

- 일상생활의 단면(slice-of-life): 일상적 환경 하에서의 제품 사용 장면을 보여주는 것이다. 예컨대, 저녁식탁에 앉은 한 가족이 자사의 제품에 만족해하는 장면을 생각할 수 있다.
- 라이프스타일(life style): 특정 계층 고객의 생활에 잘 부합된다는 것을 강조하는 것이다.
- 환상(fantasy): 제품 자체나 그 용도에 대하여 환상을 조성시키는 것이다.
- 감상적 분위기(mood or image): 당해 제품에 대해서 아름다움이나 사랑, 정적 등과 같은 분위기를 불러일으키는 것이다. 그리고는 제품권고 이외의 아무런 주장도 하지 않는다.
- 뮤지컬(musical): 몇 명의 사람들이나 만화의 작중 인물들로 하여금 제품에 관련된 노래를 부르게 하는 것이다. 콜라 광고물의 경우 이러한 양식이 많이 사용된다.
- 상징적 인물(personality symbol): 제품을 상징하는 인물을 창조하는 것으로서 이때의 인물은 작위적 인물일 수도 있고 실제 인물일 수도 있다.
- 기술 전문성(technical expertise): 당해 제품을 만드는 데 있어서 자사의 전문성과 경력을 강조하는 것이다. 예컨대, 커피 제조회사가 커피 열매를 조심스럽게 고르고 있는 구매자를 보여주거나 포도주회사가 자사의 오랜 포도주 주조경력을 강조하는 것이다.
- 과학적 증거(scientific evidence): 조사 또는 과학적 증거를 동원해서 자사제품이 타사제품들보다 우월하다는 것을 보여주는 것이다.
- 증언(testimonial evidence): 신뢰성이 높거나 호감이 가는 인물로 하여금 당해 제품을 인정하게 하는 것이다. 유명인사를 통해서 신뢰성을 강조할 수도 있고 평범한 한 사람으로 하여금 그 제품을 특히 좋아한다는 면을 전달할 수도 있다.

표 10-5 광고에서의 오피니언 리더 활용 사례

화장품 업계 오피니언 리더 활용 사례	
회사(브랜드 포함)	내용
LG생활건강 '후'	• '후 아마추어 골프대회' 개최 • 연극배우 윤석화 씨 등이 홍보대사로 활동하는 '후 멤버스클럽' 운영
아모레퍼시픽 '설화수'	• 한복전문가 이효재 씨 등 40여 명으로 구성된 '설화클럽' 운영 • VIP 고객들로 운영되는 '설화 메이븐 클럽'
랑콤	• 4학년 여대생으로 구성된 홍보대사 모임 '엘리트 클럽' 운영
코스메 데코르테	• 큐레이터, 피부과 전문의 등 각계 인사 5명으로 구성된 '밀리오리티 클럽' 운영

자료: 김현수, "오피니언 리더 모셔라" 동아일보, 2005. 05. 17.

(2) 메시지 집행 스타일(우리나라 광고의 예)

- 직접적 표현 방식: 제품이 가지고 있는 강점을 직설적으로 표현한다.(ex: 모델이 속옷을 착용한 모습–속옷광고)
- 비교를 이용한 표현 방식: 경쟁상표들과 직접 또는 간접적으로 비교하여 소비자를 설득한다. 우리나라의 경우 현재 간접적인 비교 방식이 허용되고 있다. 후발주자가 선두주자를 공략할 때 효과적으로 사용될 수 있다.(ex: Yahoo와 Daum 광고)
- 증언형 표현 방식: 유명인 또는 표적고객과 유사한 일반 소비자를 광고에 출연시켜 제품 사용 경험을 표현한다(구전효과형이라고도 불림). 과학적 증거를 제시하는 것도 증언형과 유사한 메시지 표현 방식이다.(ex: 유한킴벌리의 "화이트" 광고)
- 설명형의 표현 방식: 광고의 핵심주제를 상세하게 설명하듯이 표현하는 방법이다.
- 암시적인 표현 방식: 전달하고자 하는 핵심주제를 연상 요소 등을 사용하여 간접적으로 전달한다. 주제를 직접적으로 설명하기 어려울 때, 주제 자체가 추상적일 때 또는 주제가 막연하거나 범위가 넓어 어느 한 부분에 집중하기가 어려울 때 표적소비자들의 상상력 또는 지적 능력을 고려해야 한다(ex: 특정 목적의 약 광고).
- 생활단편형 표현 방식: 소비자들이 일상생활 속에서 경험할 수 있는 문제점을 제시한

다음 광고하는 제품이 이를 해결하는 장면을 보여주는 형식이다. 의약품 광고에서 많이 찾아볼 수 있다(ex: 칠성사이다 광고).

- 감정전이형 광고: 소비자들이 제품을 사용할 때 느낄 수 있는 감정을 광고 속에서 표현함으로써 제품이 소비자들에게 제공하는 혜택을 전달한다.
- 온정적 감정을 이용한 표현 방식 소비자가 광고를 통하여 직접적으로 또는 대리적으로 사랑, 가족애, 우정관계 등을 경험하게 함으로써 긍정적이고 온화한 감정을 불러일으키는 표현 방식이다(ex: 국제전화 002).
- 향수소구형 표현 방식: 과거에 대한 그리움을 중심으로 인간의 감성을 자극하는 광고이다. 다시다의 '고향의 맛' 캠페인 광고 시리즈의 경우 향수를 자극하여 성공한 대표적인 예로서 고향에 대한 향수를 다시다의 '고향의 맛'으로 연결하였다.
- 유머를 이용한 표현 방식: 재미있는 소재를 사용하여 시청자들에게 박진감, 활력, 즐거움, 쾌감, 기쁨 등의 감정을 불러일으킨다. 광고에 대한 주목비율과 광고 자체에 대한 기억가능성을 높일 수 있다. 광고에 대한 반박주장을 줄임으로써 제품에 대한 평가에도 긍정적 영향을 끼친다. 유머광고의 내용이 표적소비자에게 유머러스한 것으로 받아들여질 것인가를 검토하여 소비자의 관심을 유머러스한 표현에만 집중시켜 광고되는 제품이나 핵심속성에 대한 정보처리를 방해할 수 있음에 유의해야하며 반복 노출될수록 효과가 감소될 가능성이 크다.
- 공포를 이용한 표현 방식: 소비자가 광고에서 권장하는 제안을 따르지 않았을 때 겪을 수 있는 부정적 결과에 대한 두려움이나 공포를 이용하는 광고로서 음주운전 예방운동, 금연운동, 안전벨트 착용 등의 공익광고와 제약광고에서 자주 활용된다.
- 상징적 표현 방식: 사람들의 공통된 생각, 경험, 감정을 상징물을 사용하여 표현하는 방식으로서 추상적 내용을 기호(특정의 사물, 동물, 부호 등)를 사용하여 함축적으로 표현한다. 이미 사람들에 의해 학습된 상징기호를 활용하는 방법이 있다. 또한 상징을 새롭게 창출해 내는 방법도 있다.
- 성적 소구 방식: 인간의 근본적 욕구인 성(sex)에 대한 관심을 상품에 연관시키는 광고 유형으로서 누드, 성적 이미지, 성의 이중적 의미 등을 이용한다(ex: 성적 노출을 이용하여 "곰 바우 소프트"의 순수한 맛을 표현하는 광고).
- 비일상적 표현 방식: 사람들이 지금까지 별로 본 적이 없거나 전혀 예상하지 못했던 것, 돌발적이거나 기대하지 않은 모습으로 표현한다, 부적합하고 우스운 내용이나 소재 등을 도입함으로써 소비자들의 관심을 끌어들이는 것인데 표현된 아이디어가 재

치 있고 위트가 넘쳐흐를 때 효력을 발휘한다(ex: 광고의 카피를 일부러 거꾸로 배치함으로써 독자의 관심을 유도하고 있는 광고).

- 패러디를 이용한 표현 방식: 일종의 모방형 창작으로 원작의 내용을 독특하게 재해석 및 재구성하여 색다른 것으로 바꾼다. '전후 의미 관계의 전환' 과정을 거쳐서 크리에이터와 수용자 간에 공유된 기호가 존재해야 한다.
- 키치(kitsch)적 표현 방식: 천박하고 불손한 행동, 저속한 모조품 혹은 대량생산된 싸구려 제품을 마치 훌륭한 가치와 의미를 가진 것처럼 위장하는 일종의 통속적 현상인 키치적 소비현상을 소재로 활용한 광고 표현 방식이다. 감성적 · 형식적 · 기호적 · 감각적 가치가 떨어지는 제품에 신화적 상징, 소비계층의 신분 또는 스타일을 구별해주는 이미지를 부여함으로써 남들과 구별되기를 원하는 소비자들의 욕구를 충족시켜 주는 것이다.(ex: 부적을 키치적 요소로 활용하여 펠레 펠레(Pelle Pelle)에 청바지 이상의 신화적 가치를 부여하고 있는 광고)
- 엽기적 표현 방식: 광고 컨셉을 촌스럽고 추하고 기이하게 표현한다. N세대에게 엽기는 대중문화의 대표적인 표현양식이다. 낯설고 새로운 것을 추구하는 계층을 대상으로 하는 광고에 적합하다.

(3) 메시지 표현의 어조/단어/양식

광고표현의 적절한 어조(tone)는 익살스럽고 해학적인 어조를 사용하는가 아니면 엄숙하고 무거운 어조를 사용하는가 하는 문제이다. 업종이나 품목 또는 제품을 사용하는 소비자 집단별 소구대사의 인식이 상이하므로 이에 대한 대응책은 광고환경에 좌우된다. 메시지의 단어선정에 있어서도 기억하기 쉽고 관심을 잘 끄는 단어들을 찾도록 해야 한다. 메시지의 양식 또한 신중하게 고려되어야 한다. 인쇄물광고의 경우 표제어, 도안, 색상

표 10-6 메시지 표현의 의의

상이한 광고모델의 선정	• 유명인 모델: 모델의 매력을 활용하여 소비자의 일체화 과정 유도 • 전문가 모델: 모델의 전문성을 활용하여 소비자의 내면화 과정 유도 • 일반 소비자 모델: 모델의 유사성을 통한 소비자의 일체화 과정 유도 • 최고경영자 모델: 모델의 권위를 통하여 소비자의 수용 과정 유도
광고 아이디어 표현의 구체화	• 언어적 표현 요소: 광고문안 작성 • 시각적 표현 요소: 광고의 비주얼 및 전체적인 구도 개발 • 청각적 표현 요소: TV 및 라디오광고에서의 음향효과와 배경음악

등이 잘 결정되어야 한다. 관심을 유발시키기 위해서 이용되는 수단으로 새로움과 대조, 대표적 그림과 제목, 특이한 양식, 메시지의 규격과 위치, 색상, 모양, 움직임 등이 있다. 광고물에 약간의 기계적 재배치만 가하여도 주의집중력이 상당히 높아지는 경우가 있다. 대형 광고물일수록 주의집중력은 높아진다. 그렇지만 효과가 광고물의 크기에 비례하지는 않는다. 도안의 경우 흑백 대신 4가지 색상을 사용한 결과, 비용도 증가 되었지만, 효과 또한 증가된 것으로 나타났다.

2. 광고매체전략

1) 광고매체의 종류

매체란 광고의 메시지를 표적고객인 소비자에게 전달하는 수단으로 일반적으로 말해서 광고가 실리게 되는 광고매체의 지면이나 시간을 의미한다. 이때 광고지면이나 시간에 대한 제품가치는 그 지면과 시간이 제공하는 매체의 광고매체로서의 가치에 따라 결정되는 것이다. 따라서 매체전략이란 광고주의 메시지를 소구 대상층에게 노출시킴에 있어 광고지면, 방송시간, 기타 매체를 가장 효과적으로 이용할 수 있도록 계획된 프로그램이라고 할 수 있다. 광고매체로는 신문이나 잡지 또는 업계 간행물 따위의 인쇄매체(print media)와 텔레비전과 라디오 따위의 전파매체(broadcast media), 그리고 DM, 옥외광고, 교통광고, POP광고, on-line상의 여러 가지가 있다.

표 10-7 주요 광고매체별 특성

		대상	경제성	특징	알맞은 업종
매스컴 4매체	신문	일반 대중	(1인당) 가격이 싸다	• 독자 수 · 주목률의 안정 • 구매자가 있어야 꼭 읽는다. • 반복하여 읽는다. • 기록성 • 지면에 의한 영향	서적, 부동산, 백화점, 금융, 영화
	잡지	전문가	좀 비싸다	• 특정 계층으로 구성 • 색조를 완전하게 사용 • 기사와 연동이 가능	식품, 화장품, 자동차, 카메라
	TV	일반 대중 (프로별)	시청률에 따라	• 색과 음의 움직임 • 반복광고의 영향이 강하다. • CM의 오락성	약품, 식품, 화장품, 가전전문점
	라디오	학생 운전기사	가격이 싸다	• 싸다 • 청취자와의 대화	식품, 약품, 전축, 자동차
기타	직접우편	대상을 국한	비싸다	• 정확한 반영 • 매력적인 설득 • 견본을 보일 수 있다.	서적, 통판, 백화점, 은행보험
	산지	지역물 국한	조금 싸다	• 매력적인 설득	소매점, 부동산
	차내광고	회사원 직장여성 (OL)	조금 싸다	• 뉴스성 • 회사원에게 강하다.	약품, 잡지, 양복, 서비스업
	옥외광고	번화가	비싸다	• 눈에 띈다.	사명, 서비스업
	네온싸인 등	통행인		• 강한 인상을 준다.	(특별업종 없음)
	인터넷	일반 대중	싸다	• 다양한 계층으로 구성 • TV와 신문의 특징 겸비	모든 업종
	e-Mail	대상 국한	싸다	• 특정 계층으로 구성 • 직접우편과 TV의 특징 겸비	생산재 및 전문품을 제외한 모든 업종
	핸드폰	대상 국한	조금 싸다	• 직접우편과 네온싸인 특징	편의품, 선매품 특히 식품, 의료, 금융, 요식업
	Fax-mail	대상 국한	조금 싸다	• 직접우편과 인쇄매체 특징	생산재 및 전문품

자료: 필자 정리 및 추가(인터넷, 이메일, 핸드폰, Fax-mail)

2) 광고매체 선정기준

매체목표는 가능한 한 많은 고객층에게 가능한 싼 값으로 강한 광고효과를 거두기 위한 것이라 할 수 있으며, 이는 일반적으로 도달률(reach), 노출빈도(frequency), 총도달률(GRP), 광고기간(continuity) 등의 용어에 의해 표현된다.

- 총도달률 = 도달률(%) × 노출빈도
- 도달률(%) = 총도달률 / 노출빈도
- 노출빈도 = 총도달률 / 도달률

광고매체의 선정기준이 되는 것은 매체가 지닌 매체의 가치라고 할 수 있다. 이 매체의 가치는 크게 양적 가치, 질적 가치, 경제적 가치로 구분된다. 제품으로서의 광고매체의 가치를 구성하는 요소를 살펴보면 다음의 [표 10-8]과 같다.

표 10-8 매체가치를 구성하는 요소

매체의 양적 가치	매체의 질적 가치	매체의 경제적 가치
• 매체 도달범위 • 시청자 수 • 독자 수 등	• 시청자, 독자층 구성 • 매체가 지닌 전달력 • 대상에게 주는 심리적 효과 등	• 광고요금 및 제작비 • CPM(개인, 세대별): cost per thousand • 1%마다의 총비용 등

- 양적 가치 확산(diffusion)의 범위를 나타내는 가치는 신문 · 잡지의 경우는 발행부수, 라디오나 TV의 경우는 시 · 청취율로 나타내는 도달률(reach)로서 수용자의 규모를 가리킨다.
- 질적 가치 수용자의 수준이라든가 특정 신문의 권위 등과 같은 매체력 이미지(media power image)에 따라 정해지는 가치로서, 광고매체별로 그 매체가 갖고 있는 특징 및 장점을 가리킨다고도 볼 수 있다.
- 경제적 가치 매체비용이 적게 들면서 광고효과가 높은 매체일수록 가치 있는 것으로 말할 수 있다. 매체의 코스트를 계산하는 데에는 우선 잠재고객에 대한 도달률, 진출빈도의 계산이 필요하다. 매체비용(media cost)은 모든 매체에 있어서 대체로

CPM(cost per thousand)으로 나타내지거나, 매체에 따라서 TV의 경우 GRP(gross rating points)로도 계산되며, 외국의 경우 발행부수가 큰 대규모 신문에서는 'Million Rate'로 계산하기도 한다.

3) 광고효과

광고효과는 발생순서에 따라 ① 광고 요소의 결합이 다수인의 심리에 작용하는 정도를 나타내는 광고의 심리적 효과(또는 커뮤니케이션 효과), ② 그 심리적 효과가 매출액에 영향을 주는 정도를 나타내는 광고의 판매효과, ③ 그 판매효과에 의하여 발생하는 경영상의 이익효과 등 3가지로 구별하고 있다.[06]

노출효과는 매체의 도달범위(reach)와 노출빈도(frequency)에 의하여 결정된다. 이를 수식화하면,

$$T = \sum_{i=1}^{I} A_i N_i$$

T : 노출효과
S_i : 각 매체의 도달범위($i=1,2,3$ ……, I=Impact)
N_i : 조사기간 중 매체에 광고가 실린 횟수로 표현될 수 있다.

커뮤니케이션 효과란 "판매라는 결과가 무조건적으로 나타나는 것이 아니고 어떠한 선행단계의 결과"라는 것이다. 즉, 장기적으로 어떠한 일(판매)이 발생하기 위해서는 단기적으로 어떠한 일(커뮤니케이션 단계)이 선행되어야 한다는 것이다. 목표를 궁극적인 목표와 과정적인 목표로 나누어 볼 때, 커뮤니케이션 목표는 과정적인 또는 중간목표라고 할 수 있다.[07]

06 커뮤니케이션 효과 측정 방법(direct rating, portfolio test, lab-test, recall test, recognition test), 판매효과측정 방법(sales test, product-user test), 광고기술효과측정(consumer jury test, inquiry test, recognition or readership test, identification test)

07 이처럼 광고목표로서 커뮤니케이션 목표를 설정해야 한다는 것은 1961년 콜리(R. H. Colley)의 DAGMAR(Defining Advertising for Measured Advertising Results) 이후에 본격적으로 연구되었다. DAGMAR 이론은 광고의 계획과 목표를 구체적으로 설정할 수 있게 되었고, 판매지향적인 광고목적 설정의 문제를 극복하게 하였다.

커뮤니케이션 목표가 달성되었다 하더라도 그것이 그대로 판매액의 증대로 이어지는 것이 아니기 때문에 광고의 효과는 광고로 인한 판매액의 증대에서 찾아야 한다는 입장에서 판매효과에 대한 언급이 나타난다. 즉, 광고를 행함으로써 나타나리라 기대되는 소비자들의 제품이나 상표의 인지, 지식, 좋아함, 확신, 구매로 이어지는 단계효과에 대한 가정에 회의를 품고 모든 제품이나 소비자가 이러한 과정을 밟는 것이 아니고 이 과정은 순서가 뒤바뀔 수도 있으며, 이러한 과정을 거치지 않고도 제품의 구매가 이루어지는 경우가 있다는 것이다. 따라서 이러한 불확실한 개념이나 과정을 측정하기보다는 구체적으로 눈에 나타난 판매고의 증대로써 광고효과를 측정해야 한다는 것이다.

이러한 판매목표로서 광고효과를 설정하는 경우는 ① 광고가 판매의 유일한 원인이거나, ② 광고가 마케팅믹스의 가장 중요한 원인이거나, ③ 광고에 대한 즉각적인 반응이 나타날 때 등이다. 광고의 이윤효과란 판매효과에 의하여 증대된 판매액에 의한 이익의 기여도로서, 판매효과가 크다고 해서 반드시 이익효과가 크다고 말할 수는 없다. 그 이유는 판매효과를 높이기 위해서 투자한 광고액의 증가와 판매액의 증가를 상호 비교해 보아야 하기 때문이다.

4) 광고효과 측정 모델

광고효과는 광고자극물을 통해 광고의 설득 요인들이 소비자들의 인지와 감정, 행동 반응에 긍정적 영향을 가져오는 것을 말한다. 광고의 효과는 소비자들의 자극을 통해 일련의 과정을 거쳐서 최종적으로 행동을 하고 장기적인 효과로 기업의 매출의 변화를 통해 살펴볼 수 있다. 광고노출에서부터 구매에 이르는 소비자의 의사결정 전 과정을 단계적으로 설명하고 있는 여러 광고효과 모형들이 있다. 대표적으로 효과의 위계 모형은 AIDA 모형, 콜리의 DAGMAR 모형, 래비지와 스타이너의 위계효과모형이 있다.

(1) AIDA 모형

이상적인 메시지는 소비자의 주의(attention)를 집중시키고 흥미(interest)를 끌며 욕망(desire)을 유발시키고 기억(memory)하게 하여 결국 행동(action)으로 이끄는 것이다(AIDMA 모델). 실제 소비자로 하여금 인식으로부터 구매에까지 유도하는 메시지는 거의 없지만 AIDMA 모델의 틀은 바람직한 방향을 제시해 준다. 즉, [그림 10-11]에서 보는 바와 같이 AIDA 모형은 소비자들의 주의, 관심, 욕구, 행동의 네 단계를 거치는 과정으로 살펴보고 기업이 소비자들에게 제품을 효과적으로 판매하기 위해서는 무엇보다 소비자들의 주의를 끌고 흥미를 유발한 다음에 소비자들의 욕구를 생성시킨 후 행동을 촉구해야 한다고 주장하고 있다. 연구에서 의하면 실제로도 소비자들은 제한된 집중력을 가지고 있으며 자신이 보고 싶은 것만 보는 선택적 주의를 기울이는 성향을 가지고 있기 때문에 자발적으로 광고를 보는 경우가 많지 않다. 따라서 기업에서 소비자들의 주의를 끌기 위한 자극을 제공해주면 소비자는 제품이나 서비스에 대해서 관심을 가지게 되고 이러한 소비자들의 관심은 제품을 갖고자 하는 욕구를 촉구하여 구매를 하고 싶어 하는 행동을 유발시킨다. 따라서 주의는 광고자극물에 대해서 소비자들의 눈길을 사로잡을 수 있도록 하는 힘이며 광고를 통해 소비자들의 관심을 더욱 극대화 시키고 관여되도록 할 수 있는 도구인 것이다.

그림 10-11 ▶▶ AIDA Model

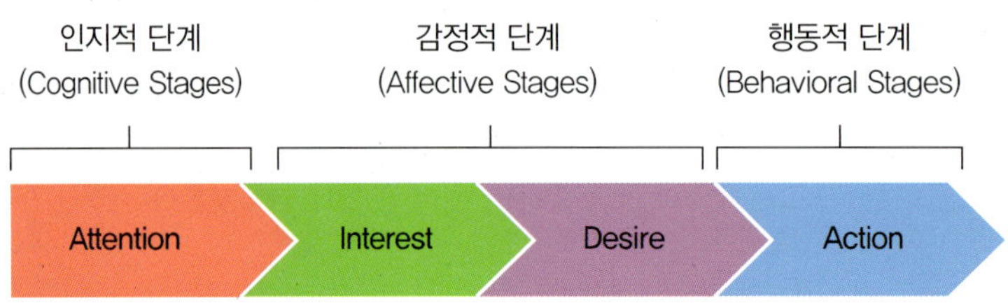

(2) DAGMAR 모형

DAGMAR 모형은 광고의 목표를 소비자와의 커뮤니케이션으로 설정하고 그 결과도 소비자가 제품이나 서비스에 대한 호의적인 태도를 형성하는 데 얼마나 잘 전달 되었는지로 측정해야 한다는 것이다. [그림 10-12]에서 보는 바와 같이 DAGMAR 모형은 광고의 목표는 매출이 아니라 커뮤니케이션이라는 개념에서 만들어진 모형이다. 잠재고객인 소비자들이 제품을 구매할 때까지 인지(awareness), 이해(comprehension), 확신(conviction), 행동(action)의 단계를 거치게 된다고 제안하고 있다.

인지단계에서는 잠재고객이 제품이나 브랜드에 대해 처음으로 인식하고 알게 된다. 그 다음으로 이해단계에서는 소비자들이 제품의 특성과 편익을 이해하게 된다. 다음으로 확신단계에서는 소비자들은 제품이나 브랜드에 대한 구매의사가 생기게 된다. 마지막으로 행동단계에서는 소비자들의 직접적인 제품이나 브랜드의 구매행동이 이루어진다. 그런데 제품에 대한 인지가 전혀 없는 고객이 광고로 인해 바로 제품을 구매하지 않는다. 즉, 광고를 통해서 인지단계에서 바로 행동단계로 넘어가는 것이 아니고, 인지단계에서 이해단계로 넘어가고 확신, 행동의 단계로 차례로 넘어가는 반응을 보인다는 것이다. 결국 광고는 소비자들이 현재의 반응단계에서 다음 반응단계로 넘어갈 수 있도록 커뮤니케이션하는 것을 목표로 삼아야 한다는 것이다. 그러나 DAGMAR 모형이 모든 제품에 적용되는 것은 아니다. 소비자의 반응 과정이 항상 인지, 이해, 확신, 행동의 단계를 거치는 것은 아니기 때문이다.

그림 10-12 ▶▶ DAGMAR Model

(3) 래비지와 스타이너의 위계효과모형

[그림 10-13]에서 보는 바와 같이 래비지와 스타이너의 위계효과모형은 광고효과의 과정을 보여 주는 것으로 시작단계에서부터 특정한 순서로 각각의 단계들을 거치게 되면 광고의 효과를 파악할 수 있다. 래비지와 스타이너의 위계효과모형에 따르면 소비자는 비인지(unawareness)단계에서 인지(awareness)단계, 지식(knowledge)단계, 호감(liking)단계, 선호(preference)단계, 확신(conviction)단계, 구매(purchase)단계라는 여섯 단계를 거쳐 발생되어지는데 조직화된 구조의 유형을 가지고 있다. 이 모델에 의하면 소비자들은 '비인지'에서 '구매'까지 다다르는 동안 고정된 위계적 특성을 거치게 되는데, 만약 소비자들이 인지단계와 지식단계를 거치치 않게 되면 호의단계와 선호단계에 갈 수 없으며, 호의단계와 선호단계를 거쳐야만 확신단계와 구매단계에 이른다고 주장한다. 위계효과모형은 소비자행동을 인지(cognitive), 정서(affective), 행동(behavior)으로 구분한다는 점에

서 전통적 정보처리모형을 확장한 것이라고 볼 수 있다. 즉, 소비자가 광고에 노출되면 제품과 브랜드에 대한 정보를 인지하는 단계를 거치게 되고 인지된 정보를 기반으로 소비자들은 학습을 통해 제품과 브랜드에 대한 평가(호감, 선호)를 하는 정서적 단계를 거치게 된다. 그 후 소비자들은 궁극적으로 제품과 브랜드에 대한 확신을 하고 난후 구매에 이르는 행동을 실시하게 되므로 위계적 단계가 구성된다. 위계모형은 정보처리의 단계가 인지, 정서, 행동의 고정단계임을 가정하는 반면에, 저관여 제품의 경우에는 종종 구매 후에 정서나 인지적 단계가 형성되는 예외가 발생한다.

그림 10-13 ▸▸ Lavidge & Steiner Model

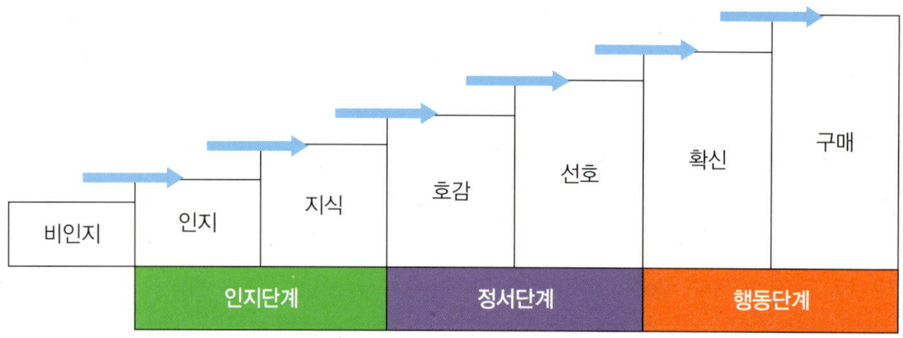

자료: Lavidge & Steiner, 1961

3. 광고대행사

1) 광고대행사의 역할

광고가 제작되어 소구 대상에게 전달되어지기 위해서는 광고주, 광고매체 그리고 광고주와 광고매체 간에 광고주의 광고 활동에 관한 서비스를 지원하는 광고대행사가 있어야 한다.

광고대행사는 단순하게 광고매체의 시간과 지면을 빌려 이를 광고주에게 판매하는 기능에서부터 광고의 실시를 위한 고객조사, 기본전략의 수립, 매체 및 메시지전략, 광고효과분석에 이르기까지 광고의 거의 모든 기능을 수행한다. 광고대행사란 "제품이나 서비스의 판매를 위한 고객을 찾는 광고주를 위하여 마케팅 목표에 기초하여 광고를 개발하고 준비하며, 적정매체에 그 광고를 게재하는 창의적 능력과 영업력을 갖춘 인적 요원으로 구성된 독립적 기업"으로 정의되고 있다.

이외에도 PR, 판매촉진, 마케팅 전략, 패키징 등 마케팅 지향적인 다양한 기능과 역할을 수행하고 있으며 그 업무범위를 넓혀가고 있다.

광고주에게 효율적인 광고 서비스를 제공하고 제품과 서비스의 판매에 기여하는 광고를 만들어내기 위해서 광고대행사가 수행해야 할 업무는 다음과 같다.

그림 10-14 ▶▶ 광고대행사의 업무흐름

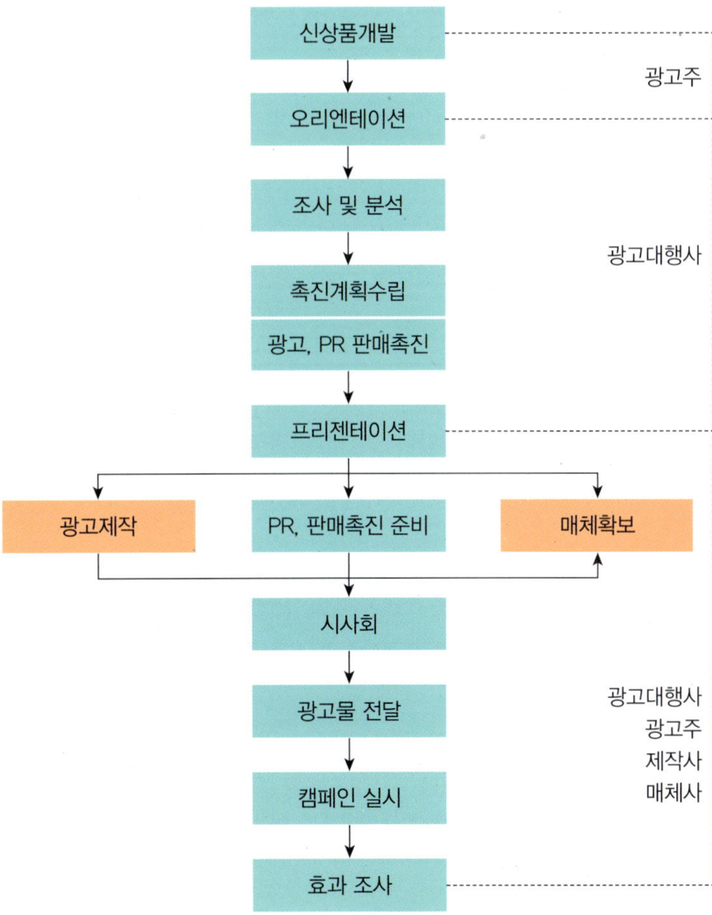

자료: 마케팅원리, 박찬수, 법문사, p. 300.

① 제품과 서비스 고유의 이점과 불리점, 경쟁제품 또는 서비스와의 관계를 결정하기 위한 제품과 서비스의 연구, ② 제품이나 서비스가 제공되는 시장의 현황과 잠재성의 분석, ③ 유통경로와 판매의 요인 및 그들의 통용 방법에 관한 연구, ④ 제품이나 서비스를 소비자, 도매상, 계약자, 또는 기타 대리점에게 가장 효과적으로 소개할 수 있는 모든 이용 가능한 매체 및 수단으로 분석, ⑤ 명확한 광고계획서의 작성 및 광고주에게 제시, ⑥ 광고계획의 실시.

광고대행사는 광고업무 이외에도 고객, 즉 광고주의 판매지원을 위한 다양한 업무를 수행하여야 하며 또한 그러한 능력을 갖추고 있어야 한다. 따라서 광고주의 입장에서는 이러한 광고대행사의 기능과 역할, 광고대행사의 능력을 평가하여 신중하게 자사에 적합한 광고대행사를 선정하여야 하며, 또한 광고대행사가 자신의 창의성과 독창성을 발휘하여 자사광고가 효과적으로 수행될 수 있도록 제반 여건과 환경을 조성하여 주어야 한다.

아울러 광고업무란 단순히 광고작품의 제작이나 이를 게재하는 매체에 국한되지 않고 자사제품이나 서비스의 총체적 마케팅 전략의 한 부문으로 기능하여야 하는 것이니 만큼 광고주와 광고대행사 간의 원활한 의사소통과 업무협조가 이루어져야 한다.

2) 우리나라 광고대행사의 특징

우리나라 대부분의 대행사들은 기업그룹 또는 대형광고주의 계열대행사(In-House Agency, 계열광고회사)로 발족되었으며, 이들이 주류를 이루면서 발전해왔고, 현재도 이들이 우리나라 대행업체를 주도하고 있다. 따라서 우리나라 광고대행사는 대기업이 운영하는 계열대행사가 대부분이나 광고시장의 개방과 확대에 따라 많은 광고대행사가 신규로 설립되고 있다.[08]

2017년 말 현재 대표적인 우리나라의 광고기획사 현황을 살펴보면 [표 10-9]와 같다.

계열대행사(계열광고회사)란 광고주가 자사나 기업그룹의 광고를 전담하여 대행하도록

08 금강기획은 '현대의 광고대행사'의 역할을 벗어나 '금강오길비'로 명칭을 바꾼다. 2002년 12월 글로벌 커뮤니케이션 그룹 WPP가 최대지분을 인수한 LG애드도 LG그룹의 대행사 계약이 끝났다. GS그룹은 영상프로그램 제작업체 (주)미디아트의 관계사인 '실버블렛'에 광고기획과 제작을, '모투스에스피'에 옥외매체광고와 프로모션을 각각 맡기고 있다. (주)오뚜기는 계열광고사인 '애드리치'를 설립하여 자체 광고물량을 맡기고 있다. 대기업 계열광고회사 설립과 별도로 광고제작 또는 매체대행만을 전문으로 담당하는 '부티크 에이전시(중소형 광고전문회사)'가 나타나고 있다. 즉, 광고제작 전문회사 '크리에이티브 에어'와 '컴투게더' 및 매체대행 전문 광고회사인 '미디어위빙', '캐럿트 코리아', '피디에스미디어' 등이 그 예이다. 광고제작과 매체대행의 분화라는 세계적 선진화 추세에 따르는 현상이다.

표 10-9 우리나라 22대 광고대행사(2017년 매출액기준)

	회사명	2017년도 취급고(단위: 백만 원)
1	제일기획	5,367,723
2	이노션월드와이드	3,942,620
3	HS애드	1,451,840
4	대홍기획	953,001
5	에스엠 씨앤씨(SMC&C)(구 SK플래닛)	492,325
6	TBWA KOREA	286,259
7	그룹엠코리아	237,072
8	레오버넷	214,436
9	멕켄에릭슨&유니버셜멕켄코리아	180,988
10	퓨저스드림네트웍스	174,296
11	오리콤	161,580
12	엠허브	146,221
13	한컴	133,493
14	캐러트코리아	112,526
15	디디비코리아	104,959
16	비비디오코리아	103,377
17	엘베스트	102,341
18	상암커뮤니케이션즈	86,090
19	엔즈 엑스	83,362
20	하루효도제일	83,259
21	농심기획	79,846
22	월콤퍼블리시스월드와이드	66,495

자료: 광고정보센터

설립한 것으로서, 광고부서의 성격을 가지면서 외부 광고주의 광고를 대행하는 대행사를 의미한다. 따라서 이러한 계열대행사는 광고주의 한 부서로서 운영되거나 방계회사로서 운영되기도 한다. 이와같이 그룹광고를 독점하는 인하우스 에이전시(계열광고회사)가 많아지는 것은 광고업계의 자생력을 약하게 만든다. 그러나 계열대행사 중에도 종합대행사 못지않게 완전 업무체제를 정립하여 자사업무뿐만 아니라 타사업무까지도 외주를 받아 독립대행사체제로 운영하는 경우가 있다.

제4절 인적판매/판매촉진/홍보전략

1. 인적판매

1) 인적판매의 유형

판매 과정에 포함되는 정확한 과정은 판매원에 따라, 그리고 특정 판매상황에 따라 다르나 대부분의 판매원들이 의식 · 무의식적으로 수행하는 판매 과정은 일반적으로 다음과 같은 7단계로 나누어진다. 즉, 예상고객의 발굴과 평가(prospecting and evaluating)－준비(preparing)－고객에 접근(approaching the customer)－판매제시(sales presentation)－이견 극복(overcoming objection)－종결(closing)－사후조치(follow-up)이다.

판매 과정의 최종단계는 소비자의 호의와 고객의 장래 제품욕구를 구축하기 위하여 적시배달이나 설치 등의 판매 후 서비스를 제공해야 한다. 일반적으로 판매원의 이러한 제 활동은 고객의 구매 후 인지부조화(post-purchase cognitive dissonance)를 감소시키는 데 기여한다. 판매원의 직무는 고객의 인지부조화를 최소화하는 데 있으며, 고객에게 ① 제품의 이점을 요약해주고, ② 기각된(경쟁사의) 제품보다 더 나은 이유를 반복설명하고, ③ 고객이 그 제품을 통해 어떻게 만족을 얻게 될 것인지를 알려줌으로써 자신의 결정이 옳았음을 확신시켜 주어야 한다.

판매원은 기능 또는 그들이 수행하는 기본적인 과업에 따라 주문획득자, 수주자 및 지원자의 세 가지 유형으로 나누어진다. 물론 한 사람의 판매원이 이 세 가지 기능을 동시에 수행할 수도 있다.

(1) 주문획득자(order getters)

고객을 발굴하여 판매하고 기존의 고객에 대한 판매를 증가시키는 과업을 창의적 판매(creative selling)라고도 하는데, 잠재고객의 욕구를 인식하여 그들에게 필요한 정보를 제공하는 것이다. 주문획득 활동은 두 가지로 나누어진다.

- 기존 고객 판매(current customer sales): 이전에 제품을 구매한 적이 있는 사람들을

중심으로 판매한다. 기존 고객은 신규 고객의 유인원이 되기도 한다.

- 신규 고객 판매(new-customer sales): 예상 고객을 구매자로 전환시킨다.

(2) 수주자

수주자(order takers)는 정규적 · 전형적인 고객에게 반복적인 판매를 추구하며, 거래관계를 완성시키는 사람이다. 고객이 특정 기업의 제품에 대하여 광고나 판촉 활동 등의 영향으로 관심을 갖게 된 후에 최종적인 질문에 응답하고 판매를 완성시킨다. 따라서 주로 표준화된 제품을 취급하며, 확장적 판매노력은 하지 않는다.

(3) 지원자

직접 판매 활동에는 관계하지 않고 판매기능을 조성하는 사람으로서 주로 장기적인 판매관계를 유지하는 데 목표를 둔다. 고객에 위치하여 그들을 교육하고, 호의를 구축하며, 판매 후 서비스를 제공하는 일을 한다. 세 가지 유형의 지원자(support personnel)가 있다.

- 선전판매원(missionary salesman): 대개 제조업자에게 고용되어 고객(주로 중간상)에 대한 판매 활동을 지원하는 사람이다. 소매상을 방문하여 제조업자의 제품을 구매하도록 그들에게 정보를 제공하고 설득한다.
- 거래판매원(trade salespersons): 대개 수주기능도 수행하기 때문에 엄격한 지원자 역할만을 하지는 않는다. 이들은 고객, 특히 소매점을 지원하고 제품을 촉진하는 바, 제품의 진열이나 보충, 진열 공간 확보, 점내 실연이나 견본제공 등의 직무를 수행한다.
- 기술적 판매원(technical salespersons): 필요한 판매원의 유형을 선택 · 결정하는 데는 제품의 용도나 특성, 복잡성, 가격, 고객의 수와 특성, 마케팅 경로, 광고의 집중도와 유형 등이 영향을 미친다.

2) 판매원 및 판매업무관리

판매원들은 회사를 위해 ① 신규고객의 발굴, ② 커뮤니케이션, ③ 판매, ④ 서비스 제공, ⑤ 정보수집, ⑥ 제품의 할당 · 배분 등의 과업(tasks)을 수행하게 된다.

최적의 판매원 규모를 결정하는 방법으로는 여러 가지 분석기법이 있으나, 특정 지역의 연간 총판매방문횟수를 판매원 한 사람의 연간 평균방문횟수로 나누어 필요한 판매원의 수를 결정하는 업무량 접근법(workload approach)이나 마케팅 관리자의 주관적 판단(subjective judgement)에 의한 결정 방법이 주로 사용된다.

판매원의 보수(sales force compensation)는 판매원의 활동에 대한 보수로서 지급하는 급여이다. 보수의 구성 요소는 고정급액(본봉), 변동급액(제수당, 수수료, 상여금 등), 비용공제(여비, 접대비 등) 및 복리후생비(연금, 보험료 등)로 이루어진다. 경영자는 이들 구성 요소의 상대적 중요도를 결정해야 하는데, 통상 총수입의 70%를 고정급으로 하고 나머지 30%는 여타 요소에 분할하여 지급한다. 그러나 이를 일반화 할 수는 없다. 예컨대, 판매가 주기적이거나 판매원의 독창성에 좌우되는 경우라면 변동급제가 유리하고, 비판매업무의 비율이 높거나 팀웍이 중시되는 경우라면 고정급제가 효과적이다. 판매원의 보수제도는 기본적으로 ① 고정급제(f ixed salary), ② 수수료제(commission salary), ③ 병용제(combination salary)의 세 가지가 있다. 판매원 통제란 기업 전체의 판매목표달성을 목표로 하여 판매원의 활동이 계획적 · 조직적으로 수행되었는가의 여부를 검증하는 것이며, 판매원 전체의 조정을 도모하는 데 목적이 있다.

판매업무의 통제는 판매할당, 판매 영역의 할당, 업무내용의 할당 등을 수행하는 것이다. 판매할당(sales quota)은 마케팅 계획을 실행함에 있어서 일정 기간 동안의 판매목표를 구체화하는 것이다. 구체적으로 판매목표액을 지점, 판매점, 판매원의 단위별로 할당하는 일이다. 판매 영역(sales territory)은 장소적인 개념이 아니라 구매력이 있는 고객을 가리키는 것으로서 판매원, 지점, 도매상, 소매상에 대하여 설정되는 것이다. 즉, 기업의 통제 가능한 판매시장을 가리키는 것이다. 판매 영역의 할당은 판매할당의 기준으로서 중요시되는데, 시장개발의 상황이나 판매원의 활동분석과 업적평가, 경쟁기업의 태도, 고객의 특질, 판매원의 능력, 교통의 편의성, 시황의 변화 등 요소를 충분히 고려하여 결정해야 한다. 또 업무내용의 할당에 있어서는 판매촉진, 서비스, 판매수속 등 업무종별에 따라 할당이 이루어진다. 또한, 제품의 종류가 많을 경우에는 각 판매원에게 취급상품의 할당을 상품별로 행하여 그 능력을 발휘시킬 필요가 있다. 또한, 거래선의 규모나 업종에 의하여 적절한 할당을 하여 효율화를 도모할 필요가 있다.

판매원의 업적평가에는 많은 어려움과 문제점이 있으나, 다음과 같은 방법이 고려될 수 있다. ① 업적의 관계수치에 의한 평가: 거래선 방문횟수, 주문량, 판매량, 판매원 경비, 매출총이익과 순이익고 등의 평가, ② 판매할당에 의한 평가: 실적 판매량과 할당량의 비교, ③ 상위 관리자(감독)에 의한 관찰: 협력성, 적극성, 지도성, 회사방침 준수, 고객의 신뢰도, 근무태도 등의 관찰 등이 있는데 ①과 ②는 양적 평가이고, ③은 질적 평가라고 한다.

3) 인적판매 과정

(1) 판매 전 준비(presale presentation)

인적판매의 첫 번째 단계는 판매 전 준비단계이다. 판매원이 시장과 제품 및 판매 방법 등을 철저하게 알고 있어야 하며 고객을 맞이하기 전에 표적고객의 동기를 유발하는 방법, 표적 고객의 구매행동에 대한 이해가 높아야 한다. 또한 자사의 제품이나 서비스 대비 경쟁제품이나 서비스에 대해서도 잘 알고 있어야 한다. 즉, 판매원은 제품과 관련된 전반에 대해 전문성을 가지고 있어야 한다.

(2) 잠재적 구매자의 파악(prospecting for potential buyers)

인적판매의 두 번째 단계는 잠재고객을 예측하고 파악하는 단계이다. 자사의 제품에 알맞은 고객들의 인적 사항을 파악하는 것은 중요하며 고객의 명단이나 회사명을 작성하여 판매원이 접촉해야 할 대상에 대한 정보를 습득한다. 고객의 명단을 작성하거나 정보를 얻는 것은 판매관리자의 도움을 받는 것이 제일 좋다. 잠재적 구매는 현재고객, 잠재고객, 경쟁고객 모두 해당되며 일차적으로는 현재고객 관리가 우선적이며 타깃 고객과 잠재고객을 확보하는 것이 그다음이다.

(3) (잠재 고객에게) 사전 접근 단계(preapproach to individual prospects)

인적판매를 위한 다음 단계는 잠재고객에게 사전에 접근하는 단계이다. 이는 표적고객을 접근하기 전에 판매원이 사전에 자신이 만나야 할 고객에 대한 정보를 최대한 많이 입수하고 알아야 한다. 그래야 고객을 만난 후 이에 따른 적절한 대응을 진행할 수 있다. 예를 들어, 만나는 고객이 현재 사용하고 있는 브랜드는 무엇이며, 해당하는 브랜드에 대한 선호도는 어떤가를 알아야 한다. 또한 고객마다 각기 다른 개성과 특징을 가지고 있기 때문에 표적고객의 개성, 습관 등에 대해서도 파악을 하고 있어야만 상황에 맞게 커뮤니케이션을 할 수 있다.

(4) 판매제시(sales presentation)

네 번째 단계로서, 판매제시는 표적고객에게 주위를 환기시키는 데서 시작하여 동시에 제품을 구매할 수 있도록 구매욕구를 자극시켜주고 분위기를 조성하는 것을 말한다. 구매욕구가 자극되고 구매를 할 것 같은 분위기가 조성되면 다음으로 제품 판매를 계약하도록 노력해야 한다. 이때 AIDAS 기법을 이용할 수 있다.

(5) 판매 후 활동(postsale activities for satisfaction)

인적판매 과정의 마지막 단계로 판매 후 활동이 있다. 표적고객이 제품을 구매하는 것에 그치는 것이 아니라 표적고객이 자사의 충성고객이 될 수 있도록 재구매를 할 수 있는 고객으로 만드는 것이 중요하며 자신이 구매한 제품에 만족을 한 고객은 다른 고객을 연결시켜주기도 하기 때문에 판매 후 활동은 판매원에게 매우 중요한 단계이다. 따라서 자사의 제품을 구매한 고객과 좋은 관계를 유지하면서 거래기반을 구축해야 할 것이며, 사후 서비스를 지속적으로 제공함으로써 고객만족을 보장해주고 불만이나 불평을 해소해야 할 것이다. 이러한 판매원의 사후서비스는 소비자들의 구매 후 불안감이나 인지부조화를 제거해주는 중요한 역할을 해주기 때문이다. 판매원은 제품을 구매한 소비자들에게 지속적인 관계를 유지하고 자사의 제품에 대한 효익을 꾸준히 강조해주고 타경쟁제품보다 우수한 점을 인식시켜줘야 하며 고객의 구매결정이 올바른 결정이었다는 것을 느끼게 해주어야 한다.

2. 판매촉진

광고와 PR은 잠재구매자의 반응단계 중에서 앞부분에 큰 효과를 미치는 요소들이며 기

그림 10-15 ▶▶ 판매촉진의 종류

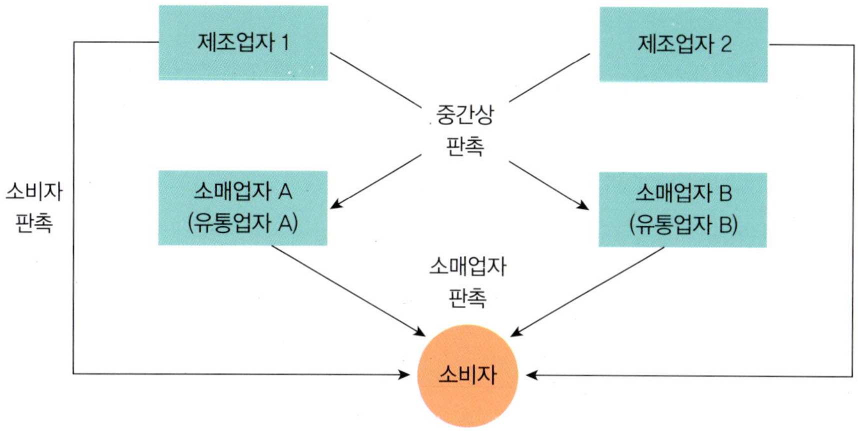

업에서는 후불제 영업이익이 기대되지만, 판매촉진과 인적판매는 뒷부분, 즉 확신으로 구매를 만드는데 큰 효과를 발휘하는 선불제적인 요소들이다.

1) 판매촉진의 목표

판매촉진은 제품이나 서비스의 구매를 고무시키는 추가적인 유인수단(additional inducements)이 된다. 판매촉진은 무엇보다 제품에 대한 단기적 판촉효과와 호의를 창출하는 데 초점을 두고 설계된다.

판매촉진수단은 그 구체적인 목적이 각기 다르지만, 기본적으로 신규 시용자(new triers)를 유인하고 충성고객(loyal customers)들에게 보답하며, 일반 사용자(occasional users)들의 재구매율을 증가시키는 데 목적이 있다. 신규 시용자는 경쟁상표 사용자, 상품 비사용자, 상표전환자(brand switcher)의 세 유형이 있다. 상표전환자는 1차적으로 저가 제품의 가치(value), 경품(프리미엄)을 기준으로 하여 여러 상표를 탐색하는 사람이기 때문에, 판매촉진에서는 대개 상표전환자를 상표충성자로 만들려고 하지 않는다. 상표의 동질성이 높은 시장에서는 판매촉진이 단기적인 판매증대효과는 가져올 수 있으나 장기적인 시장점유율효과는 없다. 하지만 상표의 동질성이 낮은 시장에서는 판매촉진이 상대적으로 장기적인 시장점유율 확대효과를 가져올 수 있다.

판매촉진의 대상별 촉진목표를 살펴보면,

첫째 소비자촉진의 경우는 ① 대량구매고무, ② 비사용자의 시용 유도, ③ 경쟁상표고객의 자사상표고객으로의 전환 등의 목적이 있다.

둘째, 거래점촉진의 경우는 ① 새로운 품목의 취급과 재고수준의 증가, ② 비성수기의 구매 유도, ③ 관련 품목의 확대품목 유도, ④ 경쟁적 촉진의 보완, ⑤ 소매상의 상표충성도 제고, ⑥ 신규소매점 진출 등의 목적이 있다.

셋째, 판매원촉진의 경우는 ① 신제품이나 신형 모델의 지원 증대, ② 고객탐색 활동의 강화, ③ 비성수기의 판매 강화 등의 목적이 있다. 기업들은 흔히 판매촉진을 인적판매나 광고 등의 다른 촉진노력과 연관하여 부가적인 촉진수단으로 사용하는 경향이 있다. 그렇지만 판매촉진은 항상 다른 촉진 믹스 요소의 부차적인 수단만으로 사용되는 것은 아니다.

때로는 판매촉진을 지원하기 위하여 광고나 인적판매를 사용하기도 한다. 예컨대, 마케팅 관리자는 흔히 경진대회나 무료견본, 경품권 등을 고무시키기 위하여 광고를 사용한다. 판매촉진은 다른 촉진 활동과 밀접하게 상호 연관되게 이루어질 때 가장 큰 효과를 거둘 수 있다. 따라서 판매촉진에 관한 의사결정은 대개 광고와 인적판매 결정에 영향을 미치게 된다.

2) 판매촉진 전략수단

판매촉진의 방법은 대상에 따라 소비자촉진(consumer promotion), 거래점촉진(trade promotion), 판매원촉진(salesman promotion)의 세 가지로 나누어진다. 마케팅 관리자는 이용할 판매촉진 방법을 결정하기에 앞서 제품의 특성(크기, 무게, 원가, 내구성, 용도, 특징, 위험성), 표적시장의 특성(나이, 성별, 소득, 입지, 밀도, 사용률, 쇼핑 패턴), 판매촉진의 목적, 제품의 유통 방법, 중간상의 수와 유형, 경쟁조건, 법적 환경, 각 판촉수단들의 비용-효과 면 등을 고려하여야 한다.

(1) 소비자촉진

소비자촉진은 판매자가 소비자를 대상으로 소비자의 구매를 자극하고 환기시키기 위한 마케팅 커뮤니케이션의 한 형태로서, 촉진수단을 살펴보면 다음과 같다.

■ 견본(samples)

견본이란 소비자에게 어떤 제품의 시용을 위해 무료로 제공하는 것이다. 견본제공(sampling)은 신제품 도입 시 가장 효과적인 방법이고, 또 비용이 가장 많이 소요되는 방법이다. 견본은 방문, 우편, 점포, 광고물 등의 다양한 방법으로 배포된다.

■ 쿠폰(coupon)

쿠폰은 특정한 제품을 구입할 때 구매자가 그 증서를 제시하면 증서에 명기된 일정한 할인혜택을 받을 수 있도록 하는 증명이다. 쿠폰은 성숙기 제품의 판매소구나 신상표의 조기사용을 유발하는 데 효과적이다. 쿠폰은 우편을 이용하거나 다른 제품을 끼워 넣는 방법 또는 광고물에 삽입하는 방법 등으로 소비자들에게 제공 가능하다.

■ 경품(premium or gifts)

구매를 위한 자극제로서 그 구매자에게 사례의 뜻으로 무료 또는 염가로 제공되는 것이다. 포장용 경품은 제품 포장용기의 내부(in-pack) 또는 외부(on-pack)에 첨가하여 제공한다. 재사용 가능한 포장용기(reusable container)는 그 자체로서 경품이 된다. 구매 증거를 보내온 소비자에게 발송하는 우편무료경품(free in-the-mail premium)도 있다. 경품에 대하여 정상가 이하의 실비(포장, 우편요금 등)를 소비자에게 부담시키는 자기정산경품(self-liquidating premium)도 있다. 대개 제조업자들은 자사의 상호가 새겨진 각종 경품을 제공한다(티셔츠, 풍선 등). 경품은 신제품보다는 기존 제품에 대하여 경쟁자의 침투를 막기 위한 목적으로 많이 사용된다.

■ POP 진열(point-of-purchase displays)

POP광고(POP advertising)라고도 하며, 구매(판매)시점, 즉 판매점의 점두나 점내에서 소비자에게 직접 소구되는 각종 광고나 진열 형태를 말한다. 주로 구매시점에서 소비자의 구매행동을 유발시키며 충동구매나 감정적 구매동기를 유발시킨다. TV광고나 인쇄광고를 연계시켜 활용하면 더 효과적이다.

■ 대금반환제의(money refund offers)

리베이트(rebates)라고도 한다. 특정 제품을 구매했다는 증거를 제시하면 일정한 대금을 반환해주겠다는 제의를 말한다. 주로 제조업자가 제품의 시용을 촉진하기 위해 이용된다.

■ 할인가격촉진(cent-off deals or price packs)

가격인하촉진이라고도 하며, 정가보다 할인된 가격을 레이블 또는 포장에 표시하여 판매하는 것이다. 신제품의 시용을 고무하거나, 기존 제품의 수요를 자극하기 위하여 사용되며, 단기적 판매를 촉진하는 데 효과적이다.

■ 경연대회(contests) 및 추첨(sweepstakes)

소비자를 참여시키는 방법으로서, 주로 특정 제품을 구매한 결과로 현금이나 여행티켓, 상품 등의 상(prizes)을 탈 수 있는 기회를 주는 것이다. 요리대회, 신제품의 이름이나 특성 알아맞히기 등의 경연과 복권 뽑기, 경연참가자 추첨 등이 있다. 경영대회는 일정한 조건을 소비자들이 만족을 시킨 후에 반드시 주어야 하는 프리미엄과는 다르게 각종 경영대회의 결과로서 입상자에게 주어지는 방법이다. 일반적으로 추첨지나 간단한 퀴즈를 통해 제공되어 진다.

■ 무료시용(free trials)

구매자극을 목적으로 무료로 제품을 시용할 수 있도록 잠재구매자들을 초대하는 방법이다. 다양한 판촉물이 여기에 해당된다.

■ 제품보증(product warranties)

특히 소비자들이 품질에 민감하게 반응할 때 가장 중요한 촉진수단이다. 제품의 보증을 결정하기에 앞서 자사제품의 품질과 금후 향상의 여지, 경쟁사의 보증, 보증 기간, 보증 범위, 보증 방법, 회사의 보증 캠페인 예산 등을 고려해야 하며 보증의 예상비용과 보증의 판매유발효과를 신중히 평가해야 한다.

■ 직접우편광고(DM광고: direct mail advertising)

매스컴(masscom)광고에 상대되는 미니컴(mini-com)의 전형적인 형태로서, 특정 다수인을 대상으로 우편으로 직접 소구하는 촉진수단이다. 표적소구대상을 적절히 선정할 수 있고, 대량광고에 비하여 설득력이 높고, 광고의 내용이나 형식이 자유롭고 많은 정보를 제공할 수 있으며, 경쟁사에 알려지지 않고 비밀리에 실시할 수 있으며, 효과측정에 상대적으로 용이하다는 등의 이점이 있다. 이 밖에도 소비자촉진에는 단골고객의 애고 정도에 따라 현금이나 다른 형태로 제공되는 애고보상(patronage rewards), 실연

(demonstration), 전시회(exhibition), 각종 이벤트(event), 전단(bill) 등 많은 촉진수단들이 동원되고 있다.

(2) 거래점촉진

판매점촉진(dealer promotion)이라고도 하는데, 중간상(거래상)들에게 제시하는 각종 촉진수단을 말한다. 중간상들에 대한 적절한 지원을 통해서 중간상의 매출액과 수익증대를 도모하고, 중간상의 충성심(구매저항 제거)과 긴밀한 협조관계를 유도하는 등의 효과를 거둘 수 있다. 목적은 다음과 같다.

첫째, 한정된 중간상의 진열공간을 확보하기 위하여 가격인하, 공제, 빈품보증 등을 제공한다.

둘째, 중간상들의 점포나 창고에 자사의 상표를 더 많이 취급하도록 수량공제를 해준다.

셋째, 소매상들이 특성화(featuring), 진열, 가격인하 등을 통해 그 상표를 촉진하도록 유인할 수 있다. 즉, 유리한 진열공간이나 위치를 확보할 수 있다. 또한, 소매상공제를 해줌으로써 고무시킬 수 있다.

넷째, 소매상과 그 점원들에게 자사의 제품을 밀어내도록(to push) 조장할 수 있다. 현금공세, 판매지원, 경품, 판매경연대회 등을 통해 소매상들의 판매노력을 경쟁시킬 수 있다.

제조업자에 의한 거래점 촉진수단은 다음과 같다.

■ 가격인하(price-off)

정가인하(off-list)라고도 하며, 일정 기간 동안 구매된 제품에 대하여 정가에서 직접 할인해 주는 것을 말한다. 중간상으로 하여금 구매량을 늘리고 새로운 품목의 구매를 조장하기 위함이다.

■ 공제(allowance)

제조업자의 제품을 어떤 식으로 취급하기로 소매업자가 합의해준 대가로 제공받는 혜택을 말한다. 광고공제(ad allowance)는 제조업자의 제품을 광고해준데 대하여 보상하는 것이며, 진열공제(display allowance)는 특별한 제품진열에 대한 보상이다(이 두 가지를 합친 개념으로 머천다이즈 공제(merchandise allowances)란 용어가 사용된다). 또 구매공제(buying allowances)는 일정 기간 동안 구매한 일정량의 제품에 대하여 재판매업자에게 가격을 할인해 주는 공제를 말한다.

■ 무료상품(free merchandise)

일정한 양을 구매한 중간상이나 단골거래처에게 무상으로 제공되는 상품이다.

■ 협동광고(cooperative advertising)

제조업자가 소매상에 의한 자사의 제품광고 비용 중의 일부를 분담해주는 것으로서, 광고공제의 한 형태라고 할 수 있다.

■ 재구매공제(buy-back allowance)

과거 일정 기간 동안의 제품 구매액을 근거로 하여 구매제품에 대하여 일정한 대금공제를 해주는 것이다.

■ 경품 또는 경로조성금(premium or PM: push money)

판매원에게 현금이나 선물의 보상을 제공함으로써 제품을 밀어내는 식으로 촉진하는 것이다. 셀프서비스 판매가 이루어지는 곳에서는 무의미하다.

■ 판매경연대회(sales contests)

경쟁적으로 우수한 판매 성과를 거둔 유통업자나 소매상, 판매원을 표창하고 동기부여할 목적으로 설계된 것을 말한다.

■ 리베이트(rebate)

일정 기간 동안의 거래액을 기준으로 하여 지급금액 중의 일부를 환불해 주는 제도로서 구매량을 기준으로 수량 리베이트, 목표달성 리베이트, 성수기 이전의 구매자에 대한 계절 리베이트, 협조적인 거래처에게 지급되는 지급 리베이트 등의 유형이 있다.

■ 기관지(house organ)

정기 또는 비정기적인 기업 간행물(house publication)로서 기업의 이념이나 방침, 기업의 특질이나 기술력 등의 제도적 측면의 정보와 고객을 위한 일반 시장적 정보를 제품 지식이나 일반 오락기사의 게재와 함께 제공하는 것을 목적으로 하며, 결과적으로 이를 통해 기업 이미지의 제고와 매출증대를 위한 자극책으로 연결시키려는 데 그 부차적인 목적이 있다. 사내용과 구별해서 외부 기관지(external house organ)라고도 한다.

거래점촉진에는 이 밖에도 거래처에 제공되는 참고책자인 카탈로그(business catalogue), 박람회(trade show), POP 광고물, 판매원회의(salesman meeting), 판매원 훈련(salesman training) 등이 있다.

(3) 판매원촉진

사내판매원들을 자극하고 동기부여시킴으로써 보다 적극적인 고객접촉과 판매목표를 달성할 수 있도록 하기 위해 제공하는 촉진수단을 말한다.

■ 판매원회의(salesman meeting):

기업의 마케팅 프로그램이나 장 · 단기 판매계획, 신제품 등을 소개하고 판매원을 고무시키기 위한 모임으로서, 전국단위 또는 지역단위로 개최될 수 있다.

■ 판매원훈련(salesman training)

판매원에 대한 교육훈련으로서, 대개 판매 부서 관리자, 영업사원, 대리점 및 도 · 소매점의 점주와 판매원까지도 포함하여 시행된다.

■ 판매교본(sales manual)

판매원의 판매 활동을 돕기 위해 제품 관련 정보(원가, 제조 과정, 장 · 단점, 특징 등)와 판매기법 등의 내용으로 제작된 책자이다.

■ 판매경연대회(sales contests)

■ 내부기관지(internal house organ)

사내용의 정기간행물로서 신제품정보나 기업인사, 회사 및 사원들의 동정, 우수사원이나 성공적인 영업 활동 사례 소개, 기타 뉴스거리나 사원들의 관심사들로 구성된다.

■ 각종 판매용구(sales tools or materials)

판매용구에는 판매원의 고객 접근(전단, 명함, DM)에서부터 실연(팜플렛, 슬라이드, 사진, 견본, 모형), 사후서비스(주문표, 고객카드, 감사통신문) 단계에 이르기까지 다양한 종류가 있다.

MARKETING FOCUS

스타벅스 연말 다이어리 마케팅으로 215억 원 효과

[사진=스타벅스코리아 제공]

직장인 최모(28 · 여)씨는 2015년 다이어리를 커피전문점에서 구입했다. 다이어리 전문업체 제품을 구매할 수도 있지만, 요즘 젊은이들 사이에서는 커피전문점 다이어리가 '대세'이기 때문이다. 최씨는 "다이어리 전문업체 제품보다 한정판이라는 점이 매력적"이라고 이유를 밝혔다. 커피전문점의 연말 다이어리 전쟁이 치열해지고 있다.

커피전문점이 증정품으로 제공하는 다이어리가 유행처럼 확산되면서 인기도 갈수록 높아지고 있다. 특히 내년 다이어리는 커피전문점이 자체 제작하는 것 외에도 유명업체와 협업해 고급스럽게 만들어 내면서 소비자들의 관심을 끌고 있다. 3일 업계에 따르면 연말 다이어리 마케팅을 주도해온 커피전문점은 스타벅스다. 총 17잔의 음료를 마시면 신년 다이어리를 제공하는 연말 행사를 14년째 진행 중이다. 17잔 중에서 3잔은 스타벅스가 지정한 시즌 프로모션 음료(겨울에만 파는 음료)를 사서 마셔야 할 정도로 조건이 까다롭다.

그럼에도 불구하고 스타벅스 다이어리의 인기는 하늘을 찌를 듯하다. 없어서 구하지 못할 정도다. 스타벅스커피코리아는 지난 10월 30일 전국 700여 개 매장에서 첫선을 보인 '2015 스타벅스 플래너'가 출시 20일 만에 10만 개가 소진됐다고 밝혔다. 지난해 35만 개가 판매된 스타벅스 다이어리는 올해 더 많이 판매될 것으로 보인다.

회사 관계자는 "지난달 30일 출시한 다이어리의 소진 속도가 작년보다 2배 정도 빠르다"며 "수능 끝난 자녀들을 위한 선물과 빼빼로데이 선물로 구매한 고객이 많고, 12월이 되면서 연말 선물로 판매량이 증가할 것으로 보고 있다"고 말했다. 다이어리 마케팅으로 스타벅스가 본 효과는 대단하다. 한 개에 2만7,500원인 다이어리의 총 판매액은 100억 원에 가깝다. 단순히 판매금액으로만 계산해도 지난해 35만 개를 판매한 스타벅스는 연말 다이어리 마케팅으로 96억2,500만 원의 매출을 올렸다.

또 17잔 구매 시 무료로 제공하는 가격을 상정해 보면, 다이어리 하나로 6만1,500원의 매출이 발생한다.(크리스마스 음료인 토피넛라떼 또는 페퍼민트 모카 5,100원(숏사이즈) × 3잔 = 1만 5,300원, 일반 음료(오늘의 커피) 3,300원(숏사이즈) × 14잔 = 4만6,200원)

지난해 팔린 35만 개의 다이어리 숫자로 계산하면 215억2,500만 원이다.

이처럼 스타벅스의 다이어리 마케팅이 대박을 치면서 다른 경쟁사들도 다이어리 마케팅에 적극 뛰어들고 있다.

커피빈은 스마트폰 앱으로 5만 원 이상 충전하면 꽃무늬로 여성들 사이에서 인기가 높은 캐스키드슨의 다이어리를 제공하고 있다. 카페베네 역시 삼성 월렛과 제휴를 맺고 음료 구매 시 삼성 월렛 스탬프 12개를 모으면 '2015년 카페베네 다이어리'를 제공한다.

이 같은 다이어리 마케팅은 커피전문점의 집객효과를 높이고 있어, 출점 규제 등을 받고 있는 커피전문점 업계에 새로운 활력소가 되고 있다는 평가다. 서울 강남에서 커피전문점을 운영 중인 최성호(58 · 남) 씨는 "다이어리에 대한 입소문이 나면서 고객이 보통 때보다 50% 가량 늘어났다"며 "다이어리가 연말 특수에 한몫 제대로 하고 있다"고 말했다. 커피전문점 다이어리의 인기에 다이어리 스티커까지도 인터넷 중고 카페나 블로그 등에서 거래되고 있다. 이와 관련, 업계 관계자는 "다이어리 인기가 높아지면서 좀 더 공들여 만드는 경향이 강해지고 있다"고 말했다.

출처: 아주경제, 2014.12. 03. https://www.ajunews.com/view/

3. 홍보

1) 홍보의 본질과 수단

인쇄나 전파매체를 통하여 무료로 기업이나 그 제품에 대하여 뉴스 형식으로 이루어지는 커뮤니케이션을 말한다. 홍보와 광고는 둘 다 다량매체를 통해 커뮤니케이션된다는

점에서는 공통점이 있으나, 여러 가지 면에서 차이가 있다.

첫째, 광고 메시지는 정보제공적 또는 설득적이지만, 홍보는 기본적으로 정보제공적 기능을 지니고 있다.

둘째, 광고는 때로 판매에 직접적인 영향을 미치고자 설계되지만, 홍보의 경우는 그렇지 않다.

셋째, 홍보를 통한 커뮤니케이션은 대개 기사나 방송 프로그램의 일부분으로 이루어지지만, 광고는 보통 방송 프로그램이나 인쇄매체의 논설 부분과 분리되어 표적 그룹이나 독자가 쉽게 인지(또는 무시됨)할 수 있도록 구성된다.

넷째, 홍보는 뉴스 형식으로 제시되어 보다 객관성 있게 보이기 때문에 소비자들에게 광고에 비하여 훨씬 더 신뢰감 있게 인식된다.

다섯째, 광고는 기업이 동일한 메시지를 반복적으로 이용하여 소구할 수 있지만, 홍보는 일반적으로 1회적이라는 한계가 있다.

여섯째, 광고는 제공되는 정보의 양이나 메시지의 내용구성이 상대적으로 자유롭지만, 홍보는 많은 제약을 받는다.

흔히 홍보를 공중관계(PR: public relations)의 한 부분으로서 이해하고 있다. 공중관계(PR)란 "조직이 이해당사자(고객, 종업원, 주주, 정부기관 및 사회대중 등)들과 호의적인 관계를 창조하고 유지할 목적으로 수행하는 광범한 일체의 커뮤니케이션 활동"을 말한다. 이렇게 볼 때 공중관계는 홍보에 비하여 훨씬 더 크고 포괄적인 커뮤니케이션 기능을 지닌 개념으로 이해된다. 따라서 사회적 기관으로서의 기업의 위치와 환경 요소로서의 대공중관계의 중요성에 비추어 볼 때, 홍보의 개념을 공중관계(PR)의 의미로 대체하거나 확대해석해도 무방하다고 생각한다.[09]

마케팅 PR 부서가 수행해야 할 활동에는 ① 기자회견, ② 제품홍보, ③ 기업 커뮤니케이션, ④ 로비 활동, ⑤ 상담 등이 있다. 이 밖에 기업에 호의적인 공중관계를 조성하기 위한 활동(PR)으로서 최고경영자 등의 연설(speeches)이나 각종 출판물(publications)[10],

---

09 코틀러(P. Kotler)는 홍보를 마케팅 공중관계(PR)의 옛 개념으로 보고, 마케팅 PR은 단순한 홍보 이상의 개념이 되어야 한다고 역설하고 있다.

10 기업이 발행하는 각종 출판물은 통합된 기업 이미지를 구축하고 표적시장에 필요한 제품정보와 뉴스를 제공하는 데 도움이 된다. 여기에는 연간 기업보고서, 소책자(brochures), 소논문, 사보, 잡지 등의 출판물을 포함한다.

공공서비스 활동(public service activities), 기획행사(events)[11] 등이 있다.

마케팅 관리자가 특정 홍보수단을 선택할 때는 전달되는 정보의 유형, 표적 그룹의 특성, 매체담당자의 수용성, 홍보소재의 중요성, 제시될 정보의 양 등의 요소를 고려하여 결정해야 한다.

2) 홍보 활동의 요건과 한계

홍보 활동이 원활하게 이루어지기 위한 요건은 다음과 같다.

첫째, 체계적인 홍보프로그램 운용 조직 내에 전담요원이나 전담부서를 두어 그 책임하에 홍보 활동이 지속적으로 개발되고 운영되어야 한다.

둘째, 매체담당자(media personnel)와의 관계유지 편집자나 보도기자 및 기타 뉴스관계자들과의 인적 접촉이 필연적이다. 이들과의 교분이 없이는 기업의 홍보프로그램을 매체를 통해 뉴스화하기 어렵기 때문이다.

셋째, 철저한 홍보자료 준비 매체 담당자들은 많은 홍보자료들이 엉성하게 기술되었다든지 아니면 뉴스 가치가 없다는 이유로 기각시키고 만다.

넷째, 홍보 활동의 평가 홍보의 효과는 실제로 방송되거나 인쇄매체에 게재된 홍보물의 수로 평가된다. 무료로 매체를 이용하는 홍보는 재무적인 이점과 함께 여러 가지 그 제약요인을 안고 있다. 만일 기업의 메시지가 기사화되거나 방송된다면, 그것은 매체 담당자가 그 메시지를 뉴스 가치가 있는 것으로 평가한 결과이다. 결과적으로 홍보 메시지는 적시적이고(timily), 흥미 있고(interesting), 정확(accurate)해야 한다. 매체 담당자가 어떤 홍보물의 뉴스 가치에 대하여 확신하기까지는 상당한 시간과 노력이 소요될 수도 있다. 이를테면 매체 담당자에게 뉴스 가치가 있어 보이는 홍보물을 구비하는 것이 용이하지 않다는 점이 하나의 제약 요인이다.

또한, 마케팅 관리자가 어떤 시기에 자신의 홍보물이 방송되도록 매체 담당자를 고무시켰다고 하더라도, 그는 커뮤니케이션의 내용뿐만 아니라 시기에 대해서도 통제할 수 없다. 매체 담당자는 인쇄매체나 방송매체 담당자의 요건에 적합하도록 홍보물의 길이와 내

---

11 기획행사(events)는 신제품이나 여타 기업 활동에 관심을 갖도록 하기 위해 기업이 특별한 행사를 준비하는 것으로서, 기자회견(news conferences), 세미나, 위안여행, 전시회, 강연회, 경연대회, 각종 기념제, 스포츠 및 문화행사 후원 등의 수단을 통해 표적 그룹에게 도달하고자 한다.

용이 바뀌어지며, 심지어 기업의 입장에서 가장 중요하게 여겨지는 메시지 부분조차도 삭제될 수도 있다. 더욱이 매체 담당자는 홍보의 효과를 기준삼지 않고 자신들에게 가장 편리한 시간대나 위치에 홍보물을 등장시킨다. 이것은 흔히 메시지가 기업의 표적 그룹에게 전혀 도달할 수 없는 시간대나 장소에 놓이는 결과가 되고 만다. 홍보의 이러한 한계는 매우 심각한 것이 될 수 있지만, 적절한 방법으로 기업의 홍보 활동을 관리함으로써 훌륭한 촉진도구로서의 기능을 발휘할 수 있다.

학 | 습 | 사 | 례

최고 실적 코카콜라, '홍카콜라'로 이미지 타격?

코카콜라 이미지 훼손 비판… 홍준표 전 대표 "시비 걸면 TV홍시콜라로 바꿀 것"

#. 지난 18일 홍준표 전 자유한국당 대표가 유튜브 채널 방송 'TV홍카콜라'를 시작했다. 홍카콜라는 홍 전 대표의 성과 '코카콜라'의 합성어다. 지난 대선 당시 홍 전 대표가 탄산음료처럼 시원한 직설화법을 구사한다며 붙여진 별명이다. 홍카콜라는 채널 제목부터 글자 이미지, 홍 전 대표가 코카콜라를 마시는 모습까지 모두 코카콜라를 염두에 뒀다.

현 정부의 비판을 쏟아낸 방송은 첫 방송 후 7일 만에 구독자 수 10만을 넘겼다. 24일 현재 구독자 수는 11만 명에 육박한다. 방송 후 정치권뿐 아니라 각종 인터넷 포탈 사이트 등에서 홍카콜라에 대한 관심이 이어졌다. 이 때문에 검색 포탈 사이트에 '코카콜라'를 검색하면 연관검색어로 '홍준표 코카콜라', 'TV홍카콜라', '홍준표 유튜브' 등이 뜬다. "코카콜라 이미지만 훼손한다", "홍카콜라 때문에 코카콜라도 먹지 말아야겠다" 등 일부 네티즌과 정치권 혹평에, 홍 전 대표는 지난 22일 본인 페이스북에 "TV홍카콜라에 대해 힘 있는 세력이 코카콜라에 압력을 넣어 시비를 걸어온다는 보고를 받았다"며 "만약 코카콜라에서 압력에 굴해 이름을 가지고 시비를 걸어오면 TV홍시콜라로 바꿀 수도 있다"고 밝혔다. 제품 브랜드가 정치적 방송 제목으로 차용돼 항의를 받고, 방송 이름을 바꾼 사례는 이전에도 있었다. 2014년 6월 인기 정치 팟캐스트 방송 '김어준의 KFC'는 방송 제목을 '김어준의 파파이스'로 변경했다. KFC 미국 본사의 항의로 이름을 교체하게 됐다는 설명이다. KFC 관계자는 "당시 글로벌 본사 쪽으로도 컴플레인이 많이 들어온 것으로 안다"며 "KFC코리아 역시 정치적인 일이 왜 엮이느냐는 항의를 받았고 이에 따라 이름에서 빼달라고 요청했다"고 말했다. 이와 관련, 코카콜라는 "정치적인 사안이라 코멘트하기 힘들다"며 말을 아꼈다. 하지만 일각에서는 코카콜라가 쌓아온 '청량함, 젊음, 청춘'의 이미지가 정치적 사안과 얽혀 흐려질 수 있다며 우려의 목소리를 내놓았다. 코카콜라는 국내 탄산음료 시장에서 압도적 1위 브랜드다. 특히 올해는 김연아, 박보검, 방탄소년단 등 젊고 깨끗한 이미지의 모델들이 광고에 나서 브랜드 이미지를 높였다. 판매량도 증가했다. 올해 평창 올림픽, 러

시아 월드컵, 자카르타-팔렘방 아시안게임 등 굵직한 스포츠 이벤트와 지난해보다 더운 날씨 등의 요인도 있었지만, 방탄소년단 스페셜 패키지 제작 등 특별한 마케팅으로 판매량이 뛰었다. 한국농수산식품유통공사(aT) 식품산업통계정보에 따르면 올해 3분기 코카콜라의 백화점, 할인점, 편의점 등 소매점 매출액은 946억4,300만원으로 2011년 이후 역대 분기 최대 매출액을 기록했다. 전년 동기(818억1,400만원) 대비로도 약 13.5% 늘었다.

출처: 아시아타임즈 2018.10.26. http://www.asiatime.co.kr/news/기사편집

참고문헌

[국내문헌]

김동기(1982, 1995), 현대마케팅원론, 서울, 박영사.

김성호(2015), 마케팅원론, 서울, 학현사.

김완석(2000), 광고심리학, 서울, 학지사.

김원수(1983), 마케팅정보시스템론, 서울, 박영사.

김재휘 · 박은아 · 손영화 · 우석봉 · 유승엽 · 이병관(2009), 광고심리학, 서울, 커뮤니케이션북스.

김한얼(2011), 사업모델 혁신, 고객 재발견에서 출발하라, 서울, 동아비즈니스리뷰, 72(1).

대한상공회의소(2018), "통계로 본 대한민국 유통산업"

모노 노리오(2007), 행동경제학, 서울, 지형.

박기안 · 김진숙 · 김주태(2016), 글로벌경영론, 서울, 무역경영사.

박기안 · 신건철 · 김준석(2013), 마케팅, 서울, 무역경영사.

박준용(2007), 전략경영, 서울, 청람.

박찬수(2018), 마케팅원리, 서울, 법문사.

송용섭 · 리대용(1993), 현대광고론, 서울, 무역경영사.

신인섭(1987), 광고학입문, 서울, 나남.

신인섭 · 리대용(1986), 광고매체계획, 서울, 나남.

안광호 · 곽준식(2011), 행동경제학 관점에서 본 소비자 의사결정, 서울, 학현사.

안서원(2006), 사이먼 & 카너먼: 노벨 경제학상을 수상한 심리학자들, 서울, 김영사.

양윤(2008), 소비자 심리학, 서울, 학지사.

오세조 · 박충환 · 김동훈 · 김영찬(2010), 고객중심과 시너지 극대화를 위한 마케팅원론, 서울, 박영사.

유창조(2002), KTF강의록 "마케팅 컴뮤니케이션" ppt 자료.

이남석(2013), 편향: 나도 모르게 빠지는 생각의 함정, 서울, 옥당.

이종호(2004), 광고관리론, 서울, 경문사.

최병용(1990), 신마케팅론, 서울, 박영사.

최종필(2002), 마케팅, 서울, 학문사.
한광석 · 백승록(2012), 광고론, 서울, 글로벌.
한희영(1981), 마케팅론, 서울, 다산출판사.

[외국문헌]

Aaker, D. A.(1982), "Positioning Your Brand," *Business Horizons* 25.

Aaker, D. A.(2005), *Strategic Market Management*, NY, John Wiley & Sons.

Achenbaum, A. A. and F. K. Mitchel(1987), "Pulling Away form Push Marketing," *Harvard Business Review*, May.

Amit, R. & C. Zott(2012), "Creating Value Through Business Model Innovation," *MIT Sloan Management Review*, 53(3).

Bagley, Constance E.(1995), *Managers and the Legal Environment: Strategies for the Legal Environment: Strategies for the 21st Century*, 2nd ed., St. Paul, MN, West Publishing.

Bessen, J.(1993), "Riding the Marketing Information Wave," *Harvard Business Review*, Sep.

Bennett, Peter D.(1995), *Dictionary of Marketing Terms*, AMA, Chicago.

Best, A. and A. R. Andreasen(1976), *Taking Back to Business: Voiced and Unvoiced Consumer Complaints*, Washington, D. C., Center for the Study of Responsive Law.

Bettman, James R.(1979), *An Information Processing Theory of Consumer Choice*, Reading, MA, Addison-Wesley.

Bettman, James R. and Mita Sujan(1987), "Effects of Framing on Evaluation of comparable and Noncomparable Alternatives by Expert and Novice Consumers," *Journal of Marketing Research* 14.

Bradley, S. P. and N. Bartlett(2007), "How Media Choices are Changing Online Advertising," *Harvard Business Publishing*, Feb.

Buchanan, B. and D. Goldman(1989), "Us vs. Them: The Minefield of Comparative Ads," *Harvard Business Review*, May.

Cateora, P. R. and J. M. Hess(1979), *International Marketing*, 4th Ed., Homewood.

Cespedes, F. V.(2006), "Channel Management," *Harvard Business Publishing*, Nov.

Chatterjee, S.(2013), "Simple Rules for Designing Business Models," *California Management Review* (2).

Cohen, D., *Consumer Behavior*, New York, Random House.

Cohne, Joel B. and Kanul Basu(1987), "Alternative Models of Categorization: Towards a

Contingent Processing Framework," *Journal of Consumers Research* 13.

Davis, H. K. and B. P. Rigaux(1974), "Perception of Marital roles in Decision Processes," *Journal of Consumer Research*, Vol. 1.

Day, George S. Allan D. Shocker, and Rajendra K. Srivastava(1979), "Consumer-Oriented Approaches to Identifying Products-Markets," *Journal of Marketing* 43.

Day, R. L.(1977), "Toward a Process Model of Consumer Satisfaction," *Conceptualization and Measurement of Consumer Satisfaction and Dissatisfactio*, Boston, Marketing Science Institute.

Dolan, R. J.(1984), "Marketing Research: An Overview of Research Methods," *Harvard Business Publishing*, Sep.

Dolan, R. J.(1992), "Distribution Policy," *Harvard Business Publishing*, Oct.

Dolan, R. J.(1992), "Researching and Monitoring Consumer Markets," *Harvard Business Publishing*, Mar.

Dolan, R. J.(2000), "Integrated Marketing Communications," *Harvard Business Publishing*, Jun.

Engel, J. F. and R. D. Blackwell(1982), *Consumer Behavior*, 4th ed., New York, The Dryden Press.

Erdem, Tulin(1998), "Brand Equity as a Signaling Phenomenon," *Journal of Consumer Psychology* 7, no. 2.

Ferrandiz, L., R. Fernandez-Velilla and J. Villanueva(2012), "Social Media Marketing(SMM)," *Harvard Business Publishing*, Feb.

Festinger, L.(1957), *A Theory of Cognitive Dissonance*, *Evanston*, Ill., Row, Peterson.

Fishbein, M. and I. Ajzer(1975), *Belief, Attitude, Intention and Behavior*, Reading, Massachusetts, Addison-Wesley Publishing Company.

Hamel, G. & C. K. Prahalad(1996), *Competing for the Future*, Boston, Harvard Business School Press.

Howard, J. A.(1977), *Consumer Behavior-Application of Theory*, New York, McGraw-Hill.

Iacobucci, D.(2000), *Kellogg on Marketing*, NY, John Wiley & Sons.

Interbrand Group(1992), *World's Greatest Brands: An International Review*, New York, John Wiley.

Jacoby, Jacob, Jerry C. Olson, and Rafael Haddock(1971), "Price, Brand Name, and Product Composition Characteristics as Determinants of Perceived Quality," *Journal of Consumer Research* 3, no. 4.

Jacoby, Jacob, George J. Syzabillo, and Jacqeline Busato-Sehach(1977), "Information Acquisition Behavior in Brand Choice Situations," *Journal of Consumer Research* 3.

Johnson, Michael D.(1984), "Consumer Choice Strategies for Comparing Non-comparable Alternatives," *Journal of Consumers Research* 11.

Kahneman, D. & A. Tversky(1979), "Prospect Theory: A n Analysis of Decisions Under Risk," *Econometrica*, 47.

Kahneman, D. & A. Tversky(1984), "Choices, Values and Frame," *American Psychologist*, 39.

Kaplan, R. & D. Norton(2003), *Strategy Maps: Converting Intangible Assets Into Tangible Outcomes*, Boston, Harvard Business School Press.

Kim, W. C. & R. Mauborgne(2004), "Value Innovation: The Strategic Logic of High Growth," *Harvard Business Review*.

Kotler, P.(1999), *Kotler on Marketing: How to Create, Win and Dominate Market*, NY, Free Pres.

Kotler, P.(2000), *Marketing Management*, Prentice-Hall.

Kotler, P. and G. Armstrong(2008), *Principles of Marketing*, 12th edition, Prentice-Hall.

Kumar, N.(2004), *Marketing as Strategy: Understanding the CEO's Agenda for Driving Growth and Innovation*, Boston, Harvard Business School Press.

Lafley, A. G. & R. Charan(2008), *The Game Changer: How You Can Drive Revenue and Profit Growth with Innovation*, NY, Crown Business.

Lavidge, R. J., & G. A. Steiner(1961), "A Model for predictive measurements of advertising effectiveness," *Journal of Marketing*, 26(6).

Lazer, W.(1971), *Marketing Management : A System Perspective*, New York, John Wiley and Sons, Inc..

Leslie de Chernatony and Gil McWillwam(1989), "The Varying Nature of Brand as Assets," *International Journal of Advertising* 8.

Levin, I., "Associative Effects of Information Framing," *Bulletin of the Psychonomic Society*, 25.

Loudon, D. L. and A. J. Della Bitta(1984), *Consumer Behavior*, 2nd ed., New York, McGraw-Hill.

Mandell, M. I.(1984), *Advertising*, Prentice-Hall.

McCarthy, E. J. and W. D. Perreault, Jr.(1987), *Basic Marketing*, 9th ed., Irwin. 10.

Mellott, D. W. Jr.(1983), *Fundamentals of Consumer Behavior*, Tusa, Oklahoma, Debb

Wekk Books.

Miller, K. E. and J. L. Ginter, "A n Investigation of Situational Variation in Brand Choice Behavior and Attitude," *Journal of Marketing Research* 16.

Nedungadi, Prakash and J. Wesley Hutchinson(1985), "The Prototypicality of Brands: Relationships with Brand Awareness, Preference, and Usage," in *Advance in Consumers Research*, Vol. 12, eds. Elizabeth C. Hirschman and Morris B. Holbrook, Provo, UT: Association for Consumer Research.

Nedungadi, Prakash(1990), "Recall and Consumer Consideration Sets: Influencing Choice without Altering Brand Evaluations," *Journal of Consumer Research* 17.

Nickerson, Raymond S.(1984), "Retrieval Inhibition from Part–Set Cuing: A Persisting Enigma in Memory Research," *Memory and Cognition* 12.

Park, C. Whan and Daniel C. Smith(1989), "Product Level Choice: A Top–Down or Bottom–Up Process?" *Journal of Consumers Research* 16.

Porter, M. E.(1980), *Competitive Strategy*, NY, The Free Press.

Porter, M .E.(1985), *Competitive Advantage*, NY, The Free Press.

Porter, M. E.(1990), *The Competitive Advantage of Nations*, NY, The Free Press.

Prahalad, C. K. & G. Hamel(1990), *The Core Competence of the Corporation*.

Prenston, I. L.(1970), "A Reinterpertation of the Meaning of Involvement in Krugman's Model of Advertising Communication," *Journalism Quarterly*, Vol. 47.

Pride, W. M. and O. C. Ferrell(2008), *Marketing*, 14th ed., South–Western College Pub.

Ramon, N. & J. E. Ricart(2011), *How to Design A Winning Business Model*, January.

Rangan, V. K.(1994), "Reorienting Channels of Distribution," *Harvard Business Publishing*, May.

Rise, Al and Jack Trout(1979), *Positioning: The Battle for Your Mind*, New York, McGraw–Hill.

Roediger, Henry L.(1973), "Inhibition in Recall from Cuing with Recall Target," *Journal of Verbal Learning and Verbal Behavior* 12.

Rosch, Eleanor and Carolyn B. Mervis(1975), "Family Resemblance: Studies in the Internal Structure of Categories," *Cognitive Psychology* 7.

Roselius, Ted(1971), "Consumer Ranking of Risk Reduction Methods," *Journal of Marketing* 35.

Rossin, P., P. Delurgio and D. Kantor(2000), "Making Sense of Scanner Data," *Harvard Business Review*, Mar.

Schiffman, L. G. and L. L. Kanuk(1983), *Consumer Behavior*, 2nd ed., Englewood Cliffs, N. J., Prentice-Hall, Inc..

Sheth, J. N. & C. Uslay(2007), "Implications of the Revised Definition of Marketing: From Exchange to Value Creation," *Journal of Public Policy & Marketing*, 26(2), American Marketing Association.

Shocker, Allan D. and Richard Chay(1992), "How Marketing Researchers Can Harness the Power of Brand Equity"(paper presented to the New Zealand Marketing Research Society).

Spekman, R. E. and P. W. Farris(2009), "Designing Channels of Distribution," *Harvard Business Publishing*, Apr.

Sujan, Mita and James R. Bettman(1989), "The Effects of Brand Positioning Strategies on Consumer's Brand and Category Perceptions: Some Insights from Schema Research," *Journal of Marketing Research* 26.

Sultan, F.(1991), "Marketing Research," *Harvard Business Publishing*, Aug.

Sutton, J.(1991), *Sunk Costs and Market Structure*, Cambridge, Massachusetts, The MIT Press.

Takeuchi, H.(1987), "Strategic Issues in Distribution," *Harvard Business Publishing*,

Teixeira, T. S.(2012), "Marketing Communication," *Harvard Business Publishing*, Aug.

Thaler, R. H.(1985) "Mental Accounting and Consumer Choice," *Marketing Science*, 4(3).

Treacy, M. & F. Wiersema(1995), *The Discipline of Market Leaders*, MA, Addison-Wesley.

Treacy, M. & J. Sims(2004), "Take Command of Your Growth," *Harvard Business Review*.

Trout, J.(2004), *Jack Trout on Strategy: Capturing Mindshare, Conquering Markets*, NY, McGraw-Hill.

Tversky, A. & D. Kahneman(1973), "Availability: A Heuristic for Judging frequency and probability," *Cognitive Psychology*, 5.

Tversky, A. & D. Kahneman(1974), "Judgement under uncertainty: Heuristic and biases," *Science*, 211.

Walters, C. G.(1974), *Consumer Behavior : Theory and Practice*, rev. ed., Homewood, Ill., Irwin.

Ward, James and Barbara Loken(1986), "The Quintessential Snack Food: Measurement of Prototypes," in *Advances in Consumers Research*, Vol. 13.

Ward, S. and D. J. Reibstein(1987), "Note on Market and Consumet Research," *Harvard Business Publishing*, Feb.

Wells, W. D. and G. Gubar(1966), "Life Cycle Concept in Marketing research," *Journal of Marketing Research*.

William, Baker J., Wesley Hutchinson, Danny Moore, and Prakash Nedungadi(1986), "Brand Familiarity and Advertising: Effects on the Evoked Set and Brand Preference," in *Advances in Consumer Research*, Vol. 13, ed. Richard J. Lutz, Provo, UT, Association for Consumer Research.

Zinkhan, G. M. & B. C. Williams(2007), "The New American Marketing Association Definition of Marketing: A n Alternative Assessment," *Journal of Public Policy & Marketing*, 26(2), American Marketing Association.

Zook, C.(2007), *Unstoppable: How to Identify Hidden Assets, Renew the Core and Fuel Future Growth*, Boston, Harvard Business School Press.

[관련 사이트]

http://biz.khan.co.kr/khan_art_view.html?artid=201811182111005&code=920501

http://www.fnnews.com/news/201901091813280979

http://www.edaily.co.kr/news/read?newsId=01318566619336840&mediaCodeNo=257&OutLnkChk=Y

http://news.hankyung.com/article/2019012014561

http://www.hellot.net/new_hellot/magazine/magazine_read.html?code=202&sub=004&idx=44877

http://economychosun.com/client/news/view.php?boardName=C24&t_num=13606269

http://www.etnews.com/20181231000026#

http://news.hankyung.com/article/2018013055051

http://www.choicenews.co.kr/news/articleView.html?idxno=46586

http://news.hankyung.com/article/2017031599401

https://www.sedaily.com/NewsView/1RWYAASNUM

https://www.sedaily.com/NewsView/1VE7OOH50A

https://www.youtube.com/watch?v=Hv_DRJZZ2qI

https://www.youtube.com/watch?v=BYNX0nsjV9U

https://www.ajunews.com/view/20141203142918702

http://www.asiatime.co.kr/news/articleView.html?idxno=207619

http://news.kmib.co.kr/article/view.asp?arcid=0924056965&code=11151600

http://en.wikipedia.org/wiki/priceskimmng
http://en.wikipedia.org/wiki/price
http://www.kinews.net/news/articleView.html?idxno=70513
http://news.hankyung.com/article/201901156263Y
http://biz.chosun.com/site/data/html_dir/2018/12/19/2018121900302.html
https://www.sedaily.com/NewsView/1VE0RU1PTI
https://en.wikipedia.org/wiki/New_product_developmen
https://www.sedaily.com/NewsView/1S0Y1AX3V2
http://www.econovill.com/news/articleView.html?idxno=350631
http://www.seoul.co.kr/news/newsView.php?id=20150616020005#csidx16d750edbe2fe edb0ffc 523e4c46bd1
http://biz.newdaily.co.kr/site/data/html/2019/01/15/2019011500164.html
http://www.thinkfood.co.kr/news/articleView.html?idxno=82991
http://www.cctvnews.co.kr/news/articleView.html?idxno=77653
http://www.asiatoday.co.kr/view.php?key=20181126010014888
http://www.newstap.co.kr/news/articleView.html?idxno=27867
http://www.newspim.com/news/view/20190128000423
http://www.fnnews.com/news/201809261616567976
http://news.hankyung.com/article/2018031637561
http://magazine.hankyung.com/business/apps/news?popup=0&nid=01&c1=1&nkey=2017052201121000141&mode=sub_view
http://www.dailypop.kr/news/articleView.html?idxno=37230
http://moneys.mt.co.kr/news/mwView.php?no=2019011908398069433&code=&MGTIN
http://www.asiatime.co.kr/news/articleView.html?idxno=207619
http://dbr.donga.com/article/view/1202/article_no/8775
http://news.hankyung.com/article/2017062234581
http://news.donga.com/3/all/20190126/93871525/1
http://news.donga.com/기사편집
https://www.youtube.com/watch?v=Dl4hoE6vXyw)
https://www.youtube.com/watch?v=wjmivnr5DlY&feature=youtu.be)
https://www.youtube.com/watch?v=FHtvDA0W34I
https://www.youtube.com/watch?v=Hv_DRJZZ2qI
https://www.youtube.com/watch?v=BYNX0nsjV9U

찾아보기

reference

국문

reference

[D]

reference

[Q]

[R]

[S]

저 · 자 · 약 · 력

신건철

신건철 교수는 현재 경희대학교 경영대학 교수로 재직 중이고 동 대학 경영연구원장을 맡고 있다. 경희대학교 (정외/경영전공) 졸업 후 Georgia State University에서 경영학석사 및 박사 학위를 취득하였으며, 주요 경력으로는 ICI Co. Ltd.에서 시니어 컨설턴트, Michigan State University, University of Vienna 및 저장대학교에서 초빙교수로 근무하였다.

저자는 한국국제경영학회 회장, Asia Pacific Academy of International Business 회장 및 한국구매조달학회장을 역임하였고 국무총리실 정부업무평가 전문위원으로 활동하였다. 현재 한국 APEC 학회장을 맡고 있으며, Asia Pacific Business Review (SSCI) 저널의 Editorial Board로 활동 중이다. 경영학연구, 국제경영연구를 비롯하여 미국, 일본, 유럽 등지의 저널에 마케팅전략, 글로벌 경쟁전략, SCM 및 신상품개발과 관련하여 다수의 논문을 발표한 바 있다.

한편 그의 저서로는 마케팅, Marketing Management: Strategic Approach, Strategic Management: Theory and Practice, 글로벌경영, 한국기업의 국제경영전략, 글로벌 비즈니스 시대의 국제물류와 SCM 등이 있다. 저자는 국내 · 외 다수 기업들의 경영자문 활동과 다양한 연구프로젝트를 수행한 바 있다. 또한 현재도 한국연구재단 프로젝트 및 기업들의 자문 및 글로벌 마케팅전략 수립에 관한 연구 프로젝트들을 담당하고 있다.

박지형

저자 박지형 교수는 현재 호서대학교 기술경영대학원(MOT) 연구교수 및 산학협력 컨설턴트로 재직 중이며, 현재 마케팅 분야 커뮤니케이션 스킬 강사로도 활동하고 있다. 호서대, 충청대, 우석대, 대림대, 오산대에서 마케팅 분야에서 주로 소비자행동, 마케팅전략, 서비스 마케팅, 광고론, 마케팅관리 등의 과목을 중점적으로 강의하고 있다

저자는 숙명여대 학사, 일반대학원 석사 및 경희대학교 일반대학원 경영학박사 학위(PH.D)를 취득하였는데, 특히 과거부터 국제경영개발원 부설 고든리더십센터(GORDON LEADERSHIP CENTER)의 L.E.T. 소속 강사로서 활약했던 업무경력을 바탕으로 기업에서 조직의 성과를 높일 수 있는 환경을 만들어주는 효율적인 커뮤니케이션 스킬을 전파해오고 있다.

주요 연구 경력으로는 (사)농식품유통연구소의 선임연구원, 국립중앙박물관, 국방부, 농림축산식품부, 동서페더럴모굴 등과 MOU를 통한 수많은 연구용역 프로젝트를 수행한 바 있다. 한편 저자는 박사학위 취득 후 최근까지 한국연구재단 국제학술저널 JIECR 등에 온라인 비즈니스 및 온라인 유통, 소비자행동 이론과 관련한 많은 논문들을 등재 해오고 있다.

김종락

교수이자, 경영자문위원인 김종락은 현재 장안대학교 유통물류학부 교수이며, 경희대학교 경영대학원(MBA), 경영학부 객원교수로 재직 중이다. 또한 컨설팅사인 B&L Partner Consulting 유통전략 사업 분야의 자문위원으로 활약하고 있다. 특히 저자는 최근 경영학을 전공하고 있는 경영학부, MBA 과정 대학원생과 학부생들에게 마케팅전략의 실무이론과 유통전략을 중점으로 강의를 하고 있다.

저자는 경희대학교, 경영대학원(마케팅전공)에서 경영학박사 학위(PH.D)를 취득하였다. 주요 경력으로는 한국휴렛패커드 IPG Marketing, 글로벌 컨설팅사인 Deloitte Consulting 및 한국능률협회컨설팅(KMAC)에서 Expert 컨설턴트로 활약한 바 있는데, 최근까지 S-Oil 유통/물류영업 부문, GSshop, GS홈쇼핑, GS autoOasis, Lotte.com, Interpark, SSG.com, Homeplus 등 국내 · 외 제조사 및 유통사업 부문에서 경영자문 활동과 연구프로젝트를 수행한 바 있다. 저자는 관련 전공 분야의 지속적인 저술 활동과 논문을 발표하고 있는데 특히 KIECA, KODISA, IJIPM, JIECR 등의 국내 · 외 학술저널에 마케팅 분야와 관련한 많은 논문을 발표하였으며, 국제학술대회에서 2차례 우수논문상(Best Paper Award)을 수상하기도 하였다. 주요 저서로는 상권분석 실무(2014), 경제학속의 유통(2015), 리테일마케팅(2016), 플랫폼 비즈니스시대의 온라인마케팅(2017), 국제물류와 SCM(2017) 및 마켓4.0시대의 온라인 커머스 전략(2019) 등이 있다.

김시영

저자 김시영 교수는 현재 외래강사 및 우석대학교 겸임교수로 재직 중이다. 최근 학부생과 대학원생들에게 국제마케팅, 서비스 마케팅, 마케팅원론, 의료경영 분야에 대해 강의하고 있다. 또한 지역 소상공인회 자문위원과 서비스 기업(병원, 호텔) 비상임이사 및 사외이사로 활동하고 있으며, 전북과학대, 전주비전대, 우석대학교, 경희대학교에 출강하여 경영학부 및 일반대학원생들에게 국제마케팅, 서비스 마케팅, 마케팅원론, 의료경영학 등을 강의하고 있다.

저자는 경희대학교를 졸업하고, 고려대학교 경영전문대학원 경영학석사(MBA)와 경희대학교 일반대학원에서 마케팅전공으로 경영학박사 학위(PH.D)를 취득하였으며, 주요 근무 경력으로는 2000년부터 민간기업에서 영업 및 마케팅, 해외수출, M&A 및 기업협상 업무를 거쳐서 한국보건산업진흥원(KHIDI) 수출지원팀장 및 연구원 등으로 활약한 바 있다. 그는 현재까지도 국가자격증 출제 및 언론사 칼럼 위원, 중앙정부 및 지자체 경영(마케팅 및 영업) 연구과제 수행에 매년 꾸준히 참여하고 있다.

그의 특화된 실무 분야로는 국제마케팅, 서비스 마케팅 및 경영전략, 판매(영업)관리, 보건의료 경영 및 정책, 서비스 산업 경영 및 수출, 무역통상 분야에 많은 저술 활동을 해왔으며, 특히 현재까지도 KABA, KRAIC, KACST, KCMA 등 국내 · 외 학술저널에 의료수출, 해외마케팅, 마케팅전략, 서비스상품 분야와 관련한 논문을 발표 해오고 있다.

저자와의
협의하에
인지생략

마켓 4.0시대의 마케팅원론 【정가 : 34,000원】

2019년 3월 5일 1판 1쇄 인쇄
2019년 3월 10일 1판 1쇄 발행

저 자 신건철 · 김종락 · 박지형 · 김시영
발 행 인 채 규 호

발 행 처 **무 역 경 영 사**
서울특별시 영등포구 양평로21길 26(2504호)
전 화 : (02)719-3621~4
FAX : (02)719-3625
E-mail : muyok@unitel.co.kr
홈페이지 : www.muyokpub.co.kr/
등록 : 1992년 2월 19일 제10-675호

ISBN 978-89-468-0690-0